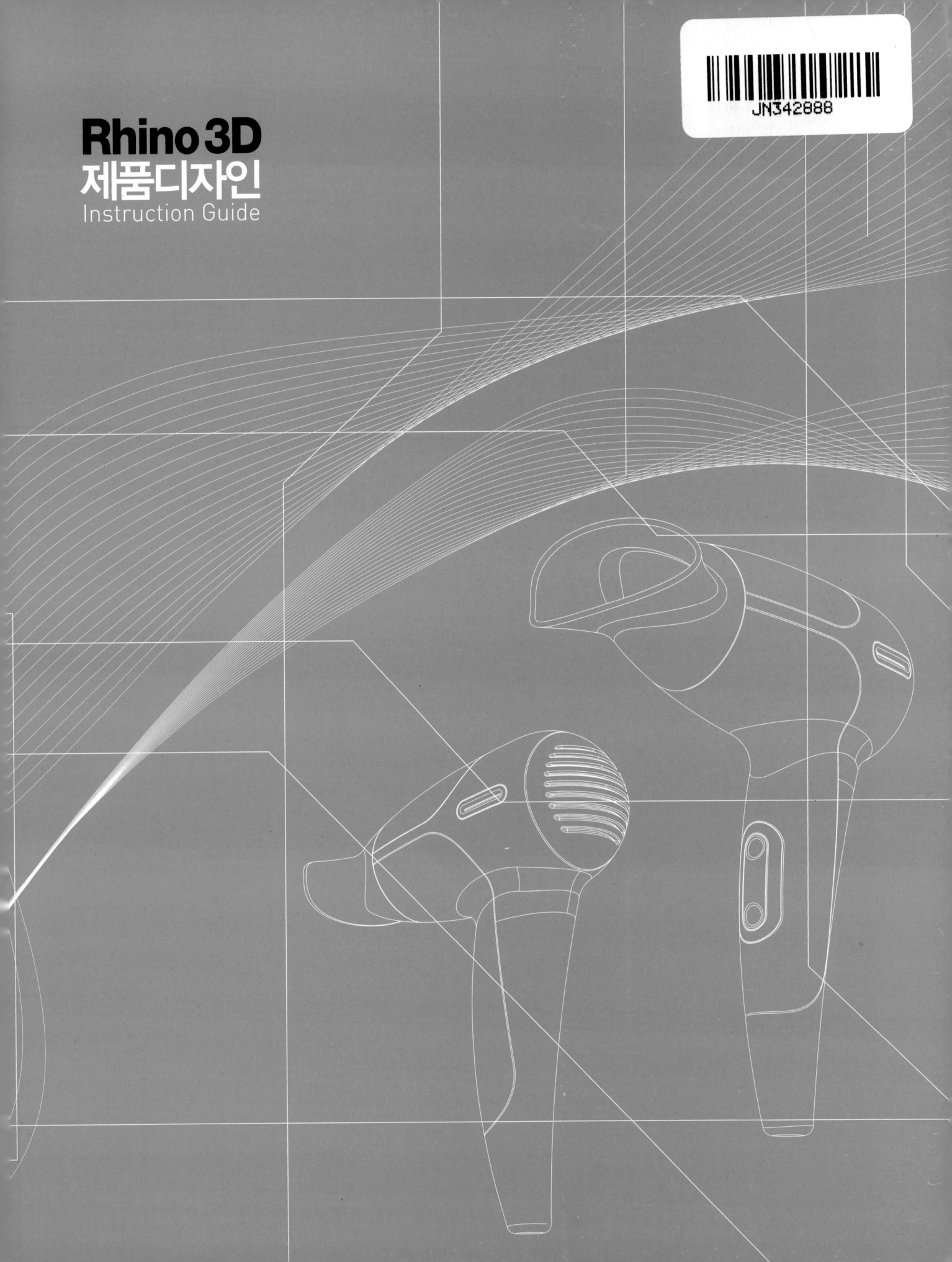

Rhino 3D
제품디자인
Instruction Guide

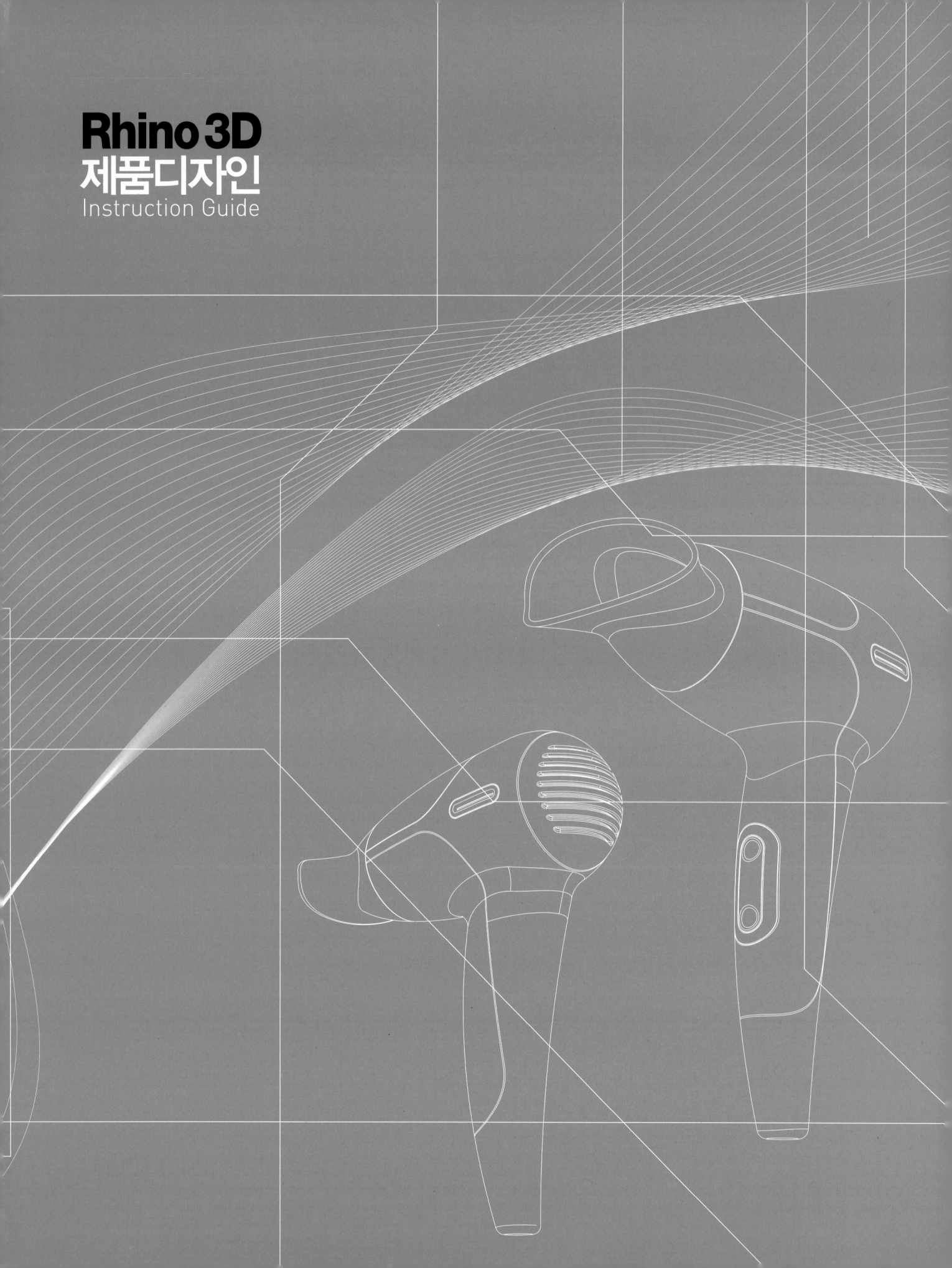

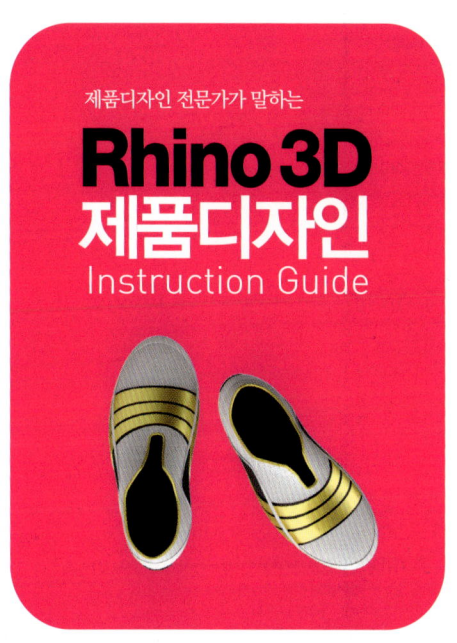

초판 인쇄일 2013년 1월 14일
초판 발행일 2013년 1월 21일
초판 2쇄 발행일 2015년 8월 4일

지은이 유창국, 이희명
발행인 박정모
등록번호 제9-295호
발행처 도서출판 혜지원
주소 경기도 파주시 회동길 445-4(문발동 638) 302호
전화 031)955-9221~5 팩스 031)955-9220
홈페이지 www.hyejiwon.co.kr

편집 송유선
표지디자인 김보라
영업마케팅 김남권, 황대일, 서지영
ISBN 978-89-8379-771-1
정가 22,000원

Copyright ⓒ 2013 by 유창국, 이희명 All rights reserved.
No Part of this book may be reproduced or transmitted in any form, by any means without the prior written permission on the publisher.
이 책은 저작권법에 의해 보호를 받는 저작물이므로 어떠한 형태의 무단 전재나 복제도 금합니다. 본문 중에 인용한 제품명은 각 개발사의 등록상표이며, 특허법과 저작권법 등에 의해 보호를 받고 있습니다.

제품디자인 전문가가 말하는
Rhino 3D
제품디자인
Instruction Guide

혜지원

머리말

오늘날과 같이 급변하는 디지털 디자인 시대에 제품디자이너로서 전문성을 인정받기 위해서는 자신의 아이디어를 창의적으로 표현해 내는 내재적 감각과 더불어 이를 가시화할 수 있는 숙련된 디지털 툴 활용능력이 겸비되어야만 합니다. 필자가 이 서적에서 추천하고자 하는 라이노 3D(Rhinoceros 3D) 소프트웨어는 디자이너들이 상상하는 모든 형상을 쉽고, 빠르고, 정확하게 현실화해주는 최적의 모델링 프로그램입니다. 또한 라이노 3D는 단순한 기초형태는 물론 자유로운 곡선의 유기적인 모델링까지 초급부터 고급과정으로 이어지는 단계적인 3D 툴 학습효과가 뛰어나고 제품양산 과정에서 엔지니어링 설계 분야에 직간접적인 데이터 호환성을 지니며 CAD, CAM 데이터로 변화하여 프로토타입 제작에도 확장될 수 있는 제품디자이너를 위한 전문 3D 프로그램이라 자부할 수 있습니다. 제품디자인을 전공하는 예비 디자이너들에게는 자신의 아이디어를 표현하고 구체화하는 창의적 발상과 이를 실현시키는 잠재적 역량이 절실히 요구되며, 이러한 감각적 재능을 꾸준히 발전시켜야만 비로소 전문디자이너로 성장할 수 있습니다.

필자는 학습자들로 하여금 3D 디지털 디자인 교육에 보다 친근하고 쉽게 다가갈 수 있도록 지난 몇 년 간 대학에서 강의했던 강의 자료들을 꼼꼼히 모아 『Rhino 3D Instruction Guide』로 만들어 출판하게 되었습니다. 라이노 3D의 기본화면 인터페이스와 활용법 설명 및 실무 중심의 활용 과정이 소개되는 따라 하기 식 예제들로 구성되어 있습니다. 각기 다른 레벨의 학생들로 인한 시행착오와 여러 차례 강의 지도를 통해 검증되고 확인된 노하우를 바탕으로 누구나 직관적으로 쉽게 따라하도록 커맨드 내용 설명과 관련 이미지가 자세히 수록되어 있습니다. 초급 사용자의 경우 텍스트와 이미지를 꼼꼼히 보면서 모델링을 할 수 있으며, 중급 사용자의 경우 텍스트 없이 제시된 단계별 진행 이미지만으로도 무리 없이 실습 가능하도록 쉽게 설명하고 있습니다. 이와 함께 단순한 툴 메뉴만을 설명하는 매뉴얼 용어해설집이 아닌 본질적인 모델링 계획부터 응용까지 진지하게 따라 하면서 그 응용과정을 생각하게 하는 단계적 창의학습 중심의 활용서로 기획하였습니다.

욕심일지는 모르지만, 라이노 3D 프로그램을 익히는 데 있어서 건강한 활용서가 되면서 동시에 디자이너들이 꼭 갖고 싶은 소중한 책을 만들고 싶었습니다. 프로그램 툴 학습에 치중한 나머지 지루한 매뉴얼 가이드가 되거나, 겉모습만 예쁘고 내실 없는 소홀한 구성이 되지 않도록 내용마다 세심한 배려를 두고자 하였습니다. 무엇보다도 책의 내용에 따라 만들어진 모델링 결과물이 속된 말로 '허접하다'라는 쓴소리를 듣지 않으려 활용예제를 선정함에 있어서도 신중함을 기했습니다. 단조롭고 정형화된 가전제품 예제들에서 벗어나 다양한 색과 형태를 가진 감성적인 리빙 아이템을 소재로 디자이너들이 공감할 수 있는 조형적이고 감각적인 교감을 이끌어 내고자 하였습니다. 이와 함께 각 모델링 진행과정에서 아이템이 완성될 때마다 지금까지 출간된 다른 라이노 3D 서적들에서 보여준 결과물과는 전혀 다른 디자인적 완성도와 렌더링 퀄리티의 차별성을 보여주고자 노력하였습니다.

부디 전공자 여러분의 프로그램 학습 효과에 있어서 단순히 3D 프로그램의 툴만을 잘 다루게 되기보다는 모델링을 통한 디자인 과정 전반을 이해하고 창의적인 활용과 응용을 통해 스스로 만들어 낸 디자인 결과물에 잔잔한 감동을 느낄 수 있기를 바랍니다.

마지막으로 이렇게 세상에 널리 알려지도록 공식적인 출판의 길을 마련해 주신 도서출판 혜지원 사장님 이하 가족 여러분들께 감사의 인사를 드리며, 여러 차례의 강의시간 동안 교재 내용에 허술함이 없는지 꼼꼼하게 베타 테스트를 해 준 고마운 제자들, 그리고 무사히 탈고를 마칠 수 있게 많은 도움을 주신 주위의 모든 분들께 진심으로 감사의 인사를 전합니다.

저자 유창국, 이희명

목차

Part 1 — 제품디자인 전문가가 말하는 실무디자인 프로세스

STEP 1. Market Research & Analysis / 경쟁사 상품 및 시장분석 — 15
STEP 2. Design Trend & Concept Approach / 사회문화 메가 트렌드, 디자인개발 방향설정 — 16
STEP 3. Concept-Idea Visualize / Idea_sketch Process — 17
STEP 4. Concept-Idea Visualize / 2D [Demension] Rendering — 18
STEP 5. Concept-Idea Visualize / 3D [Demension] Modeling — 19
STEP 6. Concept-Idea Visualize / CAD Drawing — 20
STEP 7. Concept-Idea Visualize / Mock_up Process — 21
STEP 8. Design Follow-up / Manufacturing — 22
STEP 9. Design Portfolio / Digital Photographing — 23

Part 2 — Rhinoceros 3D 프로그램 기본 학습 과정

Rhinoceros 3D 프로그램 알아보기 — 26
Rhinoceros 3D 프로그램 설치하기 — 30
Rhinoceros 3D 사용자 인터페이스 — 33
Rhinoceros 3D 활용 전 알아두어야 할 TIP — 40

Part 3 — 2D 기초개념 정리 및 도면작성 따라 하기

01. Rhinoceros 2D 과정으로 심벌마크 드로잉하기 — 48
02. Rhinoceros 2D 과정으로 애플로고 드로잉하기 — 60

Part 4 — 3D 기초개념 이해하기 및 리빙소품 모델링 따라 하기

01. 주사위 모델링을 통한 Rhinoceros 3D 기초개념 이해하기 … 82
02. Rhinoceros 3D 과정으로 문구 수납장 모델링하기 … 101
03. Rhinoceros 3D 과정으로 리빙 바스켓 모델링하기 … 128
04. Keyshot Renderer로 리빙 바스켓 렌더링하기 … 150
05. Rhinoceros 3D 과정으로 서클 체어 모델링하기 … 183

Part 5 — 리빙제품 실무 모델링 따라 하기

01. Rhinoceros 3D 과정으로 무선 포트 모델링하기 … 206
02. Rhinoceros 3D 과정으로 무선 마우스 모델링하기 … 236
03. Rhinoceros 3D 과정으로 헤어드라이어 모델링하기 … 268

Part 6 — 부록

실무 디자이너가 말하는 라이노 3D 모델링 갤러리 … 314

Rhinoceros 3D 완성예제 미리보기

2D 기초개념 정리 및 도면작성 따라하기

01_ Rhinoceros 2D 과정으로 심벌마크 드로잉하기

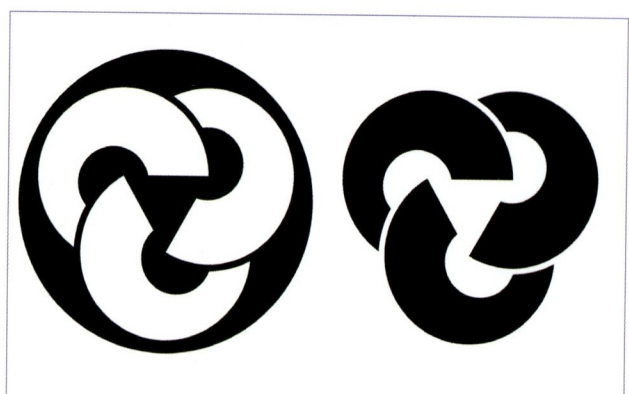

02_ Rhinoceros 2D 과정으로 애플로고 드로잉하기

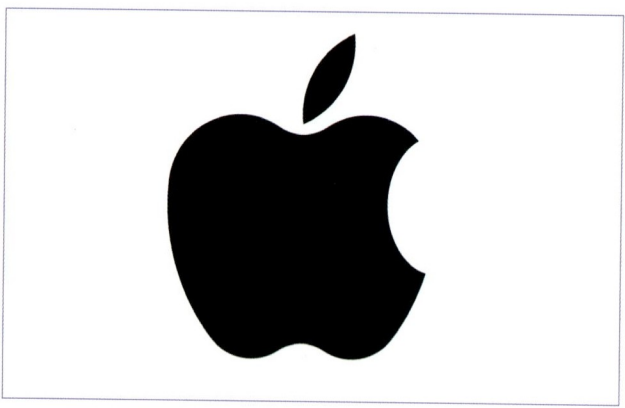

3D 기초개념 이해하기 및 리빙소품 모델링 따라 하기

01_ 주사위 모델링을 통한 Rhinoceros 3D 기초개념 이해하기

02_ Rhinoceros 3D 과정으로 문구 수납장 모델링하기

03_ Rhinoceros 3D 과정으로 리빙 바스켓 모델링하기

04_ Keyshot Renderer로 리빙 바스켓 렌더링하기

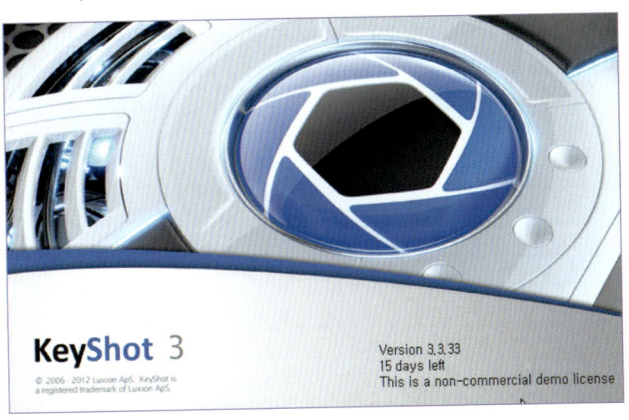

05_ Rhinoceros 3D 과정으로 서클 체어 모델링하기

리빙제품 실무 모델링 따라 하기

01_ Rhinoceros 3D 과정으로 무선 포트 모델링하기

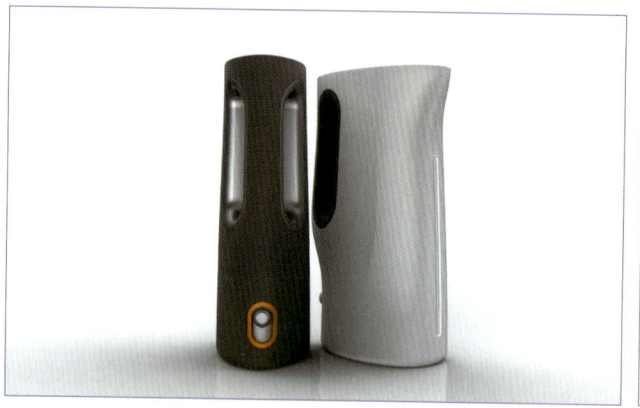
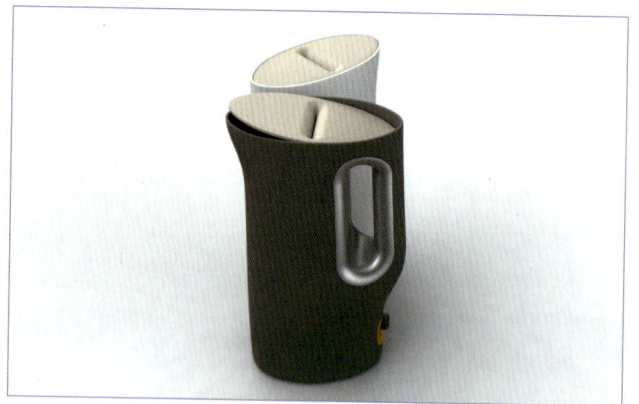

02_ Rhinoceros 3D 과정으로 무선 마우스 모델링하기

03_ Rhinoceros 3D 과정으로 헤어드라이어 모델링하기

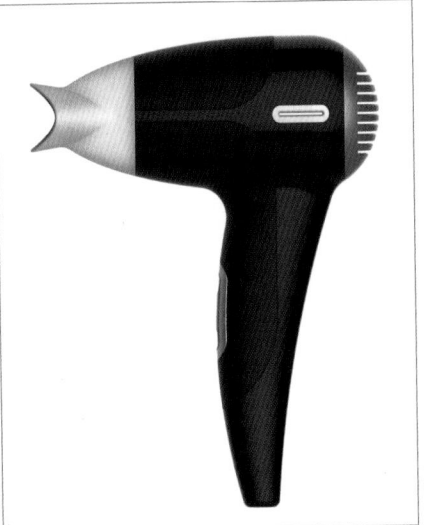
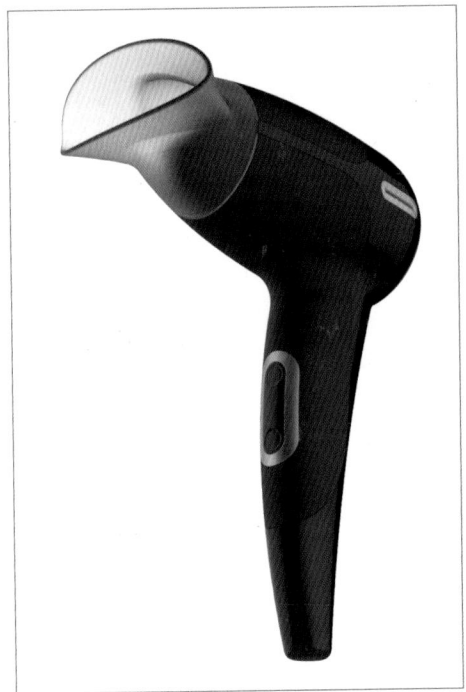

※ 혜지원 홈페이지(www.hyejiwon.co.kr)의 자료실에서 라이노 모델링 완성예제 데이터 및 렌더링 이미지를 다운로드 받으실 수 있습니다.

Part 1

제품디자인 전문가가 말하는
실무디자인 프로세스

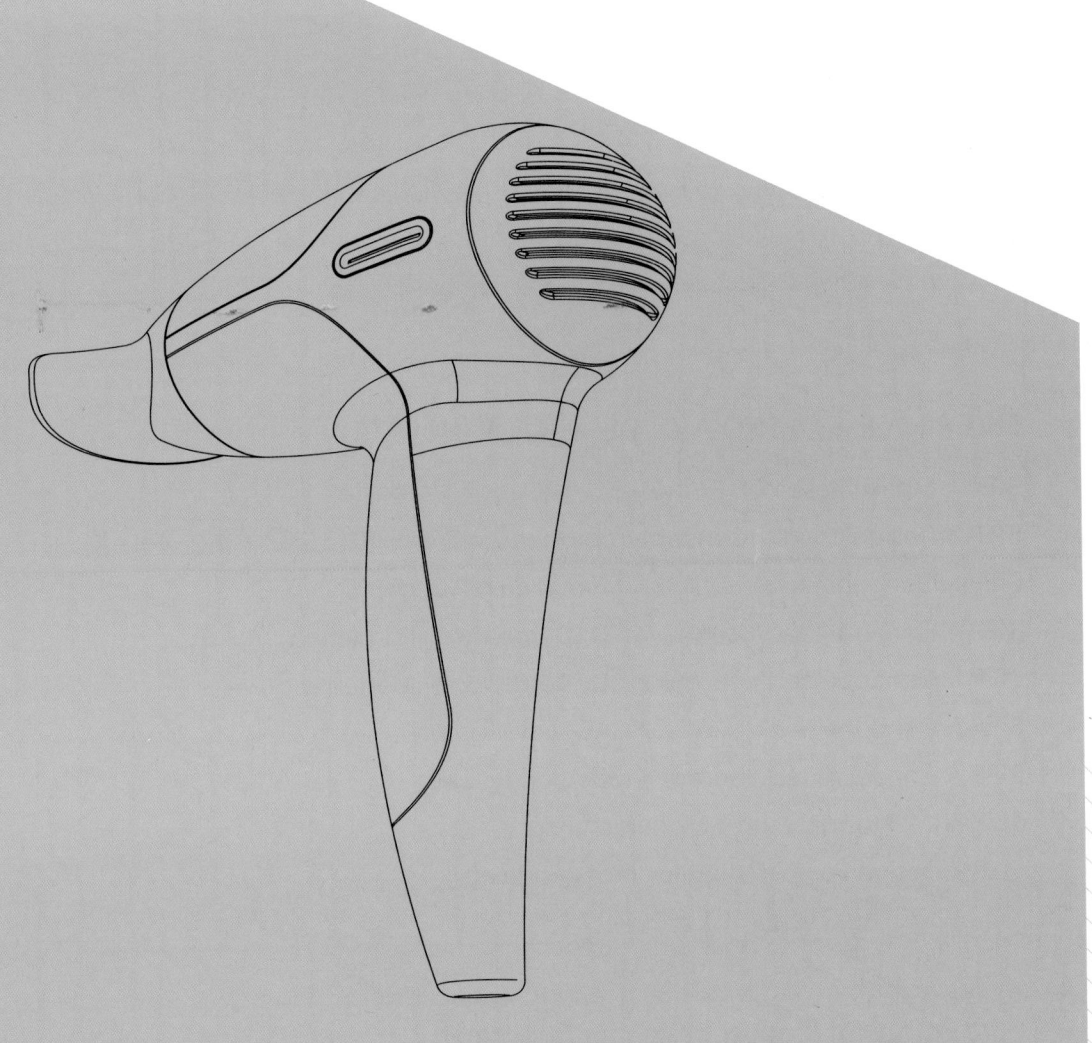

STEP 1. Market Research & Analysis / 경쟁사 상품 및 시장분석
STEP 2. Design Trend & Concept Approach / 사회문화 메가 트렌드, 디자인 개발 방향 설정
STEP 3. Concept-Idea Visualize / Idea_sketch Process
STEP 4. Concept-Idea Visualize / 2D [Demension] Rendering
STEP 5. Concept-Idea Visualize / 3D [Demension] Modeling
STEP 6. Concept-Idea Visualize / CAD Drawing
STEP 7. Concept-Idea Visualize / Mock_up Process
STEP 8. Design Follow-up / Manufacturing
STEP 9. Design Portfolio / Digital Photographing

제품디자인(Industrial Design)이란

산업디자인 영역 안에서 공업적 또는 공예적으로 제조된 생산품의 디자인을 의미한다. 다시 말해 제품이 가지는 외형적 요소, 즉 제품의 형태와 색채, 질감, 재료 등의 연구를 통해 조형성을 향상시키는 것을 말하며, 제품의 사용성 측면까지 고려하여 디자인하는 것까지를 포함하고 있다. 따라서 제품디자인은 인간과 사회의 물리적이고 정신적인 요구에 대응하여 디자이너가 의도하는 목적물을 창의적인 발상과 상상력으로 만들어내는 활동이며, 디자인 콘셉트에 합리적인 디자인 프로세스를 적용시켜 구체적이며 조형적인 결과물을 제안하는 창조적 활동인 것이다.

FULL PROCESS OF PRODUCT DESIGN FOR INDUSTRY

STEP 1. Market Research & Analysis / 경쟁사 상품 및 시장 분석
STEP 2. Design Trend & Concept Approach / 사회 문화 메가 트렌드, 디자인 개발 방향 설정
STEP 3. Concept-Idea Visualize / Idea_sketch Process
STEP 4. Concept-Idea Visualize / 2D [Demension] Rendering
STEP 5. Concept-Idea Visualize / 3D [Demension] Modeling
STEP 6. Concept-Idea Visualize / CAD Drawing
STEP 7. Concept-Idea Visualize / Mock_up Process
STEP 8. Design Follow-up / Manufacturing
STEP 9. Design Portfolio / Digital Photographing

Core Process of Product Design for Consumer

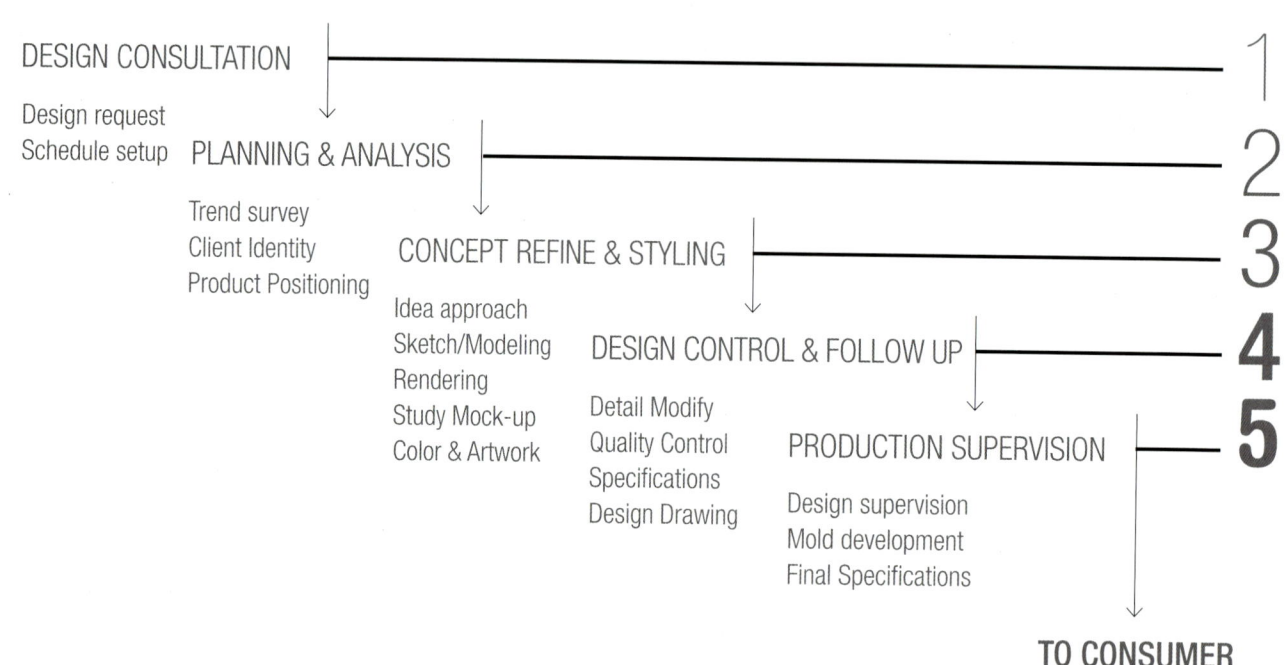

Design Process
Step 01 경쟁사 상품 및 시장 분석
Market Research & Analysis

기업에서의 상품 기획이 완료된 후 디자인 연구 개발의 첫 과정은 개발하고자 하는 상품에 대해 사용자층의 기호, 경쟁 제품의 상황, 출시 시점 등 다각적으로 시장을 분석하여 디자인 개발 방향에 반영하는 일이다. 다시 말해, 분석된 자료들을 모아 개발 상품의 POSITIONING_MAP을 설정하고 TARGET_DRECTION을 찾아 새로운 디자인 콘셉트를 만들어가는 단계라고 할 수 있다.

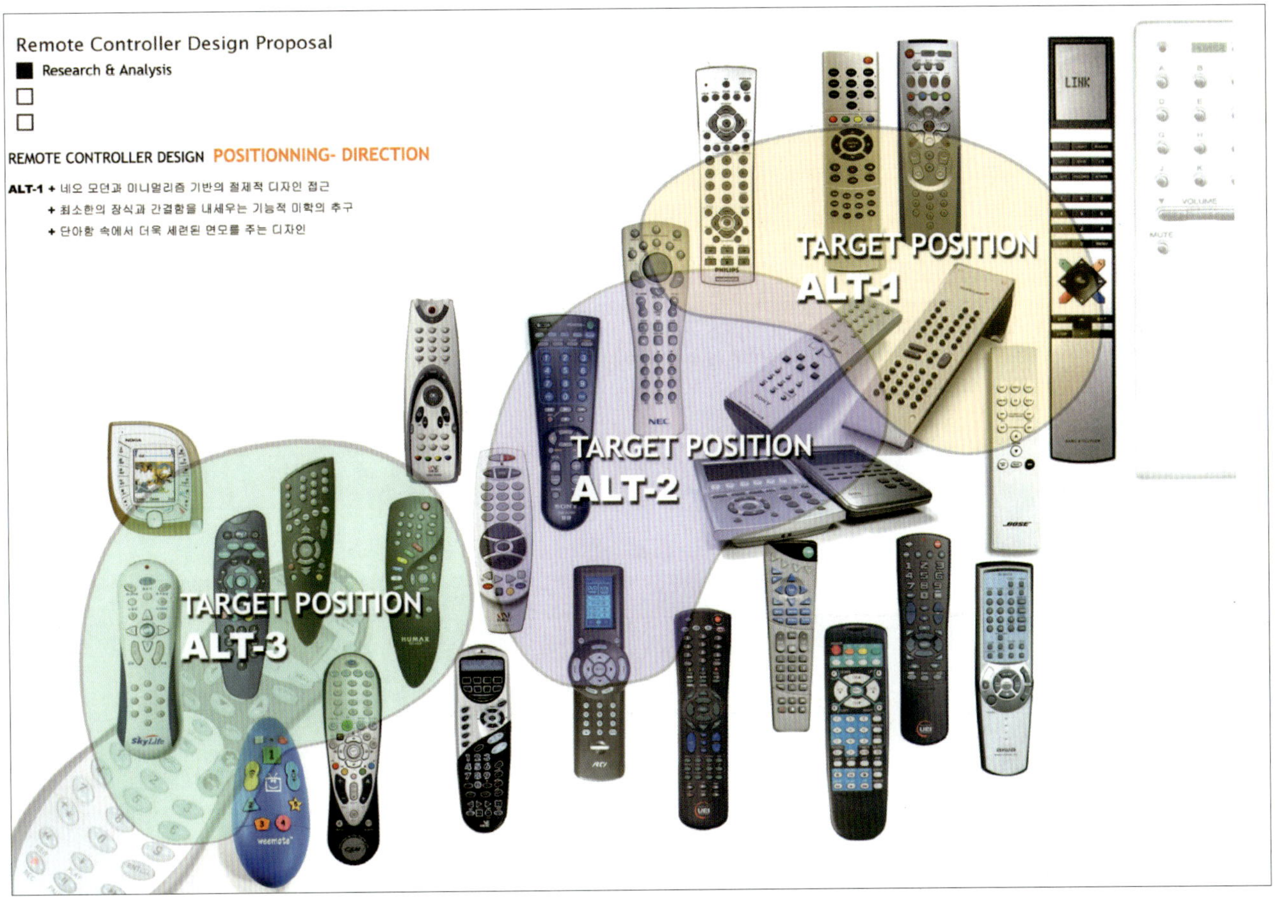

Design Process
Step 02
사회 문화 메가 트렌드, 디자인 개발 방향 설정
Design Trend & Concept Approach

리서치된 자료를 토대로 전반적인 디자인 트렌드를 도출하고 이를 반영한 디자인 콘셉트를 설정하는 단계이다. 또한 구체적인 개발 상품의 형태적 접근과 물리적 환경 안에서의 사용성 검토 등 보다 실질적인 디자인 실무 과정을 준비하는 초기 개발 단계를 말한다.

design concept

1. 가정내에서 어디라도 주거환경과 어울릴 수 있는 생활소품과도 같은 디자인

2. 최근 트렌드를 반영하는 감성적 칼라와 소재를 적용한 고감각, 고품위 디자인

3. 어떠한 셋톱박스와 만나도 쉽게 조화될 수 있는 모던하고 심플한 외형

Step 03

Design Process

Concept-Idea Visualize / Idea_sketch Process

디자인 콘셉트를 시각화시키는 초기 단계로 자신의 머릿속에 구상해 놓은 아이디어나 이미지를 신속, 명료하게 스케치로 표현하는 단계이다. 스케치의 진행 과정은 크게 2가지로 나누어 설명할 수 있다. 첫 번째는 섬네일(Thumb_nail Sketch) 또는 러프(Rough Sketch) 스케치와 같이 자신이 구상한 초기 아이디어를 개선시키기 위해 자신만이 이해할 수 있을 정도의 개략적인 형태나 구조를 표현하는 스케치를 말한다.

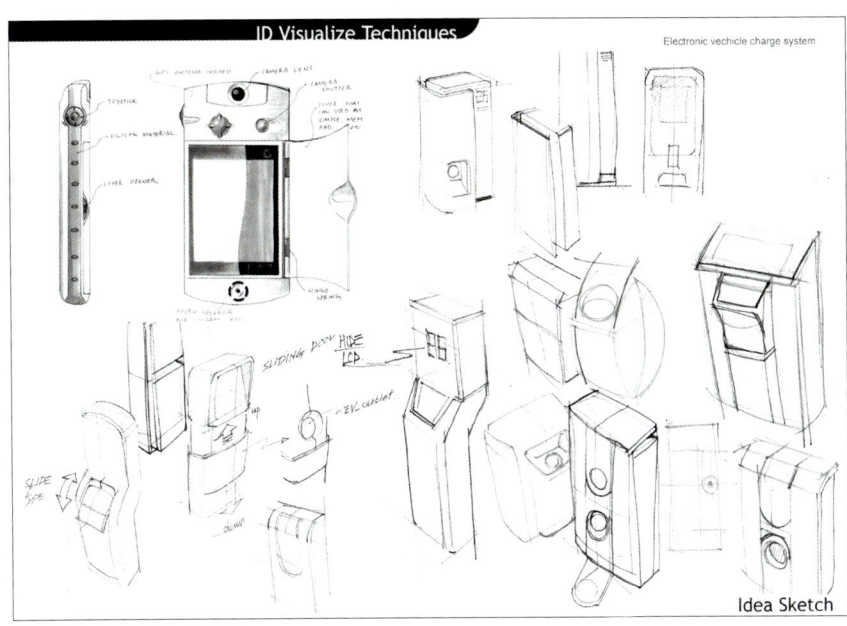

두 번째는 섬네일(Thumb_nail Sketch)이나 러프(Rough Sketch) 스케치로 정리한 결과물을 클라이언트와 같은 제삼자가 쉽게 이해할 수 있도록 구조적 그림으로 보다 자세히 표현하는 스케치를 말한다. 따라서 상대방에게 자신의 디자인 의도를 정확하게 전달하려면 전체적인 외관상의 컬러, 질감, 패턴, 스타일 등이 정밀하게 표현되어야 한다.

Design Process
Step 04

Concept-Idea Visualize / 2D [Demension] Rendering

초기 스케치 단계를 거쳐 보다 더 구체화된 이미지로 표현하기 위해 형태나 색상 및 재질감이 실감나도록 디테일하게 표현하는 과정이다. 이는 제품을 디자인하는 과정에서 디자인 방향을 결정하기 위한 결정적인 표현 수단이 되는 완성품 예상도로, 3면도 혹은 6면도 형식의 렌더링 안에 가급적 모든 표현 요소를 집약하여 보여주는 것이 중요하다.

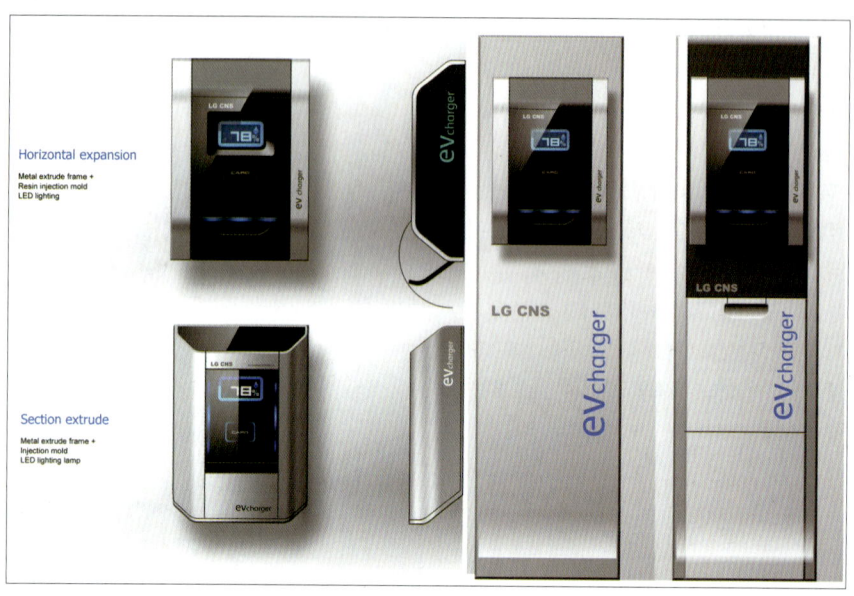

최근 디자인 개발 과정들이 모두 디지털 디자인쪽으로 전환되면서 스케치와 같은 초기 전개 과정을 제외한 이후 모든 디자인 개발 과정이 컴퓨터에서 이루어지고 있다. 따라서 포토샵 또는 일러스트레이터 등과 같은 2D 렌더링 과정은 디자이너의 자질 면에서도 매우 중요하게 여겨지고 있으며, 해당 프로그램 활용은 디지털 표현의 시작 단계라 말할 수 있다.

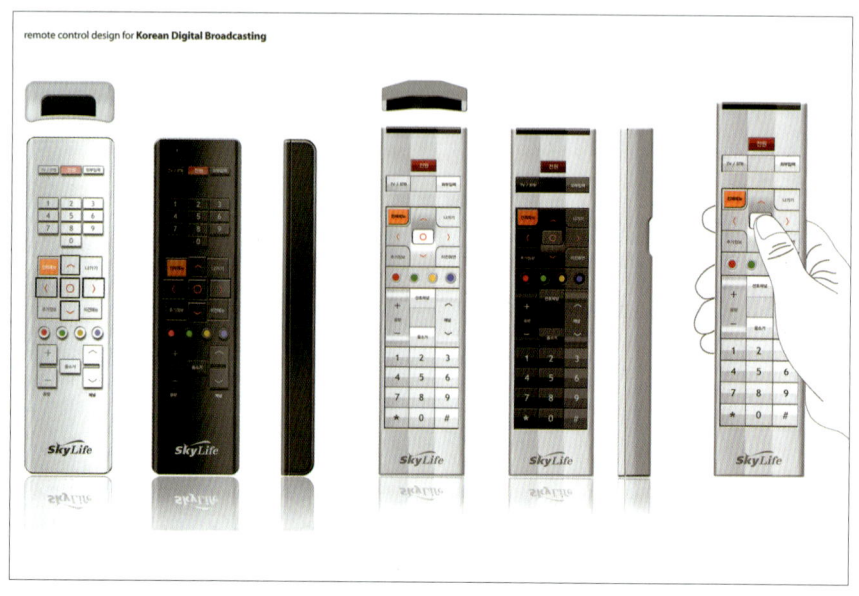

Design Process
Step 05

Concept-Idea Visualize / 3D [Demension] Modeling

3D 모델링 과정의 장점은 2D상으로 작업된 렌더링에서는 표현될 수 없는 부분, 즉 제품의 PERSPECTIVE에서 나타나는 입체적이며 공간적인 디자인 감각을 PC상에서 실제와 동일하게 시뮬레이션 할 수 있다는 것이다. 또한 실제감 넘치는 표면 재질 및 칼라 소스 등을 간단하게 매핑 처리함으로써 보다 새로운 연출을 신속하게 다양화할 수 있다는 점이 제품 디자이너들에게 큰 매력을 느끼게 하고 있다.

3D 모델링의 또 하나의 큰 특징은 CAD_CAM이라는 엔지니어링 툴과 호환되면서 제품의 양산 개발 과정에 있어서 기초적인 기구 설계를 위한 베이스 작업이 된다는 점이다. 따라서 가급적 3D 모델링 작업은 1:1 실제 치수를 적용하여 작업하는 것이 바람직하다. 최근 제품디자인 분야에 가장 많이 사용되며 개인 컴퓨터에 최적화된 프로그램으로는 RHINOCEROS 3D, ALIAS STUDIO TOOL 등이 있다.

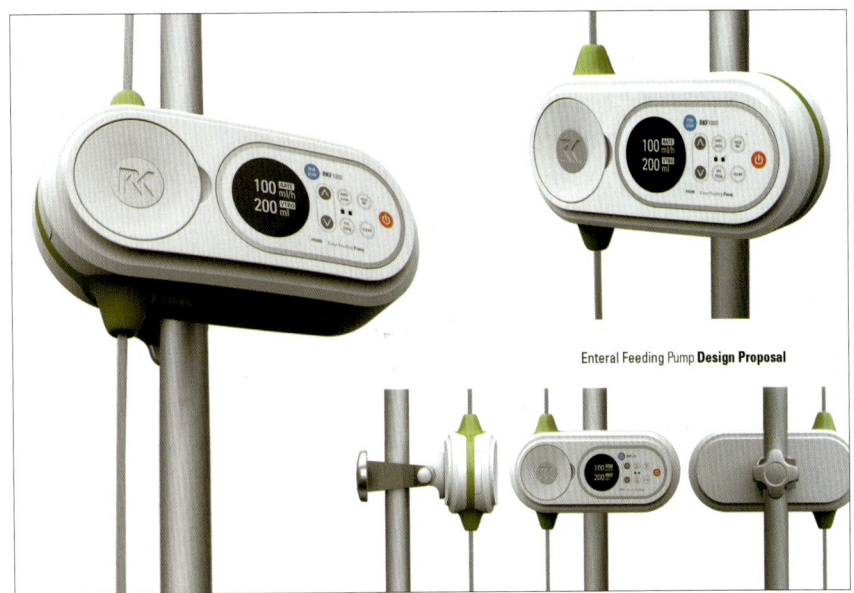

Enteral Feeding Pump **Design Proposal**

Design Process
Step 06

Concept-Idea Visualize / CAD Drawing

캐드 도면 작성 과정은 스케치 과정부터 시작하여 2D 렌더링 및 3D 모델링까지 최종적으로 확정된 디자인 시안을 물리적인 형태(MOCK-UP)로 만들어내기 위한 디자인 외관 설계 과정이다. 자신의 디자인이 비로소 실제 제품으로 개발될 수 있도록 정량화된 DIMENSION 값을 도출하는 표준화 작업이 되는 셈이다.

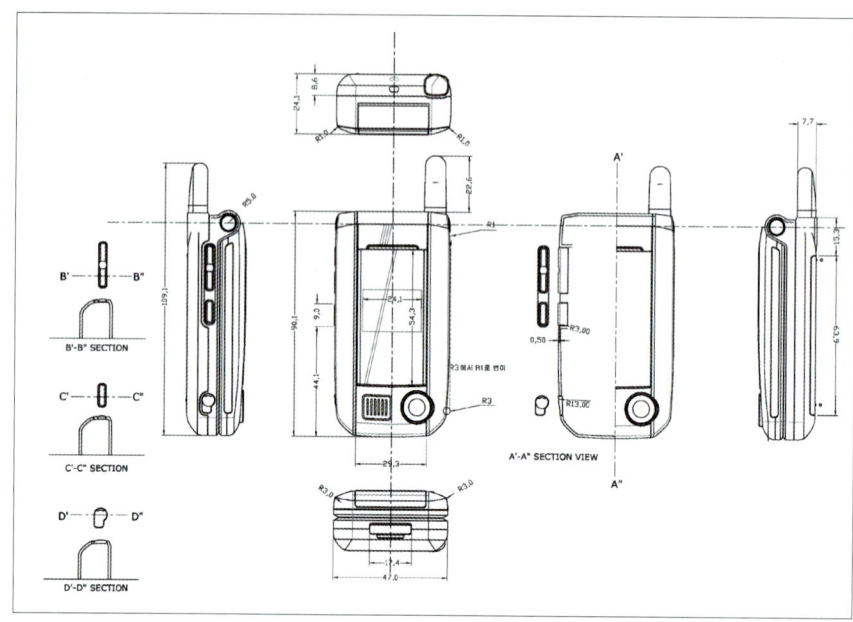

이와 같은 수치 개념을 적용한 디자인 도면 작성 과정은 2D와 3D 작업에서 표현된 디테일 요소들을 정량화시키는 과정에서 다시 한 번 수정 및 보완할 수 있으며, 도면 출력을 통해 정확한 스케일감과 눈으로 직접 원하는 부분을 상세하게 볼 수 있다는 장점이 있다. 이러한 캐드 작업은 디자인 도면뿐만 아니라 다른 제조업 관련 산업 분야에서도 널리 활용되고 있다.

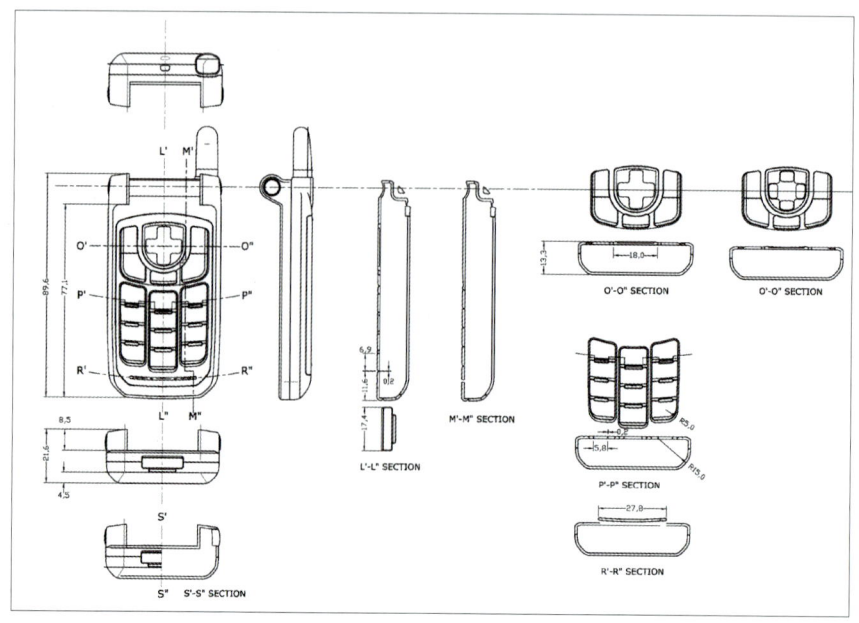

Design Process
Step 07

Concept-Idea Visualize / Mock_up Process

디자인 목업(MOCK-UP) 제작은 최종 결정된 디자인을 실제 제품처럼 물리적인 형태로 만들어내는 것을 말한다. 이러한 목업 결과물은 렌더링과 함께 자신의 디자인 콘셉트를 구체적이며 실질적인 현물로 제한하는 마지막 단계로 정리될 수 있다. 이와같이 목업 제작 과정에서는 제품의 외관, 표면 재질 및 컬러 등 여러 요소들이 실제 양산될 제품에 적용할 내용물과 동일하게 표현되어야 한다.

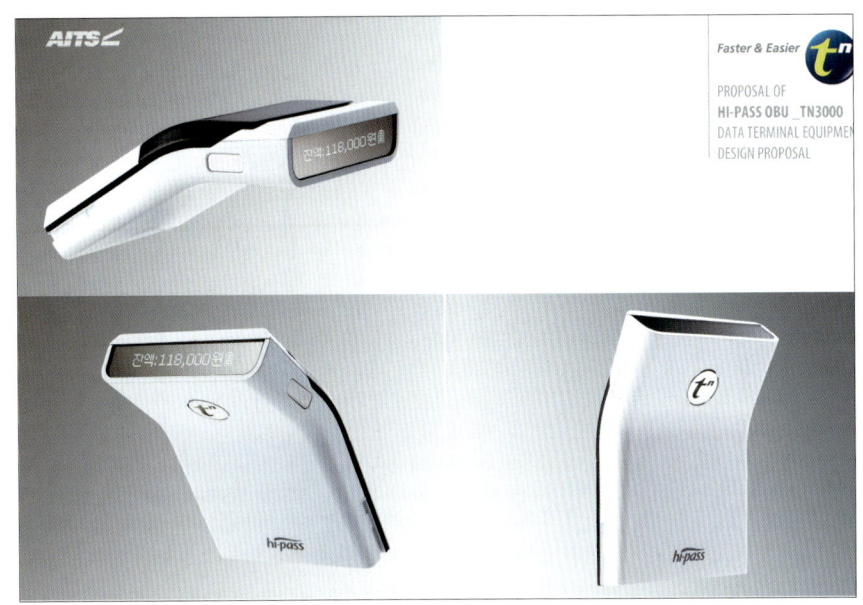

완성된 목업 결과물은 클라이언트들에게 최종 디자인의 승인 자료로 쓰임은 물론 바이어들을 만났을 때 제품을 홍보하는 데에도 사용되며 제품 판매 향상을 위해 사전 마케팅에 적극 활용된다. 따라서 목업 결과물은 홍보 브로슈어 또는 광고용 사진 등으로 많이 활용되므로 실제 제품과 같이 빈틈 없이 정밀하게 제작되어야 한다.

Design Process

Step 08

Design Follow-up / Manufacturing

디자인 양산 개발을 위한 감리 과정으로 기구 설계, 금형, 칼라 샘플링과 같은 제조 과정(Manufacturing)상에서 디자인 목업에 구현된 모양과 같이 동일하게 외관 및 표면 마감, 컬러 등을 제대로 살려내도록 설계 엔지니어들과 협의하여 부분적인 디자인을 수정 보완해가는 일종의 검사 단계이다.

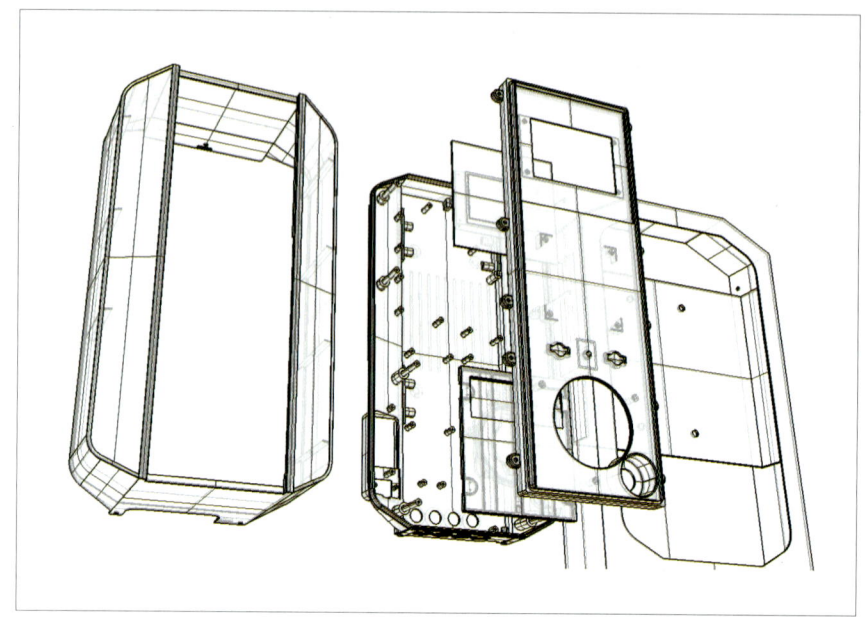

이러한 양산 개발 감리 없이 설계 전문 엔지니어들에게만 개발을 맡겨 놓으면 초기에 디자이너가 의도했던 디자인 콘셉트가 무시될 수 있으며 또한 목업에서 구현된 표면 마감과 같은 세심한 부분 표현이 제대로 구현되지 못할 가능성 매우 크다. 때문에 양산 개발 감리는 제품 디자이너들에게 반드시 책임져야 할 필수 과정이라 할 수 있다.

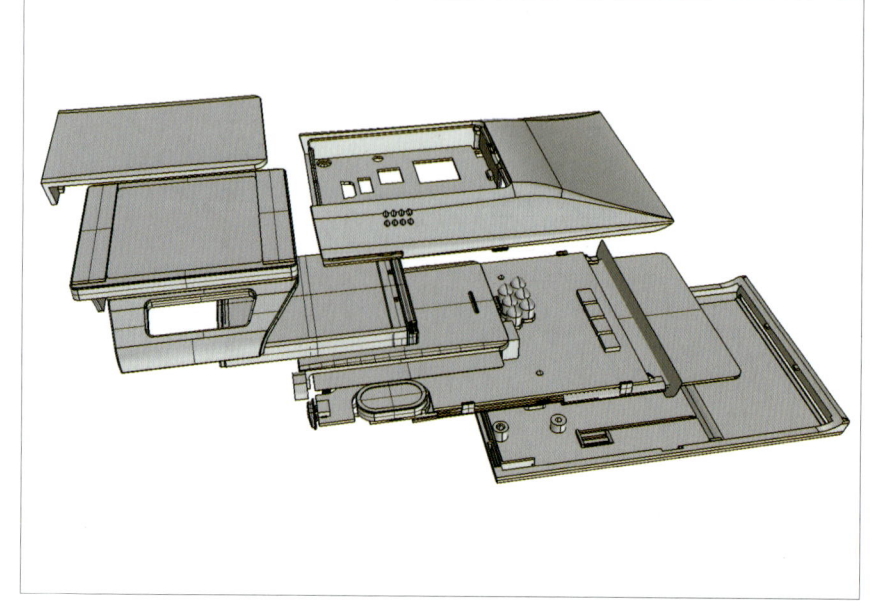

Design Process
Step 09

Design Portfolio / Digital Photographing

제품디자인 및 양산 개발이 모두 완료된 후 시장에 제품이 출시되면 디자이너는 반드시 양산 결과물에 대한 Design Portfolio 정리를 해야 한다. 여러 과정을 거쳐 힘겹게 개발한 최종 결과물인 만큼 최대한 제품 이미지가 돋보이도록 다양한 배경으로 Portfolio 레이아웃을 연출하도록 한다.

가급적 양산 제품의 촬영 작업은 전문 스튜디오에 의뢰하여 고화질의 디지털 카메라로 촬영하는 것이 바람직하며, 포토샵 리터칭을 통해 가장 우수한 화질 상태를 유지해 주도록 한다. 추후에 제품 카탈로그 및 홍보 브로슈어 책자와 같이 인쇄용 이미지로도 활용될 수 있다는 점도 염두에 두자.

Part 2

Rhinoceros 3D 프로그램
기본 학습 과정

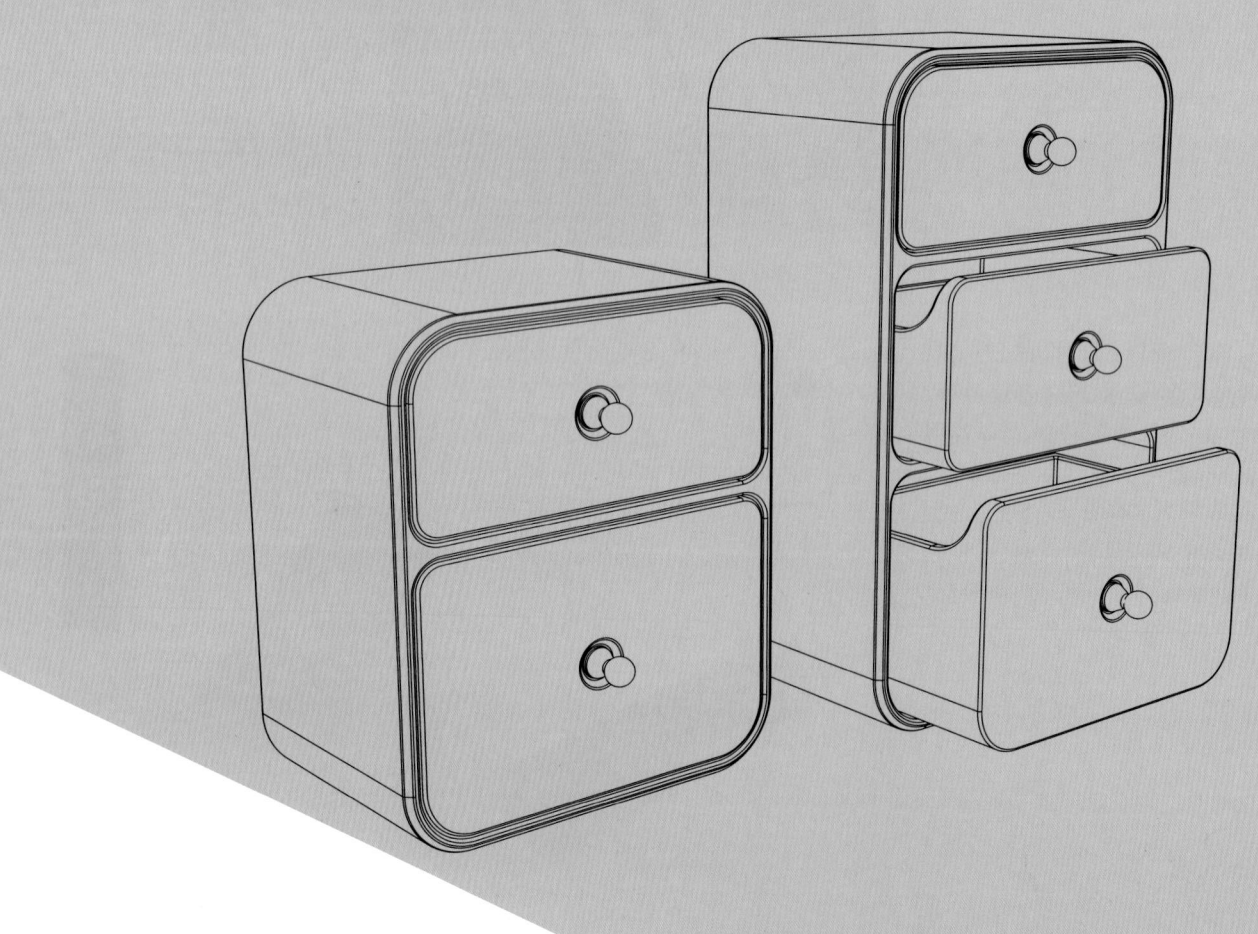

Rhinoceros 3D 프로그램 알아보기
Rhinoceros 3D 프로그램 설치하기
Rhinoceros 3D 사용자 인터페이스
Rhinoceros 3D 활용 전 알아두어야 할 TIP

Rhinoceros 3D 프로그램 알아보기

Rhinoceros 3D는 NURBS MODELING을 기반으로 하는 3D 모델링 전문 프로그램이다.

미국의 ROBERT MC NEEL & ASSOCIATES에서 개발한 Rhinoceros 3D는 수학적으로 가장 진보된 NURBS(Non-Uniform Rational B-Splines) MODELING을 기반으로 하는 전문 3차원 프로그램이며 쉬운 인터페이스와 강력한 서페이스 모델러(Surface Modeler) 기능으로 특화된 소프트웨어로 여타 다른 고가의 3D 프로그램들과 비교해도 손색 없는 3D 모델링 전문 프로그램이다.

 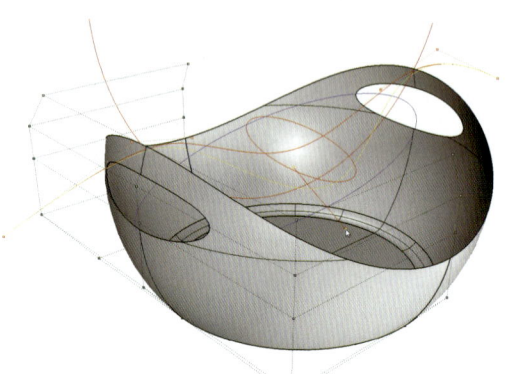

> **참고하세요**
>
> **NURBS(Non-Uniform Rational B-Splines)**
>
> NURBS는 기하학 도형과 같은 일반적으로 분석된 형태와 비정형화된 FREE FORM SHAPES 등의 표현을 보다 정확하게 수학적으로 정의하는 Modeling 방식이다. 특히 변화가 심한 복곡면 등을 유연하게 디자인할 수 있게 해 주며 MESH로서는 표현할 수 없는 복잡한 형태도 간단하게 표현할 수 있다. 다시 말해 NURBS는 시작점과 끝점 사이에 존재하는 제어점(Control Point)이라는 장력점과 편집점(Edit Point)이라고 하는 조절점들을 가지고 사용자가 의도하는 대로 다양한 형태를 만들 수 있는 자유 곡선이라고 보면 된다.

Rhinoceros 3D는 산업디자인 분야의 실무와 학교 교육에 매우 적합한 프로그램이다.

Rhinoceros 3D는 Autodesk사의 ALIAS에서 사용하는 POWER MODELER의 뛰어난 기능을 그대로 유지하면서 AUTOCAD의 2D 활용 기능과도 매우 유사하므로 AUTOCAD를 배운 유저들에게는 더더욱 쉽게 마스터할 수 있는 장점이 있다. 따라서 제품, 가구, 주얼리 등 산업디자인 전반에서 활용 빈도가 높아가고 있으며 최근 들어 실무 디자이너의 업무 활용 면에서나 학교 강의용 소프트웨어로 라이노 3D의 필요성을 강조하고 있다.

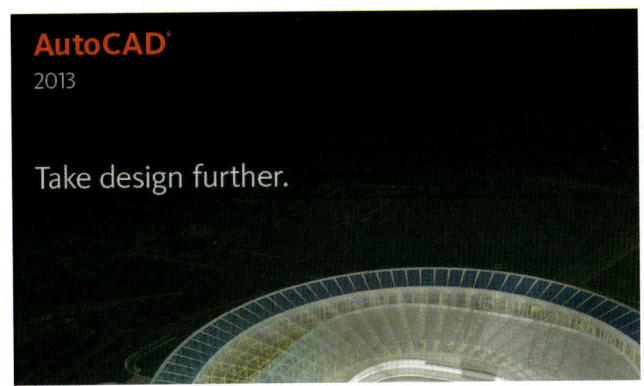 

이미지 출처 : http://usa.autodesk.com/

Rhinoceros 3D 또 하나의 장점은 탁월한 경제성과 대중적 합리성이다.

Rhinoceros 3D는 다른 3D 소프트웨어들보다 프로그램 가격이 매우 저렴하며, 프로그램이 차지하는 공간이 적으면서도 셀러론 계열 CPU를 가진 펜티엄 급 PC사양에서도 빠른 실행 속도를 보여주는 놀라운 경제성을 가지고 있는 프로그램이다. 또한 Rhinoceros 3D는 다양한 분야 여러 사용자층을 대상으로 개발된 프로그램으로, 전문적인 모델링 기능에 충실하되 이외 호환되는 렌더링 관련 툴들은 서드 파티(Third Party)로 제공함으로써 사용자의 선택의 폭을 강화시킨 합리적인 프로그램이다.

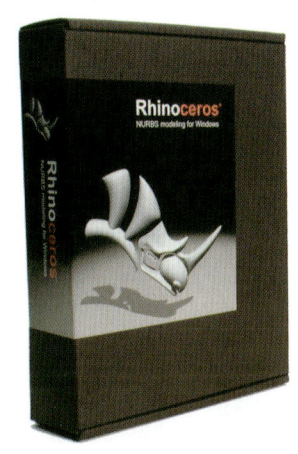 

Rhinoceros 3D로 모델링하고 서드 파티 Raytracing 전문 렌더러로 렌더링한다.

Rhinoceros 3D는 과거 초기 버전상에서 단순한 기본 렌더 기능만 포함된 전문 모델링 프로그램으로만 인식되어 많은 사용자층을 확보하는 데 실패하였다. 하지만 3.0 이후부터 플라밍고를 비롯한 여러 가지 렌더링 엔진이 출시되어 프로그램 내에 PLUG-IN으로 설치되었으며, 최근에는 모델링 작업 후 전문 렌더링 소프트웨어인 V-ray나 Keyshot 등의 렌더러를 활용하는 추세이다. 이에 따라 누구나 만족시킬 만한 실사와 같은 리얼 렌더링 기능으로 유저층을 확대시키고 있으며, 이외에도 최근에는 Penguin, Brazil, Maxwellrender 등과 같은 새로운 렌더링 엔진들이 연이어 출시되면서 완성된 3D 모델의 Raytracing 렌더링 효과와 CMF(Color, Material, Finishing) 품질이 점점 강화되고 있다.

Rhinoceros 3D는 다양한 호환성으로 CAD/CAM 및 PROTO-TYPE 개발에 적합하다.

Rhinoceros 3D는 EXPORT를 통해서 다양한 파일 포맷으로 변환하여 여러 분야에 다양한 용도로 활용되고 있기 때문에 단순히 모니터 화면상에 보여지기만 하는 아트워크 3D가 아니라 오프라인상의 실제적인 DIMENSION을 갖는 매우 실용적인 3D DATA로 이용된다. 특히 디자인 모형을 제작할 경우 1:1 실 치수로 모델링하여 얻은 3D DATA를 CNC와 같은 3차원 가공 장비와 연계시켜 모형(PROTOTYPE) 작업을 정확하고 빠르게 할 수 있다. 최근에는 RP(Rapid Prototype)라는 3D 프린팅 장비가 선보여지면서 라이노 3D와 연계된 실무적 활용이 매우 활발하게 추진되고 있다.

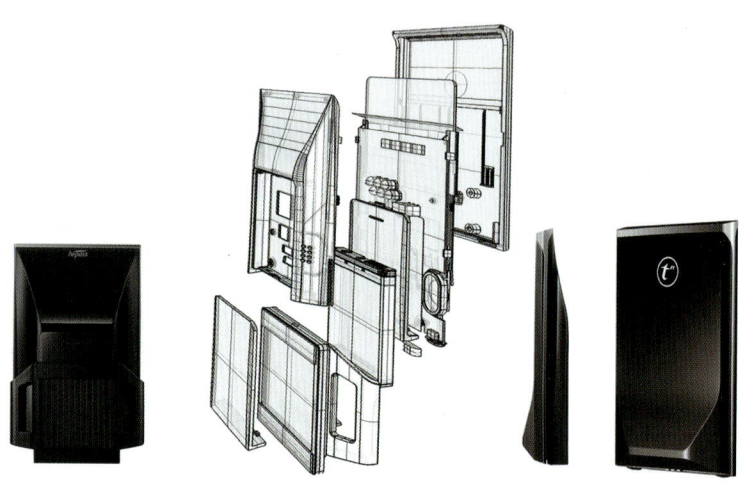

참고 하세요

RP(Rapid Prototype)

R.P(Rapid Prototyping)는 우리가 포토샵이나 일러스트레이터에서 작업한 데이터를 잉크젯 프린터로 출력하는 것과 같이 자신이 디자인한 3차원 모델링 작업을 최종적으로 프린터 버튼만 눌러 주면 3D 입체물을 작업했던 실크기대로 출력해내는 3D 프린터라고 이해하면 쉬울 것이다. 이런 과정은 과거 수작업 환경에서 고도의 숙련된 모델러들의 모형 제작(Mock-up) 방법을 매우 혁신적으로 바꾼 디지털 제작 기술이라 할 수 있다. 때문에 최근 들어 기업이나 학교 등에서 RP 활용에 대해 폭넓은 관심을 가지고 있으며, 이 과정을 도입하기 위해 Rhinoceros 3D 프로그램을 교육하거나 실무과정에 활용하는 기업들이 점점 늘어나고 있다.

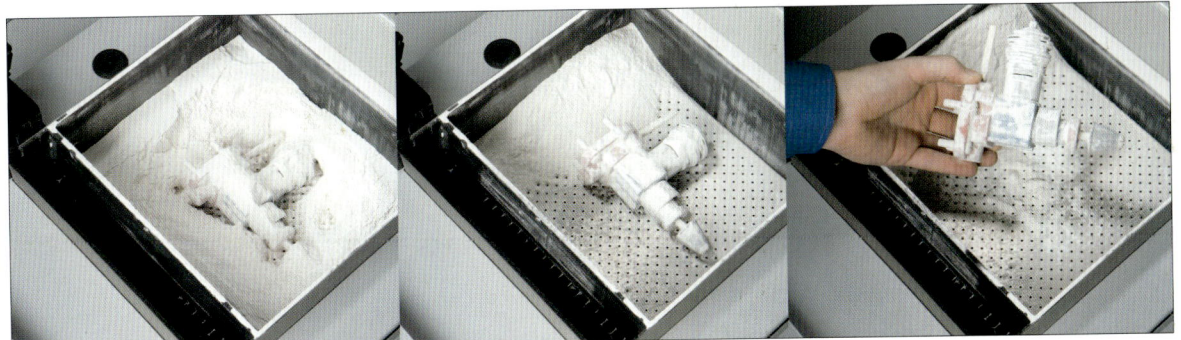

이미지출처 : http://www.ceptech.co.kr

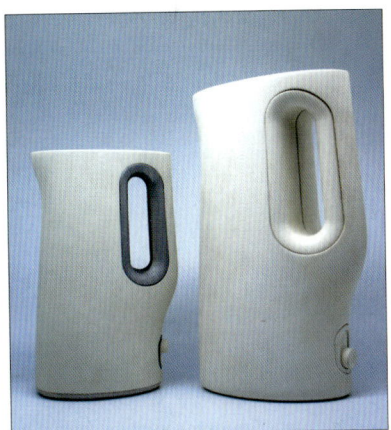
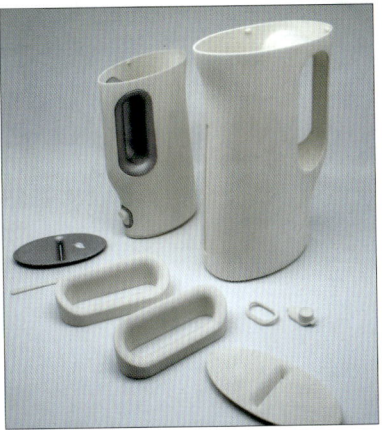

본 서적 리빙제품 실무 모델링 과정에서 제작된 무선포트 모델링 및 RP로 제작된 Prototype 모델

Rhinoceros 3D 프로그램 설치하기

01 먼저 라이노 3D 영문 홈페이지(http://download.rhino3d.com/rhino/5.0/evaluation/download)에 접속한다. 다음은 사용자의 이메일을 입력한 후 Rhinoceros 3D v5.0 한글 평가판을 다운받아 다음과 같이 설치를 시작하도록 한다. (참고로 평가판은 정품과 같이 프로그램의 모든 툴 기능이 사용 가능하나 파일 저장 기능이 25회로 제한되어 있다.)

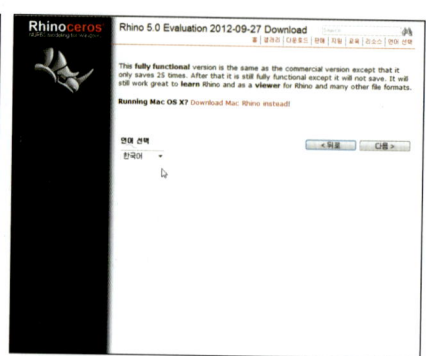
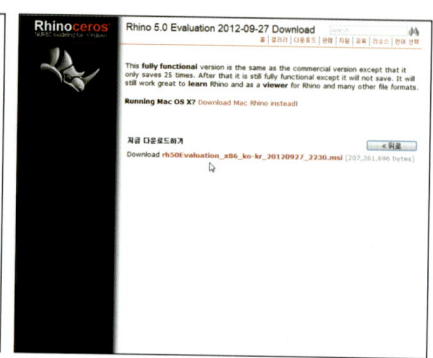

02 라이노 3D 설치 파일을 찾아 실행시키면 라이노 3D 5.0 평가판의 설치를 시작한다는 대화상자가 표시된다. [다음] 버튼을 클릭해 설치를 진행하면 이어서 Robert Mc Neel & Associates사와의 라이노 3D 평가판 사용에 대한 계약 내용을 설명하는 화면이 나오며, 사용권 계약에 동의함(A) 항목을 체크하고 [다음] 버튼을 클릭한다.

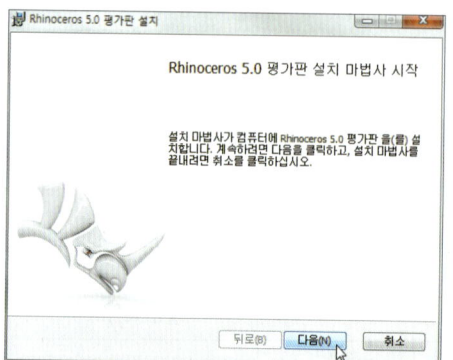
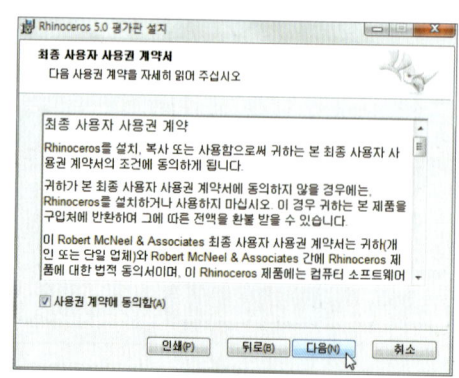

03 다음은 라이노 3D 평가판이 설치될 대상 폴더 설정 화면이 나온다. 기본적으로 설정되어 있는 폴더에 설치하려면 [다음] 버튼을 누르고, 다른 폴더에 설치하려면 [찾아보기] 버튼을 클릭하여 원하는 대상 폴더를 지정한 후 [다음] 버튼을 누른다. 이어 [설치]를 눌러 설치를 진행한다.

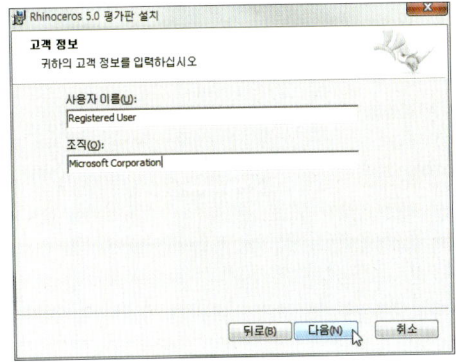 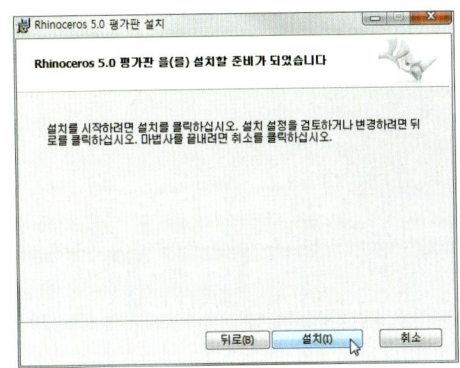

04 라이노 3D 평가판이 지정한 대상 폴더에 설치되고 있는 과정이 보이고 라이노 3D 평가판이 성공적으로 설치되었다는 메시지가 나오면 대화상자를 닫아 설치를 마무리한다.

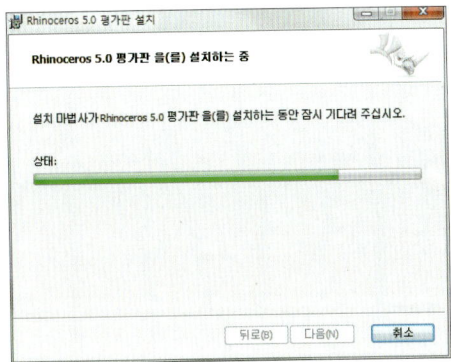 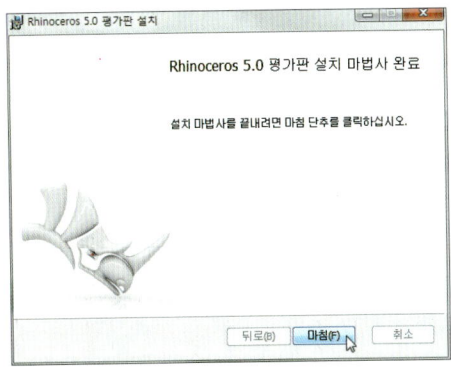

05 설치를 마치고 나면 바탕 화면에 아래와 같은 Rhinoceros 5.0 평가판 아이콘이 설치되어 있음을 알 수 있다. 이어서 라이노 3D 실행 아이콘을 클릭하여 프로그램을 시작한다.

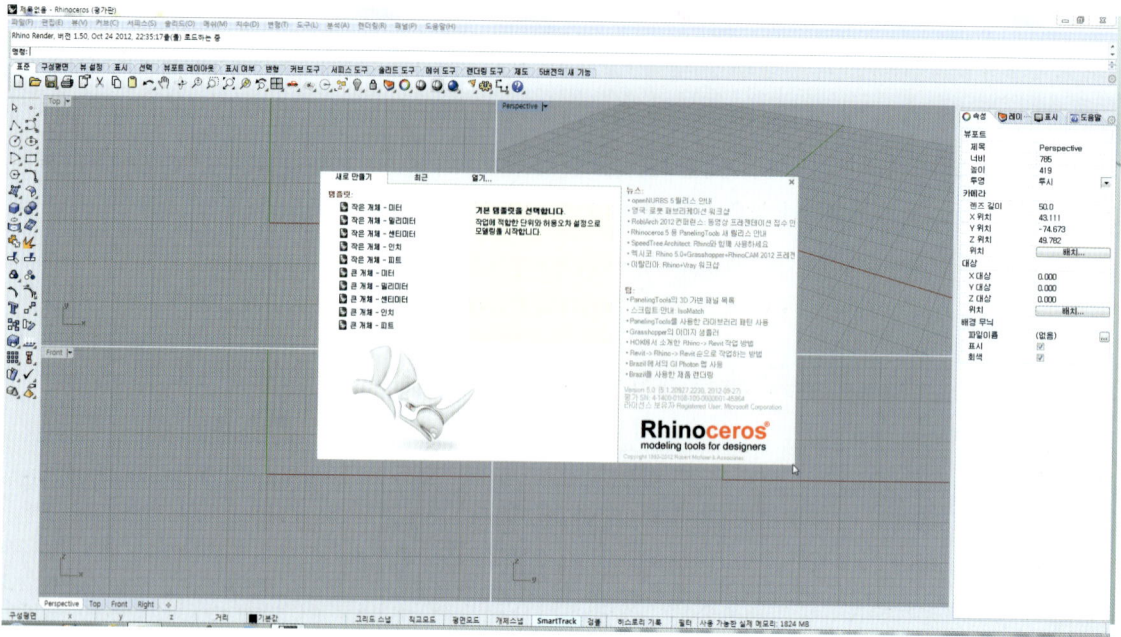

참고하세요

라이노 3D가 점점 사용자층이 넓어지는 이유 중 하나는 지속적인 업데이트를 통해서 보다 안정적인 프로그램을 만들고 있다는 것이다. 다시 말해 서비스 릴리즈를 통해 프로그램의 안정과 추가 기능 등을 제공하고 있다. 때문에 라이노를 사용하는 유저라면 항상 최신 릴리스 된 프로그램 버전을 다운받아 사용하는 것이 바람직하다.

Rhinoceros 3D 사용자 인터페이스

Rhinoceros 3D의 시작 화면의 전체적인 사용자 인터페이스는 상단 타이틀 바(Title bar)를 시작으로, 풀다운 메뉴(Pull Down Menu), 진행 명령 보기창(Command History Window), 명령 프롬프트(Command Prompt), 모델링 툴 탭(Modeling Tool Tap), 사이드 바(Side Bar) 4개의 작업 공간(Work Area), 뷰포트 탭(Viewport-Tap), 상태표시 바(Status Bar), 레이어 바(Layer bar), 토글 바(Toggle Bar) 등으로 아래의 화면과 같이 구성되어 있다.

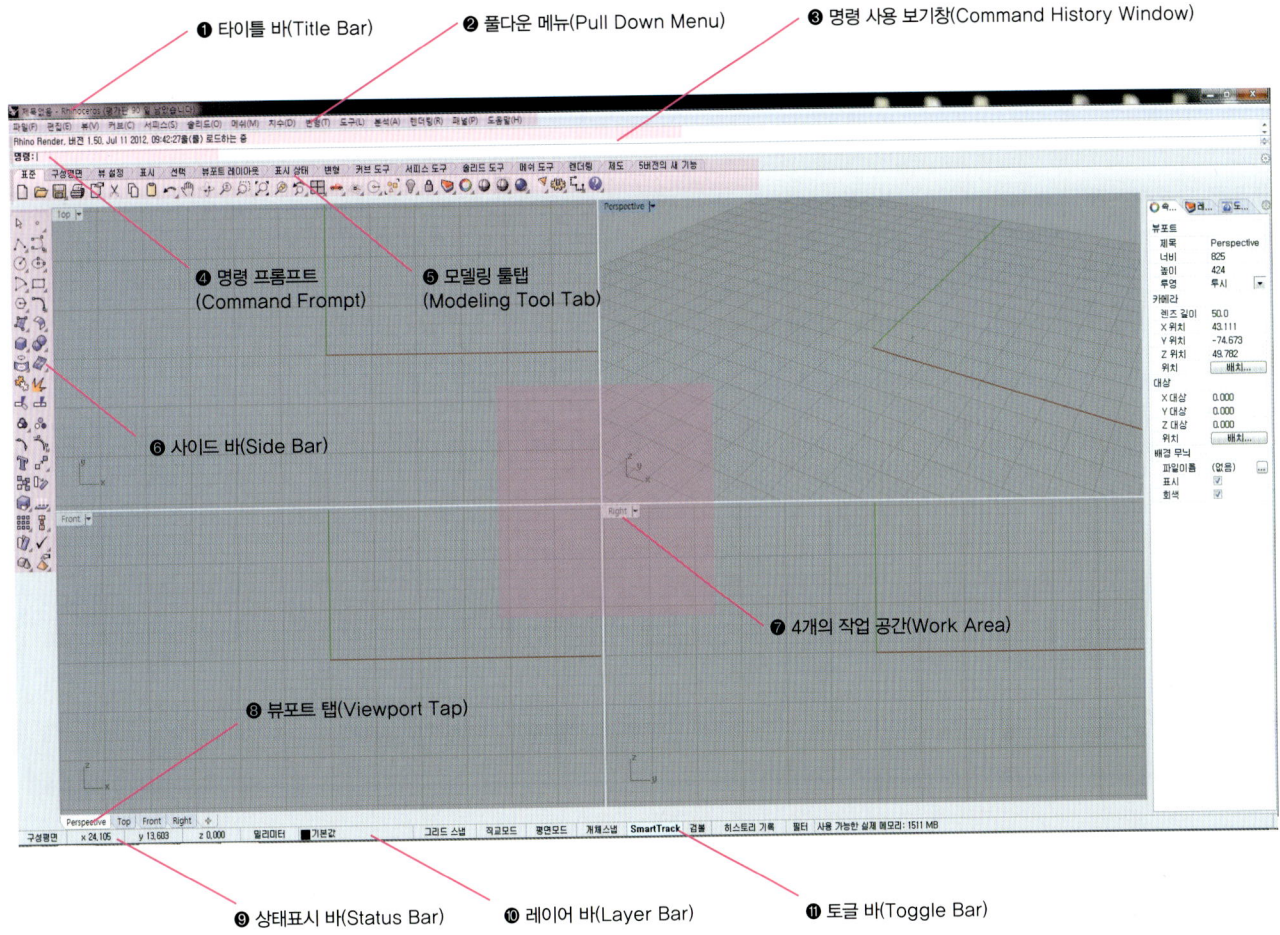

❶ 타이틀 바(Title Bar) : 전체화면 가장 상단에 위치해 있으며 저장명령으로 입력한 모델링 파일의 이름을 나타낸다.

❷ 풀다운 메뉴(Pull Down Menu) : 풀다운 방식으로 라이노의 기본적인 메뉴와 툴 명령들을 텍스트 메뉴로 제공한다. 제공되는 툴 명령들은 모델링 툴 탭 아이콘 메뉴와 동일하게 중복되어 있다.

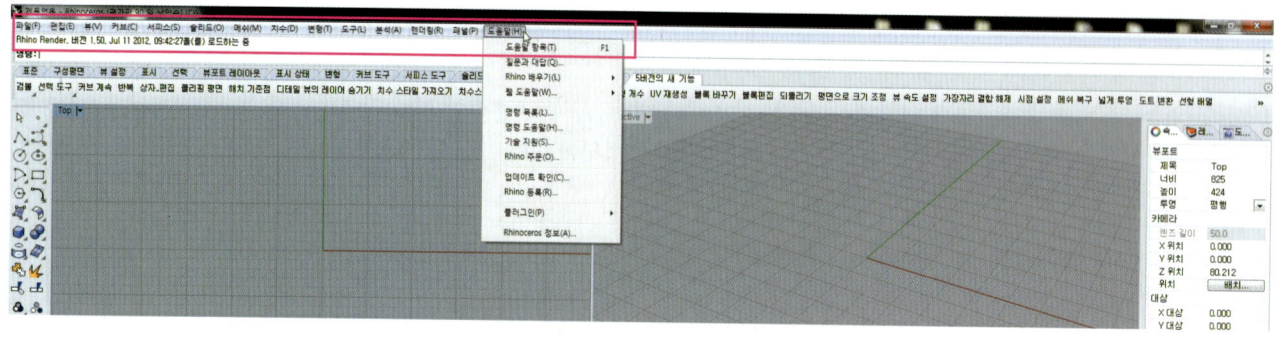

❸ 명령 사용 보기창(Command History Window) : 라이노 모델링 시작부터 완료까지 모든 명령들이 이곳에서 이루어지는, 상황판 같은 기능이다. 다시 말해 사용자가 명령을 입력하면 그 명령에 대한 실행 절차에 대해 상세히 제공해 주는 텍스트 가이드 역할이라고 할 수 있다. 따라서 라이노 3D를 처음 시작하는 사용자들은 이 프로그램을 빠르게 익히기 위해서는 명령 사용 보기창의 내용을 주시하면서 대화식 방법으로 실행된 기능을 이해하며 모델링 해가는 것이 매우 중요하다.

> **참고 하세요**
> 모델링 과정에서 이전에 진행했던 명령 사용 내역들을 다시 보고자 한다면, 키보드의 F2를 눌러 그동안 사용된 상세한 내용을 찾아볼 수 있다.

❹ 명령 프롬프트(Command Frompt) : 키보드를 통해 직접 원하는 명령을 입력하는 공간이며, 모델링 툴 바의 아이콘 명령을 선택하였을 경우 메뉴 선택 상황을 나타내 준다. 일종의 명령 입력의 시작 부분이라고 할 수 있다.

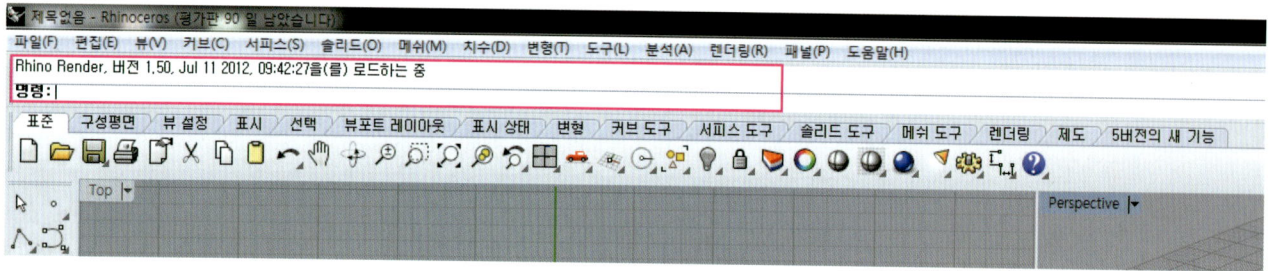

❺ **모델링 툴 탭(Modeling Tool Tab)** : 라이노 5.0 버전에서 가장 새롭게 변화된 부분 중 하나는 바로 탭 형식을 띤 모델링 툴 바 배치이다. 이 모델링 툴 탭은 3D 모델링 편집 작업에 직접적인 기능을 담당하며, 보조적인 표준 기능들로 구성되어 있다. 과거 4.0 버전과 큰 차이 없이 익숙한 툴의 그룹핑과 세부적인 추가 기능을 탭 방식으로 구성하여 사용자 인터페이스를 보다 빠르게 인지시키고 모델링 제작 공간도 효율적으로 사용할 수 있게 하였다.

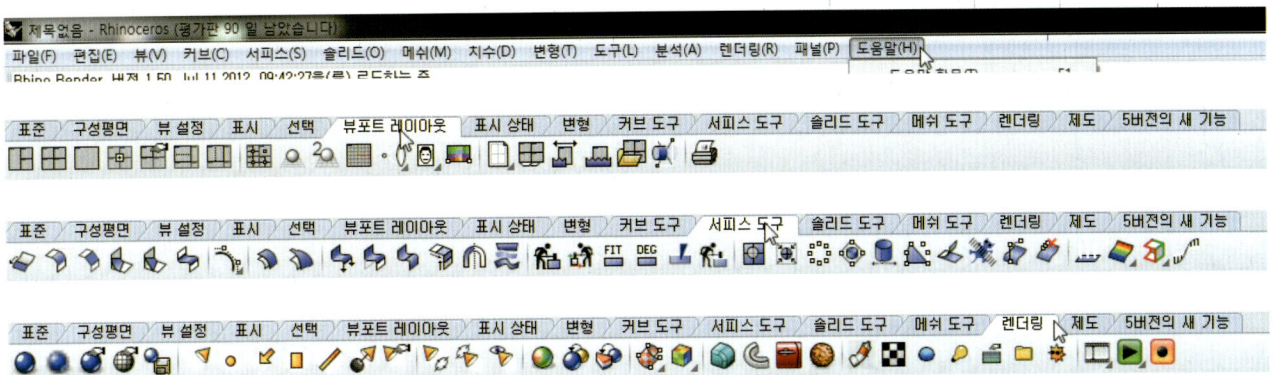

❻ **사이드 바(Side Bar)** : 사이드 바 역시 라이노 5.0 버전에서 새롭게 변화된 공간이다. 위에서 설명한 모델링 툴 탭과 함께 각각의 탭을 선택할 때마다 명령 내용이 같이 연동되며 중요한 편집 역할을 하는 곳이다.

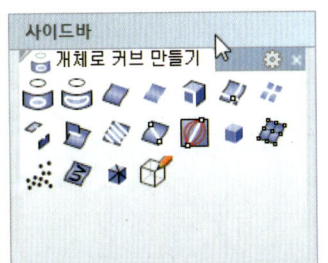

모델링 툴 탭에서 분리된 팝업창을 마우스 드래그 앤 드롭으로 좌측 사이드 바에 붙여놓으면 탭 툴로 활용할 수 있다.

❼ **4개의 작업 공간(Work Area)** : 말 그대로 4개의 뷰화면에서 모델링을 제작하는 공간이다. PERSPECTIVE 뷰포트, TOP 뷰포트, FRONT 뷰포트, RIGHT 뷰포트 등 기본 4개의 작업 공간으로 나누어지며, 각각의 뷰포트 네임 태그가 좌측 상단에 놓여 있다.

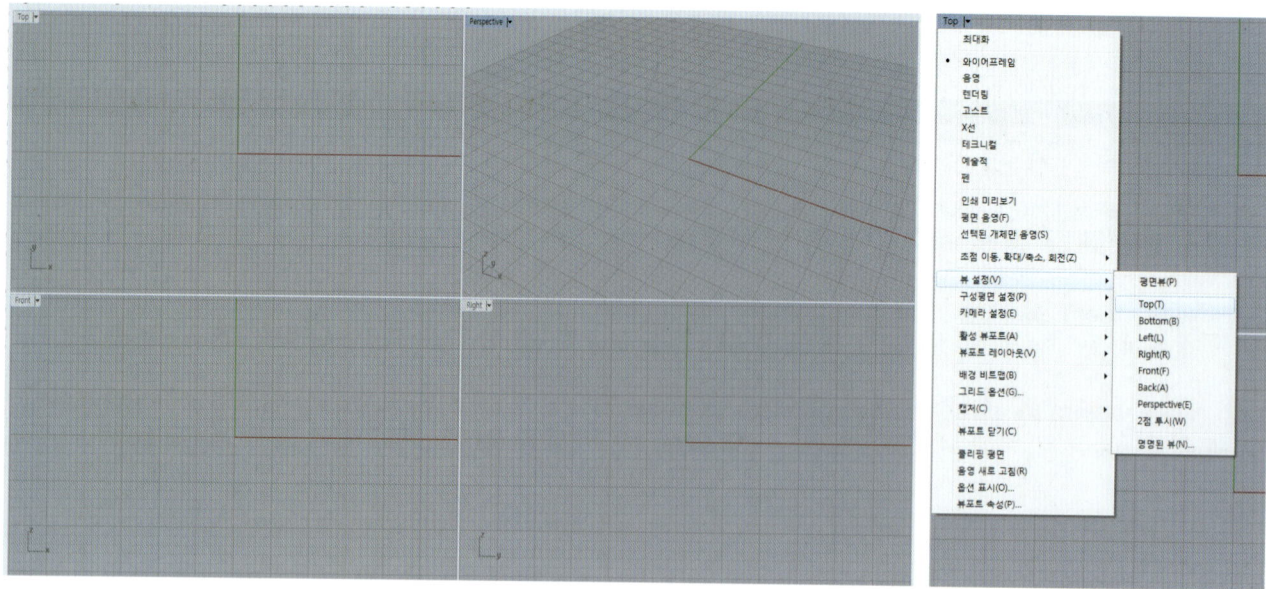

> **참고하세요** 라이노 3D 시작 화면에서 제공된 4개의 뷰포트 외에 다른 뷰포트 화면으로 전환할 경우, 뷰포트 네임 태그에 마우스 포인터를 위치하고 마우스 오른쪽 버튼을 누른 후 [뷰 설정]을 클릭하고 원하는 화면 뷰포트를 선택해 주면 된다.

❽ **뷰포트 탭(Viewport Tap)** : 현재 제작되고 있는 모델링 편집 공간을 나타내는 탭이다. 각 탭을 선택할 때마다 뷰포트가 활성화되고 뷰포트를 나누거나 새로 추가하여 모델링 용도에 맞게 편집할 수 있게 해 준다. 이 외에 작업 중인 모델링 이미지를 각 뷰포트별로 새 레이아웃을 불러와 인쇄 미리보기를 할 수 있어 출력 시 유용하게 활용된다.

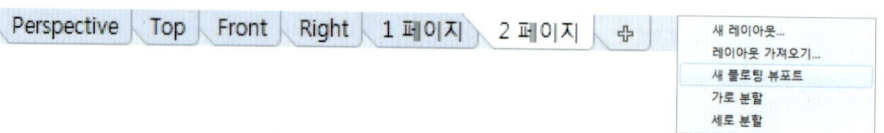

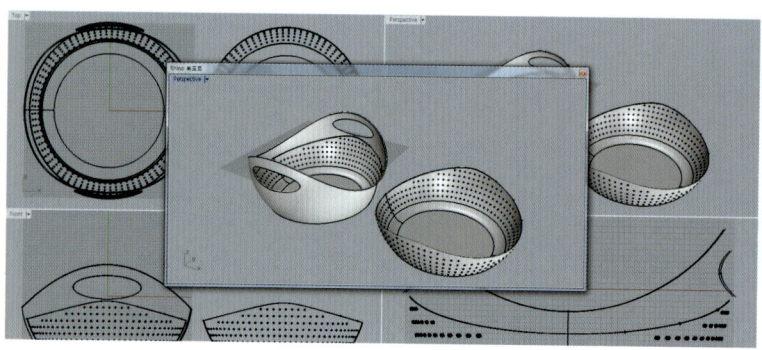

인쇄 미리보기를 위한 새 레이아웃 열기를 클릭하면 프린터 설정과 초기 디테일 뷰의 수를 통해 원하는 뷰포트 화면을 출력할 수 있다.

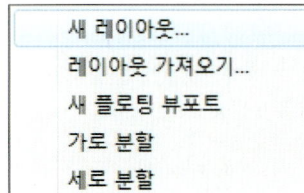
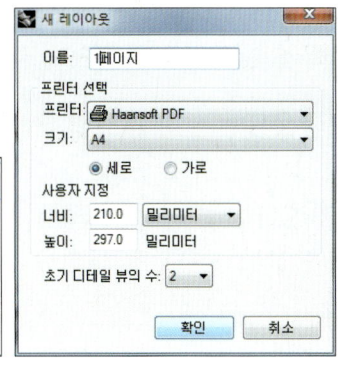
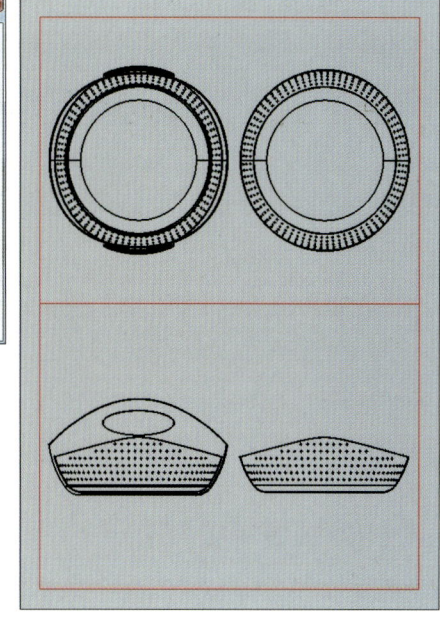

❾ **상태표시 바(Status Bar)** : 작업 공간 구성 평면 그리드의 X축, Y축, Z축 좌표값을 나타내며, 개체 회전 시에 회전각을 표시해 주기도 한다.

| 구성평면 | x 13.566 | y -3.100 | z 0.000 |

❿ **레이어 바(Layer bar)** : 현재 개체에 적용된 레이어의 이름 및 컬러 구분을 표시해 주며 모델링 개체의 레이어 속성을 변경할 수 있는 곳이다.

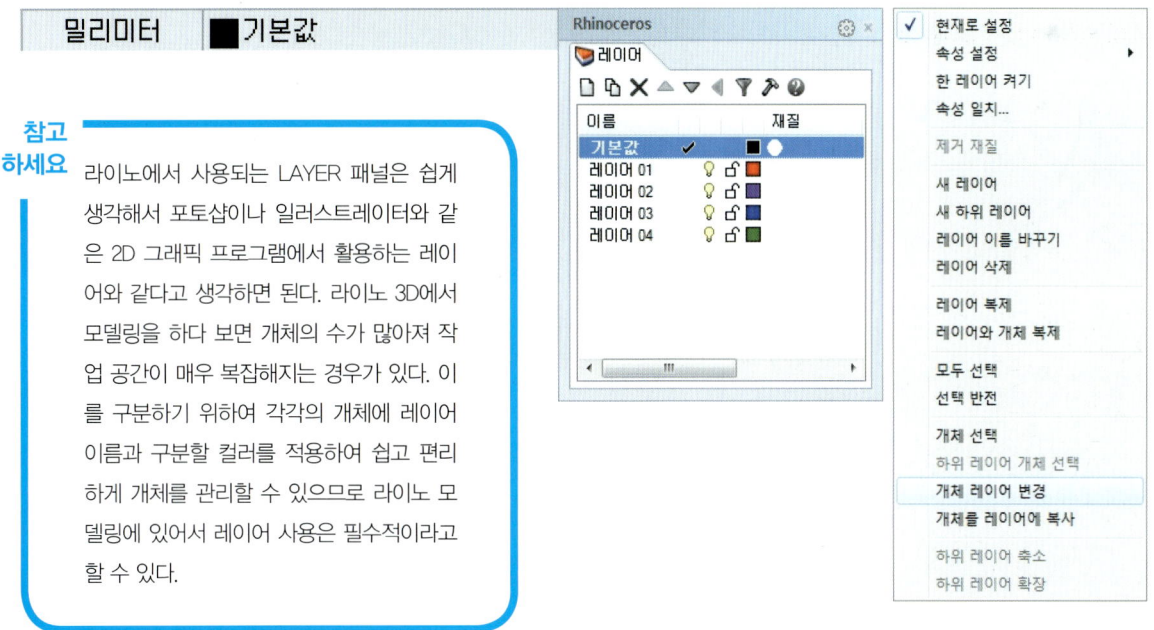

> **참고 하세요**
> 라이노에서 사용되는 LAYER 패널은 쉽게 생각해서 포토샵이나 일러스트레이터와 같은 2D 그래픽 프로그램에서 활용하는 레이어와 같다고 생각하면 된다. 라이노 3D에서 모델링을 하다 보면 개체의 수가 많아져 작업 공간이 매우 복잡해지는 경우가 있다. 이를 구분하기 위하여 각각의 개체에 레이어 이름과 구분할 컬러를 적용하여 쉽고 편리하게 개체를 관리할 수 있으므로 라이노 모델링에 있어서 레이어 사용은 필수적이라고 할 수 있다.

❶ **토글 바(Toggle Bar)** : 모델링 작업 시 쉽고 정확하게 개체를 만드는 데 도움을 주는 직접적인 보조 기능을 한다. 작업 공간에서 그리드 스냅이나 직교(수직수평) 작업, 또는 평면 모드에 의한 작업이나 개체 자체에 마우스 커서를 제한하는 개체 스냅 등을 말한다.

| 그리드 스냅 | 직교모드 | 평면모드 | 개체스냅 | SmartTrack | 검볼 | 히스토리 기록 |

- **그리드 스냅(Grid Snap)**: 각 Viewport 화면에 있는 GRID 바닥에 스냅되는 것을 의미한다. 즉 스냅이 켜지면 그리드에 마우스 커서가 한정되어 움직이므로 정량수치를 적용한 모델링 작업일 경우 많은 도움이 된다. **단축키 명령은** F9 **이다.**

- **직교 모드(Ortho Mode)**: 각 Viewport 화면에서 명령 실행 시 그리드의 각도를 수직, 수평으로 제한하는 것을 의미한다. 즉 개체를 X축 또는 Y축으로 한 방향으로만 이동시키거나 복사시킬 때 많은 도움이 된다. **단축키 명령은** F8 **이다.**

- **평면 모드(Planar Mode)**: 평면 모드는 마우스 커서가 이전에 선택했던 포인트와 같은 평면에 있도록 마우스 커서를 한정한다. 즉 현재 작업 중인 평면은 그 뷰포트의 구성 평면에 평행이 되고, 이전에 선택한 포인트를 통과하게 된다. 평면 모드는 자유로운 곡선과 같은 유기적 커브 명령을 사용하여 평면형 개체를 만들 때 유용하게 사용된다. 즉 커브 생성 시 연속적인 제어점들이 동일한 구성 평면 높이에 한정되므로 편리하다.

- **개체 스냅(Object Snap)**: 라이노 모델링 과정에서 보다 정확하고 신속한 작업을 위해 반드시 필요한 보조 기능이다. 개체의 특정 부분에 제한을 두어 모델링 생성이나 편집 등에 도움을 준다.

- **Smart Track**: 모델링 과정에 생성되는 점이나 공간의 다른 지오메트리, 좌표 축의 방향 등의 다양한 뷰포트에서 필요에 따라 그려지는 임시 참조선 또는 점을 말한다. 실질적으로 모델링 편집상에서 Smart 점에 직접 스냅할 수 있으며, 추적선과 실제 커브와의 교차에서도 스냅이 가능하다. 추적선과 Smart 점은 명령이 실행되는 동안에 표시된다.

- **검볼(Gumball)**: 모델링 개체의 중심을 찾아 검볼 위젯을 표시하고 뷰포트 화면 안에서 이동이나 크기 조정, 회전 변형을 직관적으로 할 수 있어 모델링 작업 속도를 높이고 변형된 결과를 보는 데 편리하게 사용된다.

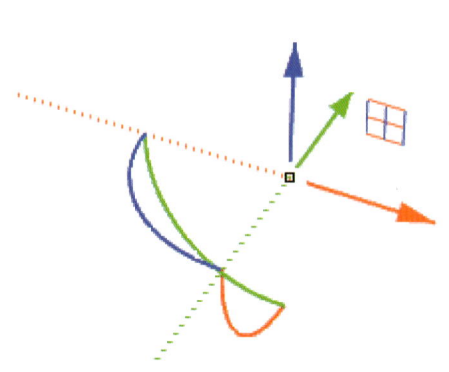
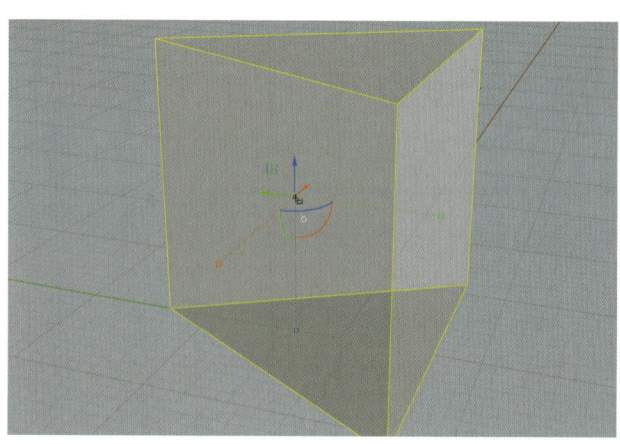

> **참고 하세요**

개체 스냅(Object Snap)

☑ 끝점 ☐ 근처점 ☐ 점 ☑ 중간점 ☐ 중심점 ☐ 교차점 ☐ 수직점 ☐ 접점 ☐ 사분점 ☐ 매듭점 ☐ 정점 ☐ 투영 ☐ 사용 안 함

끝점	개체의 모서리와 같은 끝부분 끝점을 찾아 준다.	
근처점	개체에 마우스 포인터를 위치시켜 가장 가까운 점을 찾아 준다.	
점	개체의 제어점이나 편집점을 찾아 준다.	
중간점	폴리라인, 커브의 중간점을 찾아 준다.	
중심점	원이나 호, 타원의 중심점을 찾아 준다.	
교차점	2개 이상의 개체가 교차하는 점을 찾아 준다.	
수직점	폴리라인이나 커브가 수직이나 수평 90도 만나는 점을 찾아 준다.	
접점	커브의 접선으로 연결 접점을 찾아 준다.	
사분점	원이나 타원의 4등분 점을 찾아 준다.	
매듭점	커브 또는 서페이스 가장자리의 매듭점을 찾아 준다.	
정점	원의 중심점 또는 선의 중간점을 찾아줄 때 정확한 위치로 스냅을 유도한다.	
투영	구성평면에 맞게 투영된 개체 스냅 점을 찾아 준다.	
사용안함	개체스냅 전체를 사용하지 않을 때 켜준다.	

Rhinoceros 3D 모델링 활용 전 알아두어야 할 TIP

라이노 3D를 처음 시작하는 초급 사용자라면 모델링을 시작하기 전에 알아두어야 할 기본적인 마우스 사용과 키보드 활용법 그리고 원활한 모델링 편집을 위한 줌 기능 및 화면제어와 같은 필수적인 활용 TIP들이 여러 가지 있다. 이러한 기초적인 TIP 기능 숙지를 통해서 라이노 3D 학습을 보다 쉽고 빠르게 시작할 수 있다.

1. 개체 선택하기와 해제하기

라이노에서 모델링한 개체를 선택하는 방법 중 가장 많이 쓰이는 방법은 선택하고자 하는 개체를 마우스로 클릭하여 선택하는 방법이다. 여러 개의 개체를 동시에 선택하려면 키보드 Shift 키를 누른 채 하나씩 클릭하여 선택하면 된다. 보다 빠른 선택 방법으로는 화면과 같은 Window Selection과 Crossing Selection 방법이 있다. 선택되었던 개체를 해제하려면 각 뷰포트 화면의 빈 공간을 클릭하거나 키보드 Esc 키를 눌러 해제할 수 있다.

개체 선택(개체를 마우스로 클릭)과 다중 선택(Shift키 + 마우스 클릭)

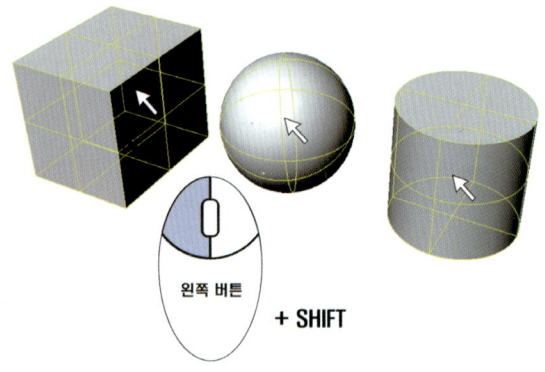

Window Selection(실선 표시) 방법과 Crossing Selection(점선 표시) 방법

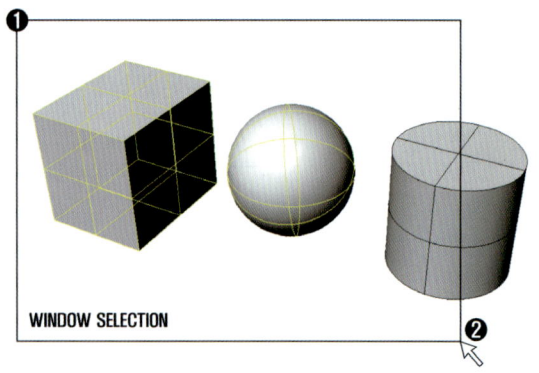
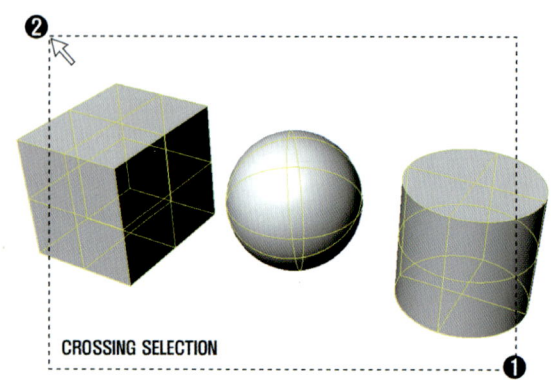

2. 마우스 오른쪽 버튼 및 휠 버튼 사용법

마우스 오른쪽 버튼에 의한 뷰포트 화면 제어 방법

오른쪽 버튼 클릭 & 드래그하면 각 Viewport 화면의 초점 이동이 가능하다.

(PERSPECTIVE Viewport 제외. PERSPECTIVE Viewport 화면상에서만 개체 회전의 기능을 한다.)

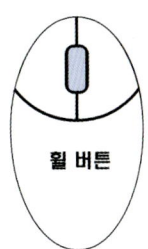

마우스 휠 버튼을 앞으로 밀면 각 Viewport 화면이 확대된다.

마우스 휠 버튼을 뒤로 당기면 각 Viewport 화면이 축소된다.

> **참고하세요** **마우스 오른쪽 버튼으로 명령 반복하기**
>
> 모델링 과정에서 진행된 명령을 다시 반복하려면 뷰포트에서 마우스 오른쪽 버튼을 클릭하면 이전 실행된 명령을 다시 수행할 수 있다.
> 또한 키보드 Enter 키 또는 Spacebar 키를 눌러도 이전 명령 반복 기능을 수행할 수 있다.

마우스 버튼 선택 방법에 따른 아이콘 명령 제어 방법

아이콘	버튼	설명	버튼	설명
🖐	왼쪽 버튼	Viewport 화면의 초점을 클릭 & 드래그하여 이동한다.		
✥	왼쪽 버튼	Viewport 화면의 시점을 회전시킨다.	오른쪽 버튼	Perspective에 설치된 카메라를 클릭 & 드래그하여 회전시킨다.
🔍	왼쪽 버튼	Viewport 화면을 다이내믹하게 확대/축소한다.	오른쪽 버튼	Viewport 화면을 일정 배율로 확대/축소한다.
🔍	왼쪽 버튼	활성화된 Viewport 화면상의 개체를 최적화 크기로 확대한다.	오른쪽 버튼	모든 Viewport의 화면상의 개체를 최적화 크기로 확대한다.
🔍	왼쪽 버튼	Viewport 화면상의 개체를 윈도우 범위만큼 확대/축소한다.	오른쪽 버튼	Viewport 화면을 대상으로 윈도우 범위만큼 확대/축소한다.
🔍	왼쪽 버튼	활성화된 Viewport 화면상에서 다수 개체 중 마우스로 선택된 개체만 확대한다.	오른쪽 버튼	모든 Viewport 화면상에서 다수 개체 중 마우스로 선택된 개체만 확대한다.

↺	원쪽 버튼	Viewport 화면상의 확대/축소의 실행을 취소한다.	오른쪽 버튼	Viewport 화면상의 확대/축소를 재실행한다.
🔍	원쪽 버튼	Perspective Viewport에서 클릭 & 드래그해서 렌즈 길이를 조정한다.	오른쪽 버튼	Perspective Viewport에서 클릭 & 드래그해서 확대/축소를 조정한다.
1:1	원쪽 버튼	Viewport 화면을 1:1 사이즈로 보여준다.	오른쪽 버튼	측정도구 팝업창을 통해 Viewport 화면을 1:1 크기로 조정한다.

마우스 휠 버튼을 통한 팝업창 메뉴 선택

모델링 작업 시 사용자의 편의를 위해 각 Viewport 화면상에서 마우스 휠 버튼을 누르면 자주 사용하는 명령들만 모아 놓은 팝업 아이콘 메뉴가 뜨게 된다. 팝업 메뉴에 다른 명령들을 등록하려면 마우스 옵션에서 휠 버튼의 도구모음을 변경해 주면 된다.

3. 사용자 중심의 유연한 작업 공간 활용

라이노 3D 시작 화면의 기본 작업 공간은 크게 4개로 나눠져 있다. 이를 좌표의 개념으로 구분하여 본다면 X/Y축으로 구성된 TOP Viewport, X/Z축으로 구성된 FRONT Viewport, Y/Z축으로 구성된 RIGHT Viewport, X/Y/Z축으로 구성된 PERSPECTIVE Viewport가 된다. 각각의 Viewport를 전체 화면으로 보고자 한다면 화면 좌측 상단에 있는 Viewport 네임 태그를 더블클릭하면 되고 다시 4개의 화면으로 보고자 한다면 같은 방법을 사용하면 된다.

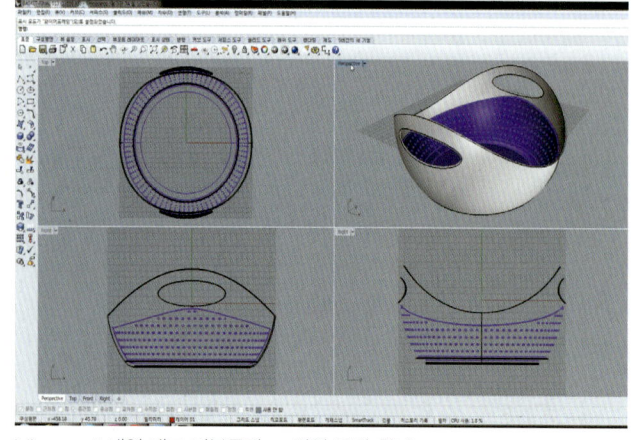

Viewport 네임 태그 더블클릭 → 작업 공간 확대

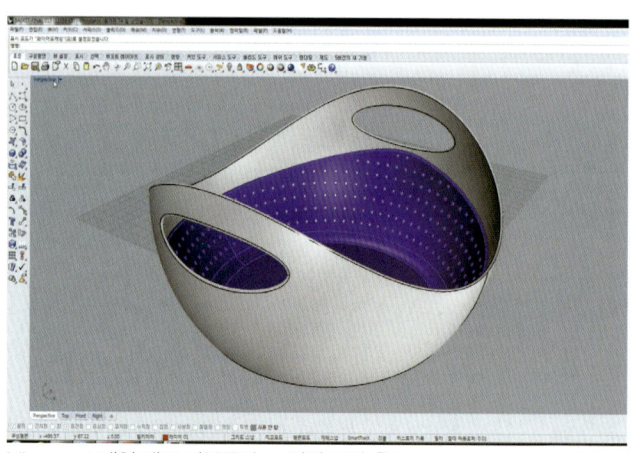

Viewport 네임 태그 더블클릭 → 작업 공간 축소

화면과 같이 4개의 화면이 교차되는 Viewport 중심 경계선 부분을 마우스로 클릭 & 드래그하면, 사용자의 의도대로 작업 공간의 크기를 유연하게 줄이고 늘릴 수 있다. 따라서 이런 기능을 잘 이용하면 모델링 시 신속한 화면 제어가 가능하므로 작업의 효율성을 높일 수 있다.

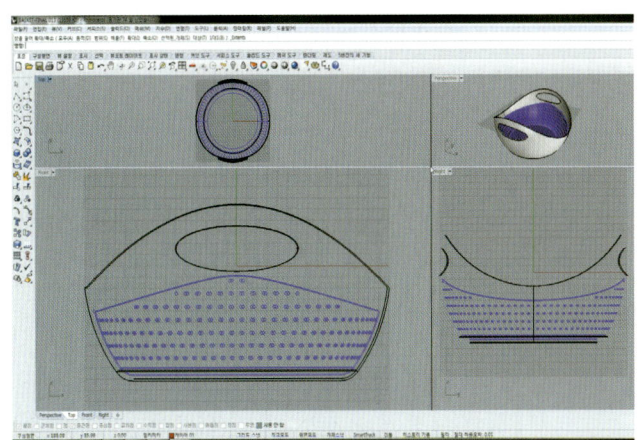 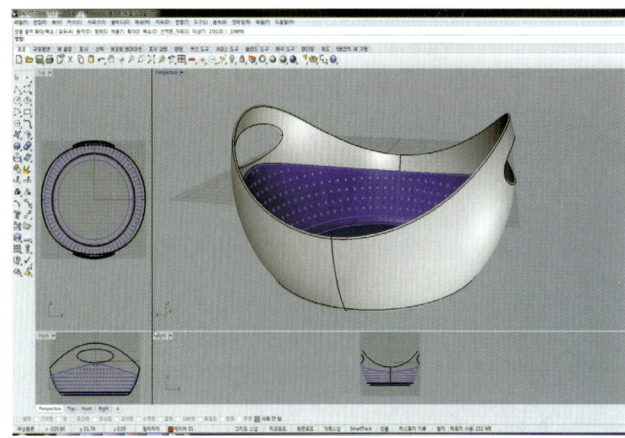

Viewport 중심 경계선 부분을 마우스로 클릭 & 드래그 → 작업 공간 이동(확대, 축소)

 마우스 오른쪽 버튼으로 4 뷰포트 메뉴를 이용하면 전체 뷰포트가 초기 설정 화면으로 최적화된다.

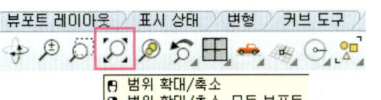 마우스 오른쪽 버튼으로 4개의 모든 뷰포트 개체의 범위 확대 및 축소를 통해 모델링 작업 공간을 최적화시킬 수 있다.

4. 여러 유형의 Viewport 화면 표시 모드

각 Viewport마다 모델링 개체의 결과를 여러 유형의 화면 표시 모드로 확인할 수 있다. 화면 좌측 상단에 있는 Viewport 네임 태그를 마우스 오른쪽 버튼으로 클릭하면 Viewport 옵션 메뉴가 나타나고 이곳에 다양한 화면 표시 모드가 있다.

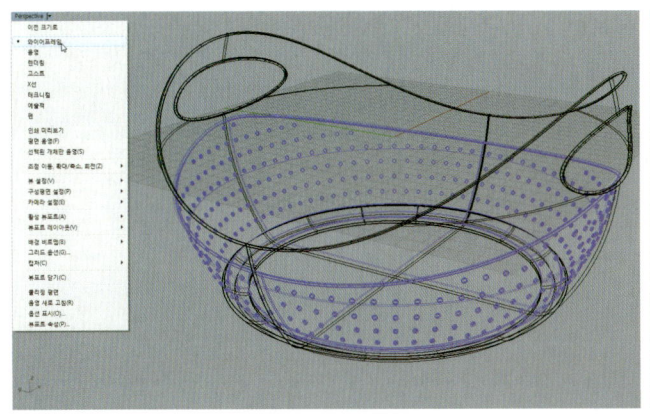 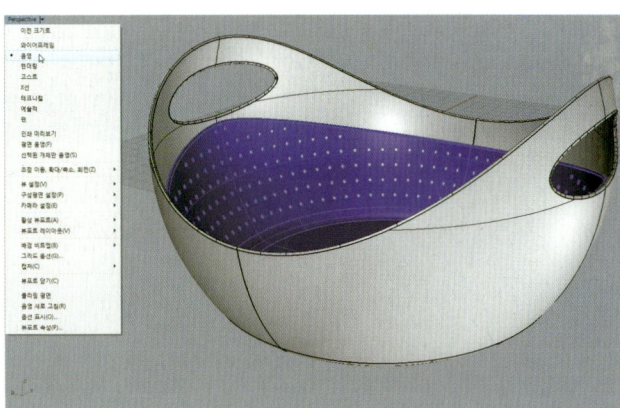

와이어 프레임 모드(선(wire) 상태로 보여주는 표시)   음영 모드(선과 면의 명암을 보여주는 표시)

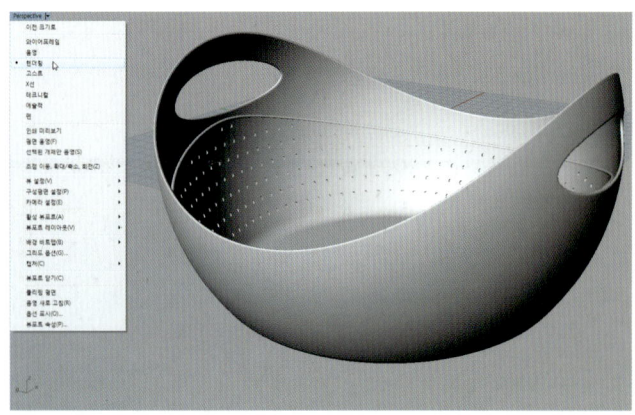
렌더링 모드(렌더 재질의 적용 상태를 보여주는 표시)

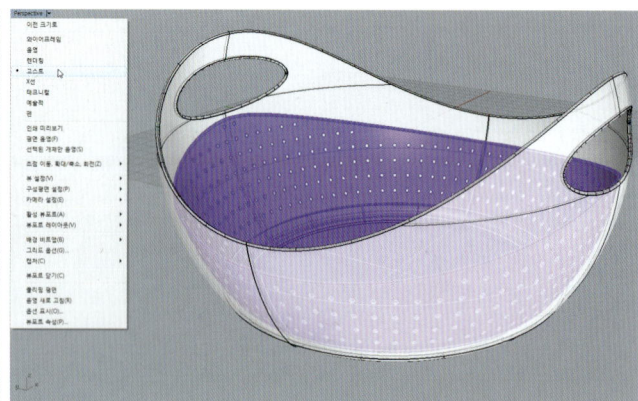
고스트 모드(반투명 상태로 선과 면의 명암을 내부까지 보여주는 표시)

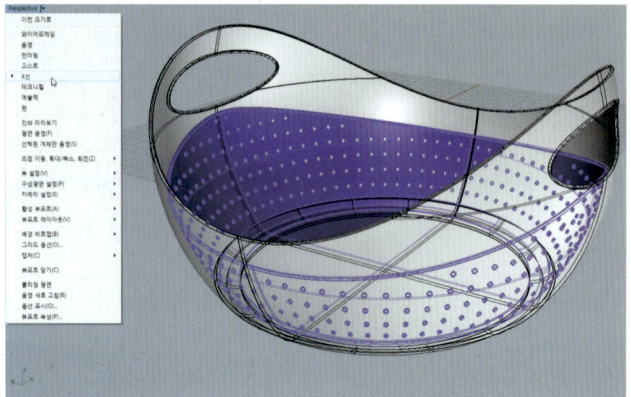
X선 모드(음영이 교차된 부분의 와이어 상태를 보여주는 표시)

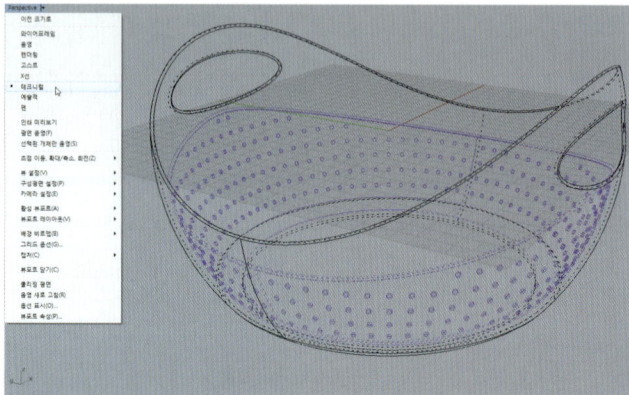
테크니컬 모드(투시도 도면 상태로 실선과 점선을 보여주는 표시)

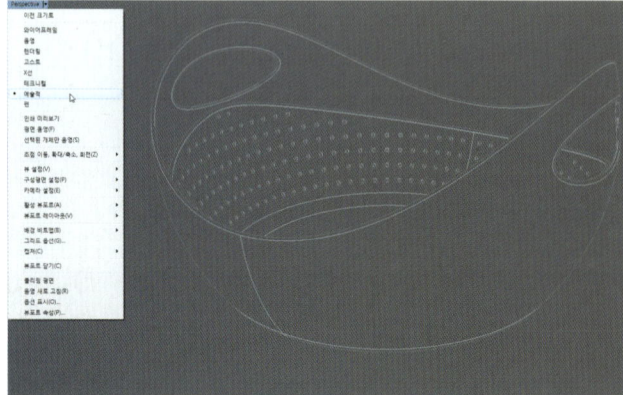
예술적 모드(일러스트 드로잉 표현 같은 예술적 표시)

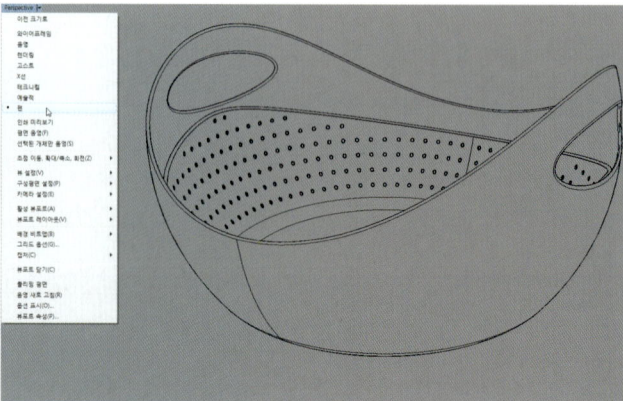
펜 모드(펜으로 그린 선으로만 보여주는 간결한 표시)

5. 모델링 툴바 속의 플라이 아웃 기능

모델링 툴바에 구성된 명령들 중 오른쪽 하단 모서리에 음각으로 들어간 삼각형 표시를 가진 아이콘 명령이 있다. 이 삼각형 표시는 툴바 아이콘 명령 외 서브 명령 그룹을 가지고 있다는 의미로 약 1-2초간 누르고 있으면 관련된 서브 메뉴들이 팝업 메뉴 형식으로 나타난다.

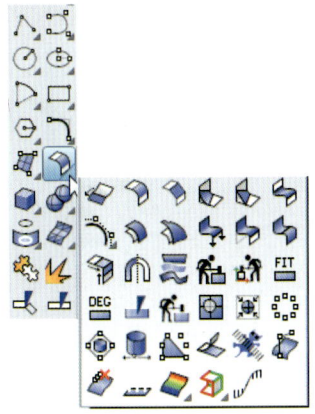

6. 마우스 클릭을 통한 직관적 옵션 선택

모델링 과정에서 툴 명령마다 세부적인 옵션 설정이 필요하므로 명령 입력 창에 나타나는 괄호 안의 옵션 내용을 사용자가 직관적으로 마우스로 선택하거나 밑줄로 표시된 텍스트를 직접 입력하여 선택할 수 있다.

7. 명령 실행 취소(UNDO) 및 명령 다시 실행(REDO)

이 기능은 다른 프로그램들과 마찬가지로 UNDO 기능은 단축키 CTRL+Z로 설정되어 있고 REDO 기능만 CTRL+Y로 되어 있다. 직접 아이콘 메뉴를 선택하는 것보다 키보드 단축키를 활용하는 방법이 모델링 작업 시 편리하다. 라이노 3D에서는 오토캐드와 같이 여러 횟수의 UNDO 기능을 지원한다. UNDO의 횟수 설정은 풀다운 〉 도구 〉 옵션 〉 RHINO 옵션 〉 일반으로 들어가 아래의 화면과 같이 최소 실행 취소 횟수를 입력하면 된다.

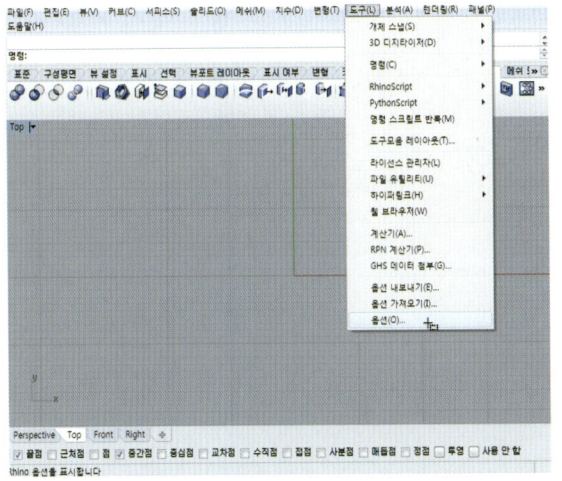
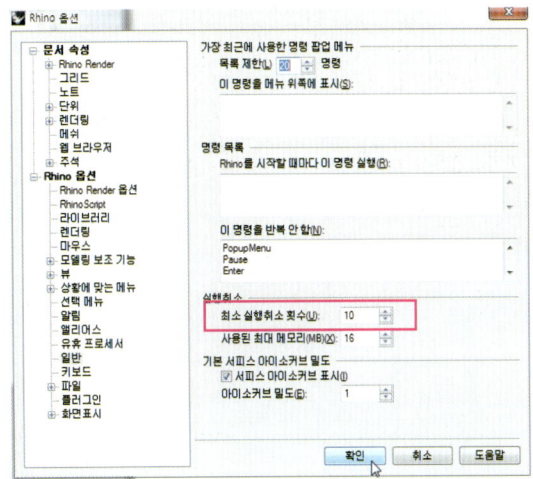

Part 3

2D 기초개념 정리 및 **도면작성 따라 하기**

01. Rhinoceros 2D 과정으로 심벌마크 드로잉하기
02. Rhinoceros 2D 과정으로 애플로고 드로잉하기

Rhinoceros 2D 과정으로 **심벌마크** 드로잉하기

INTRO.

심벌 로고와 같은 그래픽 디자인 작업은 어도비 일러스트레이터 혹은 코렐드로우와 같은 전문 그래픽 소프트웨어로 대부분 활용되고 있지만, 라이노 3D에 있는 2D드로잉 툴을 활용한다면 더욱 빠르고 정확한 그래픽 결과물을 만들어 낼 수 있다. 또한 일러스트레이터에서 지원하는 파일 포맷과 호환이 가능하므로 라이노에서 작업된 데이터를 벡터 형식으로 다양하게 편집하여 사용할 수 있다.

01_ Rhinoceros 2D 과정으로 심벌마크 드로잉하기

디자인 제도상의 평면도학을 응용한 심벌 로고 디자인을 스스로 작도해 보는 과정이다. 라이노 3D 프로그램의 2D 기본 명령 툴인 삼각형, 원 명령과 OFFSET, TRIM, ARRAY, HATCH 등의 편집 명령들을 통해서 기본툴 메뉴를 학습하는 기회로 삼아 보자.

01 작업 영역을 TOP Viewport로 활성화한 후 **모델링 툴바〉표준〉사이드 바〉다각형(가장자리) 명령**을 클릭한 다음, 명령 입력창에 표시되는 아래의 진행과정에 따라 그림과 같이 정삼각형을 만들고 이어서 직교모드로 전환한 후 **폴리라인 명령**으로 삼각형 좌측 꼭지점을 시작점으로 y축 방향으로 5mm만큼 직선을 그려 준다.

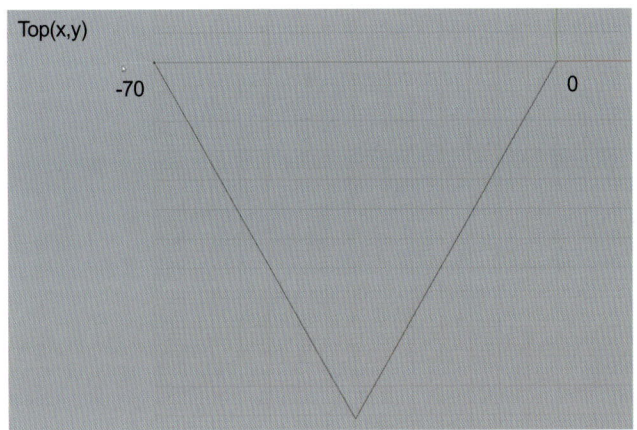

명령: _Polygon
내접 다각형의 중심 (변의_수(N)=6 외접(C) 가장자리(D))_가장자리
가장자리의 시작 (변의_수(N)=5 수직(V)): 변의_수
변의 수 〈5〉: **3 입력 후** Enter
가장자리의 시작 (변의_수(N)=3 수직(V)): **0 입력 후** Enter
가장자리의 끝 (변의_수(N)=3 반전(F)): **−70 입력 후** Enter

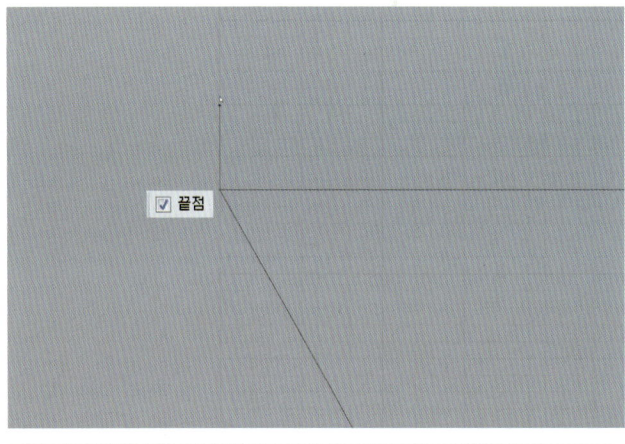

명령: _Polyline
폴리라인의 시작 (닫힘_유지(P)=아니요): **삼각형 좌측 상단 끝점 지정**
폴리라인의 다음 점 (닫힘_유지(P)=아니요 ...): **5 입력 후** Enter

02 삼각형 한 변을 7등분으로 나누기 위해 방금 그린 직선을 선택한 후 **모델링 툴탭〉변형〉직사각형 배열(Arrary) 명령**으로 총 7개의 직선으로 수평 배열한다.

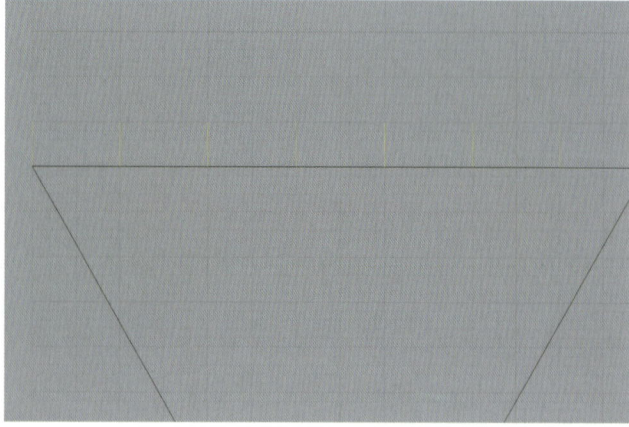

명령: _Array
배열할 개체 선택: **5mm 수직선 선택**
배열할 개체 선택. 완료되면 Enter 키를 누르십시오: Enter
X 방향의 수 〈1〉: **7 입력 후** Enter
X 간격 또는 첫 번째 참조점 (미리보기(P)=예 X방향의_수(X)=7): **10 입력 후** Enter

03 다음은 **모델링 툴탭〉커브도구〉사이드바〉원(Circle) 명령**으로 삼각형 좌측 꼭지점을 중심점으로 시작해 삼각형 한 변을 반지름으로 하는 원을 그려 준다.

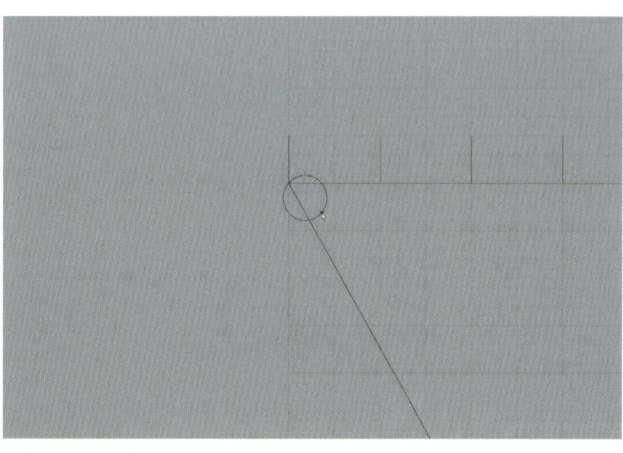
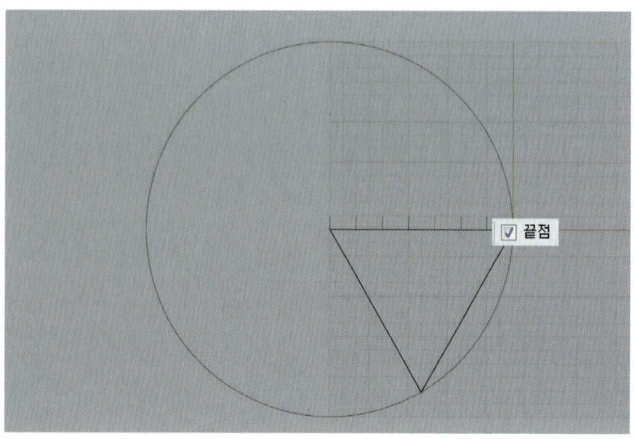

명령: _Circle
원의 중심 (변형가능(D) 수직(V) 2점(P) 3점(O) 접점(T) 커브_주변(A) 점에_맞춤(F)): **삼각형 좌측 상단 끝점 지정**
반지름 〈1.000〉 (지름(D) 방위(O) 원주(C) 면적(A)): **삼각형 우측 상단 끝점 지정**

04 같은 방법으로 그림과 같이 삼각형 하단 꼭지점을 중심점으로 시작해 삼각형 한 변을 반지름으로 하는 **원**을 하나 더 그려준다.

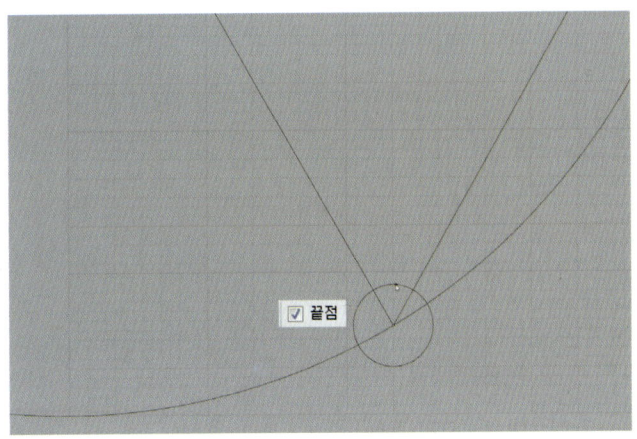
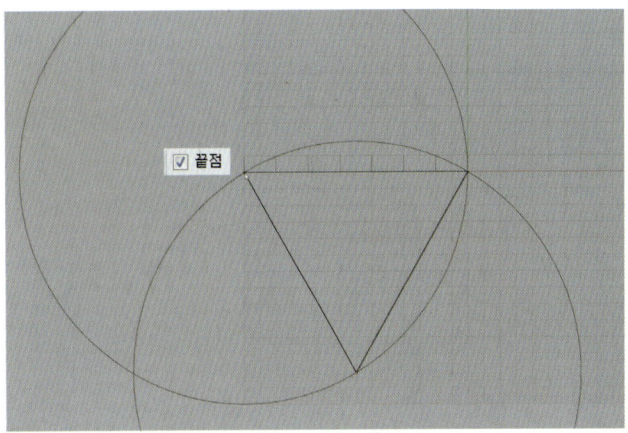

명령: _Circle
원의 중심 (변형가능(D) 수직(V) 2점(P) 3점(O) 접점(T) 커브_주변(A) 점에_맞춤(F)): **삼각형 하단 모서리 끝점 지정**
반지름 <1.000> (지름(D) 방위(O) 원주(C) 면적(A)): **삼각형 좌측 상단 끝점 지정**

05 다음은 **모델링 툴탭>커브도구>커브 간격띄우기(Offset)** 명령으로 삼각형 아랫변에 그려진 큰 원을 5mm 간격으로 또 하나의 옵셋 원을 그려준다.

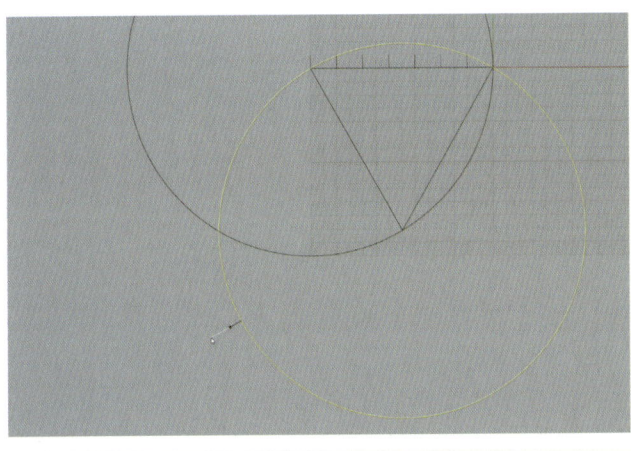
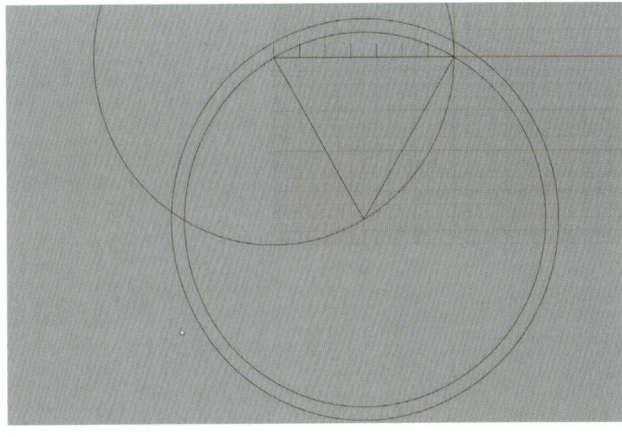

명령: _Offset
간격띄우기 실행할 커브 선택 (거리(D)=100 모서리(C)=모나게 점_통과(T) ....): **삼각형 아랫변에 그려진 원 선택**
간격띄우기할 쪽 (거리(D)=100 모서리(C)=모나게 점_통과(T) ....): **5 입력 후** [Enter]
간격띄우기할 쪽 (거리(D)=5 모서리(C)=모나게 점_통과(T) ....): **원 외곽방향 지정**

06 이번에는 삼각형 좌측 꼭지점을 중심점으로 7등분 중 1등분 거리 값만큼을 반지름으로 하는 **원(Circle)**을 그려 준다. 이어서 방금 그린 작은 원과 큰 원의 교차점을 찾아 중심점으로 하고 삼각형 7등분 중 2등분 되는 지점까지의 거리 값만큼 **원(Circle)**을 그려 준다.

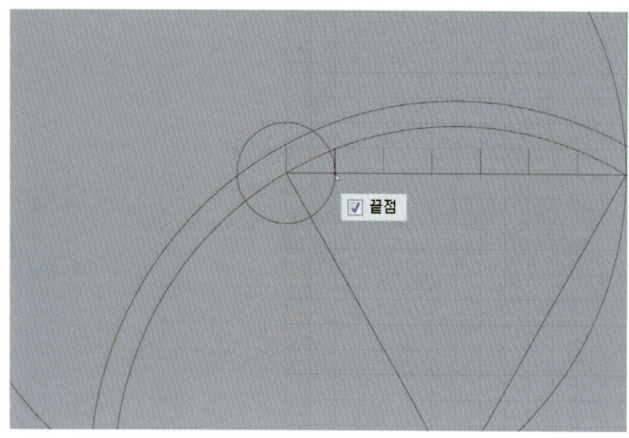

명령: _Circle
원의 중심 (변형가능(D)   수직(V) ...): **삼각형 좌측 상단 끝점 지정**
반지름 〈1.000〉 (지름(D)   방위(O) ...): **7등분 중 1등분 거리 지정**

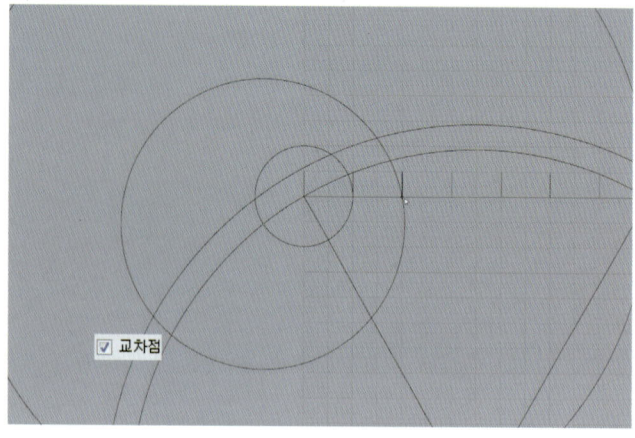

명령: _Circle
원의 중심 (변형가능(D)   수직(V) ...): **두 원의 교차점 지정**
반지름 〈1.000〉 (지름(D)   방위(O) ...): **7등분 중 2등분 거리 지정**

07 Window Selection 방법으로 그려진 모든 개체를 선택하여 그림과 같이 **모델링 툴바〉표준〉사이드바〉트림(Trim)** 명령으로 교차된 삼각형과 원을 정리해 준다.

명령: _Trim
트림할 개체 선택 (선_연장(E)=아니요 가상_교차점(A)=예): **모든 개체**
트림할 개체 선택. 완료되면 Enter 키를 누르십시오 (선_연장(E)=아니요 가상_교차점(A)=예 실행취소(U)): [Enter]
절단 개체 선택 (선_연장(E)=아니요 가상_교차점(A)=예): **불필요한 개체 선택**
절단 개체 선택. 완료되면 Enter 키를 누르십시오 (선_연장(E)=아니요 가상_교차점(A)=예): [Enter]

08 삼각형의 중심을 찾기 위해 그림과 같이 **모델링 툴탭〉커브도구〉사이드바〉폴리라인(Polyline)** 명령으로 2개의 직선을 그려 준다.

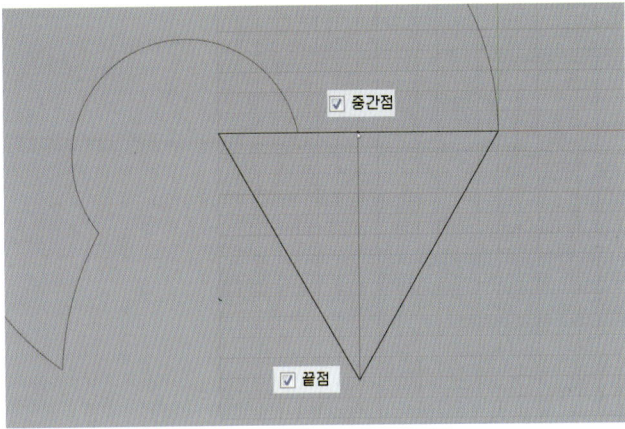 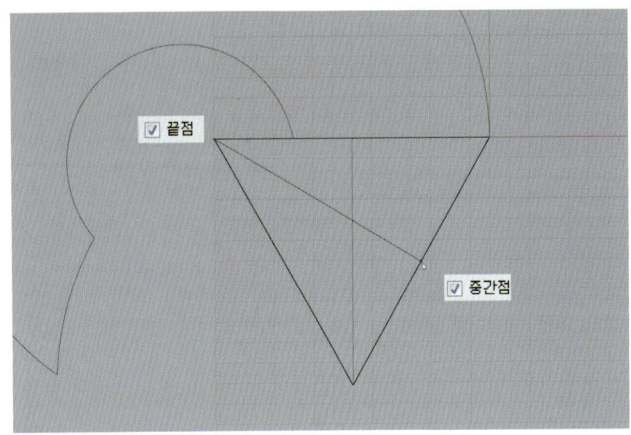

명령: _Polyline
폴리라인의 시작 (닫힘_유지(P)=아니요): **삼각형 하단 끝점 지정**
폴리라인의 다음 점 (닫힘_유지(P)=아니요): **삼각형 하단 중간점 지정**

명령: _Polyline
폴리라인의 시작 (닫힘_유지(P)=아니요): **삼각형 좌측 상단 끝점 지정**
폴리라인의 다음 점 (닫힘_유지(P)=아니요): **삼각형 우측 하단 중간점 지정**

09 아래와 같이 **모델링 툴탭〉변형〉원형 배열(Array Polar)** 명령을 선택하여 심벌의 한쪽 형상을 360도 회전시키며 3개의 형상으로 원형 배열시켜 준다.

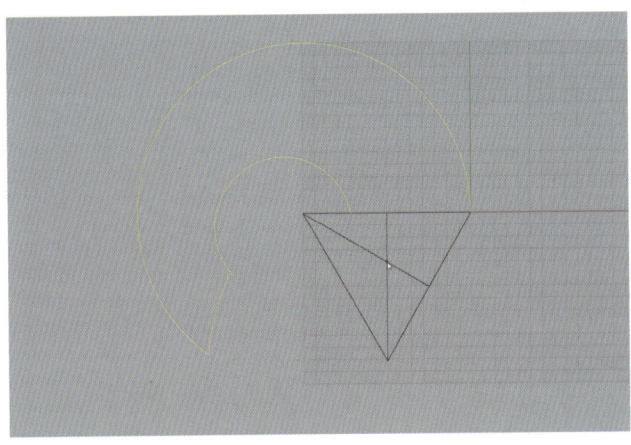 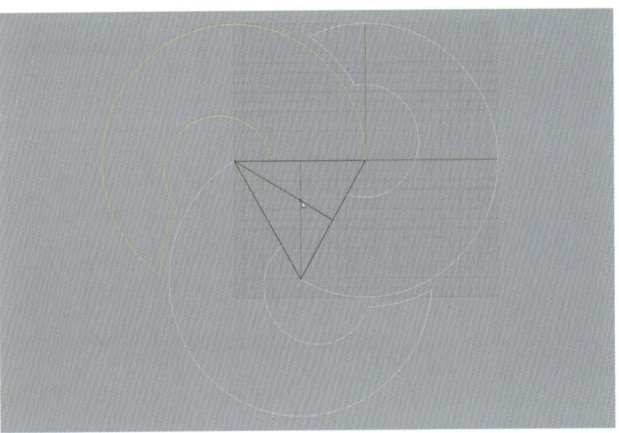

명령: _ArrayPolar
원형 배열의 중심: **삼각형의 중심 교차점 선택**
항목 수 〈2〉: **3 입력 후** [Enter]
채울 각도 또는 첫 번째 참조점 〈360〉 (미리보기(P)=예 스텝_각도(S) 회전(R)=예 Z간격띄우기(Z)=0): **360 입력 후** [Enter]

10 Window Selection 방법으로 그려진 모든 개체를 선택하여 그림과 같이 **모델링 툴바〉표준〉사이드바〉트림(Trim) 명령**으로 교차된 삼각형과 원을 정리해 준다.

 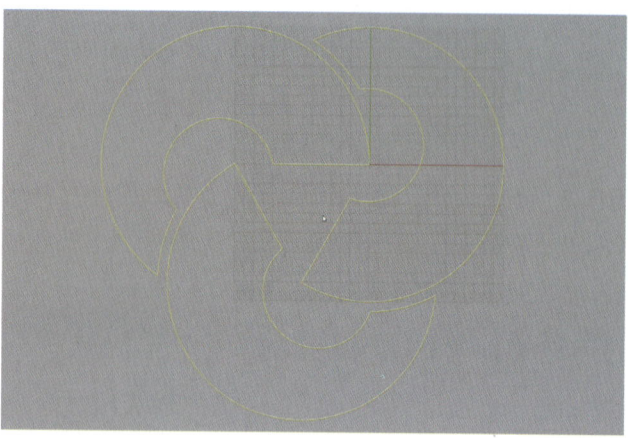

명령: _Trim
트림할 개체 선택 (선_연장(E)=아니요 가상_교차점(A)=예): **모든 개체**
트림할 개체 선택. 완료되면 Enter 키를 누르십시오 (선_연장(E)=아니요 가상_교차점(A)=예 실행취소(U)): [Enter]
절단 개체 선택 (선_연장(E)=아니요 가상_교차점(A)=예): **불필요한 개체 선택**
절단 개체 선택. 완료되면 Enter 키를 누르십시오 (선_연장(E)=아니요 가상_교차점(A)=예): [Enter]

11 심벌 드로잉이 완성되었다. 다음은 **모델링 툴탭〉제도〉해치(Hatch) 명령**으로 솔리드 패턴을 넣어 심벌 내부를 블랙 컬러로 채워준다.

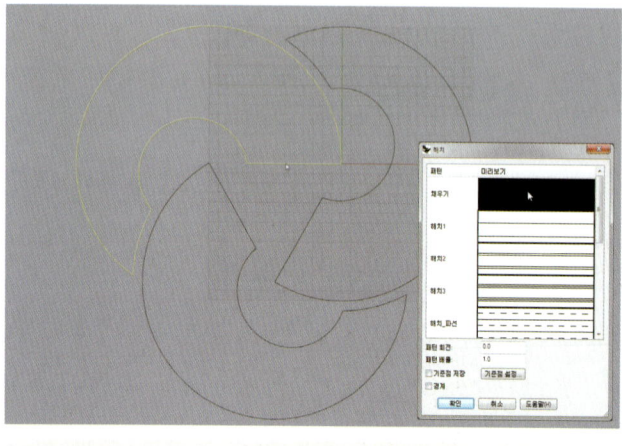 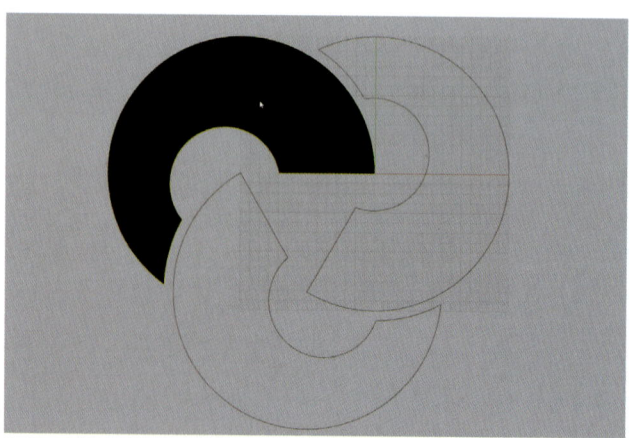

명령: _Hatch
커브 선택 (경계(B)=아니요): **화면과 같이 개체 선택**
커브 선택. 완료되면 Enter 키를 누르십시오 (경계(B)=아니요): [Enter]

12 아래의 결과와 같이 반전된 색상으로 최종적으로 심벌 로고 2D 드로잉 과정이 완성되었다.

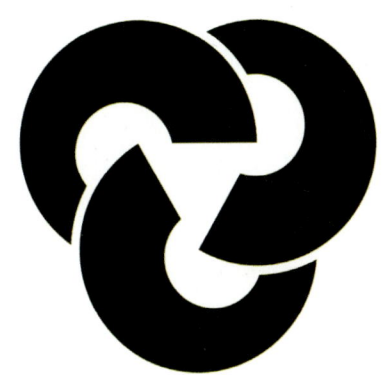

참고하세요

완성된 심벌 로고 2D 드로잉 데이터는 개체 내보내기 명령으로 일러스트레이터 파일 포맷으로 변경하여 추가적인 다양한 그래픽 작업이 가능하다.

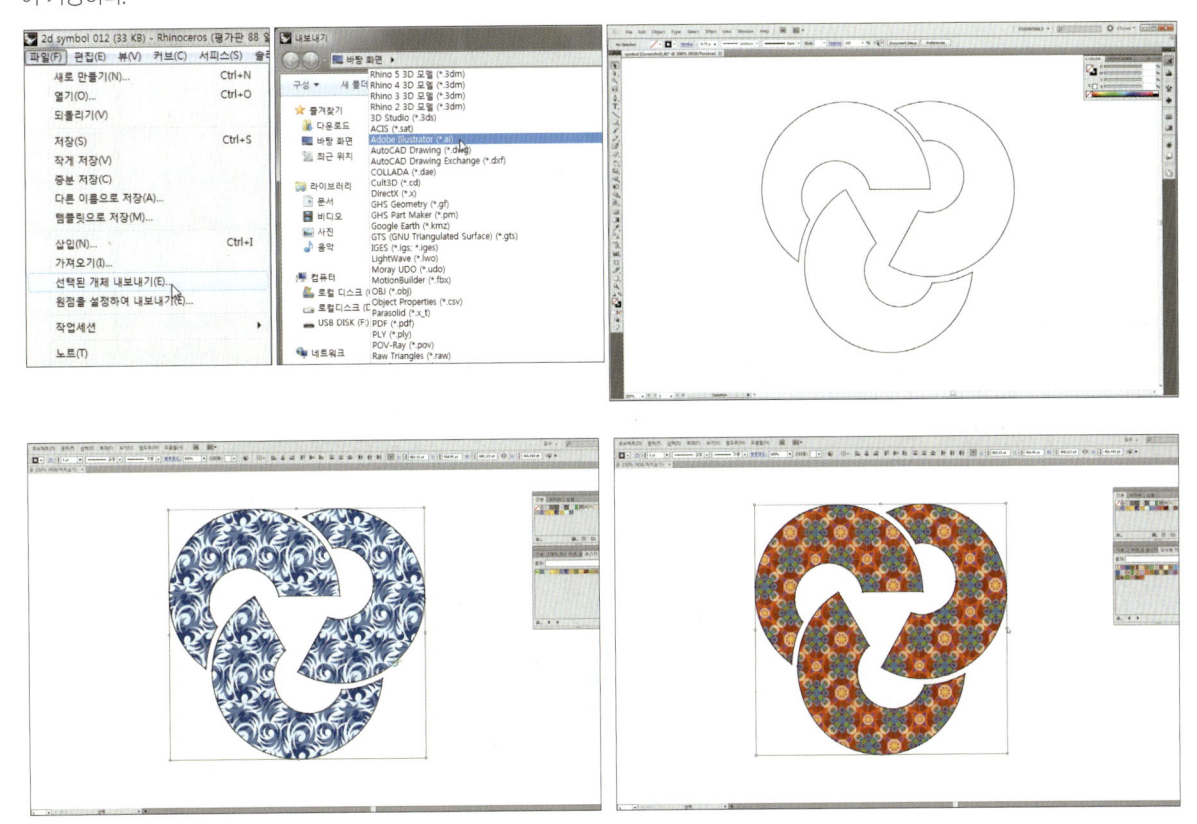

13 다음 과정은 2D 심벌 도면을 3D 입체 이미지로 만들어 보는 과정이다. 먼저 해치 표현을 제거하기 위해 심벌 로고 각 개체를 선택하여 키보드 **Del**키로 모두 지워주면 화면과 같이 커브라인만 남게 된다.

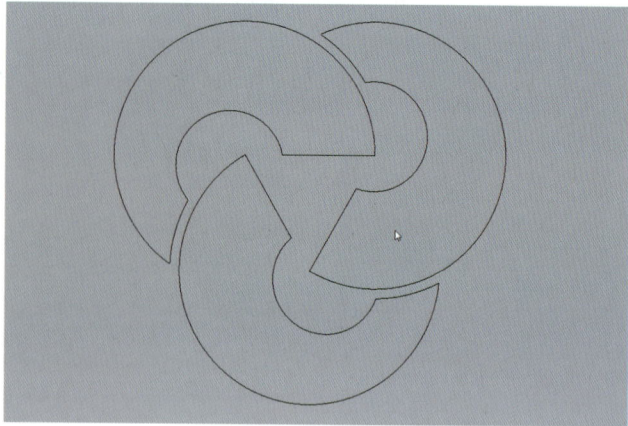

명령: **Delete**

14 다음은 심벌 로고 편집을 위해 **모델링 툴탭〉변형〉복사(Copy) 명령**을 통해 오른쪽 방향으로 또 하나의 사본을 만들어 준다.

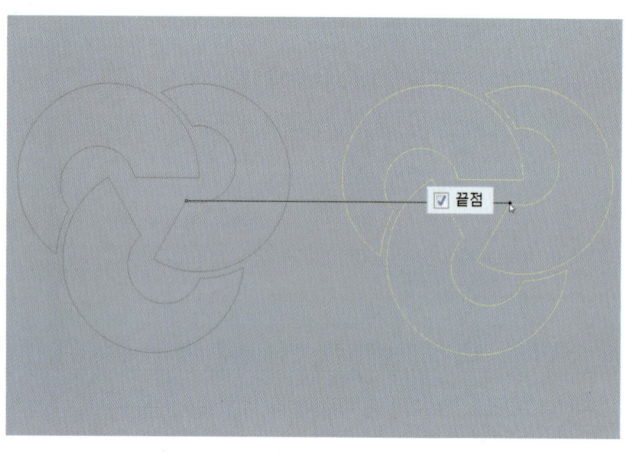

명령: **_Copy**
복사의 기준점 (수직(V)=아니요 원래_위치(I)): **심벌 우측날개 끝점 지정**
복사할 위치의 점: **250 입력 후** Enter
복사할 위치의 점: **클릭**

15 이어서 복사된 사본은 그대로 두고 원본 편집을 해보자. **커브도구〉사이드바〉원(Circle)** 명령을 선택하고 **접점 옵션**을 이용해 원호 3개에 접하는 원을 그려 준다.

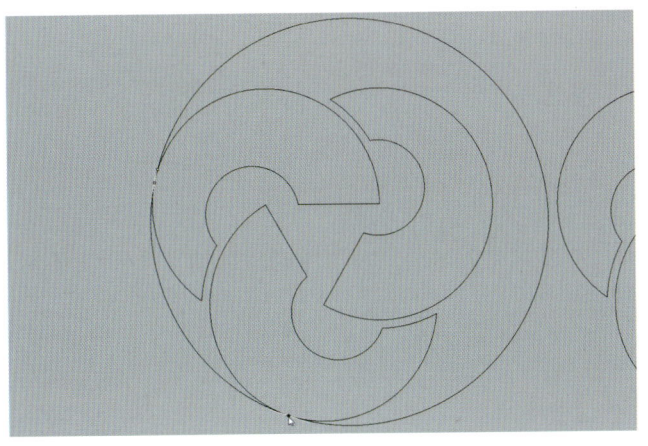 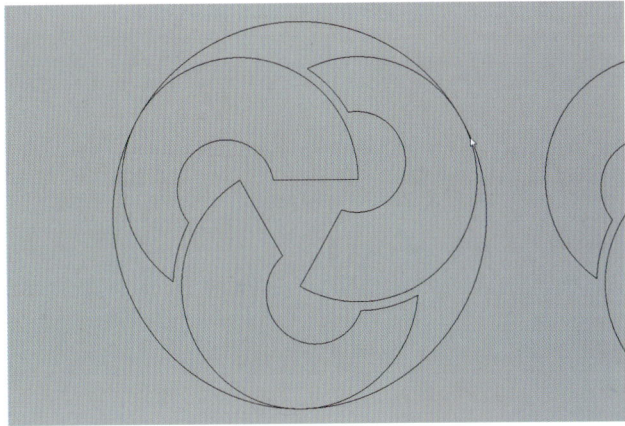

명령: _Circle
원의 중심 (변형가능(D) 수직(V) 2점(P) 3점(O) 접점(T) 커브_주변(A) 점에_맞춤(F)): **접점**
첫 번째 접하는 커브 (점(P)): **심벌 좌측날개 접점 지정**
두 번째 접하는 커브 또는 반지름 <110.415> (점(P) 첫번째_점에서(F)): **심벌 하측날개 접점 지정**
세 번째 접하는 커브. 처음의 두 점으로 원을 그리려면 Enter 키를 누르십시오 (점(P) 반지름(R)): **심벌 우측날개 접점 지정**

16 다음은 **모델링 툴탭〉커브도구〉간격띄우기(Offset)** 명령으로 접점으로 그린 원을 선택하고 10mm 정도 원 외곽 방향으로 간격을 띄워 준다.

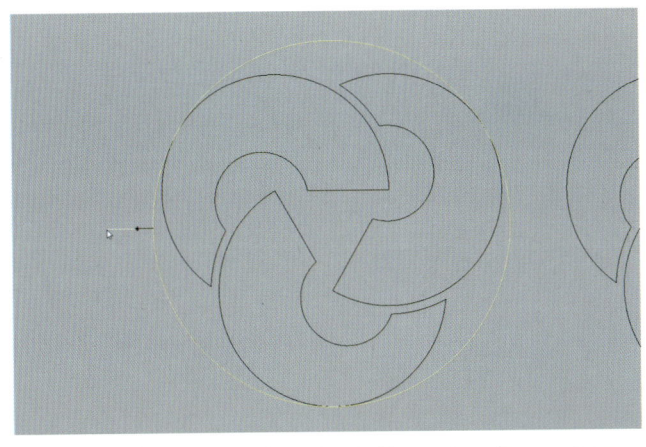 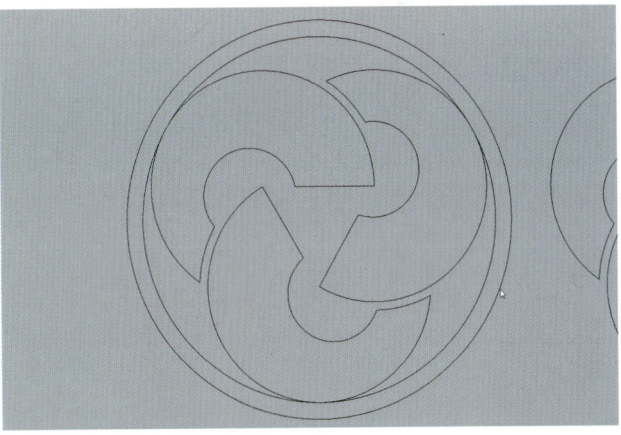

명령: _Offset
간격띄우기 실행할 커브 선택 (거리(D)=3 모서리(C)=모나게 점_통과(T) ...): **접점으로 그려진 원 선택**
간격띄우기할 쪽 (거리(D)=3 모서리(C)=모나게 점_통과(T) 허용오차(O)=0.001 양쪽(B) ...): **10 입력 후** Enter
간격띄우기할 쪽 (거리(D)=10 모서리(C)=모나게 점_통과(T) 허용오차(O)=0.001 양쪽(B) ...): **원 외곽방향 지정**

17 간격띄우기가 마무리되면 기존에 남은 접점 원은 키보드 DEL키로 삭제해 준다.

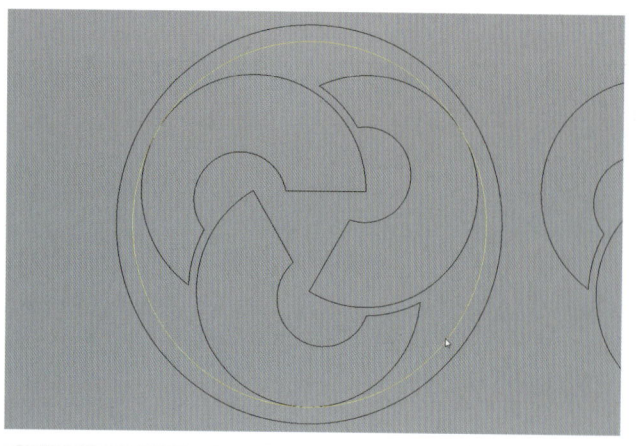
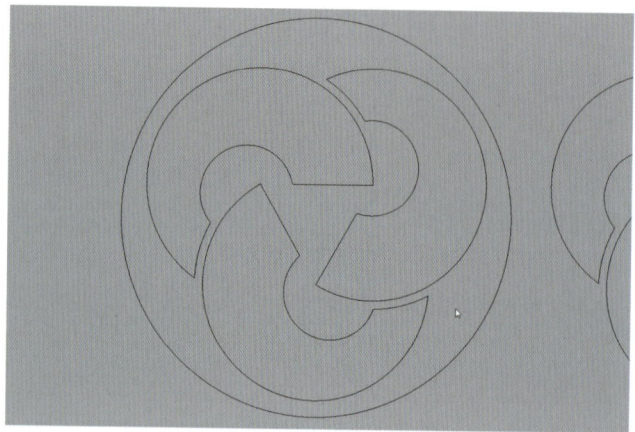

명령: **Delete**

18 마지막으로 심벌 로고 드로잉 모두를 선택하여 **모델링 툴탭〉솔리드 도구〉사이드바〉커브돌출(Extrude)** 명령으로 아래의 화면과 같이 10mm 정도 상단 방향으로 돌출시켜 입체감을 준다.

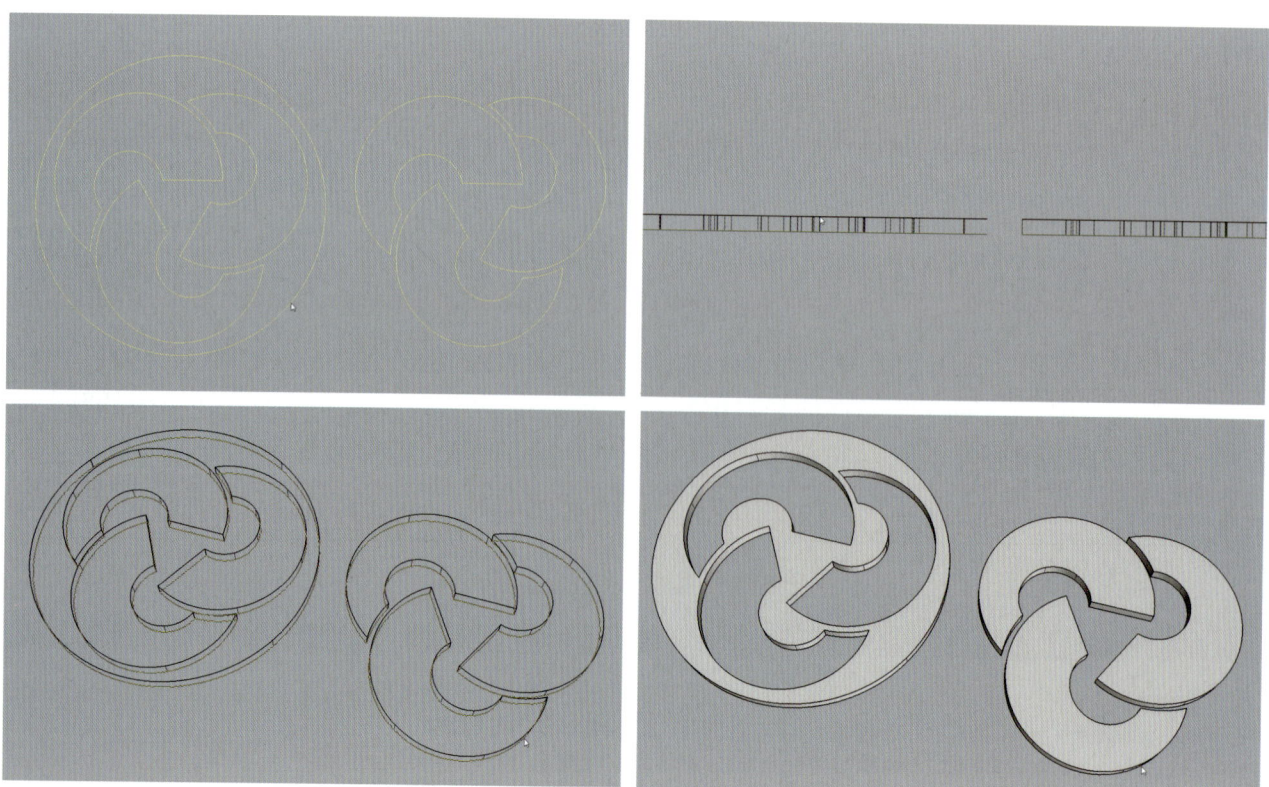

명령: _ExtrudeCrv
돌출시킬 커브 선택: **심벌 로고 드로잉 전체 선택**
돌출시킬 커브 선택. 완료되면 Enter 키를 누르십시오: Enter
돌출 거리 <10> (방향(D) 양쪽(B)=아니요 솔리드(S)=예 원래개체_삭제(L)=아니요...): _Solid=_Yes
돌출 거리 <10> (방향(D) 양쪽(B)=아니요 솔리드(S)=예 원래개체_삭제(L)=아니요 ...): **10 입력 후** Enter

19 최종적으로 해치 패턴과 음영표현을 통해 화면과 같이 심벌 로고의 2D 및 3D 형상이 완성되었다.

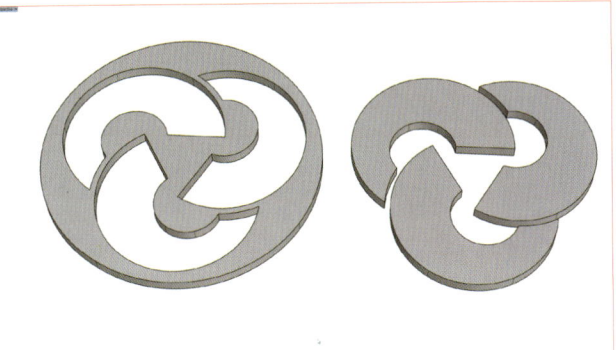

Keyshot 렌더러를 활용한 고급렌더링 연출 이미지

Rhinoceros
2D 과정으로 애플로고 드로잉하기

INTRO.

최근 들어 제품디자인 개발 과정에서 디지털 디자인이라는 혁신적 프로세스를 적용해 감으로써 2D의 평면적 개념보다 3D의 입체적 개념이 더욱 더 강조되고 있다. 하지만 모든 3D 모델링 데이터가 2D 드로잉 도면화 과정을 기초로 하여 전반적인 디자인 설계가 시작되므로 능력 있는 디자이너가 되려면 기본적인 2D 드로잉 역량을 잘 갖추고 있어야 한다.

아이폰과 아이패드로 대표되는 혁신적 IT기술과 디자인을 자랑하는 애플사의 심벌 로고를 드로잉해 보자. 라이노 3D 프로그램을 통해 유기적인 곡선미가 살아 있는 심벌 형상을 아래 제시된 도면 치수 값에 따라 단계적으로 2D 드로잉하게 될 것이다.

● ● ● ●

01 도면 드로잉 작업에 사용될 도면층을 만들기 위해 **모델링 툴탭〉표준〉레이어(LAYER) 명령**을 실행한다. 레이어 팝업창이 뜨면 새 레이어 아이콘을 클릭해 기본 레이어 외에 레이어 2개를 더 추가한 후 각각의 레이어 이름을 중심선과 가상선으로 변경해 준다.

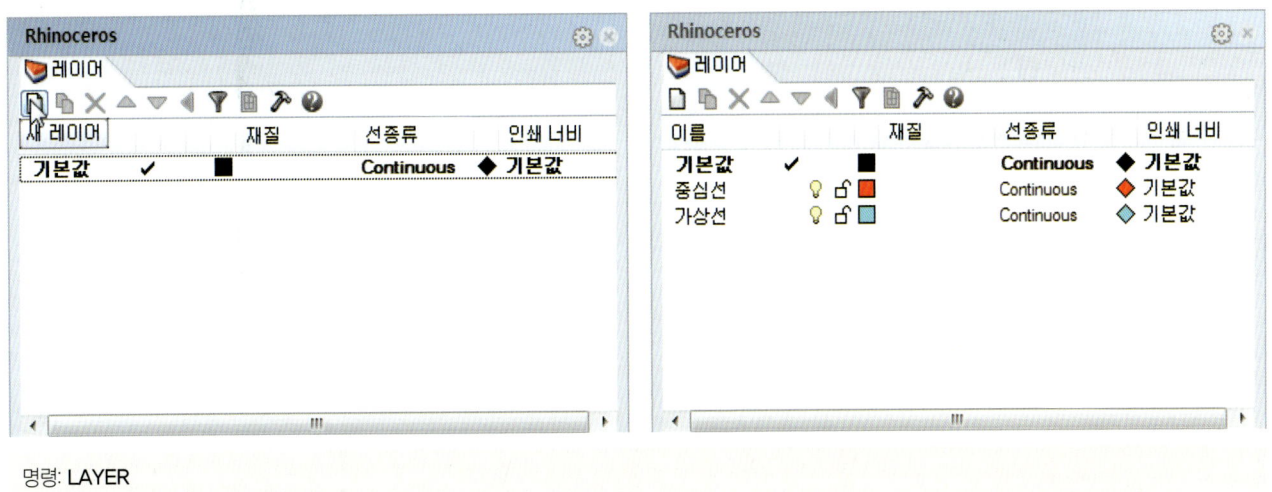

명령: **LAYER**

02 추가된 중심선 레이어 항목에서 레이어 색상을 빨간색으로 변경하여 주고, 선 종류를 CENTER(1점 쇄선)로 변경해 준다.

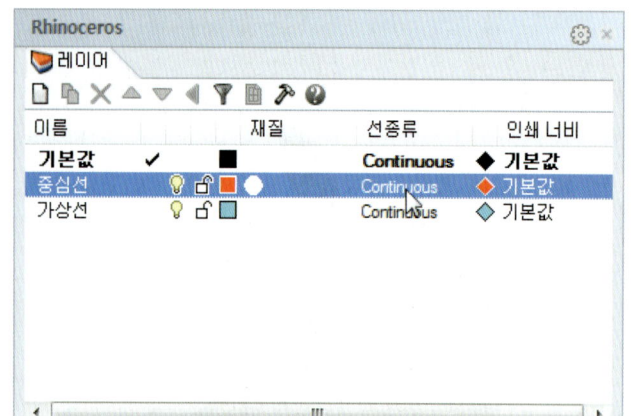 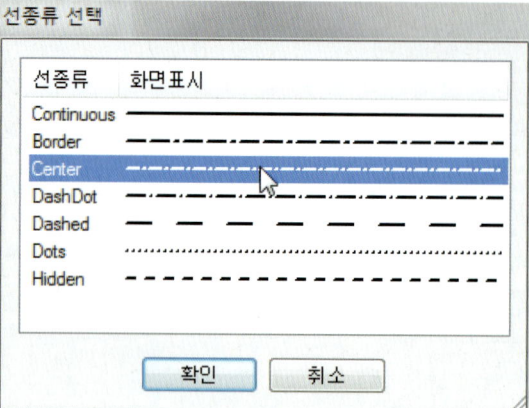

03 레이어를 가상선 레이어로 변경시킨 후 TOP Viewport에서 화면과 같이 주어진 치수에 따라 거리 값을 입력하여 **사각형**을 생성해 준다.

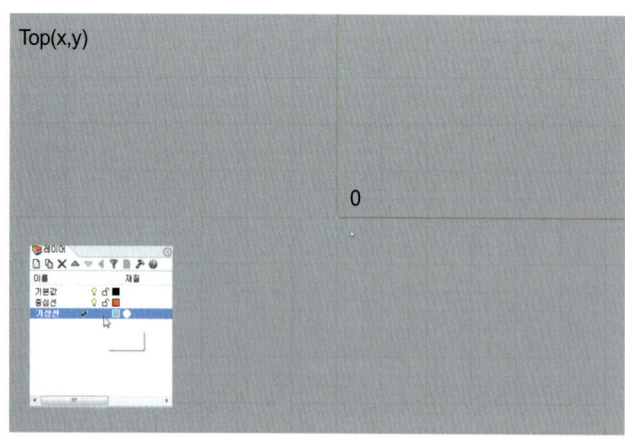 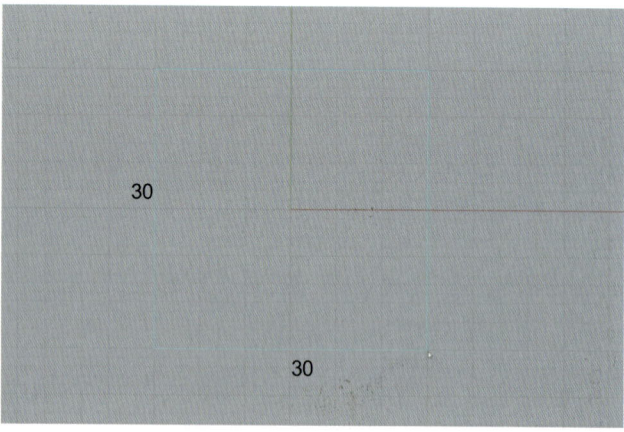

명령: _Rectangle
직사각형의 첫 번째 모서리 (3점(P) 수직(V) 중심점(C) 둥글게(R)): **중심점**
직사각형의 중심 (둥글게(R)): **0 입력 후** [Enter]
다른 모서리 또는 길이 (3점(P) 둥글게(R)): **30 입력 후** [Enter]
너비, 길이를 사용하려면 Enter 키를 누르십시오 (3점(P) 둥글게(R)): **30 입력 후** [Enter]

04 다음은 모델링 툴탭〉커브도구〉커브 간격띄우기(Offset) 명령으로 사각형 4개의 모서리를 각각 선택하여 3mm 간격 안쪽으로 그림과 같이 띄워 준다.

 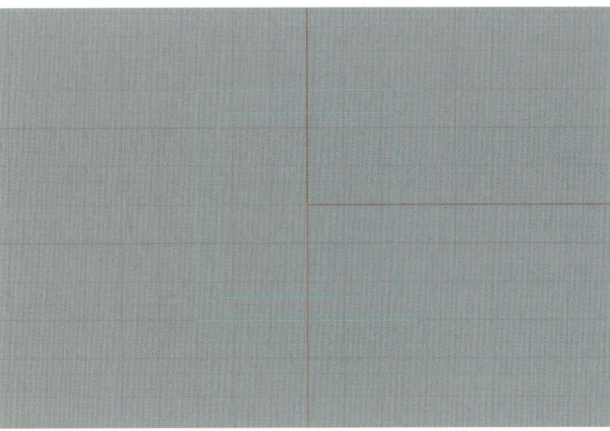

명령: _Offset
간격띄우기 실행할 커브 선택 (거리(D)=100 모서리(C)=모나게 점_통과(T) ....): **사각형 선택**
간격띄우기할 쪽 (거리(D)=100 모서리(C)=모나게 점_통과(T) .....): **3 입력 후** Enter
간격띄우기할 쪽 (거리(D)=5 모서리(C)=모나게 점_통과(T) ....): **사각형 안쪽 방향 지정**

05 중심선을 그리기 위해 레이어를 중심선 레이어로 변경 후 커브도구〉사이드바〉폴리라인(Line) 명령을 이용해 사각형 중심선을 수직 수평으로 그려 준다.

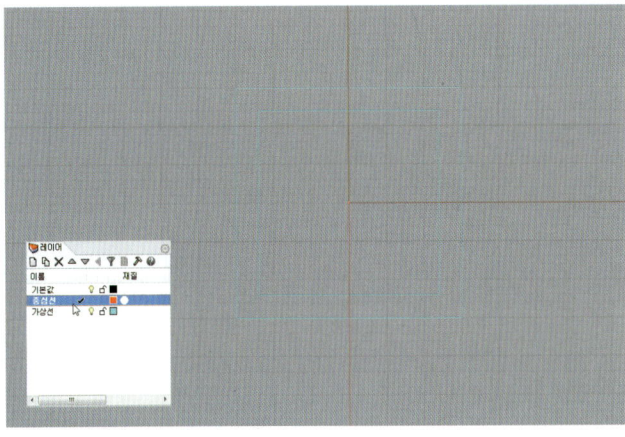 

명령: _Line
선의 시작 (양쪽(B) 법선(N) 각도(A) 수직(V) 4점(F) 2등분선(I) 직교(P) 접점(T) 연장(X)): _BothSides
선의 중간 (법선(N) 각도(A) 수직(V) 4점(F) 2등분선(B) 직교(P) 접점(T) 연장(X)): **0 입력 후** Enter
선의 끝: **30 입력 후** Enter
선의 끝: **클릭**

06 다음으로 기본값 레이어로 변경 후 사각형 좌우측 상단 꼭지점을 중심으로 반지름 17mm **원(Circle)**을 그림과 같이 그려 준다.

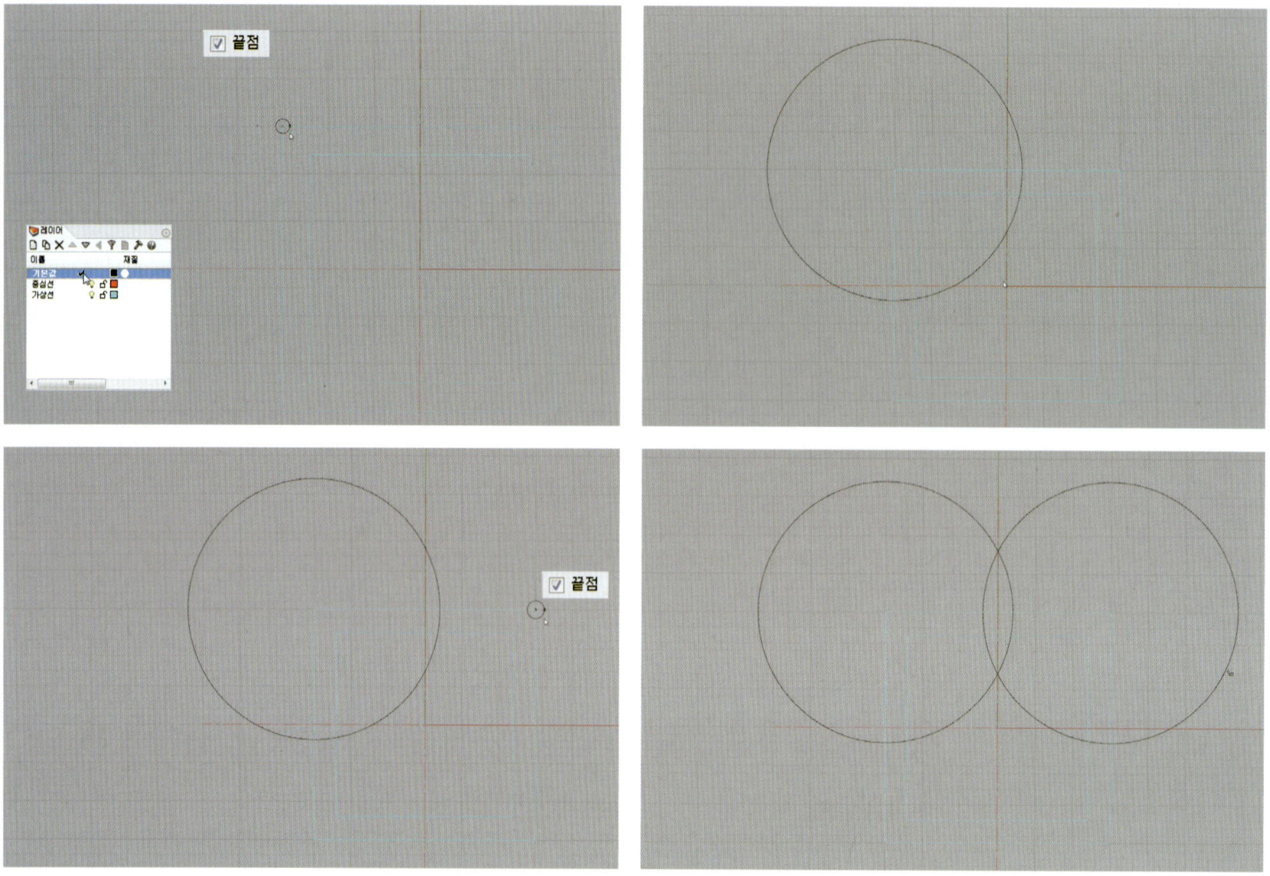

명령: _Circle
원의 중심 (변형가능(D) 수직(V) ...): **사각형 상단 좌우측 끝점 지정**
반지름 〈1.000〉 (지름(D) 방위(O) ...): **17 입력 후** Enter

07 이번에는 옵셋된 사각형 하단 좌우측 꼭지점을 중심으로 반지름 12mm **원(Circle)** 2개를 그림과 같이 그려 준다.

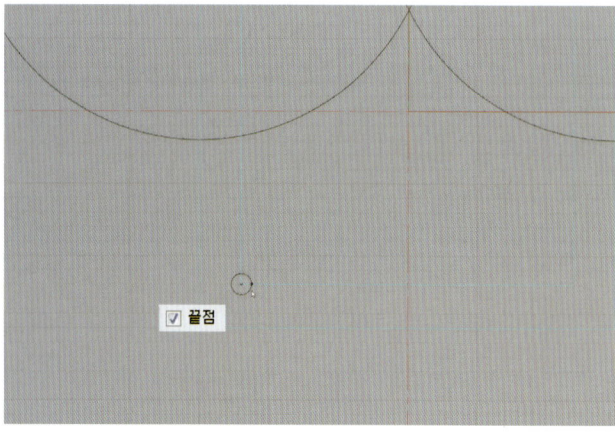
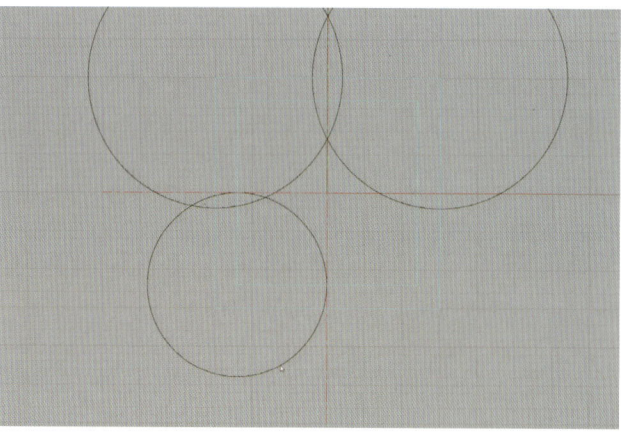

명령: _Circle
원의 중심 (변형가능(D) ...): **옵셋된 사각형 하단 좌우측 끝점 지정**
반지름 〈1.000〉 (지름(D) 범위(O) ...): **12 입력 후** Enter

08 다음은 커브도구〉사이드바〉원〉접점, 접점, 반지름 원(Circle) 명령을 이용하여 그림과 같이 원의 좌측 접점 2개를 찾아 반지름 50mm 원을 그려 준다.

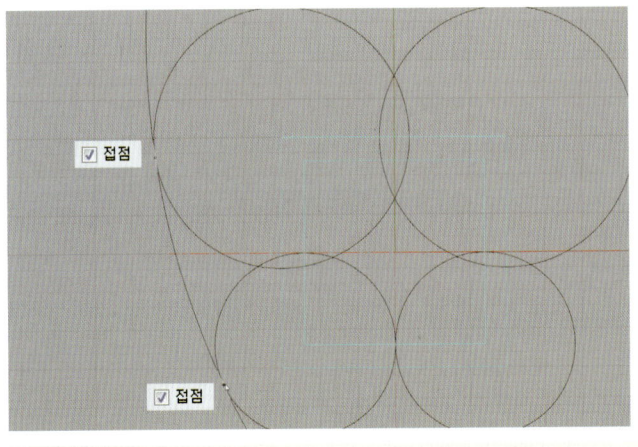
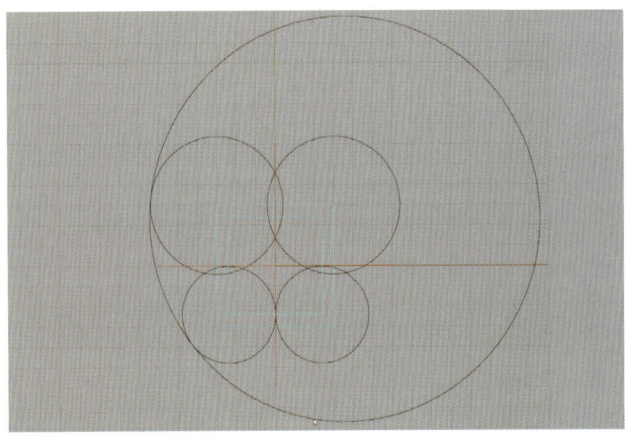

명령: _Circle
원의 중심 (변형가능(D) 수직(V) 2점(P) 3점(O) 접점(T) 커브_주변(A) 점에_맞춤(F)): _Tangent
첫 번째 접하는 커브 (점(P)): **반지름 17mm 원의 접점 지정**
두 번째 접하는 커브 또는 반지름 〈1.000〉 (점(P) 첫번째_점에서(F)): **반지름 12mm 원의 접점 지정**
세 번째 접하는 커브. 처음의 두 점으로 원을 그리려면 Enter 키를 누르십시오 (점(P) 반지름(R)): _Radius
반지름 〈1.000〉: **50 입력 후** Enter

09 이어서 접점, 접점, 반지름 원(Circle) 명령을 이용하여 그림과 같이 원의 우측 접점 2개를 찾아 반지름 50mm 원을 그려 준다.

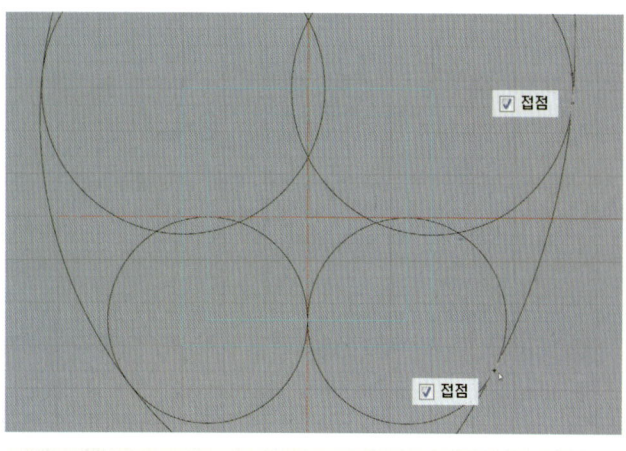 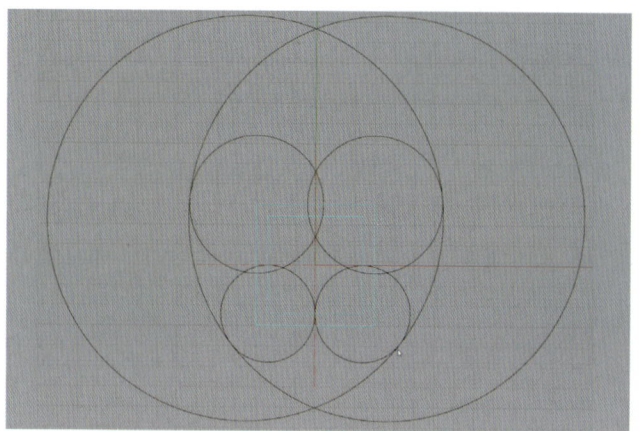

```
명령: _Circle
원의 중심 ( 변형가능(D)  수직(V)  2점(P)  3점(O)  접점(T)  커브_주변(A)  점에_맞춤(F) ): _Tangent
첫 번째 접하는 커브 ( 점(P) ): 반지름 17mm 원의 접점 지정
두 번째 접하는 커브 또는 반지름 〈1.000〉 ( 점(P)  첫번째_점에서(F) ): 반지름 12mm 원의 접점 지정
세 번째 접하는 커브, 처음의 두 점으로 원을 그리려면 Enter 키를 누르십시오 ( 점(P)  반지름(R) ): _Radius
반지름 〈1.000〉: 50 입력 후 Enter
```

10 같은 방법으로 접점, 접점, 반지름 원(Circle) 명령을 이용하여 그림과 같이 원의 상단 접점 2개를 찾아 반지름 10mm 원을 그려 준다.

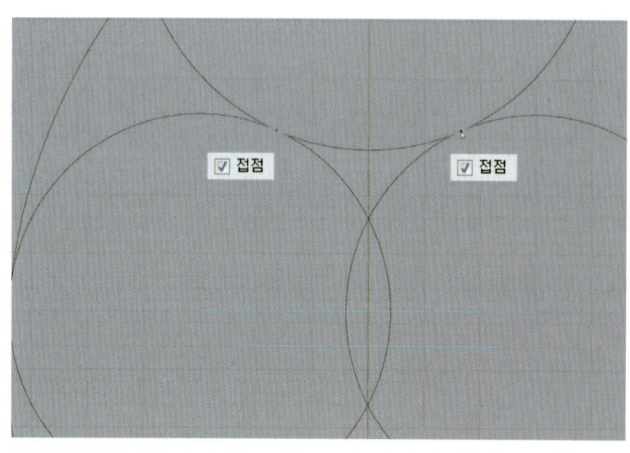 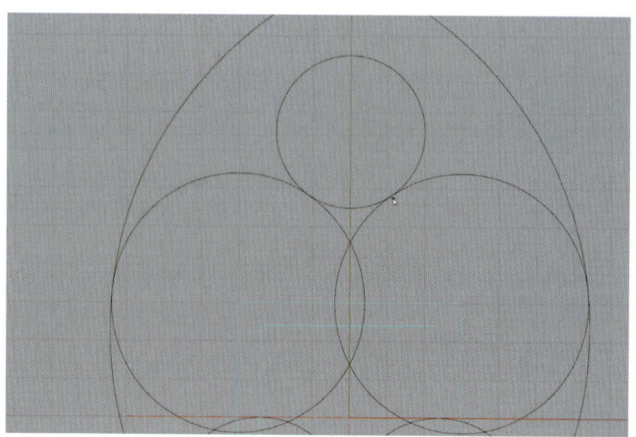

```
명령: _Circle
원의 중심 ( 변형가능(D)  수직(V)  2점(P)  3점(O)  접점(T)  커브_주변(A)  점에_맞춤(F) ): _Tangent
첫 번째 접하는 커브 ( 점(P) ): 좌측 17mm 원의 접점 지정
두 번째 접하는 커브 또는 반지름 〈1.000〉 ( 점(P)  첫번째_점에서(F) ): 우측 17mm 원의 접점 지정
세 번째 접하는 커브, 처음의 두 점으로 원을 그리려면 Enter 키를 누르십시오 ( 점(P)  반지름(R) ): _Radius
반지름 〈1.000〉: 10 입력 후 Enter
```

11 마지막으로 접점, 접점, 반지름 원(Circle) 명령을 이용하여 그림과 같이 원의 하단 접점 2개를 찾아 반지름 10mm 원을 그려 준다.

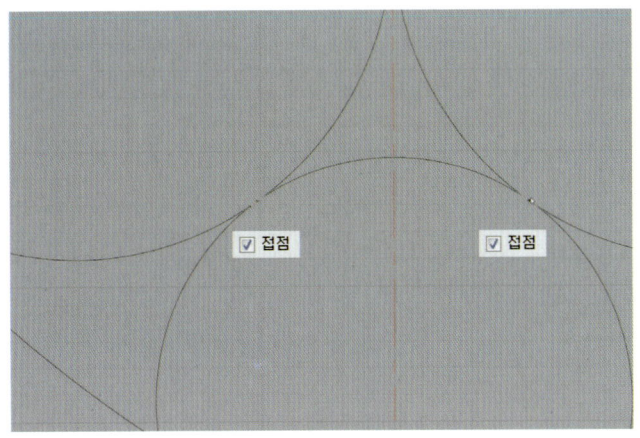 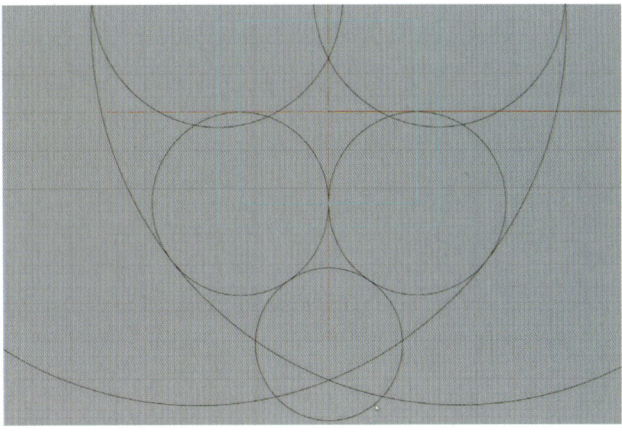

명령: _Circle
원의 중심 (변형가능(D) 수직(V) 2점(P) 3점(O) 접점(T) 커브_주변(A) 점에_맞춤(F)): _Tangent
첫 번째 접하는 커브 (점(P)): **좌측 12mm 원의 접점 지정**
두 번째 접하는 커브 또는 반지름 <1.000> (점(P) 첫번째_점에서(F)): **우측 12mm 원의 접점 지정**
세 번째 접하는 커브, 처음의 두 점으로 원을 그리려면 Enter 키를 누르십시오 (점(P) 반지름(R)): _Radius
반지름 <1.000>: **10 입력 후** Enter

12 다음은 트림 명령을 실행하기 전, 레이어 보호를 위해 중심선, 가상선을 모두 잠가 둔다. 이어서 Window Selection 방법으로 그려진 모든 개체를 선택하여 그림과 같이 **표준>사이드바>트림(Trim)** 명령으로 교차된 원들 사이에서 몸체 형상만 두고 나머지 개체를 모두 정리해 준다.

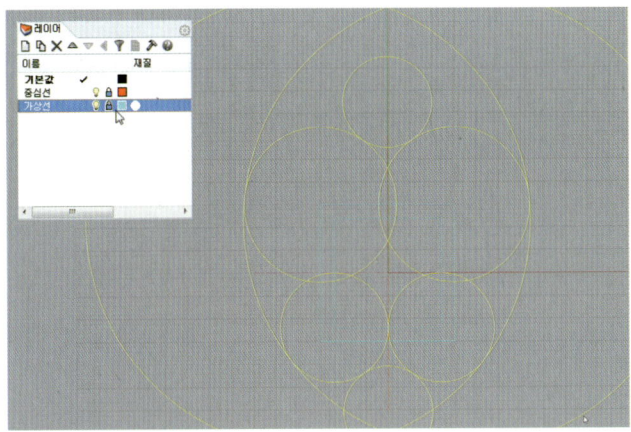 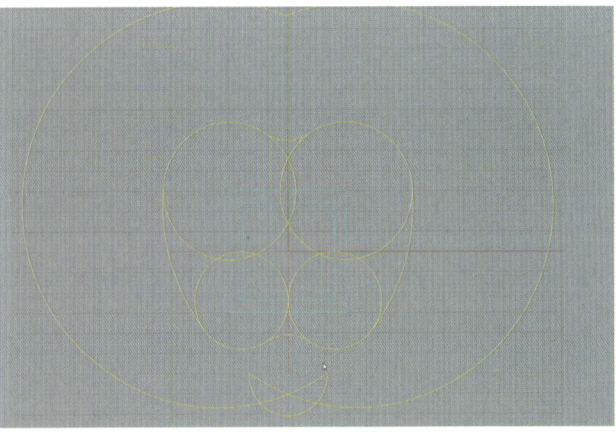

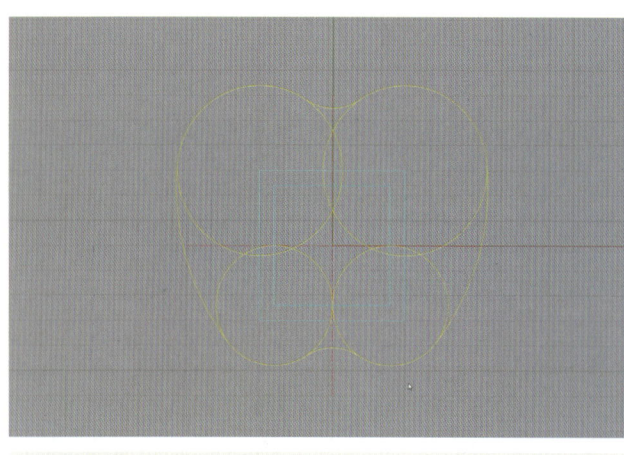 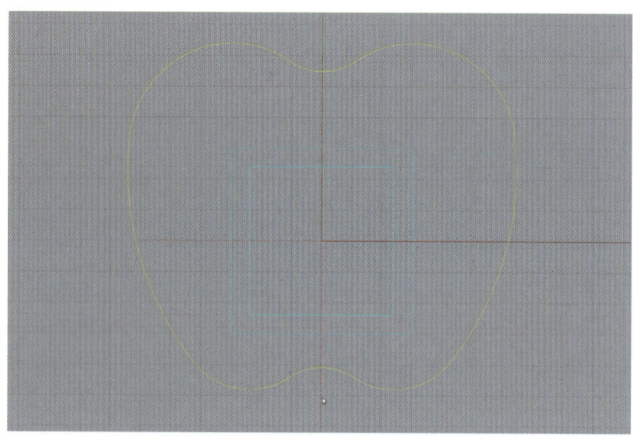

명령: _Trim
트림할 개체 선택 (선_연장(E)=아니요 가상_교차점(A)=예): **모든 개체**
트림할 개체 선택. 완료되면 Enter 키를 누르십시오 (선_연장(E)=아니요 가상_교차점(A)=예 실행취소(U)): Enter
절단 개체 선택 (선_연장(E)=아니요 가상_교차점(A)=예): **불필요한 개체 선택**
절단 개체 선택. 완료되면 Enter 키를 누르십시오 (선_연장(E)=아니요 가상_교차점(A)=예): Enter

13 다음은 직교모드로 전환한 후 그림과 같이 **커브도구>사이드바>폴리라인**(Polyline) 명령으로 중심선 상단 끝점을 시작점으로 y축 방향으로 24mm만큼 직선을 그려 준다.

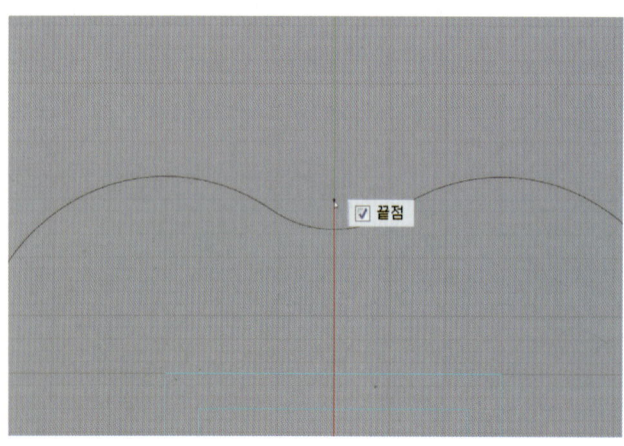 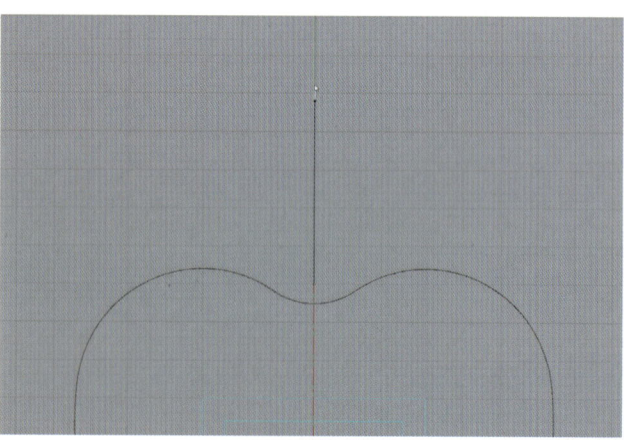

명령: _Polyline
폴리라인의 시작 (닫힘_유지(P)=아니요): **중심선 상단 끝점 지정**
폴리라인의 다음 점 (닫힘_유지(P)=아니요 ...): **24 입력 후** Enter

14 다음은 사이드바〉호〉시작, 끝점, 반지름 호(Arc) 명령을 이용하여 그림과 같이 수직선 시작과 끝점을 지정하고 반지름 20mm 호을 그려준다.

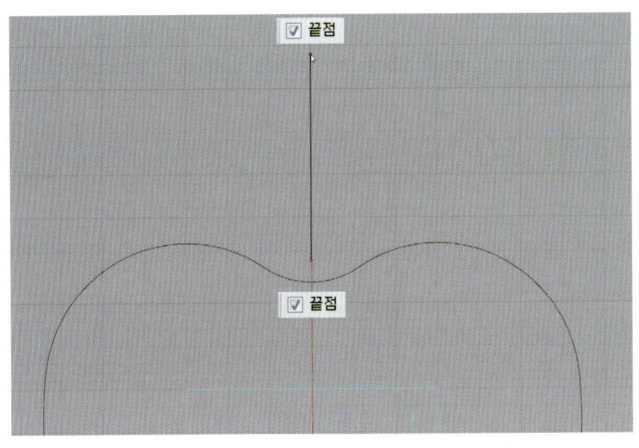
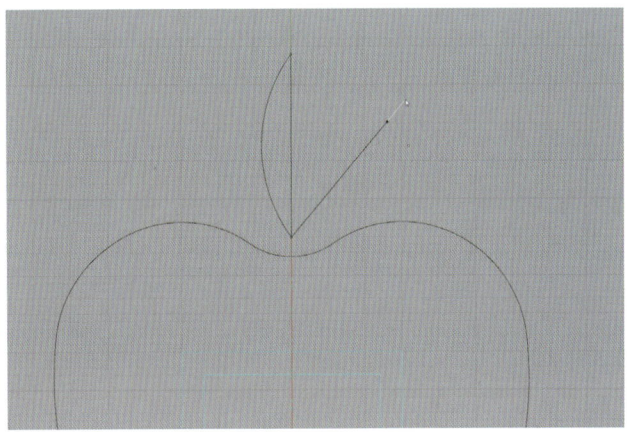

명령: _Arc
호의 중심 (변형가능(D) 시작점(S) 접점(T) 연장(X)): _StartPoint
호의 시작: **폴리라인 하단 끝점 지정**
호의 끝 (방향(D) 점_통과(T) 중심점(C)): **폴리라인 상단 끝점 지정**
호의 점 (방향(D) 반지름(R)): _Radius
호의 반지름 및 방위. 가장 최근의 반지름을 사용하려면 Enter 키를 누르십시오 〈10.000〉: **20 입력 후** [Enter]

15 방금 그려진 호를 선택하여 그림과 같이 **모델링 툴탭〉변형〉미러(Mirror)** 명령으로 애플로고의 나뭇잎 형상을 완성한다.

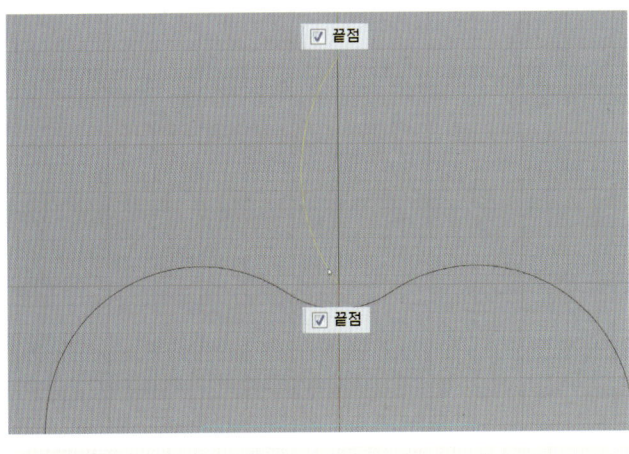
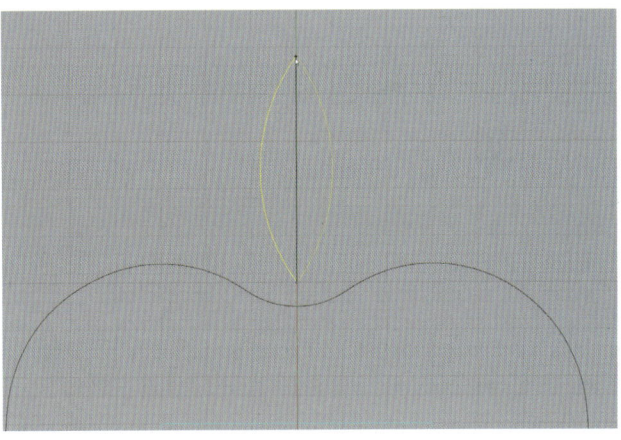

명령: _Mirror
미러 실행할 개체 선택: **시작, 끝점, 반지름 호 선택**
미러 실행할 개체 선택. 완료되면 Enter 키를 누르십시오: [Enter]
미러 평면의 시작 (3점(P) 복사(C)=예 X축(X) Y축(Y)): **폴리라인 하단 끝점 지정**
미러 평면의 끝 (복사(C)=예): **폴리라인 상단 끝점 지정**

16 미러된 나뭇잎 형상을 **모델링 툴탭〉변형〉회전(Rotate)** 명령을 통해 시계 방향으로 30도만큼 회전시킨다.

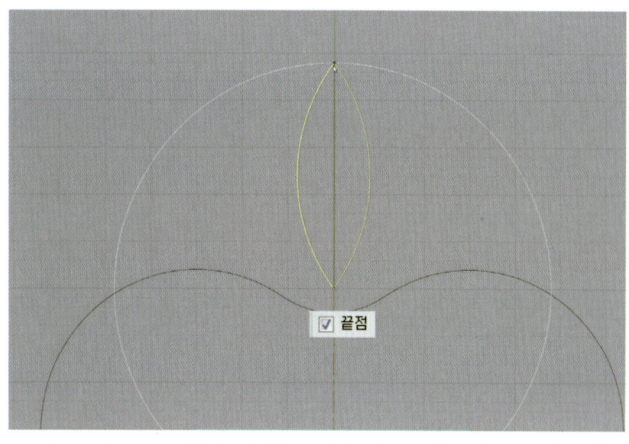 

명령: _Rotate
회전시킬 개체 선택: **나뭇잎 개체 선택**
회전시킬 개체 선택. 완료되면 Enter 키를 누르십시오: [Enter]
회전 중심 (복사(C)=아니요): **나뭇잎 개체 하단 끝점**
각도 또는 첫 번째 참조점 (복사(C)=아니요): **-30 입력 후** [Enter]

17 이번에는 잘려진 사과 형상을 드로잉하기 위해 **커브도구〉사이드바〉타원(Ellipse)** 명령을 활용하여 그림과 같이 그려 준다.

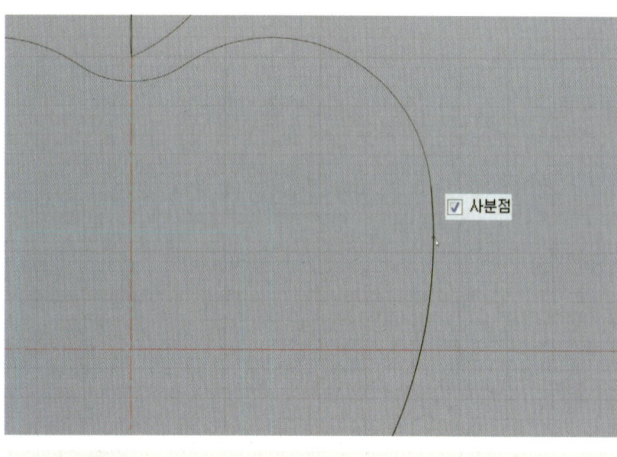 

명령: _Ellipse
타원 중심 (변형가능(D) 수직(V) 모서리(C) 지름(I) 초점_지정(F) 커브_주변(A)): **좌측 몸체라인 사분점 선택**
첫 번째 축의 끝 (모서리(C)): **16 입력 후** [Enter]
첫 번째 축의 끝 (모서리(C)): **클릭**
두 번째 축의 끝: **12 입력 후** [Enter]
두 번째 축의 끝: **클릭**

18 마무리 과정으로 Window Selection 방법으로 그려진 모든 개체를 선택하여 그림과 같이 **표준〉사이드바〉트림(Trim) 명령**으로 교차된 타원을 정리해 준다.

명령: _Trim
트림할 개체 선택 (선_연장(E)=아니요 가상_교차점(A)=예): **모든 개체**
트림할 개체 선택. 완료되면 Enter 키를 누르십시오 (선_연장(E)=아니요 가상_교차점(A)=예 실행취소(U)): [Enter]
절단 개체 선택 (선_연장(E)=아니요 가상_교차점(A)=예): **불필요한 개체 선택**
절단 개체 선택. 완료되면 Enter 키를 누르십시오 (선_연장(E)=아니요 가상_교차점(A)=예): [Enter]

19 애플의 심벌 드로잉이 완성되었다. 다음은 **모델링 툴탭〉제도〉해치(Hatch) 명령**으로 솔리드 패턴을 넣어 심벌 내부를 블랙 컬러로 채워 준다.

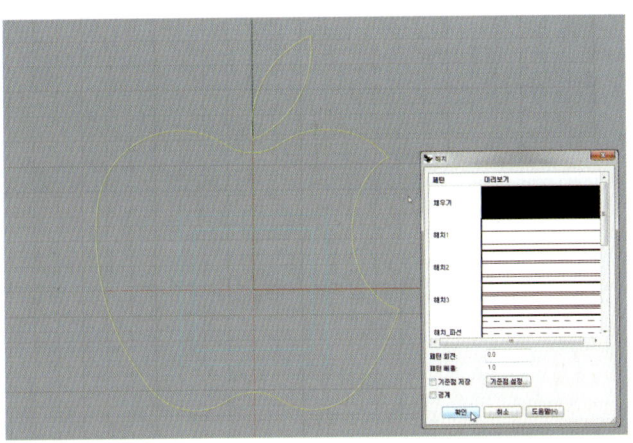 

명령: _Hatch
커브 선택 (경계(B)=아니요): **그림과 같이 개체 선택**
커브 선택. 완료되면 Enter 키를 누르십시오 (경계(B)=아니요): [Enter]

20 아래의 결과와 같이 반전된 색상으로 애플의 심벌로고 드로잉이 완성되었다.

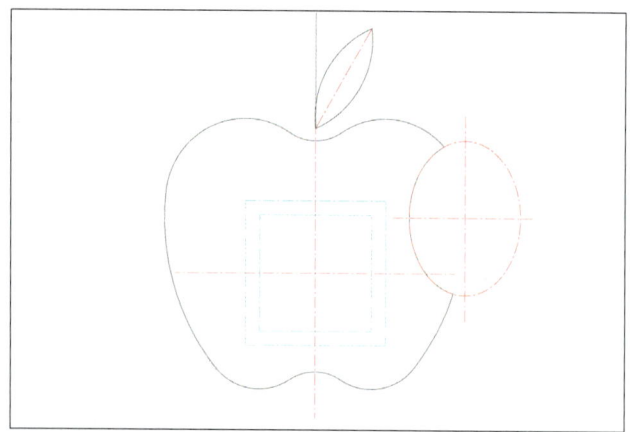 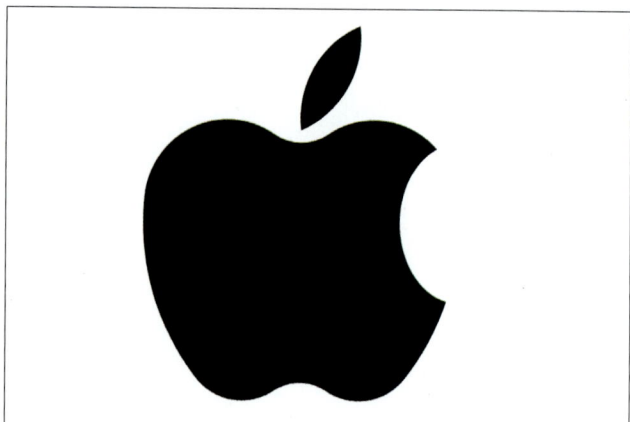

21 다음은 애플로고를 3D 입체 이미지로 만들어 보는 과정이다. 먼저 해치 표현을 제거하기 위해 심벌로고 각 개체를 선택하여 키보드 Del키로 모두 지워주고 남은 커브들은 모두 선택하여 **표준>사이드바>결합(Join) 명령**으로 결합시켜 준다.

 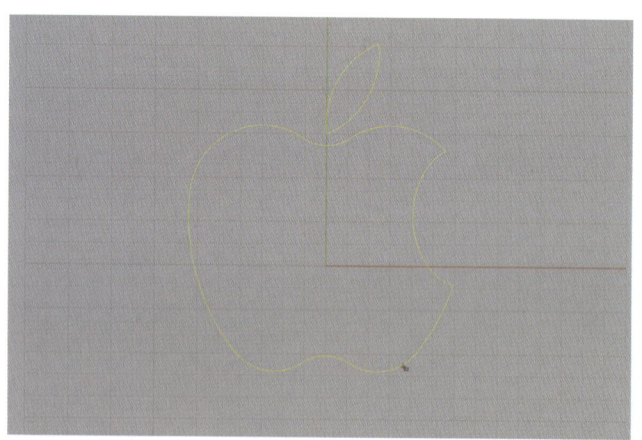

명령: **Delete**

명령: **Join**
커브를 결합하는 중입니다.
11개의 커브가 2개의 닫힌 커브로 결합되었습니다.

22 다음은 모델링 툴탭〉솔리드도구〉사이드바〉포물면(Paraboloid) 명령을 선택하여 아래의 화면과 같이 FRONT 뷰를 시작으로 3면의 뷰화면을 참고하여 포물면을 생성해 보자.

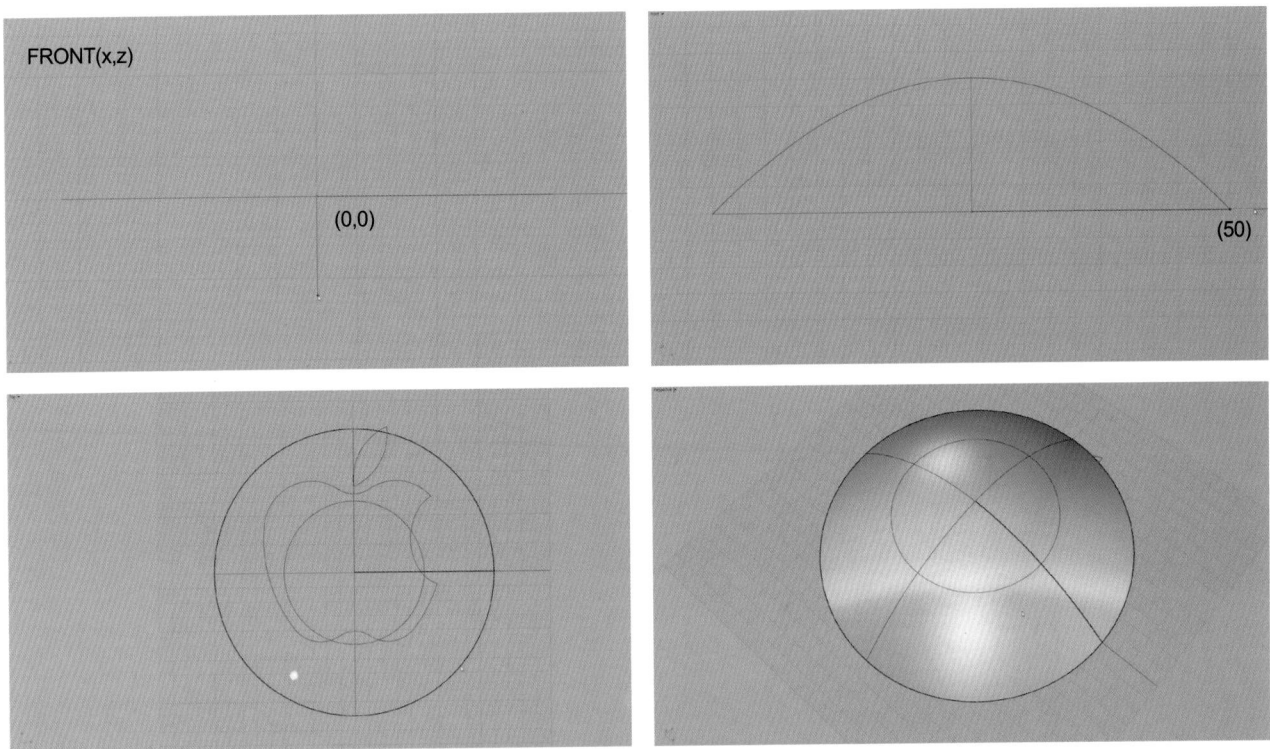

명령: _Paraboloid
포물면 초점 (정점(V) 초점에_점_생성(M)=아니요 솔리드(S)=아니요): **0 입력 후** Enter
포물면 방향 (초점에_점_생성(M)=아니요 솔리드(S)=아니요): **FRONT 뷰 하단 방향 지정**
포물면 끝 (초점에_점_생성(M)=아니요 솔리드(S)=아니요): **50 입력 후** Enter
포물면 끝 (초점에_점_생성(M)=아니요 솔리드(S)=아니요): **클릭**

23 생성된 포물면의 높이를 낮춰 주기 위해 **모델링 툴탭〉변형〉1D크기 조정(Scale1D)** 명령을 활용하여 수직 방향으로 약 70% 정도 포물면을 아래의 화면과 같이 압축해 준다.

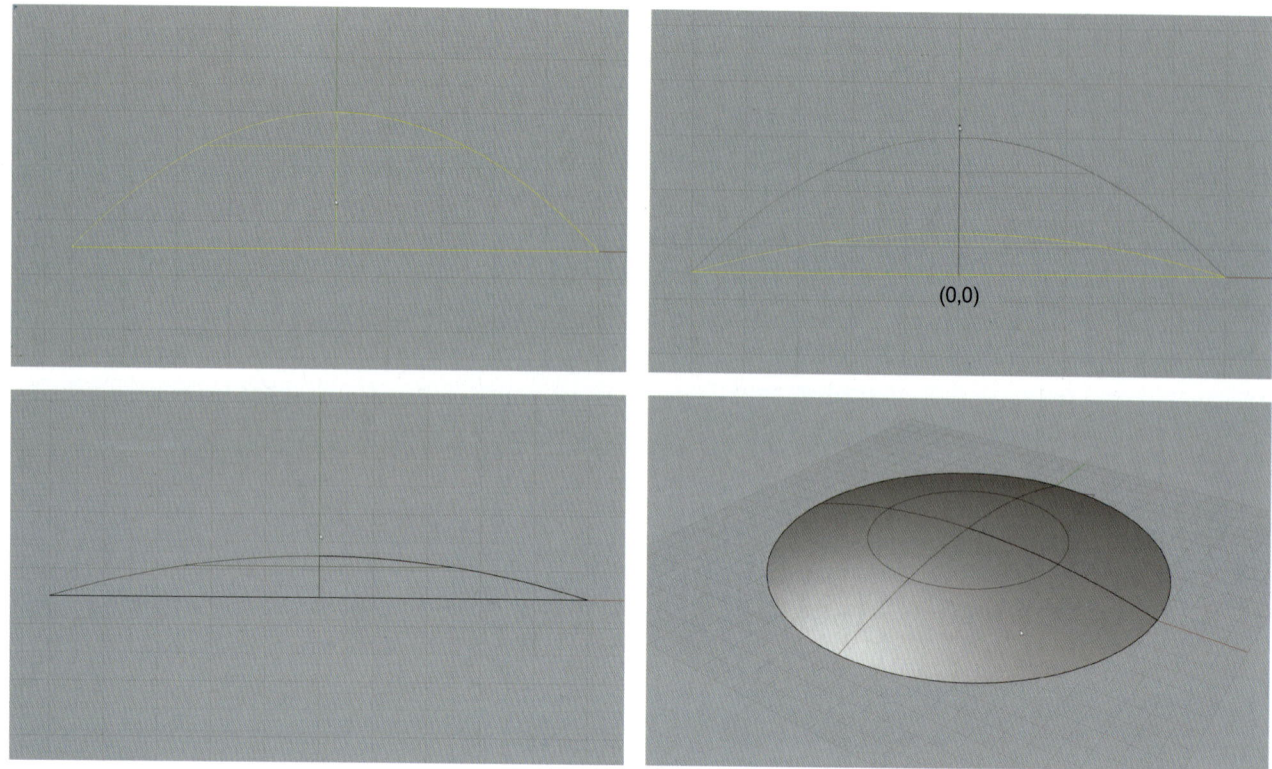

명령: _Scale1D
크기 조정할 개체 선택: **포물면 선택**
크기 조정할 개체 선택. 완료되면 Enter 키를 누르십시오: Enter
원점 (복사(C)=아니요): **0 입력 후** Enter
배율 또는 첫 번째 참조점 〈1.000〉 (복사(C)=아니요): **상단 임의의 곳 지정**
두 번째 참조점 (복사(C)=아니요): **0.3 배율 입력 후** Enter

24 TOP Viewport를 보면 애플 로고와 포물면이 중앙에 위치하지 않기 때문에 포물면을 상단 방향으로 10mm 정도 위치를 이동(Move)시켜 준다.

명령: _Move
이동시킬 개체 선택: **포물면 선택**
이동시킬 개체 선택. 완료되면 Enter 키를 누르십시오: [Enter]
이동의 기준점 (수직(V)=아니요): **0 입력 후** [Enter]
이동의 기준점 새 위치: **10** [Enter]
이동의 기준점 새 위치: **클릭**

25 다음은 포물면에서 애플로고를 투영시켜 분할하는 과정이다. 먼저 TOP Viewport에서 **표준〉사이드바〉분할(Spilit) 명령**을 실행하여 아래 화면과 같이 분할시켜 보자.

 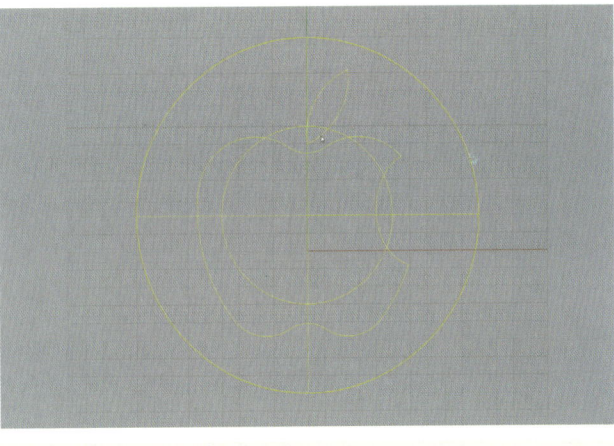

명령: _Split
분할할 개체 선택 (점(P) 아이소커브(I)): **포물면 선택**
분할할 개체 선택. 완료되면 Enter 키를 누르십시오 (점(P) 아이소커브(I)): [Enter]
절단 개체 선택 (아이소커브(I) 축소(S)=아니요): **애플 로고 커브 선택**
절단 개체 선택. 완료되면 Enter 키를 누르십시오 (아이소커브(I) 축소(S)=아니요): [Enter]

26 아래의 화면과 같이 분할되어 나누어진 애플 로고 외곽 부분은 모두 선택하여 키보드 Del키로 모두 지워 준다.

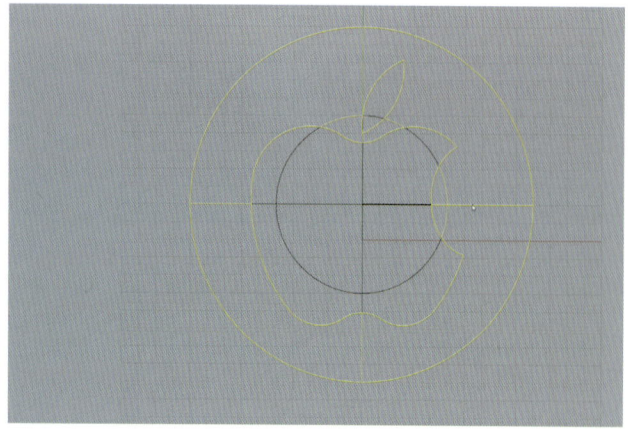

명령: Delete

27 다음은 RIGHT Viewport를 활성화하고 이어서 **모델링 툴탭〉변형〉미러(Mirror)** 명령으로 분할된 포물면을 미러시켜 준다.

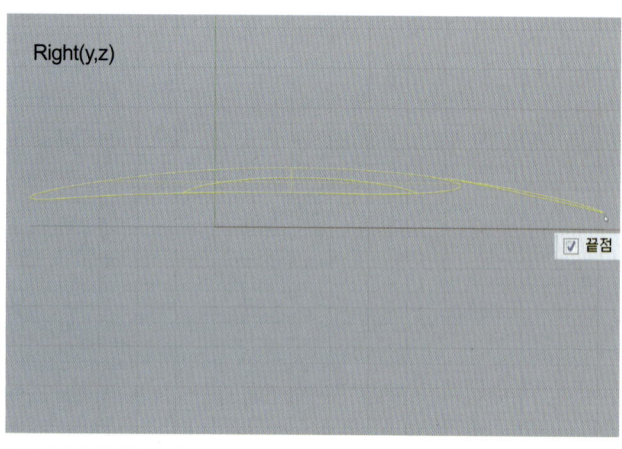
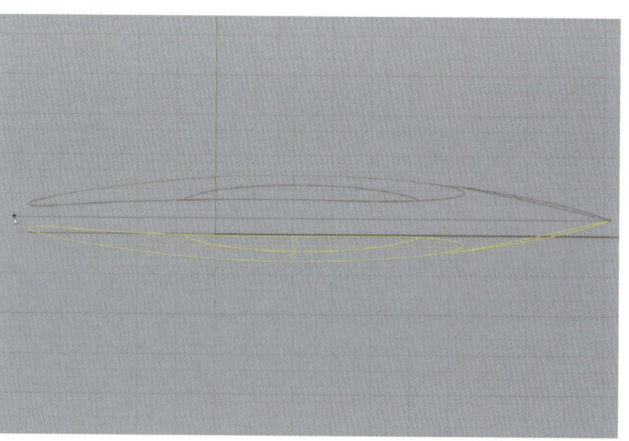

명령: _Mirror
미러 실행할 개체 선택: **분할된 포물면 선택**
미러 실행할 개체 선택. 완료되면 Enter 키를 누르십시오: Enter
미러 평면의 시작 (3점(P) 복사(C)=예 X축(X) Y축(Y)): **포물면 우측 끝점 선택**
미러 평면의 끝 (복사(C)=예): **오브젝트 직교 모드 체크하고 포물면 좌측 끝 임의의 곳 선택**

28 분할된 애플로고 포물면이 상하로 미러되어 생긴 빈 공간을 **모델링 툴탭>서피스 도구>사이드바>로프트(Loft) 명령**으로 공간을 채워 준다.

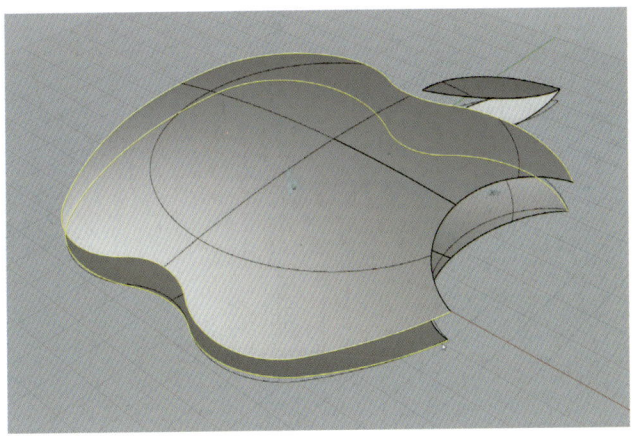 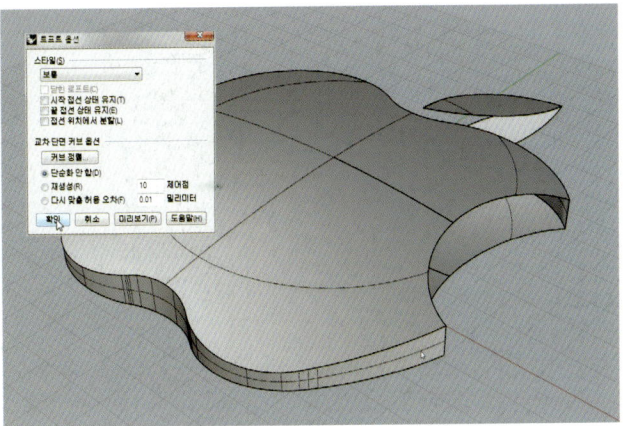

명령: _Loft
로프트할 커브 선택 (점(P)): **애플 로고 포물면 가장자리 선택**
로프트할 커브 선택 (점(P)): **미러된 애플 로고 포물면 가장자리 선택**
로프트할 커브 선택. 완료되면 Enter 키를 누르십시오 (점(P)): Enter

29 위와 같은 방법으로 남은 사이 공간 부분도 **로프트(Loft) 명령**으로 모두 채워 준다.

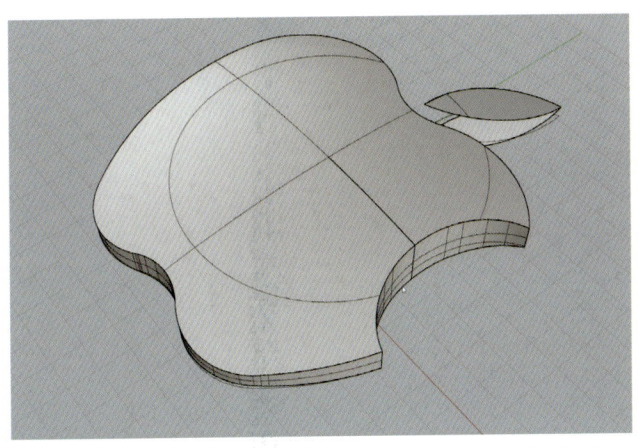 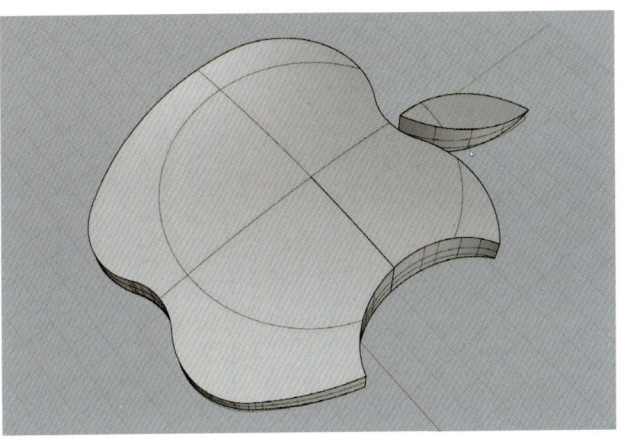

명령: _Loft
로프트할 커브 선택 (점(P)): **애플 로고 남은 가장자리 선택**
로프트할 커브 선택 (점(P)): **미러된 애플 로고 남은 가장자리 선택**
로프트할 커브 선택. 완료되면 Enter 키를 누르십시오 (점(P)): Enter

30 마지막으로 로프트된 면과 애플로고 포물면 모두를 선택하여 **결합(Join)**시켜준 후, **모델링 툴탭〉솔리드 도구〉가변 반지름 필릿(Fillet Edge) 명령**으로 날카로운 가장자리 모서리를 0.3mm 필릿시켜 부드럽게 마무리해 준다.

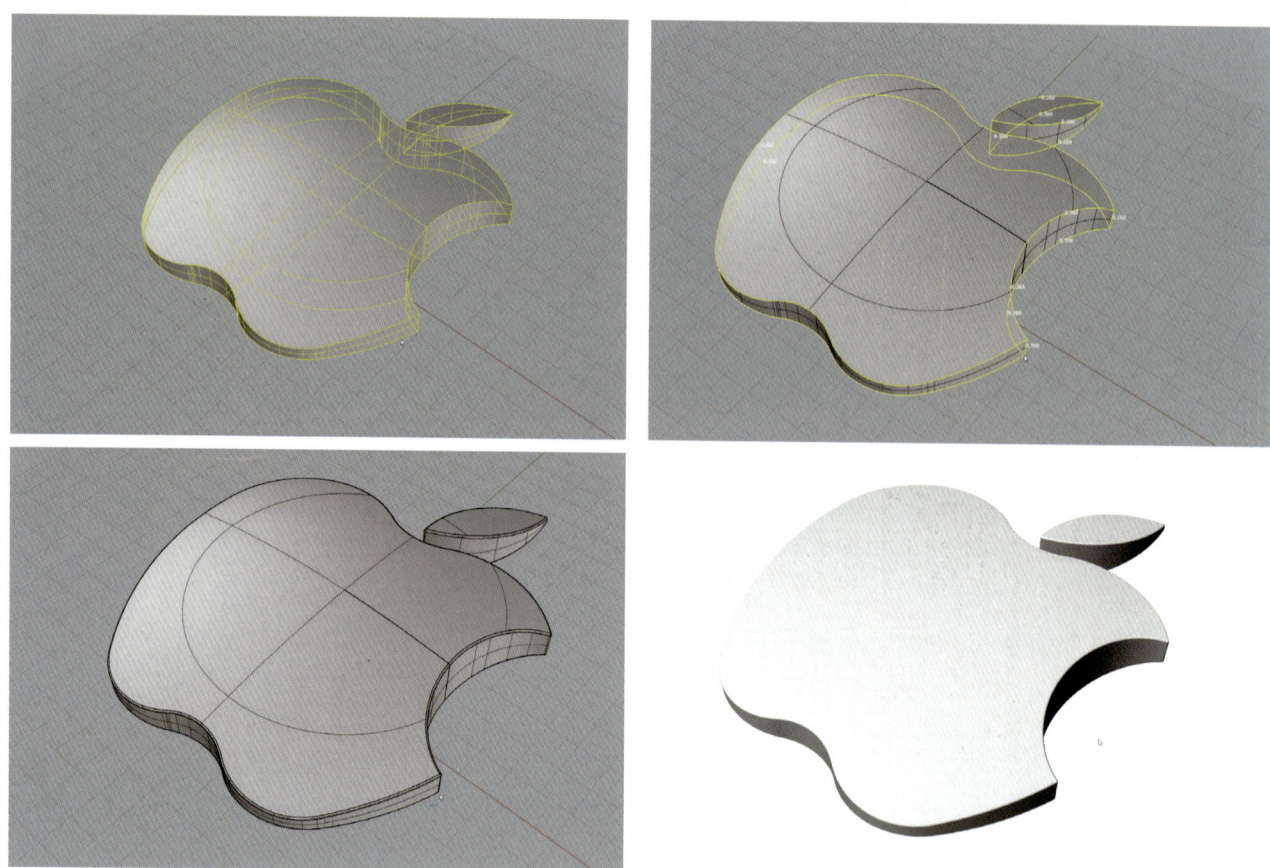

명령: _FilletEdge
필릿할 가장자리 선택 (반지름_표시(S)=예 다음_반지름(N)=1 ...): **0.3 입력 후** Enter
필릿할 가장자리 선택. 완료되면 Enter 키를 누르십시오 (반지름_표시(S)=예 다음_반지름(N)=0.3 ....): **결합된 애플 로고 전체 선택 후** Enter

02_ Rhinoceros 2D 과정으로 애플로고 드로잉하기

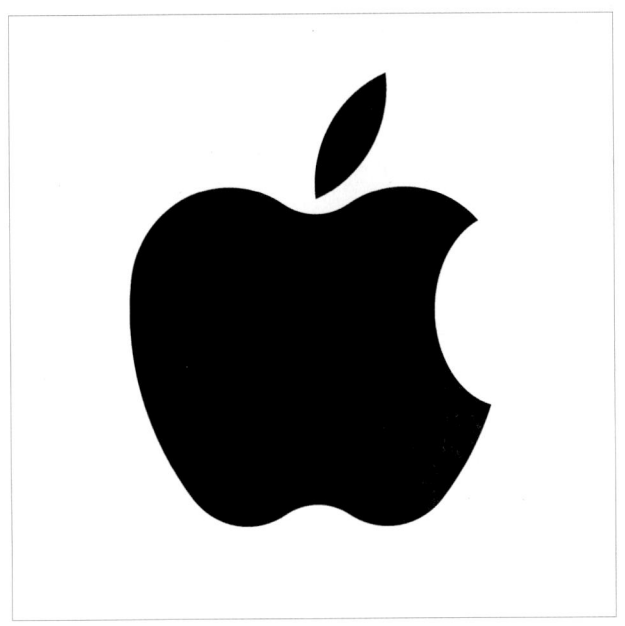

Keyshot 렌더러를 활용한 고급렌더링 연출 이미지

Rhino 3D 제품디자인 Instruction Guide 79

Part 4

3D 기초개념 이해하기 및
리빙소품 모델링 따라 하기

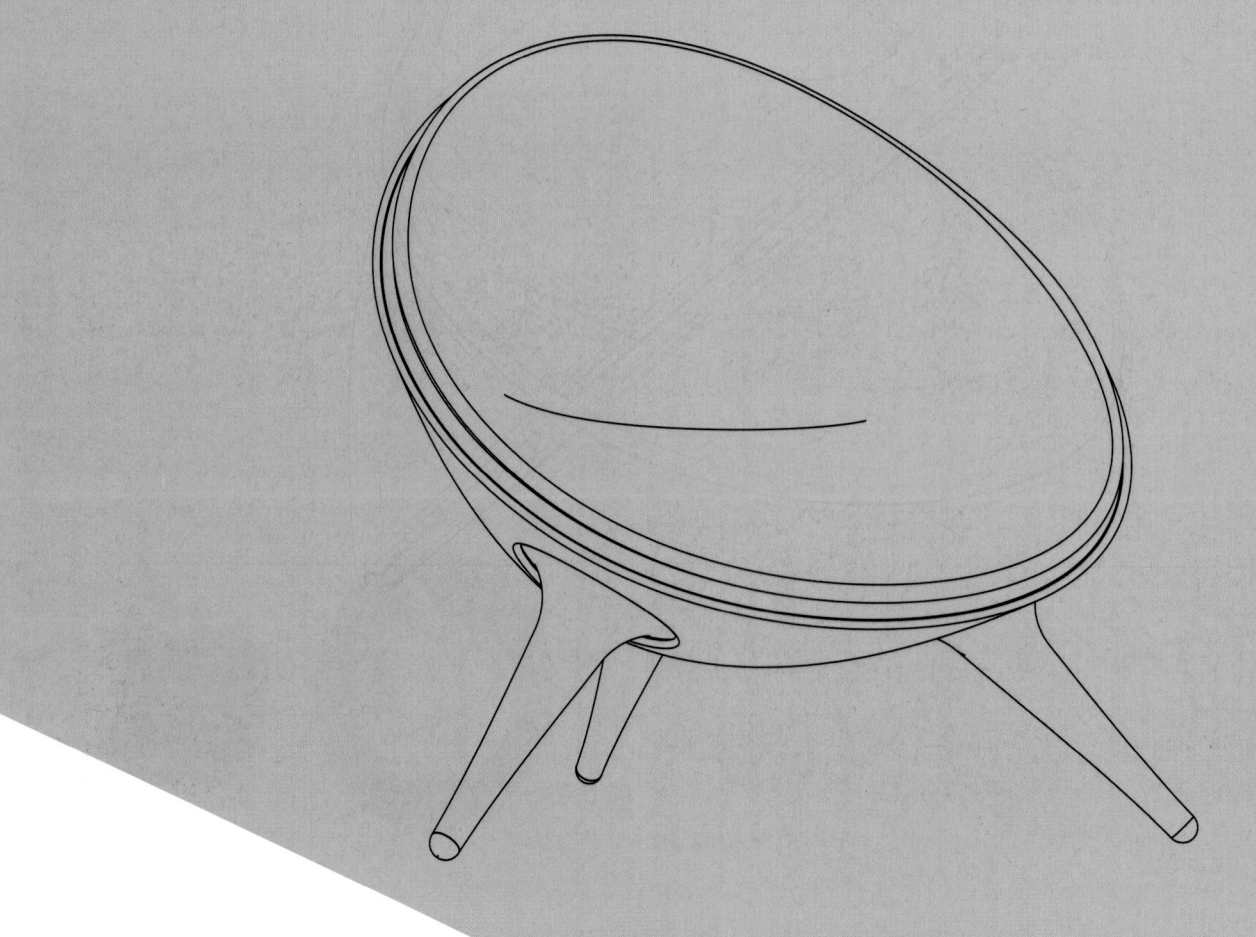

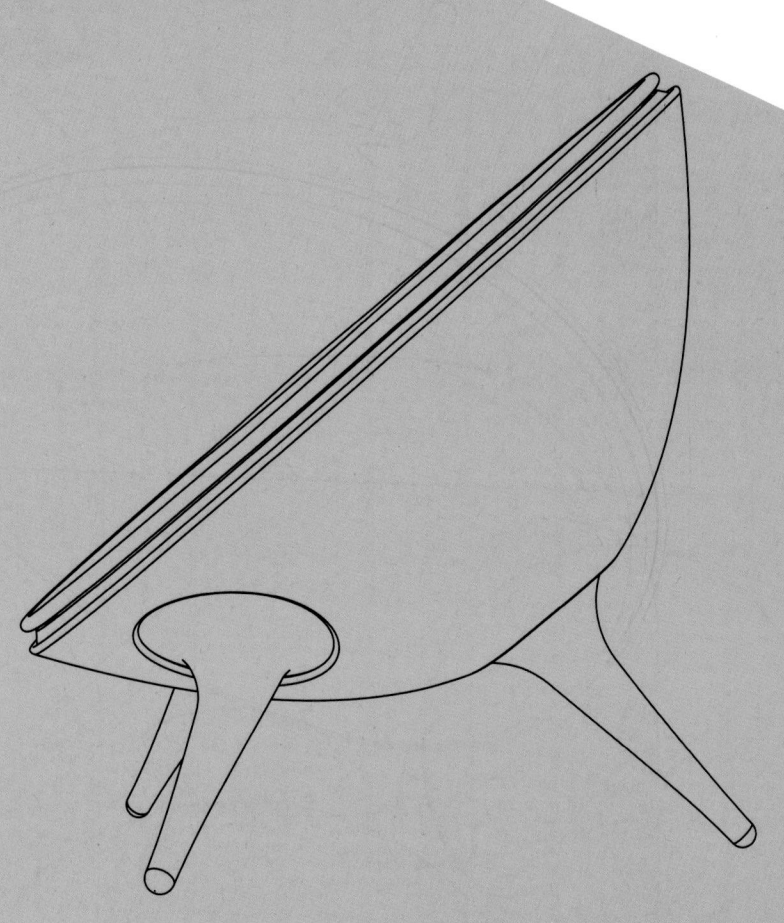

01. 주사위 모델링을 통한 3D 기초개념 이해하기
02. Rhinoceros 3D 과정으로 문구 수납장 모델링하기
03. Rhinoceros 3D 과정으로 리빙 바스켓 모델링하기
04. Keyshot Renderer로 리빙 바스켓 렌더링하기
05. Rhinoceros 3D 과정으로 서클 체어 모델링하기

주사위 모델링을 통한 Rhinoceros 3D 기초개념 이해하기

INTRO.

라이노 3D를 처음 시작하는 초급자들에게 3D 모델링을 입문하는 단계에서 가장 필요한 요소는 2차원과 3차원의 공간적 지각 능력을 빠르고 정확하게 갖추는 것이라고 할 수 있다. 따라서 모델링하기에 앞서서 비교적 3차원 공간 개념을 쉽고 빠르게 이해할 수 있는 주사위 만들기 모델링을 따라 하면서 3차원의 기본 개념을 이해해 보도록 한다.

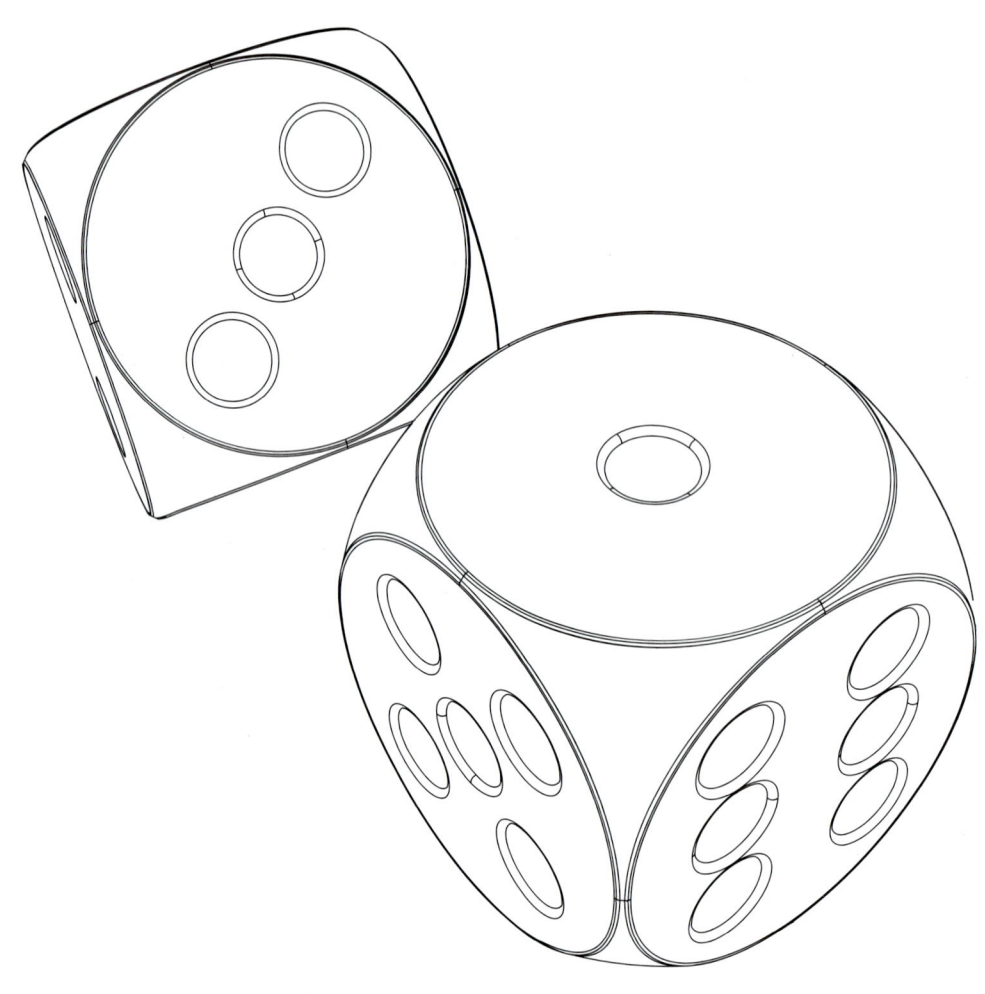

아래의 그림과 같이 크기가 30mm X 30mm인 주사위를 실제 치수대로 모델링하면서 2차원(x, y)과 3차원(x, y, z)의 공간적 개념을 바르게 이해하기 위해 실 치수와 라이노 3D 그리드상의 절대 좌표 값을 직접 입력하여 모델링에 적용해 보자.

> **참고하세요**
>
> 라이노 프로그램을 실행하면 각 Viewport 작업 영역에 그리드가 깔려 있다. 이 그리드 위에 마우스 커서를 움직이면 라이노 3D 화면 좌측 하단에 x, y, z로 표기된 좌표 값이 변하게 된다. 이와 같이 라이노 3D 프로그램 환경은 3차원 좌표계로 구성되어 있으며 각각의 그리드 교차점을 좌표점이라 한다. 이번 주사위 모델링에서도 원점(0, 0, 0)을 기준으로 지정되는 3차원 절대 좌표에 의해 모델링하게 될 것이다.

> **참고하세요**
>
> **상태표시 바(Status Bar)란?**
> 작업공간 구성 평면 그리드의 X축, Y축, Z축 좌표의 절대값을 나타내며 오브젝트 회전 시에 회전각을 표시해 주기도 한다.
>
> | 절대좌표 | x -3.44 | y 0.00 | z -3.39 | 밀리미터 | ■기본값 |

> **참고하세요**
>
> 라이노 프로그램을 처음 실행한 후 커맨드 창에 입력되는 모델링 치수의 기본단위(Demension Unit)는 밀리미터로 설정되어 있다. 기본 단위를 변경하고자 한다면 라이노 옵션 메뉴(풀다운 메뉴 → 도구 → 옵션 → 문서 속성 → 단위)에 들어가서 원하고자 하는 단위로 변경할 수 있다.
>
>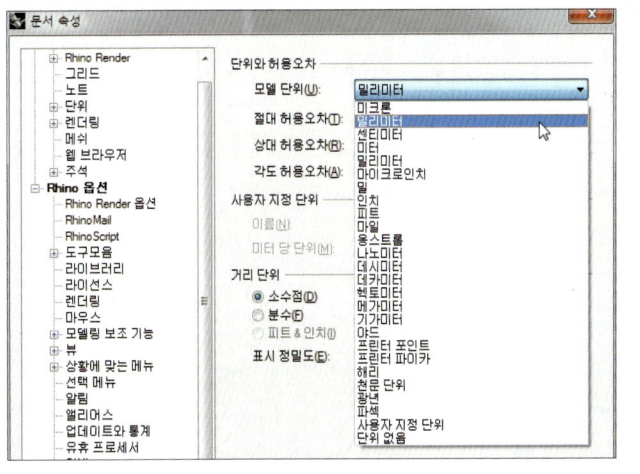

01 작업 영역을 TOP Viewport로 활성화한 후 **모델링 툴탭〉솔리드 도구〉상자(Box)** 명령을 클릭한 다음, 명령 입력창에 아래의 진행 과정에 따라 그림과 같이 정육면체 상자를 만들어 준다.

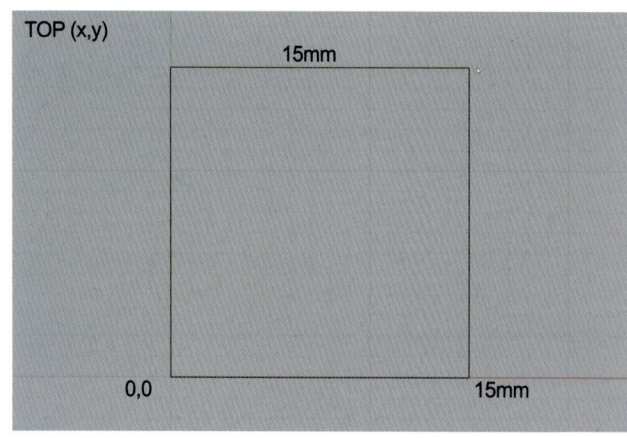
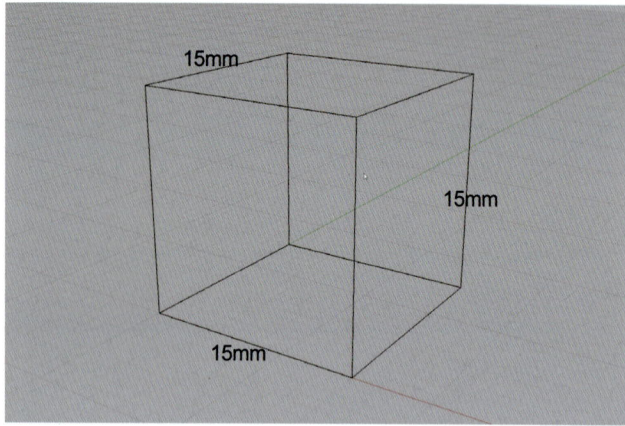

명령: _Box
기준의 첫 번째 모서리 (대각선(D) 3점(P) 수직(V) 중심점(C)): **0,0 입력 후** Enter
기준의 대각선 방향 모서리 또는 길이 (3점(P)): **15 입력 후** Enter
너비. 길이를 사용하려면 Enter 키를 누르십시오 (3점(P)): **15 입력 후** Enter
높이. 너비를 사용하려면 Enter 키를 누르십시오: **15 입력 후** Enter

02 생성된 박스를 PERSPECTIVE Viewport에서 선택한 후 **모델링 툴탭〉표준〉분해(Explode)** 명령을 클릭하여 1개의 박스를 6개의 서피스로 분리시킨다.

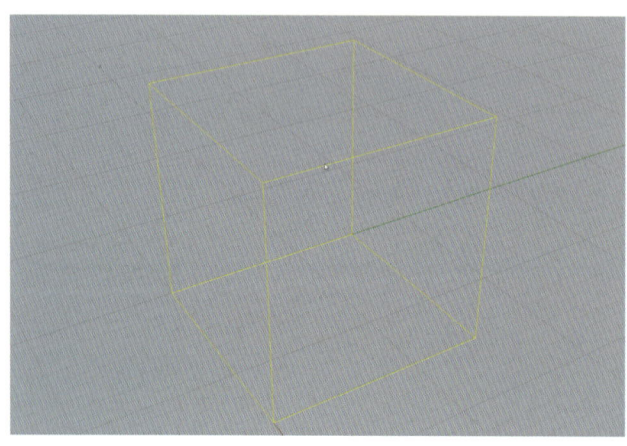
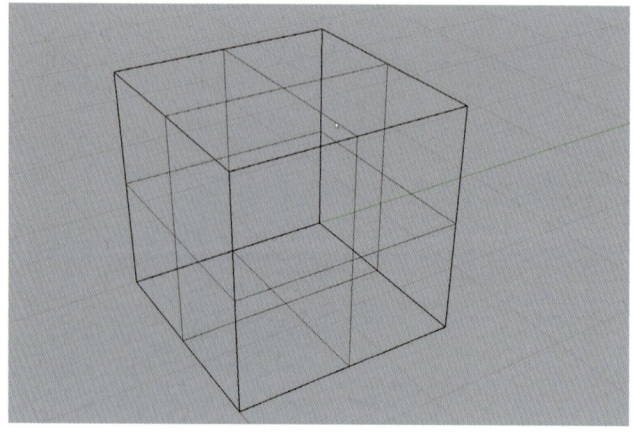

명령: _Explode

03 이어서 다시 TOP Viewport로 활성화한 후, 화면 하단의 **토글 바>객체 스냅>끝점**을 체크하여 활성화시켜 주고 **모델링 툴탭> 표준>사이드바>호(Arc) 명령**으로 아래 화면과 같은 순서로 **호**를 그려준다.

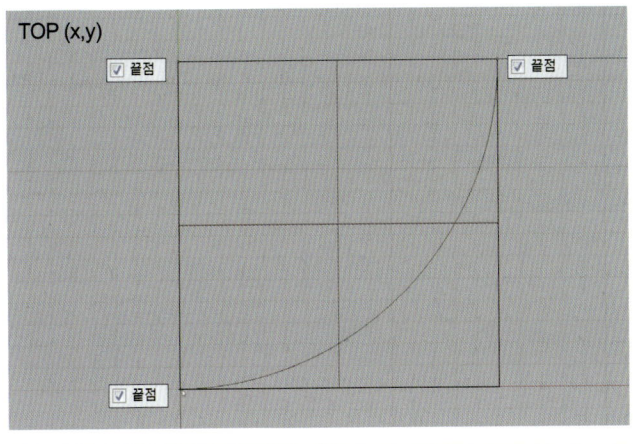
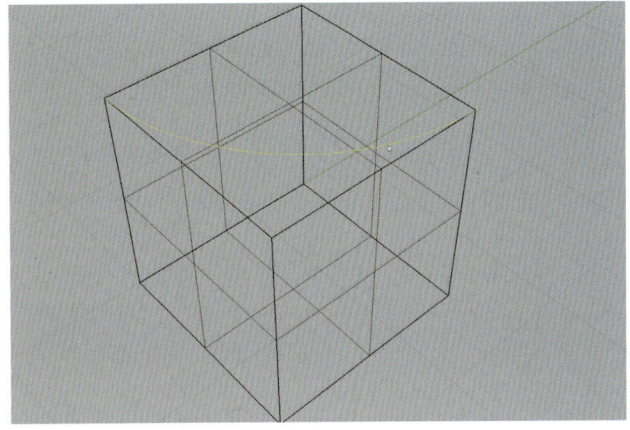

명령: _Arc
호의 중심 (변형가능(D) 시작점(S) 접점(T) 연장(X)): **좌측 상단의 끝점 지정**
호의 시작 (기울이기(T)): **바로 아래의 좌측 하단 끝점 지정**
끝점 또는 각도 (길이(L)): **우측 상단의 끝점 지정**

04 다음은 작업 영역을 FRONT Viewport로 활성화한 후 다시 **모델링 툴탭>표준>사이드바>호(Arc) 명령**으로 호를 그려준다.

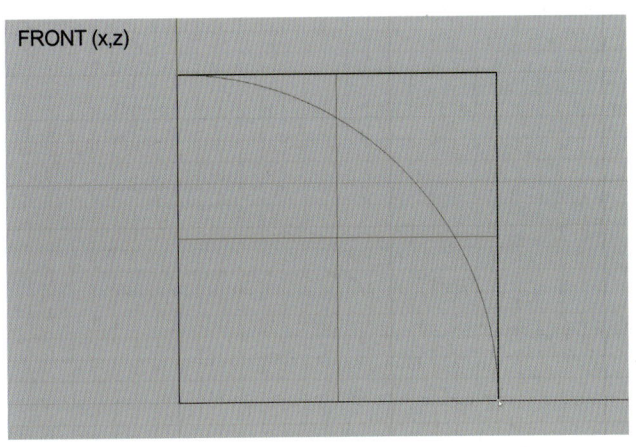
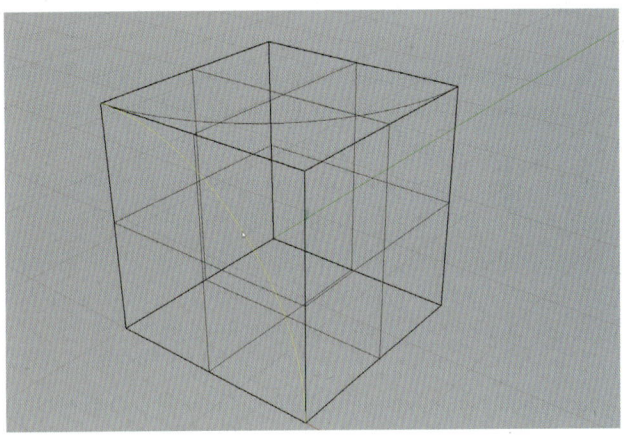

명령: _Arc
호의 중심 (변형가능(D) 시작점(S) 접점(T) 연장(X)): **좌측 하단의 끝점 지정**
호의 시작 (기울이기(T)): **우측 하단의 끝점 지정**
끝점 또는 각도 (길이(L)): **좌측 상단의 끝점 지정**

05 작업 영역을 RIGHT Viewport로 활성화한 후 전 단계와 같이 **모델링 툴탭〉표준〉사이드바〉호(Arc)** 명령으로 호를 그려준다.

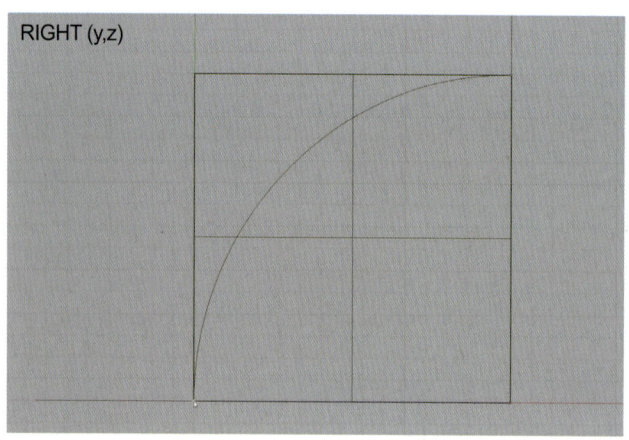
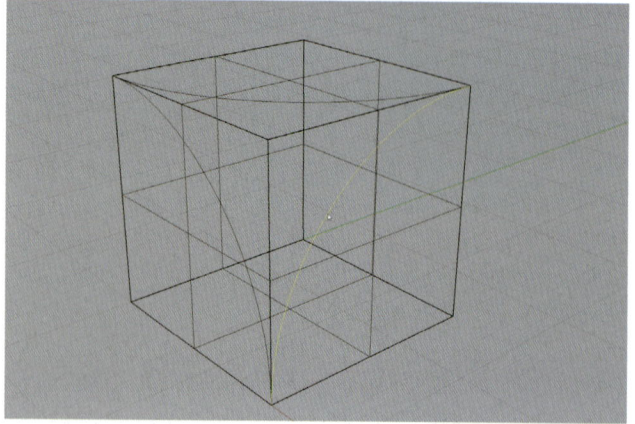

명령: _Arc
호의 중심 (변형가능(D) 시작점(S) 접점(T) 연장(X)): **우측 하단의 끝점 지정**
호의 시작 (기울이기(T)): **좌측 하단의 끝점 지정**
끝점 또는 각도 (길이(L)): **우측 상단의 끝점 지정**

06 앞서 각 서피스에 그려준 호를 선택하여 **모델링 툴탭〉커브도구〉커브간격 띄우기(Offset)** 명령으로 아래의 화면과 같이 호의 안쪽으로 0.5mm 간격으로 띄워 준다.

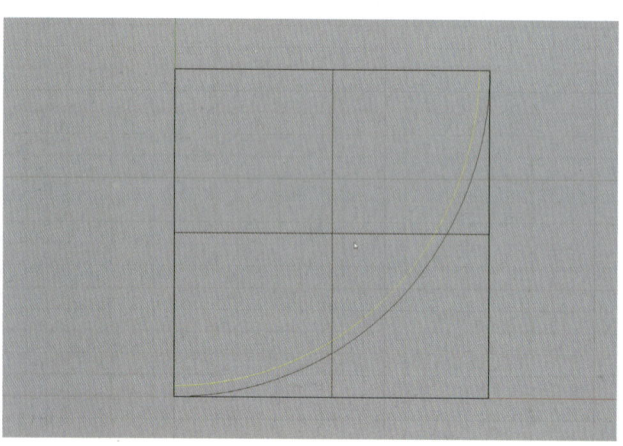
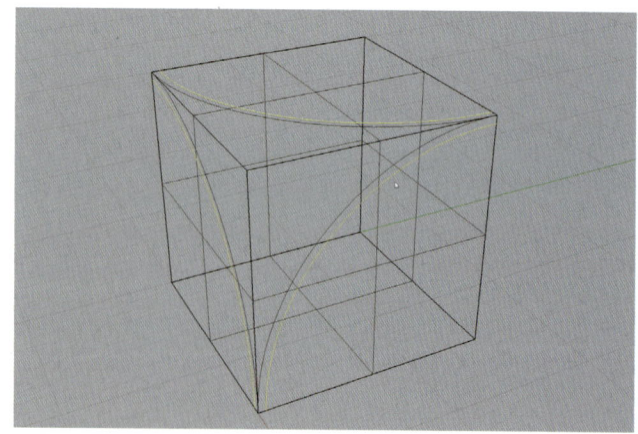

명령: _Offset
간격띄우기 실행할 커브 선택 (거리(D)=1 모서리(C)=모나게 .... 끝막음(A)=없음): **생성된 호 선택**
간격띄우기할 쪽 (거리(D)=1 모서리(C)=.... 끝막음(A)=없음): **0.5 입력 후 Enter**
간격띄우기할 쪽 (거리(D)=0.5 모서리(C)=.... 끝막음(A)=없음): **원본 호 안쪽 방향 지정**

07 이번에는 작업 영역을 PERSPECTIVE Viewport로 활성화한 후 **모델링 툴탭〉표준〉분할(Split)** 명령으로 간격 띄워진 호를 기준으로 아래의 화면과 같이 분할해 준다.

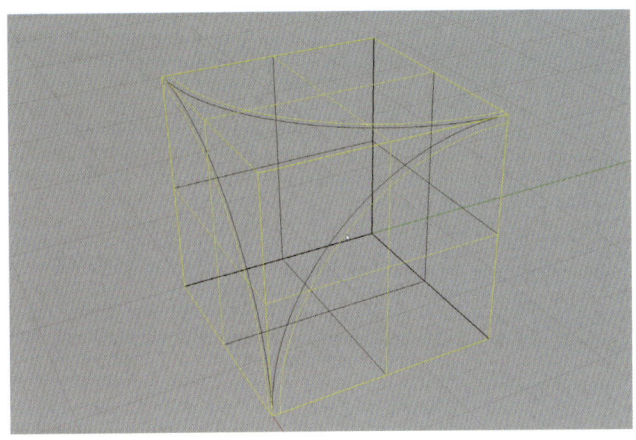 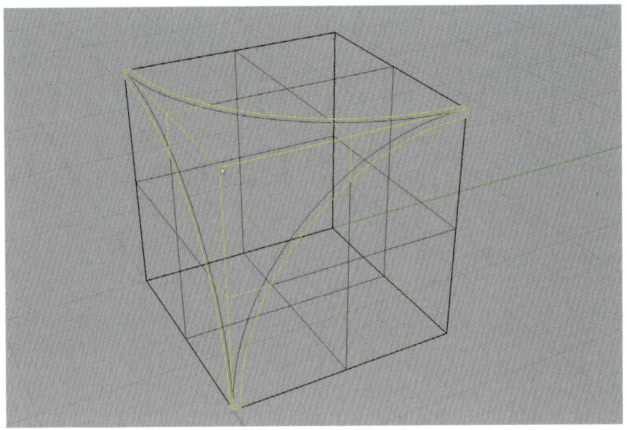

명령: _Split
분할할 개체 선택 (점(P) 아이소커브(I)): **3개의 서피스를 선택**
분할할 개체 선택. 완료되면 Enter 키를 누르십시오 (점(P) 아이소커브(I)): Enter
절단 개체 선택 (축소(S)=아니요): **간격 띄우기 한 3개의 호 선택**
절단 개체 선택. 완료되면 Enter 키를 누르십시오 (축소(S)=아니요): Enter

08 아래의 화면과 같이 분할된 3개의 서피스를 제외한 나머지 서피스들과 호는 모두 키보드 **Del**키로 제거해 준다.

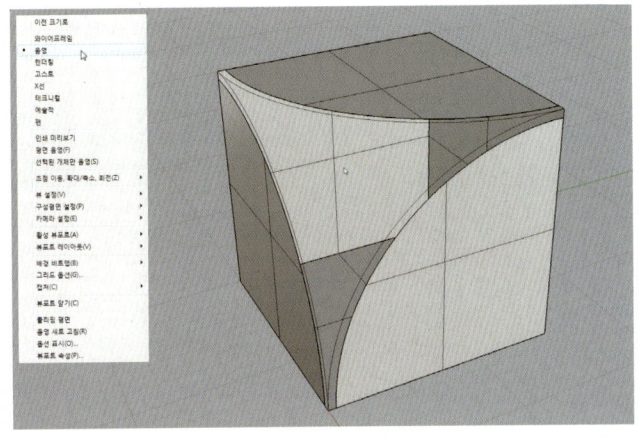 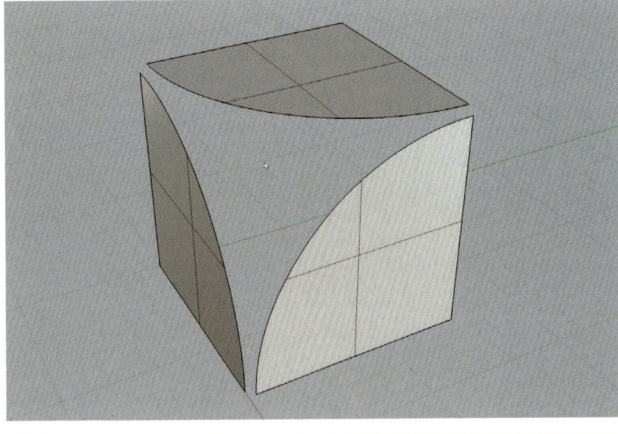

명령: _Delete

09 다음은 서피스의 모서리 부분을 확대시키고, 화면과 같이 각 서피스들의 끝점을 찾아 **모델링 툴탭〉표준〉사이드바〉폴리라인(Polyline) 명령**으로 이어준다.

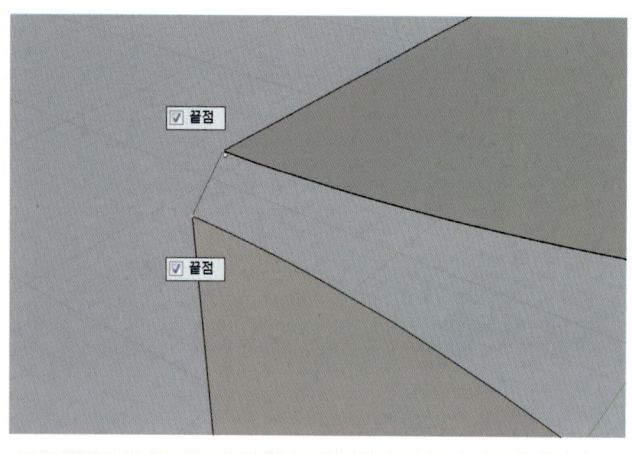 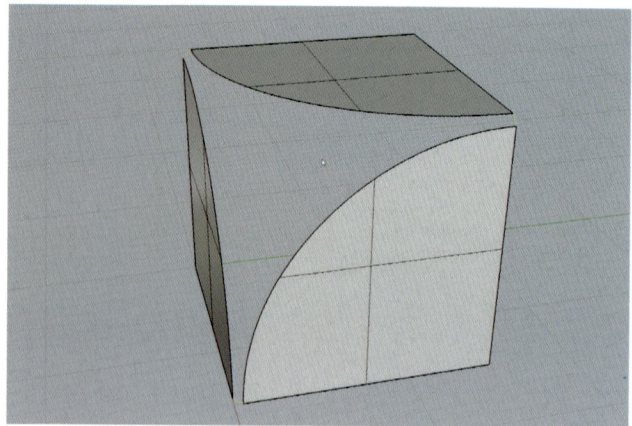

명령: _Polyline
폴리라인의 시작 (닫힘_유지(P)=아니요): **상단 서피스의 끝점 지정**
폴리라인의 다음 점 (닫힘_유지(P)=아니요 ...실행취소(U)): **맞은편 서피스의 끝점 지정**
폴리라인의 다음 점. 완료되면 Enter 키를 누르십시오 (닫힘_유지(P)=아니요 ... 실행취소(U)): Enter

10 이번에는 **모델링 툴탭〉서피스도구〉패치(Patch) 명령**을 클릭한 다음, 분할된 서피스의 모서리와 각 서피스의 폴리라인들을 순서대로 선택해 패치시켜 준다.

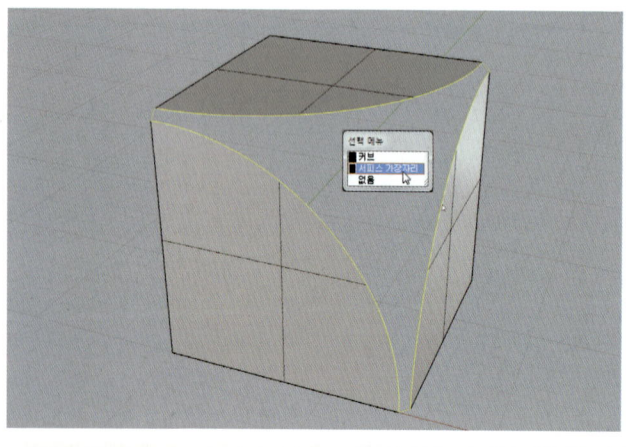 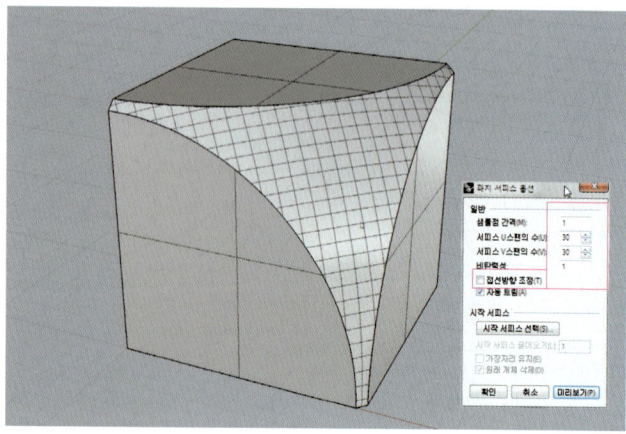

명령: _Patch
서피스에 맞출 커브, 점, 점구름, 메쉬 선택: **서피스 모서리와 폴리라인를 차례로 선택 후** Enter
서피스에 맞출 커브, 점, 점구름, 메쉬 선택. 완료되면 Enter 키를 누르십시오: **팝업창 옵션 메뉴 설정값 입력 후** Enter

11 다음 단계는 완성된 개체의 날카로운 모서리를 부드럽게 만드는 과정이다. **모델링 툴탭〉솔리드 도구〉가변 반지름 필릿(FilletSrf) 명령**으로 화면과 같이 반지름 0.5mm를 적용하여 부드러운 모서리로 만들어 보자.

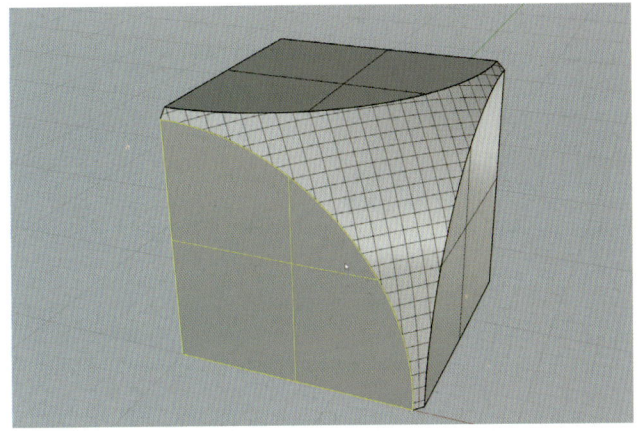
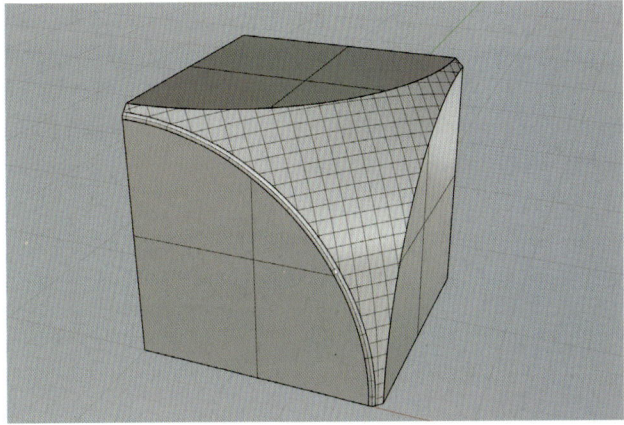
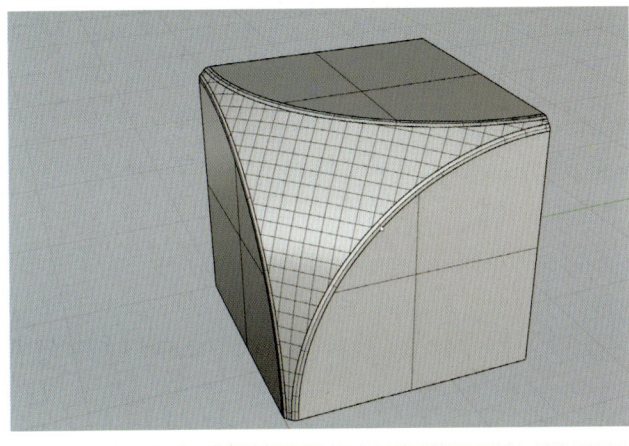
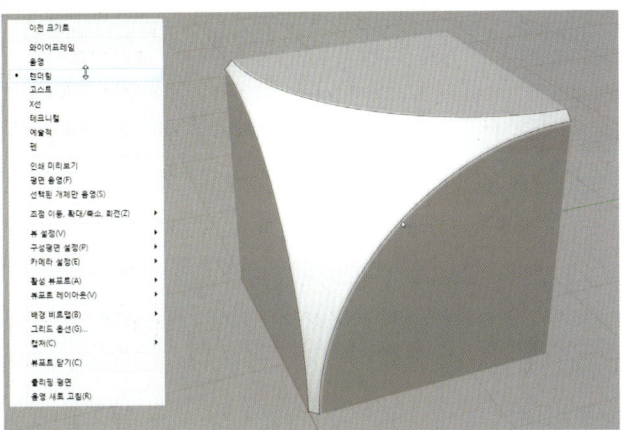

명령: _FilletSrf
필릿할 첫 번째 서피스 선택 (반지름(R)=1.00 연장(E)=예 트림(T)=예): **반지름**
필릿 반지름 〈1.00〉: **0.5 입력 후** Enter
필릿할 첫 번째 서피스 선택 (반지름(R)=0.50 연장(E)=예 트림(T)=예): **패치된 서피스 모서리 선택**
필릿할 두 번째 서피스 선택 (반지름(R)=0.50 연장(E)=예 트림(T)=예): **분할된 서피스 모서리 선택**

12 주사위 형상의 한쪽 모서리 모듈이 완성되었다. 이번에는 TOP Viewport상에서 **모델링 툴탭 〉변형〉미러(Mirror)** 명령으로 편집된 모든 개체를 선택하여 수직 대칭으로 미러시켜 주고, 다시 한 번 미러된 개체 전체를 선택하여 다시 수평 대칭으로 미러시켜 준다.

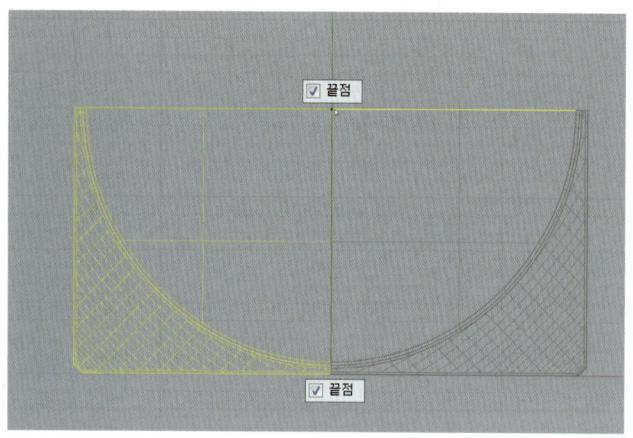 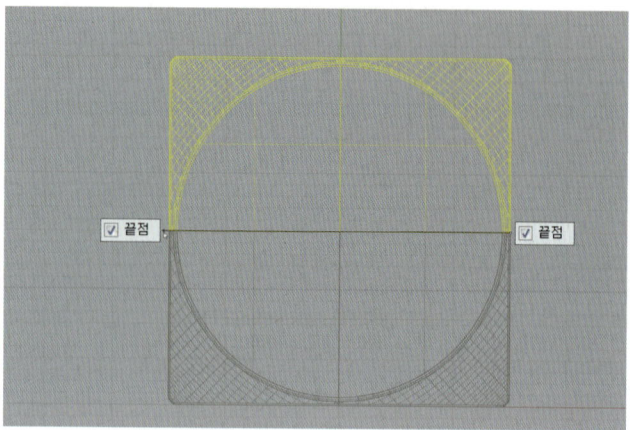

명령: _Mirror
미러 평면의 시작 (3점(P) 복사(C)=예 X축(X) Y축(Y)): **모서리 끝점 지정**
미러 평면의 끝 (복사(C)=예): **반대편 모서리 끝점 지정**

13 다음은 FRONT Viewport상에서 전 단계와 같이 한 번 더 **모델링 툴탭〉변형〉미러(Mirror)** 명령을 통해 전체적인 주사위의 몸체 형상이 될 사각형 박스를 완성해 보자.

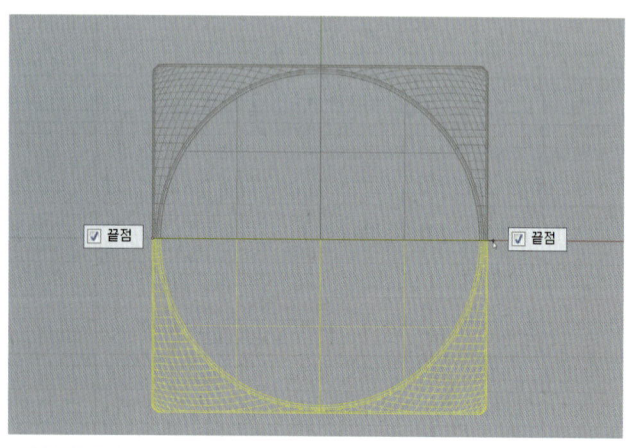 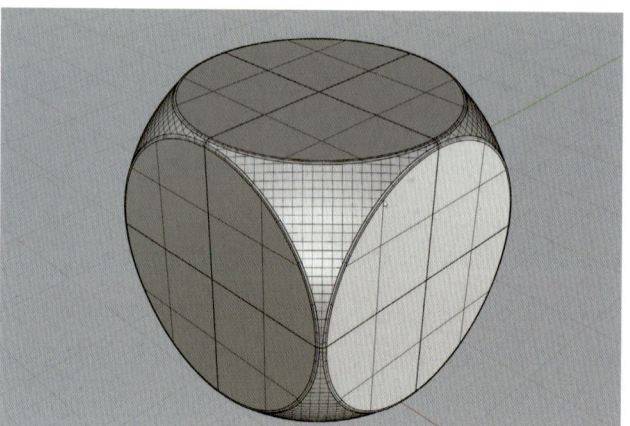

명령: _Mirror
미러 평면의 시작 (3점(P) 복사(C)=예 X축(X) Y축(Y)): **모서리 끝점 지정**
미러 평면의 끝 (복사(C)=예): **반대편 모서리 끝점 지정**

14 미러를 통해 대칭 복사한 서피스들을 모두 선택한 다음, **모델링 툴탭>표준>결합(Join)** 명령으로 하나된 오브젝트로 만들어 준다.

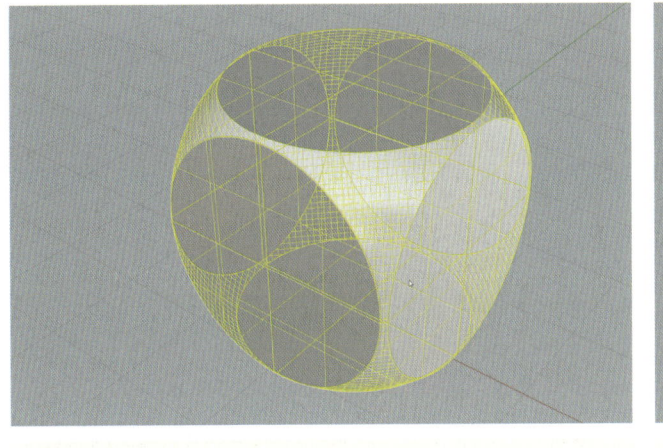

명령: _Join

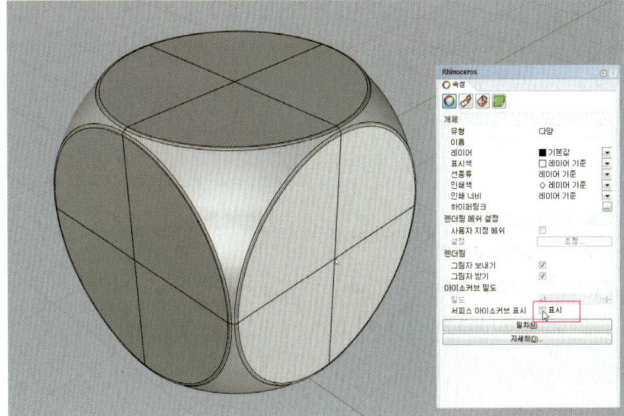

명령: _Properties

> **참고 하세요** 정리된 화면뷰를 보기 위해 **라이노 속성 옵션>서피스 아이소커브표시>아이소커브**를 해제하면 깨끗한 음영 이미지로 만들어 볼 수 있다.

15 이번부터는 주사위 각 표면에 원형의 표식 홈을 파는 과정이다. 우선 원활한 작업을 위해 기존의 구성 평면을 개체의 TOP 뷰화면으로 옮겨 줘야 한다. 따라서 TOP Viewport상에서 **모델링 툴탭>표준>구성 평면 원점 설정(Cplane)** 명령으로 아래의 화면과 같이 구성 평면을 옮겨보자.

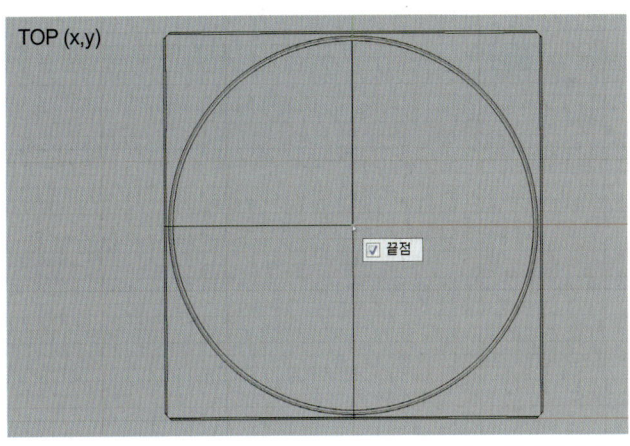

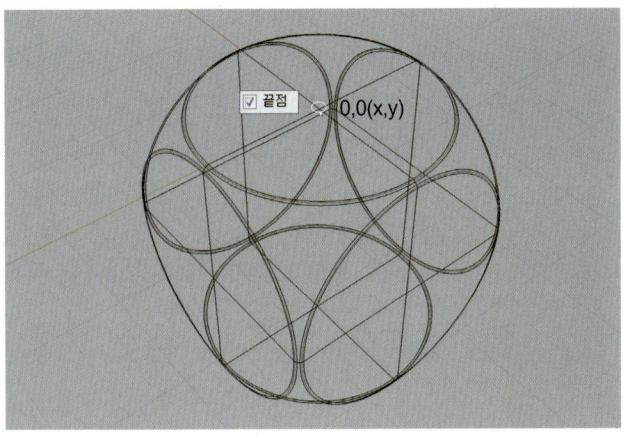

명령: _CPlane
구성 평면 원점 <0.00,0.00,0.00> (모두(A)=아니요 ... 절대좌표(W) 3점(I)): **개체의 TOP 뷰화면 중심 끝점 지정**

16 주사위 한 점 표식을 위해 **모델링 툴탭〉솔리드 도구〉구(Sphere)** 명령으로 구를 생성해 보자. 먼저, 레이어 패널상에서 레이어 01(빨간색)로 변경해 준다. 새로이 옮겨진 구성 평면을 기준으로 원구가 아래 화면과 같이 생성될 것이다.

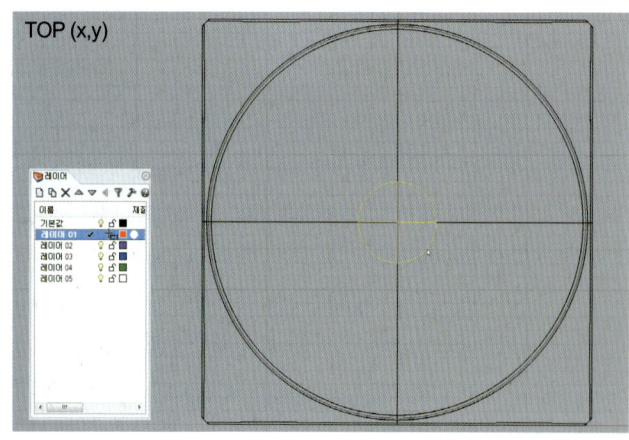
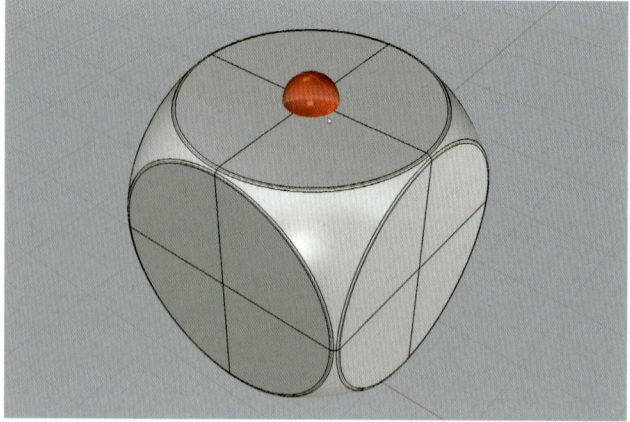

명령: _Sphere
구의 중심 (2점(P) 3점(O) 접점(T) 커브_주변(A) 4점(I) 점에_맞춤(F)): **0,0 입력 후** Enter
반지름 〈1.00〉 (지름(D) 방위(O) 원주(C) 면적(A)): **3 입력 후** Enter

17 이번에는 FRONT Viewport를 활성화해 주고 **모델링 툴탭〉표준〉구성 평면 원점 설정(Cplane)** 명령으로 구성 평면을 주사위 앞쪽으로 이동시켜 준다.

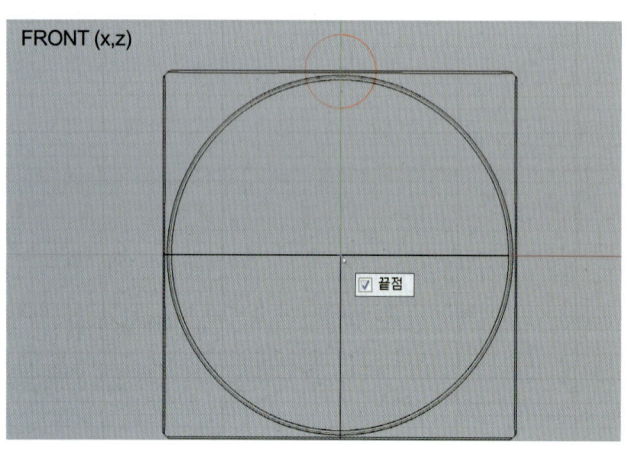
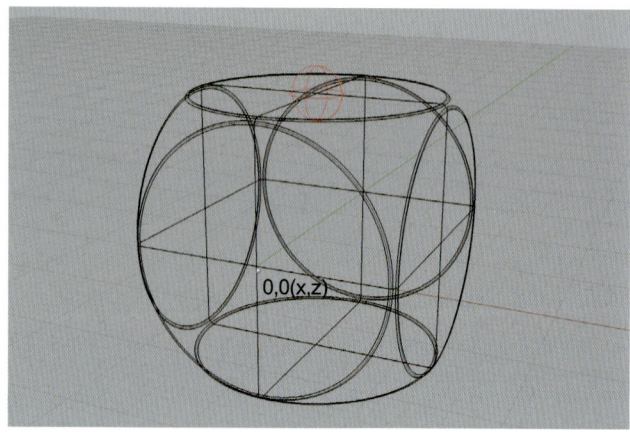

명령: _CPlane
구성 평면 원점 〈0.00,0.00,0.00〉 (모두(A)=아니요 ... 절대좌표(W) 3점(I)): **개체의 FRONT 뷰화면 중심 끝점 지정**

18 이제 주사위 두 점 표식을 만들어 보자. 레이어 패널상에서 레이어 02(보라색)로 변경 후, **모델링 툴탭>솔리드 도구>구(Sphere)** 명령으로 원구의 반지름과 좌표를 입력하여 새로 옮겨진 구성 평면 앞에 두 개의 원구를 배치시켜 준다.

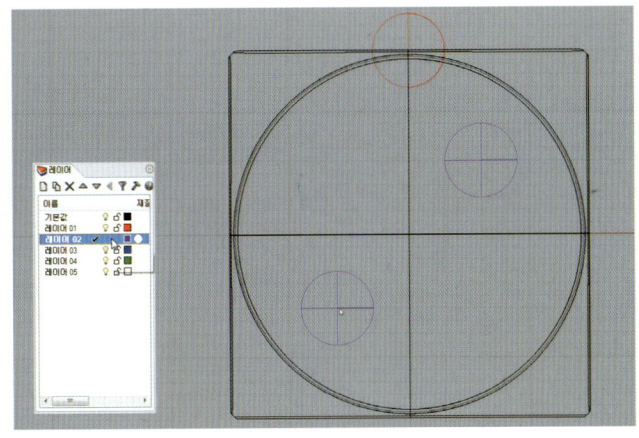
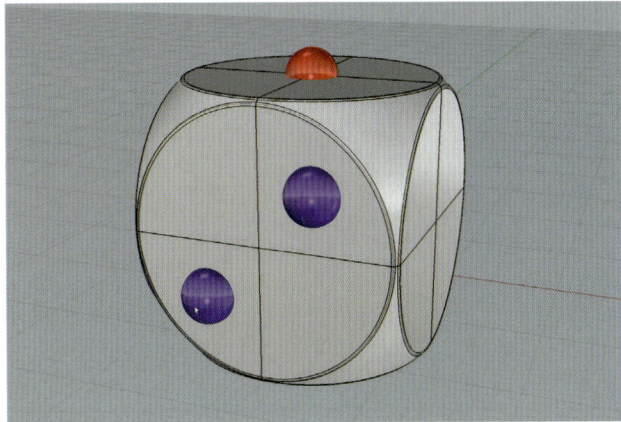

명령: _Sphere
구의 중심 (2점(P) 3점(O) 접점(T) 커브_주변(A) 4점(I) 점에_맞춤(F)): **6,6 입력 후** Enter
반지름 〈3.00〉 (지름(D) 방위(O) 원주(C) 면적(A)): Enter
명령: _Sphere
구의 중심 (2점(P) 3점(O) 접점(T) 커브_주변(A) 4점(I) 점에_맞춤(F)): **-6,-6 입력 후** Enter
반지름 〈3.00〉 (지름(D) 방위(O) 원주(C) 면적(A)): Enter

19 다음은 작업 영역을 RIGHT Viewport로 활성화한 후 **모델링 툴탭>표준>구성 평면 원점 설정(Cplane)** 명령으로 구성 평면을 아래 화면과 같이 오른쪽으로 옮겨 준다.

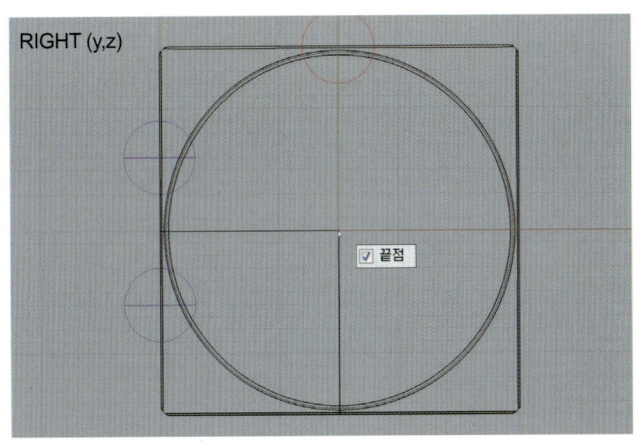
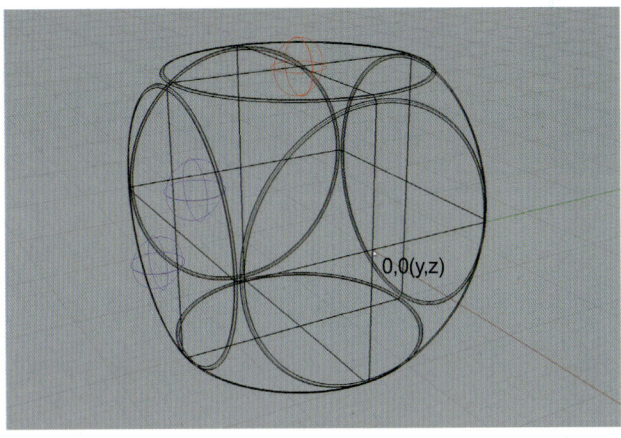

명령: _CPlane
구성 평면 원점 〈0.00,0.00,0.00〉 (모두(A)=아니요 ... 절대좌표(W) 3점(I)): **개체의 RIGHT 뷰화면 중심 끝점 지정**

20 다음은 주사위 세 점 표식을 만들어 보자. 레이어 패널상에서 레이어 03(파란색)으로 변경 후, **모델링 툴탭〉솔리드 도구〉구(Sphere) 명령**으로 새로 옮겨진 RIGHT Viewport 구성 평면 앞에 명령입력창 좌표값대로 대각선으로 세 개의 원구를 배치시켜 준다.

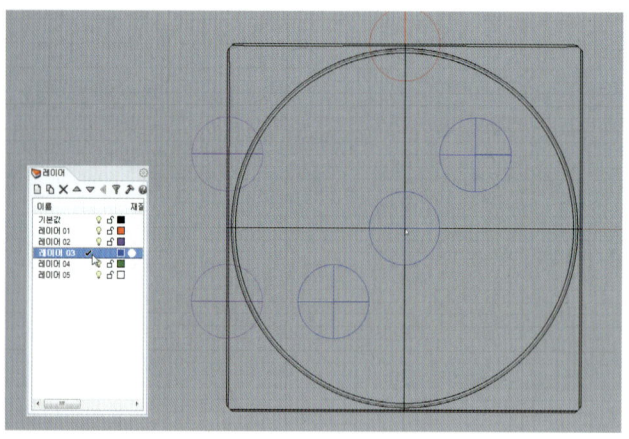
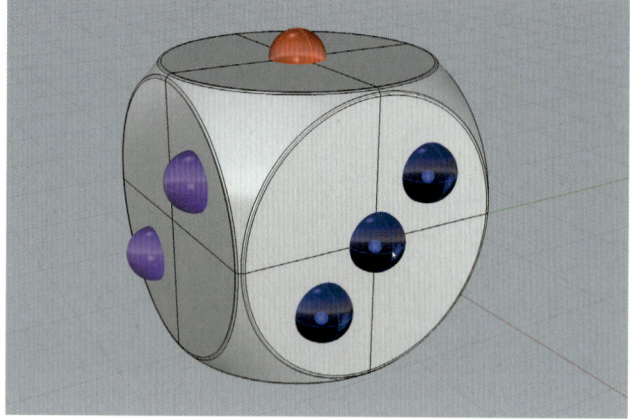

명령: _Sphere
구의 중심 (2점(P) 3점(O) 접점(T) 커브_주변(A) 4점(I) 점에_맞춤(F)): **0,0 입력 후** Enter
반지름 〈3.00〉(지름(D) 방위(O) 원주(C) 면적(A)): Enter
명령: _Sphere
구의 중심 (2점(P) 3점(O) 접점(T) 커브_주변(A) 4점(I) 점에_맞춤(F)): **6,6 입력 후** Enter
반지름 〈3.00〉(지름(D) 방위(O) 원주(C) 면적(A)): Enter
명령: _Sphere
구의 중심 (2점(P) 3점(O) 접점(T) 커브_주변(A) 4점(I) 점에_맞춤(F)): **-6,-6 입력 후** Enter
반지름 〈3.00〉(지름(D) 방위(O) 원주(C) 면적(A)): Enter

21 다음 과정은 바닥으로 구성 평면을 옮겨 보자. 먼저 작업 영역을 BOTTOM Viewport로 활성화한 후 **모델링 툴탭〉표준〉구성 평면 원점 설정(Cplane) 명령**으로 구성 평면을 바닥 쪽으로 옮겨 준다.

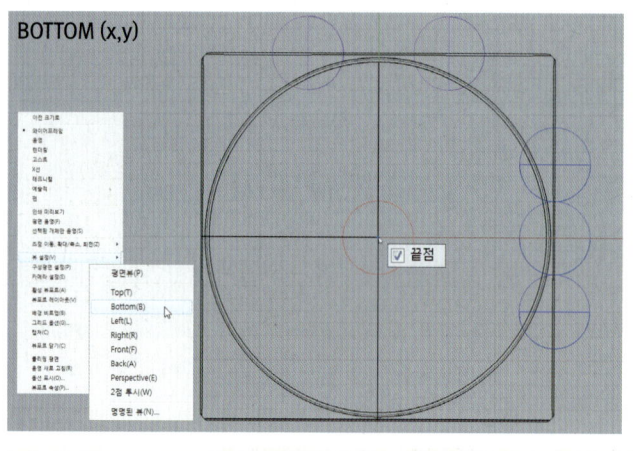
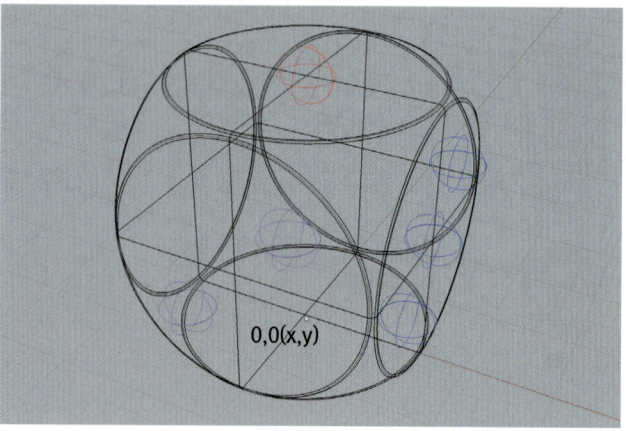

명령: _CPlane
구성 평면 원점 〈0.00,0.00,0.00〉(모두(A)=아니요 ... 절대좌표(W) 3점(I)): **개체의 BOTTOM 뷰화면 중심 끝점 지정**

22 다음은 바닥면에 주사위 네 점 표식을 만들어 보자. 먼저 레이어 04(초록색)로 변경해 주고 **구(Sphere)** 명령으로 새로 옮겨진 BOTTOM Viewport 구성 평면에 좌표값에 따라 한 개의 구를 생성한 뒤, **미러(Mirror)** 명령을 통해 대칭 복사시켜 아래의 화면과 같이 총 4개의 구를 만들어 준다.

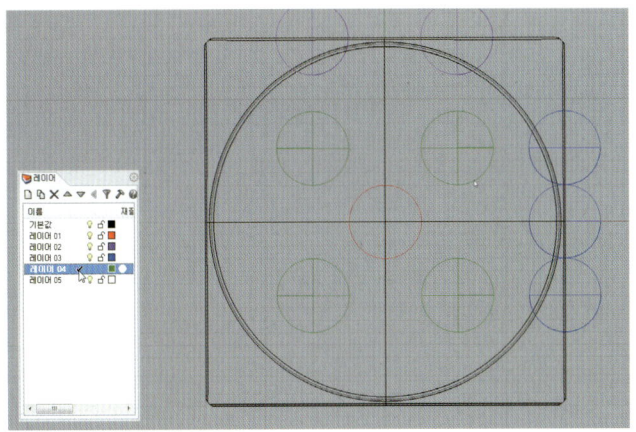
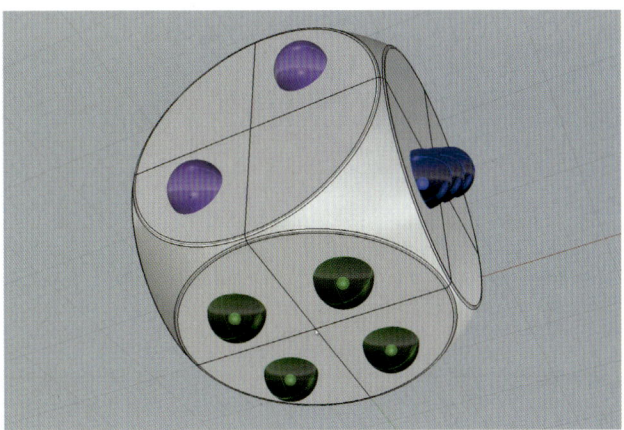

명령: _Sphere
구의 중심 (2점(P) 3점(O) 접점(T) 커브_주변(A) 4점(I) 점에_맞춤(F)): **6,6 (x,z) 입력 후** Enter
반지름 ⟨3.00⟩ (지름(D) 방위(O) 원주(C) 면적(A)): Enter
명령: _Mirror
미러 평면의 시작 (3점(P) 복사(C)=예 X축(X) Y축(Y)): **바닥면의 중심 끝점 지정**
미러 평면의 끝 (복사(C)=예): **수직 방향의 끝점 지정**

23 이번에는 작업 영역을 BACK Viewport로 활성화한 후 **모델링 툴탭〉표준〉구성 평면 원점 설정(Cplane)** 명령으로 구성 평면을 주사위 뒤쪽 방향으로 옮겨 준다.

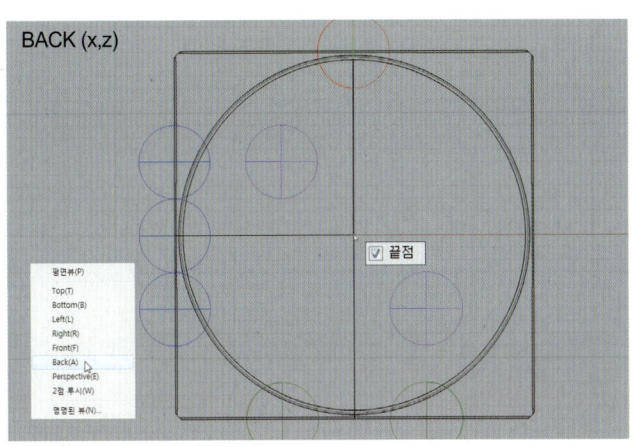
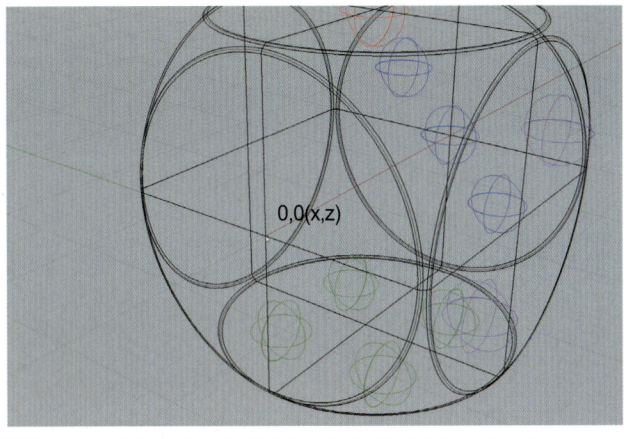

명령: _CPlane
구성 평면 원점 ⟨0.00,0.00,0.00⟩ (모두(A)=아니요 ... 절대좌표(W) 3점(I)): **개체의 BACK 뷰화면 중심 끝점 지정**

24 다음은 주사위 다섯 점 표식을 만들어 보자. 레이어 05(하얀색)로 변경 후 **구(Sphere)** 명령으로 새로 옮겨진 BACK Viewport 구성 평면에 좌표값에 따라 두 개의 구를 생성한 뒤, **미러(Mirror)** 명령을 통해 대칭 복사시켜 아래의 화면과 같이 총 5개의 구를 만들어 준다.

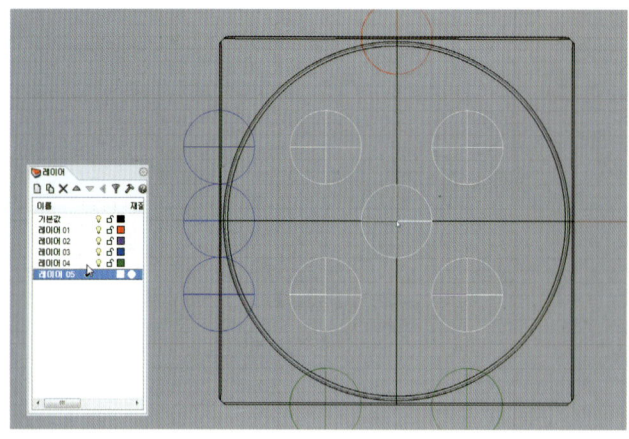
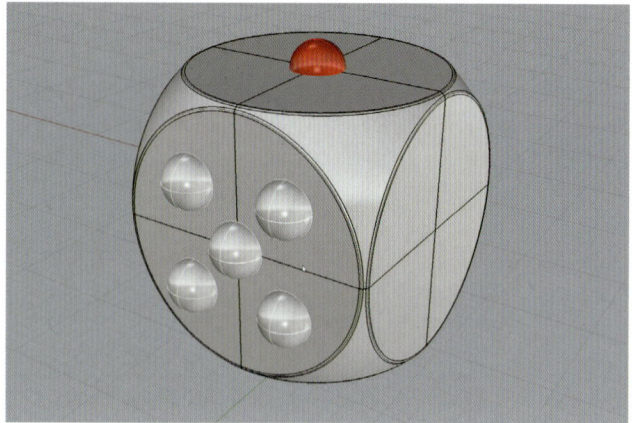

명령: _Sphere
구의 중심 (2점(P) 3점(O) 접점(T) 커브_주변(A) 4점(I) 점에_맞춤(F)): **0,0 입력 후** Enter
반지름 ⟨3.00⟩ (지름(D) 방위(O) 원주(C) 면적(A)): Enter
명령: _Sphere
구의 중심 (2점(P) 3점(O) 접점(T) 커브_주변(A) 4점(I) 점에_맞춤(F)): **6,6 입력 후** Enter
반지름 ⟨3.00⟩ (지름(D) 방위(O) 원주(C) 면적(A)): Enter
명령: _Mirror
미러 평면의 시작 (3점(P) 복사(C)=예 X축(X) Y축(Y)): **뒷면의 중심 끝점 지정**
미러 평면의 끝 (복사(C)=예): **수직 방향의 끝점 지정**

25 마지막으로, 작업 영역을 LEFT Viewport로 활성화한 후 **모델링 툴탭〉표준〉구성 평면 원점 설정(Cplane)** 명령으로 구성 평면을 주사위 좌측 방향으로 옮겨 준다.

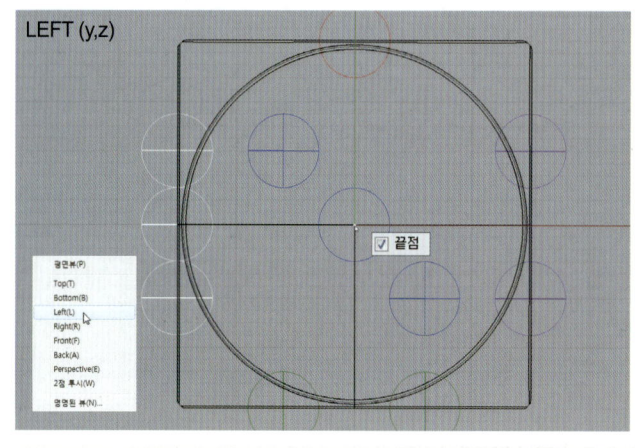
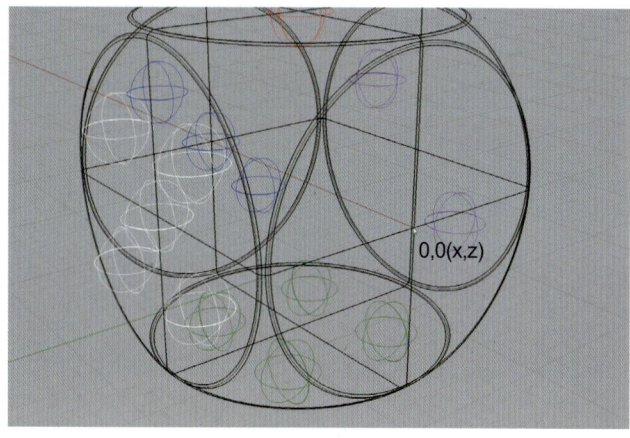

명령: _CPlane
구성 평면 원점 ⟨0.00,0.00,0.00⟩ (모두(A)=아니요 ... 절대좌표(W) 3점(I)): **개체의 LEFT 뷰화면 중심 끝점 지정**

26 최종적으로 주사위 좌측면에 여섯 점 표식을 만들어 보자. 레이어 패널상에서 기본값 레이어(검은색)로 변경한 다음, **구(Sphere) 명령**으로 새로 옮겨진 LEFT Viewport 구성 평면에 좌표값에 따라 세 개의 구를 생성한 뒤, **미러(Mirror) 명령**을 통해 대칭 복사시켜 아래의 화면과 같이 총 6개의 구를 만들어 준다.

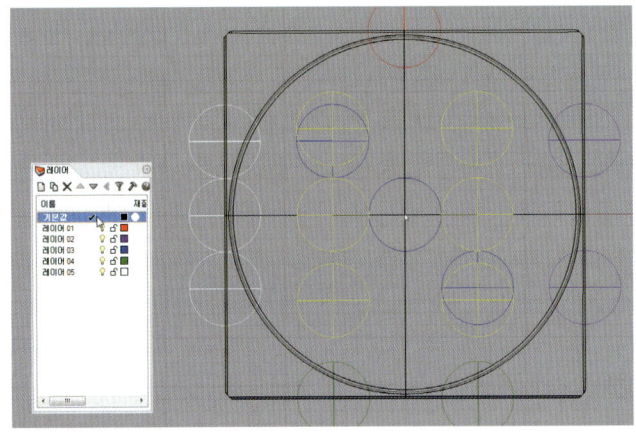 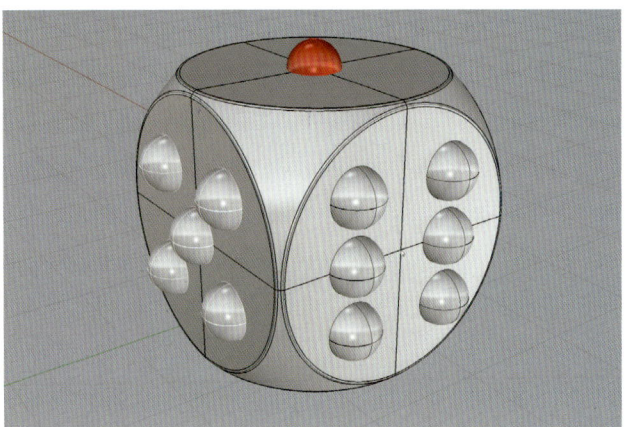

명령: _Sphere
구의 중심 (2점(P) 3점(O) 접점(T) 커브_주변(A) 4점(I) 점에_맞춤(F)): **6,7 입력 후** Enter
반지름 〈3.00〉 (지름(D) 방위(O) 원주(C) 면적(A)): Enter
명령: _Sphere
구의 중심 (2점(P) 3점(O) 접점(T) 커브_주변(A) 4점(I) 점에_맞춤(F)): **6,0 입력 후** Enter
반지름 〈3.00〉 (지름(D) 방위(O) 원주(C) 면적(A)): Enter
명령: _Sphere
구의 중심 (2점(P) 3점(O) 접점(T) 커브_주변(A) 4점(I) 점에_맞춤(F)): **6,-7 입력 후** Enter
반지름 〈3.00〉 (지름(D) 방위(O) 원주(C) 면적(A)): Enter
명령: _Mirror
미러 평면의 시작 (3점(P) 복사(C)=예 X축(X) Y축(Y)): **좌측면의 중심 끝점 지정**
미러 평면의 끝 (복사(C)=예): **수직 방향의 끝점 지정**

27 지금까지 6가지 뷰화면상에서 단계별로 생성한 구를 모두 선택하고 **모델링 툴탭〉솔리드 도구〉부울 차집합(BooleanDifference) 명령**으로 주사위 표면과 원형의 홈을 차집합시켜 준다.

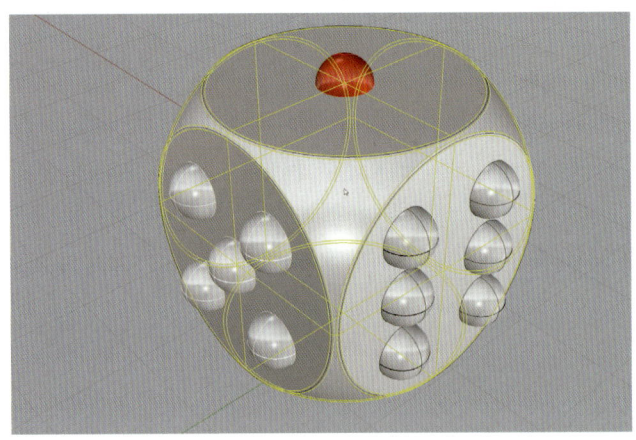 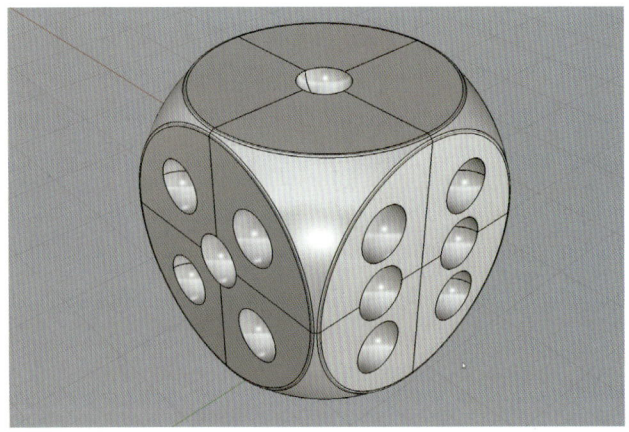

명령: _BooleanDifference
차집합을 계산할 원래 서피스 또는 폴리서피스 선택: **주사위 몸체 선택**
차집합을 계산할 원래 서피스 또는 폴리서피스 선택. 계속하려면 Enter 키를 누르십시오: Enter
차집합 계산에 사용할 서피스 또는 폴리서피스 선택 (원래개체_삭제(D)=예): **생성한 구 모두 선택**
차집합 계산에 사용할 서피스 또는 폴리서피스 선택. 완료되면 Enter 키를 누르십시오 (원래개체_삭제(D)=예): Enter

28 다음은 **모델링 툴탭〉솔리드 도구〉가변 반지름 필릿(FilletEdge) 명령**으로 파인 홈의 날카로운 모서리를 0.5mm 값으로 부드럽게 마무리해 준다.

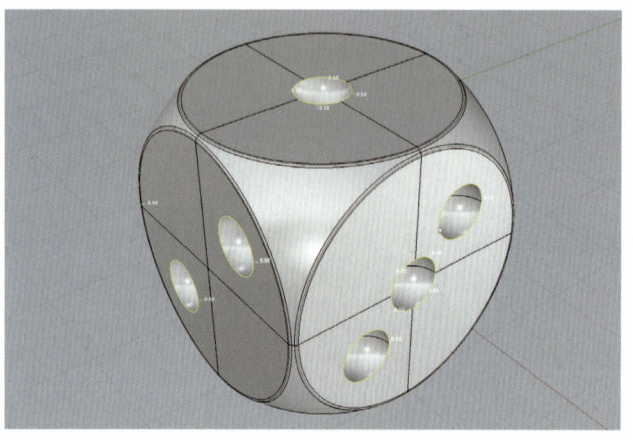 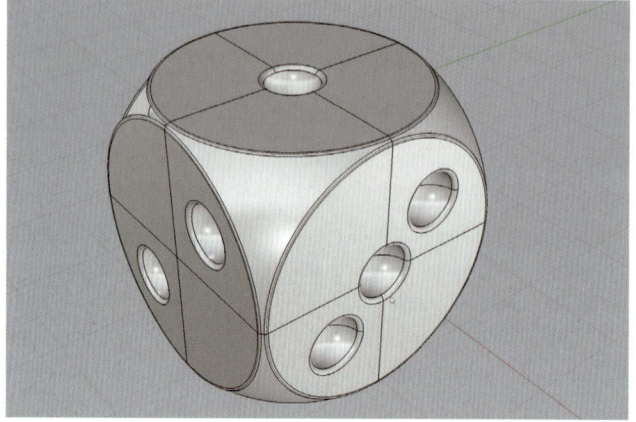

명령: _FilletEdge
필릿할 가장자리 선택 (반지름_표시(S)=예 다음_반지름(N)=0.5 ...): **0.5 입력 후** Enter
필릿할 가장자리 선택. 완료되면 Enter 키를 누르십시오 (반지름_표시(S)=예 다음_반지름(N)=0.5 ...): **홈 모서리 선택 후** Enter

29 최종 주사위 모델링을 완성하고 이제부터 주사위에 투톤 컬러를 적용해 보자. 먼저 **모델링 툴탭〉솔리드 도구〉서피스 추출(ExtractSrf) 명령**으로 파인 홈의 서피스들만 추출한 후 추출된 모든 개체를 **표준〉그룹(Group) 명령**으로 그룹시켜 준 다음 다시 레이어 01(빨간색)로 변경시켜 준다.

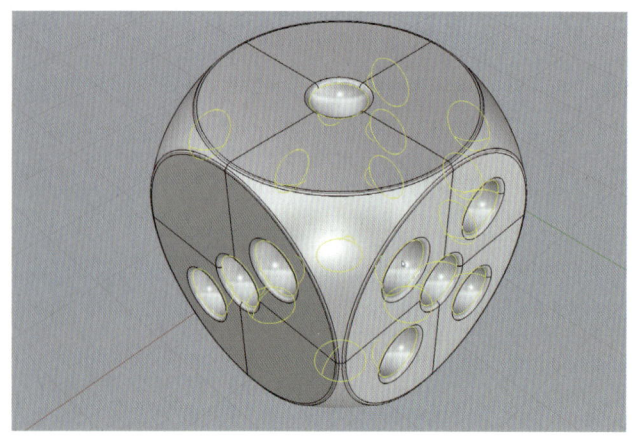 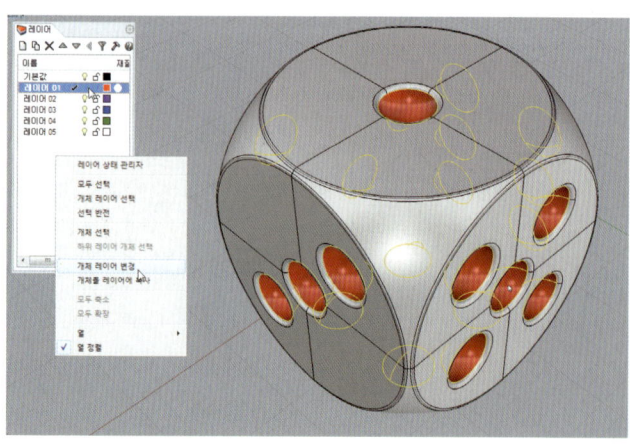

명령: _ExtractSrf
추출할 서피스 선택 (출력레이어(O)=원래개체의_레이어 복사(C)=아니요): **파인 모든 홈 선택**
추출할 서피스 선택. 완료되면 Enter 키를 누르십시오 (출력레이어(O)=원래개체의_레이어 복사(C)=아니요): Enter

명령: _Group

30 추출하여 그룹된 홈들을 선택하고, 아래 지정된 화면과 같이 **표준>개체속성>재질>재질 할당 옵션>개체**로 지정 후 사용자가 선호하는 컬러로 변경해 본다.

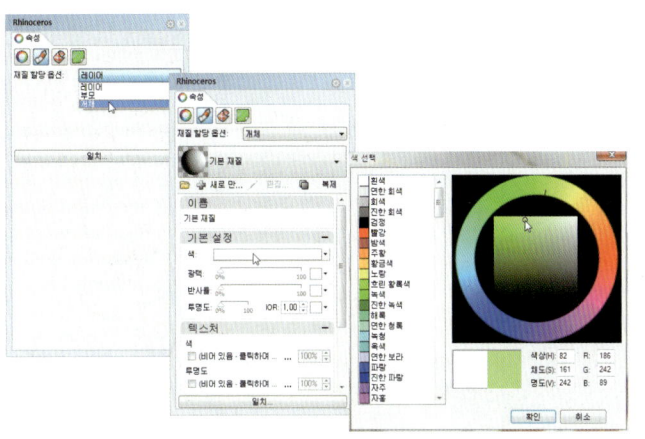 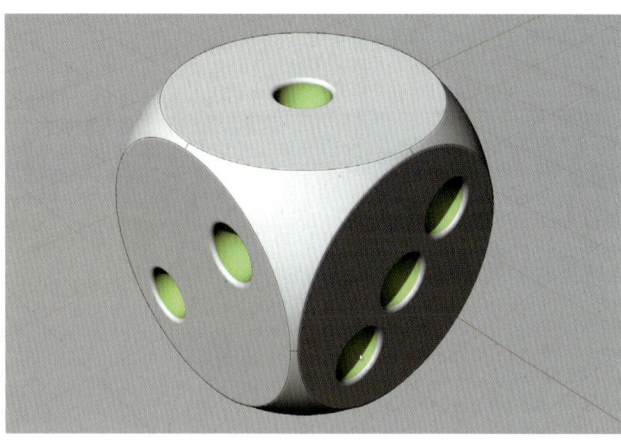

명령: _Properties

31 전 과정과 마찬가지로 이번엔 주사위를 선택한 상태에서 **표준>개체 속성>재질>재질 할당 옵션>개체**로 지정 후 사용자가 선호하는 컬러로 변경해 본다.

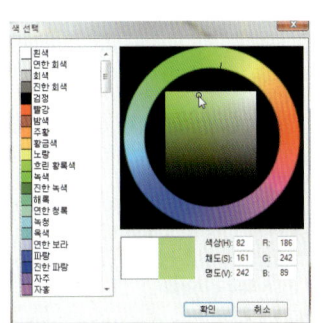 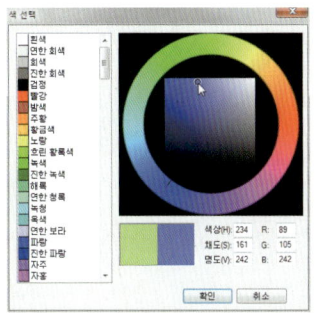 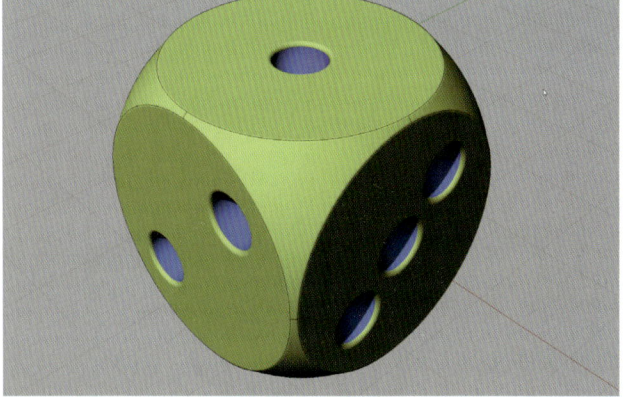

명령: _Properties

32 마지막으로 **표준〉렌더링**(Render) **명령**을 통해 지금까지 주사위 모델링과 각 요소별 컬러연출에 대한 최종 렌더링 결과를 검토해 보고 렌더링 화면상에 추가 주사위를 몇 개 더 배치해 보고 컬러 연출도 다양하게 시도해 보자.

명령: _Render
조명 테이블을 처리하는 중
지오메트리 테이블을 처리하는 중

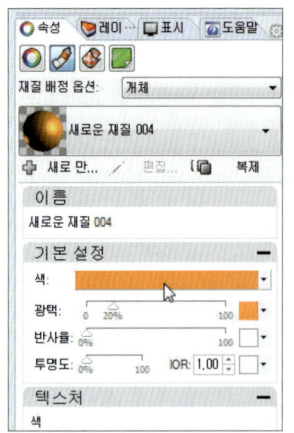
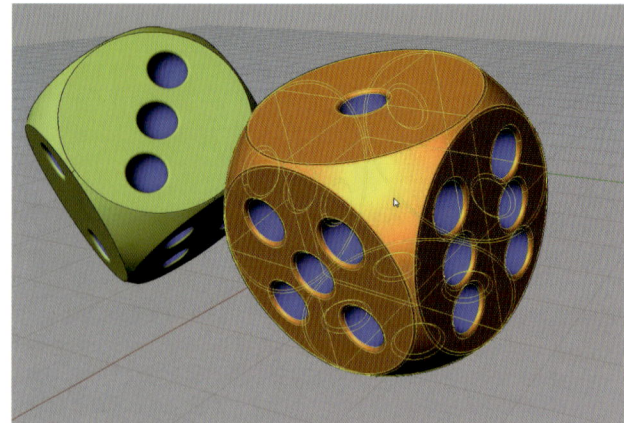
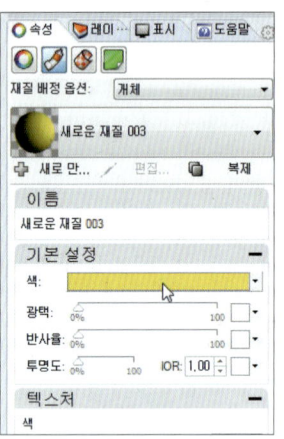
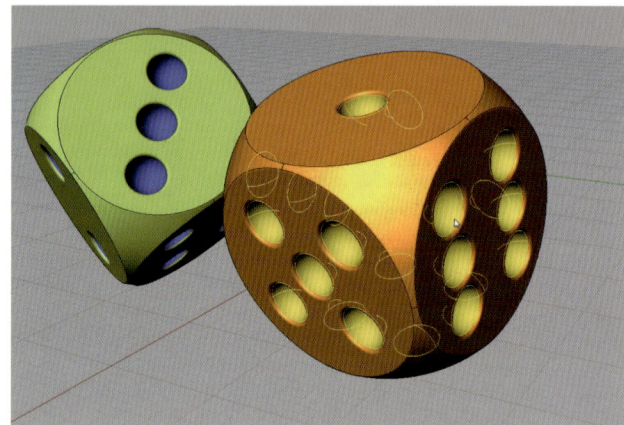

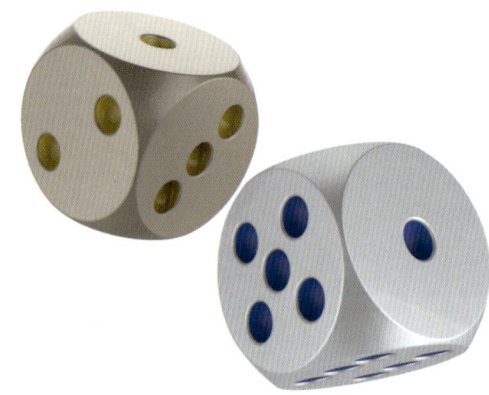

02_ Rhinoceros 3D 과정으로 문구 수납장 모델링하기

Rhinoceros
3D 과정으로
문구 수납장
모델링하기

INTRO.

공간을 연출하고 친근함을 느끼게 하는 디자인 수납 가구들이 최근 심미적 즐거움과 함께 훈훈한 감성으로 소비자들에게 가까이 다가가고 있다. 또한 새로운 소재와 독창적 디자인은 신선함과 더불어 삶의 새로운 활력을 만들어 준다. 이렇듯 우리 생활 속 없어서는 안 될, 하지만 그냥 지나쳐 버리기 쉬운 생활 가구들을 모델링 아이템으로 선정하여 지금부터 따라 하기 식으로 시작해 보자.

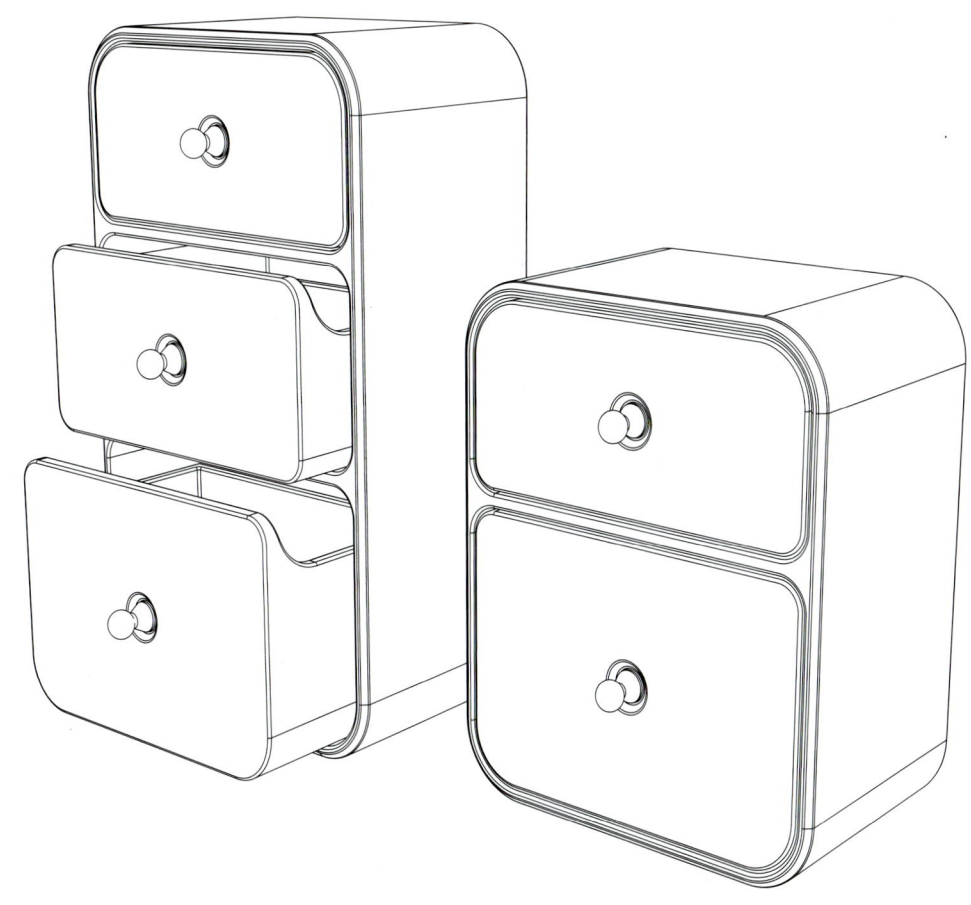

이번 모델링 과정도 이전 주사위 제작 과정과 같이 명령 입력창의 대화식 학습 방법으로, 제시되는 명령 내용에 따라 꼼꼼히 이해하며 한 가지씩 차분하게 따라해 보자. 먼저 모델링에 앞서서 풀다운 메뉴의 파일>새로 만들기>템플릿 파일 열기>큰 개체 밀리미터를 시작으로 화면을 열고 라이노 옵션에서 그리드 속성>그리드선 개수를 500으로 수정한 후 모델링을 시작한다.

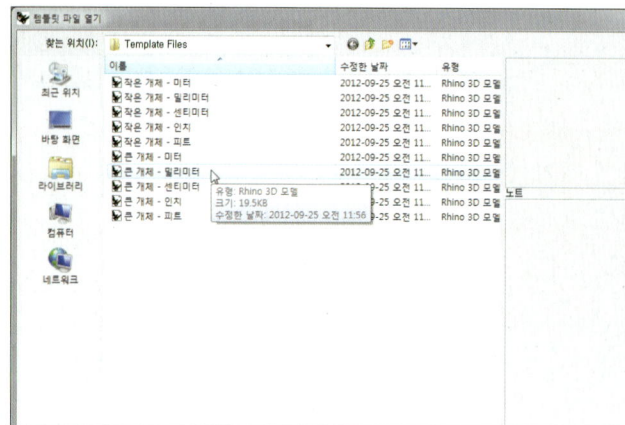
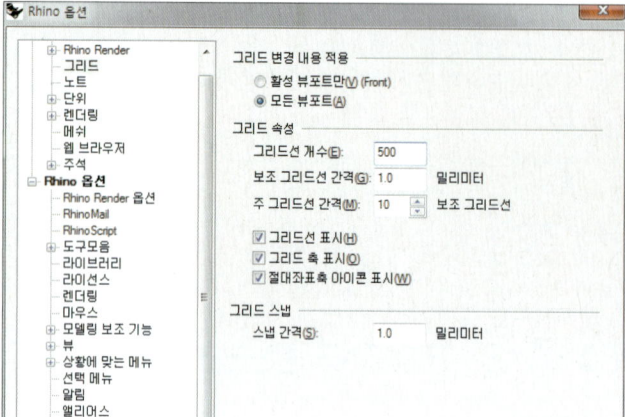

● ● ● ●

01 FRONT Viewport상에서 모델링 툴탭>커브도구>직사각형(Rectangle) 명령으로 CP(Construction Plan)라인 원점을 시작으로 문구 수납장의 전면 프레임이 될 직사각형을 생성해 보자.

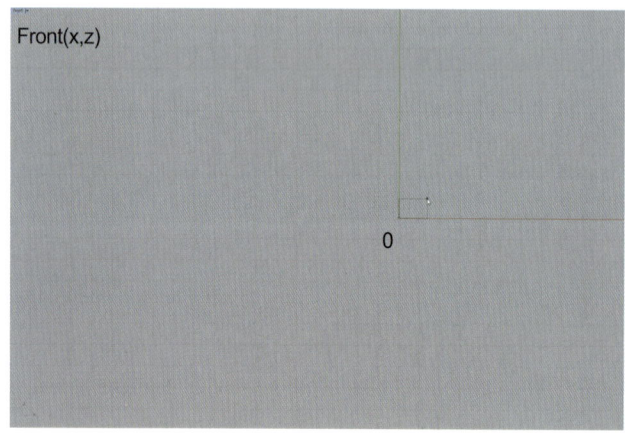
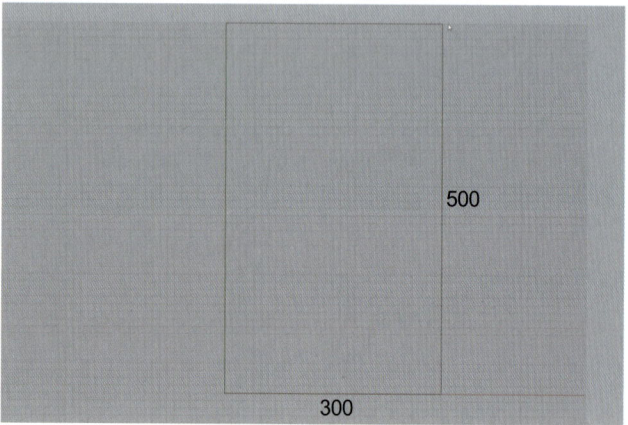

명령: _Rectangle
직사각형의 첫 번째 모서리 (3점(P) 수직(V) 중심점(C) 둥글게(R)): **0 입력 후** [Enter]
다른 모서리 또는 길이 (3점(P) 둥글게(R)): **300 입력 후** [Enter]
너비, 길이를 사용하려면 Enter 키를 누르십시오 (3점(P) 둥글게(R)): **500 입력 후** [Enter]

02 이어서 **모델링 툴탭〉커브 도구〉커브필릿(Fillet)** 명령을 선택하여 생성된 직사각형의 모서리 전체를 반지름 50mm 값으로 부드럽게 연결해 준다. 이때 커브필릿(Fillet) 명령 옵션 내용 중 **결합(J)=예**를 반드시 확인하여 결합된 상태로 다음 과정을 진행한다.

명령: _Fillet
필릿할 첫 번째 커브 선택 (반지름(R)=1 결합(J)=예 트림(T)=예 호_연장_형식(E)=호): **반지름**
필릿 반지름 〈1.00〉: **50 입력 후** Enter
필릿할 첫 번째 커브 선택 (반지름(R)=50 결합(J)=예 트림(T)=예 호_연장_형식(E)=호): **직사각형 첫 번째 모서리 선택**
필릿할 두번째 커브 선택 (반지름(R)=50 결합(J)=예 트림(T)=예 호_연장_형식(E)=호): **직사각형 두 번째 모서리 선택**

03 다음은 문구 수납장 프레임 작업을 위해 결합된 커브를 선택하여 **모델링 툴탭〉커브 도구 메뉴〉간격띄우기(Offset)** 명령으로 10mm 값만큼 간격을 직사각형 안쪽 방향으로 띄워 준다.

명령: _Offset
간격띄우기 실행할 커브 선택 (거리(D)=1 모서리(C)=모나게 점_통과(T) ...): **거리**
간격띄우기 거리 〈1.00〉: **10 입력 후** Enter
간격띄우기 실행할 커브 선택 (거리(D)=10 모서리(C)=모나게 점_통과(T)....): **결합된 직사각형 선택**
간격띄우기할 쪽 (거리(D)=10 모서리(C)=모나게 점...): **직사각형 안쪽 방향 지정**

04 다음은 모델링 툴탭〉커브 도구〉폴리라인(Polyline) 명령으로 CP(Construction Plan) 라인 원점을 시작으로 X축 방향으로 300mm 라인을 생성해 주고 이어서 복사(Copy) 명령으로 아래 화면과 같이 200mm 지점과 350mm 지점에 각각 폴리 라인을 복사시켜 준다.

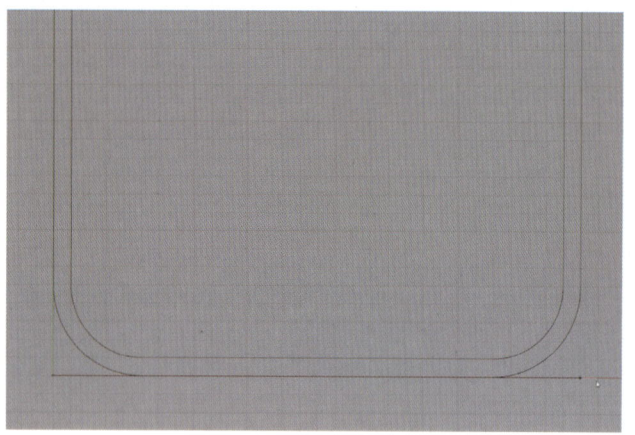 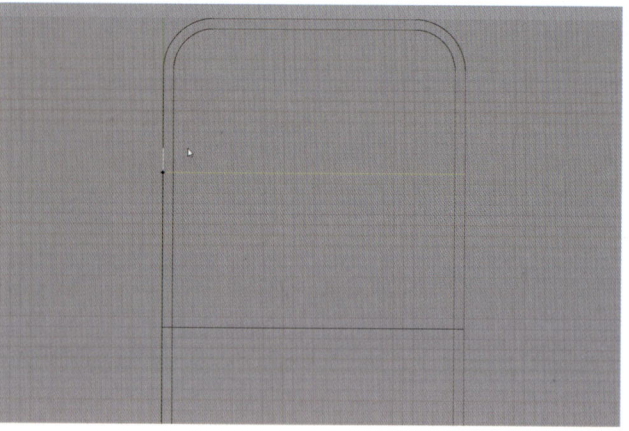

명령: _Polyline
폴리라인의 시작 (닫힘_유지(P)=아니요): **0 입력 후** Enter
폴리라인의 다음 점 (닫힘_유지(P)=아니요 ...): **300 입력 후** Enter
폴리라인의 다음 점. 완료되면 Enter 키를 누르십시오 (닫힘_유지(P)=아니요 ...): Enter

명령: _Copy
복사의 기준점 (수직(V)=아니요 원래_위치(I)): **0 입력 후** Enter
복사할 위치의 점: **200 입력 후** Enter
두번째 복사할 위치의 점: **350 입력 후** Enter
두번째 복사할 위치의 점: **클릭**

05 다음은 복사된 200mm 띄운 폴리라인을 선택하여 모델링 툴탭〉커브 도구 메뉴〉간격띄우기(Offset) 명령으로 다시 한 번 10mm 값만큼 폴리라인 위쪽 방향으로 간격을 띄워 준다.

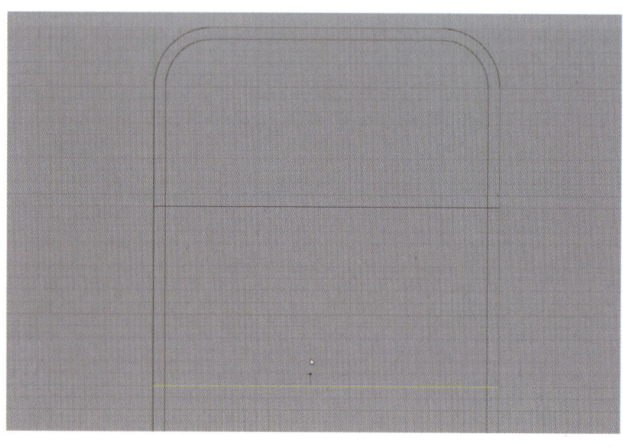 

명령: _Offset
간격띄우기 실행할 커브 선택 (거리(D)=10 모서리(C)=모나게 점_통과(T)....): **200mm 옵셋된 폴리라인 선택**
간격띄우기할 쪽 (거리(D)=10 모서리(C)=모나게 점...): **폴리라인 위쪽 방향 지정**

10 다음은 문구 수납장의 기본적인 외형을 갖추기 위해 **모델링 툴탭〉솔리드 도구〉닫힌 평면형 커브 돌출(ExtrudeCrv)** 명령으로 200mm 길이만큼 뒤쪽으로 돌출시켜 주고 음영 모드를 통해 전체적인 입체감을 확인해 본다.

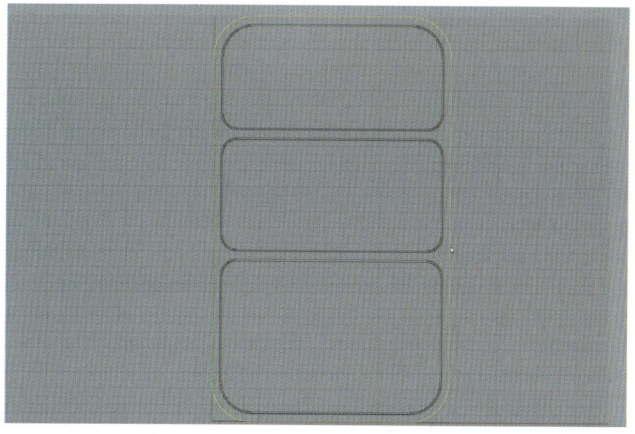
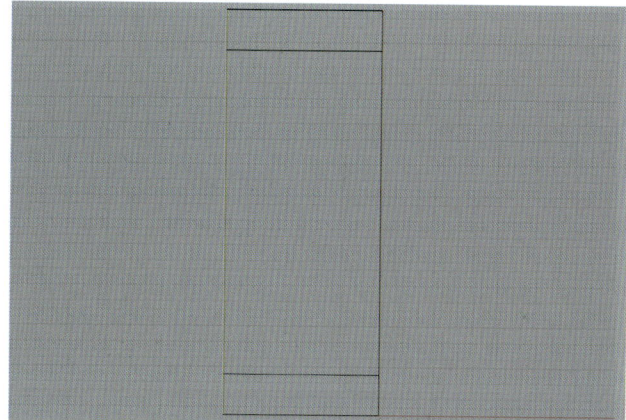
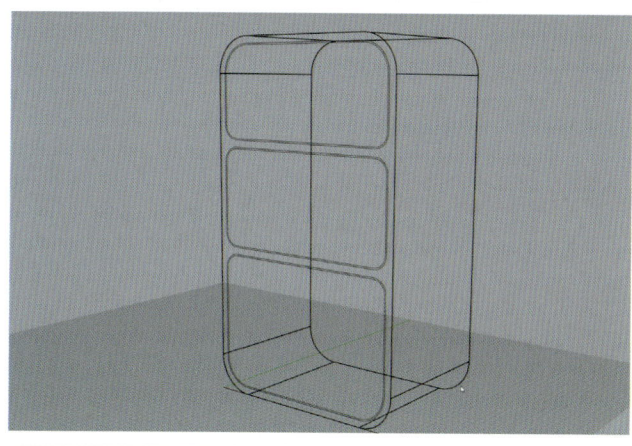
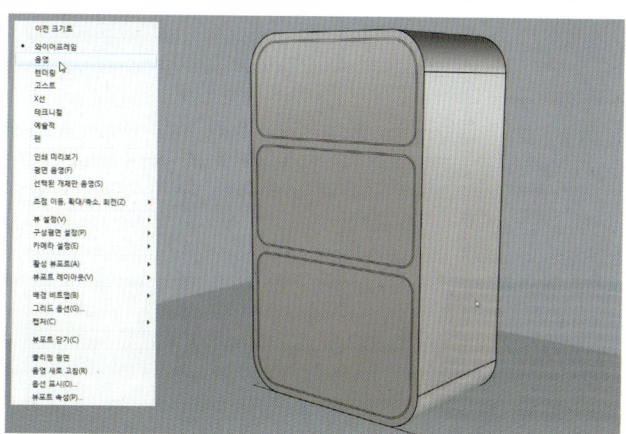

명령: _ExtrudeCrv
돌출시킬 커브 선택: _Pause
돌출시킬 커브 선택:
돌출시킬 커브 선택. 완료되면 Enter 키를 누르십시오:
돌출 거리 <10> (방향(D) 양쪽(B)=아니요 솔리드(S)=예 원래개체_삭제(L)=아니요 경계까지(T) ...): **200 입력 후** Enter

09 이번에는 수납장 프레임과 서랍장의 틈새를 만들기 위해 필릿된 커브를 선택하여 2mm 값만큼 다시 한 번 간격을 띄워 준다.

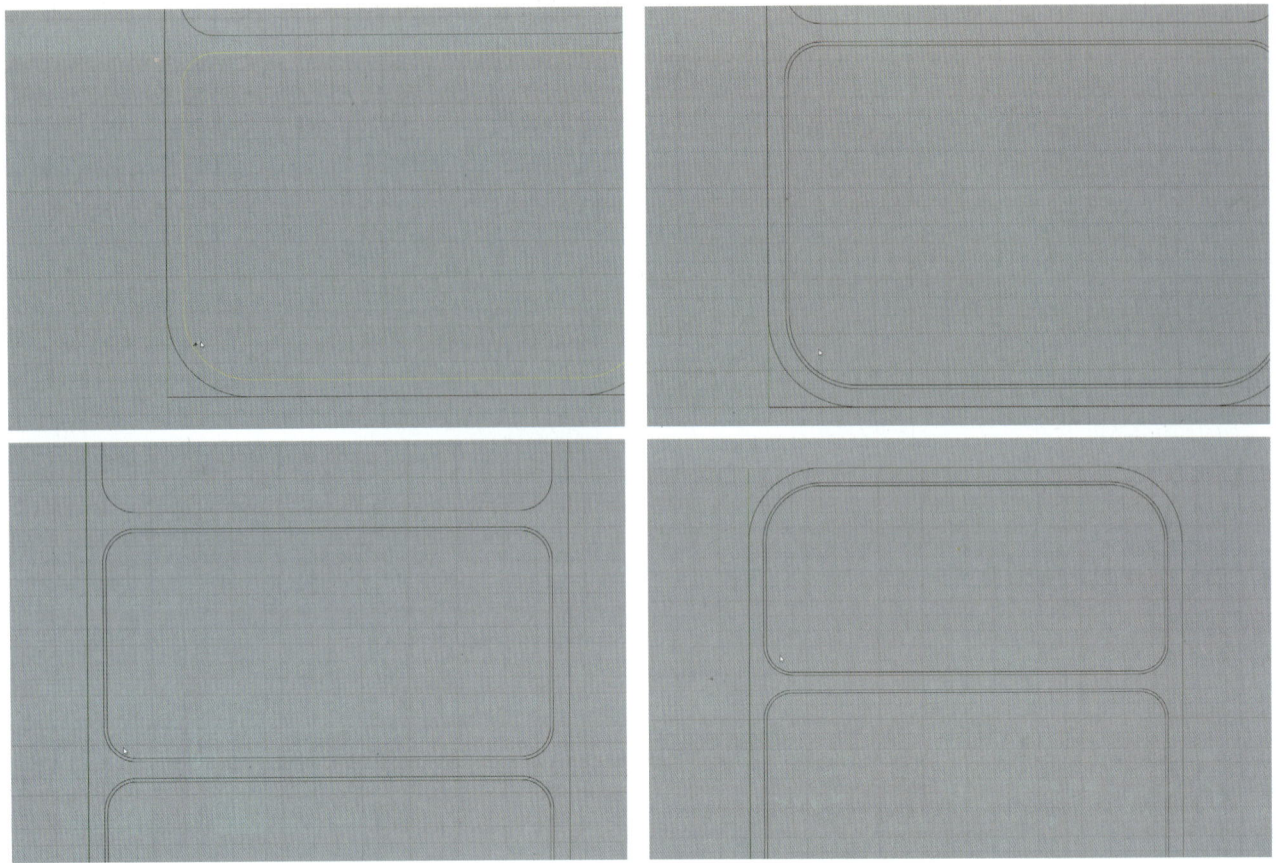

명령: _Offset
간격띄우기 실행할 커브 선택 (거리(D)=1 모서리(C)=모나게 점_통과(T) ...): **거리**
간격띄우기 거리 <10.00>: **2 입력 후** Enter
간격띄우기 실행할 커브 선택 (거리(D)=2 모서리(C)=모나게 점_통과(T)....): **필릿된 커브 선택**
간격띄우기할 쪽 (거리(D)=2 모서리(C)=모나게 점...): **필릿된 커브 안쪽 방향 지정**

08 이어서 **모델링 툴탭〉커브 도구〉커브필릿(Fillet)** 명령을 선택하여 트림된 직사각형의 모서리 전체를 반지름 20mm 값으로 부드럽게 연결해 준다. 이때 **커브필릿(Fillet)** 명령 옵션 내용 중 **결합(J)=예**를 반드시 확인하여 결합된 상태로 다음 과정을 진행한다.

명령: _Fillet
필릿할 첫 번째 커브 선택 (반지름(R)=1 **결합(J)=예** 트림(T)=예 호_연장_형식(E)=호): **반지름**
필릿 반지름 〈50.00〉: **20 입력 후** Enter
필릿할 첫 번째 커브 선택 (반지름(R)=50 **결합(J)=예** 트림(T)=예 호_연장_형식(E)=호): **직사각형 첫 번째 모서리 선택**
필릿할 두번째 커브 선택 (반지름(R)=50 **결합(J)=예** 트림(T)=예 호_연장_형식(E)=호): **직사각형 두 번째 모서리 선택**

> **참고 하세요**
>
>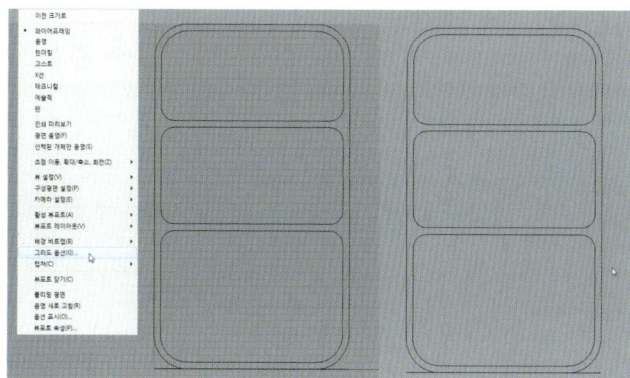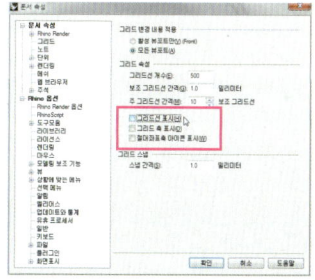
>
> **Viewport 네임텍**에서 마우스 오른쪽 버튼으로 그리드 옵션 (G)을 선택하면 위와 같이 문서속성 팝업 창이 뜨고 그리드 항목에서 그리드선 표시 / 그리드 축 표시 / 절대좌표 축 아이콘 표시를 모두 꺼주면 깨끗한 배경이미지로 문구수납장의 전체적인 아웃라인을 확인할 수 있다.

06 이어서 복사된 350mm 띄운 폴리라인을 선택하여 모델링 툴탭〉커브 도구 메뉴〉간격띄우기(Offset) 명령으로 다시 한 번 10mm 값만큼 폴리라인 위쪽 방향으로 간격을 띄워 준다.

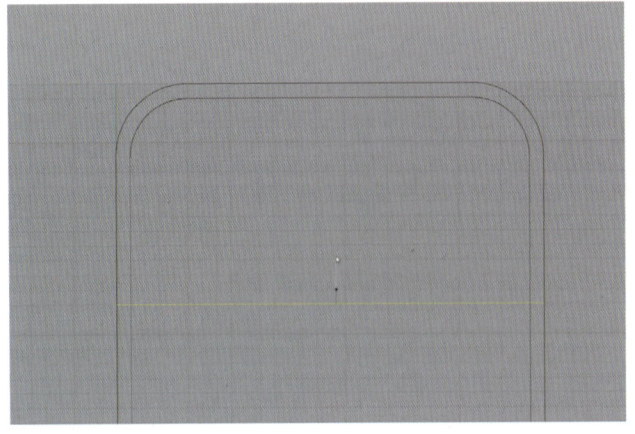 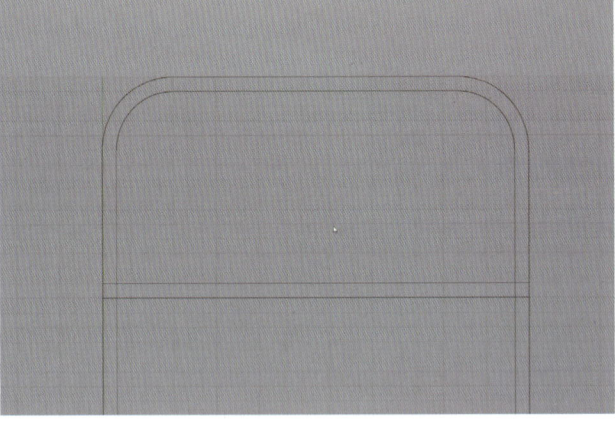

명령: _Offset
간격띄우기 실행할 커브 선택 (거리(D)=10 모서리(C)=모나게 점_통과(T)....): **350mm 옵셋된 폴리라인 선택**
간격띄우기할 쪽 (거리(D)=10 모서리(C)=모나게 점...): **폴리라인 위쪽 방향 지정**

07 다음은 모델링 툴탭〉변형〉트림(Trim) 명령으로 복사 및 옵셋되어 교차된 폴리라인들을 모두 선택하여 불필요한 부분만 잘라 준다.

명령: _Trim
절단 개체 선택 (선_연장(E)=아니요 가상_교차점(A)=예): **window selection으로 모든 개체 선택**
절단 개체 선택. 완료되면 Enter 키를 누르십시오 (선_연장(E)=아니요 가상_교차점(A)=예): Enter
트림할 개체 선택 (선_연장(E)=아니요 가상_교차점(A)=예): **화면과 같이 불필요한 부분 선택**

11 이번에는 문구 수납장 내부 공간을 만들기 위해 모델링 툴탭>솔리드 도구>구멍 만들기(MakeHole) 명령으로 190mm 길이만큼 뒤쪽으로 구멍을 아래 화면과 같이 뚫어 준다.

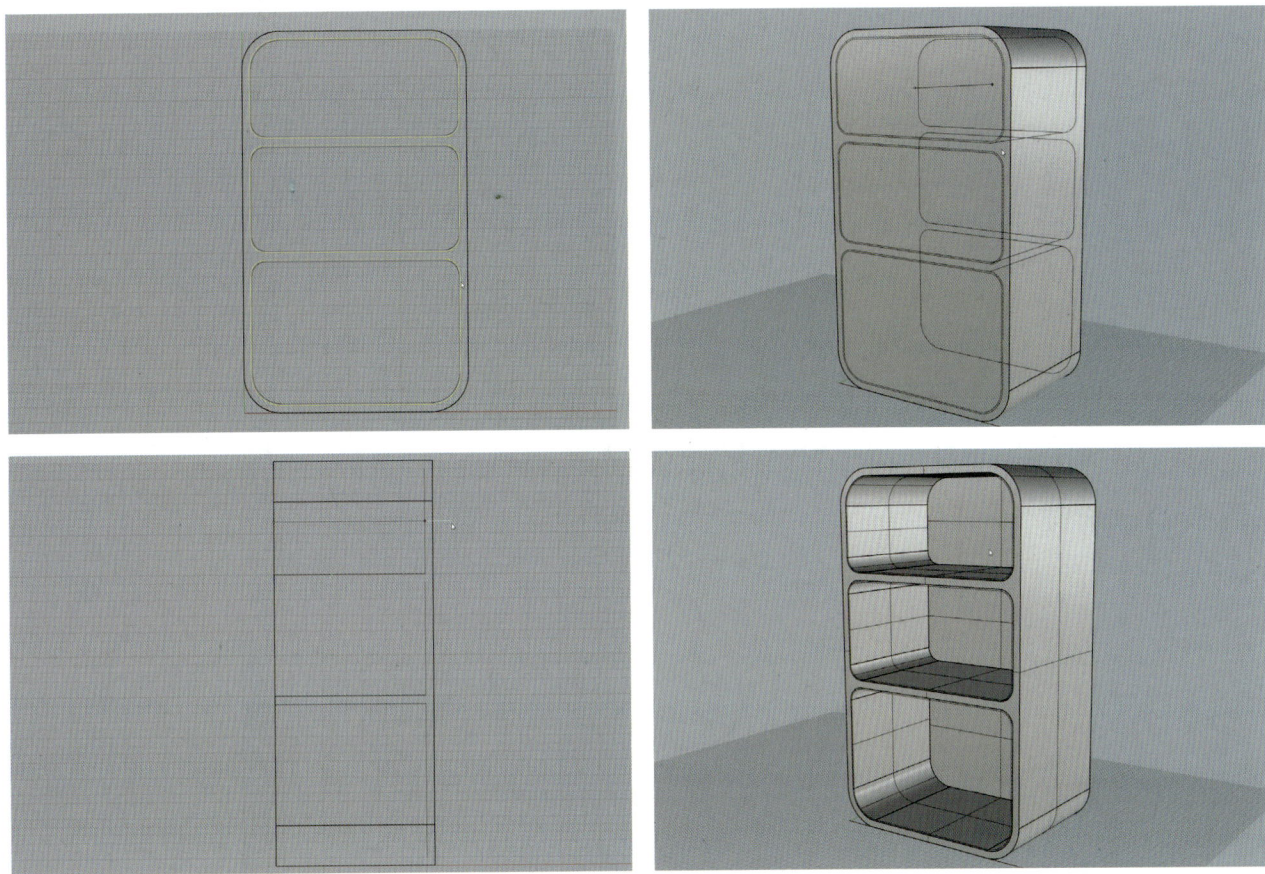

명령: _MakeHole
닫힌 커브 선택: **수납장 안쪽 커브 선택**
닫힌 커브 선택. 완료되면 Enter 키를 누르십시오: Enter
서피스 또는 폴리서피스 선택: **돌출시킨 수납장 선택**
깊이 점. 개체를 완전히 자르려면 Enter 키를 누르십시오 (방향(D)=커브에_수직방향 원래개체_삭제(L)=아니요 ...): **190 입력 후** Enter
깊이 점. 개체를 완전히 자르려면 Enter 키를 누르십시오 (방향(D)=커브에_수직방향 원래개체_삭제(L)=아니요 양쪽(B)=아니요): **클릭**

12 다음은 문구 수납장의 서랍 형상을 만들기 위해 **모델링 툴탭〉솔리드 도구〉평면형 커브돌출**(ExtrudeCrv) **명령**으로 188mm 길이만큼 뒤쪽으로 돌출시켜 준다.

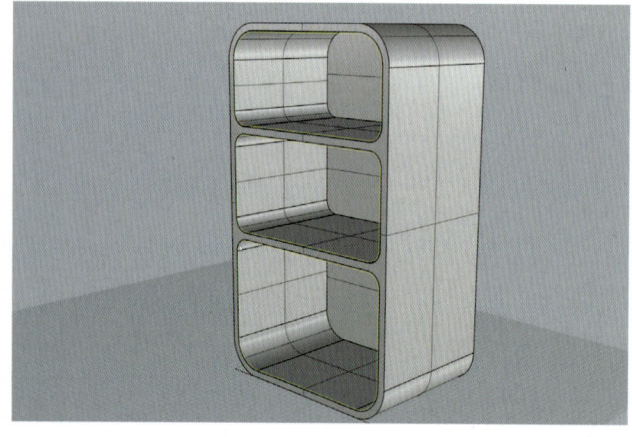
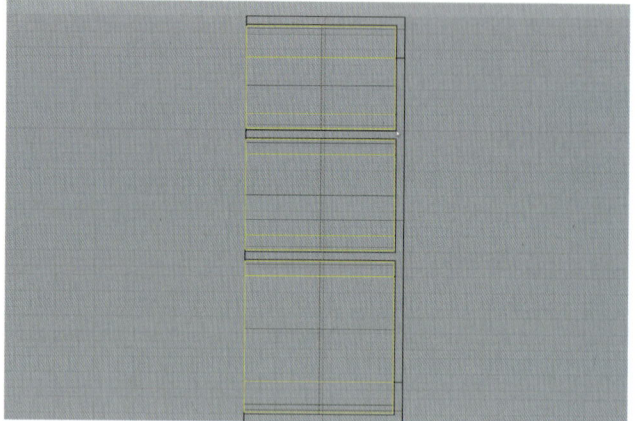
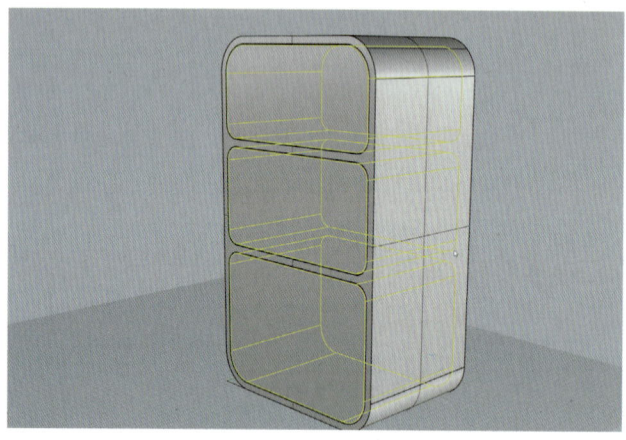
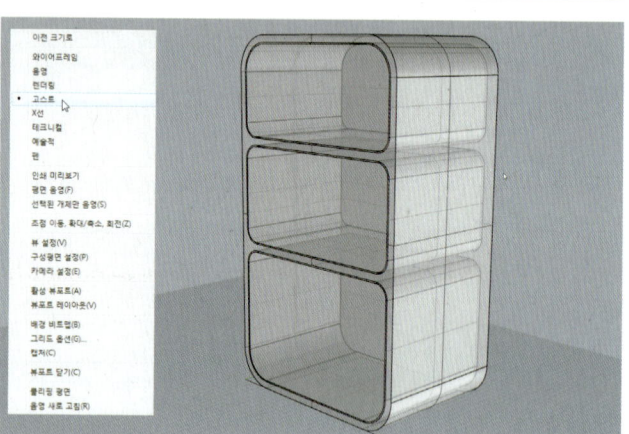

명령: _ExtrudeCrv
돌출시킬 커브 선택: _Pause
돌출시킬 커브 선택: **2mm 옵셋된 커브 선택**
돌출시킬 커브 선택. 완료되면 Enter 키를 누르십시오: Enter
돌출 거리 <200> (방향(D) 양쪽(B)=아니요 솔리드(S)=예 원래개체_삭제(L)=아니요 경계까지(T) ...): **188 입력 후** Enter

13 다음은 수납장의 프레임 부분만 선택하여 **모델링 툴탭〉개체 숨기기(Hide)** 명령으로 잠시 숨겨 둔다. 이후 아래 화면과 같이 서랍장 부분만 남아 있음을 알 수 있다.

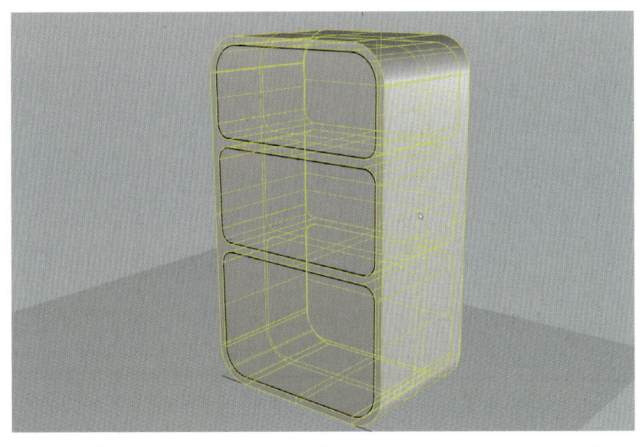
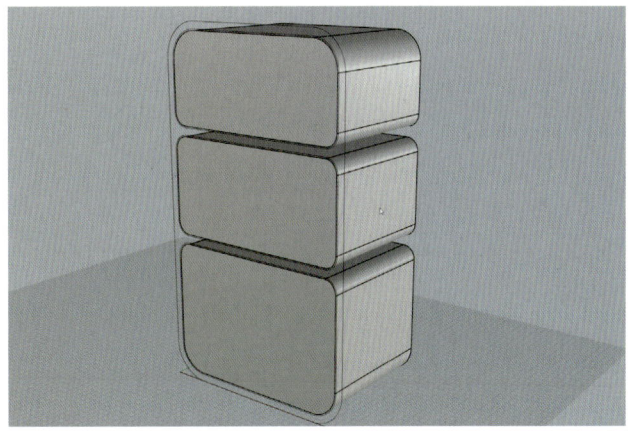

명령: _Hide
숨길 개체 선택: **수납장의 프레임 부분만 선택**
숨길 개체 선택. 완료되면 Enter 키를 누르십시오: Enter

14 다음은 RIGHT Viewport상에서 **모델링 툴탭〉표준〉사이드바〉직사각형(Rectangle)** 명령으로 서랍장 우측 상단의 끝점을 시작점으로 모서리가 둥근 직사각형을 생성해 준다.

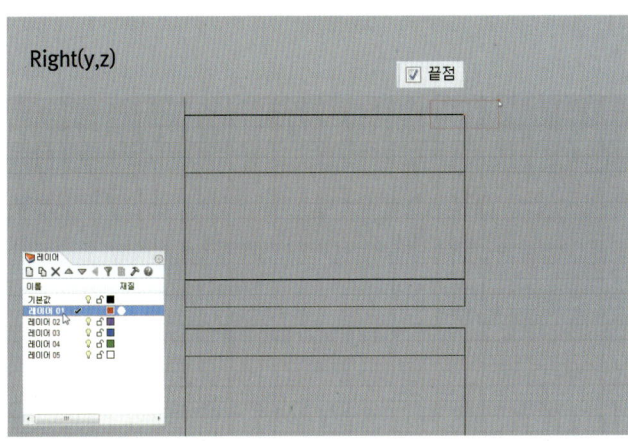

명령: _Rectangle
직사각형의 첫 번째 모서리 (3점(P) 수직(V) 중심점(C) 둥글게(R)): **중심점**
직사각형의 중심 (둥글게(R)): **둥글게**
직사각형의 중심: **서랍장 우측 상단의 끝점 지정**
다른 모서리 또는 길이 (3점(P)): **350 입력 후** Enter
너비. 길이를 사용하려면 Enter 키를 누르십시오 (3점(P)): **80 입력 후** Enter
반지름 또는 둥근 모서리가 통과하는 점 〈20.00〉 (모서리(C)=호): **50 입력 후** Enter

15 이어서 **복사(Copy)** 명령으로 아래 화면과 같이 서랍장 우측 상단 끝점을 찾아 3개의 모서리 둥근 직사각형을 복사해 준다.

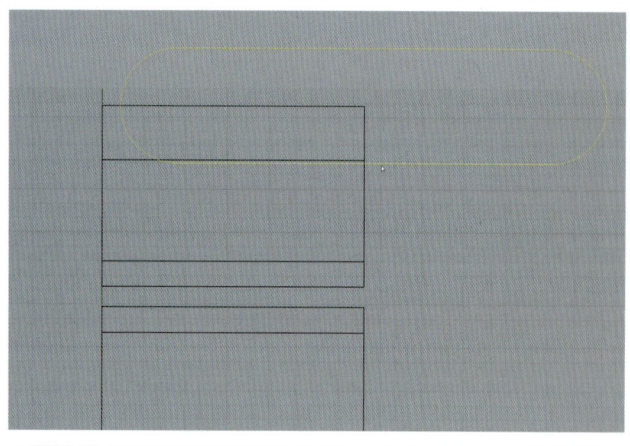 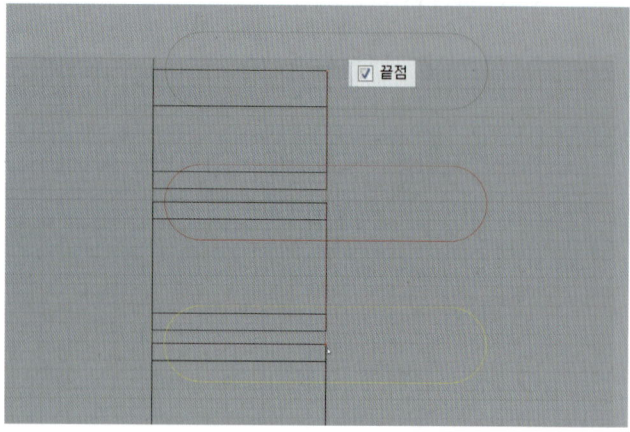

명령: _Copy
복사할 개체 선택: **생성된 모서리 둥근 직사각형 선택**
복사할 개체 선택. 완료되면 Enter 키를 누르십시오: Enter
복사의 기준점 (수직(V)=아니요 원래_위치(I)): **첫 번째 서랍장 우측 상단의 끝점 지정**
복사할 위치의 점: **두세 번째 서랍장 우측 상단의 끝점 지정**

16 다음은 서랍장의 측면부 형상을 완성하기 위해 **모델링 툴탭〉솔리드 도구〉와이어컷(WireCut)** 명령으로 교차된 모서리 둥근 직사각형 부분만큼 커팅해 준다. 이때 와이어컷 과정이 한 개체당 한 번씩 가능하므로 아래의 화면과 같이 3회에 걸쳐서 커팅 작업을 진행한다.

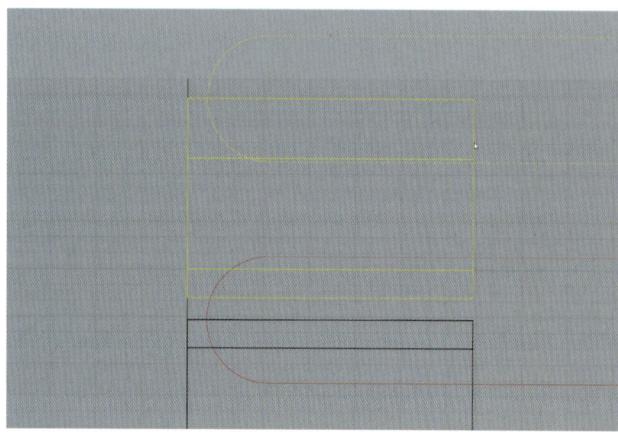 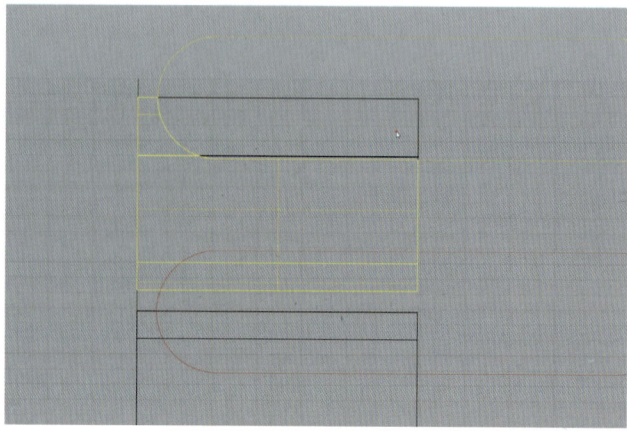

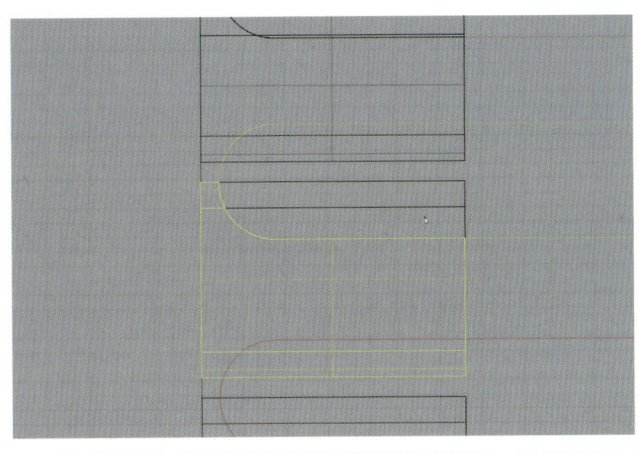 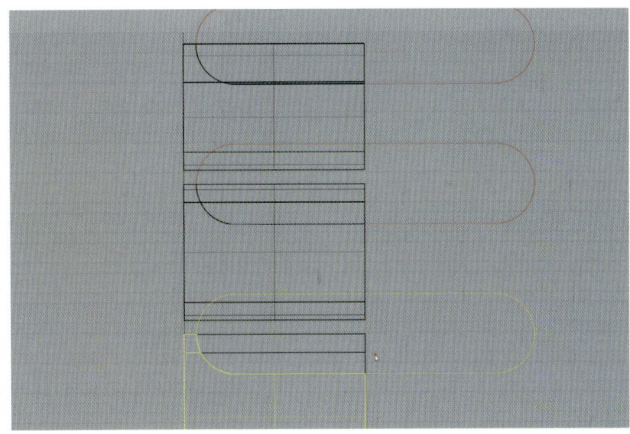

명령: _WireCut
절단 커브 선택 (선(L)): **모서리 둥근 직사각형 선택**
자를 개체 선택: **서랍장 개체 선택**
자를 개체 선택. 완료되면 Enter 키를 누르십시오: Enter
절삭 깊이 점. 개체를 완전히 자르려면 Enter 키를 누르십시오 (방향(D)=커브에_수직방향 원래개체_삭제(L)=아니요 양쪽(B)=예): Enter
적용하려면 Enter 키를 누르십시오 (반전(I)=예 모두_유지(K)=예): Enter

> **참고하세요**
> 와이어컷(WireCut) 명령으로 이용 시 옵션 명령을 통해 커팅 개체의 유지 여부와 반전 여부를 선택하여 작업을 진행할 수 있다.

17 다음은 아래 화면과 같이 커팅된 개체를 키보드 Del키를 활용하여 모두 제거해 준다.

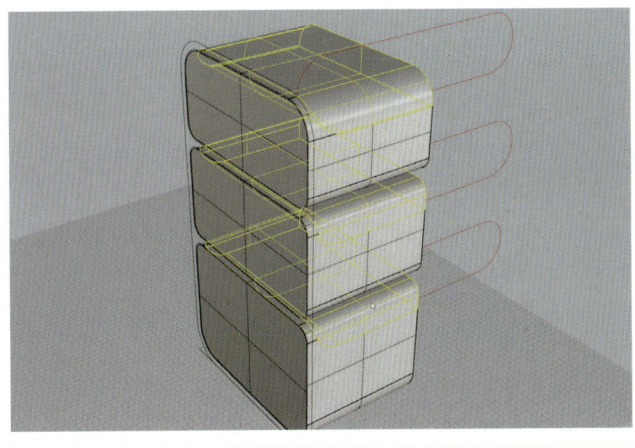 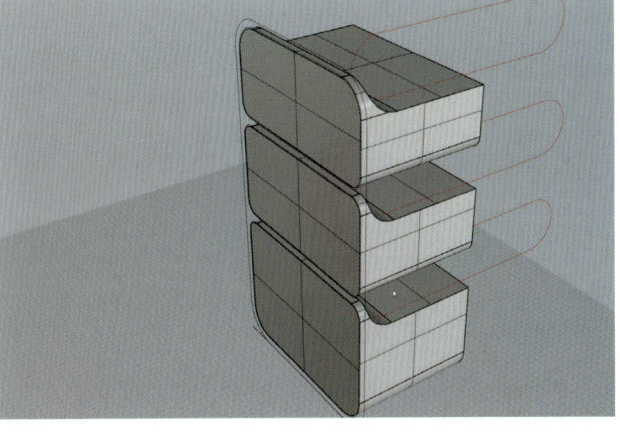

명령: _Delete

18 이어서 문구 수납장에 문구를 수납할 수 있도록 **모델링 툴탭〉솔리드 도구〉닫힌 폴리서피스 쉘처리(Shell) 명령**으로 서랍장의 프레임 두께를 10mm 정도 남겨 두고 내부 공간을 쉘처리 해준다. 쉘처리 명령 과정도 한 개체당 한 번씩 가능하므로 아래의 화면과 같이 3회에 걸쳐서 쉘처리 작업을 순서대로 진행한다.

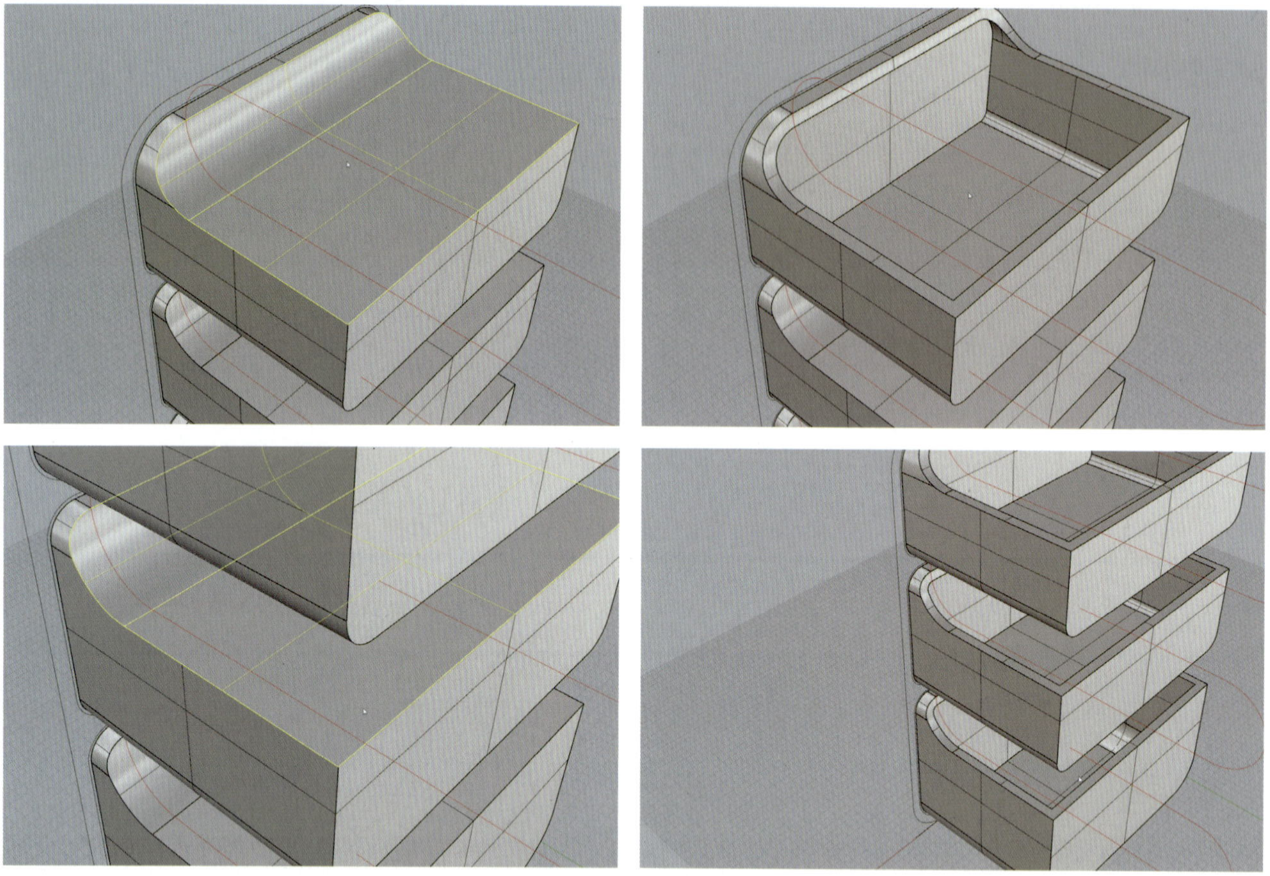

명령: _Shell
닫힌 폴리서피스에서 제거할 면을 선택합니다. 적어도 한 면은 선택되지 않은 상태로 놔두어야 합니다 (두께(T)=1.00): **두께**
두께 〈1.00〉: **10 입력 후** [Enter]
닫힌 폴리서피스에서 제거할 면을 선택합니다. 적어도 한 면은 .... 완료되면 Enter 키를 누르십시오 (두께(T)=10.00): [Enter]

> **참고하세요** 닫힌 폴리서피스 개체에 쉘처리(Shell) 명령 적용 결과 간혹 '쉘 결과가 솔리드가 아닙니다'라는 메시지 경고가 나온다면 개체의 프레임 두께 값을 변경하여 다시 한 번 적용한다거나 개체의 솔리드 면 편집을 통해 쉘처리 작업을 수동적 방법으로 해야 한다.
>
>

19 이번 과정부터는 서랍장 손잡이를 만들어 볼 것이다. 먼저 FRONT Viewport상에서 각각의 서랍장의 손잡이 위치가 될 중심을 찾기 위해 **폴리라인 명령**(Polyline)으로 상단부터 하단까지 수직선을 그려 준다.

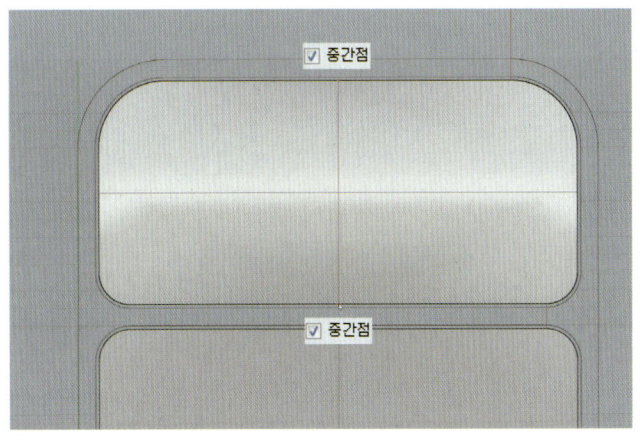
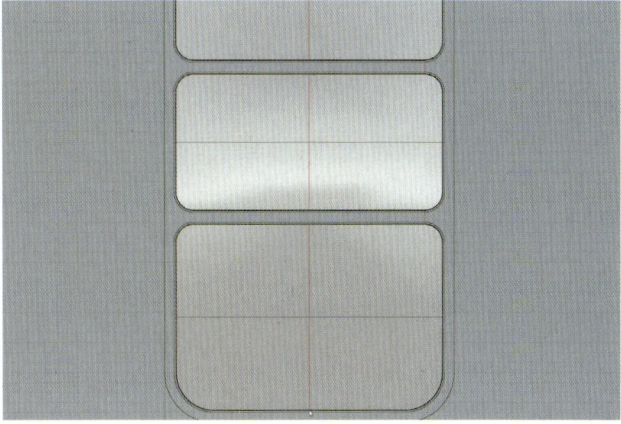

명령: _Polyline
폴리라인의 시작 (닫힘_유지(P)=아니요): **서랍장 상단 중간점**
폴리라인의 다음 점 (닫힘_유지(P)=아니요 ...): **서랍장 하단 중간점**
폴리라인의 다음 점. 완료되면 Enter 키를 누르십시오 (닫힘_유지(P)=아니요 ...): Enter

20 이어서 **원**(Circle) 명령으로 서랍장 각 폴리라인의 중간점을 중심으로 하는 반지름 12mm짜리 원 3개를 순차적으로 그려준다.

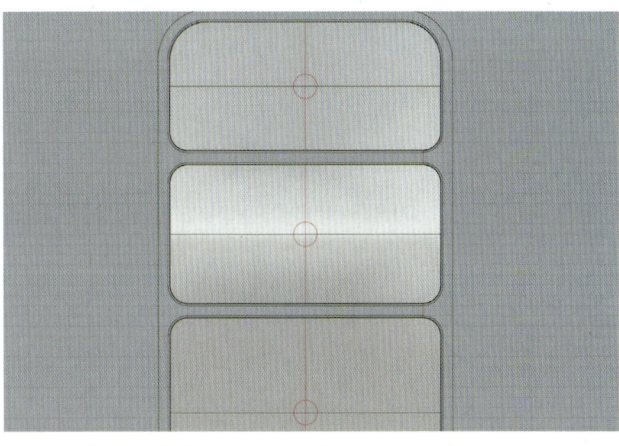

명령: _Circle
원의 중심 (변형가능(D) 수직(V) 2점(P) 3점(O) 접점(T) 커브_주변(A) 점에_맞춤(F)): **서랍장 각 폴리라인의 중간점 지정**
반지름 <1.00> (지름(D) 방위(O) 원주(C) 면적(A)): **12 입력 후** Enter

21 다음은 서랍장 손잡이 시작 위치를 만들기 위해 모델링 툴탭>솔리드 도구>구멍 만들기(MakeHole) 명령으로 5mm 길이만큼 뒤쪽으로 구멍을 뚫어 준다.

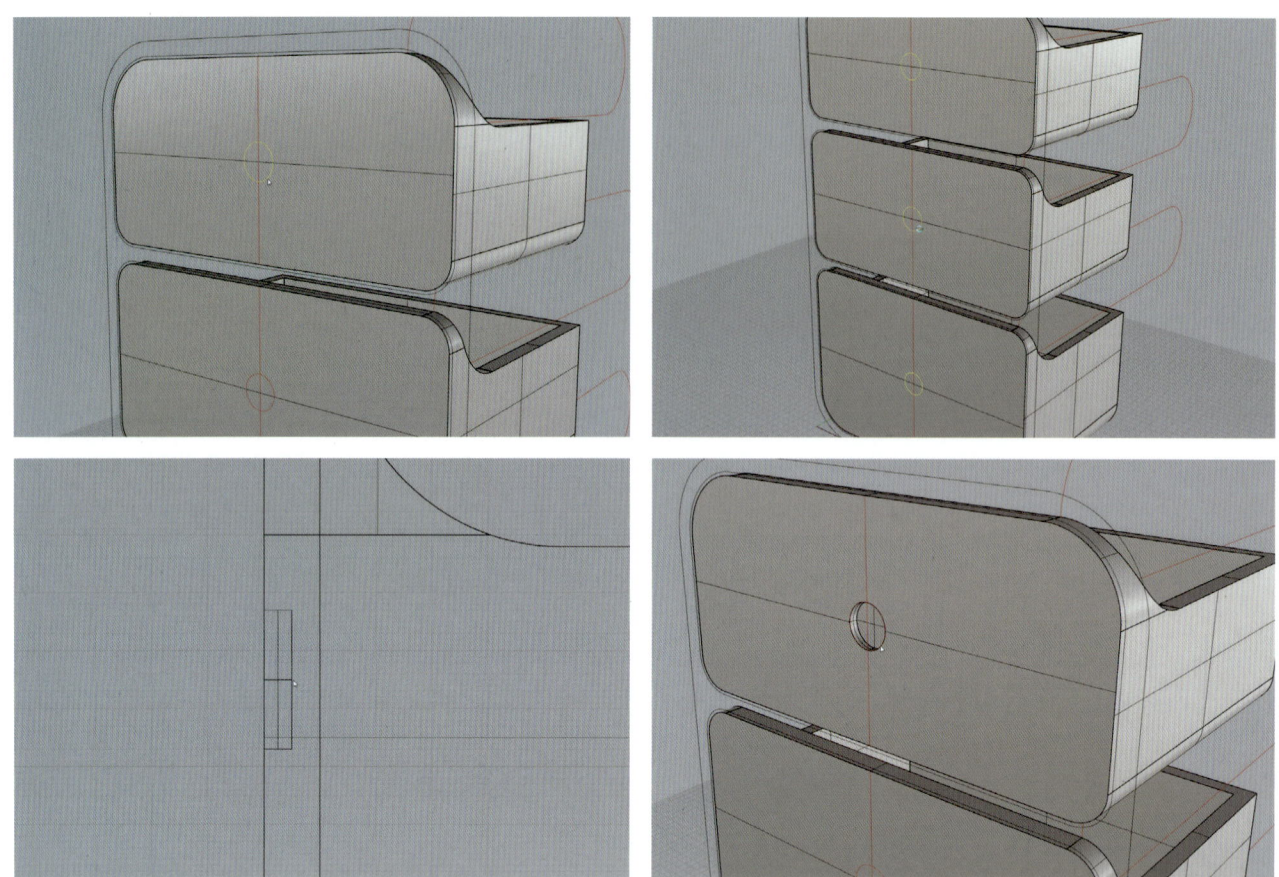

명령: _MakeHole
닫힌 커브 선택: **생성된 원 선택**
닫힌 커브 선택. 완료되면 Enter 키를 누르십시오: Enter
서피스 또는 폴리서피스 선택: **서랍장 개체 선택**
깊이 점. 개체를 완전히 자르려면 Enter 키를 누르십시오 (방향(D)=커브에_수직방향 원래개체_삭제(L)=아니요...): **5 입력 후** Enter
깊이 점. 개체를 완전히 자르려면 Enter 키를 누르십시오 (방향(D)=커브에_수직방향 원래개체_삭제(L)=아니요 양쪽(B)=아니요): **클릭**

22 손잡이 시작 위치를 만들었다. 다음은 **모델링 툴탭〉솔리드 도구〉가변 반지름 모따기(ChamferEdge)** 명령으로 5mm 길이만큼 뚫어진 원둘레 모서리 부분을 위쪽 서랍장부터 순서대로 모따기 해준다.

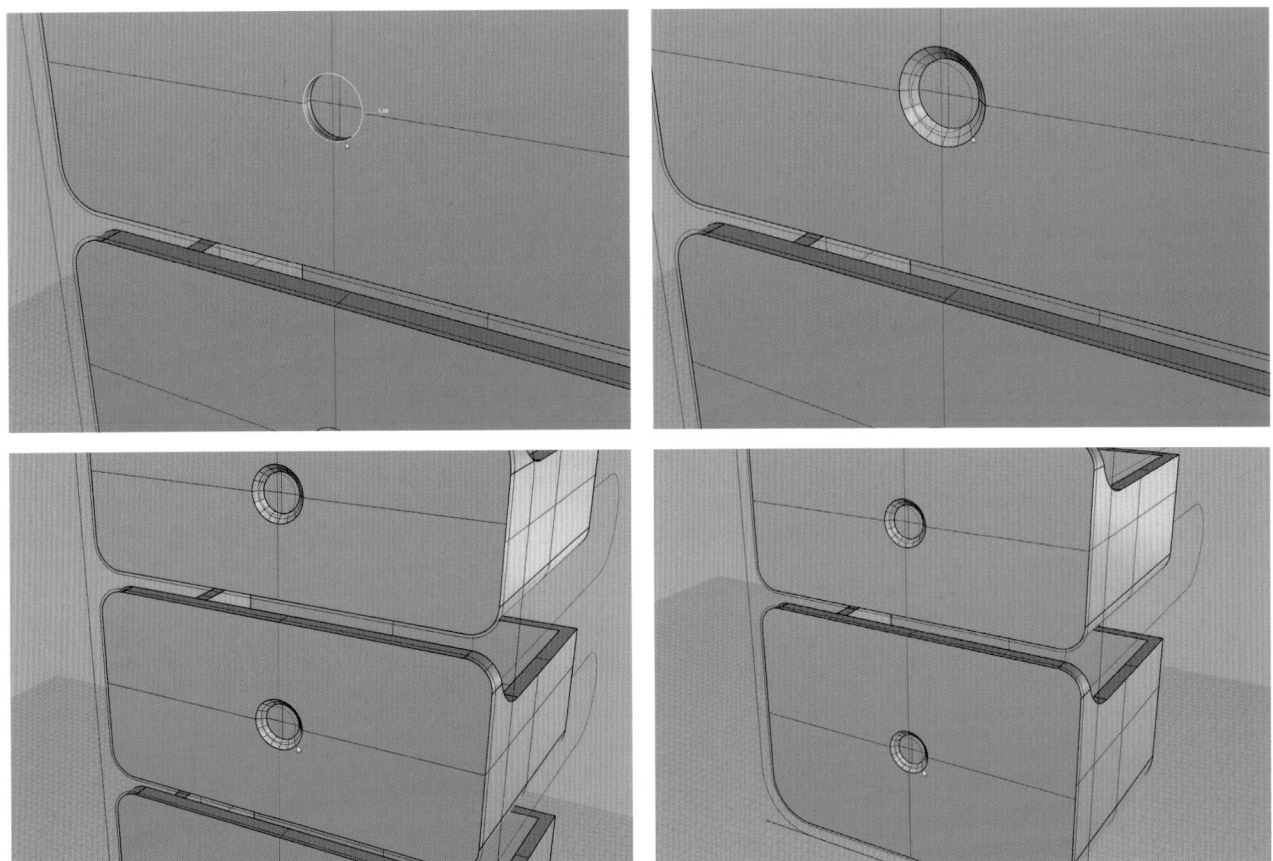

명령: _ChamferEdge
모따기할 가장자리 선택 (모따기_거리_표시(S)=예 다음_모따기_거리(N)=1 ...): **원둘레 모서리 부분 선택**
모따기할 가장자리 선택. 완료되면 Enter 키를 누르십시오 (모따기_거리_표시(S)=예 다음_모따기_거리(N)=1 ..): **다음_모따기_거리**
다음 거리 〈1〉: **5 입력 후** Enter
모따기할 가장자리 선택. 완료되면 Enter 키를 누르십시오 (모따기_거리_ .....): Enter
편집할 모따기 핸들 선택. 완료되면 Enter 키를 누르십시오 (핸들_추가(A) 핸들_복사(C) 모두_설정(S) ...): Enter

23 이번에는 손잡이가 될 개체를 생성해 보자. 모델링 툴탭>솔리드 도구>원뿔(Cone) 명령으로 아래의 화면과 같이 반지름 12mm, 높이 25mm 크기의 원뿔을 만들어 준다.

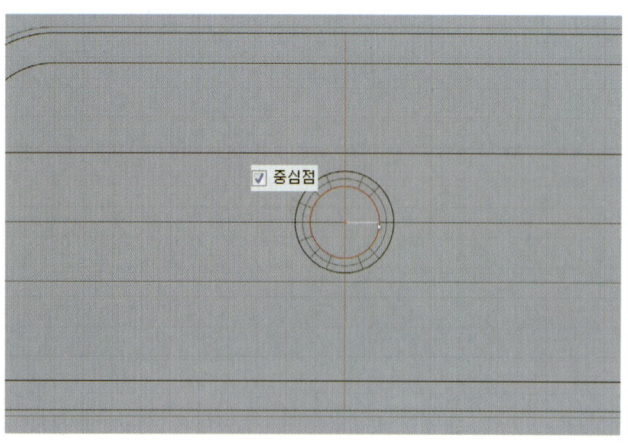 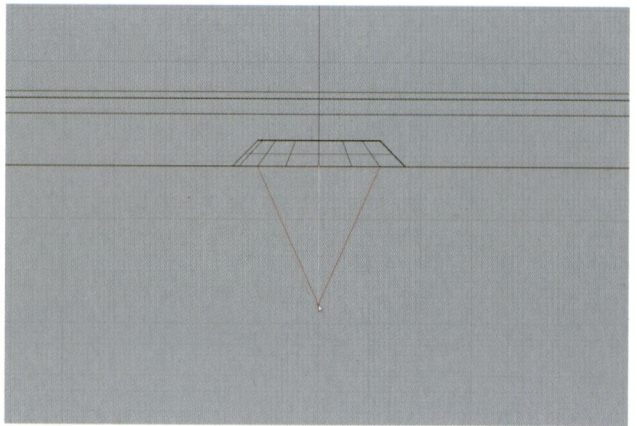

명령: _Cone
원뿔의 밑면 (방향_제한(D)=수직 솔리드(S)=예 2점(P) 3점(O) 접점(T) 점에_맞춤(F)): **생성된 원 선택의 중심점**
반지름 <40.01> (지름(D) 원주(C) 면적(A)): **12 입력 후** Enter
원뿔의 끝 <10.00>: **25 입력 후** Enter

24 이어서 모델링 툴탭>솔리드 도구>구(Sphere) 명령으로 서랍장 손잡이 꼭지가 될 원구를 생성하고 원뿔과 원구를 모두 **부울합집합(BooleanUnion)** 명령으로 합집합시켜 준다.

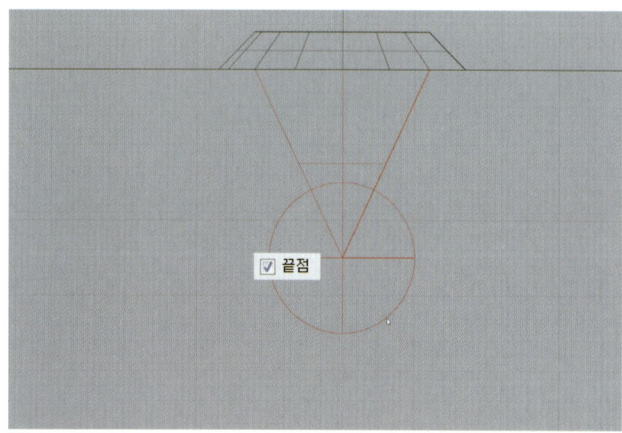 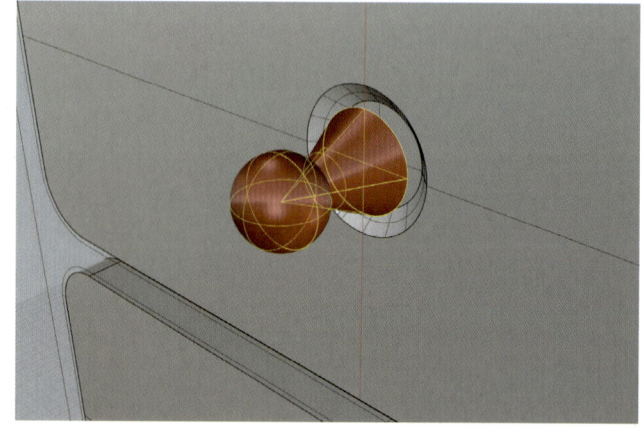

명령: _Sphere
구의 중심 (2점(P) 3점(O) 접점(T) ...): **원뿔의 끝점 지정**
반지름 <12>(지름(D) 방위(O) 원주(C) 면적(A)): **10 입력 후** Enter

명령: _BooleanUnion
합집합을 적용할 서피스 또는 폴리서피스 선택: **원뿔 선택**
합집합을 적용할 서피스 또는 폴리서피스 선택: **원구 선택**
합집합을 적용할 서피스 또는 ..완료되면 Enter 키를 누르십시오: Enter

25 다음은 합집합된 경계 부분을 부드럽게 이어주기 위해 **가변 반지름 필릿(FilletEdge) 명령**으로 반지름 3mm 정도 필릿해 준다.

 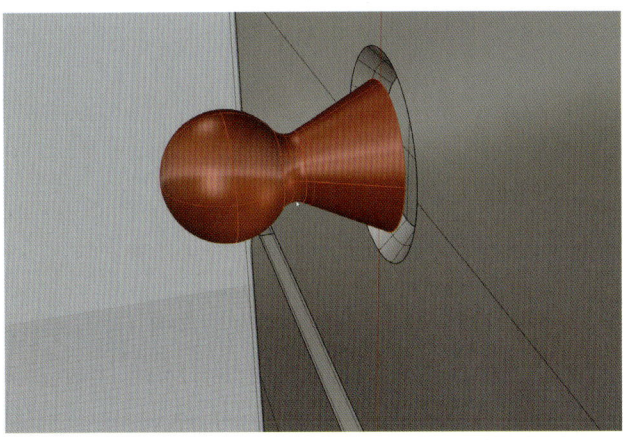

명령: _FilletEdge
필릿할 가장자리 선택 (반지름_표시(S)=예 다음_반지름(N)=1 가장자리_연속선택(C)): **다음_반지름**
다음 반지름 〈1〉: **3 입력 후** Enter
필릿할 가장자리 선택 (반지름_표시(S)=예 다음_반지름(N)=3 가장자리_연속선택(C)): **합집합된 경계 모서리 선택**
필릿할 가장자리 선택. 완료되면 Enter 키를 누르십시오 (반지름_표시(S)=예 다음_반지름(N)=3 가장자리_연속선택(C)): Enter

26 이어서 RIGHT Viewport상에서 **복사(Copy) 명령**을 통해 아래 화면처럼 손잡이 중심점을 기준점으로 찾아 순서대로 서랍장마다 복사해 준다.

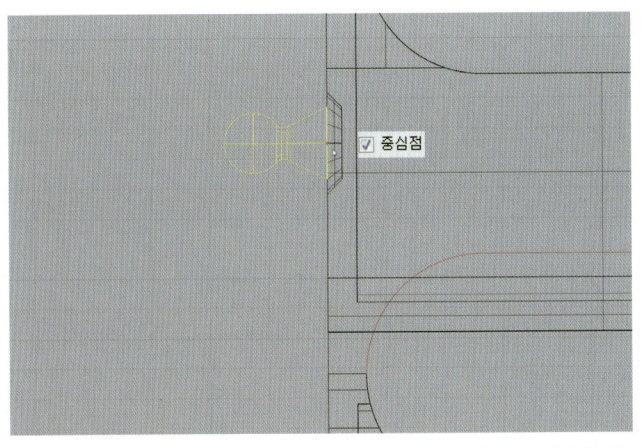 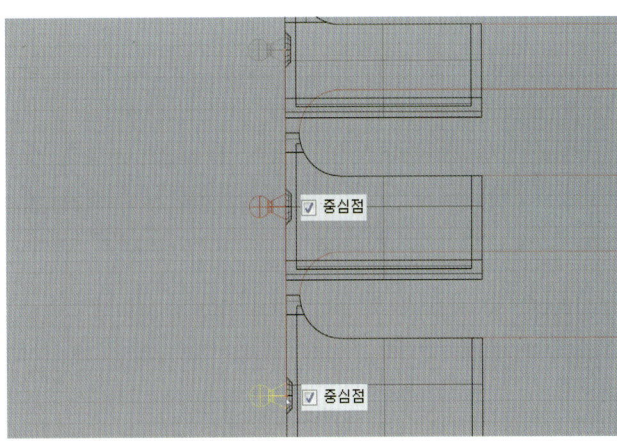

명령: _Copy
복사할 개체 선택: **합집합된 손잡이 선택**
복사할 개체 선택. 완료되면 Enter 키를 누르십시오: Enter
복사의 기준점 (수직(V)=아니요 원래_위치(I)): **손잡이 중심점 지정**
복사할 위치의 점: **생성된 원의 중심점 지정**

27 다음은 복사된 3개의 손잡이의 위치를 옮기기 위해 **이동(Move)** 명령으로 5mm만큼 우측 방향으로 이동시켜 준다.

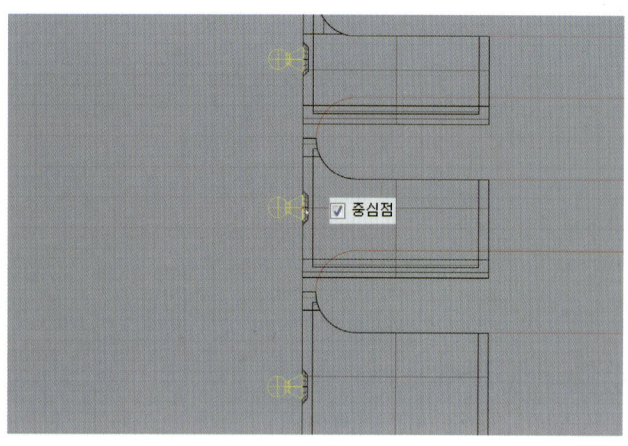 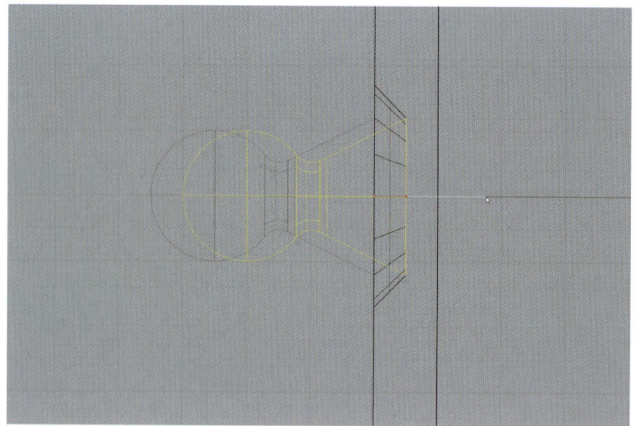

명령: _Move
이동시킬 개체 선택: **복사된 손잡이 선택**
이동시킬 개체 선택. 완료되면 Enter 키를 누르십시오: Enter
이동의 기준점 (수직(V)=아니요): **손잡이 중심점 지정**
이동의 기준점 새 위치: **5 입력 후** Enter
이동의 기준점 새 위치: **클릭**

28 다음은 지금까지 모델링 작업을 진행해오면서 생성된 모든 커브들을 **모델링 툴탭>선택>커브 선택(SelCrv)** 명령으로 모두 선택하여 삭제해 준다.

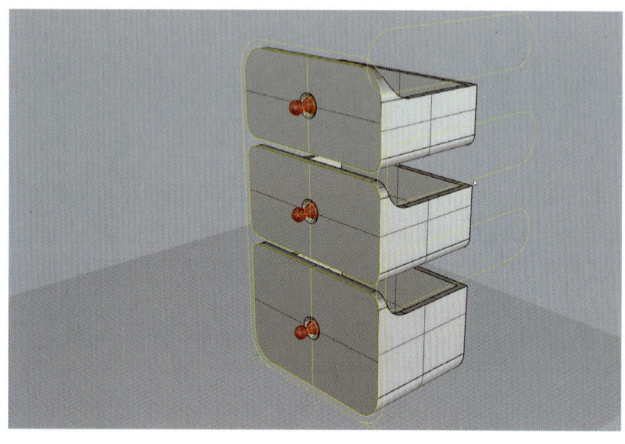 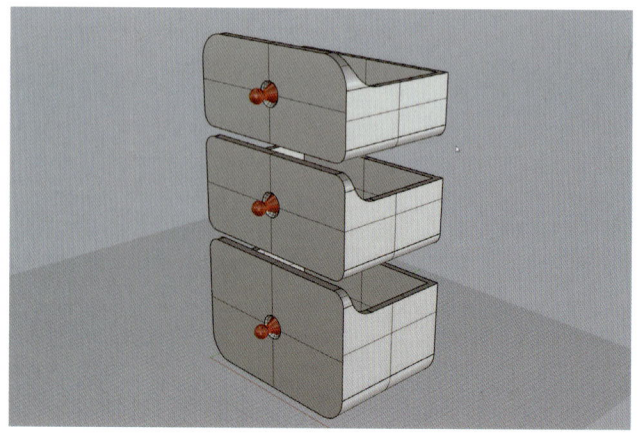

명령: _SelCrv
17개의 커브가 선택 집합에 추가되었습니다.

명령: _Delete

29 전체적인 문구 수납장 모델링 형상이 정리되었다. 다음은 날카로운 서랍장 전체 모서리를 모두 선택해 주고 부드러운 마감 표현을 위해 **가변 반지름 필릿(FilletEdge) 명령**으로 반지름 2mm 정도 필릿해 준다.

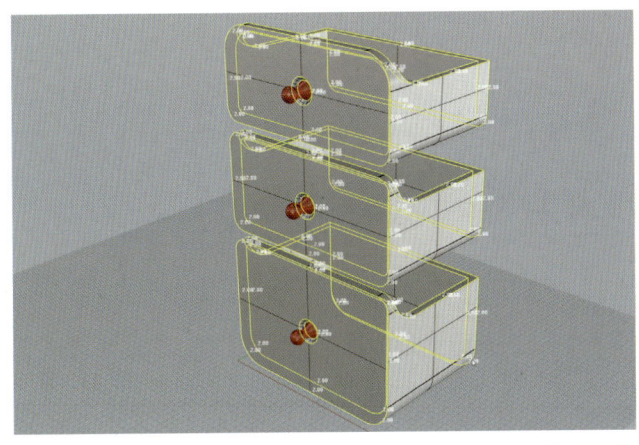
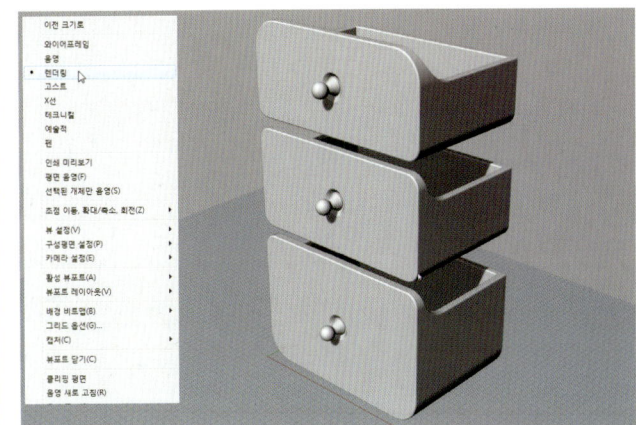

명령: _FilletEdge
필릿할 가장자리 선택 (반지름_표시(S)=예 다음_반지름(N)=3 가장자리_연속선택(C)): **다음_반지름**
다음 반지름 〈3〉: **2 입력 후** Enter
필릿할 가장자리 선택 (반지름_표시(S)=예 다음_반지름(N)=2 가장자리_연속선택(C)): **서랍장 전체 모서리 모두 선택**
필릿할 가장자리 선택. 완료되면 Enter 키를 누르십시오 (반지름_표시(S)=예 다음_반지름(N)=3 가장자리_연속선택(C)): Enter

30 다음은 숨겨진 수납장 외형 프레임 부분과 현재 서랍장의 표시 여부를 반대로 보이기 위해 **모델링 툴탭〉표시여부〉표시 상태 바꾸기(HideSwap) 명령**으로 화면상의 개체를 서로 바꿔 보자.

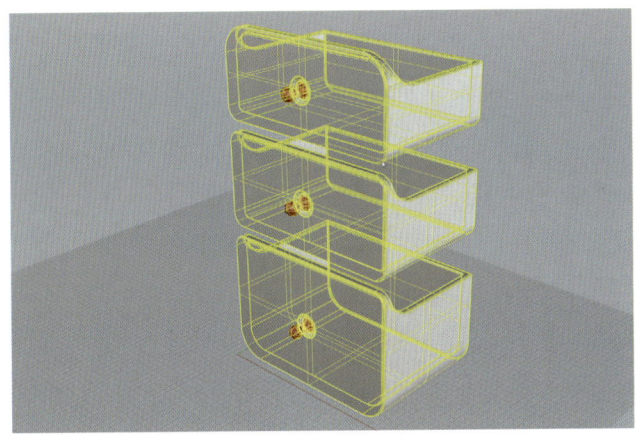
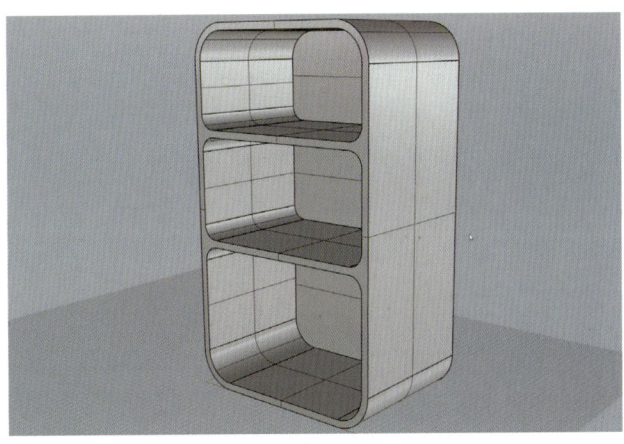

명령: _HideSwap
6개의 개체가 숨겨지고 1개의 개체가 표시되었습니다.

31 이어서 수납장 전면 및 후면 모서리 부분에 세련된 라인을 추가하기 위해 **가변 반지름 모따기(ChamferEdge) 명령**으로 5mm 길이만큼 모서리 부분을 모따기 해준다.

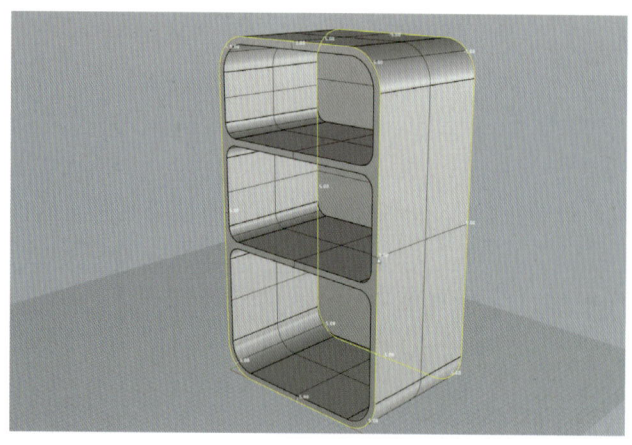 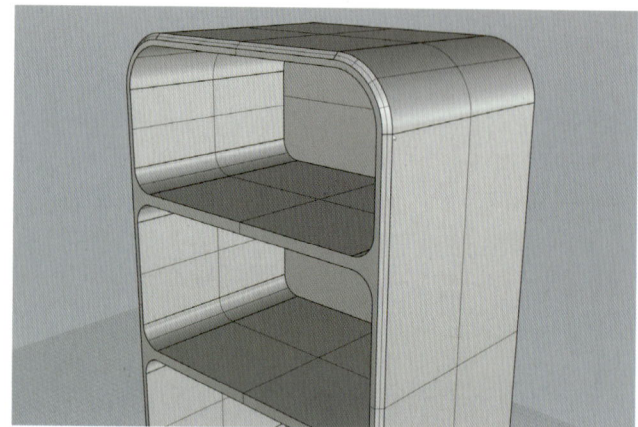

명령: _ChamferEdge
모따기할 가장자리 선택 (모따기_거리_표시(S)=예 다음_모따기_거리(N)=5 ...): **5 입력 후** Enter
모따기할 가장자리 선택. 완료되면 Enter 키를 누르십시오 (모따기_거리_ .....): **수납장 외곽 모서리 선택**
편집할 모따기 핸들 선택. 완료되면 Enter 키를 누르십시오 (핸들_추가(A) 핸들_복사(C) 모두_설정(S) ...): Enter

32 마지막으로 날카로운 수납장 외형 전체 모서리를 모두 선택해 주고 부드러운 마감 표현을 위해 **가변 반지름 필릿(FilletEdge) 명령**으로 반지름 2mm 정도 필릿해 준다.

 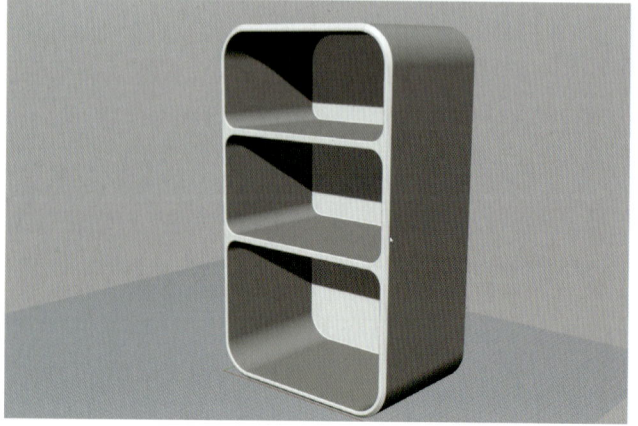

명령: _FilletEdge
필릿할 가장자리 선택 (반지름_표시(S)=예 다음_반지름(N)=2 가장자리_연속선택(C)): **2 입력 후** Enter
필릿할 가장자리 선택. 완료되면 Enter 키를 누르십시오 (반지름_표시(S)=예 다음_반지름(N)=3 가장자리_연속선택(C)): Enter

33 마지막으로 **모델링 툴탭〉표시여부〉개체표시(Show)** 명령으로 숨겨진 개체들을 모두 불러와서 전체적인 과정을 마무리한다. 지금까지 문구 수납장 모델링 작업이 모두 끝났다. 렌더링 표시 모드로 전환하여 여러 각도로 완성된 문구 수납장을 검토해 본다.

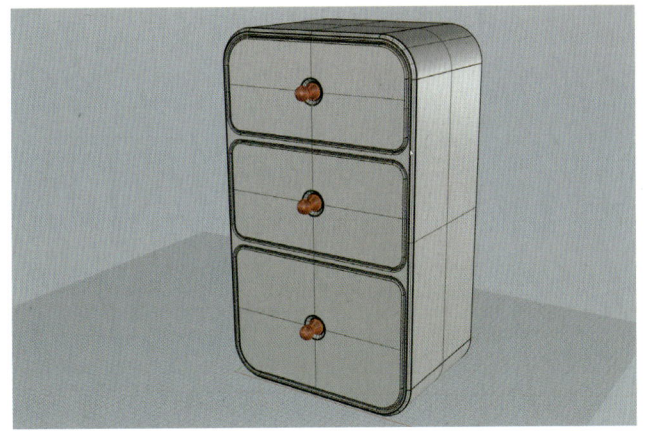 

명령: _Show
6개의 숨겨진 개체를 표시하는 중입니다.

34 이번에는 완성된 문구 수납장을 부분 편집하여 키 작은 2칸짜리 수납장으로 트랜스폼하는 과정을 진행해 보자. 먼저 **복사(Copy)** 명령으로 원본 수납장 우측으로 수납장을 하나 더 생성해 준다.

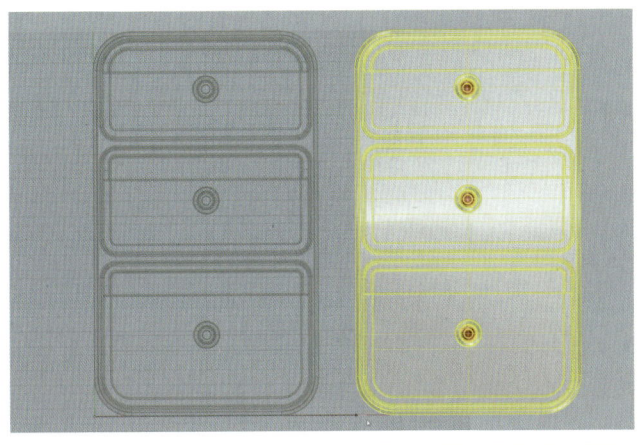 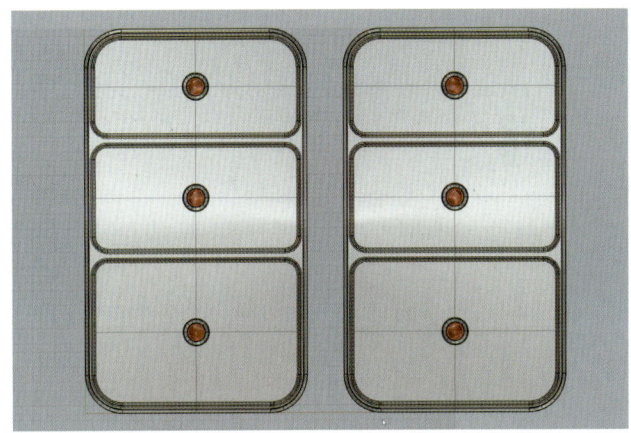

명령: _Copy
복사할 개체 선택: **완성된 수납장 모두 선택**
복사할 개체 선택. 완료되면 Enter 키를 누르십시오: Enter
복사의 기준점 (수직(V)=아니요 원래_위치(I)): **0**
복사할 위치의 점: **350**
복사할 위치의 점: **클릭**

35 다음은 화면에서 보이는 것과 같이 복사된 문구 수납장 중간 부분의 위아래 프레임 공간에 폴리라인 2개를 연결해 준다.

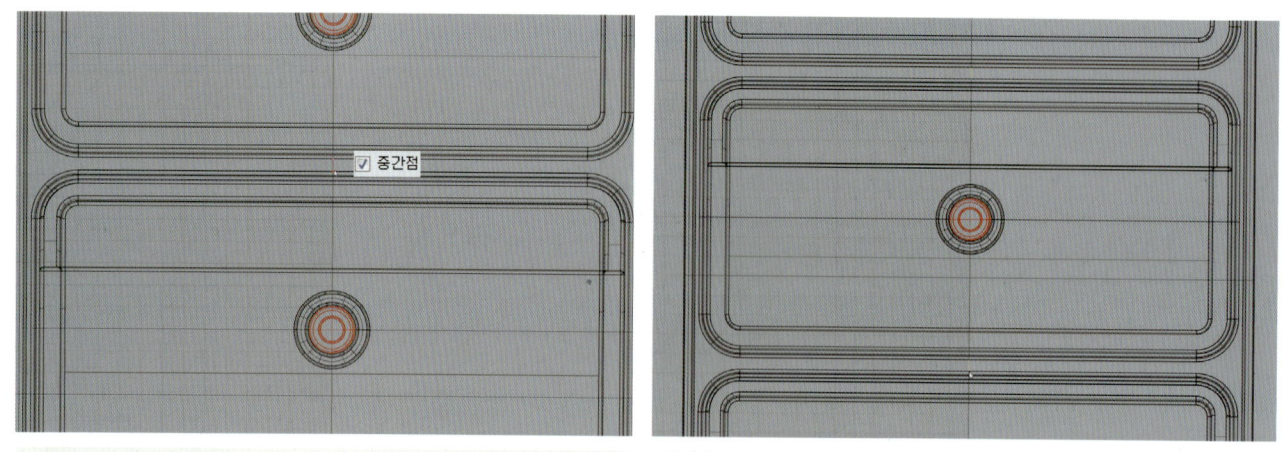

명령: _Polyline
폴리라인의 시작 (닫힘_유지(P)=아니요): **문구 수납장 중간 프레임의 위쪽 중간점**
폴리라인의 다음 점 (닫힘_유지(P)=아니요 ...): **문구 수납장 중간 프레임의 아래쪽 중간점**
폴리라인의 다음 점. 완료되면 Enter 키를 누르십시오 (닫힘_유지(P)=아니요 ...): Enter

36 이어서 방금 생성된 폴리라인의 중간점을 찾아 **선(Line) 명령〉양쪽 옵션**을 활용해서 아래의 화면과 같이 160mm 정도 수평선을 그려 준다.

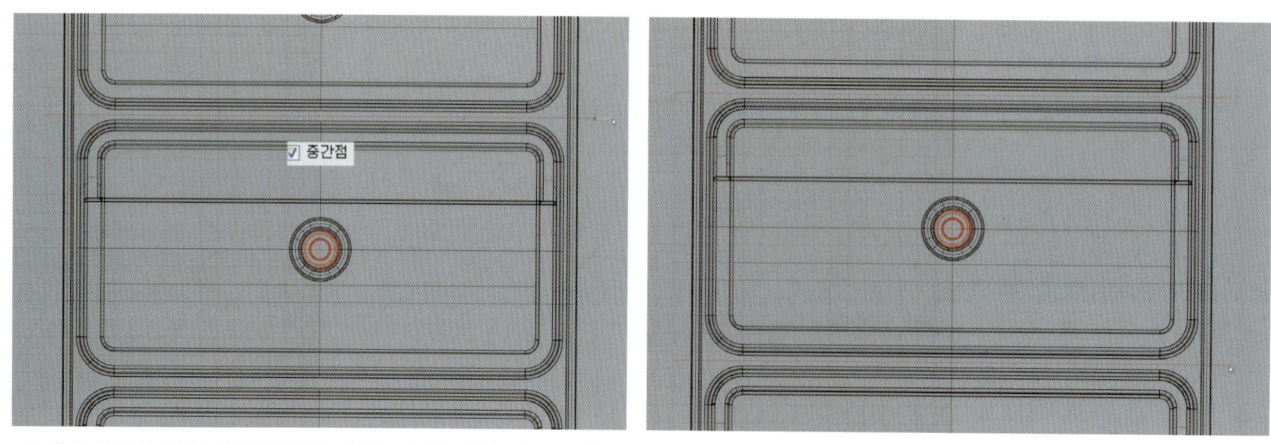

명령: _Line
선의 시작 (**양쪽(B)** 법선(N) 각도(A) 수직(V) 4점(F) 2등분선(I) 직교(P) 접점(T) 연장(X)): _BothSides
선의 중간 (법선(N) 각도(A) 수직(V) 4점(F) 2등분선(B) 직교(P) 접점(T) 연장(X)): **생성된 폴리라인의 중간점 지정**
선의 끝: **160 입력 후** Enter
선의 끝: **클릭**

37 다음은 생성된 수평선을 분할선으로 활용하여 **모델링 툴탭〉변형〉분할(Split)** 명령으로 수납장 가운데 부분을 분할해 준다.

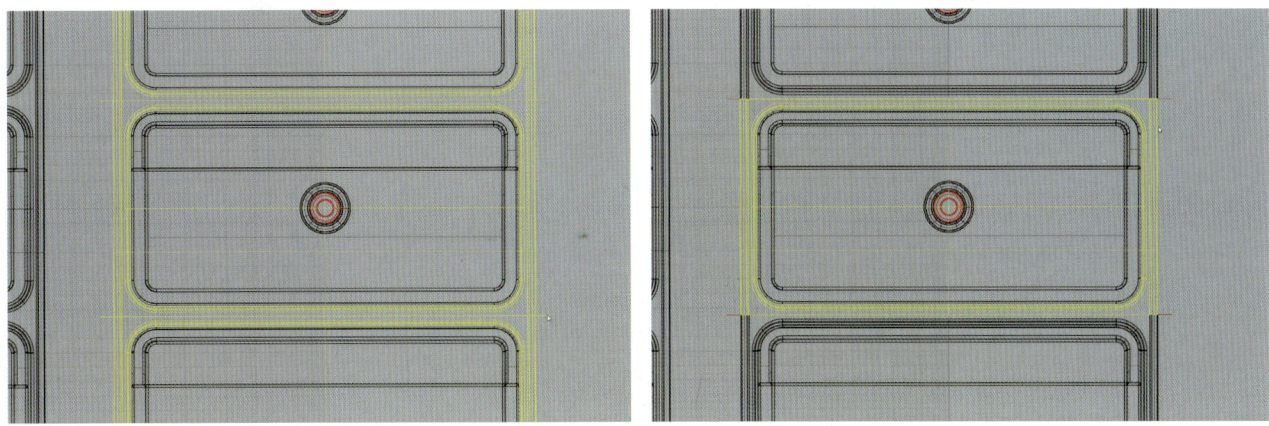

명령: _Split
분할할 개체 선택 (점(P) 아이소커브(I)): **생성된 수평선 선택**
분할할 개체 선택. 완료되면 Enter 키를 누르십시오 (점(P) 아이소커브(I)): Enter
절단 개체 선택: **복사된 수납장 선택**
절단 개체 선택. 완료되면 Enter 키를 누르십시오: Enter

38 복사된 문구 수납장의 분할 과정 후, 분할된 중간 부분 프레임과 서랍장 부분을 모두 선택하여 삭제해 준다.

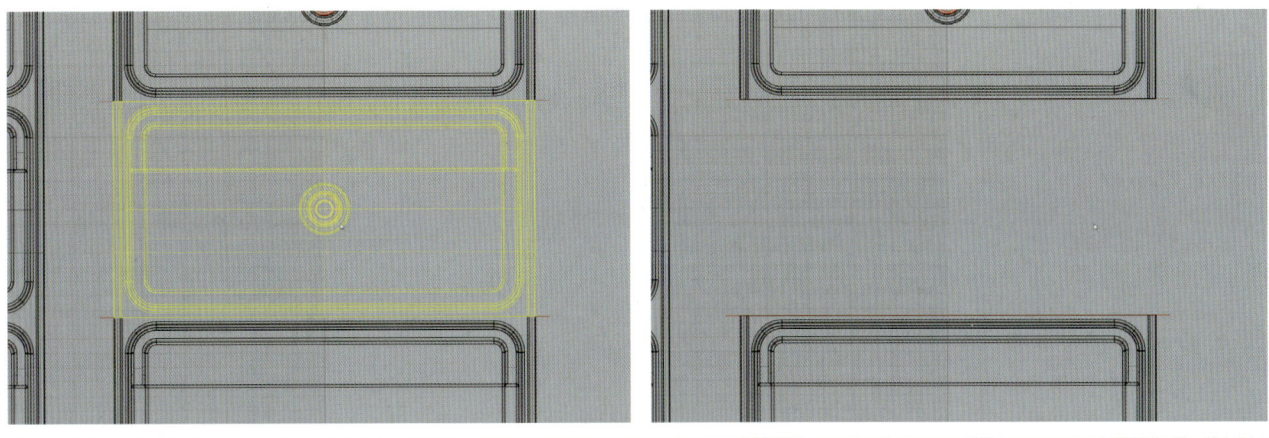

명령: _Delete

39 이제 최종적으로 분할 편집된 상단 수납장 부분과 하단부를 **이동(Move)** 명령으로 각각의 중간점을 찾아 서로 이어주고 **결합(Join)** 명령으로 하나의 개체로 결합시켜 준다.

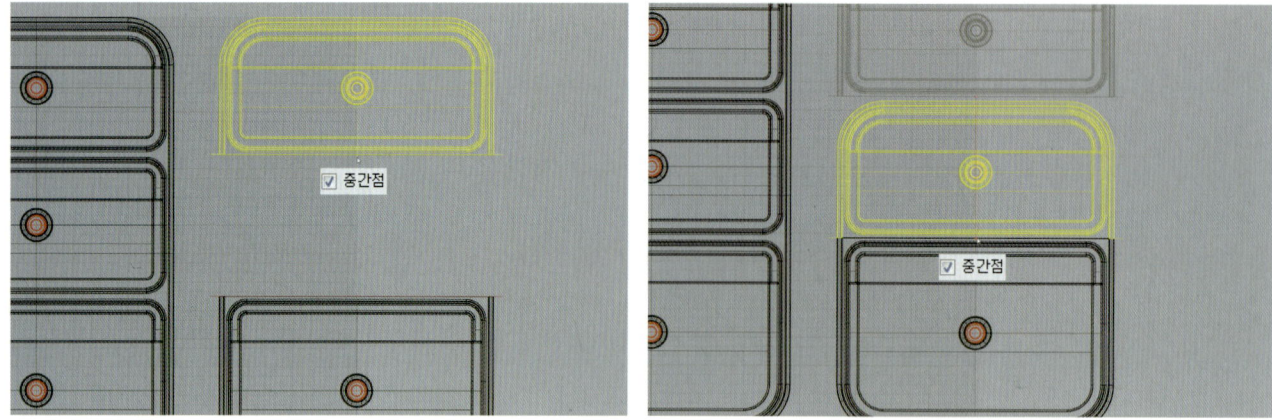

명령: _Move
이동시킬 개체 선택: **분할 편집된 상단 수납장 중간점 선택**
이동시킬 개체 선택. 완료되면 Enter 키를 누르십시오: Enter
이동의 기준점 (수직(V)=아니요): **분할 편집된 하단 수납장 중간점 선택**
이동의 기준점 새 위치: **클릭**

명령: _Join

40 문구 수납장 모델링 추가 연출 작업까지 모두 마무리되었다. 다시 한 번 서랍장이 열린 렌더링 연출 표시 모드로 전환하여 여러 각도로 회전하면서 완성된 문구 수납장을 검토해 보자.

 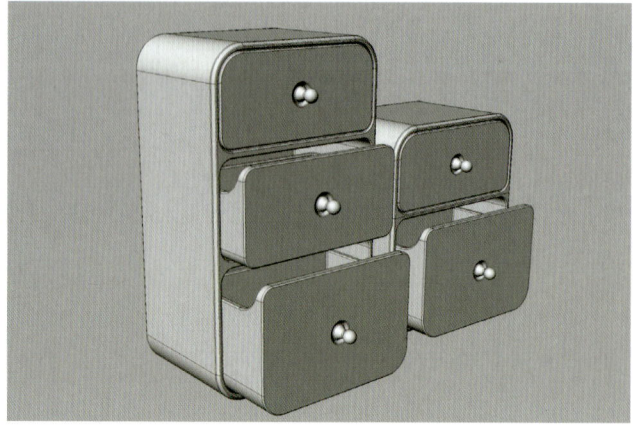

41 Keyshot 렌더러를 통해 다양한 컬러와 재질을 적용한 최종적인 문구 수납장 렌더링 결과 이미지이다.

Rhinoceros 3D 과정으로 리빙 바스켓 모델링하기

INTRO.

최근 주거 공간을 새롭게 변화시킬 수 있는 다양한 아이디어와 함께 세련된 형태와 우아한 색상으로 생활 소품들이 감성적 소비 측면으로 빠르게 변모하고 있다. 이제는 단순한 생필품 구매 차원을 넘어서 소비자들이 제품을 통해 감성을 구매하는 감성 소비 시대로 전화되고 있음을 말해주는 것이다. 이번 과정에서 진행하는 리빙 바스켓 모델링을 통해 소비자들에게 세련되고 감각적인 디자인 소품으로 다가가도록 단계적으로 따라 해보자.

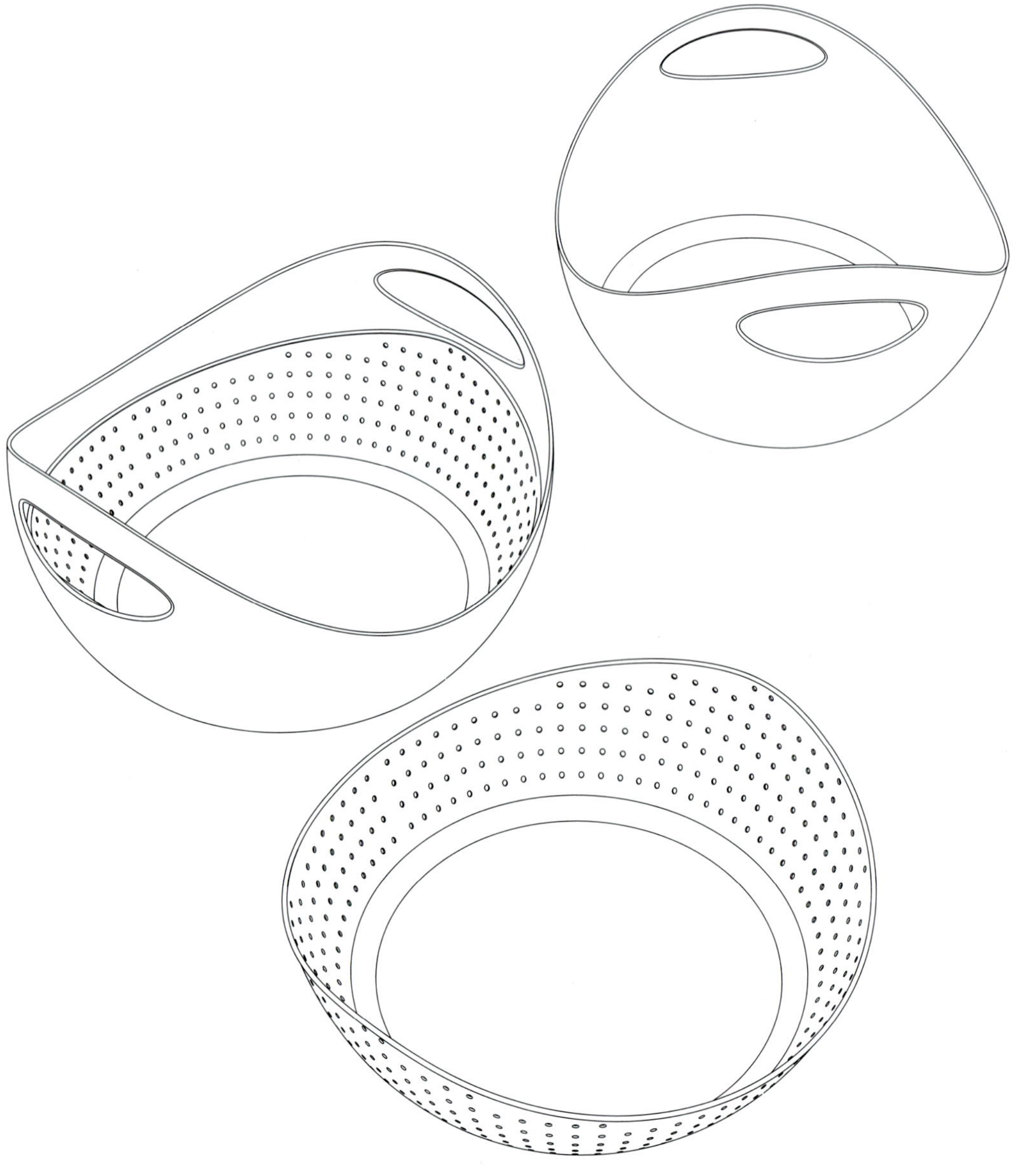

먼저 라이노 옵션에서 파일〉템플릿 파일〉기본값 경로를 선택하면 템플릿 파일이 지정된 위치를 알 수 있다. 라이노 사용자의 사용 분야 및 모델링 환경에 따라 템플릿에 맞는 포맷를 지정하면 매번 작업 시작 시점에 편리하게 활용될 수 있다. 지금부터 라이노 옵션에서 그리드 속성〉그리드선 개수를 150개로 수정한 후 리빙 바스켓 모델링을 책의 내용에 따라 단계적으로 학습해 보자.

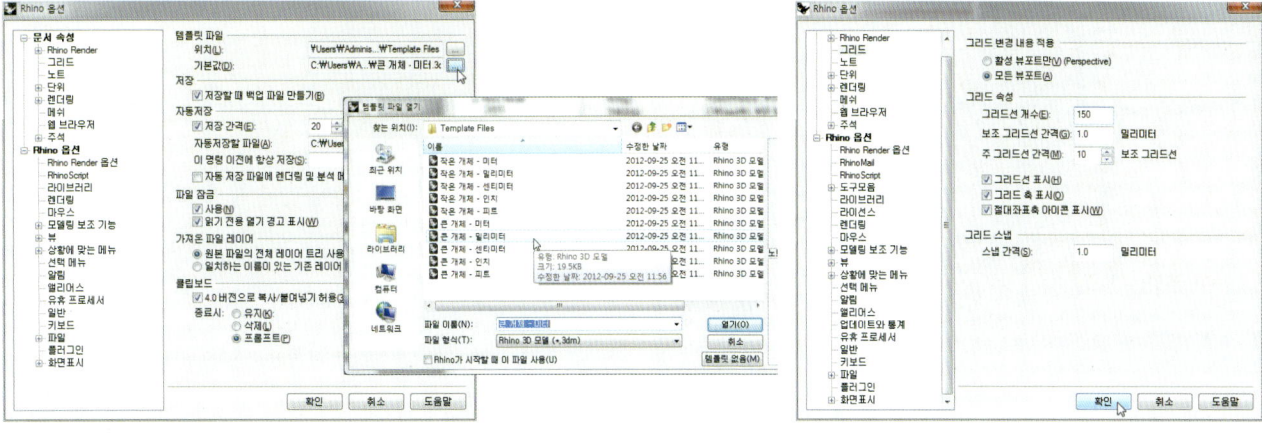

01 TOP Viewport상에서 모델링 툴탭〉솔리드 도구〉구(Sphere) 명령으로 CP(Construction Plan) 라인 원점을 시작으로 리빙 바스켓의 전체적인 외형을 생성해 보자.

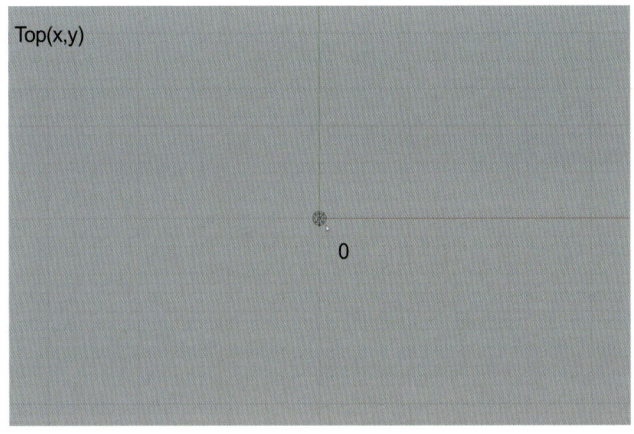
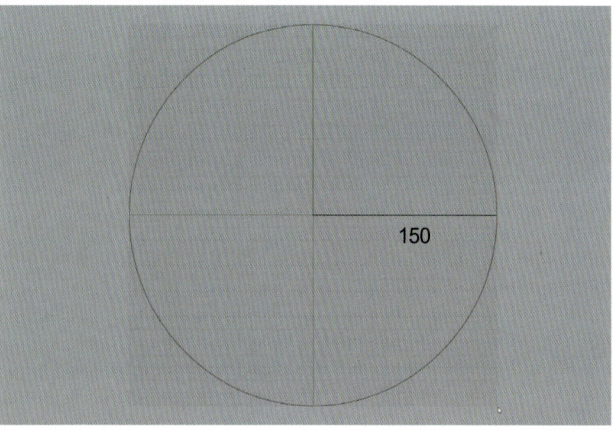

명령: _Sphere
구의 중심 (2점(P) 3점(O) 접점(T) 커브_주변(A) 4점(I) 점에_맞춤(F)): **0 입력 후** Enter
반지름 〈1.00〉(지름(D) 방위(O) 원주(C) 면적(A)): **150 입력 후** Enter

02 이어서 레이어 패널에서 레이어 01(빨간색)로 변경한 후 RIGHT Viewport상에서 **모델링 툴탭〉커브 도구〉원(Circle)** 명령으로 방금 생성된 원구의 사분점을 찾아 반지름 170mm 원을 그려 준다.

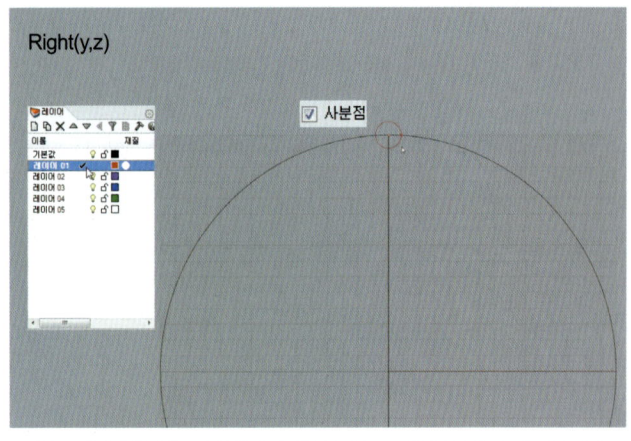
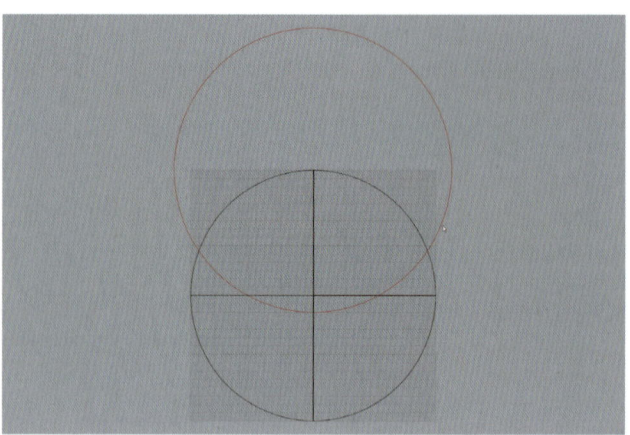

명령: _Circle
원의 중심 (변형가능(D) 수직(V) 2점(P) 3점(O) 접점(T) 커브_주변(A) 점에_맞춤(F)): **생성된 원구의 사분점 지정**
반지름 〈1.00〉 (지름(D) 방위(O) 원주(C) 면적(A)): **170 입력 후** Enter

03 다음은 생성된 원을 분할선으로 활용하여 **모델링 툴탭〉변형〉분할(Split)** 명령으로 교차된 원구와 원 두 개체를 모두 분할해 준다.

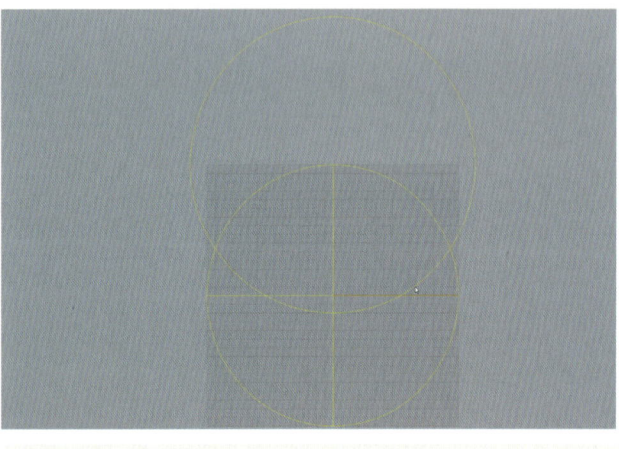
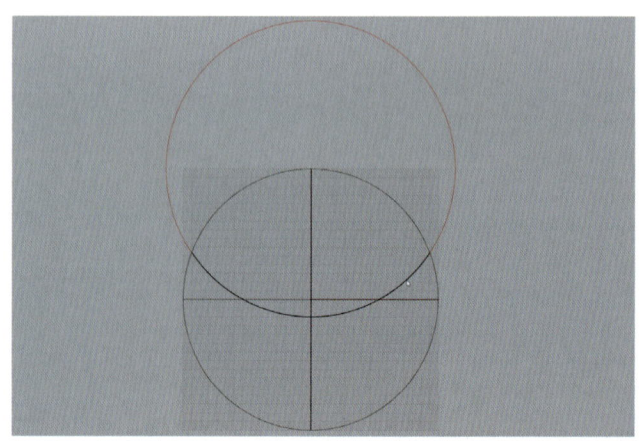

명령: _Split
분할할 개체 선택 (점(P) 아이소커브(I)): **원구 선택**
분할할 개체 선택. 완료되면 Enter 키를 누르십시오 (점(P) 아이소커브(I)): Enter
절단 개체 선택 (아이소커브(I) 축소(S)=아니요): **170mm 원 선택**
절단 개체 선택. 완료되면 Enter 키를 누르십시오 (아이소커브(I) 축소(S)=아니요): Enter

04 아래 화면과 같이 원구에서 분할된 상단 개체를 선택하고 키보드 Del키로 제거해 준다.

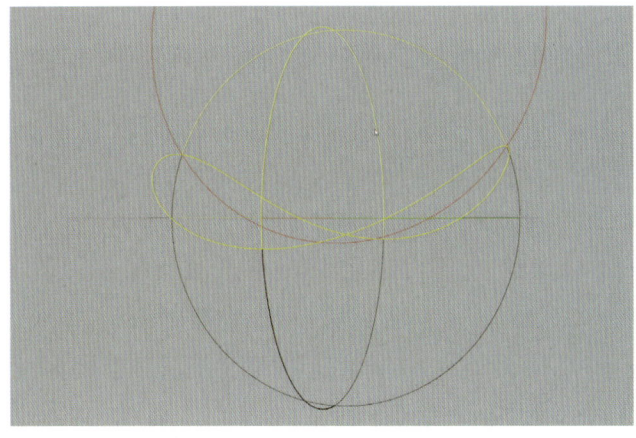 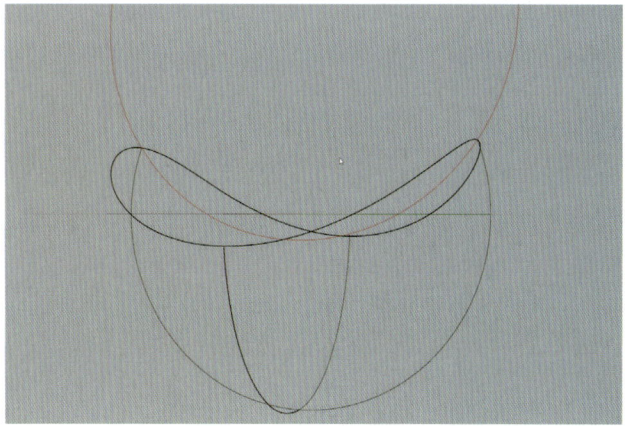

명령: _Delete

05 다음은 FRONT Viewport상에서 **모델링 툴탭〉표준〉사이드바〉직사각형**(Rectangle) 명령으로 서랍장 우측 상단의 끝점을 시작점으로 모서리가 둥근 직사각형을 생성해 준다.

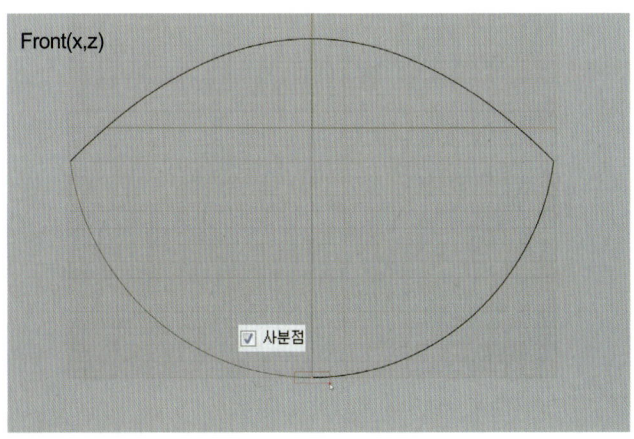 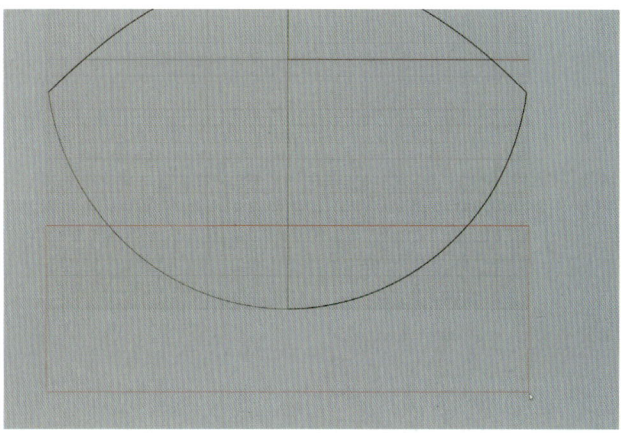

명령: _Rectangle
직사각형의 첫 번째 모서리 (3점(P) 수직(V) 중심점(C) 둥글게(R)): **_중심점**
직사각형의 중심 (둥글게(R)): **분할된 원구 하단 사분점 지정**
다른 모서리 또는 길이 (3점(P) 둥글게(R)): **300 입력 후** Enter
너비. 길이를 사용하려면 Enter 키를 누르십시오 (3점(P) 둥글게(R)): **100 입력 후** Enter

06 다음은 바스켓 바닥 부분을 만들기 위해 **모델링 툴탭〉솔리드 도구〉와이어컷(WireCut)** 명령으로 교차된 직사각형 부분만큼 커팅해 준다.

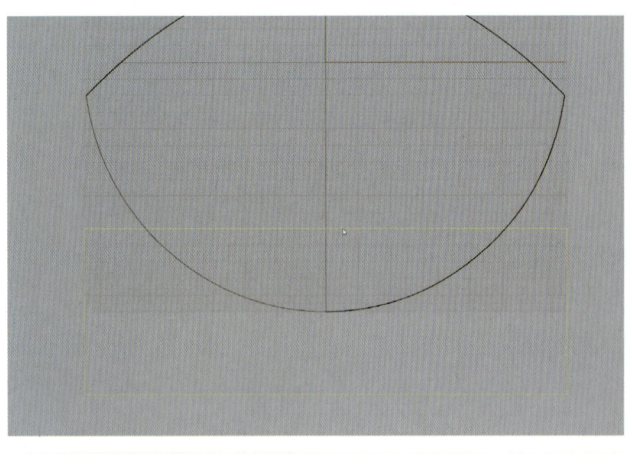 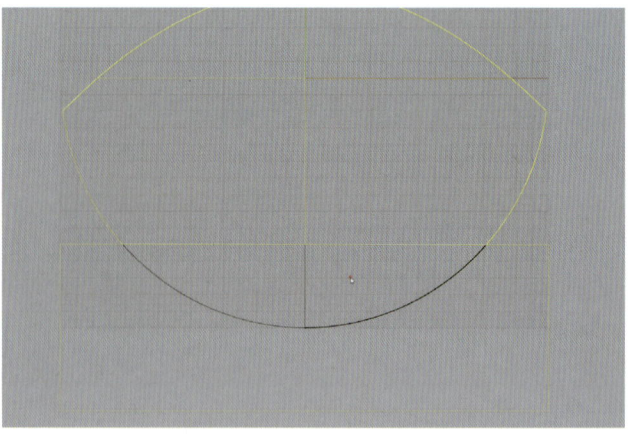

명령: _WireCut
절단 커브 선택 (선(L)): **직사각형 선택**
자를 개체 선택: **분할된 원구 선택**
자를 개체 선택. 완료되면 Enter 키를 누르십시오: Enter
절삭 깊이 점. 개체를 완전히 자르려면 Enter 키를 누르십시오 (방향(D)=커브에_수직방향 원래개체_삭제(L)=아니오 양쪽(B)=예): Enter

07 다시 한 번 분할된 원구에서 커팅된 하단 개체를 선택하고 키보드 Del키로 제거해 준다.

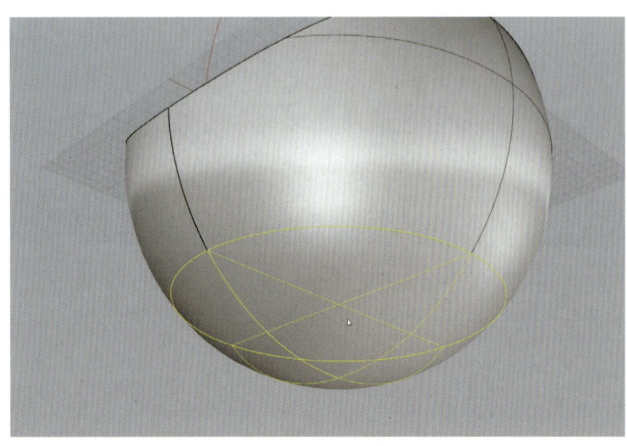 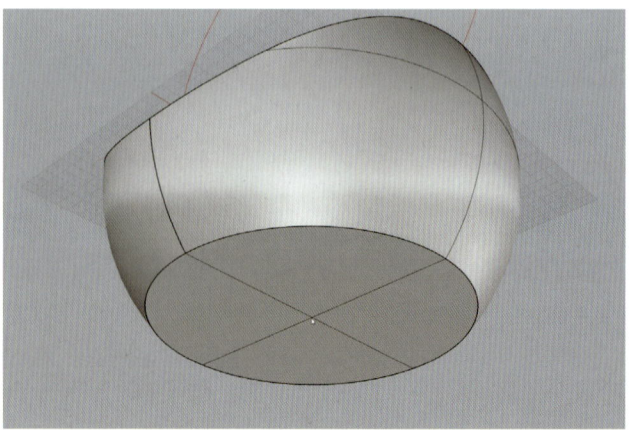

명령: _Delete

08 다음은 커팅된 날카로운 모서리를 선택하고 부드러운 마감 표현을 위해 **가변 반지름 필릿(FilletEdge) 명령**으로 반지름 20mm 정도 필릿해 준다.

 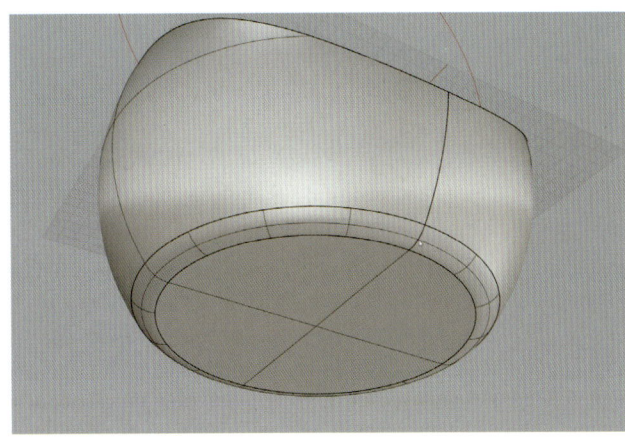

명령: _FilletEdge
필릿할 가장자리 선택 (반지름_표시(S)=예 다음_반지름(N)=1 가장자리_연속선택(C)): **20 입력 후** [Enter]
필릿할 가장자리 선택. 완료되면 Enter 키를 누르십시오 (반지름_표시(S)=예 다음_반지름(N)=20 가장자리_연속선택(C)): [Enter]
편집할 필릿 핸들 선택. 완료되면 Enter 키를 누르십시오 (핸들_추가(A) 핸들_복사(C) 모두_설정(S) ....): [Enter]

09 다음은 바스켓의 손잡이가 될 타원형 홀을 만들어 보자. FRONT Viewport상에서 **모델링 툴탭〉표준〉사이드바〉타원(Ellipse)** 명령으로 CP라인 원점을 시작으로 타원을 그려 준다.

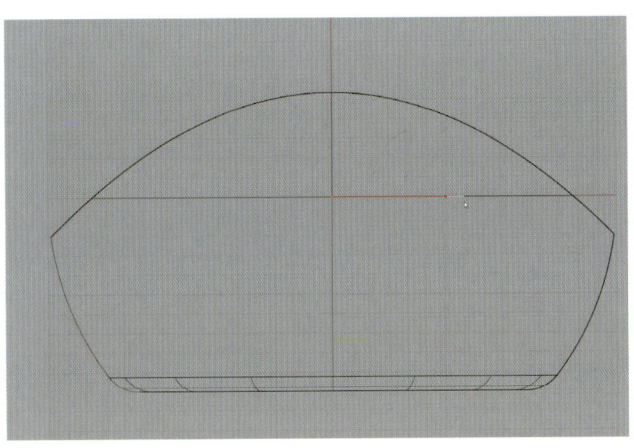 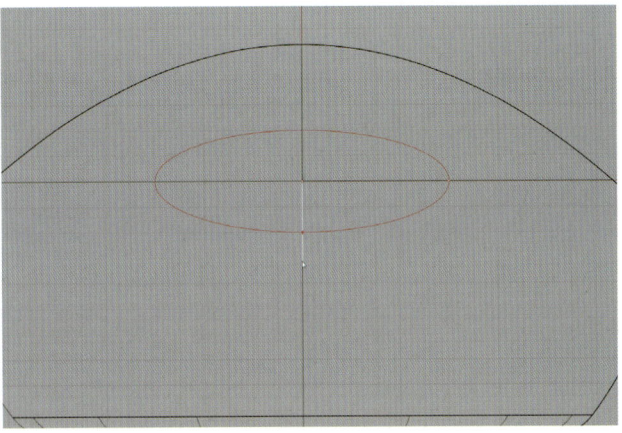

명령: _Ellipse
타원 중심 (변형가능(D) 수직(V) 모서리(C) 지름(I) 초점_지정(F) 커브_주변(A)): **0 입력 후** [Enter]
첫 번째 축의 끝 (모서리(C)): **60 입력 후** [Enter]
첫 번째 축의 끝 (모서리(C)): **클릭**
두 번째 축의 끝: **20 입력 후** [Enter]
두 번째 축의 끝: **클릭**

10 이어서 이동(Move) 명령으로 CP라인 원점을 기준점으로 15mm 위쪽 방향으로 타원을 이동시켜 준다.

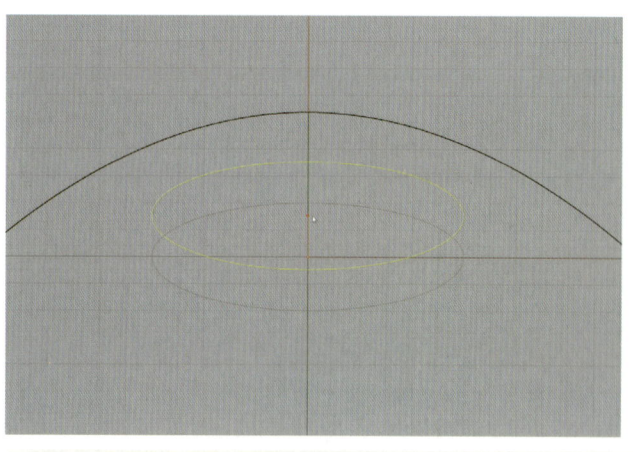 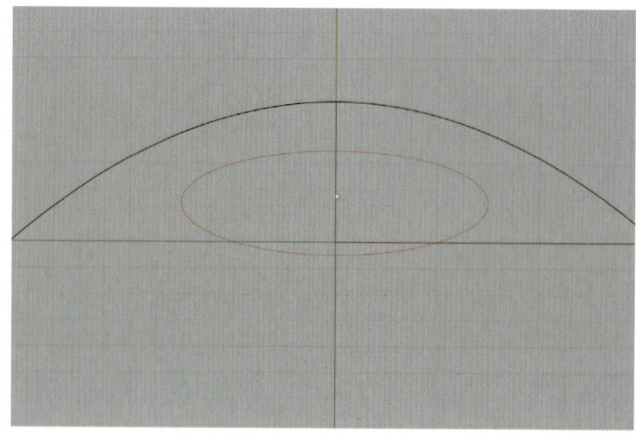

명령: _Move
이동시킬 개체 선택: **생성된 타원 선택**
이동시킬 개체 선택. 완료되면 Enter 키를 누르십시오: [Enter]
이동의 기준점 (수직(V)=아니요): **0 입력 후** [Enter]
이동의 기준점 새 위치 〈15.00〉: **15 입력 후** [Enter]
이동의 기준점 새 위치 〈15.00〉: **클릭**

11 다시 한 번 이동된 타원을 분할선으로 분할(Split) 명령을 활용하여 바스켓 손잡이 홀이 될 부분을 분할해 준다.

 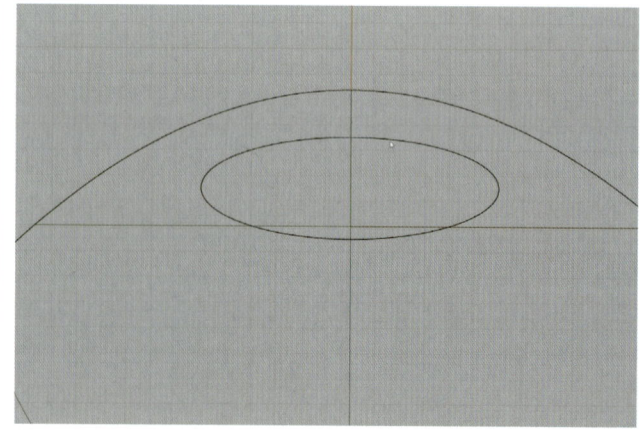

명령: _Split
분할할 개체 선택 (점(P) 아이소커브(I)): **바스켓 원구 선택**
분할할 개체 선택. 완료되면 Enter 키를 누르십시오 (점(P) 아이소커브(I)): [Enter]
절단 개체 선택 (아이소커브(I) 축소(S)=아니요): **이동된 타원 선택**
절단 개체 선택. 완료되면 Enter 키를 누르십시오 (아이소커브(I) 축소(S)=아니요): [Enter]

12 이어서 분할되어 조각난 2개의 타원 개체를 선택하고 키보드 Del키로 제거해 준다.

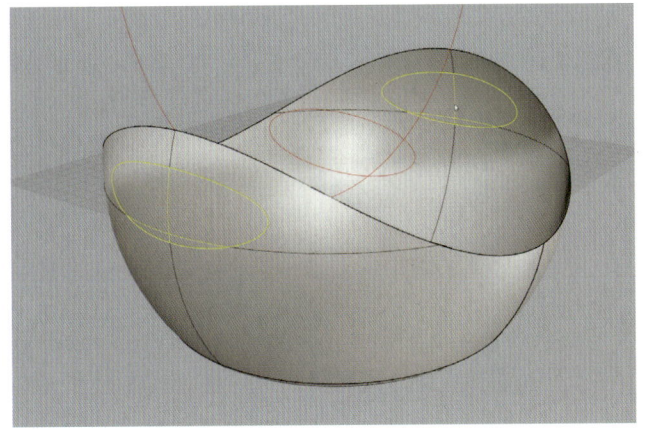
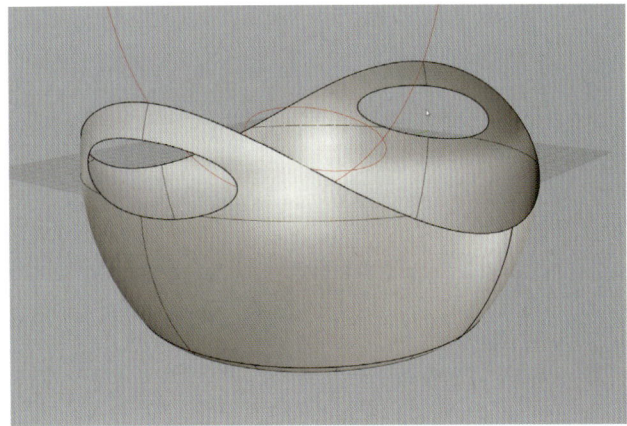

명령: _Delete

13 다음은 편집된 바스켓 개체를 선택하고 **모델링 툴탭>서피스 도구>서피스 간격띄우기(OffsetSrf)** 명령으로 화면과 같이 3mm 간격을 갖도록 커브심을 안쪽 방향으로 띄워준다.

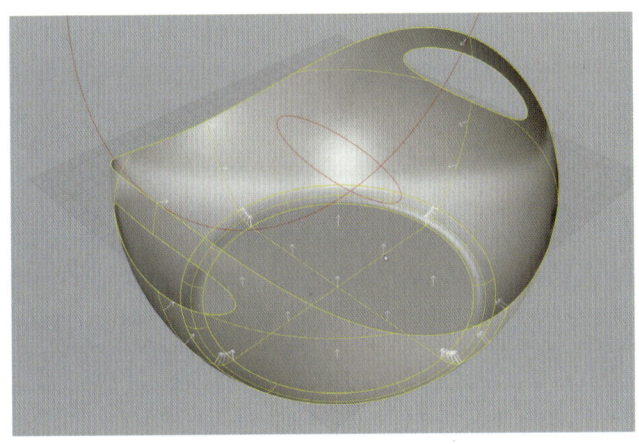

명령: _OffsetSrf
방향을 반전시킬 개체 선택. 완료되면 Enter 키를 누르십시오 (거리(D)=2 모서리(C)=둥글게 솔리드(S)=아니요 …): **모두_반전**
방향을 반전시킬 개체 선택. 완료되면 Enter 키를 누르십시오 (거리(D)=2 모서리(C)=둥글게 솔리드(S)=아니요 …) **거리**
간격띄우기 거리 <1.00>: **3 입력 후** Enter
방향을 반전시킬 개체 선택. 완료되면 Enter 키를 누르십시오 (거리(D)=3 모서리(C)=둥글게 솔리드(S)=아니요 …): Enter

14 이번 과정은 리빙 바스켓 내부에 놓일 원형 채반을 만드는 과정이다. 먼저 간격띄우기로 생성된 서피스 개체만 보이도록 레이어 패널을 열어 기본값 레이어를 잠시 꺼둔다.

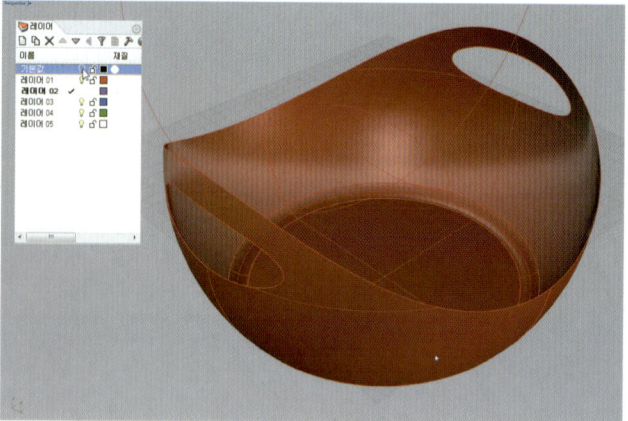

명령: Layer

15 이어서 레이어를 레이어 02(보라색)로 변경하고, RIGHT Viewport상에서 **모델링 툴탭〉커브 도구〉타원(Ellipse)** 명령으로 CP 라인 원점을 시작으로 타원을 그려준다.

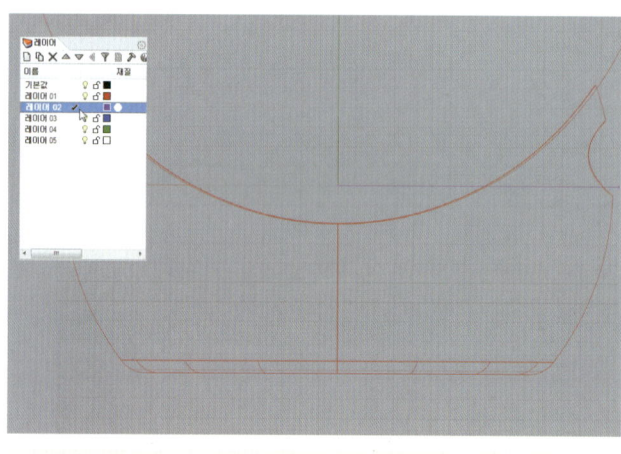
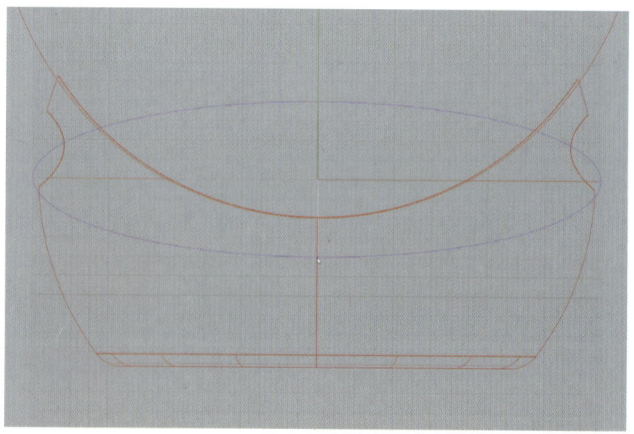

명령: _Ellipse
타원 중심 (변형가능(D) 수직(V) 모서리(C) 지름(I) 초점_지정(F) 커브_주변(A)): **0 입력 후** Enter
첫 번째 축의 끝 (모서리(C)): **150 입력 후** Enter
첫 번째 축의 끝 (모서리(C)): **클릭**
두 번째 축의 끝: **40 입력 후** Enter
두 번째 축의 끝: **클릭**

16 다음은 방금 그린 타원을 분할선으로 활용하여 **분할(Split) 명령**을 통해 원형 채반이 될 하단부와 상단부를 분할해 준다.

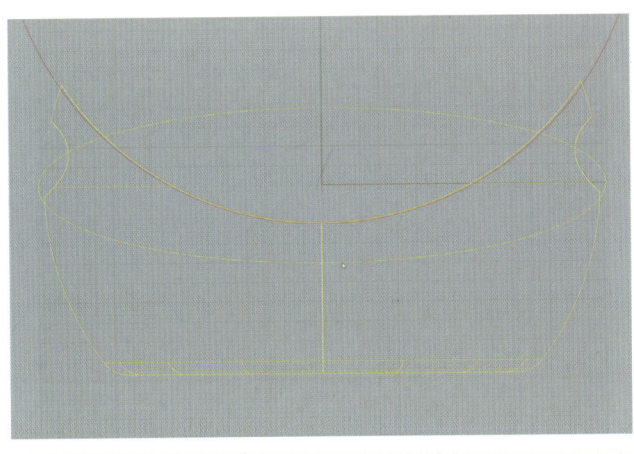 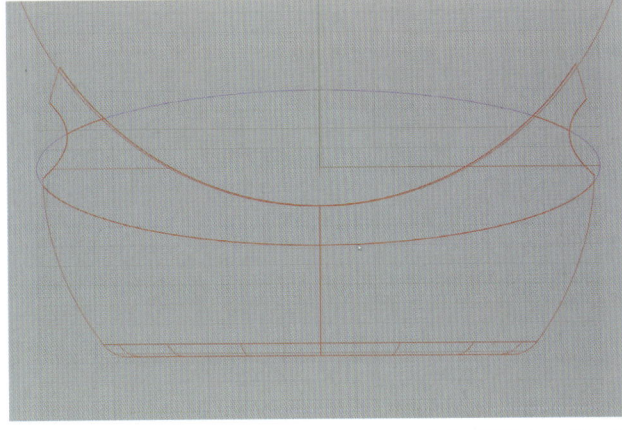

명령: _Split
분할할 개체 선택 (점(P) 아이소커브(I)): **바스켓 원구 선택**
분할할 개체 선택. 완료되면 Enter 키를 누르십시오 (점(P) 아이소커브(I)): Enter
절단 개체 선택 (아이소커브(I) 축소(S)=아니요): **이동된 타원 선택**
절단 개체 선택. 완료되면 Enter 키를 누르십시오 (아이소커브(I) 축소(S)=아니요): Enter

17 이어서 분할되어 분리된 상단쪽 개체 모두를 선택하고 키보드 Del키로 제거해 준다.

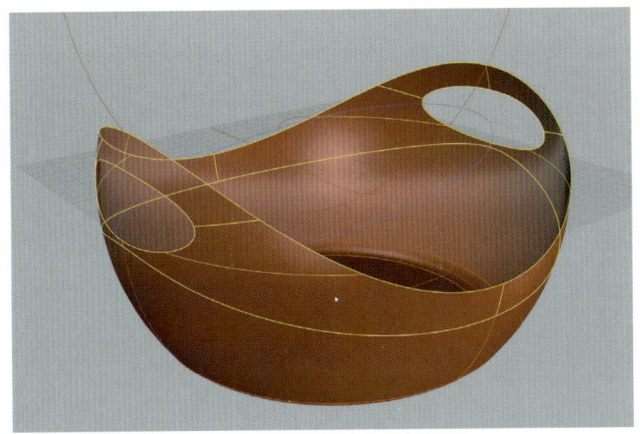 

명령: _Delete

18 다음은 원형 채반에 적용할 타공 패턴을 넣는 과정이다. TOP Viewport상에서 **모델링 툴탭>커브 도구>UV 커브 만들기**(CreateUVCrv) 명령으로 원형 채반을 선택하여 아래의 화면과 같이 UV커브를 생성해 준다.

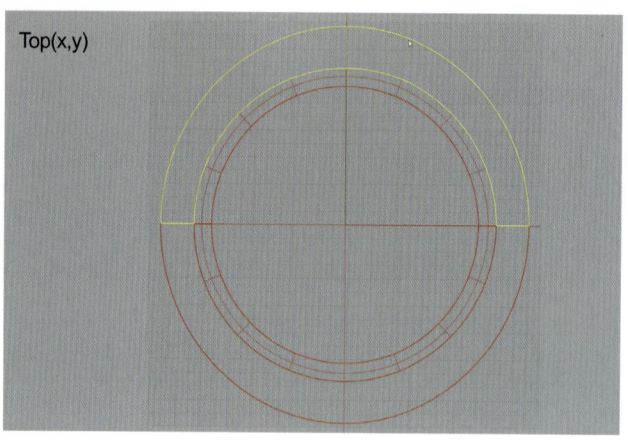
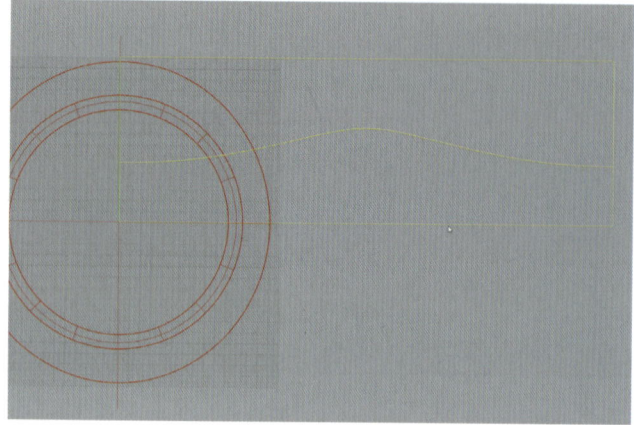

명령: _CreateUVCrv
UV 커브를 만들 서피스 선택: **원형 채반 상단 서피스 선택**
UV 커브를 만들 서피스의 커브 선택: [Enter]

19 이어서 생성된 UV커브에 적용할 원형 패턴을 만들기 위해 **원(Circle) 명령**으로 반지름 1.5mm 원을 TOP Viewport 화면 10, 10(x,y) 좌표 위치에 배치한다.

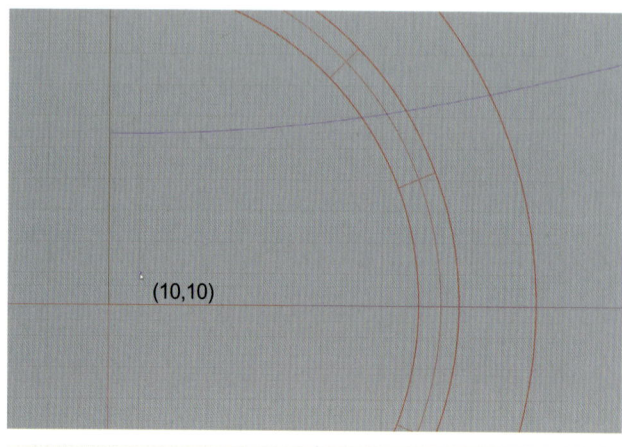
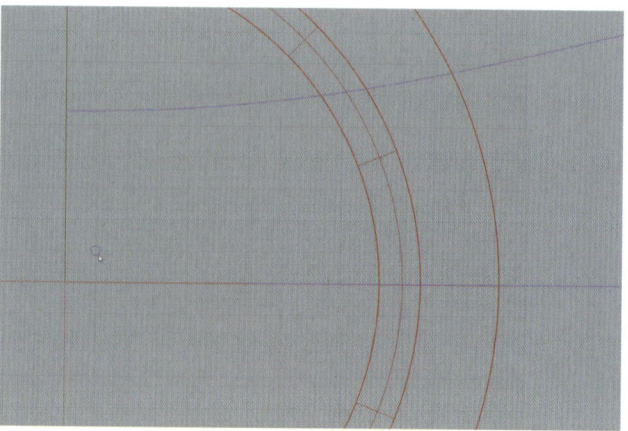

명령: _Circle
원의 중심 (변형가능(D) 수직(V) 2점(P) 3점(O) 접점(T) 커브_주변(A) 점에_맞춤(F)): **10,10 (x,y) 입력 후** [Enter]
반지름 <1.00> (지름(D) 방위(O) 원주(C) 면적(A)): **1.5 입력 후** [Enter]

20 다음은 배치된 원을 모델링 툴탭〉변형〉직사각형 배열(Array) 명령으로 아래의 화면과 같이 X축 38줄, Y축 7줄로 각 간격을 12mm로 균일하게 생성해 준다.

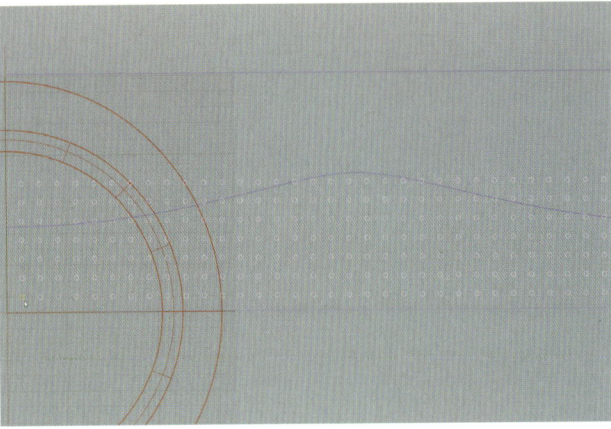

명령: _Array
배열할 개체 선택: **1.5mm 원 선택**
배열할 개체 선택. 완료되면 Enter 키를 누르십시오: [Enter]
X 방향의 수 <1>: **38 입력 후** [Enter]
Y 방향의 수 <1>: **7 입력 후** [Enter]
단위 셀 또는 X 간격 (미리보기(P)=예 X방향의_수(X)=38 Y방향의_수(Y)=7): **12 입력 후** [Enter]
Y 간격 또는 첫 번째 참조점 (미리보기(P)=예 X방향의_수(X)=38 Y방향의_수(Y)=7): **12 입력 후** [Enter]
적용하려면 Enter 키를 누르십시오 (X방향의_수(X)=38 X간격(S) Y방향의_수(Y)=7 Y간격(P)): [Enter]

21 직사각형 배열을 통해 원형 패턴이 마무리되면 아래의 화면과 같이 UV커브에서 벗어난 부분의 패턴을 미리 삭제해 준다.

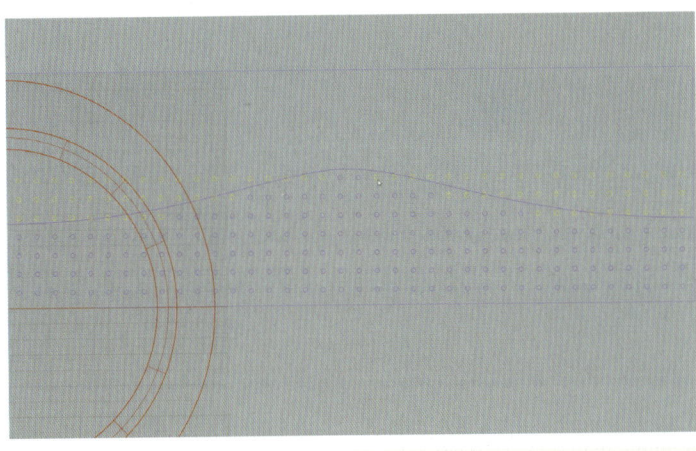
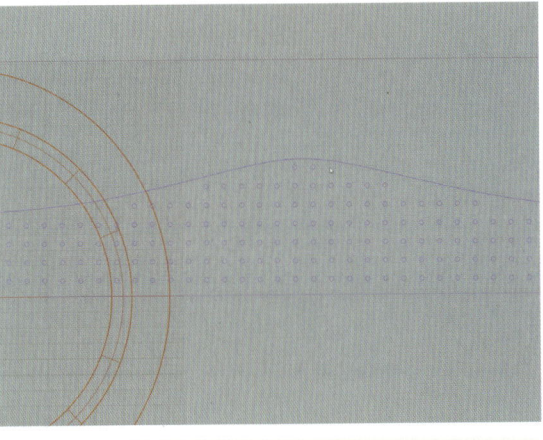

명령: _Delete

22 이어서 정리된 UV커브와 원형 패턴 모두를 선택하고 TOP Viewport상에서 **모델링 툴탭〉커브 도구〉UV커브적용(ApplyCrv) 명령**으로 아래의 화면과 같이 원형 채반 표면에 패턴을 입혀 본다. 패턴 적용 시 반 원 범위로 적용되므로 2회에 걸쳐 적용하도록 한다.

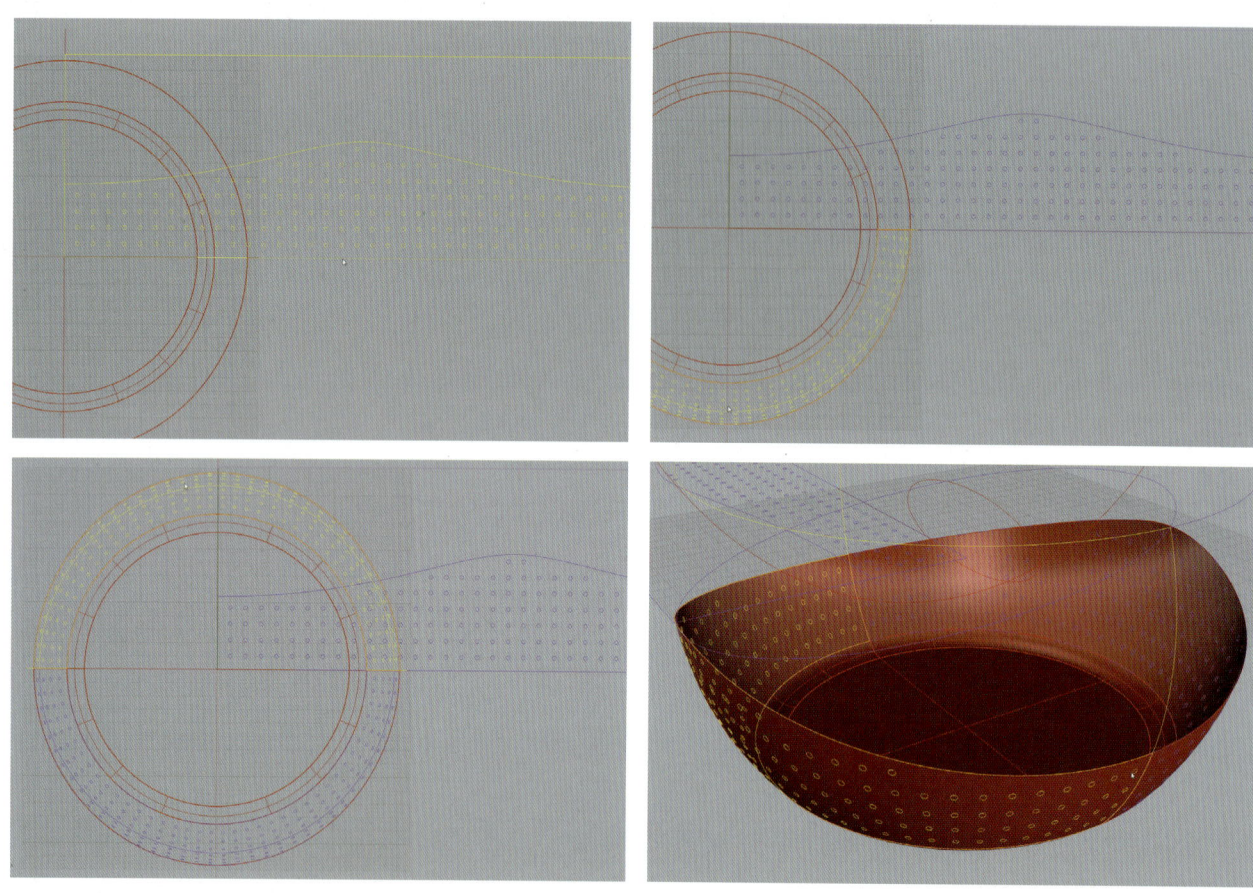

명령: _ApplyCrv
절대좌표 XY 평면에서 서피스에 적용할 평면형 커브 선택: **UV커브와 원형 패턴 모두 선택**
절대좌표 XY 평면에서 서피스에 적용할 평면형 커브 선택. 완료되면 Enter 키를 누르십시오: Enter
평면형 커브를 적용할 서피스 선택: **원형 채반 선택**

> **참고하세요**
> UV커브만들기와 UV커브적용 명령은 평면형 커브를 만들기 때문에 x, y축으로 커브가 생성되는 TOP Viewport상에서 그 결과를 얻어야 한다.

23 원형 채반에 입혀진 패턴을 타공하기 위해 **분할(Split) 명령**을 통해 원형채반 표면에서 패턴 라인을 분할해 준다.

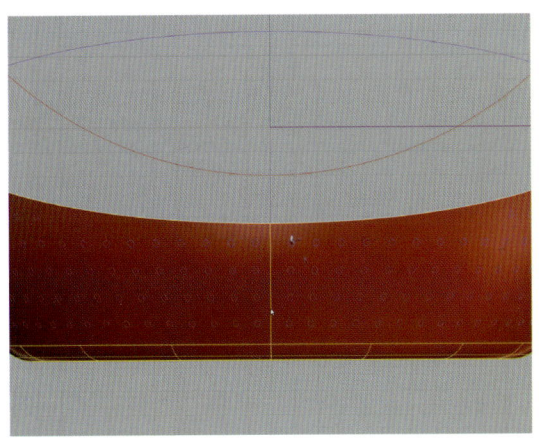
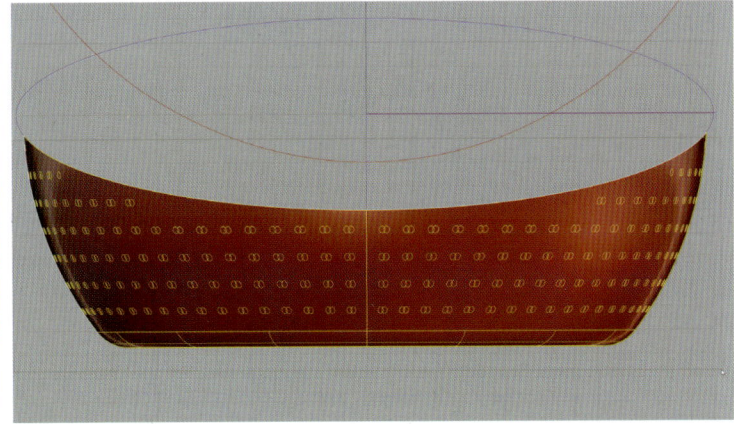

명령: _Split
분할할 개체 선택 (점(P) 아이소커브(I)): **원형 채반 선택**
분할할 개체 선택. 완료되면 Enter 키를 누르십시오 (점(P) 아이소커브(I)): Enter
절단 개체 선택 (아이소커브(I) 축소(S)=아니요): **원형 패턴 선택**
절단 개체 선택. 완료되면 Enter 키를 누르십시오 (아이소커브(I) 축소(S)=아니요): Enter

24 분할이 완료되면 **숨기기(Hide) 명령**으로 원형 채반만 선택하여 잠시 숨겨둔다.

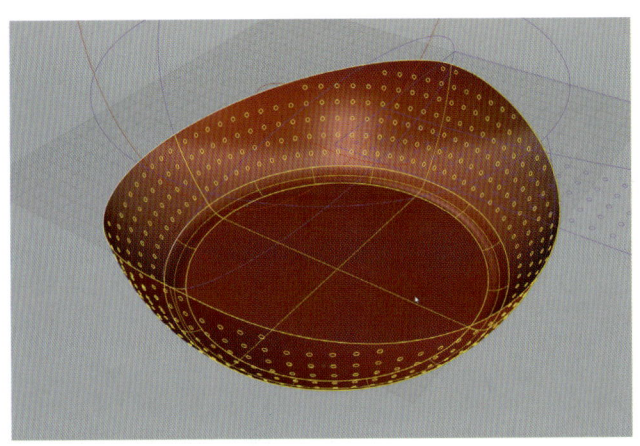
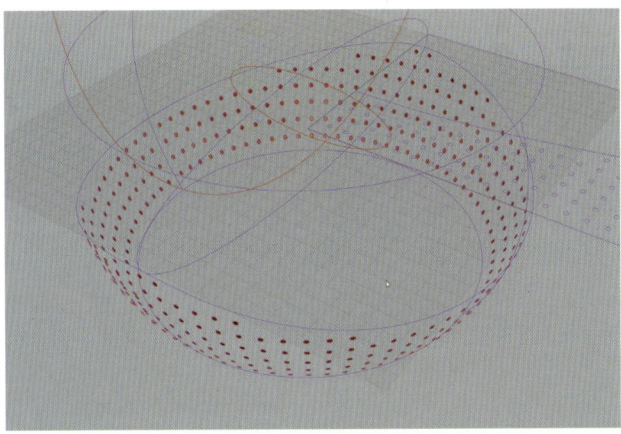

명령: _Hide
숨길 개체 선택: **분할된 원형 채반 선택**
숨길 개체 선택. 완료되면 Enter 키를 누르십시오: Enter

25 이어서 남아 있는 모든 개체는 모두 키보드 Del키를 이용해서 제거해 준다.

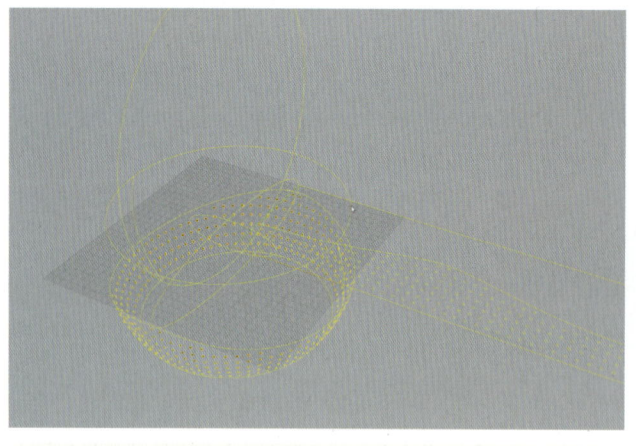 

명령: _Delete

> **참고하세요** 참고로 제거 전 이후에 모델링 편집이나 수정을 대비하여 파일)증분저장을 통해 사본을 만들어 놓는 방법도 좋은 모델링 습관이 된다.

26 앞서 숨겨둔 원형 채반을 다시 불러온 다음 렌더링 표시 모드로 전체적인 타공 패턴이 잘 적용되었는지 검토해 본다.

 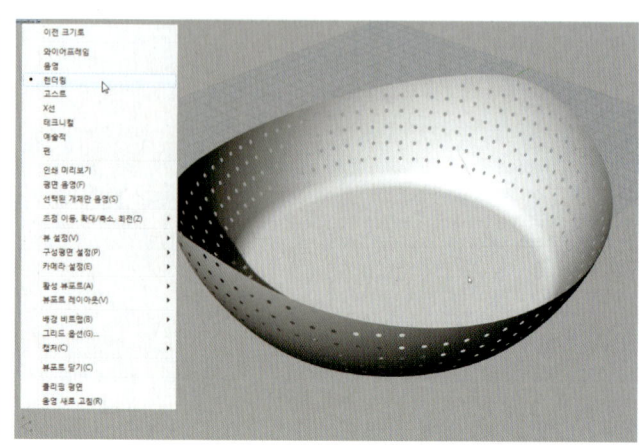

명령: _Show

27 다음은 원형 채반 표면 두께감을 갖도록 솔리드를 만들어 본다. 먼저 **모델링 툴탭〉서피스 도구〉서피스 간격띄우기**(OffsetSrf) **명령**으로 화면과 같이 1mm 간격을 갖도록 커브심을 안쪽 방향으로 띄워준다. 이때 옵션 내용 중 반드시 **솔리드(S)=예**로 설정한 후 최종 솔리드로 된 개체 결과를 얻어내야 한다.

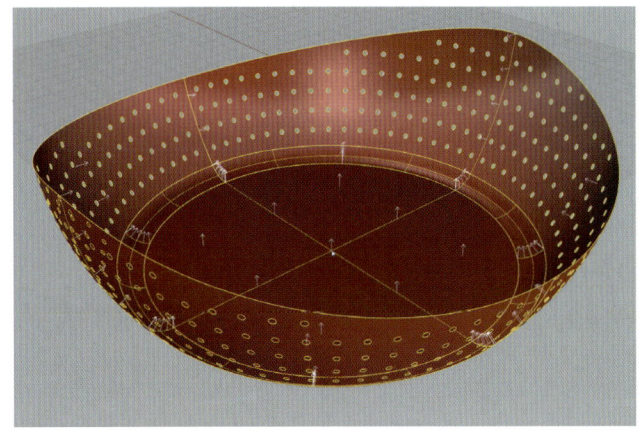 

명령: _OffsetSrf
방향을 반전시킬 개체 선택. 완료되면 Enter 키를 누르십시오 (거리(D)=3 모서리(C)=둥글게 **솔리드(S)=예** 허용오차...): **거리**
간격띄우기 거리 〈3〉: **1 입력 후** [Enter]
방향을 반전시킬 개체 선택. 완료되면 Enter 키를 누르십시오 (거리(D)=1 모서리(C)=둥글게 **솔리드(S)=예** 허용오차...): [Enter]

28 다음은 간격띄우기한 모서리부 마감을 위해 **모델링 툴탭〉솔리드 도구〉파이프**(Pipe) **명령**을 통해 1.2mm 반지름을 가진 파이프 라인으로 모서리 둘레 부분을 부드럽게 마무리해 준다.

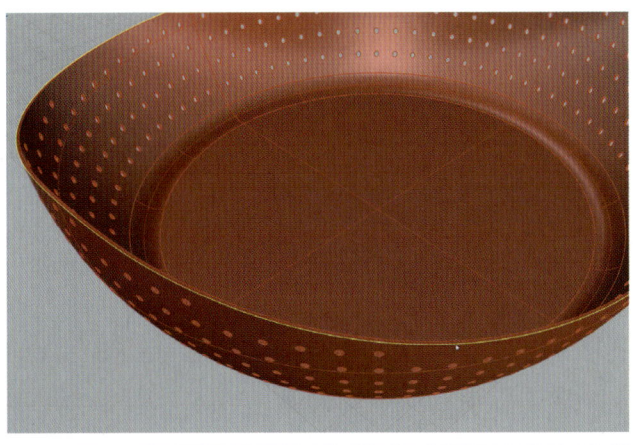 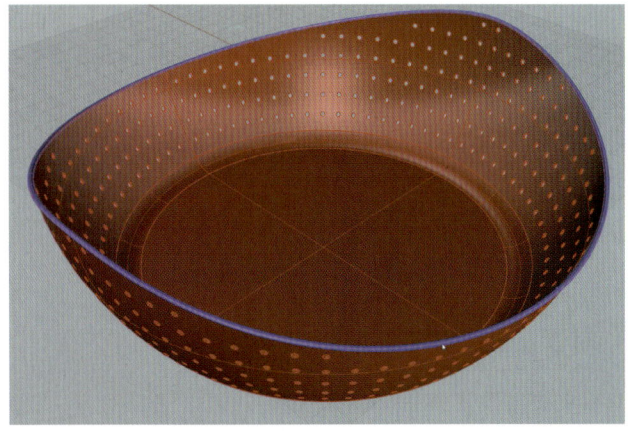

명령: _Pipe
파이프의 중심이 될 커브 선택 (가장자리_연속선택(C) 다중_커브(M)): **가장자리_연속 선택**
첫 번째 연속 세그먼트 선택 (자동_연속선택(A)=예 연속선택_연속성(C)=접선 ....): **_Cap=_Flat**
첫 번째 연속 세그먼트 선택 (자동_연속선택(A)=예 연속선택_연속성(C)=접선 ....): **모서리 외곽 부분 선택**
하나의 가장자리가 추가되었습니다.
다음 연속 세그먼트 선택. 완료되면 Enter 키를 누르십시오 (실행취소(U) 다음(N) 모두(A) ....): [Enter]
닫힌 파이프의 반지름 〈1.00〉 (지름(D) 형태_블렌딩(S)=로컬 레일_맞춤(F)=아니요): **1.2 입력 후** [Enter]
다음 반지름을 지정할 점. 지정하지 않으려면 Enter 키를 누르십시오: [Enter]

29 다음은 생성된 파이프 라인과 원형 채반을 하나의 개체로 합집합하기 위해 **합집합(BooleanUnion) 명령**으로 합쳐준다.

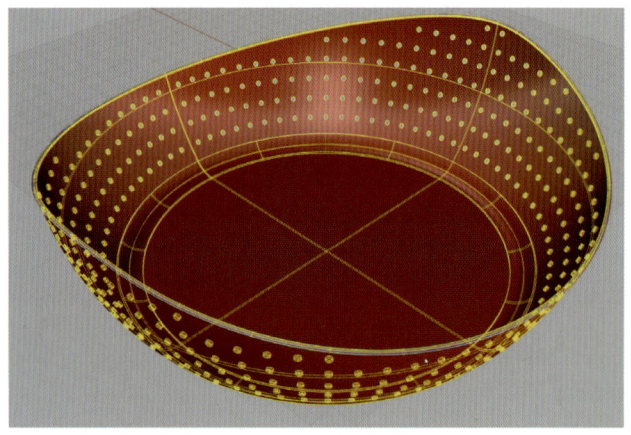 

명령: _BooleanUnion
합집합을 적용할 서피스 또는 폴리서피스 선택: **생성된 파이프 라인 선택**
합집합을 적용할 서피스 또는 폴리서피스 선택: **원형 채반 선택**
합집합을 적용할 서피스 또는 폴리서피스 선택. 완료되면 Enter 키를 누르십시오: Enter

30 원형 채반이 완성되었다. 라이노 옵션>메쉬>렌더링 메쉬 품질>매끄럽게&느리게를 설정해 주면 원형 채반과 같이 곡률 변화가 많은 개체 표현에 더 밀도있고 정교한 렌더 효과를 볼 수 있다. 이어서 레이어 패널에서 잠시 꺼두었던 기본값 레이어를 화면으로 불러온다.

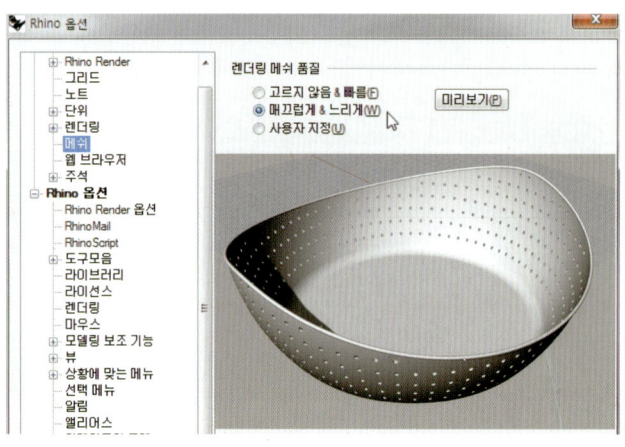 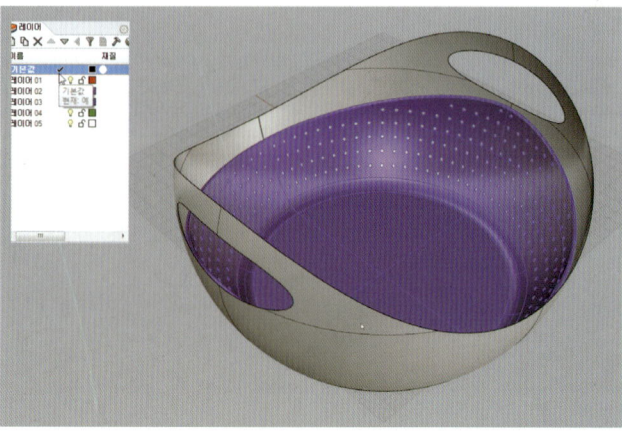

명령: _BooleanUnion

31 다음은 리빙 바스켓 표면 두께를 만드는 과정이다. 먼저 **모델링 툴탭〉서피스 도구〉서피스 간격띄우기(OffsetSrf)** 명령으로 화면과 같이 2mm 간격을 갖도록 커브심을 바깥쪽 방향으로 띄워 준다. 이때 옵션 내용 중 반드시 솔리드(S)=아니오로 설정한 후 최종 서피스 개체 결과를 얻어내야 한다.

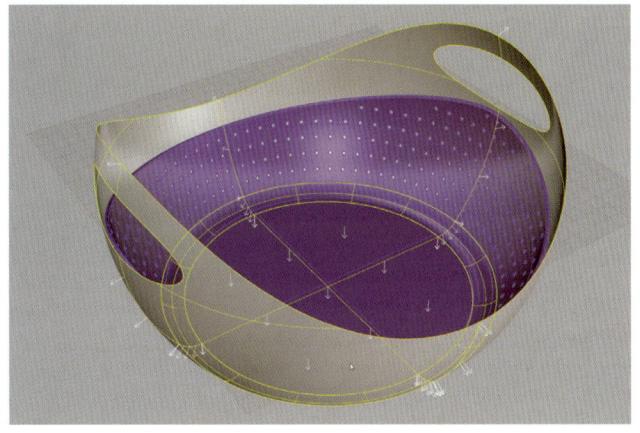
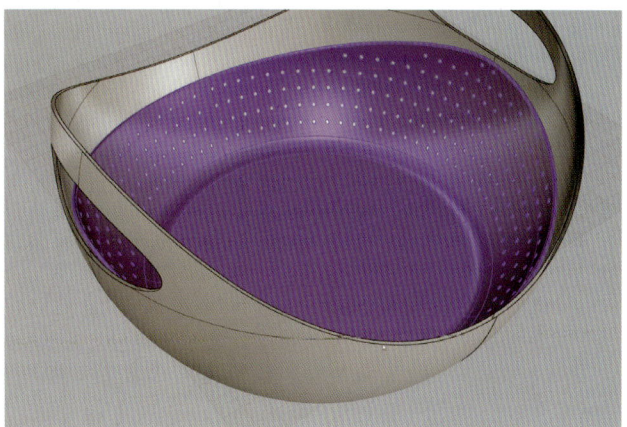

명령: _OffsetSrf
간격띄우기할 서피스 또는 폴리서피스 선택: **리빙 바스켓 선택**
간격띄우기할 서피스 또는 폴리서피스 선택. 완료되면 Enter 키를 누르십시오: ENTER
방향을 반전시킬 개체 선택. 완료되면 Enter 키를 누르십시오 (거리(D)=1 모서리(C)=둥글게 솔리드(S)=예 ...): **솔리드=아니요**
방향을 반전시킬 개체 선택. 완료되면 Enter 키를 누르십시오 (거리(D)=3 모서리(C)=둥글게 **솔리드(S)=아니요** ...): **거리**
간격띄우기 거리 〈3.00〉: **2 입력 후** `Enter`
방향을 반전시킬 개체 선택. 완료되면 Enter 키를 누르십시오 (거리(D)=2 모서리(C)=둥글게 **솔리드(S)=아니요** ...): `Enter`
서피스 간격띄우기가 진행 중... 취소하려면 Esc 키를 누르십시오.

32 간격 띄어진 2개체의 사이 공간을 부드럽게 마무리하기 위해 먼저 **모델링 툴탭〉서피스도구〉서피스 블렌드(BlendSrf)** 명령으로 화면과 같이 자동 연속 옵션을 통해 자연스럽게 블렌딩시켜 준다.

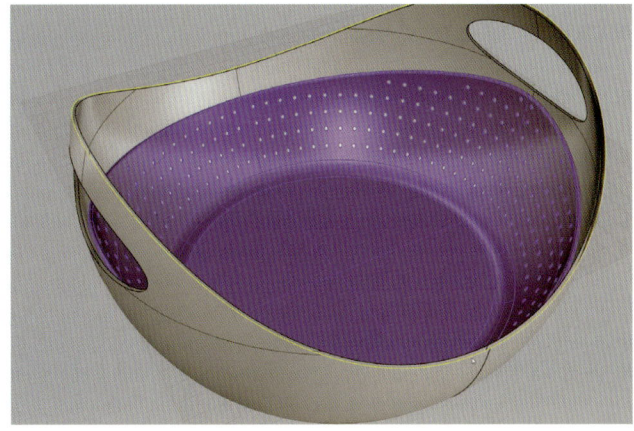
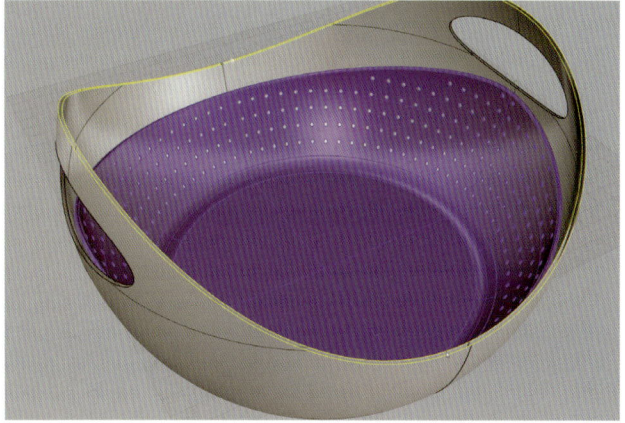

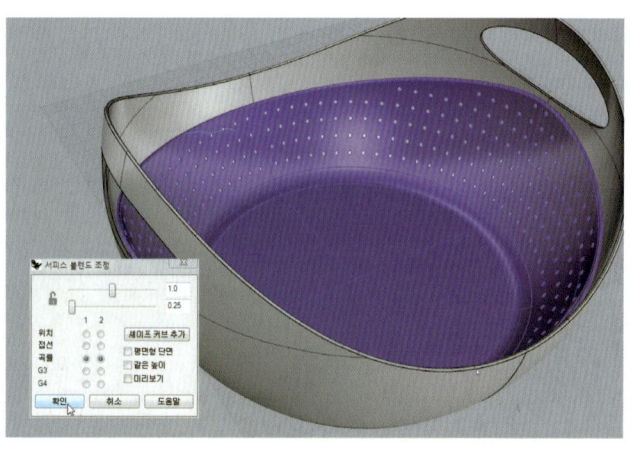 

명령: _BlendSrf
첫 번째 가장자리가 될 세그먼트 선택 (자동_연속선택(A)=아니요 연속선택_연속성(C)=접선 ...): **자동_연속선택=예**
첫 번째 가장자리가 될 세그먼트 선택 (**자동_연속선택(A)=예 연속선택_연속성(C)=접선** ...): **바스켓 원본 개체 선택**
하나의 가장자리가 추가되었습니다.
두 번째 가장자리가 될 세그먼트 선택 (자동_연속선택(A)=예 연속선택_연속성(C)=접선...): **간격띄우기한 바스켓 사본 개체 선택**
조정할 심 점을 선택. 완료되면 Enter 키를 누르십시오 (반전(F) 자동(A) 원래대로(N)): Enter

33 같은 방법으로 손잡이 부분 사이 공간도 부드럽게 마무리하기 위해 먼저 **모델링 툴탭〉서피스 도구〉서피스 블렌드(BlendSrf) 명령**으로 화면과 같이 자동 연속 옵션을 통해 자연스럽게 블렌딩시켜 준다.

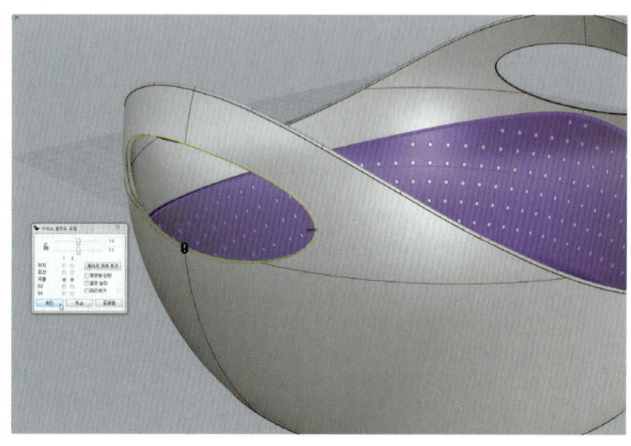 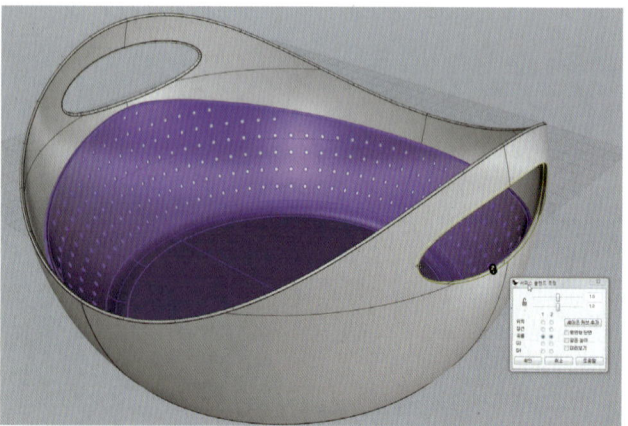

명령: _BlendSrf
첫 번째 가장자리가 될 다음 세그먼트 선택. 완료되면 Enter 키를 누르십시오 (실행취소(U) 다음(N) 모두(A) ...): **원본 바스켓 손잡이 선택**
두 번째 가장자리가 될 세그먼트 선택 (자동_연속선택(A)=예 연속선택_연속성(C)=접선...): **사본 바스켓 손잡이 선택**
조정할 심 점을 선택. 완료되면 Enter 키를 누르십시오 (반전(F) 자동(A) 원래대로(N)): Enter

34 서피스 블렌드 과정이 마무리되면 리빙 바스켓 전체를 선택하고 **결합(join) 명령**으로 하나의 개체가 되도록 결합시켜 최종적으로 모델링을 마무리한다.

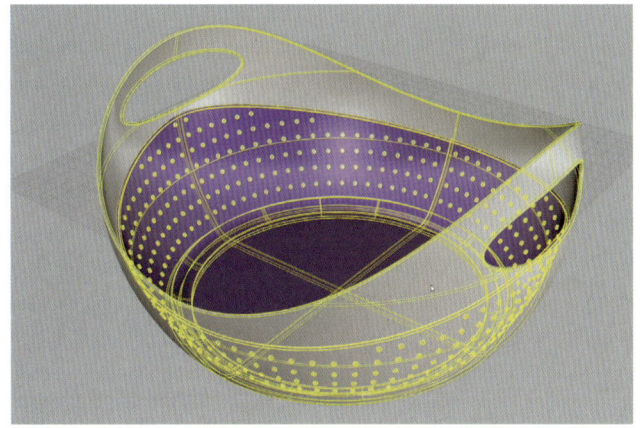
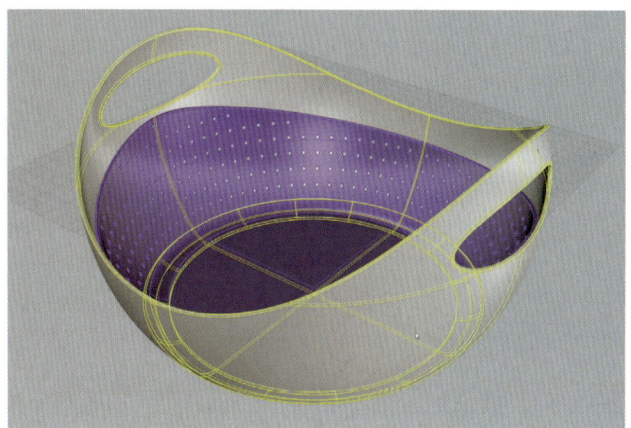

명령: _Join

35 리빙 바스켓 및 원형 채반까지 모델링이 완성되었다. 다음 과정으로 렌더링 레이아웃 연출을 위해 **복사(Copy) 명령**으로 원형 채반을 하나 더 복사하여 화면 구성을 변화있게 만들어 본다.

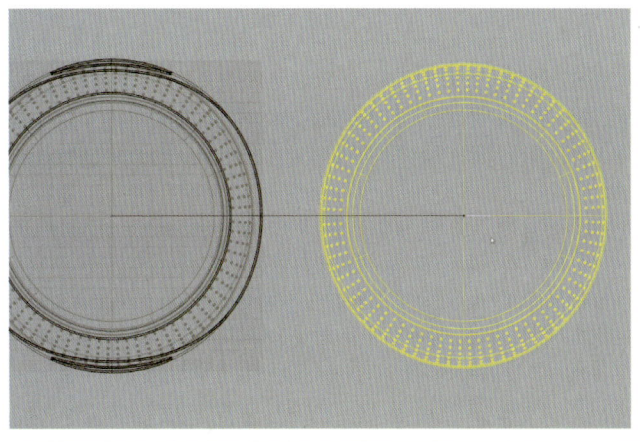

명령: _Copy
복사의 기준점 (수직(V)=아니요 원래_위치(I)): **0 입력 후** Enter
복사할 위치의 점: **350 입력 후** Enter
복사할 위치의 점: **클릭**

36 렌더링 레이아웃 연출 표현으로 아래 화면 결과와 같이 기본 렌더 모드를 비롯하여 테크니컬, 예술적, 펜 등등 다양한 표시 모드를 적용해 보자.

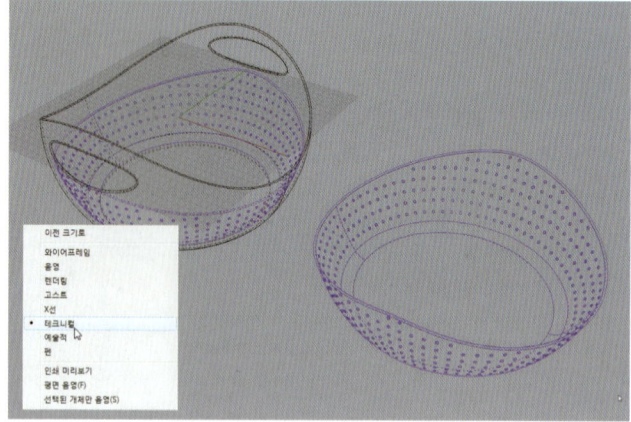

명령: _Render

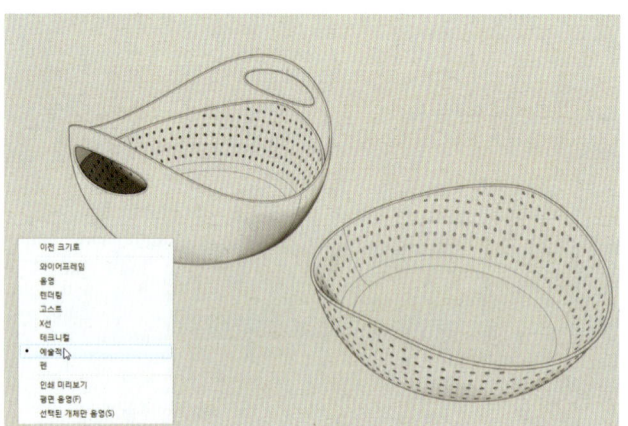
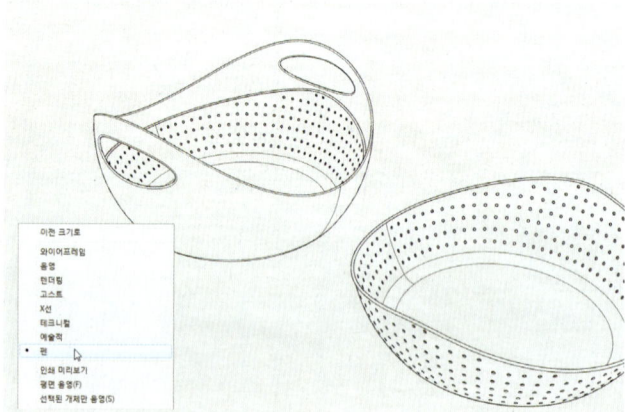

37 아래 화면과 같이 리빙 바스켓의 실사와 같은 렌더링 과정을 학습하기 위해 다음 장에서는 KeyShot 렌더링 과정을 진행하기로 한다.

Keyshot Renderer로 리빙 바스켓 렌더링하기

INTRO.

최근 디자인 전문회사, 기업 디자인 연구소, 디자인대학 등등 산업계와 교육계에서 라이노 모델링과 더불어 가장 널리 활용되는 렌더링 툴 중 하나가 Keyshot Renderer이다. Keyshot의 가장 큰 특징은 직관적인 인터페이스와 고품질의 실시간 렌더를 제공하므로 제품 디자이너가 제품 외관에 표현하고자 하는 다양한 재질과 컬러를 구현할 수 있으며, 현장감 넘치는 높은 퀄리티와 실사에 가까운 효과적인 렌더 품질을 얻어낼 수 있다.

KeyShot Renderer 데모버전 설치하기

KeyShot Renderer 데모 버전은 모든 기능을 설치한 후 14일 기간 동안 사용할 수 있으며, 이후에는 라이센스 구매 후 사용이 가능하다. 지금부터 Keyshot 홈페이지에서 최신 데모 버전을 다운받아 아래와 같이 설치를 시작해 보자.

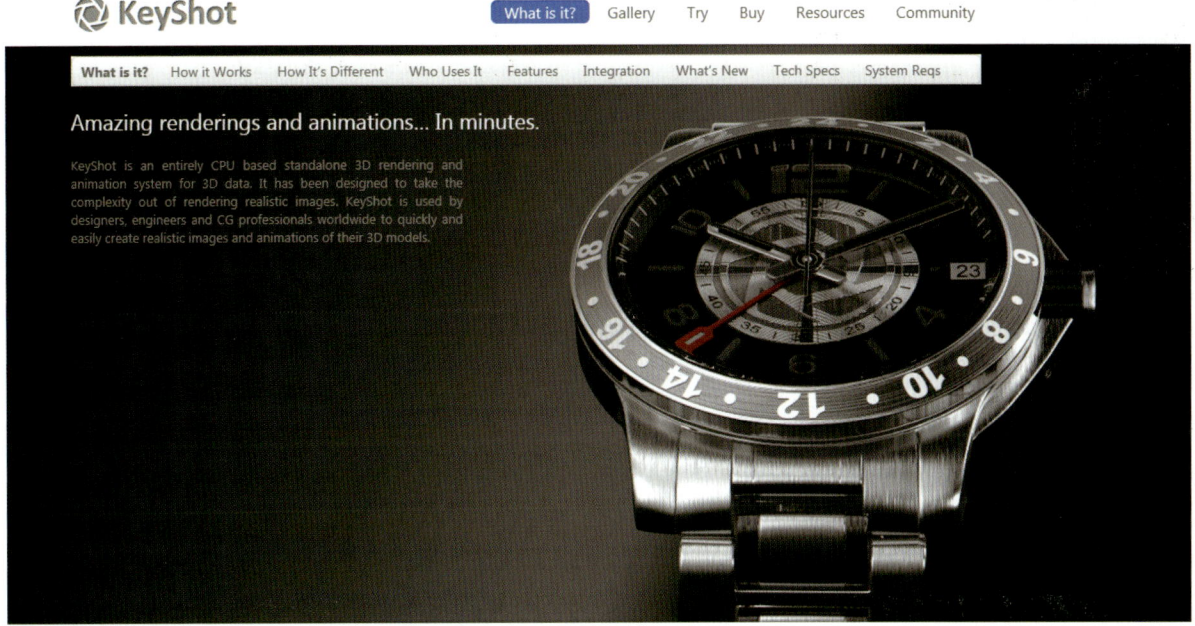

출처 : keyshot 홈페이지(http://www.keyshot.com/what-is-keyshot)

01 KeyShot 홈페이지(http://www.keyshot.com/try)에 접속 후 본인의 컴퓨터 OS 사양에 알맞는 데모 버전을 설치한다.

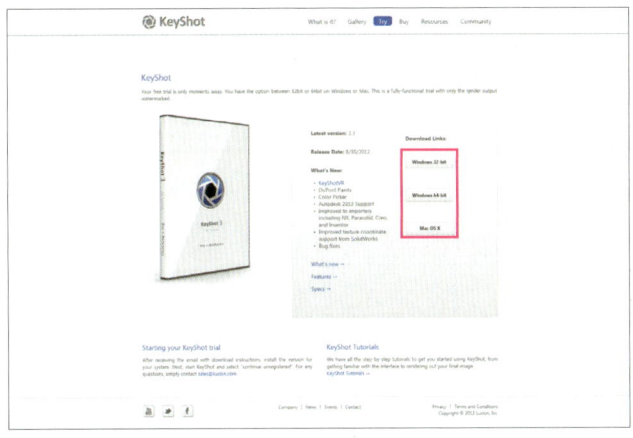
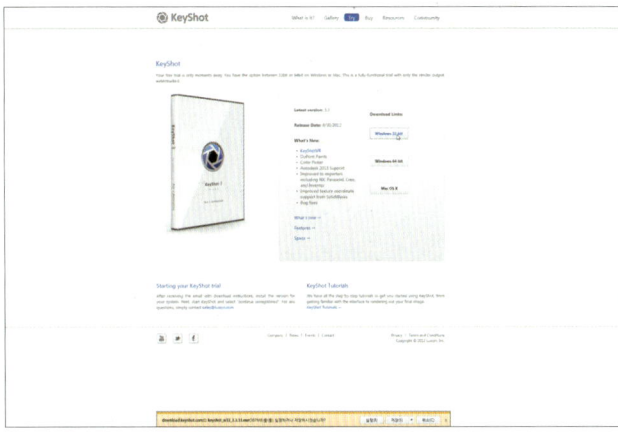

> **참고하세요**
> KeyShot 홈페이지에서는 정기적인 소프트웨어 업데이트를 제공하므로 가급적 최신 버전을 활용해 자신의 디자인 결과물의 렌더 효과를 더 향상시키는 노력이 필요하다.

02 다운로드된 파일을 실행하면 KeyShot 3.3 버전 화면과 설치 전 사용자 라이센스의 동의 여부를 묻는 내용이 나타난다. 여기서 [Next] 버튼과 [I Agree] 버튼을 차례대로 눌러 다음으로 진행한다.

 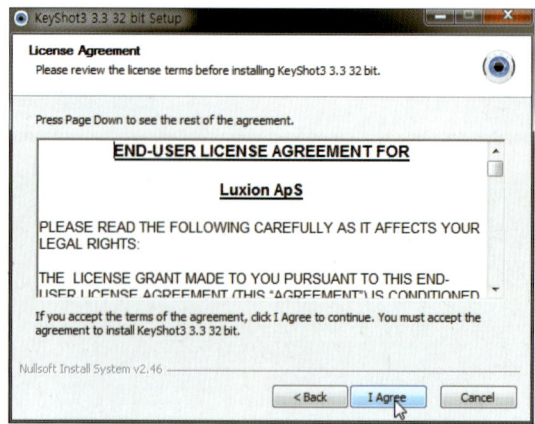

03 다음은 사용자 독립 선택 여부를 체크하고 프로그램이 설치될 경로 폴더를 확인한 후 [Next] 버튼을 눌러 다음 과정으로 진행한다.

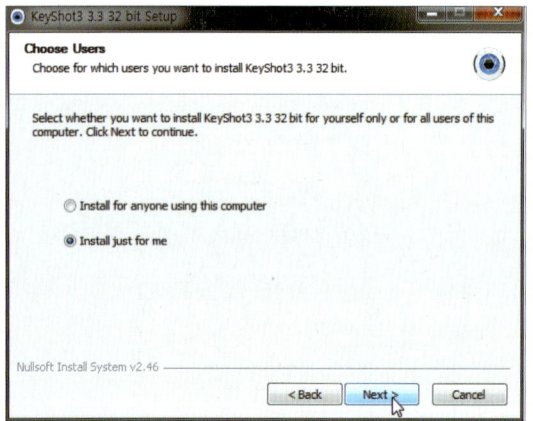 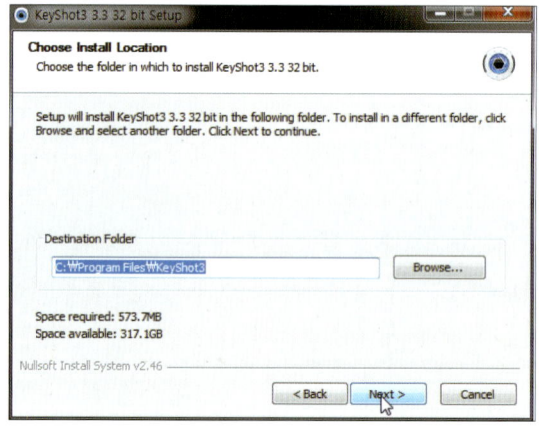

04 다음은 KeyShot Resource 경로를 확인한 후 [Install] 버튼을 눌러 아래의 화면과 같이 다음 과정으로 진행한다.

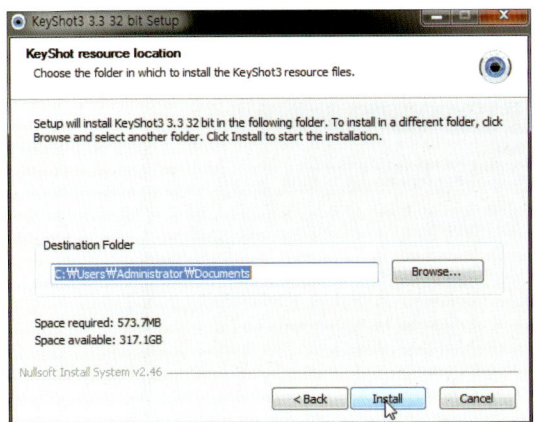 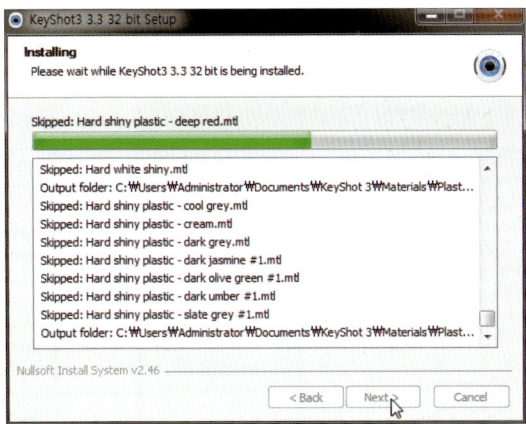

05 KeyShot Renderer가 아래의 화면과 같이 설치가 완료되었다. 다음은 데모 버전 실행을 위한 KeyShot 3 레지스터를 진행해 보자.

 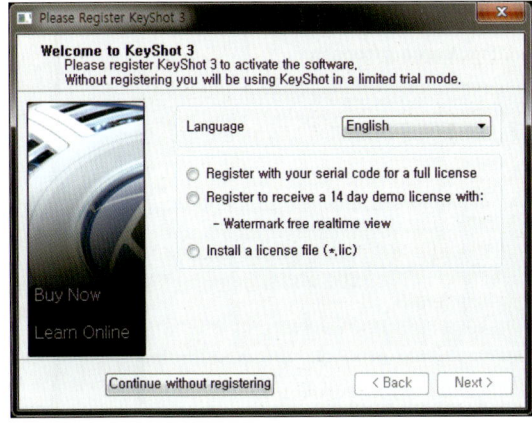

06 레지스터 활성화 전 먼저 아래와 같이 프로그램 사용 언어를 한국어로 변경하고 Register to receive a 14day demo Licence with 항목을 체크한다. (KeyShot 3 데모 버전은 설치 후 14일까지 사용할 수 있으며, 이후에는 라이센스 구매 후 사용이 가능하다.)

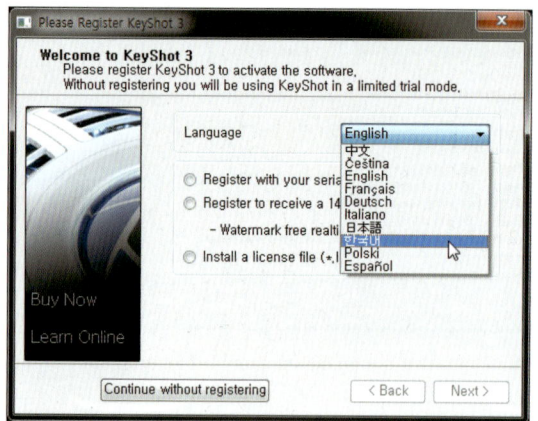 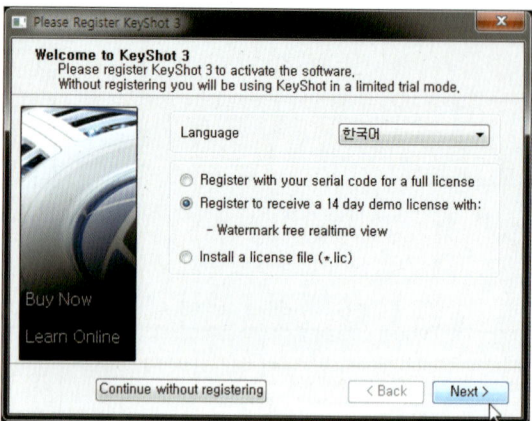

07 다음은 Registration Information 단계로 자신의 개인 정보를 입력 후 Activating license를 온라인 커넥팅 서버를 통해 얻는다.

 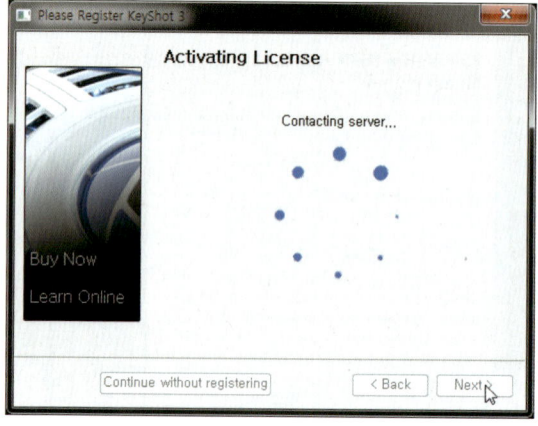

08 Activating license 온라인 커넥팅이 완료되면 아래의 화면 정보와 같이 라이센스가 활성화되고 바로 프로그램을 실행할 수 있다.

 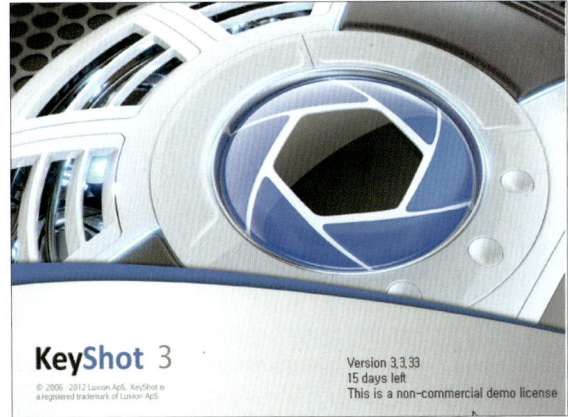

09 프로그램이 실행되면 화면 상단 도움말 항목으로 들어가 퀵스타트 가이드 항목을 클릭한다. 온라인을 통해 KeyShot 3 버전의 다양한 Tutorial이 담긴 PDF 매뉴얼과 동영상 매뉴얼을 활용할 수 있다.

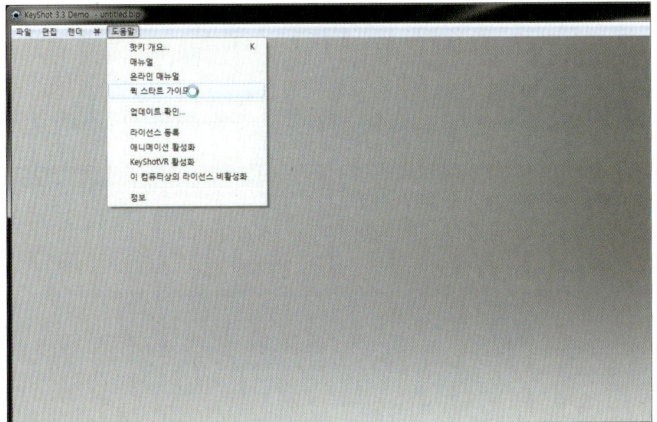 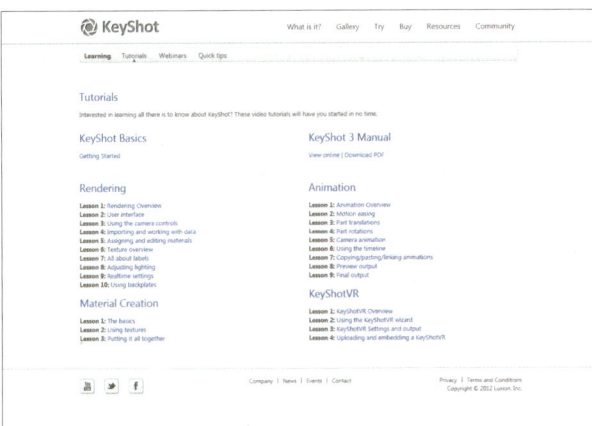

10 현재, 서점에 나온 KeyShot 관련 참고서적이 다양하지 못하므로 가급적 온라인을 통한 학습도 매우 유용하게 활용될 수 있다. 그럼 지금부터 Grtting Started in Keyshot 유튜브 동영상을 시작으로 다양한 온라인 학습을 시작해 보자.

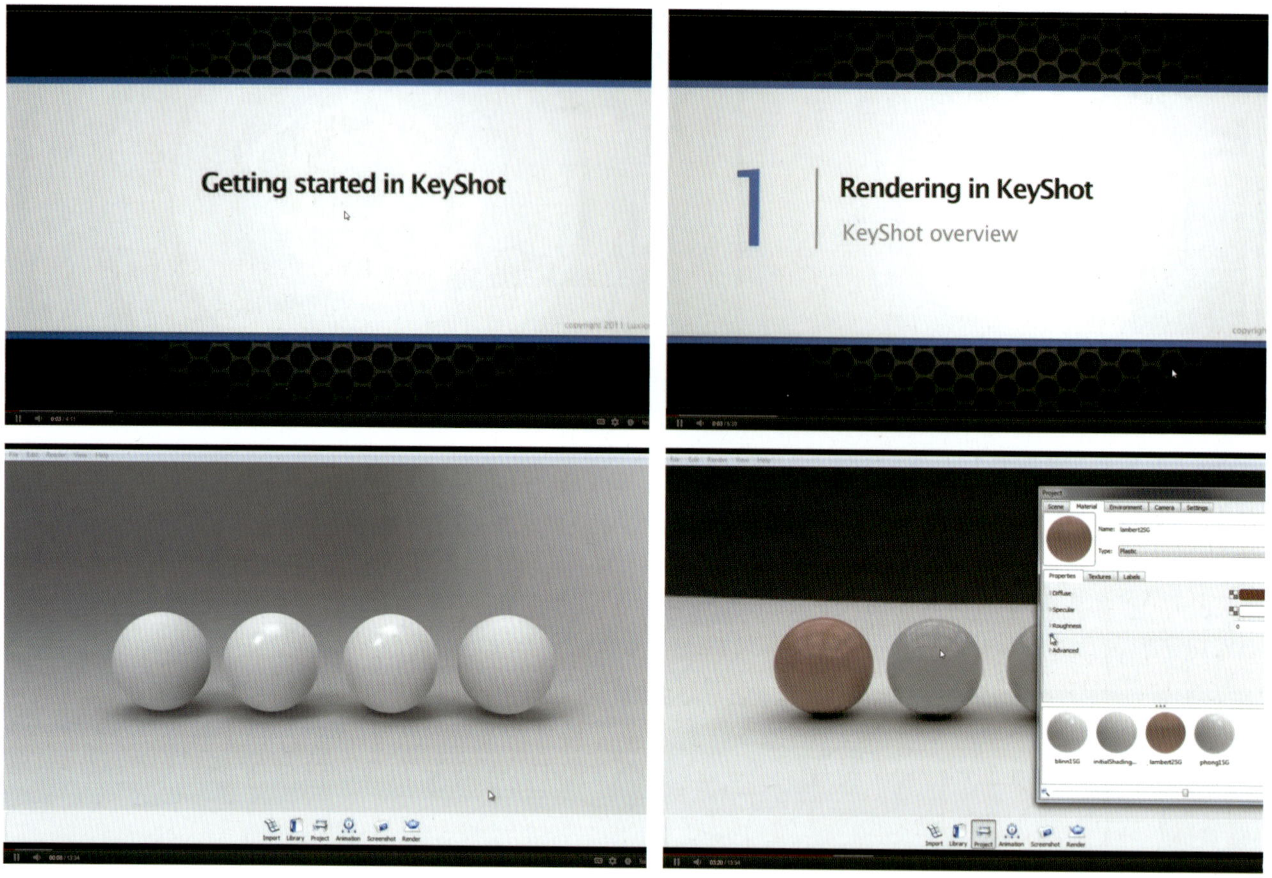

> **참고하세요**
>
> Keyshot 홈페이지 온라인 매뉴얼 사이트(http://www.keyshot.com/keyshot3/manual/index.html)로 찾아 들어가면 좀 더 자세한 사용자 매뉴얼을 통해 스스로의 학습효과를 높일 수 있다.

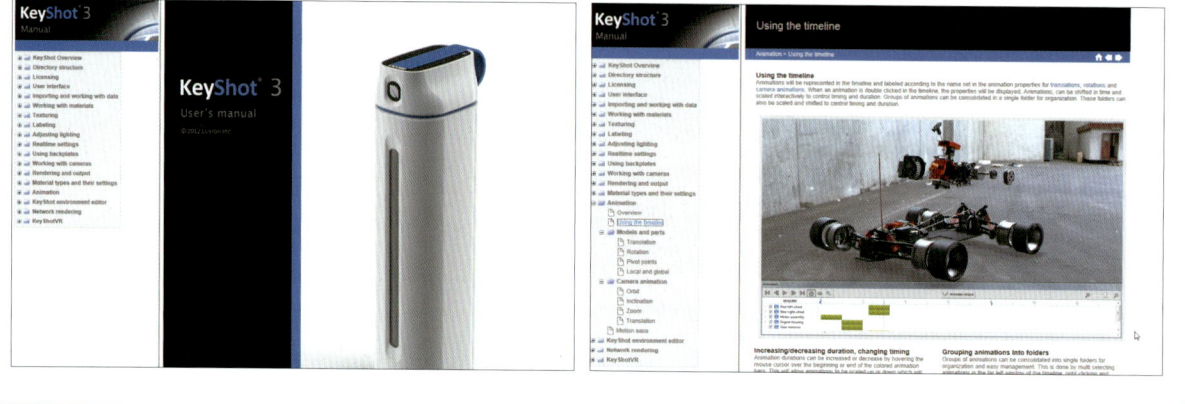

리빙 바스켓 KeyShot 렌더링하기

완성된 모델링 파일을 KeyShot Renderer로 불러 들여 다양한 컬러와 소재를 적용해 보자. 리빙 바스켓 아이템이 디자인 소품의 성격을 가지므로 가급적 따뜻하고 온화한 컬러와 순수성이 느껴지는 재질로 사용자의 감성을 이끌어내 보자.

• • • •

01 준비된 바스켓 모델링 파일을 PERSPECTIVE Viewport상에서 효과적인 렌더링 연출을 위해 아래 화면과 같이 COPY 명령을 통해 바스켓 내부의 채반을 우측으로 하나 더 배치해 본다.

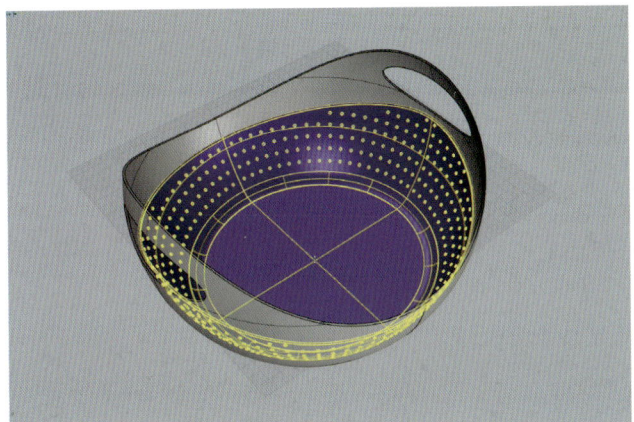
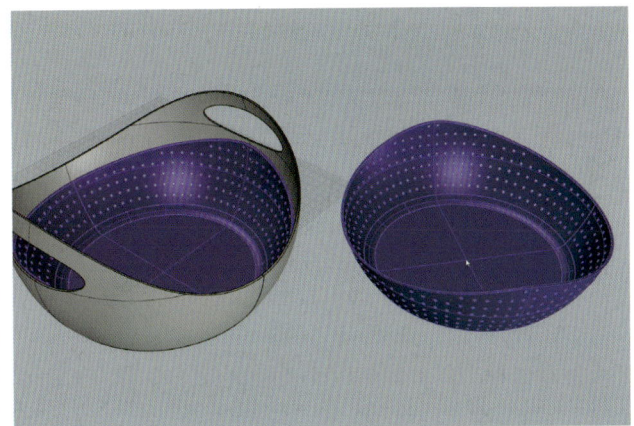

02 KeyShot Renderer에서는 라이노 3D 데이터를 그룹된 레이어 단위로 인식하므로 렌더러로 넘기기 전 각 객체별 레이어 분리가 필요하다. 따라서 레이어 패널을 열고 변경하고자 하는 개체를 선택한 후 마우스 오른쪽 버튼을 이용해 추가적으로 레이어를 변경해 본다.

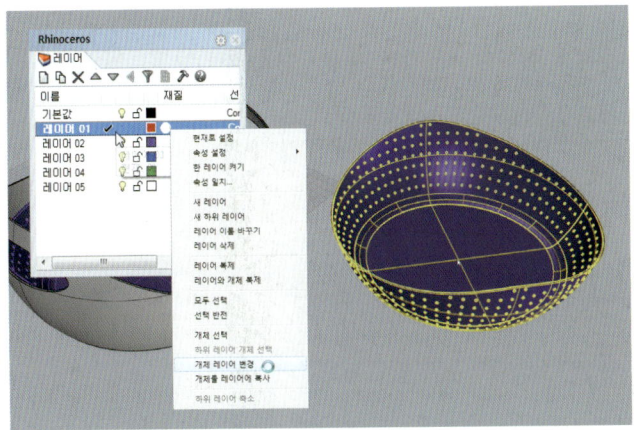
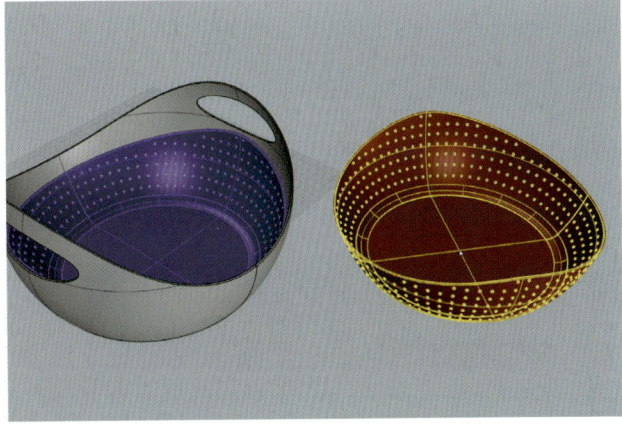

03 다음에는 바탕 화면에서 등록된 KeyShot 아이콘을 실행한 후 아래의 화면과 같이 KeyShot 3 Renderer를 실행한다.

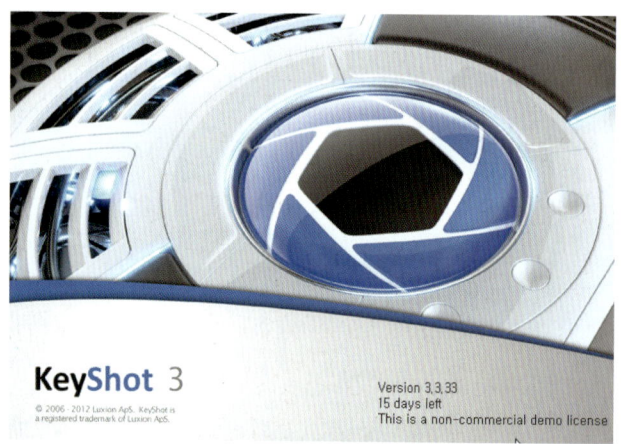 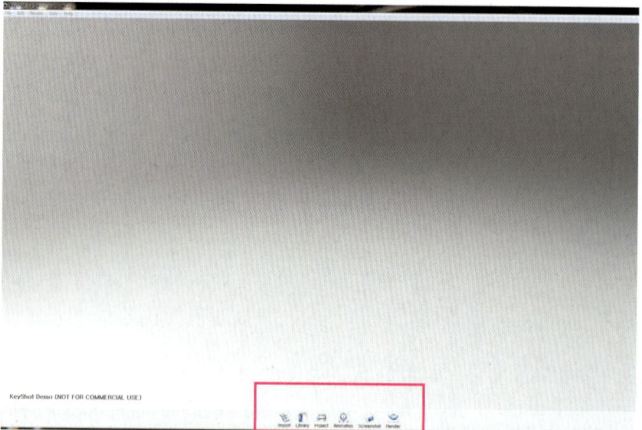

> **참고 하세요**
>
>
>
> · 가져오기(Import) : 다양한 포멧의 3D 오브젝트 불러오기 기능
> · 라이브러리(Environment) : 다양한 재질 및 컬러와 HDRI 환경 맵이 있는 라이브러리
> · 프로젝트(Project) : 렌더 오브젝트의 씬, 재질, 환경, 카메라 등 세부 프로젝트 설정
> · 애니메이션(Animation) : 레이어로 구분된 오브젝트 파트들을 활용한 애니메이션 편집 기능
> · 스크린샷(Screenshot) : 모니터상의 캡처된 렌더 화면을 스크린샷으로 저장
>   (저장 위치 → 바탕 화면 〉 KeyShot Resources 폴더 〉 Rendering 폴더)
> · 렌더(Render) : 오브젝트의 렌더링된 이미지를 다양한 설정을 통해 최적화 된 이미지 파일로 저장
>   (저장 위치 → 바탕 화면 〉 KeyShot Resources 폴더 〉 Rendering 폴더)

> **참고 하세요**
>
> Keyshot 3 렌더러에서 렌더링 편집이 모두 완료되면 일반적으로 저장하여 종료하게 되는데 이때 패키지 저장 기능을 활용하면 렌더 설정 시 편집했던 라이브러리 소스 및 편집된 환경맵 데이터 이외 라벨이미지 등등 모든 작업데이터가 함께 저장되어 타 컴퓨터로 이동 작업 시 매우 용이하게 활용할 수 있다.
>
>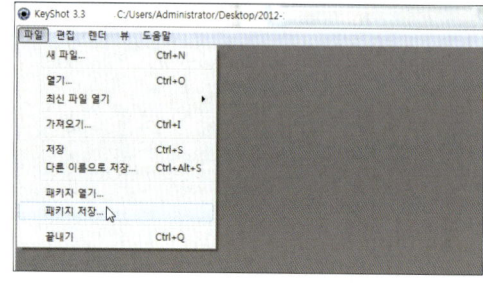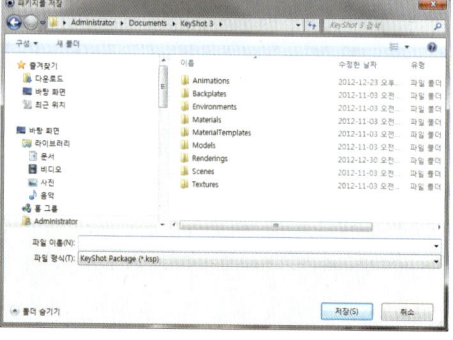

참고 하세요

시작 전 알아두어야 할 팁

렌더링 시작 전 화면 좌측 상단 도움말 항목으로 들어가 핫키 개요 항목을 클릭하면 KeyShot 단축키 팝업 창이 실행된다. 팝업 창의 내용대로 KeyShot 3 Renderer를 처음 사용하는 초보 유저라면 보다 원활한 기본활용을 위해 각각의 단축키 및 세세한 항목들을 반드시 숙지해야 오브젝트의 최종 렌더 결과를 쉽고 빠르게 효과적으로 활용할 수 있다.

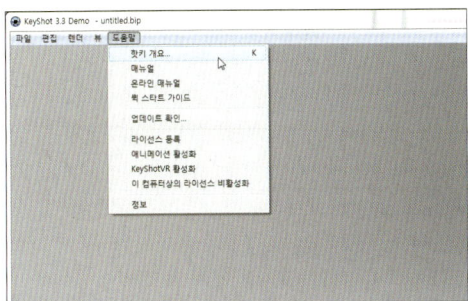

사용 언어 변경 팁

화면 좌측 상단 편집 항목으로 들어가 환경 설정 항목을 클릭하면 KeyShot Renderer의 사용 언어 환경을 다양한 언어로 선택적용이 가능하다. 사용자가 한국어가 익숙지 않다면 타국어로 변경하여 사용하기 바란다.

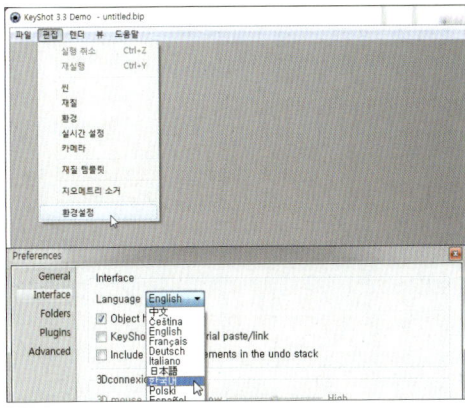

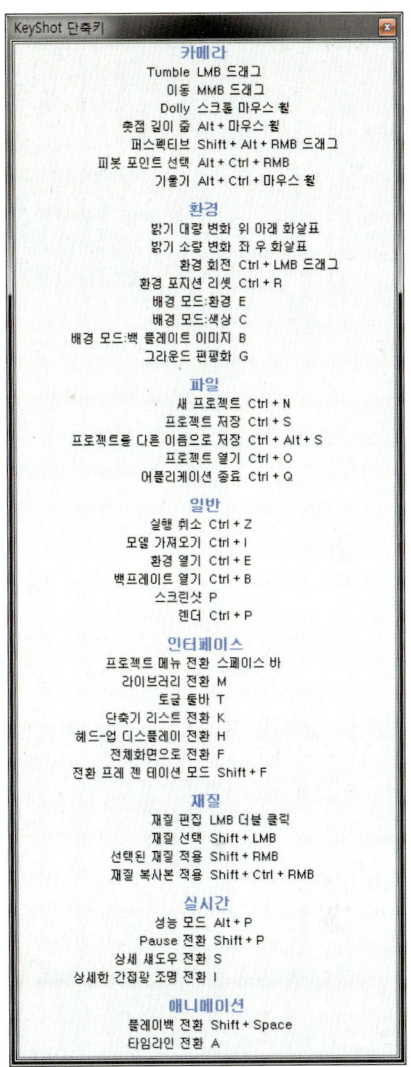

LMB : Left Mouse Button (왼쪽 마우스 버튼)
RMB : Right Mouse Button (오른쪽 마우스 버튼)
MMB : Middle Mouse Button (중간 마우스 버튼)

강력한 호환성

KeyShot Renderer는 현재 출시된 다양한 3D소프트웨어와 호환성을 지원하고 있어서 사용자층이 지속적으로 확대되고 있다.

04 지금부터 KeyShot Renderer를 시작해 보자. 먼저 화면 하단 메인 메뉴에 가져오기 항목으로 클릭하여 라이노 모델링 파일을 불러온다.

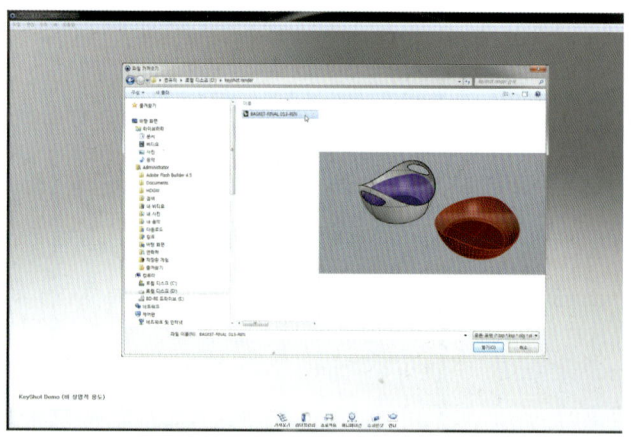 

> **참고 하세요**
> KeyShot 3 버전에서는 라이노 5.0 버전으로 저장된 파일을 지원하지 않을 수 있으므로 가져오기가 실패하면 라이노 프로그램에서 하위 버전인 4.0 버전으로 변경 저장하여 모델링 파일을 다시 불러와 본다.

05 메인 메뉴의 가져오기로 모델링 파일이 화면에 나타나면, 이어서 메인 메뉴의 라이브러리 항목으로 들어가 Materials 안의 Soft touch 폴더 내의 Soft touch White를 선택하여 아래 화면과 같이 오브젝트에 직접적으로 드래그 앤 드롭하여 적용한다.

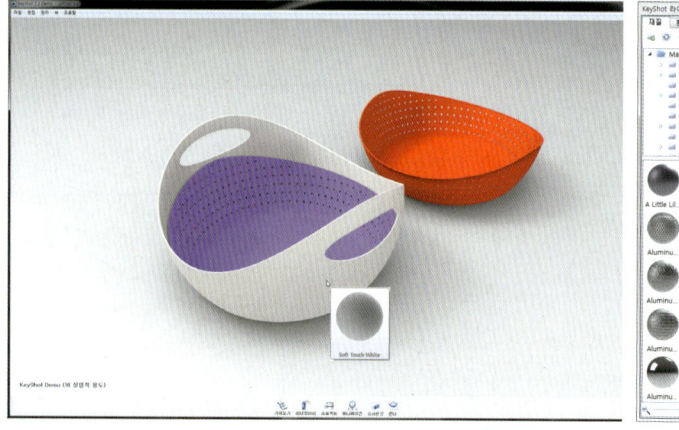 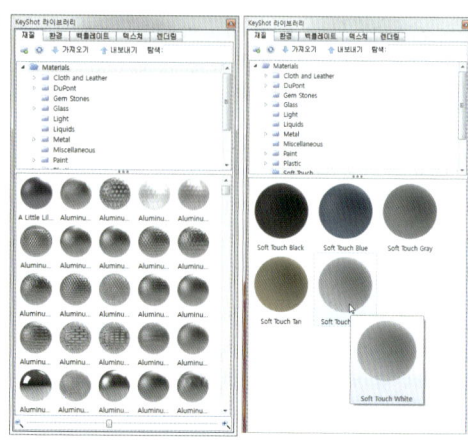

06 다음은 Materials 안의 Metal 폴더 내의 Alumium rough를 선택하여 아래 화면과 같이 오브젝트 표면에 직접적으로 드래그 앤 드롭하여 적용한다.

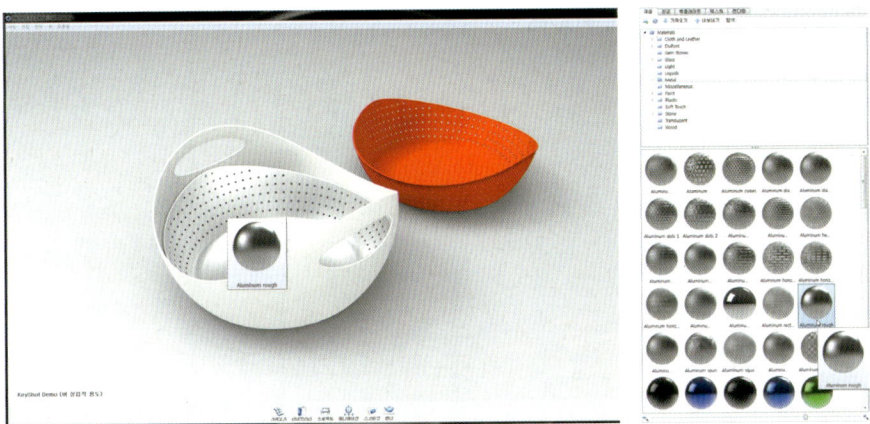

07 다음은 Materials 안의 Paint 폴더 내의 gloss cadmium yellow를 선택하여 아래 화면과 같이 오브젝트 표면에 직접적으로 드래그 앤 드롭하여 적용한다.

08 보다 다양한 컬러 및 재질 변화를 위해 적용된 gloss cadmium yellow 컬러를 아래 화면과 같이 마우스 오른쪽 버튼 메뉴 (재질 적용)를 활용하여 새로운 컬러로 변경 적용해 본다.

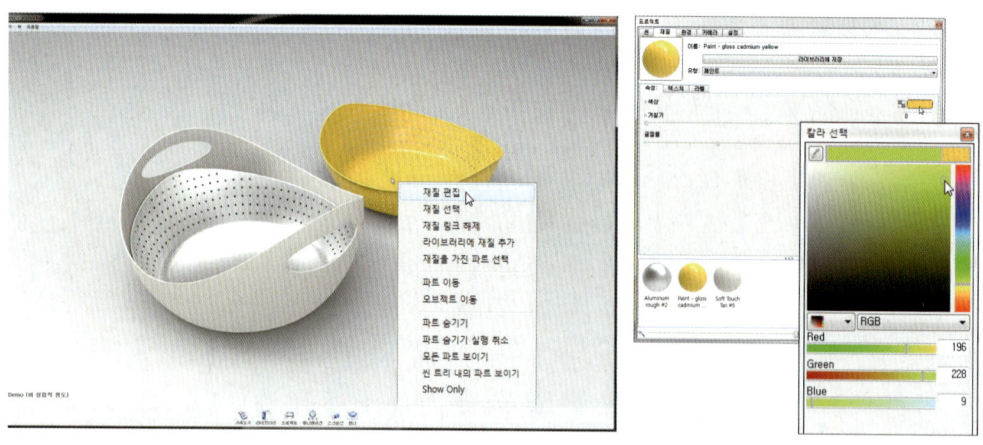

> **참고하세요** 색상 및 재질 편집 시 변경하고자 하는 오브젝트를 마우스 더블클릭으로도 프로젝트 메뉴의 재질 편집 모드로 들어갈 수 있다.

09 새롭게 변경 적용된 컬러는 다른 디자인 아이템 렌더링 과정에서도 활용될 수 있도록 프로젝트 재질 항목에서 이름을 gloss cadmium green으로 변경하고 라이브러리 저장 버튼을 클릭한 후 Paint 폴더 속으로 지정하여 저장해 두도록 한다.

10 다음은 KeyShot 라이브러리의 환경 항목으로 들어가 바스켓을 둘러싸고 있는 환경 맵(HDRI)을 적용해 보자. 먼저 Environments 폴더로 들어가 3panels_Tilted 2k 환경 맵을 선택한 후 마우스로 드래그하여 화면 빈 공간에 적용하면 환경 맵 주위 효과가 나타난다.

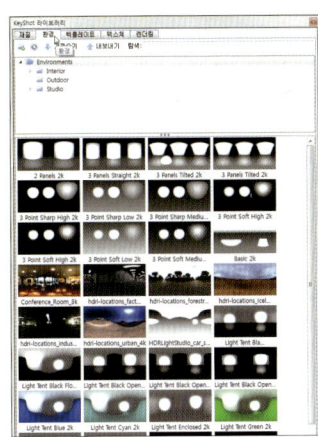
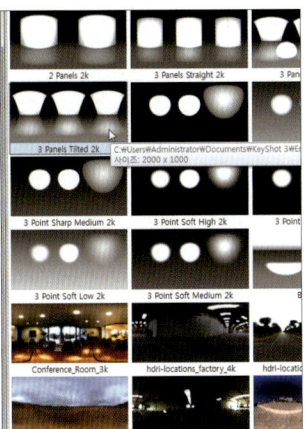

> **참고하세요**
>
> **HDRI(High Dynamic Range Imaging)**
>
> HDRI는 일반적으로 허용하는 것보다 훨씬 높은 다이내믹 레인지를 처리할 수 있는 디지털 화상 처리 기법을 가리킨다. 하이 다이내믹 레인지 이미징은 처음에는 컴퓨터로 렌더링된 이미지의 품질을 개선하기 위해 개발되었다. 이후 서로 다른 노출을 주어 찍은 여러 장의 사진으로부터 높은 다이내믹 레인지를 갖는 사진을 얻는 방법이 개발되었다. 이 기법의 등장으로 HDR 이미지는 여러 장의 사진으로부터 얻은 이미지를 톤 매핑을 통해 만들어 낸 이미지를 가리키는 용어로 널리 쓰이게 되었다. (출처: 네이버백과사전)

11 이번에는 실사 배경이 있는 또 다른 환경 맵(HDRI)을 적용해 보자. Environments 폴더 내에 hdri-location_factory 4k 환경 맵을 선택한 후, 마우스로 드래그하여 화면 빈 공간에 적용하면 실사 배경이 적용된 새로운 환경 맵 효과가 나타남을 알 수 있다.

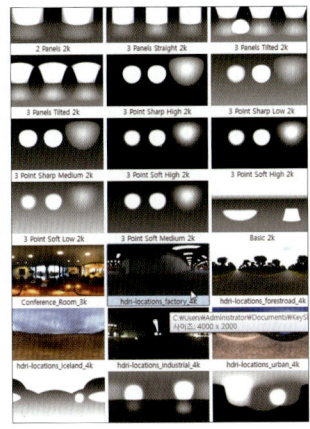

> **참고하세요**
>
> 환경 메뉴 단축키 키보드 C 버튼을 누르면 배경 모드가 색상(Color)으로 변경되고 다시 환경 배경으로 돌아가려면 키보드 E 버튼를 누르면 변경된다.

12 다음은 KeyShot 라이브러리의 백플레이트 항목으로 들어가 바탕에 가구를 이미지를 삽입하여 바스켓이 식탁 위에 올려진 모습으로 연출해 보자. Backplates 폴더 내에 office_desk 105mm 이미지를 선택한 후 마우스로 드래그하여 화면 빈 공간에 적용하면 식탁 배경이 깔리게 됨을 알 수 있다.

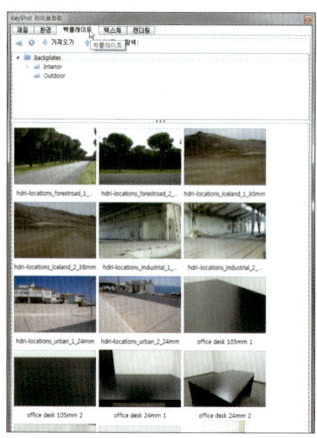 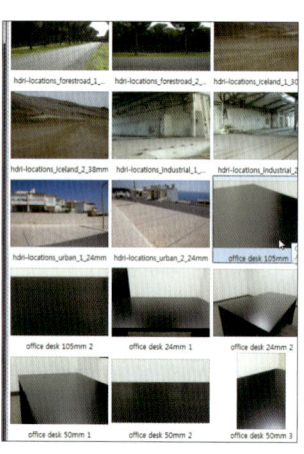 

13 메인 메뉴 프로젝트 안에 환경 항목으로 들어가면 그라운드 옵션이 있다. 여기서 그라운드 리플렉션을 체크하면 화면과 같이 바닥에 유리판 한 장이 놓인 듯 리플렉션 효과를 잘 나타낼 수 있다.

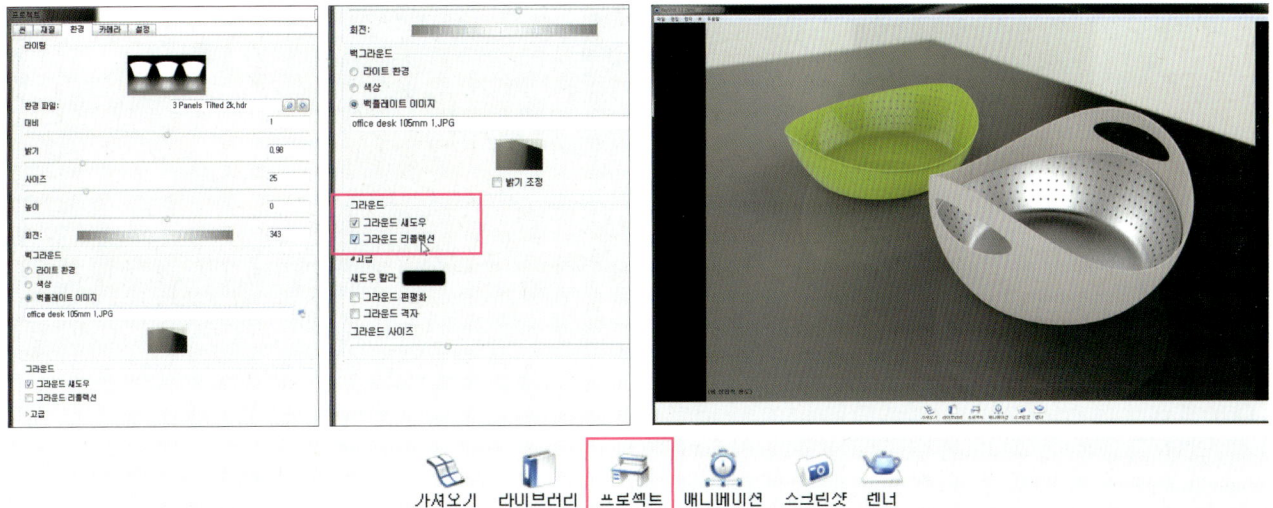

14 다음은 고급 모드로 들어가 새도우 컬러를 변경해 보자. 화면과 같이 오브젝트 컬러와 바닥 느낌이 서로 매치될 수 있게 새도우 컬러를 적절히 변경해 본다.

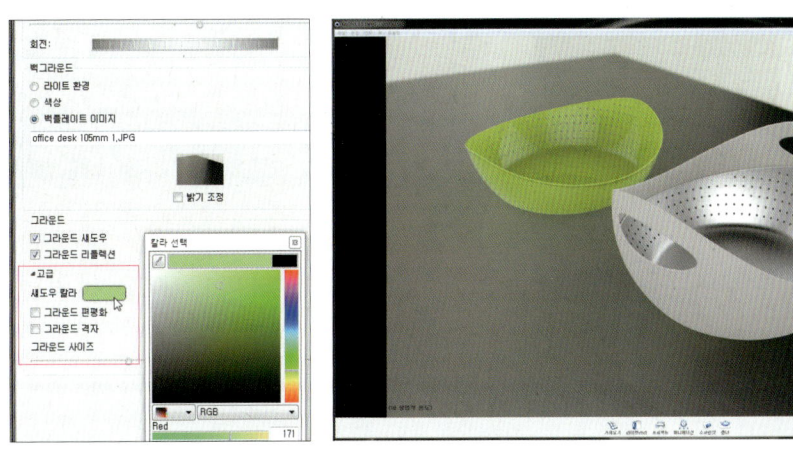

15 다음은 고급 모드에 그라운드 격자를 적용하여 바스켓의 형상이 배경 이미지와 함께 잘 배치되어 있는지 확인해 본다.

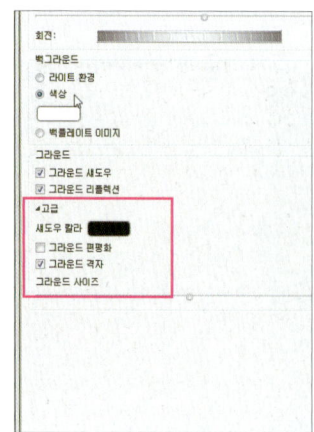

16 다음은 백플레이트 배경 이미지에서 기본 솔리드 색상 배경으로 변경해 본다. 아래의 화면과 같이 색상 컬러를 블랙으로 지정하여 아래와 같이 깨끗한 모습으로 적용해 보자.

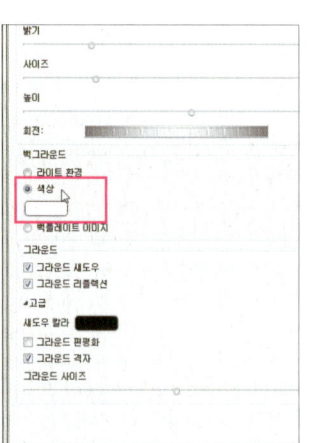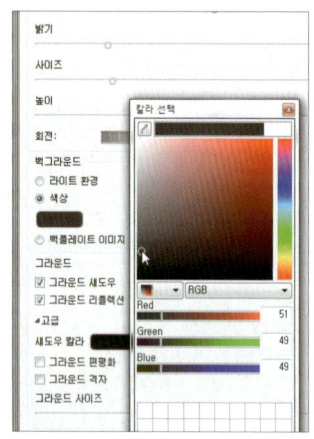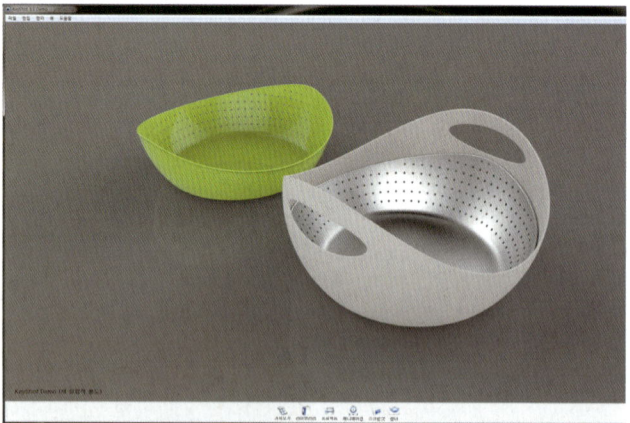

17 이번에는 메인 프로젝트 메뉴의 카메라 항목을 지정하고 카메라 뷰 설정을 통한 정투상과 투시투상의 뷰를 연출해 본다. 카메라 항목 중 뷰 방향의 전면을 선택하면 화면과 같이 정면도의 형상을 확인할 수 있다.

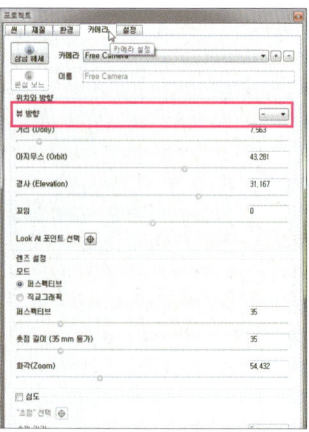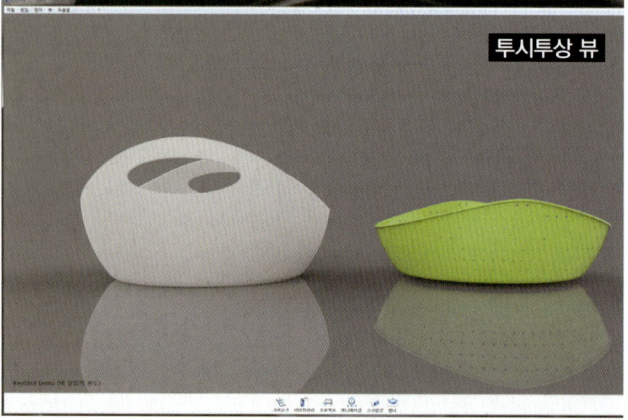

18 기본적으로 Elevation 도면 렌더링에 필요한 정투상 뷰를 만들기 위해 렌즈 설정의 모드 항목에서 직교 그래픽을 체크해 주면 아래의 화면과 같이 정확한 정투상 뷰로 변경됨을 알 수 있다.

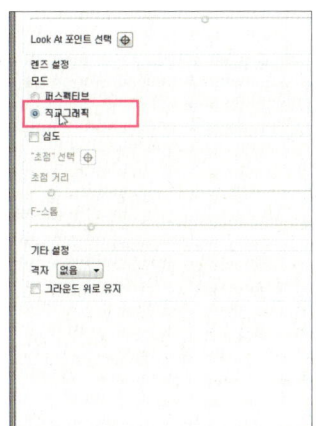
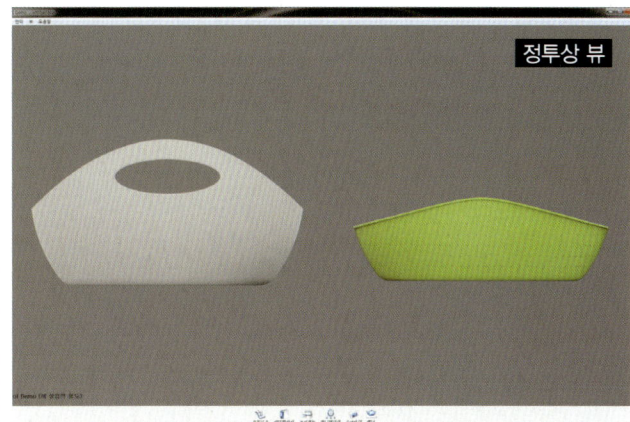

19 다양한 뷰방향을 설정하여 투시투상과 정투상의 뷰를 비교해 본다.

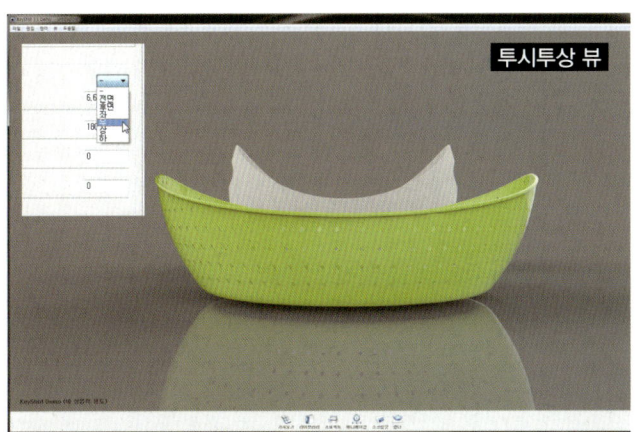

20 이번에는 카메라 항목의 심도 옵션을 체크하여 망원 렌즈로 촬영한 실사 효과와 같은 바스켓의 렌더 품질을 향상시켜 본다. 심도 옵션 체크 후 '초점'을 선택하여 화면 내 임의의 한 곳에 포커스를 지정하면 지정된 곳을 중심으로 다른 외곽쪽으로 심도가 깊어짐을 알 수 있다.

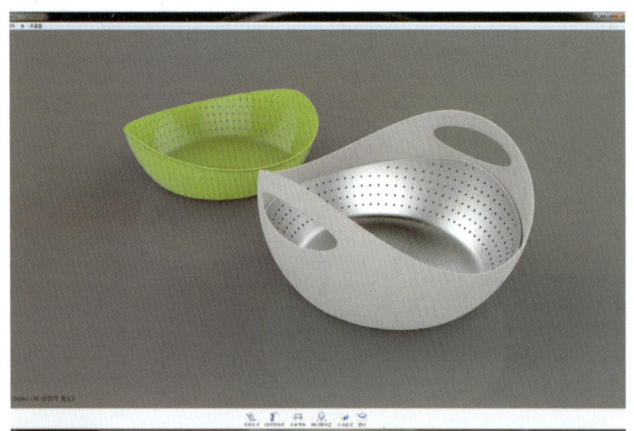
Before

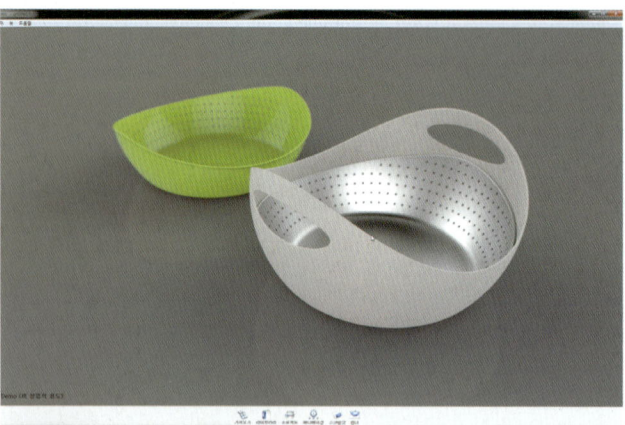
After F-스톱: 1일 때의 심도 변화

참고하세요 사용자가 심도의 F-스톱 값에 따라 심도의 깊이를 조정할 수 있다.

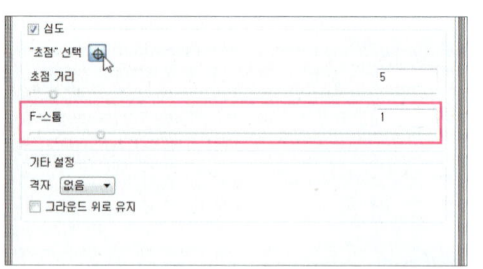

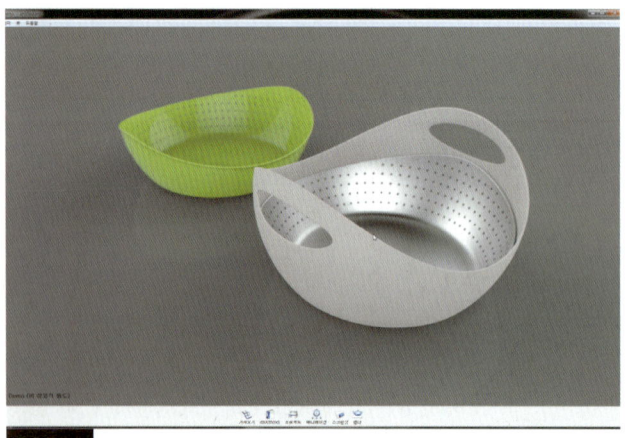
Before

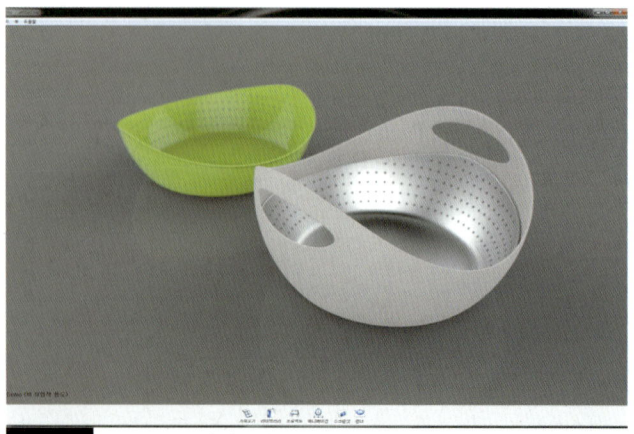
After F-스톱: 0.5일 때의 심도 변화

> **참고하세요**
>
> **심도(Depth of field)**
>
> 초점이 선명하게 포착되는 영역. 한 인물을 향하여 초점을 맞출 때 그 인물의 앞뒤로 초점이 맞는 공간이 형성되어 그 공간에 있는 여타의 피사체도 모두 초점이 맞는 상태가 되며 그 공간을 벗어난 피사체들은 모두 탈초점 상태가 되는데, 바로 초점이 맞는 공간의 범위를 심도라고 한다. (출처 : 네이버백과사전)
>
>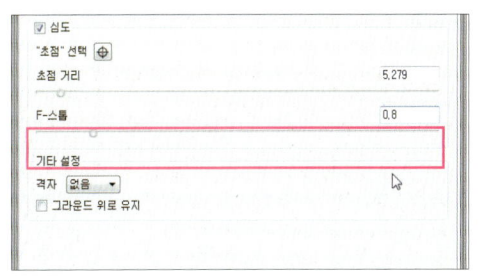

21 기타 설정에서 격자를 적용하면 바스켓 렌더 이미지의 좀 더 안정감 있는 화면 레이아웃을 잡을 수 있다.

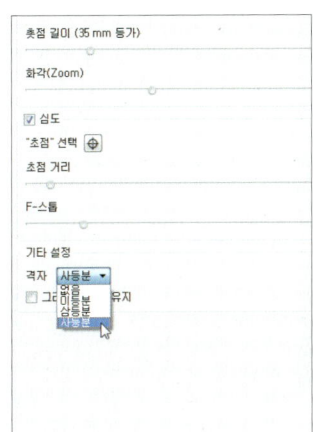 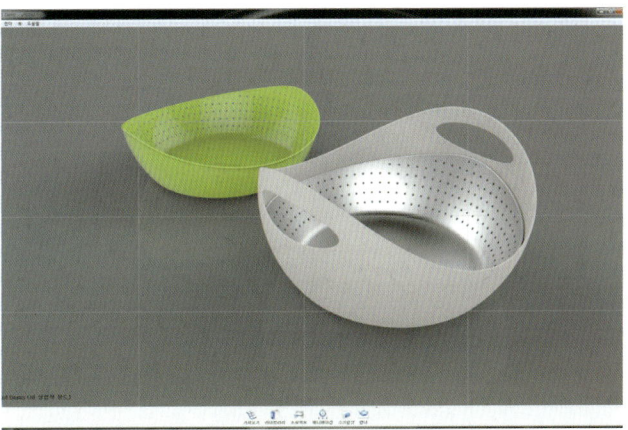

22 기본적인 렌더러 사용 설명이 마무리되었으므로 이제 메인 메뉴 스크린샷을 통해 현재 보이는 화면을 캡처해 보자. 캡처된 이미지는 바탕화면의 KeyShot Resources 폴더 속 Rendering 폴더에 저장된다.

> **참고하세요**
>
> 저장된 스크린샷 이미지는 프로젝트)카메라 저장 항목에 뷰이미지로 자동 저장되므로, 사용자가 언제든지 다시 불러내어 같은 뷰이미지로 렌더링할 수 있다.

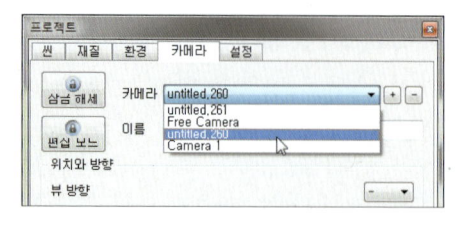

23 제품디자인의 완성도와 신뢰 가치를 높여 주기 위해 이번 과정에서 제품 그래픽 요소인 라벨을 적용해 보자. 먼저 정확한 라벨 위치를 잡기 위해서 바스켓 뷰화면을 정면도 정투상 위치로 카메라를 위치시킨다.

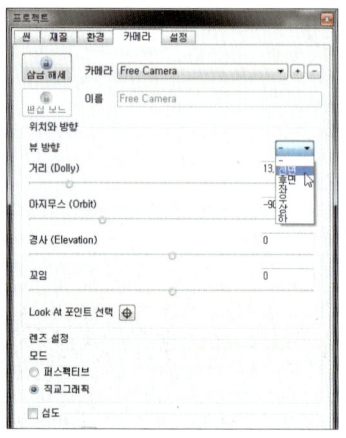 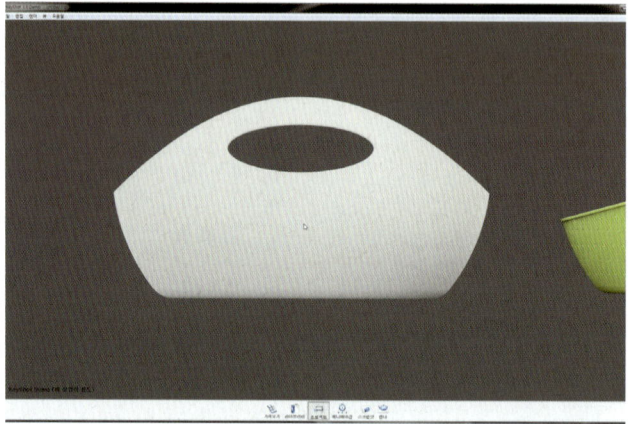

다음은 프로젝트 메뉴 재질 항목으로 들어가 라벨을 불러온다. 라벨 저장 위치는 바탕 화면의 KeyShot Resources 폴더 속 Textures 폴더에 Labels 폴더에서 ks3_outline를 불러온다.

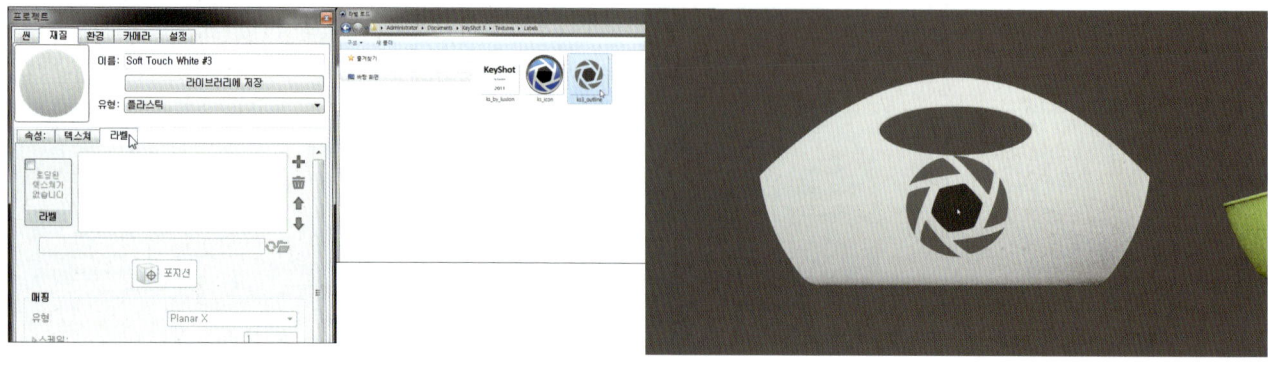

이어서 재질 항목 내의 포지션 버튼을 클릭한 후 정면도상의 바스켓 중앙부를 클릭하면 ks3_outline 그래픽 이미지가 나타난다. 보이는 것과 같이 크기 조정이 필요하므로 스케일 조정을 통해 적절한 크기로 배치하고 화면 하단의 완료 버튼을 눌러 위치를 고정시킨다.

 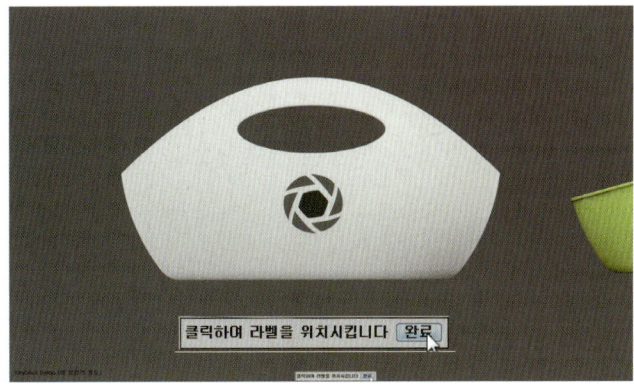

24 복습의 개념으로 라벨 하나를 더 불러와 위치시켜 보자. 이번에는 ks_by_luxion 이미지를 다시 한 번 아래 화면과 같은 위치에 배치해 본다.

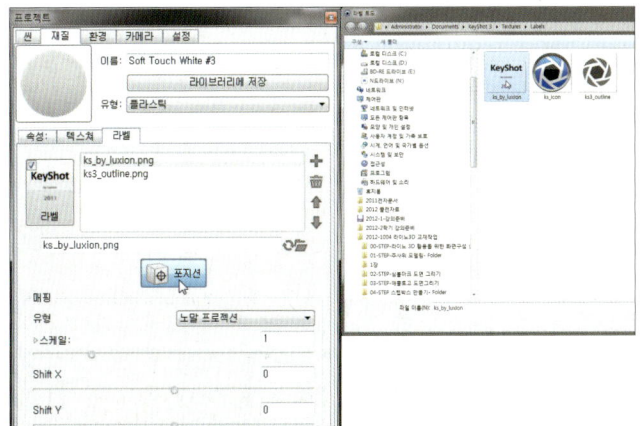 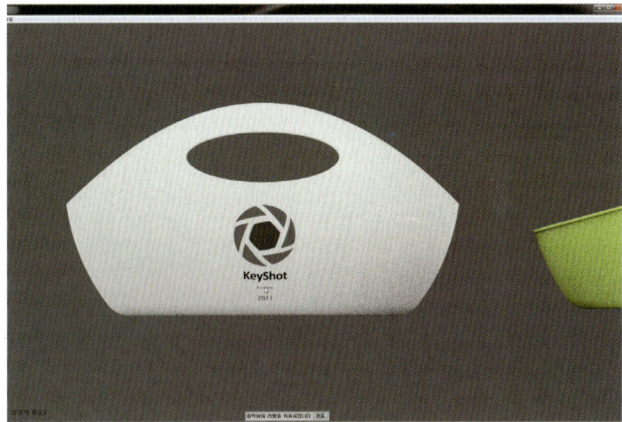

25 이전 스크린 샷에 저장된 뷰화면 위치를 다시 불러내 Perspective 뷰화면에서 라벨이 잘 적용되었는지 확인해 본다.

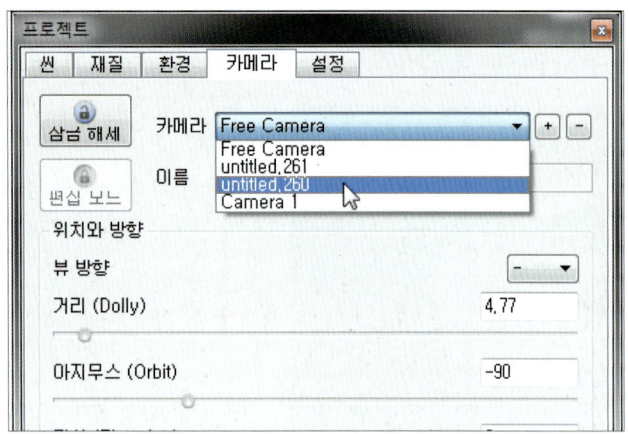 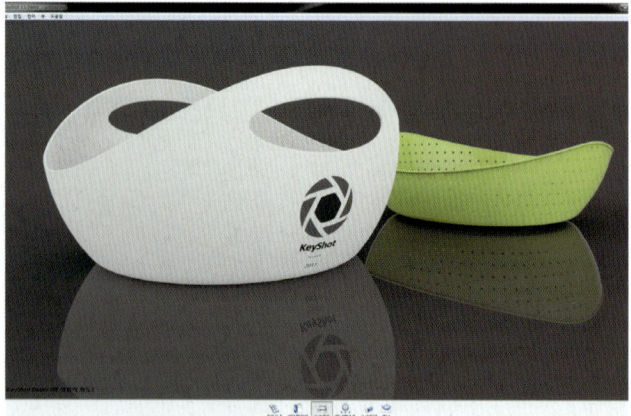

26 이번 과정은 응용 실습 단계로 일러스트레이터나 포토샵 작업을 통해 직접 그래픽 디자인 시안을 제작하여 바스켓에 적절한 크기와 포지션을 잡아 아래의 화면과 같이 적용해 보자.

> **참고하세요**
>
> 사용자가 일러스트레이터나 포토샵 작업을 통해 직접 제품 그래픽 이미지를 제작하여 적용하고자 한다면 반드시 디자인을 제작하고 배경을 투명하게 만든 후 PNG 파일이나 TIF 파일로 확장자를 지정해야 한다.

27 아래 2개의 화면에서 라벨 밝기가 비교되는 것과 같이 라벨 속성 옵션에서 빛의 세기값에 따라 라벨의 명암을 조정하여 적절한 밝기의 라벨 표현이 가능하다.

28 이번 과정은 바스켓 표면 처리에 대한 텍스처 항목, 범프에 대한 과정이다. 먼저 텍스처 저장 위치인 바탕 화면의 KeyShot Resources 폴더 속 Textures 폴더의 Molded Textures 폴더에서 pebble_normal을 불러낸다.

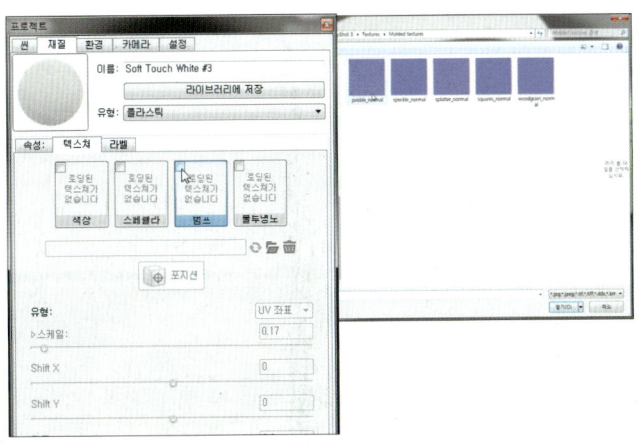

이어서 유형 옵션에서 박스 맵 지정을 한 후 스케일을 조정하여 균일한 텍스처의 입체감과 적당한 크기의 재질감이 생기도록 표현해 본다.

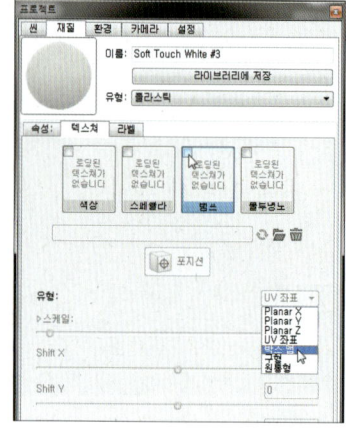
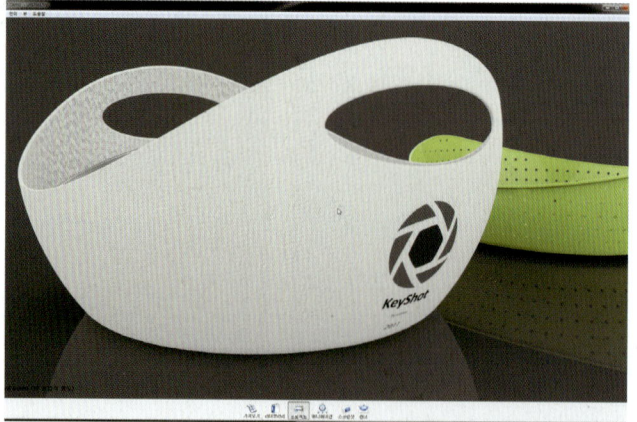

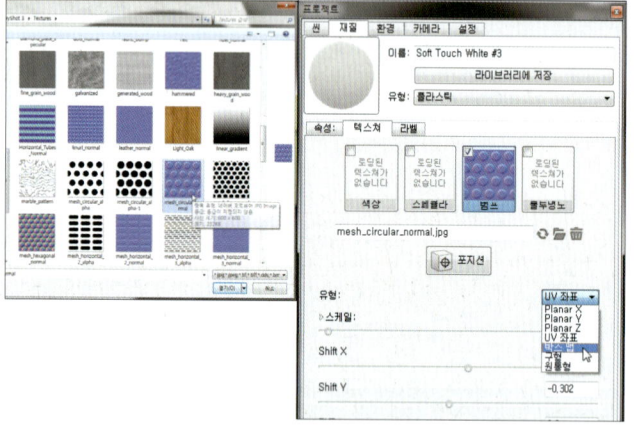

29 이번엔 텍스처 항목의 색상 적용에 대한 과정이다. 텍스처 저장 위치인 바탕 화면의 KeyShot Resources 폴더 속 Textures 폴더에서 perforated alpha 이미지를 화면과 같이 적용하여 타공 패턴의 패브릭 재질 느낌으로 연출해 보자.

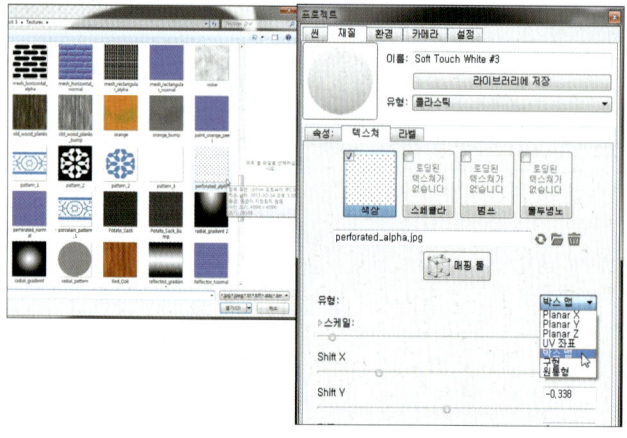

30 같은 방법으로 텍스처 항목의 색상 적용에 대한 과정이다. 텍스처 저장 위치인 바탕 화면의 KeyShot Resources 폴더 속 Textures 폴더에서 Dark_wood 이미지를 적용하여 중후한 우드 재질 느낌으로 연출해 보자.

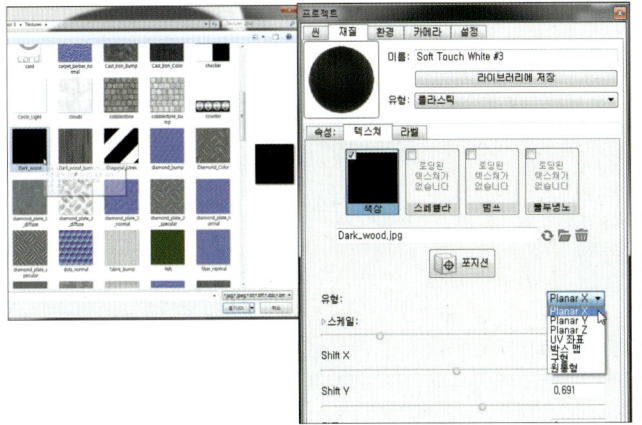 

31 다음은 적용된 텍스처 색상에 스펙큘라 옵션을 추가하여 좀 더 고급스러운 재질 연출을 해보자. 일단 KeyShot Resources 폴더 속 Textures 폴더에서 linear_gradient 이미지를 적용하여 부분적인 광택 느낌과 전체적인 주변 조명을 좀 더 자연스럽게 연출해 본다.

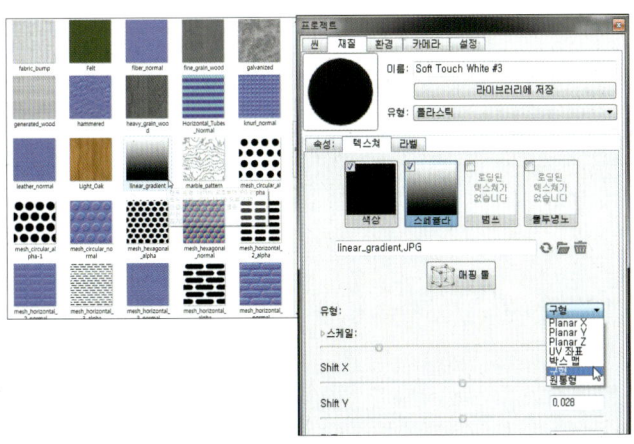 

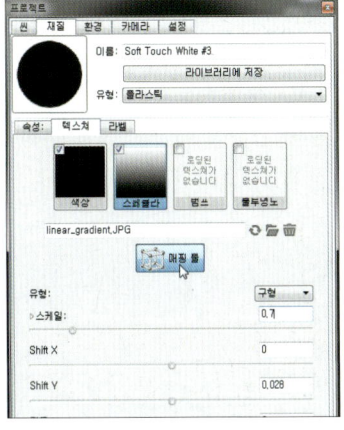 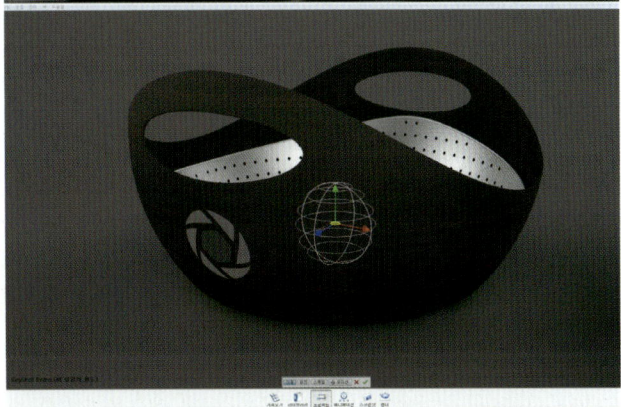

32 지금까지 다양한 렌더 옵션과 뷰화면 연출 과정을 통해 모든 준비가 끝나면 최종적인 렌더링을 통해 높은 품질의 렌더 이미지를 만들어 낸다. 메인 메뉴 가장 오른쪽에 있는 렌더 버튼을 클릭하면 화면 같이 렌더 옵션 팝업 창이 나타나고, 여기서 포맷과 해상도를 활용 용도에 맞게 설정한 후 최종 렌더 버튼을 눌러 렌더링한다.

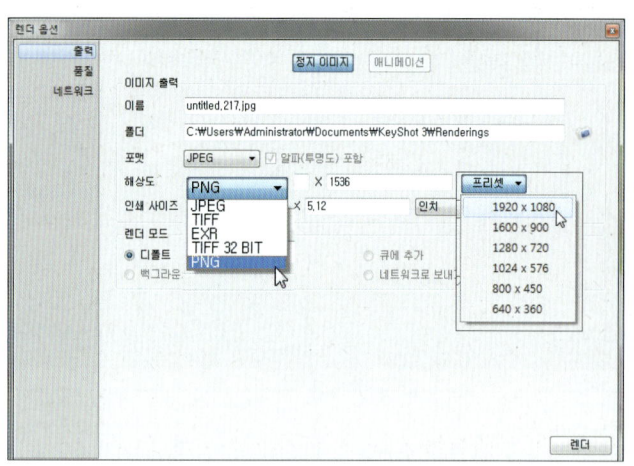

참고하세요

렌더 옵션 중 품질 항목은 렌더링 과정상에 있어서 오브젝트, 섀도우, 일루미네이션 등등 다양한 고품질의 렌더 설정을 통해 고급이미지 효과를 얻어낼 수 있다.

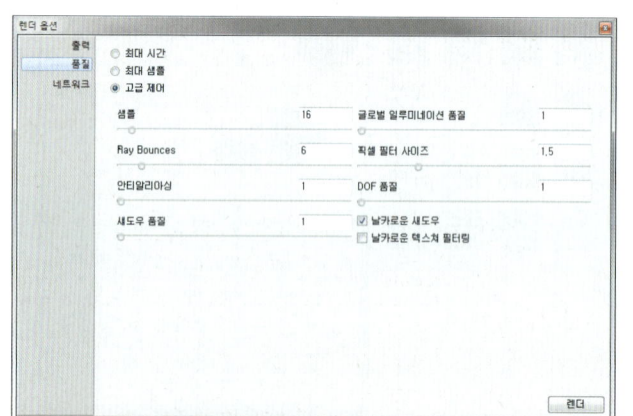

렌더 옵션 중 네트워크 항목은 플러그 인 방식으로 네트워크 렌더링 소프트웨어가 설치되면 고해상도 이미지와 여러 컷의 애니메이션 렌더링을 네트워크로 연결된 주변의 여러 PC에서 동시에 같은 화면을 보면서 사용할 수 있는 장점이 있다.

리빙 바스켓 KeyShot 애니메이션 하기

제품디자인 프레젠테이션 과정이 과거 정지된 이미지의 판넬 연출에서 최근에는 보다 더 다이내믹한 동적 이미지를 나타내는 애니메이션 표현으로 전개되고 있다. 이는 직관적인 제품디자인의 구조와 기능을 한눈에 보여줄 수 있는 매우 강력한 표현 과정이라 할 수 있다. 이러한 표현 툴을 가능하게 한 것이 KeyShot 3 버전부터 탑재되어 지속적인 업그레이드를 하고 있는 KeyShot 애니메이션 기능이다. KeyShot 애니메이션 구현 과정은 다른 여타 애니메이션 툴보다 매우 직관적이어서 손쉽게 학습할 수 있으며, 빠르고 정확한 애니메이션 결과를 얻어낼 수 있다.

01 먼저 키보드 스페이스 바 키를 눌러 프로젝트 팝업 창을 띄운 다음, 모델 항목에 BASKET-FINAL 013-REN 라인을 더블 클릭한다. 이어서 하위 레이어 항목이 나타나면 애니메이션을 적용할 레이어 02(바스켓 내부 채반) 항목을 선택해 준다.

02 다음은 하위 레이어 02 항목 라인을 선택하고 마우스 오른쪽 버튼 선택으로 이동 추가 메뉴를 클릭하면 ANIMATION 팝업 창이 뜨고 **이동 1** 애니메이션 프레임이 1초 간격으로 설정됨을 직관적으로 확인할 수 있다.

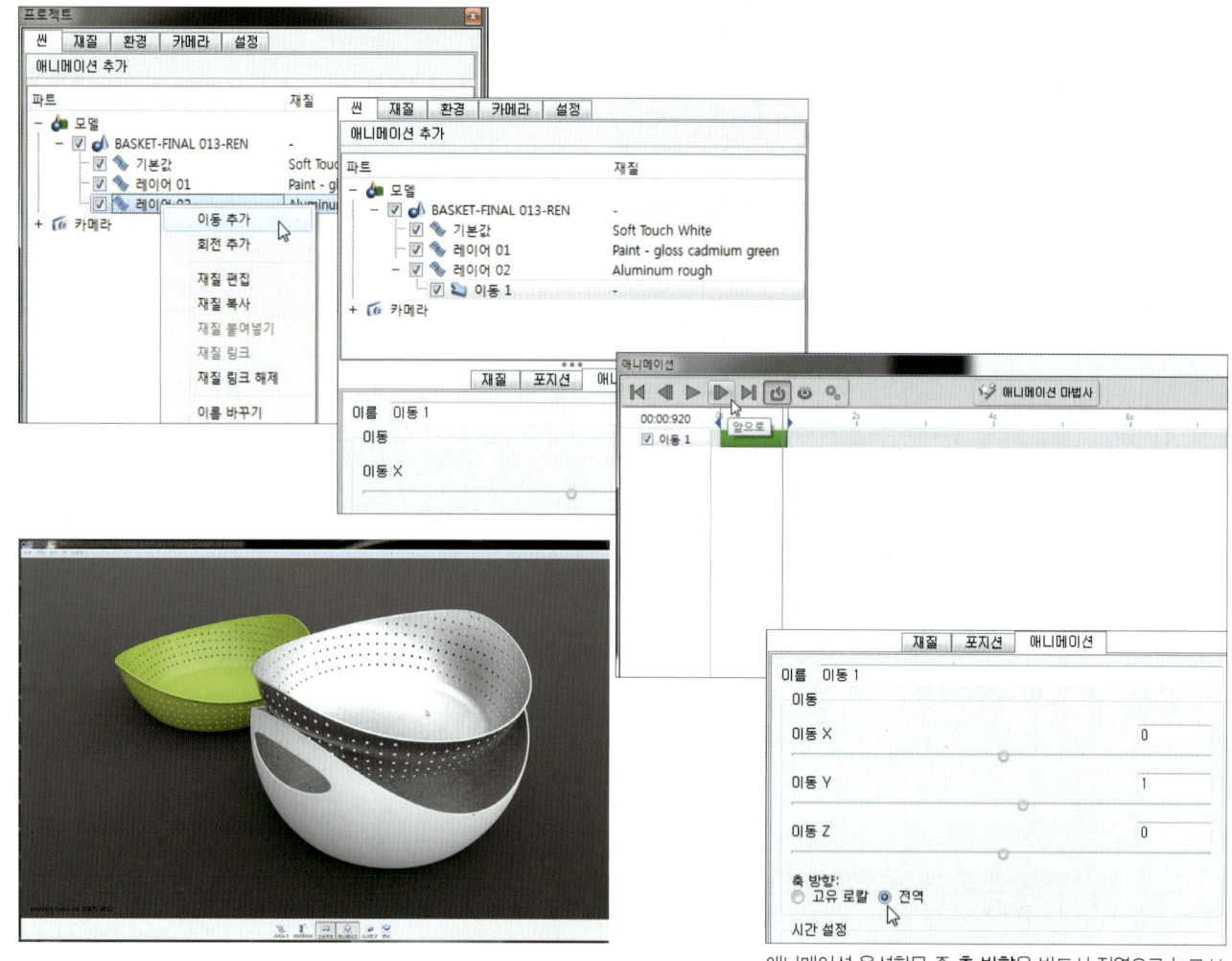

애니메이션 옵션항목 중 **축 방향**을 반드시 전역으로 놓고 Y축 이동값은 1로 설정한다.

04_ Keyshot Renderer로 리빙 바스켓 렌더링하기

03 이동 1 프레임 라인에 마우스 오른쪽 버튼으로 미러를 클릭하면, 새로운 애니메이션 프레임이 1초 간격으로 다시 설정됨을 확인할 수 있다. 이 미러된 프레임은 반대 방향으로 애니메이션 역할을 한다. 다시 말해 화면에서 보이는 프레임 전체 시간 동안 바스켓 내부 타공 바구니가 상하 운동을 하게 되는 것이다.

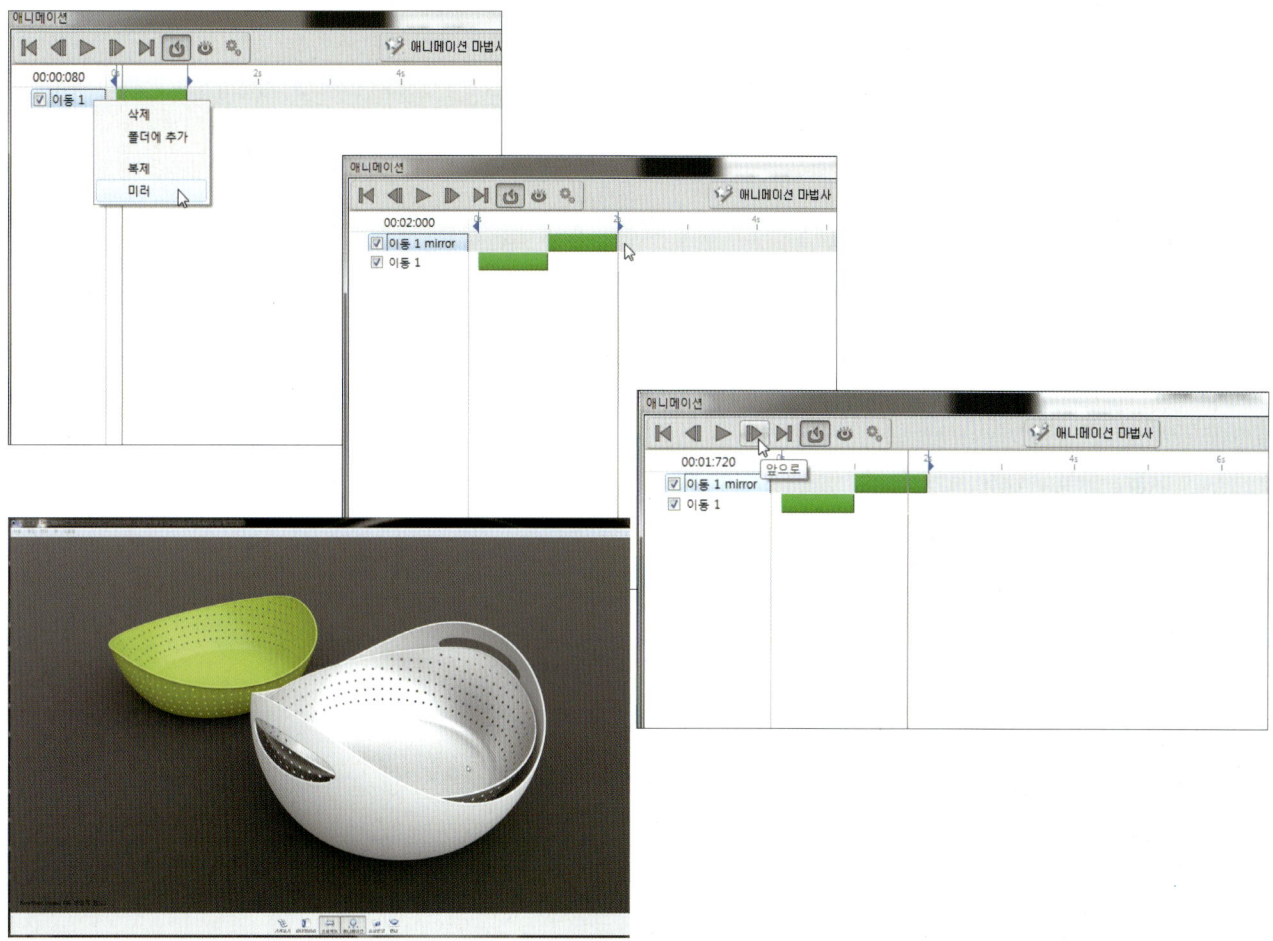

> **참고하세요** 좀 더 구체적인 애니메이션 동작을 보고자 한다면 애니메이션 팝업창 상단 메뉴의 컨트롤 버튼을 활용하여 바스켓 개체의 워킹 여부를 확인할 수 있다.

04 기본적인 워킹 애니메이션 프레임 설정이 끝나면 애니메이션 팝업 창 상단의 미리보기 버튼을 활용하여 러프한 상태의 애니메이션 동영상을 미리 볼 수 있으며, 여러 가지 동영상 확장자로 저장도 가능하다.

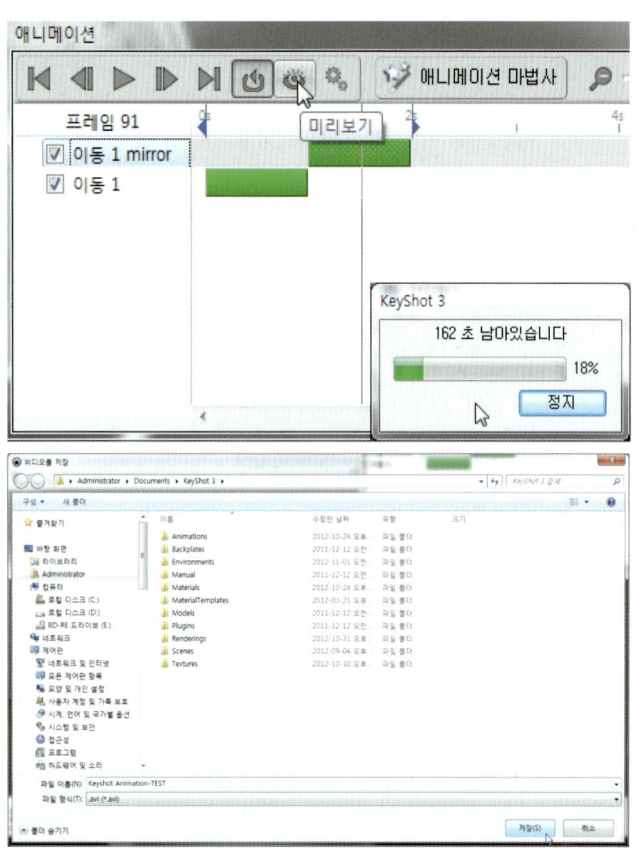

바스켓 애니메이션 렌더링 진행과정을 통한 단계적 이미지 컷 보기

05 이번에는 카메라 애니메이션을 통해 좀 더 다이내믹한 뷰화면의 워킹 동영상을 만들어 보자. 일단 카메라 항목에 Camera 1 라인을 더블 클릭하고 마우스 오른쪽 버튼 선택으로 **Obit 추가** 메뉴를 클릭하면 또 하나의 애니메이션 프레임이 5초 간격으로 추가됨을 알 수 있다.

애니메이션 옵션 항목 중 **각도** 값은 30으로 하고 Obit 시간은 **3초**로 설정한다.

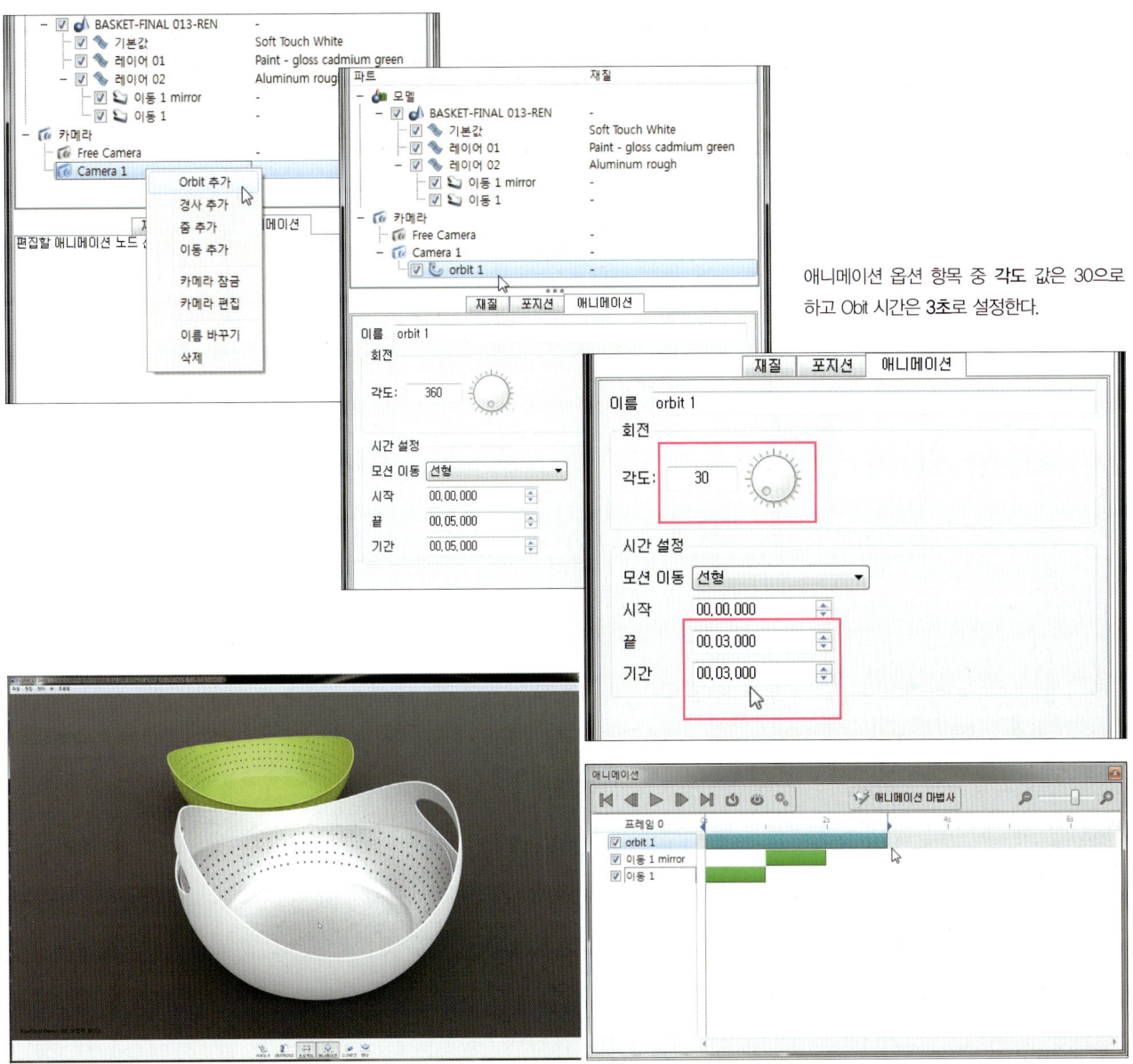

06 지금까지 메인 메뉴, 프로젝트 팝업 창의 씬 항목에서 애니메이션 설정을 하였는데, 메인 메뉴 애니메이션 버튼을 클릭하여 마법사로 들어가면 아래의 화면 과정처럼 직관적이면서 좀 더 편리한 방법으로 애니메이션 설정을 손쉽게 할 수 있다.

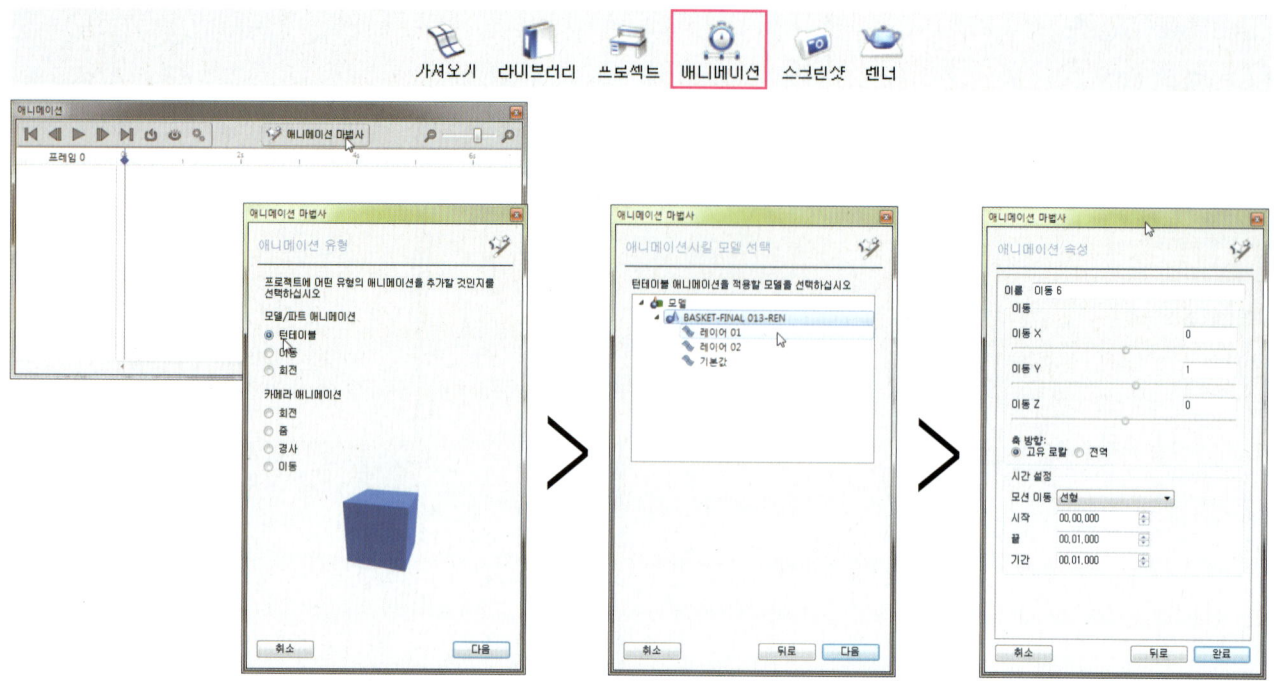

07 최종 애니메이션 미리보기가 끝나면 해상도 조정이나 동영상 포맷 설정 등 프레젠테이션 용도에 맞게 재설정하여 렌더 버튼을 눌러 애니메이션 동영상을 제작한다.

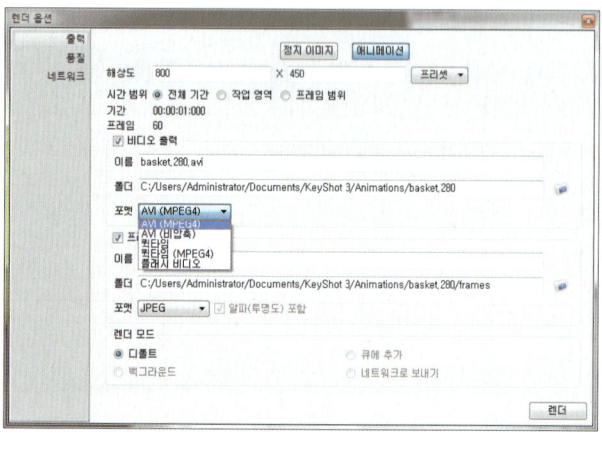

Rhinoceros 3D 과정으로 서클 체어 모델링하기

INTRO.

최근 리빙컬렉션 경향을 보면 컬러 및 소재의 극단적 대비를 통한 트렌디한 공간연출을 위해 파격적인 원색 적용과 부드러운 패브릭 재질을 적용하여 주거환경과 호흡하고 거주자와 감응하는 심리적, 정신적 교감측면을 강조하는 새로운 라이프스타일이 부각되고 있다. 이러한 디자인 트렌드에 부합하는 개성있고 세련된 컬러와 소재를 적용한 서클 체어 모델링을 지금부터 시작해 보자.

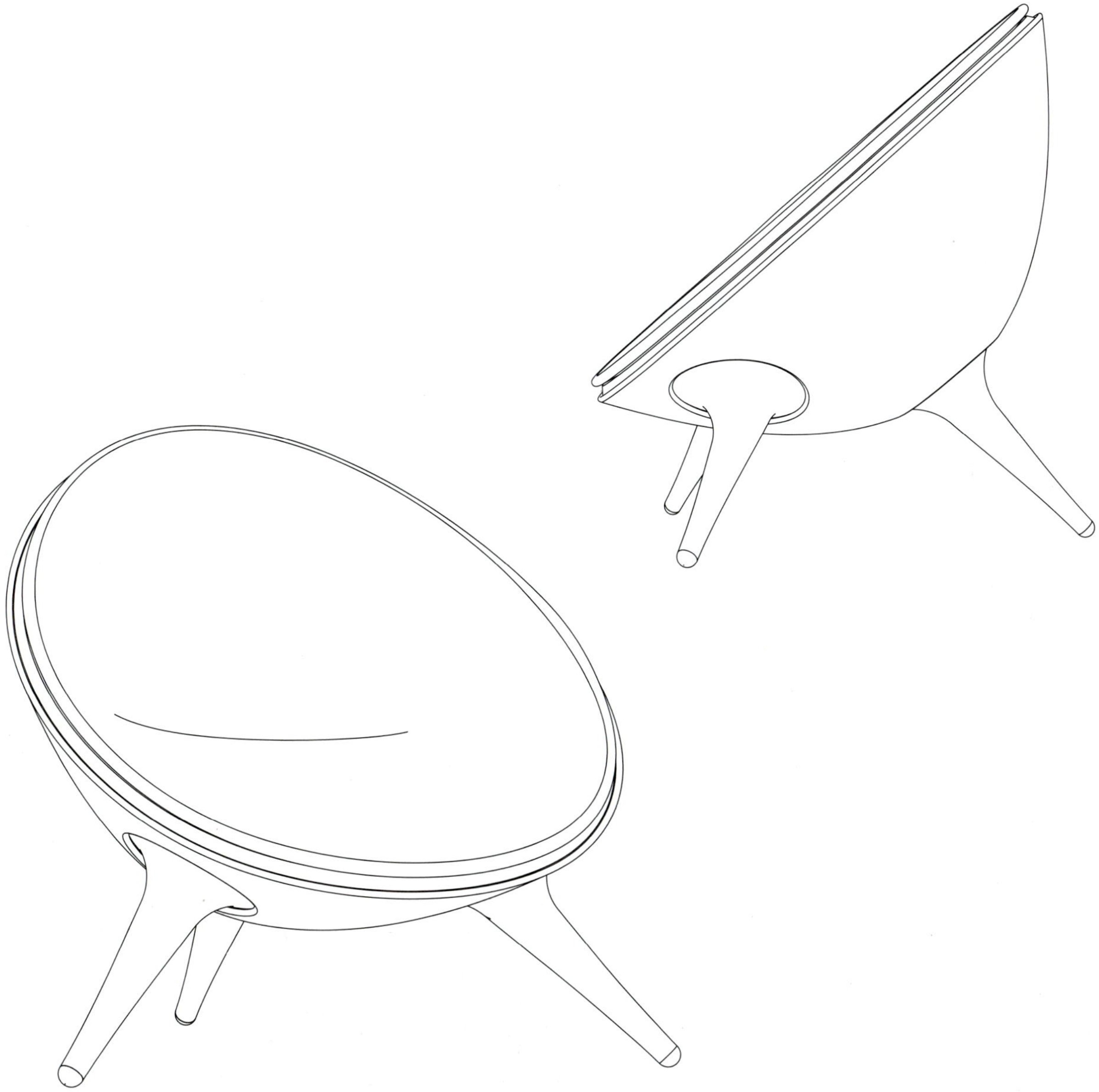

이번 서클 체어 모델링에서도 실제 크기대로 제작할 것이다. 따라서 시작 전 그리드 공간을 늘린 후 작업을 진행해 보자. 모델링 툴탭〉표준〉옵션 명령을 선택하고 Rhino 옵션 팝업창이 열리면 그리드 항목에 그리드 선 개수를 500개로 늘려 준다.

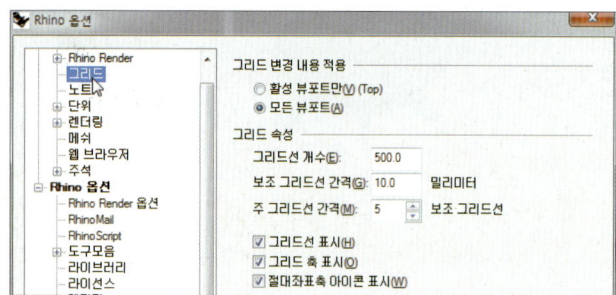

참고 하세요

모델링 과정 중 음영 모드나 렌더 표시 모드 전환 시 보다 섬세한 확인을 위해 메쉬 항목으로 들어가 렌더링 메쉬 품질〉매끄럽고 & 느리게(W)로 미리 설정해 주고 작업에 들어 간다. 참고로 메쉬 품질은 모델링이 완성된 후 Keyshot 렌더러로 가져가 고품질의 효과를 얻거나, RP(Rapid Prototype) 제작 시 정교한 서피스 면을 만들어내는 데 매우 중요한 옵션 항목이 된다. 하지만 메쉬 품질을 높였을 때 모델링 쉐이딩 속도에 다소 제한을 받는 단점도 있다.

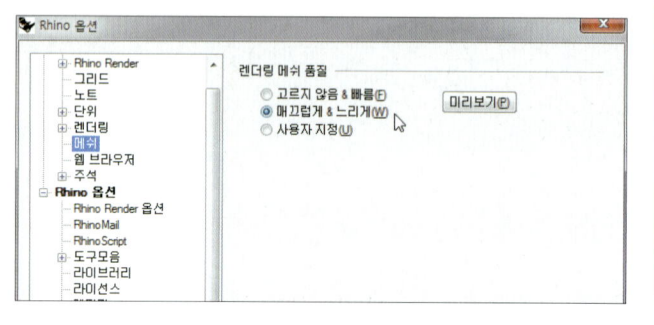

● ● ● ●

01 지금부터 서클 체어 모델링의 쿠션 부분을 만들어 보자. 먼저 FRONT Viewport상에서 모델링 툴탭〉솔리드 도구〉포물면 명령을 선택한 다음, 아래와 같은 치수값으로 **반구 형태의 서피스를 만들어 준다.**

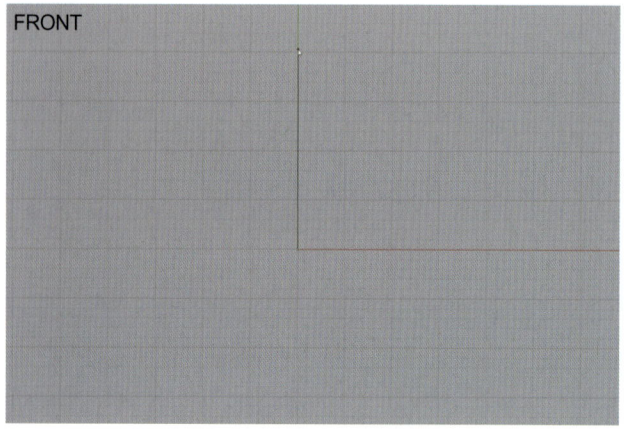
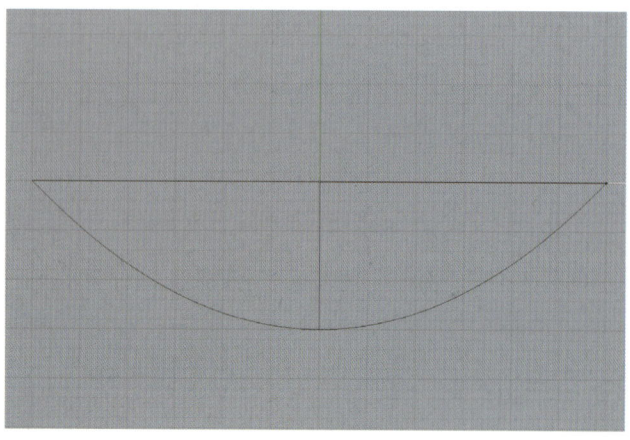

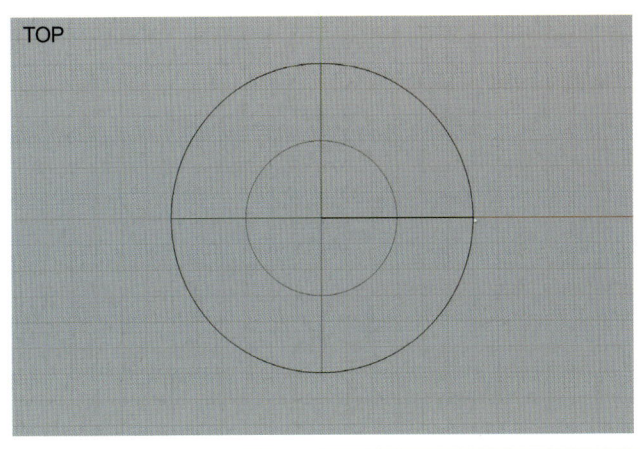
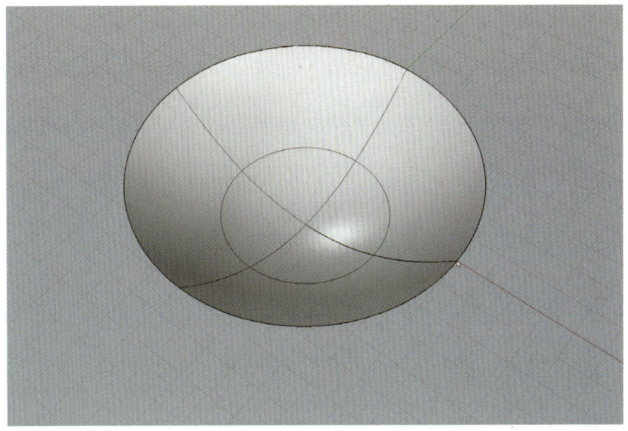

명령: _Paraboloid
포물면 초점 (정점(V) 초점에_점_생성(M)=아니요 솔리드(S)=아니요): **0 입력 후** Enter
포물면 방향 (초점에_점_생성(M)=아니요 솔리드(S)=아니요): **상단에 마우스 지정 후 클릭**
포물면 끝 (초점에_점_생성(M)=아니요 솔리드(S)=아니요): **300 입력 후** Enter
포물면 끝 (초점에_점_생성(M)=아니요 솔리드(S)=아니요): **클릭**

02 다음은 원활한 편집을 위하여 **모델링 툴탭〉서피스 도구〉서피스 재생성** 명령을 통하여, 서피스 구성 제어점 개수를 아래의 팝업 창과 같이 수정해 준다.

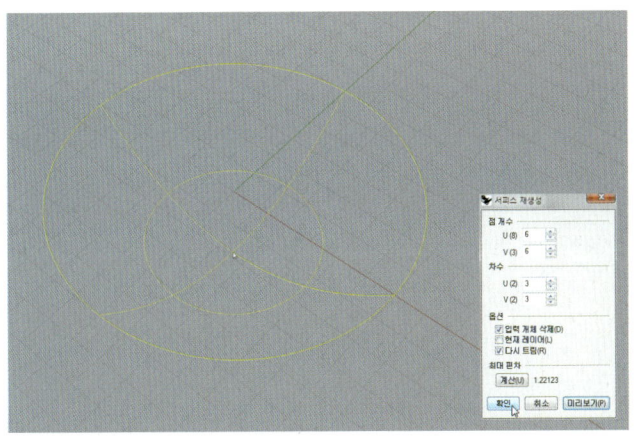
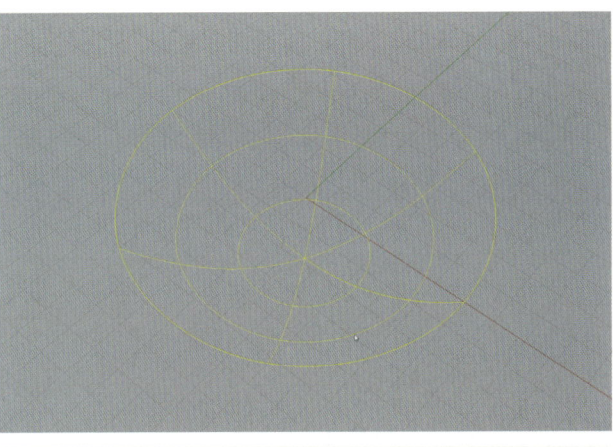

명령: _Rebuild
재생성할 커브, 돌출 또는 서피스 선택: **생성한 서피스 선택**
재생성할 커브, 돌출 또는 서피스 선택. 완료되면 Enter 키를 누르십시오: **팝업창 UV점 개수를 각각 6으로 입력 후** Enter

03 이어서 TOP Viewport로 활성화한 후 **모델링 툴탭〉서피스 도구〉점표시** 명령을 선택한 다음, **모델링 툴탭〉변형〉1D크기조정** 명령으로 아래의 화면과 같이 각각의 제어점을 선택해 좌우측으로 20%(배율 0.8) 정도 줄여 준다.

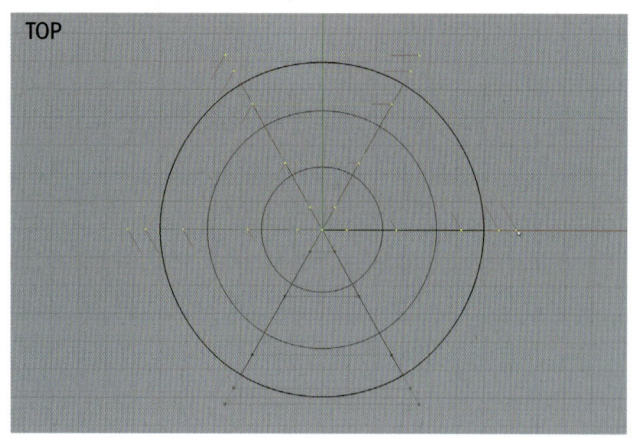 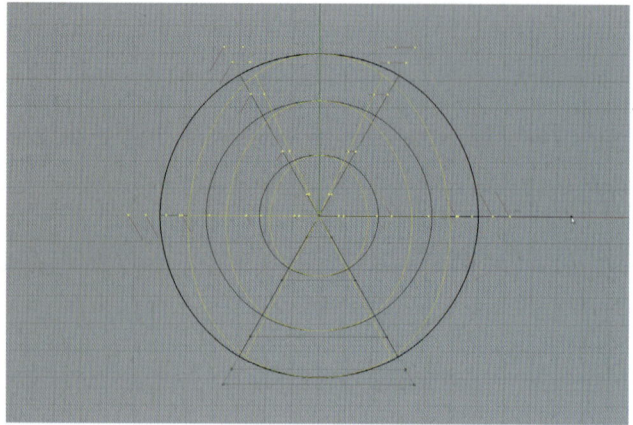

명령: _PointsOn
제어점을 표시할 개체 선택: **서피스 선택**
제어점을 표시할 개체 선택. 완료되면 Enter 키를 누르십시오: [Enter]
명령: _Scale1D
원점 (복사(C)=아니요): **0 입력 후** [Enter]
배율 또는 첫 번째 참조점 〈1.000〉 (복사(C)=아니요): **0.8 입력 후** [Enter]
두 번째 참조점 (복사(C)=아니요): **클릭**

04 전 단계와 같은 명령인 **점표시** 명령과 **1D크기조정** 명령으로 아래 화면과 같이 상단 제어점만 선택해 주고, 동일한 편집 과정을 통해 서피스의 형태를 다시 한 번 좌우측으로 20%(배율 0.8) 정도 줄여 준다.

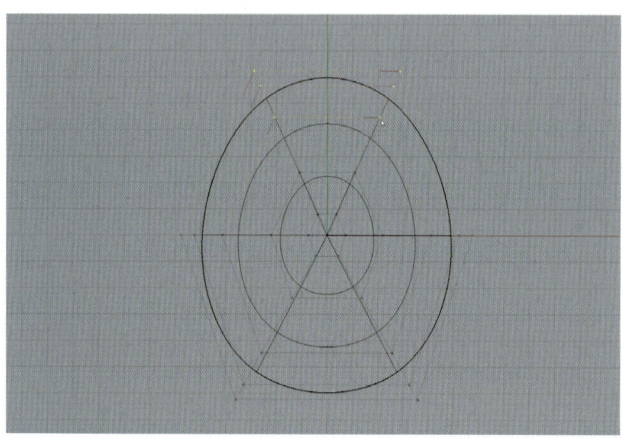 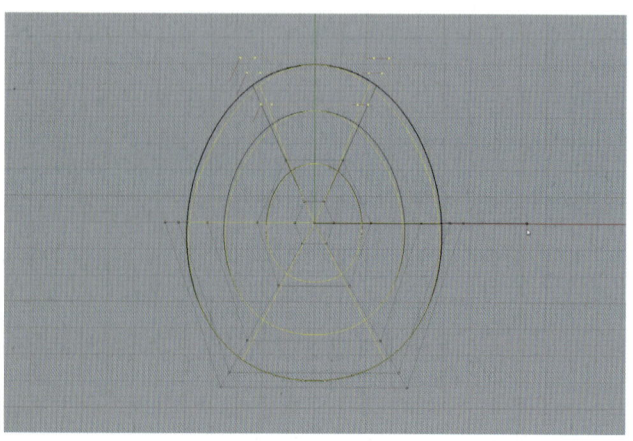

명령: _Scale1D
원점 (복사(C)=아니요): **0 입력 후** [Enter]
배율 또는 첫 번째 참조점 〈1.000〉 (복사(C)=아니요): **0.8 입력 후** [Enter]
두 번째 참조점 (복사(C)=아니요): **클릭**

05 지금까지 서클 체어 내부에 놓일 쿠션을 편집하였다. 이번에는 **모델링 툴탭>서피스 도구>서피스 간격띄우기** 명령으로 쿠션 외부 방향으로 10mm만큼 하나 더 간격을 띄워 준다.

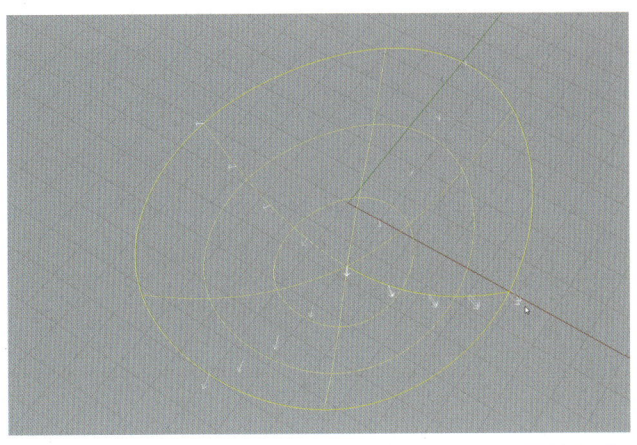
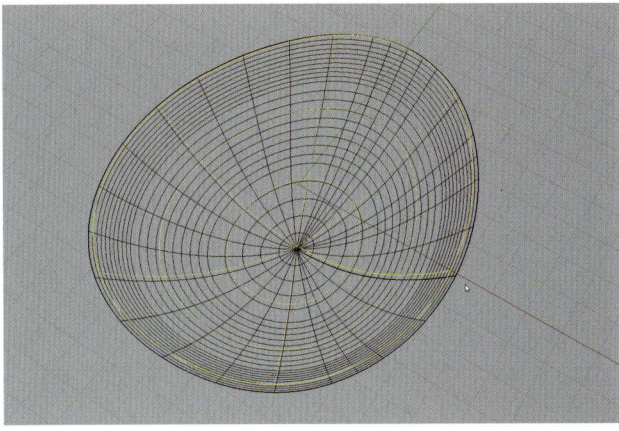

명령: _OffsetSrf
방향을 반전시킬 개체 선택. 완료되면 Enter 키를 누르십시오 (거리(D)=2.5 ... 원래개체_삭제(I)=예 모두_반전(F)): **10 입력 후** Enter
방향을 반전시킬 개체 선택. 완료되면 Enter 키를 누르십시오 (거리(D)=10 ... 원래개체_삭제(I)=예 ...): **S 입력 후** Enter **(솔리드=아니요)**
방향을 반전시킬 개체 선택. 완료되면 Enter 키를 누르십시오 (거리(D)=10   원래개체_삭제(I)=예 모두_반전(F)): Enter

06 새로 간격을 띄운 쿠션 서피스는 나중에 본체를 만들기 위한 서피스로 활용될 것이다. 이번에는 **모델링 툴탭>표시 여부>개체 숨기기** 명령으로 일단 숨겨주고, 남은 서피스의 편집을 위해 **점표시 명령**으로 제어점을 표시해 준다.

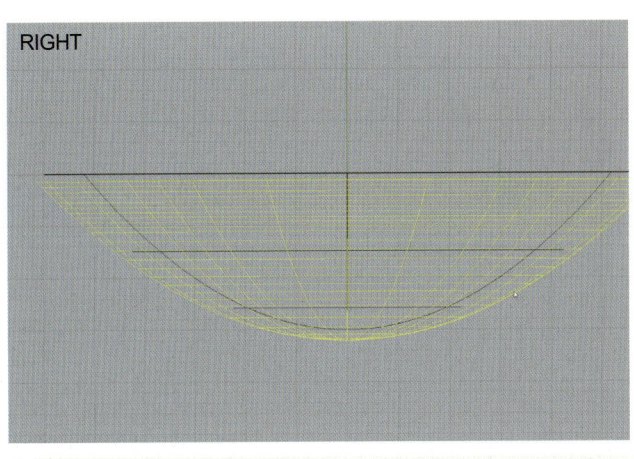
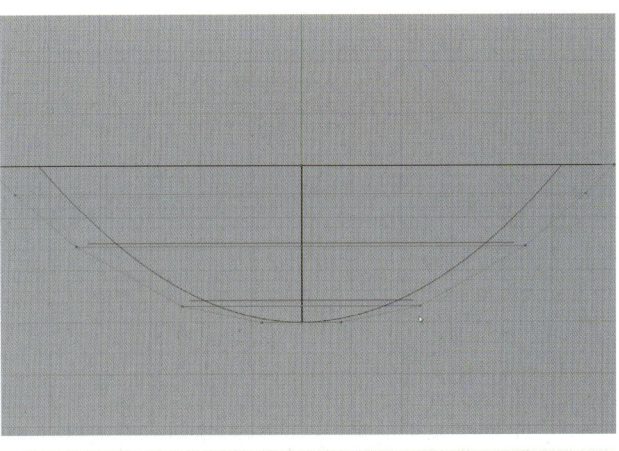

명령: _Hide
숨길 개체 선택: **간격 띄운 서피스 선택**
숨길 개체 선택. 완료되면 Enter 키를 누르십시오: Enter
명령: _PointsOn
제어점을 표시할 개체 선택: **남은 서피스 선택**
제어점을 표시할 개체 선택. 완료되면 Enter 키를 누르십시오: Enter

07 다음은 RIGHT Viewport상에서 **모델링 툴탭>변형>1D크기조정 명령**으로 아래의 화면과 같이 제어점을 선택해 좌우측 방향으로 40%(배율0.6) 정도 줄여서 움푹 들어간 형상의 서피스 모습으로 편집해 준다.

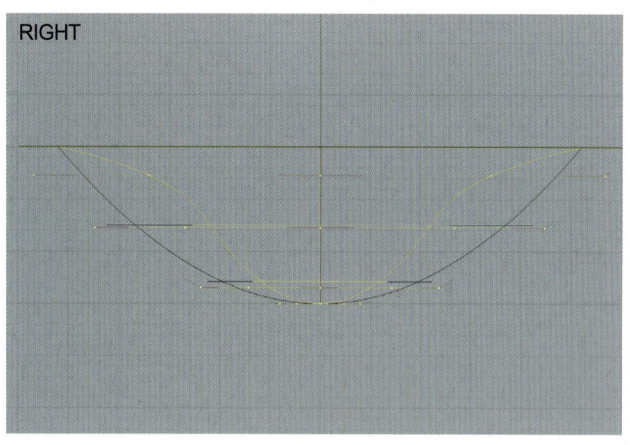 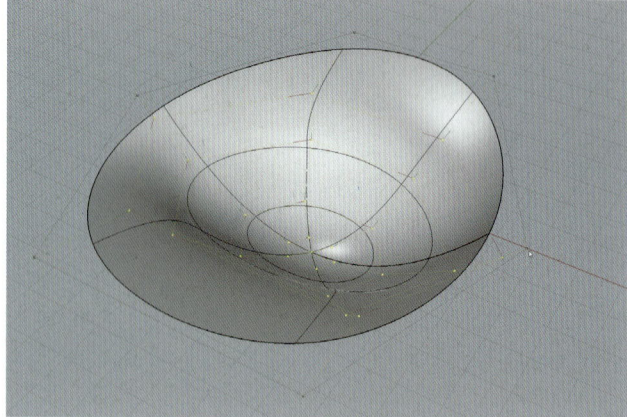

명령: _Scale1D
원점 (복사(C)=아니요): **0 입력 후** Enter
배율 또는 첫 번째 참조점 〈0.800〉 (복사(C)=아니요): **0.6 입력 후** Enter
두 번째 참조점 (복사(C)=아니요): **클릭**

08 전 단계와 같은 명령인 **점표시 명령과 1D크기조정 명령**으로 아래 화면과 같이 하단 제어점만 선택해 주고, 동일한 편집 과정을 통해 서피스의 형태를 다시 한 번 좌우측으로 70%(배율0.3) 정도 줄여 준다.

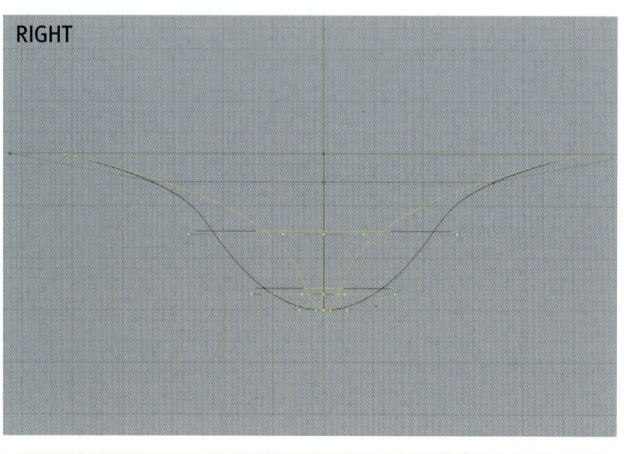 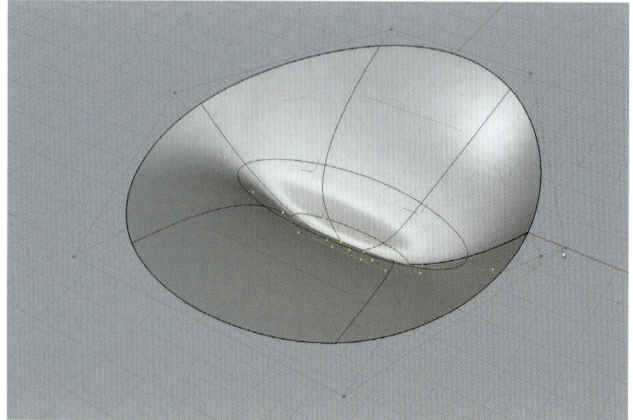

명령: _Scale1D
원점 (복사(C)=아니요): **0 입력 후** Enter
배율 또는 첫 번째 참조점 〈0.600〉 (복사(C)=아니요): **0.3 입력 후** Enter
두 번째 참조점 (복사(C)=아니요): **클릭**

09 다음은 제어점 편집이 완료된 쿠션 형상에 두께감을 주려 한다. 모델링 툴탭〉서피스 도구〉서피스 간격 띄우기 명령을 통해 아래의 화면과 같이 쿠션 내부 방향으로 10mm만큼 간격을 띄워 준다.

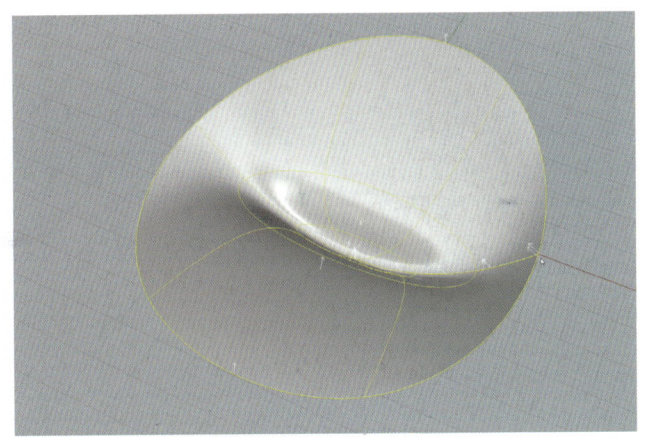
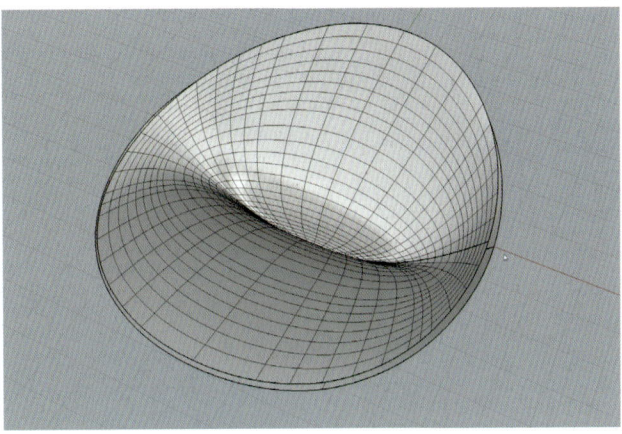

명령: _OffsetSrf
간격띄우기할 서피스 또는 폴리서피스 선택: **서피스 선택**
간격띄우기할 서피스 또는 폴리서피스 선택. 완료되면 Enter 키를 누르십시오: Enter
방향을 반전시킬 개체 선택. 완료되면 Enter 키를 누르십시오 (거리(D)=10 ... 양쪽(B)=아니요 모두_반전(F)): **F 입력 후** Enter (모두_반전)
방향을 반전시킬 개체 선택. 완료되면 Enter 키를 누르십시오 (거리(D)=10 ... 양쪽(B)=아니요 모두_반전(F)): **10 입력 후** Enter

10 이어서 간격 띄운 서피스들을 **모델링 툴탭〉서피스 도구〉서피스 블렌드** 명령을 선택해서 아래의 팝업 창과 같이 설정해 주고 간격이 벌어진 두 개의 서피스를 부드럽게 이어준다.

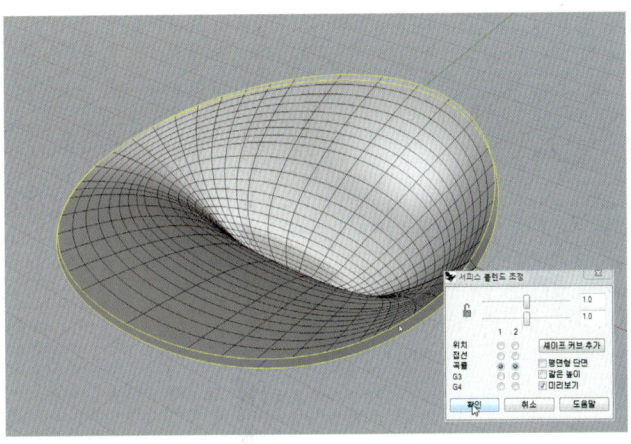
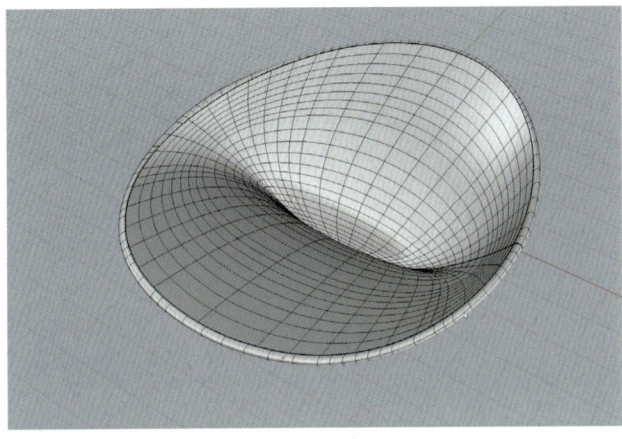

명령: _BlendSrf
첫 번째 가장자리가 될 세그먼트 선택 (자동_연속선택(A)=아니요... 각도_허용오차(N)=1): **위쪽 서피스의 가장자리 선택 후** Enter
두 번째 가장자리가 될 다음 세그먼트 선택. 완료되면 Enter 키를 누르십시오 (실행취소(U) ...): **아래쪽 서피스 가장자리 선택 후** Enter
조정할 심 점을 선택. 완료되면 Enter 키를 누르십시오 (반전(F) 자동(A) 원래대로(N)): Enter

11 다음은 생성된 서피스들을 **결합 명령**으로 모두 결합시켜 하나의 솔리드로 만들어 준다. 완성된 쿠션 형태의 솔리드를 **렌더링 표시 모드**를 통해 다시 한번 확인해 준다.

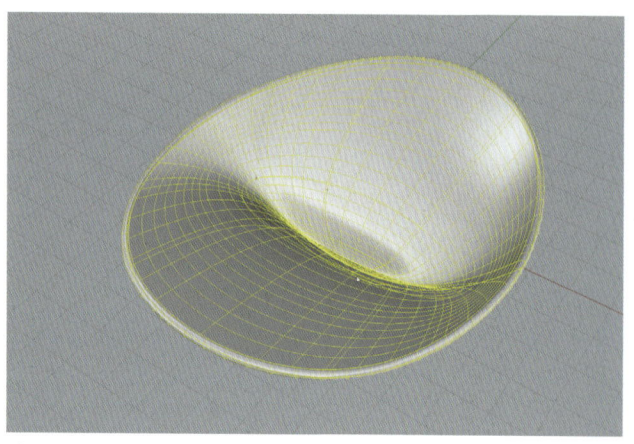 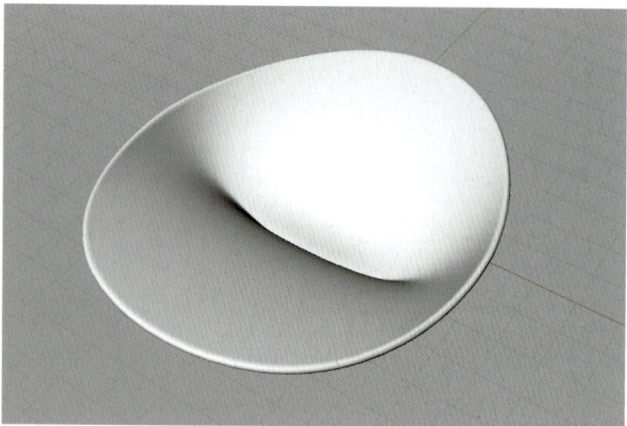

명령: _Join
서피스 결합이 진행 중... 취소하려면 Esc 키를 누르십시오.
3개의 서피스 또는 폴리서피스가 하나의 열린 폴리서피스로 결합되었습니다.
표시 모드가 "렌더링"(으)로 설정되었습니다.

12 다음은 서클 체어 본체를 만들어 보자. 먼저 RIGHT Viewport 활성화 후, 전 단계에서 숨겨 놓은 서피스를 **개체표시 명령**으로 다시 표시해 주고, **모델링 툴탭〉변형〉1D크기조정 명령**을 선택해 아래와 같이 편집해 준다.

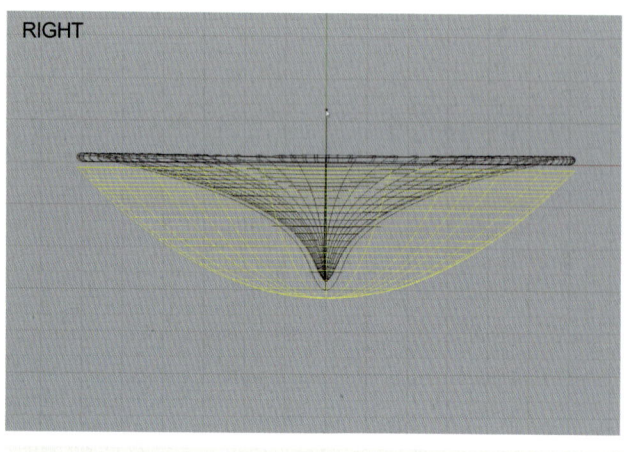 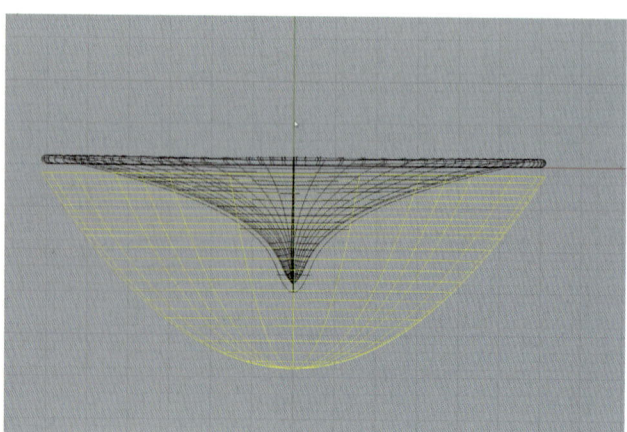

명령: _Show
1개의 숨겨진 개체를 표시하는 중입니다.
명령: _Scale1D
원점 (복사(C)=아니요): **0 입력 후** [Enter]
배율 또는 첫 번째 참조점 〈0.600〉(복사(C)=아니요): **1.5 입력 후** [Enter]
두 번째 참조점 (복사(C)=아니요): **클릭**

13 이어서 앞서 편집한 서피스와 솔리드를 모두 선택해 **모델링 툴 탭〉변형〉회전 명령**으로 아래와 같이 시계 반대 방향으로 40도 정도 회전시켜 준다.

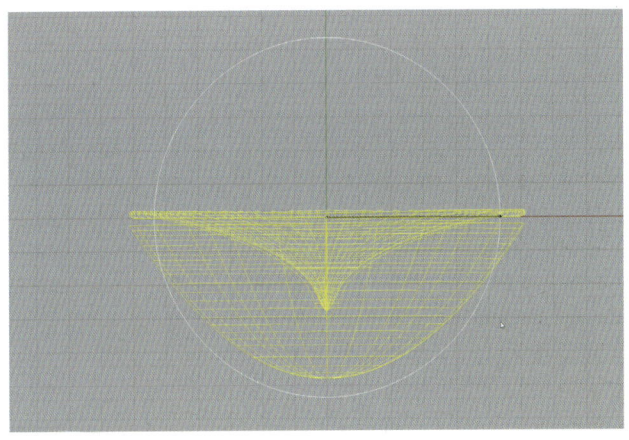 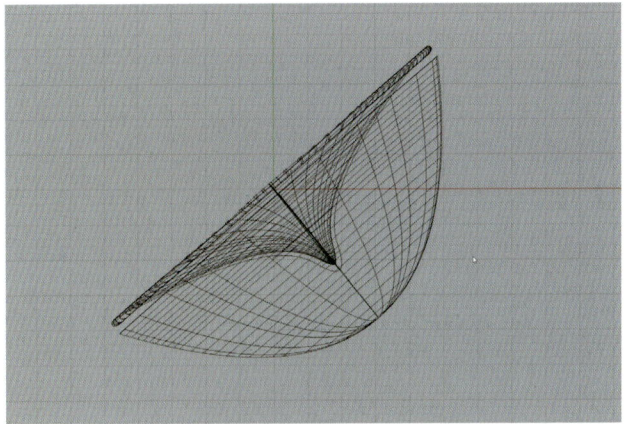

명령: _Rotate
회전시킬 개체 선택: **서피스 및 솔리드 모두 선택**
회전시킬 개체 선택. 완료되면 Enter 키를 누르십시오: [Enter]
회전 중심 (복사(C)=아니요): **0 입력 후** [Enter]
각도 또는 첫 번째 참조점 (복사(C)=아니요): **40 입력 후** [Enter]

14 다음은 **모델링 툴탭〉표시 여부〉개체 숨기기 명령**으로 쿠션은 숨기고 서클 체어 서피스만 화면과 같이 남겨둔다.

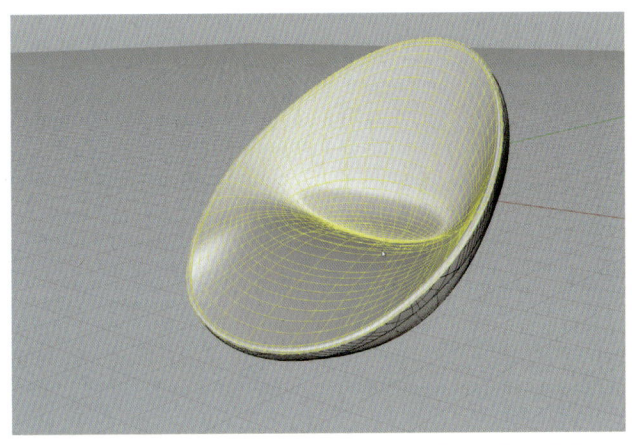 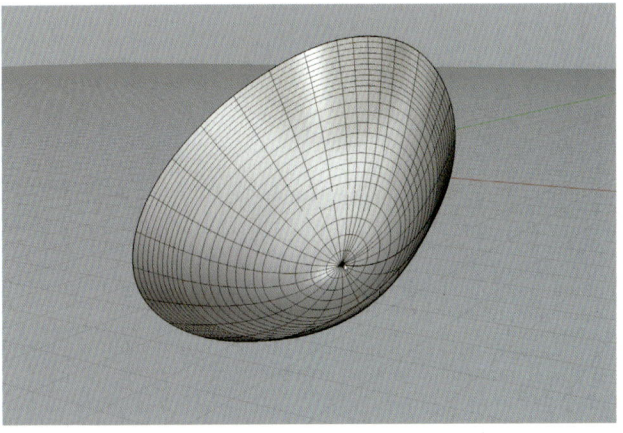

명령: _Hide
숨길 개체 선택: **쿠션 선택**
숨길 개체 선택. 완료되면 Enter 키를 누르십시오: [Enter]

15 다음은 서클 체어 본체에 다리를 배치해 보자. 먼저 TOP Viewport상에서 원활한 편집과 정리를 위해 레이어를 빨간색(레이어 01)으로 변경해 주고, 배치할 삼각다리 위치 선정을 위해 **모델링 툴탭〉커브 도구〉다각형** 명령으로 아래 화면과 같이 본체 내부에 삼각형을 그려 준다.

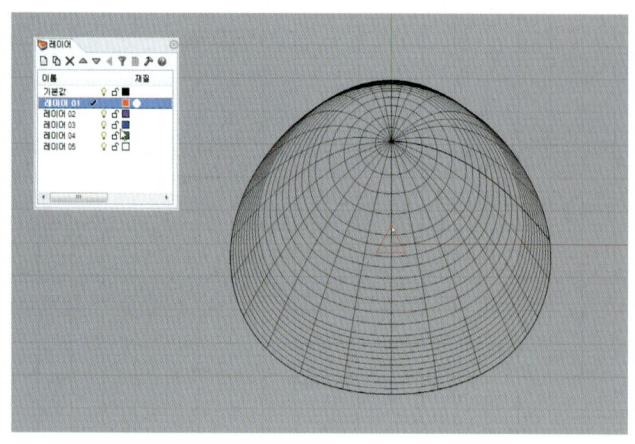
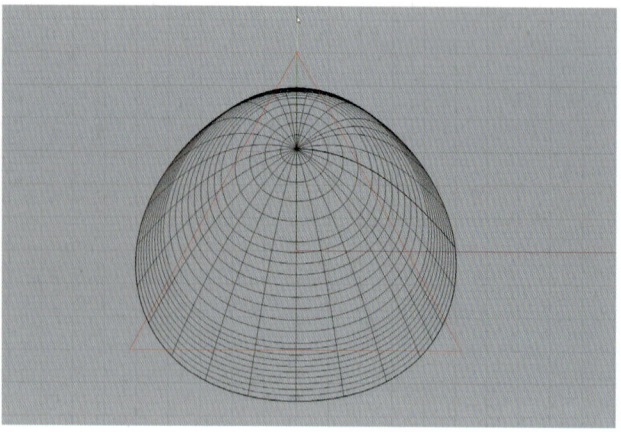

명령: _Polygon
내접 다각형의 중심 (변의_수(N)=5 외접(C) 가장자리(D) 별(S) 수직(V) 커브_주변(A)): **3 입력 후** Enter
내접 다각형의 중심 (변의_수(N)=3 외접(C) 가장자리(D) 별(S) 수직(V) 커브_주변(A)): **0 입력 후** Enter
다각형 모서리 (변의_수(N)=3): **300 입력 후** Enter
다각형 모서리 (변의_수(N)=3): **클릭**

16 이어서 **모델링 툴탭〉커브 도구〉커브간격 띄우기** 명령으로 원본 삼각형 안쪽에 간격 띄운 작은 삼각형을 하나 더 만들어 준다.

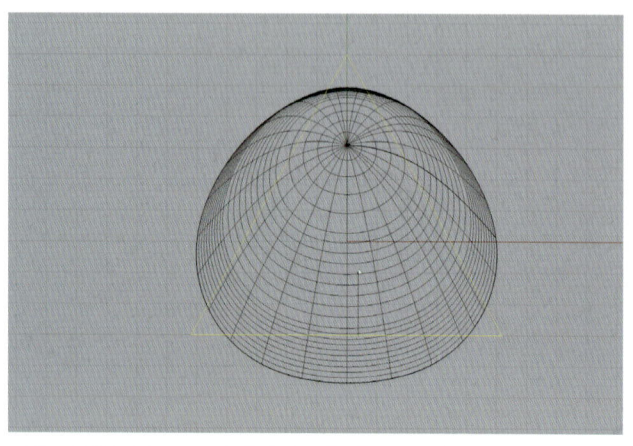
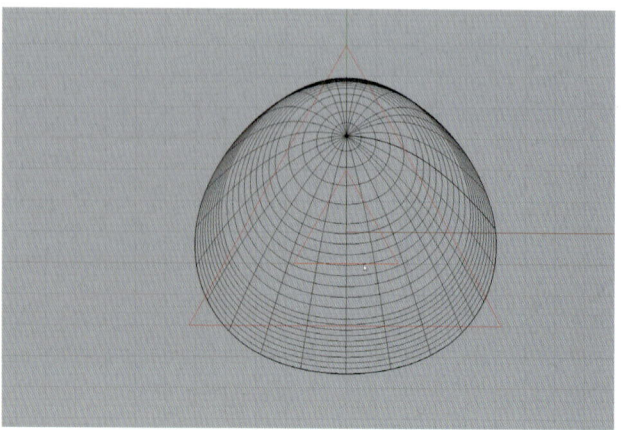

명령: _Offset
간격띄우기 실행할 커브 선택 (거리(D)=5 ..... 끝막음(A)=없음): **원본 삼각형 선택**
간격띄우기할 쪽 (거리(D)=5 ..... 끝막음(A)=없음): **100 입력 후** Enter
간격띄우기할 쪽 (거리(D)=5 ..... 끝막음(A)=없음): **삼각형 안쪽으로 마우스 지정 후** Enter

17 다음은 원본 삼각형을 RIGHT Viewport상에서 아래의 화면과 같이 **이동 명령**으로 아래쪽 방향으로 이동시켜 준다.

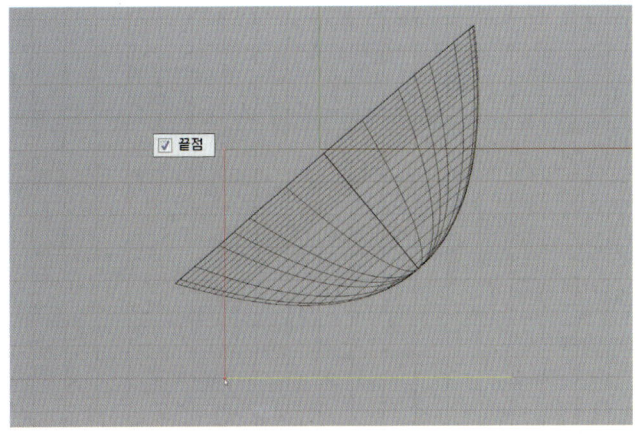 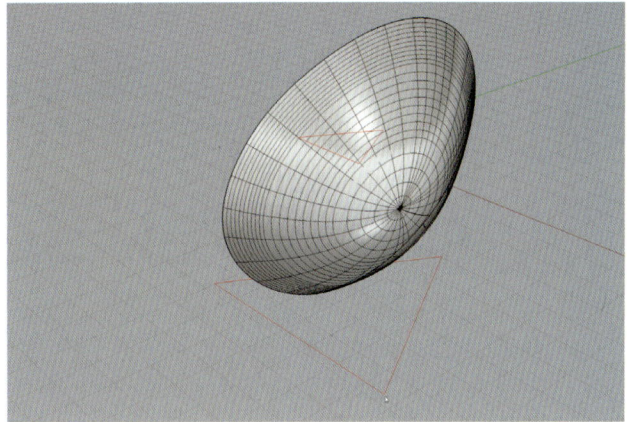

명령: _Move
이동시킬 개체 선택: **외곽쪽 삼각형 보조선 선택**
이동시킬 개체 선택. 완료되면 Enter 키를 누르십시오: [Enter]
이동의 기준점 (수직(V)=아니요): **0 입력 후** [Enter]
이동의 기준점 새 지정 〈10.000〉: **350 입력 후** [Enter]
이동의 기준점 새 지정 〈350.000〉: **클릭**

18 이어서 안쪽 간격 띄운 삼각형도 마찬가지로 화면과 같이 CP라인 아래로 **이동 명령**을 통해 이동시켜 준다.

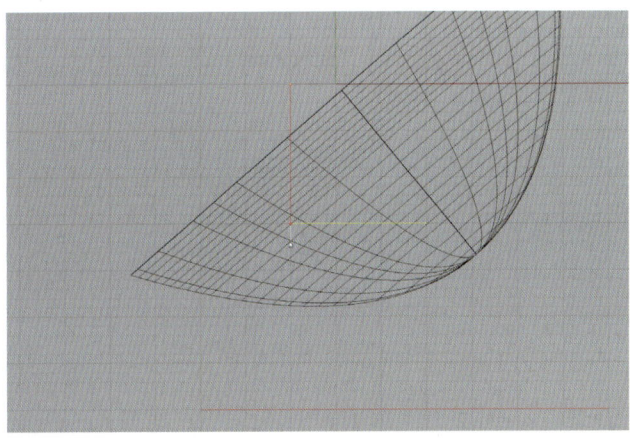 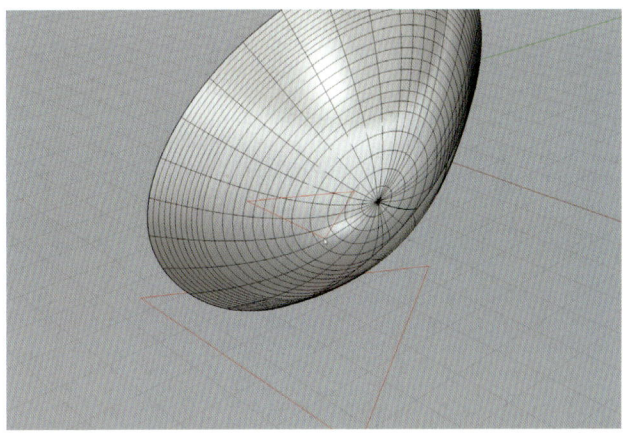

명령: _Move
이동시킬 개체 선택: **안쪽 간격 띄운 삼각형 선택**
이동시킬 개체 선택. 완료되면 Enter 키를 누르십시오: [Enter]
이동의 기준점 (수직(V)=아니요): **0 입력 후** [Enter]
이동의 기준점 새 지정 〈350.000〉: **150 입력 후** [Enter]
이동의 기준점 새 지정 〈150.000〉: **클릭**

19 각각 이동시킨 삼각형들의 모서리 끝점을 찾아 **모델링 툴탭>커브 도구>폴리라인 명령**으로 아래 화면과 같이 삼각 모서리 세 부분 모두 이어준다.

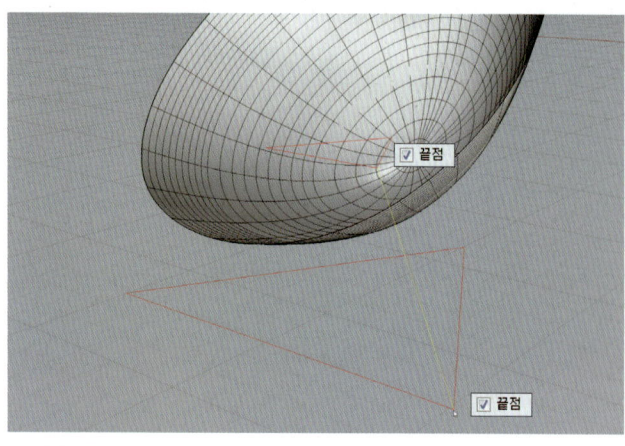 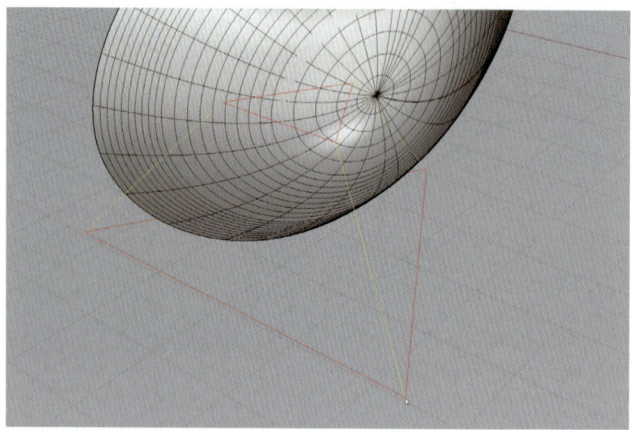

명령: _Polyline
폴리라인의 시작 (닫힘_유지(P)=아니요): **상단 삼각형 모서리 끝점**
폴리라인의 다음 점 (닫힘_유지(P)=아니요 모드(M)=선 보조(H)=아니요 실행취소(U)): **하단 삼각형 모서리 끝점**
폴리라인의 다음 점. 완료되면 Enter 키를 누르십시오 (닫힘_유지(P)=아니요 모드(M)=선 보조(H)=아니요 길이(L) 실행취소(U)): Enter

20 이어준 커브를 기준으로 **모델링 툴탭>솔리드 도구>파이프 명령**으로 가변형 굵기의 서클 체어 다리를 만들어 준다. 이 과정을 3회 반복해 총 세 개의 다리를 만들어 준다.

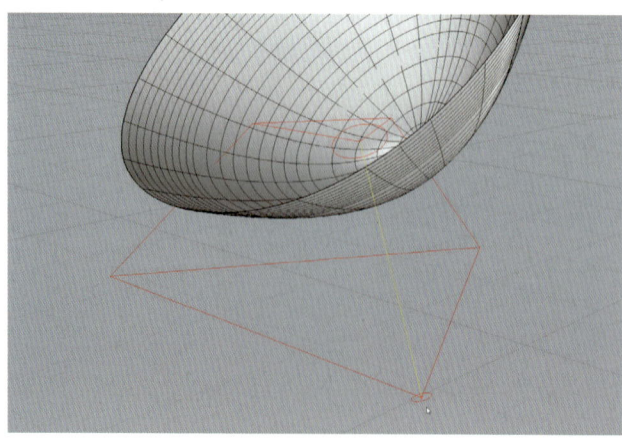 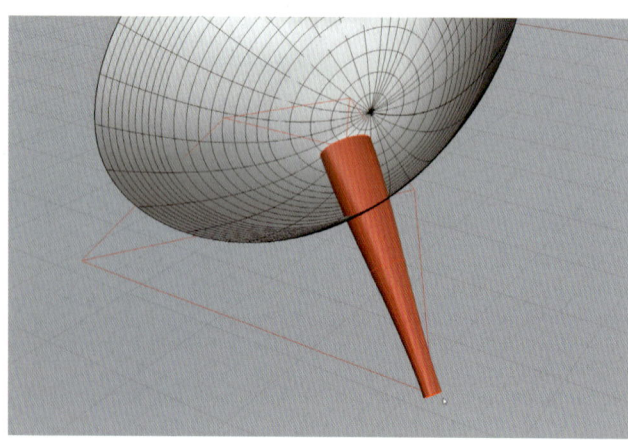

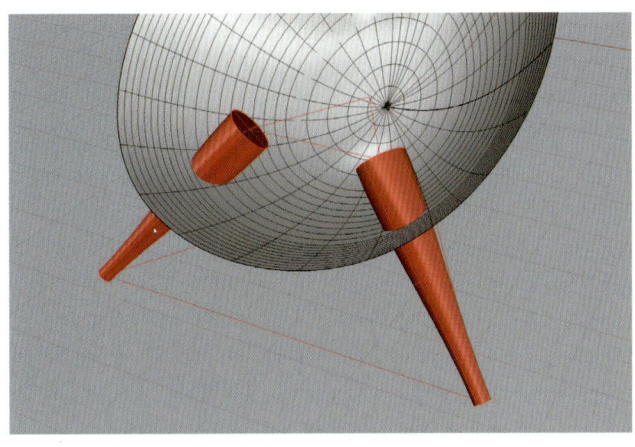 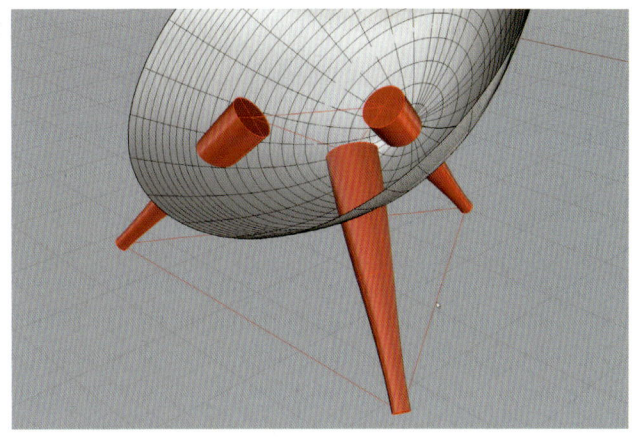

명령: _Pipe
파이프의 중심이 될 커브 선택 (가장자리_연속선택(C) 다중_커브(M)): _Pause
파이프의 중심이 될 커브 선택 (가장자리_연속선택(C) 다중_커브(M)): **생성 커브의 위쪽 선택**
시작 반지름 〈1.000〉 (지름(D) 두껍게(T)=아니요 끝막음(C)=평평하게 형태_블렌딩(S)=로컬 레일_맞춤(F)=아니요): **30 입력 후** [Enter]
끝 반지름 〈30.000〉 (지름(D) 형태_블렌딩(S)=로컬 레일_맞춤(F)=아니요): **10 입력 후** [Enter]
다음 반지름을 지정할 점. 지정하지 않으려면 Enter 키를 누르십시오: [Enter]

21 모델링 툴탭〉솔리드 도구〉부울 합집합 명령으로 생성한 다리에서 서클 체어 본체 서피스를 합집합시키면 아래의 화면처럼 하나로 결합된 솔리드 개체로 만들어진다.

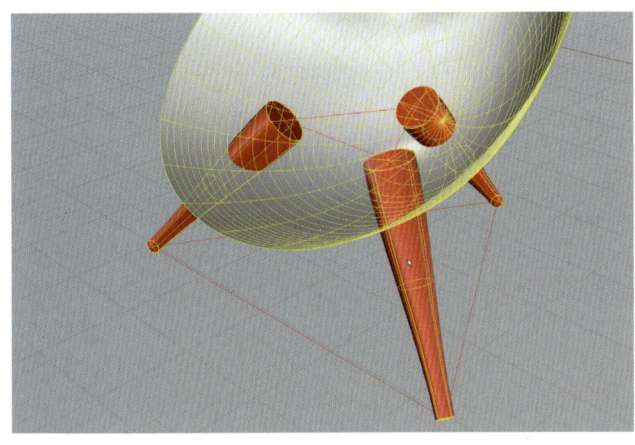 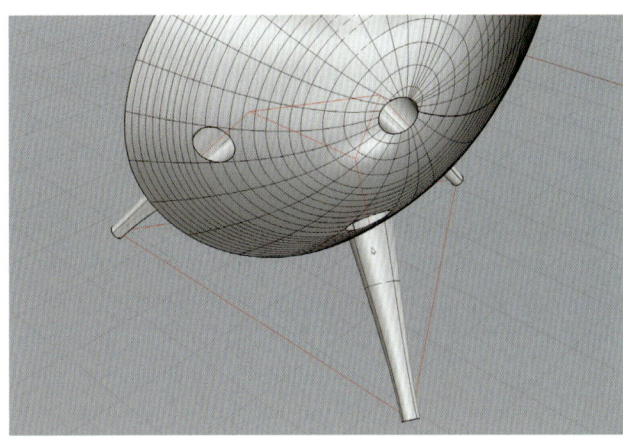

명령: _BooleanUnion
합집합을 적용할 서피스 또는 폴리서피스 선택: **세 개의 다리 선택**
합집합을 적용할 서피스 또는 폴리서피스 선택: **본체 서피스 선택**
합집합을 적용할 서피스 또는 폴리서피스 선택. 완료되면 Enter 키를 누르십시오: [Enter]

22 다음은 결합된 연결 부위를 **모델링 툴탭>솔리드 도구>가변 반지름 필릿** 명령으로 우선 앞쪽의 2개의 다리 연결 부위를 50mm 반지름 값으로 라운드 처리해 부드럽게 연결시켜 준다.

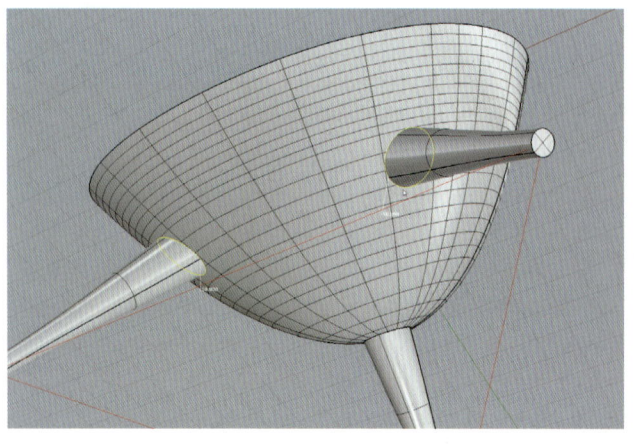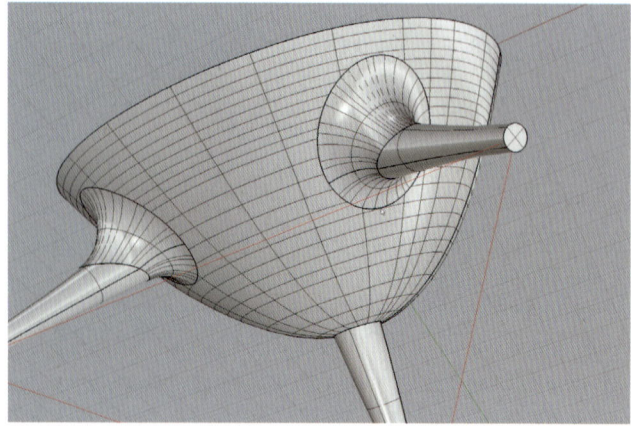

명령: _FilletEdge
필릿할 가장자리 선택 (반지름_표시(S)=예 다음_반지름(N)=1 가장자리_연속선택(C)): **50 입력 후** Enter
필릿할 가장자리 선택 (반지름_표시(S)=예 다음_반지름(N)=50 가장자리_연속선택(C)): **앞쪽 다리 두 개의 결합된 모서리 선택**
필릿할 가장자리 선택. 완료되면 Enter 키를 누르십시오 (반지름_표시(S)=예 ....연속선택(C)): Enter
편집할 필릿 핸들 선택. 완료되면 Enter 키를 누르십시오 (핸들_추가(A) .... 트림과_결합(I)=예): Enter

23 이어서 뒤쪽에 있는 서클 체어 다리도 **모델링 툴탭>솔리드 도구>가변 반지름 필릿** 명령으로 70mm 반지름 값으로 라운드 처리해 마무리해 준다.

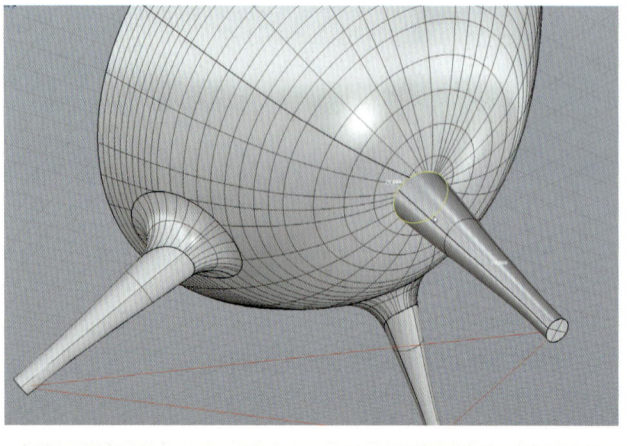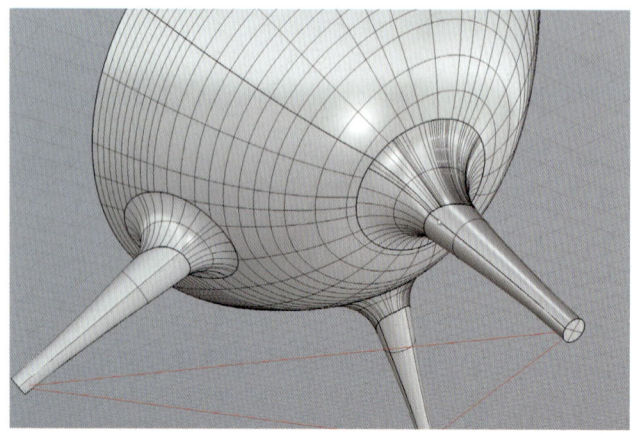

명령: _FilletEdge
필릿할 가장자리 선택 (반지름_표시(S)=예 다음_반지름(N)=50 가장자리_연속선택(C)): **70 입력 후** Enter
필릿할 가장자리 선택 (반지름_표시(S)=예 다음_반지름(N)=70 가장자리_연속선택(C)): **뒤쪽 다리 결합된 모서리 선택**
필릿할 가장자리 선택. 완료되면 Enter 키를 누르십시오 (반지름_표시(S)=예 ....연속선택(C)): Enter
편집할 필릿 핸들 선택. 완료되면 Enter 키를 누르십시오 (핸들_추가(A) .... 트림과_결합(I)=예): Enter

24 다음은 바닥면과 닿는 서클 체어 다리의 모서리 끝부분도 **모델링 툴탭>솔리드 도구>가변 반지름 필릿** 명령으로 10mm 반지름 값으로 라운드 처리해 준다.

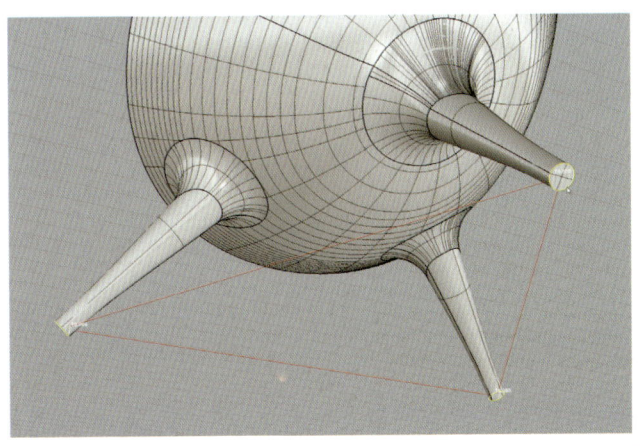 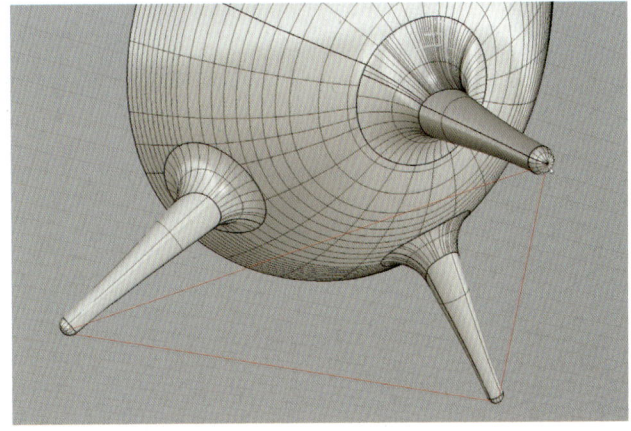

명령: _FilletEdge
필릿할 가장자리 선택 (반지름_표시(S)=예 다음_반지름(N)=70 가장자리_연속선택(C)): **10 입력 후** Enter
필릿할 가장자리 선택 (반지름_표시(S)=예 다음_반지름(N)=10 가장자리_연속선택(C)): **3개의 서클 체어 다리 모서리 선택**
필릿할 가장자리 선택. 완료되면 Enter 키를 누르십시오 (반지름_표시(S)=예 ....연속선택(C)): Enter
편집할 필릿 핸들 선택. 완료되면 Enter 키를 누르십시오 (핸들_추가(A) .... 트림과_결합(I)=예): Enter

25 다음은 **모델링 툴탭>표시여부>표시상태 바꾸기** 명령으로 서클 체어 본체를 숨기고 숨겨진 쿠션을 다시 불러온다. 이어서 불러온 쿠션은 **분해** 명령으로 개체를 분해해 준다.

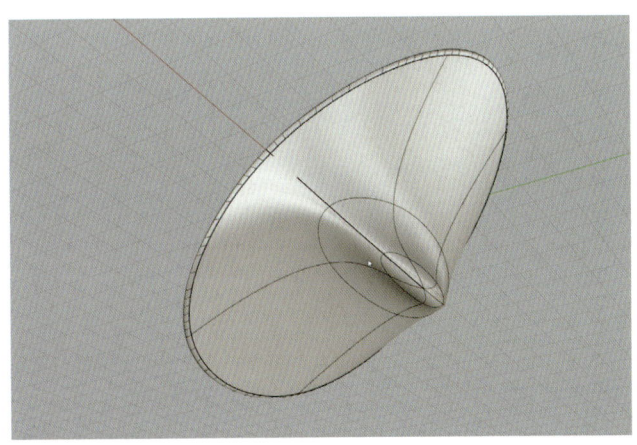 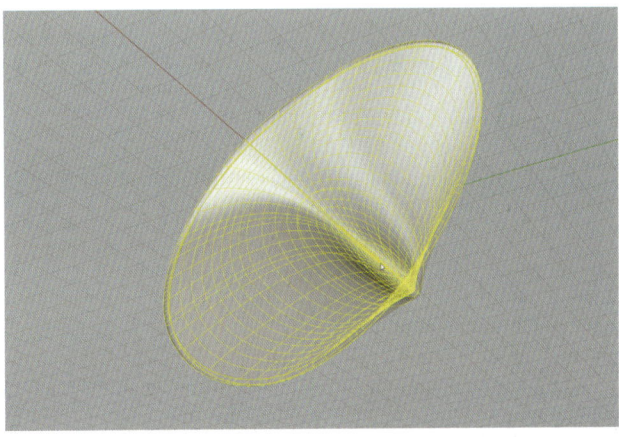

명령: _HideSwap

명령: _Explode
분해할 개체 선택: **쿠션파트 선택**
분해할 개체 선택. 완료되면 Enter 키를 누르십시오: Enter

26 불러온 쿠션을 선택해 **모델링 툴탭〉서피스 도구〉서피스 간격 띄우기 명령**으로 2mm만큼 간격을 띄어 새로운 서피스를 생성한다. 이때 솔리드 개체가 되지 않도록 옵션에 **솔리드(S)=아니요**로 설정한다.

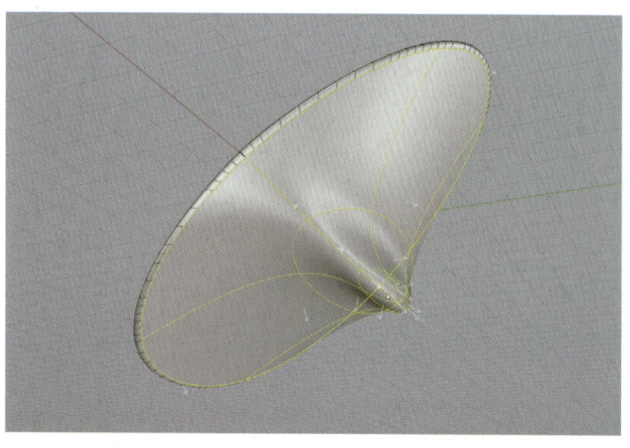
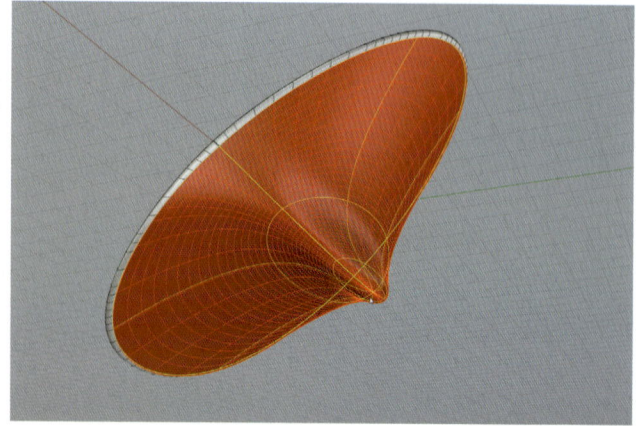

명령: _OffsetSrf
간격띄우기할 서피스 또는 폴리서피스 선택: **뒤쪽 서피스 선택**
간격띄우기할 서피스 또는 폴리서피스 선택. 완료되면 Enter 키를 누르십시오: Enter
방향을 반전시킬 개체 선택. 완료되면 Enter 키를 누르십시오 (거리(D)=1 모서리(C)=둥글게...): **2 입력 후** Enter
방향을 반전시킬 개체 선택. 완료되면 Enter 키를 누르십시오 (거리(D)=2 모서리(C)=둥글게 솔리드(S)=아니요 ... 모두_반전(F)): Enter

27 다음은 **표시여부〉개체 숨기기 명령**으로 숨겨진 모든 개체를 표시해 주고, 방금 간격 띄운 서피스와 본체의 서피스 모서리 부분을 **모델링 툴탭〉서피스 도구〉서피스 블렌드 명령**으로 자연스럽게 이어준다. 이때 팝업 창의 서피스 블렌드 조정값을 0.25로 설정한다.

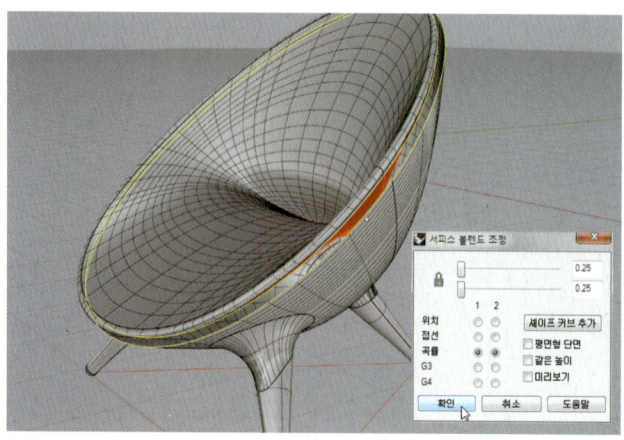
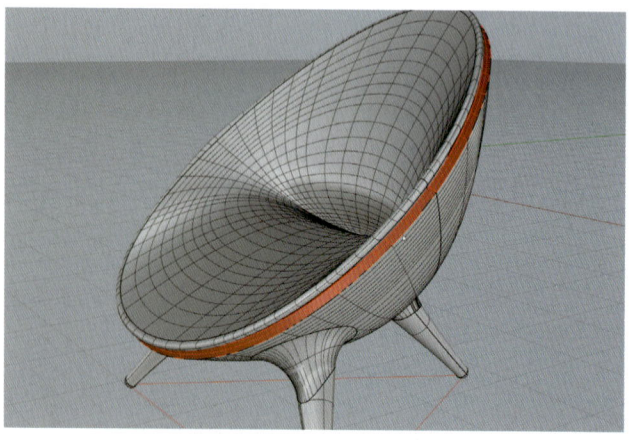

명령: _Show
9개의 숨겨진 개체를 표시하는 중입니다.
명령: _BlendSrf
첫 번째 가장자리가 될 세그먼트 선택 (자동_연속선택(A)=아니요...): **간격 띄운 서피스 모서리 선택 후** Enter
두 번째 가장자리가 될 다음 세그먼트 선택. 완료되면 Enter 키를 누르십시오 (실행취소(U) ...): **서클 체어 본체 서피스 모서리 선택 후** Enter
조정할 심 점을 선택. 완료되면 Enter 키를 누르십시오 (반전(F) 자동(A) 원래대로(N)): **팝업 창 설정 후** Enter

28 지금까지 작업한 서클 체어 모든 개체들을 Window Selection으로 선택한 후 **결합 명령**으로 결합시켜 준다.

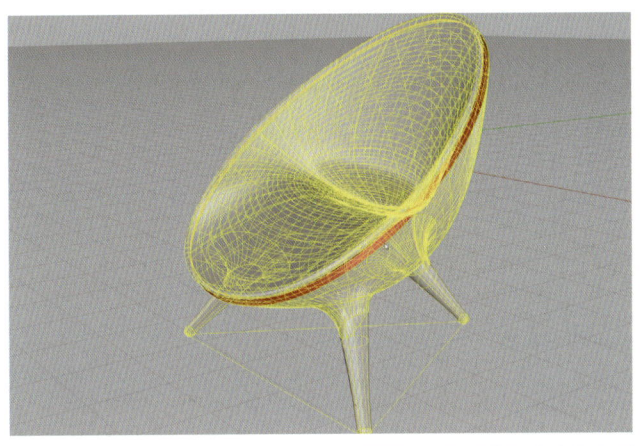
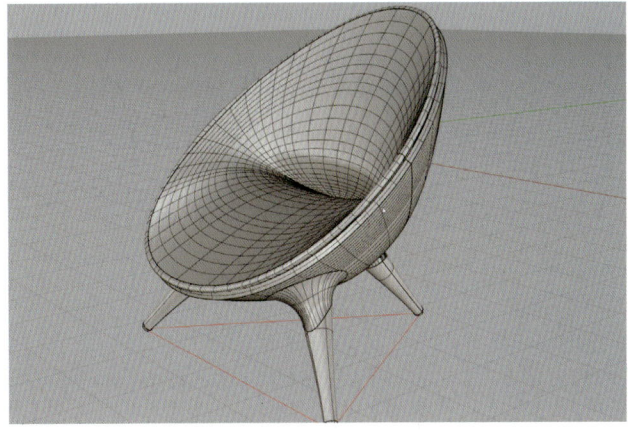

명령: _Join
서피스 결합이 진행 중... 취소하려면 Esc 키를 누르십시오.
5개의 서피스 또는 폴리서피스가 3개의 열린 폴리서피스로 결합되었습니다.

29 다음은 서클 체어 뒤쪽에 다양한 컬러 및 소재 연출을 위해 데커레이션 캡을 달아 보자. 먼저 **모델링 툴탭>솔리드 도구>서피스추출 명령**으로 서클 체어 뒤쪽 서피스를 추출해 주고 이전 과정과 같은 방법인 **서피스 간격띄우기 명령**으로 1mm 간격만큼 서피스를 하나 더 생성해 준다.

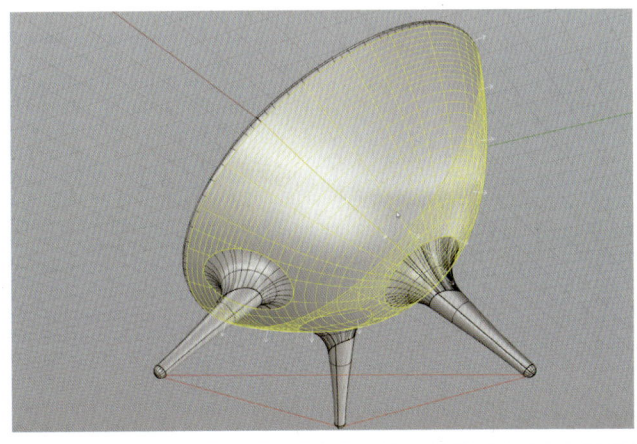
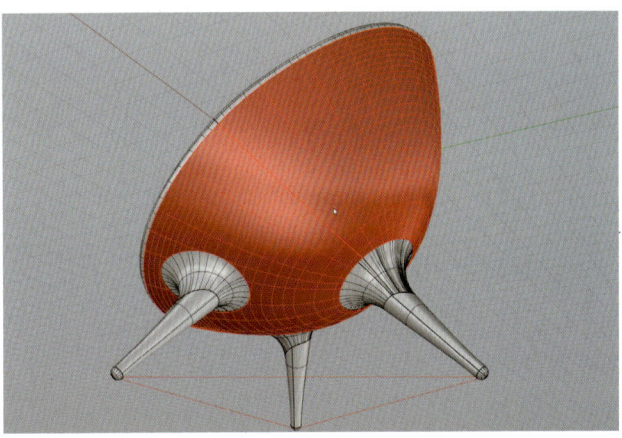

명령: _ExtractSrf
추출할 서피스 선택 (출력레이어(O)=원래개체의_레이어 복사(C)=아니오): **본체 뒤쪽 서피스 선택**
추출할 서피스 선택. 완료되면 Enter 키를 누르십시오 (출력레이어(O)=원래개체의_레이어 복사(C)=아니오): Enter

명령: _OffsetSrf
간격띄우기할 서피스 또는 폴리서피스 선택: **새로 추출한 서피스 선택**
간격띄우기할 서피스 또는 폴리서피스 선택. 완료되면 Enter 키를 누르십시오: Enter
방향을 반전시킬 개체 선택. 완료되면 Enter 키를 누르십시오 (거리(D)=2 모서리(C)=둥글게...): **1 입력 후** Enter
방향을 반전시킬 개체 선택. 완료되면 Enter 키를 누르십시오 (거리(D)=1 모서리(C)=둥글게 **솔리드(S)=아니오** ... 모두_반전(F)) Enter

30 이어서 데커레이션 캡의 세부 작업을 위하여 간격 띄운 서피스를 선택한 후, 모델링 툴탭〉표시 여부〉선택 반전과 개체숨기기 명령으로 서피스를 제외한 모든 파트를 숨겨준다.

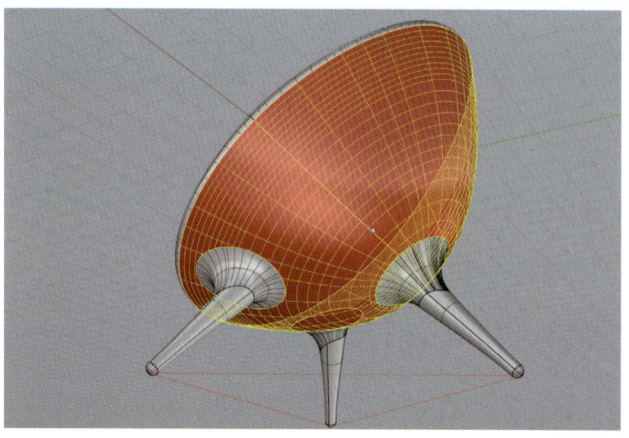 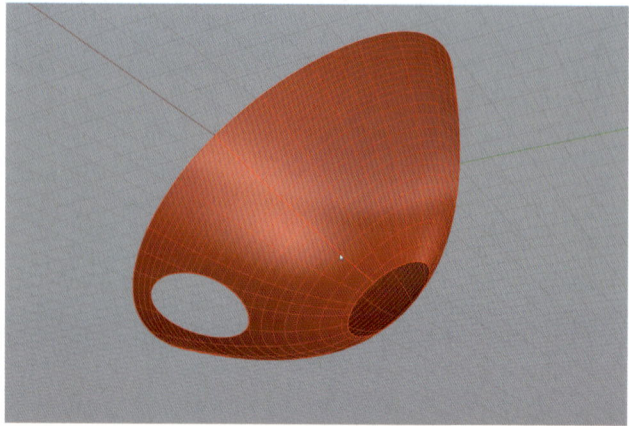

명령: _Invert

31 다음은 아래 화면과 같이 반전되어 남아 있는 서피스를 **서피스 간격띄우기 명령**으로 5mm 간격만큼 다시 한 번 더 띄워 준다.

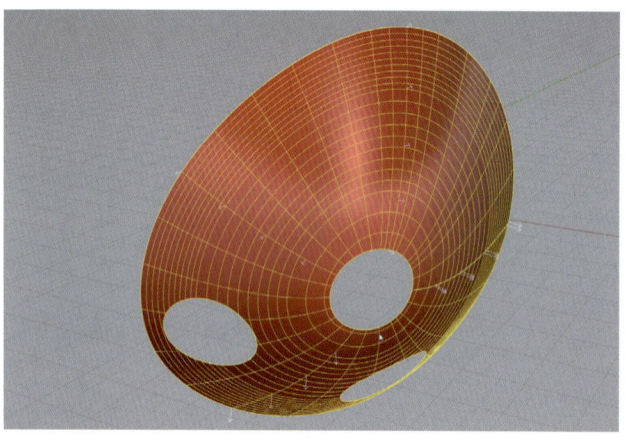 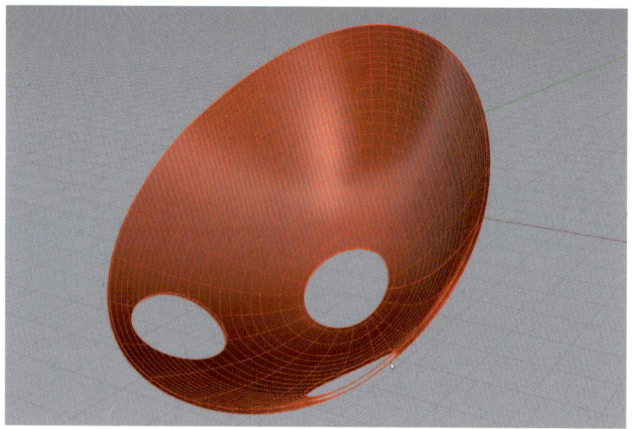

명령: _OffsetSrf
간격띄우기할 서피스 또는 폴리서피스 선택: **서피스 선택**
간격띄우기할 서피스 또는 폴리서피스 선택. 완료되면 Enter 키를 누르십시오. [Enter]
방향을 반전시킬 개체 선택. 완료되면 Enter 키를 누르십시오 (거리(D)=1 모서리(C)=둥글게...): **5 입력 후** [Enter]
방향을 반전시킬 개체 선택. 완료되면 Enter 키를 누르십시오 (거리(D)=1.. 솔리드(S)=아니요 느슨하게(L)=예...): [Enter]

32 이전 단계에서 적용했던 방법과 같이 두 서피스 간 벌어진 간격을 **서피스 블렌드 명령**으로 자연스럽게 이어 준다.

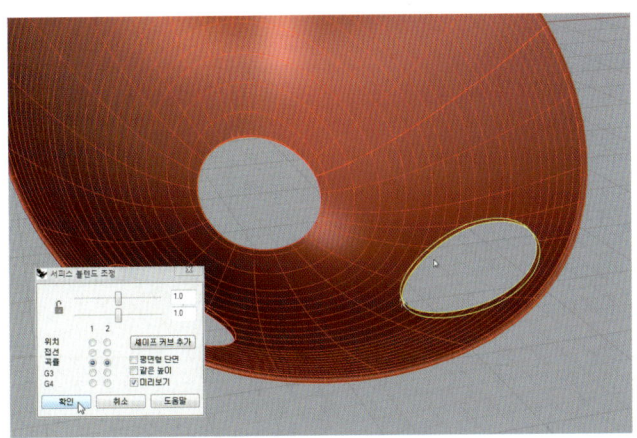
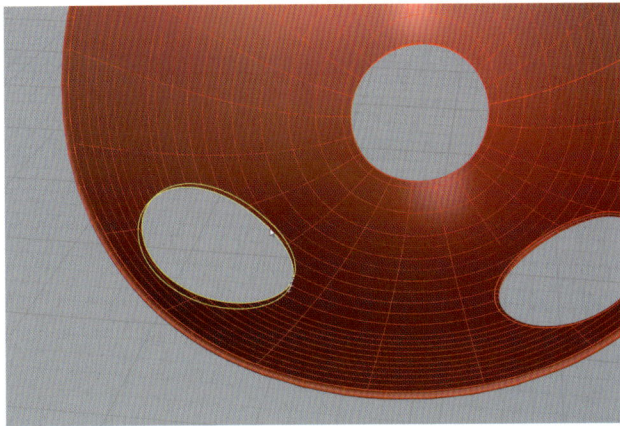

명령: _BlendSrf
첫 번째 가장자리가 될 세그먼트 선택 (자동_연속선택(A)=아니요... 각도_허용오차(N)=1): **안쪽 구멍의 모서리 선택 후** Enter
두 번째 가장자리가 될 다음 세그먼트 선택. 완료되면 Enter 키를 누르십시오 (실행취소(U) ...): **외곽쪽 구멍의 모서리 선택 후** Enter
조정할 심 점을 선택. 완료되면 Enter 키를 누르십시오 (반전(F) 자동(A) 원래대로(N)): Enter

33 이어서 서클 체어 뒷부분 구멍까지 부드럽게 이어준 뒤, **렌더링 표시 모드**로 전환하여 제대로 적용되었는지 최종적으로 확인해 본다.

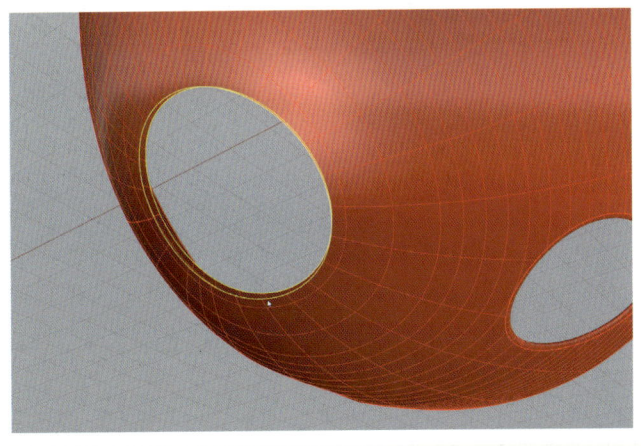
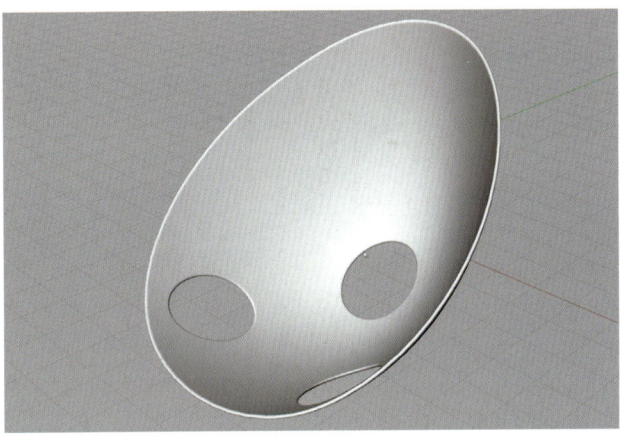

명령: _BlendSrf
첫 번째 가장자리가 될 세그먼트 선택 (자동_연속선택(A)=아니요... 각도_허용오차(N)=1): **안쪽 구멍의 모서리 선택 후** Enter
두 번째 가장자리가 될 다음 세그먼트 선택. 완료되면 Enter 키를 누르십시오 (실행취소(U) ...): **외곽쪽 구멍의 모서리 선택 후** Enter
조정할 심 점을 선택. 완료되면 Enter 키를 누르십시오 (반전(F) 자동(A) 원래대로(N)): Enter

34 마지막으로 **표시여부>개체표시** 명령으로 숨겨진 개체를 모두 표시해주고, **결합** 명령으로 모든 개체를 결합하여 최종 모델링 과정을 완성해 준다.

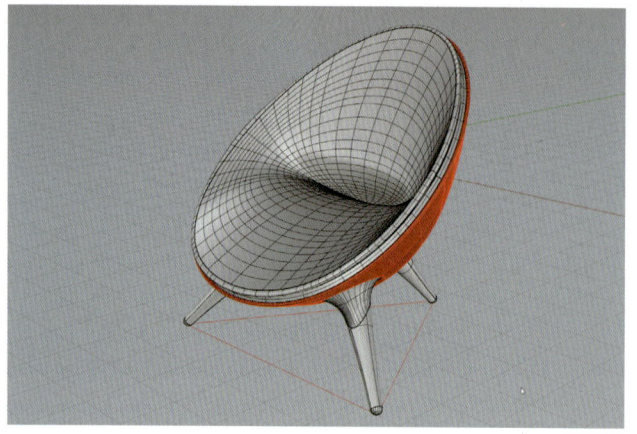 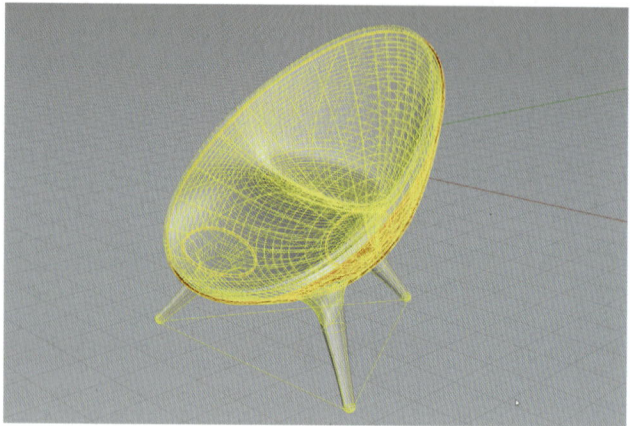

명령: _Show

명령: _Join

35 완성된 서클 체어 모든 개체를 **렌더링 표시 모드**로 전환하여 다양한 뷰화면으로 회전하며 세세히 검토해 보자.

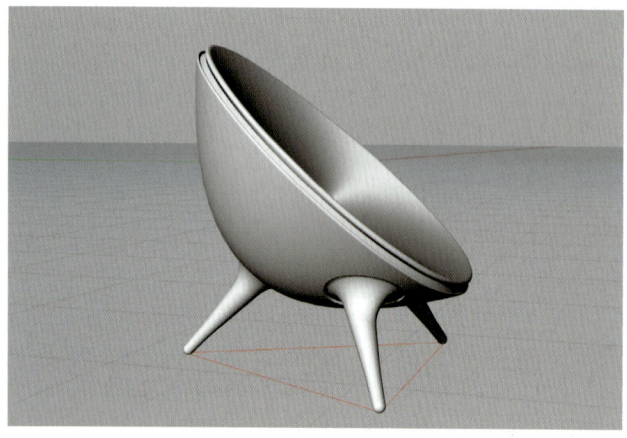 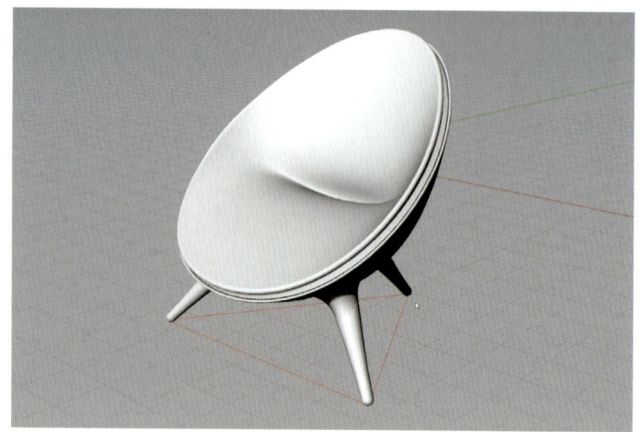

표시 모드가 "렌더링"(으)로 설정되었습니다.

36 Keyshot 렌더러 활용을 통해 다양한 컬러와 재질이 적용된 최종 서클 체어 렌더 이미지를 연출해 보자.

Part 5

리빙제품 실무 모델링
따라 하기

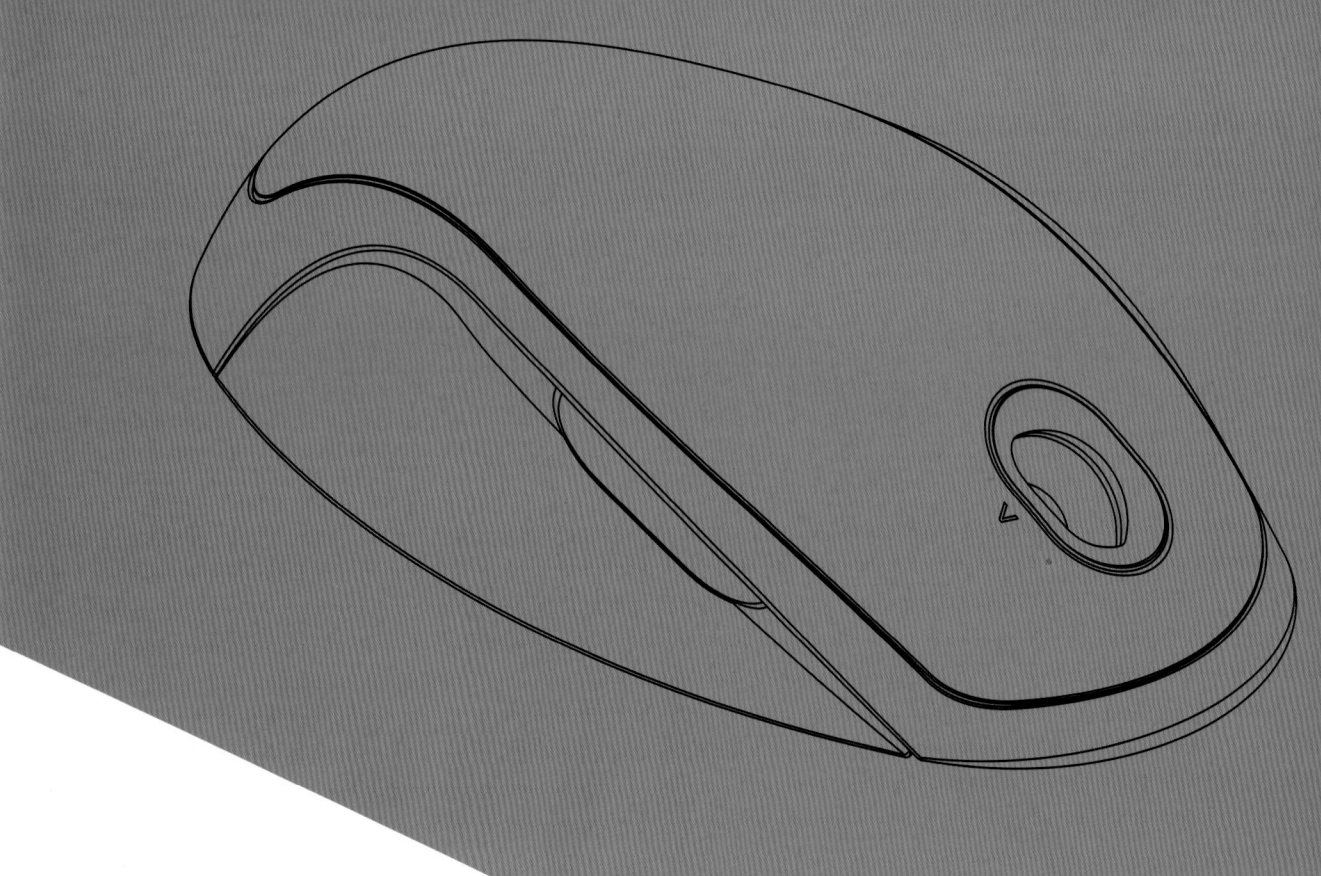

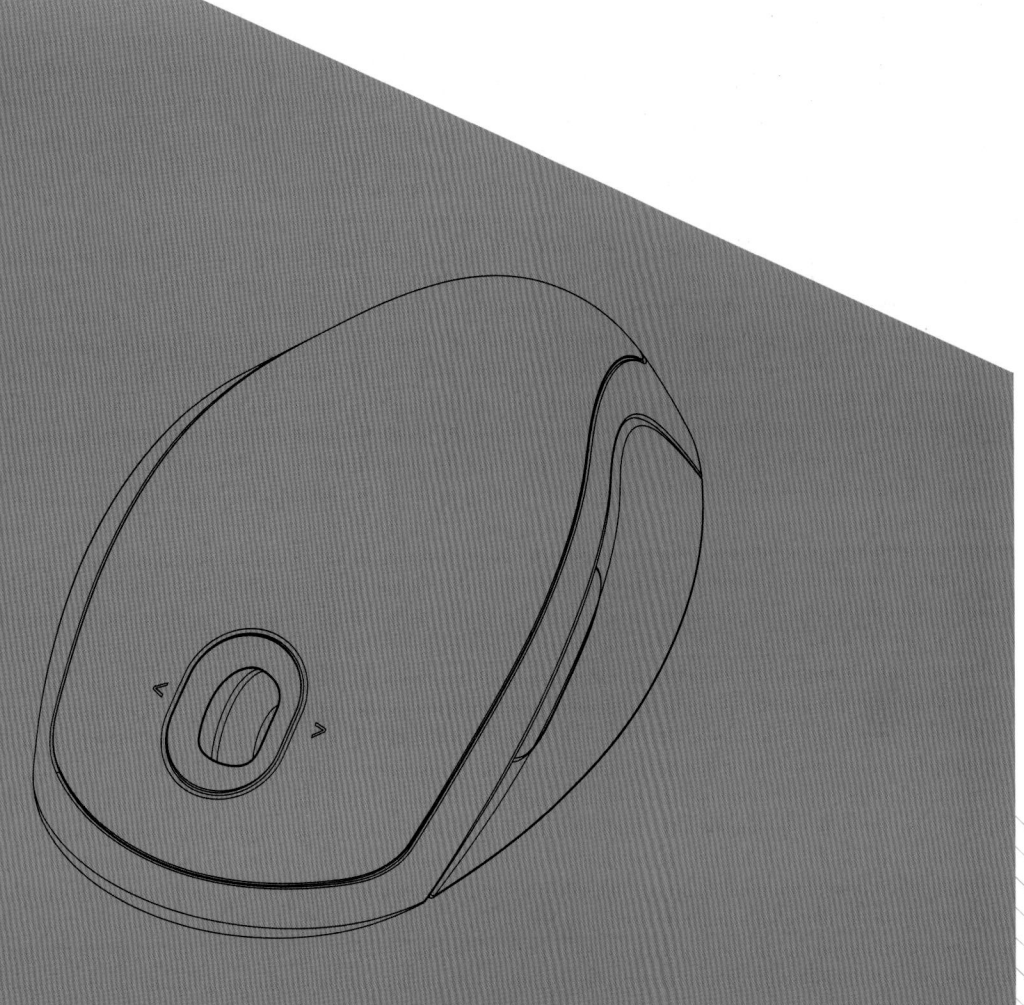

01. Rhinoceros 3D 과정으로 무선 포트 모델링하기
02. Rhinoceros 3D 과정으로 무선 마우스 모델링하기
03. Rhinoceros 3D 과정으로 헤어드라이어 모델링하기

Rhinoceros
3D 과정으로 무선 포트 모델링하기

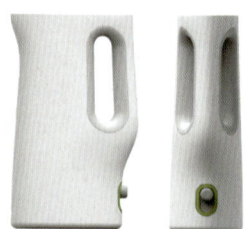

INTRO.

제품 조형이 갖는 본질적인 프로포션과 특유의 고유성을 강조하여 기본형에서 벗어나지 않도록 디자인하는 것이 미니멀 조형이다. 다시 말해 미니멀 조형 창출은 지극히 평범하고 자연스러운 것에서부터 디자인 행위가 시작되어야만 하는 것이다. 이번 과정으로 진행하고자 하는 무선 포트 모델링은 이러한 미니멀 조형미를 극대화하고 소박하고 평범함을 강조한 제품 디자인이다.

이번 과정에서 다루게 될 무선 전기 포트는 제품의 전체적 형상과 손잡이를 일체형으로 심미성 있게 구조화하여 심플하고 모던한 디자인적 감성을 극대화한 모델링 제품이다. 잘 정돈되고 쾌적한 주방 공간에 조화를 이룰 수 있는 무선 전기 포트 디자인을 지금부터 따라해 보자.

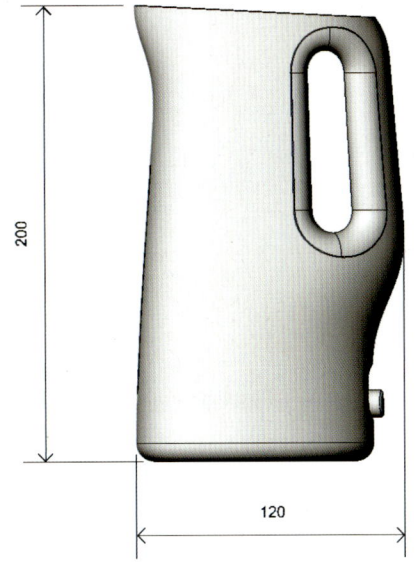
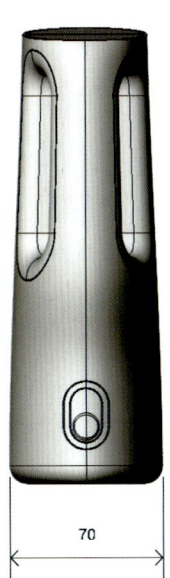

● ● ● ●

01 무선 포트 모델링의 처음 시작 과정으로 타원 기둥을 만들어 기초적인 몸체 형태를 만들어 준다. 먼저 TOP Viewport상에서 모델링 툴탭〉표준〉사이드바〉타원 명령으로 아래의 화면과 같은 타원을 그려준다.

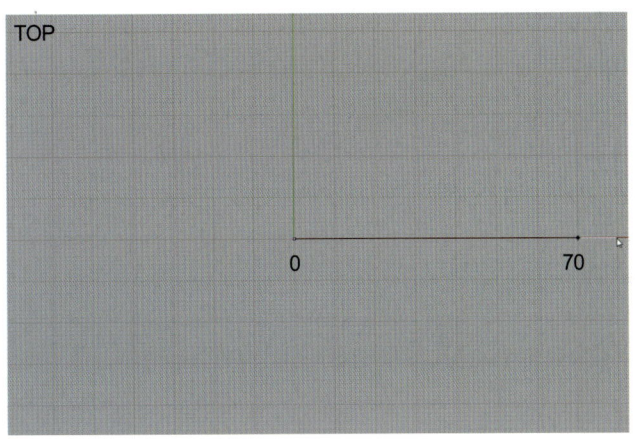
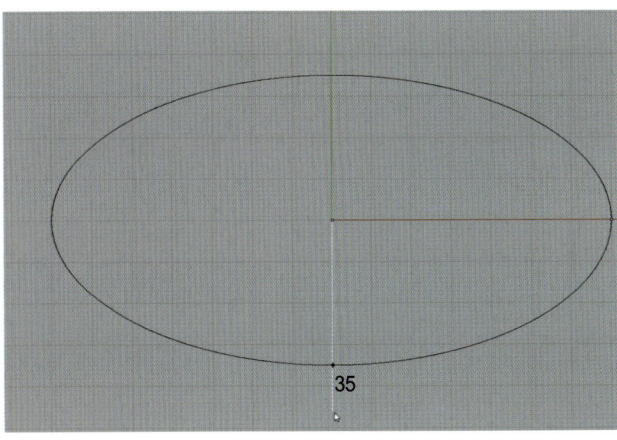

명령: _Ellipse
타원 중심 (변형가능(D) 수직(V) 모서리(C) 지름(I) 초점_지정(F) 커브_주변(A)): **0 입력 후** [Enter]
첫 번째 축의 끝 (모서리(C)): **70 입력 후** [Enter]
첫 번째 축의 끝 (모서리(C)): **클릭**
두 번째 축의 끝: **35 입력 후** [Enter]
두 번째 축의 끝: **클릭**

02 다음은 생성된 타원을 **모델링 툴탭〉서피스 도구〉직선돌출** 명령으로 선택한 다음, 아래의 FRONT Viewport와 같이 타원 기둥 서피스를 200mm 높이로 생성해 준다.

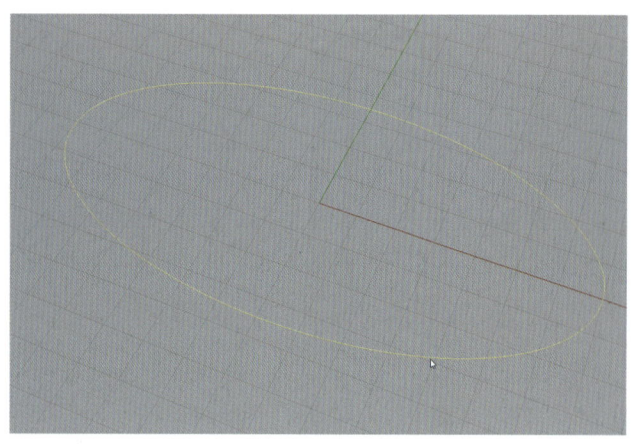
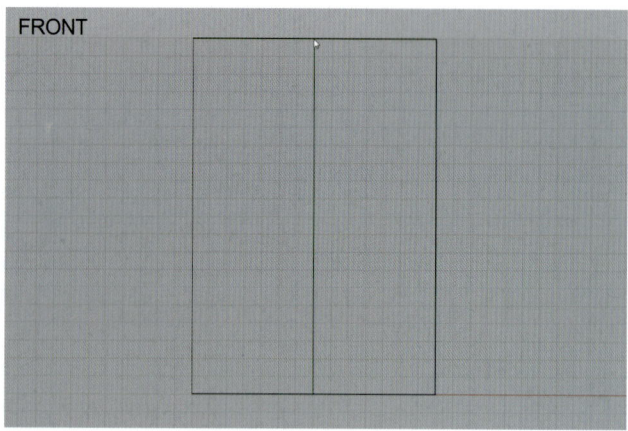

명령: _ExtrudeCrv
돌출시킬 커브 선택: **생성한 타원 선택**
돌출시킬 커브 선택. 완료되면 Enter 키를 누르십시오: Enter
돌출 거리 〈200〉 (방향(D) 양쪽(B)=아니요 .....분할(P)=아니요 기준점_설정(A)): _Solid=_No
돌출 거리 〈200〉 (방향(D) 양쪽(B)=아니요 .....분할(P)=아니요 기준점_설정(A)): **200 입력 후** Enter

03 이어서 제어점을 이용한 서피스 편집을 위해 먼저 생성한 서피스를 **분해** 명령으로 분해해서 U, V 방향의 아이소커브가 생성되게 한다.

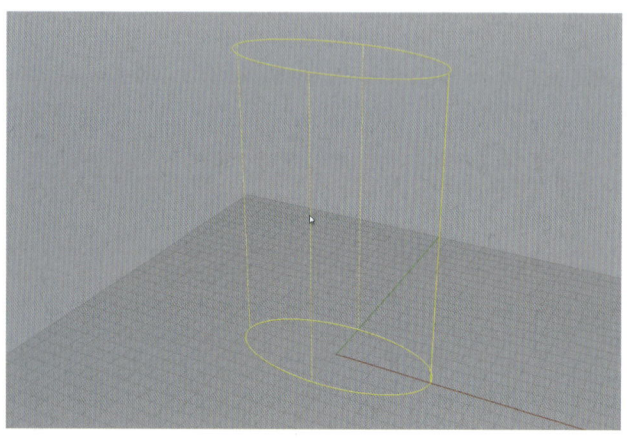
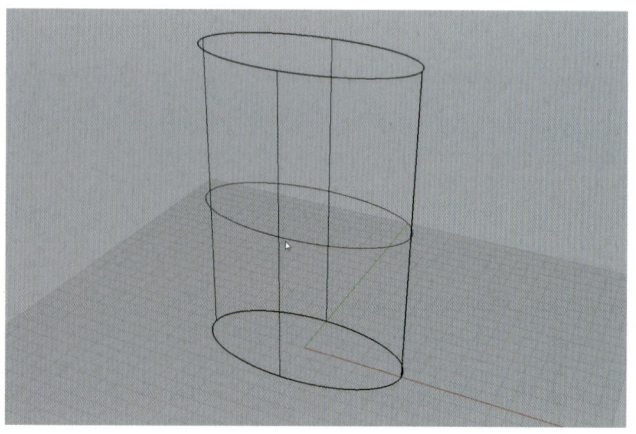

명령: _Explode
분해할 개체 선택: **생성한 서피스 선택**
분해할 개체 선택. 완료되면 Enter 키를 누르십시오: Enter

04 다음은 작업 영역을 FRONT Viewport로 활성화한 후 **모델링 툴탭〉서피스 도구〉서피스 재생성 명령**으로 아래와 같이 팝업 창에 설정된 수치처럼 UV개수를 각각 10개로 적용해 아이소커브를 늘려 준다.

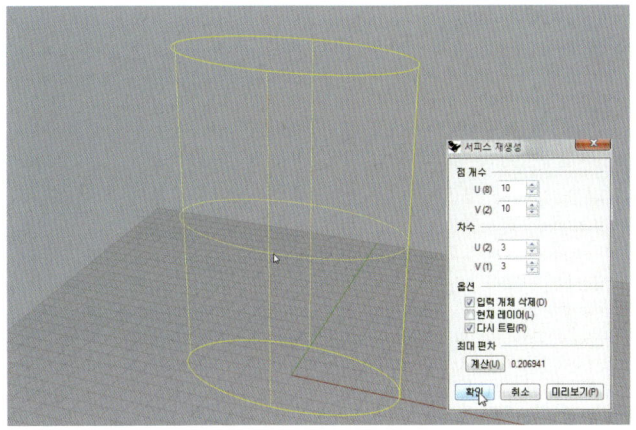
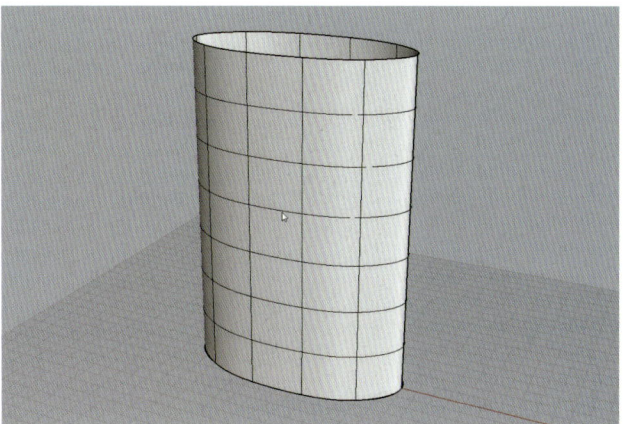

명령: _Rebuild
재생성할 커브, 돌출 또는 서피스 선택: **생성한 서피스 선택**
재생성할 커브, 돌출 또는 서피스 선택. 완료되면 Enter 키를 누르십시오: Enter

05 다음은 세부적인 제어점 편집을 위해 **점 표시** 명령으로 재생성한 서피스의 제어점를 활성화시켜 준다.

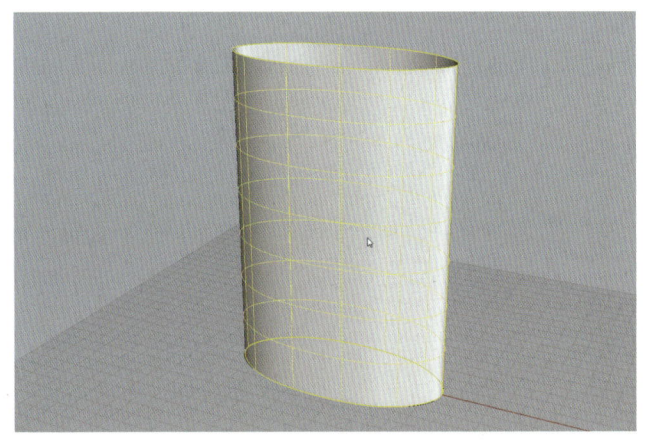
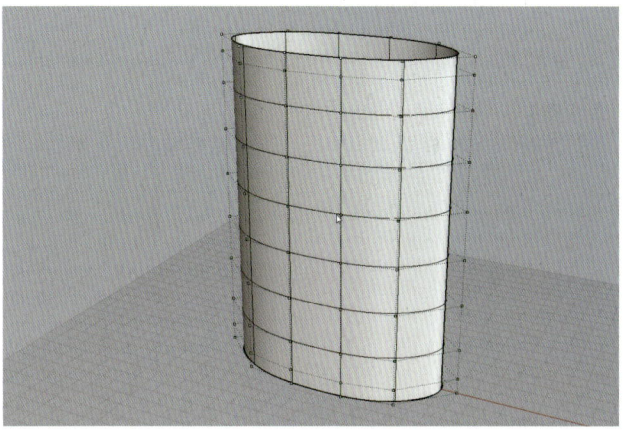

명령: _PointsOn
제어점을 표시할 개체 선택: **재생성한 서피스 선택**
제어점을 표시할 개체 선택. 완료되면 Enter 키를 누르십시오: Enter

06 오브젝트 스냅에 **점 항목**을 체크해 주고, FRONT Viewport상에서 아래의 화면과 같이 제어점 선택 후 **이동 명령**을 통해 −X 축 방향으로 20mm 이동시켜 손잡이 부위가 될 형태로 변형해 준다.

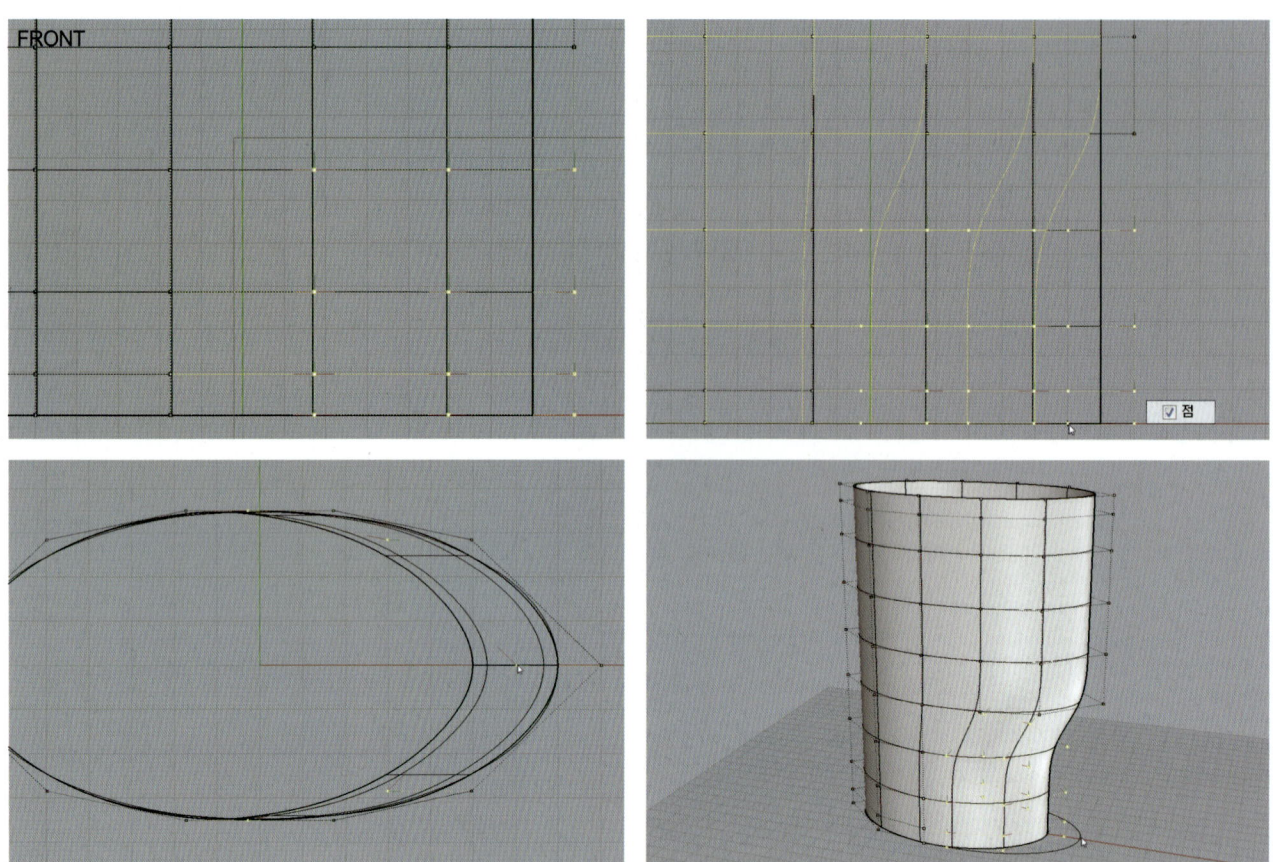

명령: _Move
이동시킬 개체 선택. 완료되면 Enter 키를 누르십시오: **WINDOW SELECTION으로 제어점 선택 후** Enter
이동의 기준점 (수직(V)=아니요): **우측 하단 끝점 지정**
이동의 기준점 새 위치: **−20 입력 후** Enter
이동의 기준점 새 위치: **클릭**

07 이전과 같은 방법으로 아래 화면처럼 좌측 8개의 제어점을 선택한 후 **이동** 명령을 통해 X축 방향으로 20mm 이동시켜 출구 부위가 될 형태로 변형해 준다.

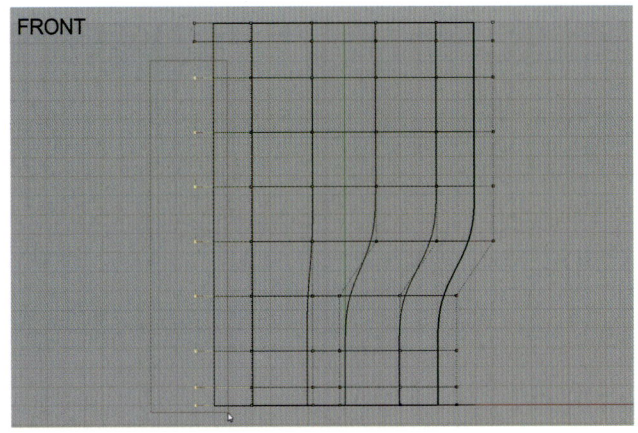
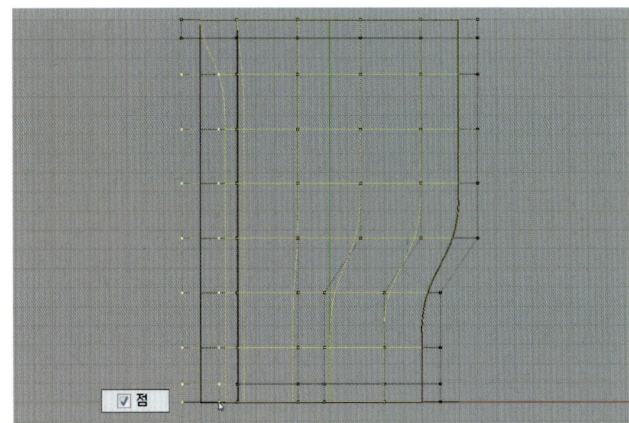
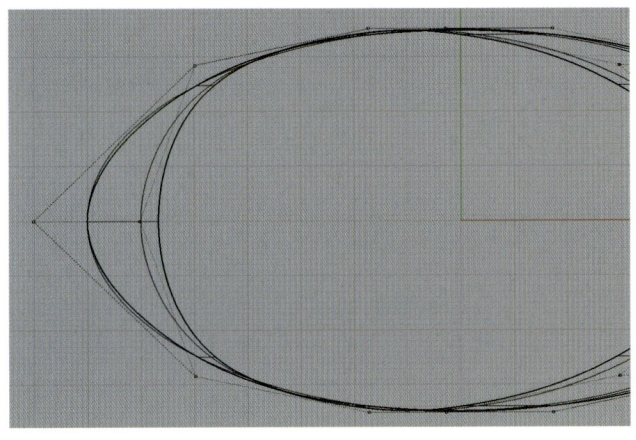
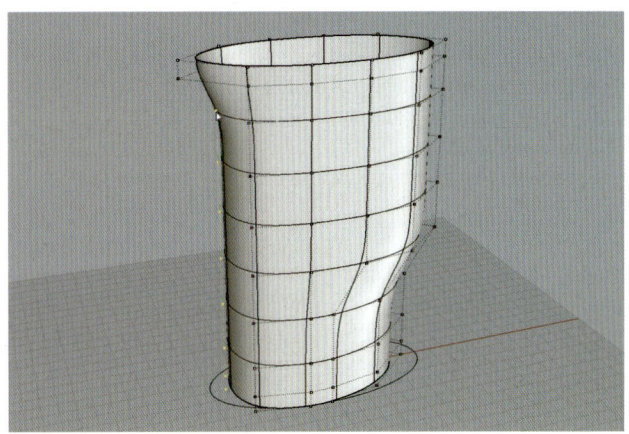

명령: _Move
이동시킬 개체 선택: **WINDOW SELECTION으로 제어점 선택**
이동시킬 개체 선택. 완료되면 Enter 키를 누르십시오: Enter
이동의 기준점 (수직(V)=아니요): **좌측 하단 끝점 지정**
이동의 기준점 새 위치: **20 입력 후** Enter
이동의 기준점 새 위치: **클릭**

08 이어서 한 번 더 동일한 방법으로 아래 화면과 같이 우측 상단 끝부분 제어점을 선택한 후 **이동 명령**으로 서피스를 편집해 주어 전체적인 형태를 모두 마무리해 준다.

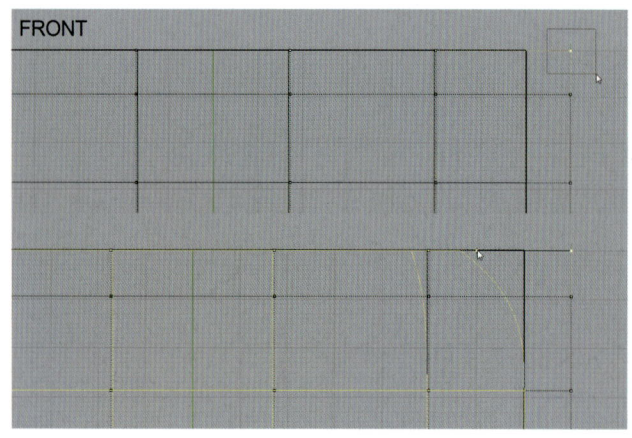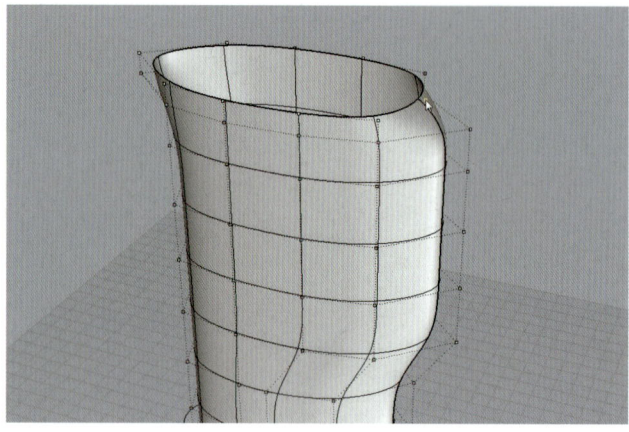

명령: _Move
이동시킬 개체 선택. 완료되면 Enter 키를 누르십시오: **우측 상단 끝점 선택 후** [Enter]
이동의 기준점 (수직(V)=아니요): **우측 상단 끝점 지정**
이동의 기준점 새 위치: **-20 입력 후** [Enter]
이동의 기준점 새 위치: **클릭**

09 편집이 완료된 서피스를 **모델링 툴탭〉솔리드 도구〉평면형 구멍 끝막음 명령**으로 상하로 뚫린 서피스를 끝막음하여 하나의 솔리드로 만들어 준다.

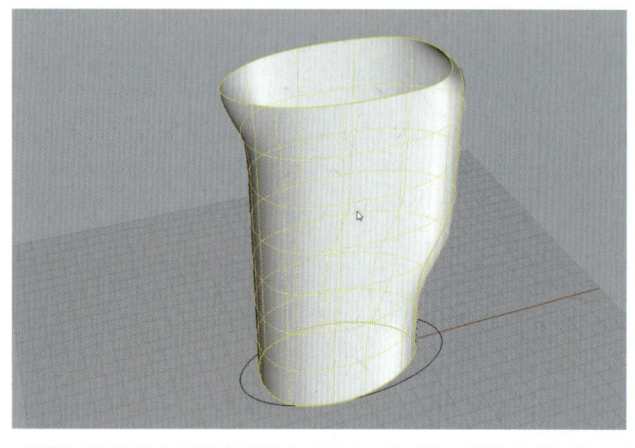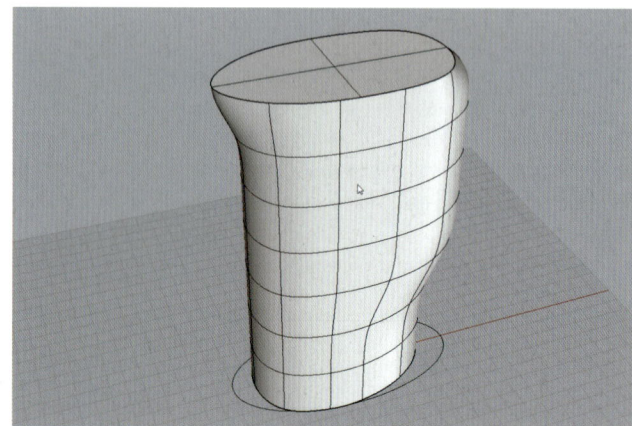

명령: _Cap
끝막음할 서피스 또는 폴리서피스 선택: **편집한 서피스 선택**
끝막음할 서피스 또는 폴리서피스 선택. 완료되면 Enter 키를 누르십시오: [Enter]

10 이번 과정은 무선 포트 손잡이 부분을 만드는 과정이다. 먼저 레이어부터 빨간색으로 바꿔주고 FRONT Viewport상에서 모델링 툴탭〉표준〉사이드바〉직사각형 명령으로 모서리가 둥근 직사각형을 생성해 준다.

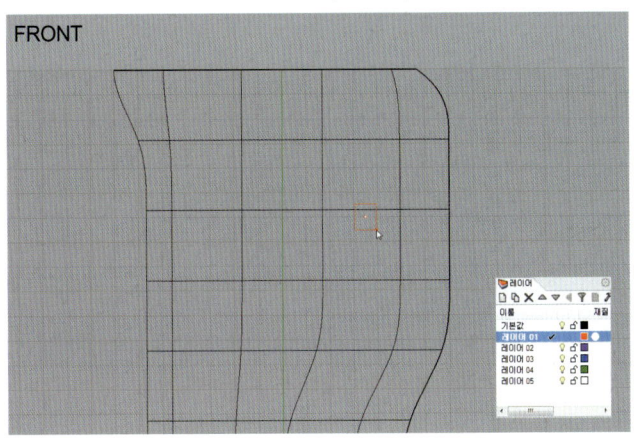
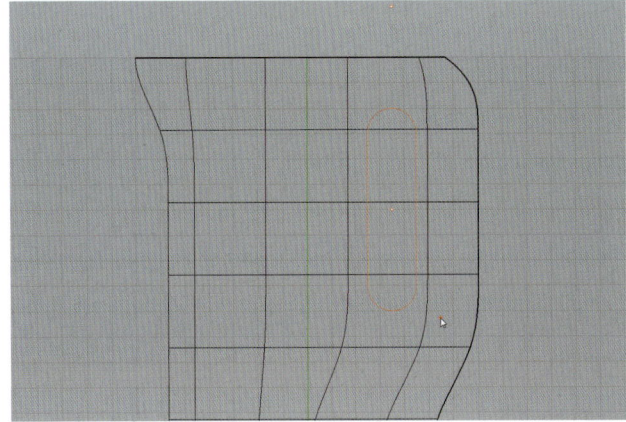

명령: _Rectangle
직사각형의 첫 번째 모서리 (3점(P) 수직(V) 중심점(C) 둥글게(R)): _Center
직사각형의 중심 (둥글게(R)): **R 입력 후** Enter **(둥글게)**
직사각형의 중심: **35,140 (x,z) 입력 후** Enter
다른 모서리 또는 길이 (3점(P)): **20 입력 후** Enter
너비, 길이를 사용하려면 Enter 키를 누르십시오 (3점(P)): **80 입력 후** Enter
반지름 또는 둥근 모서리가 통과하는 점 〈10.00〉 (모서리(C)=호): **10 입력 후** Enter

11 새로운 레이어로 생성된 모서리 둥근 직사각형을 모델링 툴탭〉솔리드 도구〉와이어컷 명령으로 무선 포트 본체와 교차된 커브 부분을 커팅하여 잘라준다.

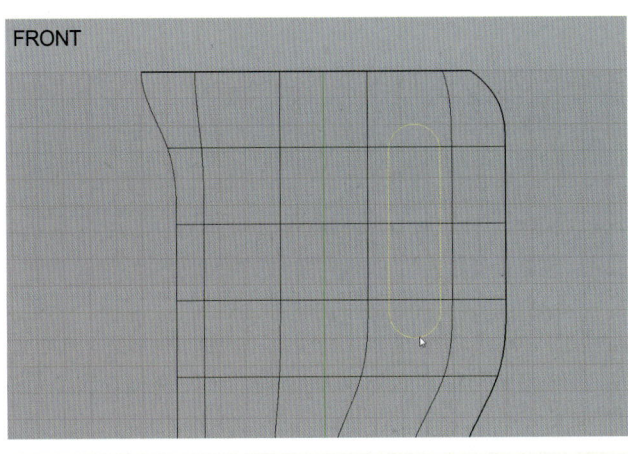
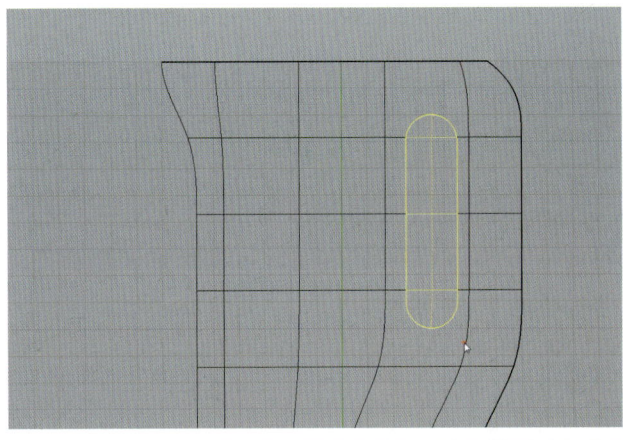

명령: _WireCut
절단 커브 선택 (선(L)): **둥근 직사각형 커브 선택**
자를 개체 선택: **무선 포트 본체 선택**
자를 개체 선택. 완료되면 Enter 키를 누르십시오: Enter
절삭 깊이 점. 개체를 완전히 자르려면 Enter 키를 누르십시오 (방향(D)=커브에... 양쪽(B)=아니요): Enter
적용하려면 Enter 키를 누르십시오 (반전(I)=아니요 모두_유지(K)=예): Enter

12 아래의 화면과 같이 커팅된 조각 부분을 선택해 키보드의 DEL키로 지워준다.

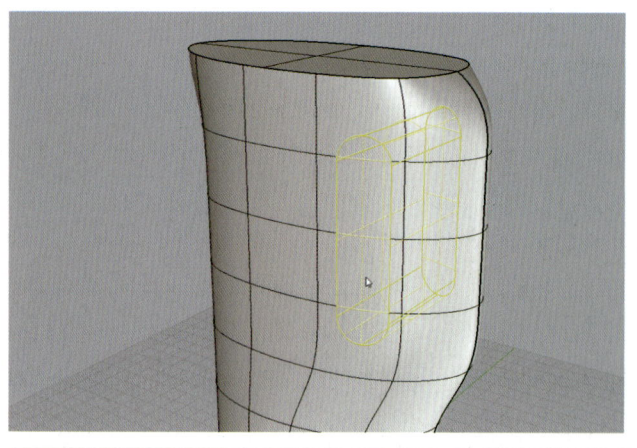 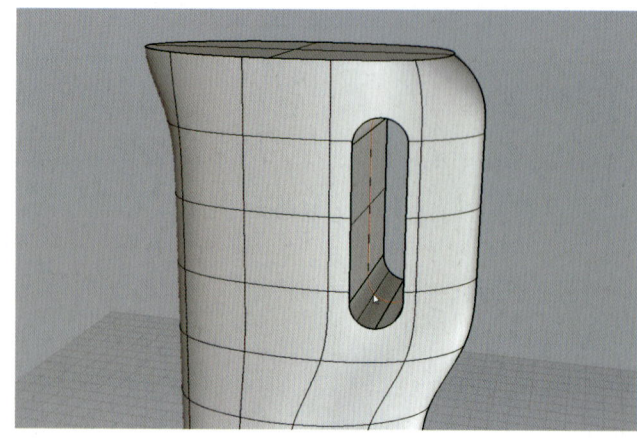

명령: _Delete

13 다음은 무선 포트의 내부공간을 편집하기 위해 프레임 두께를 만들어 보자. **모델링 툴탭〉솔리드〉닫힌 폴리서피스 쉘 처리 명령**으로 내부공간이 만들어지도록 2mm 프레임 두께로 만들어 준다.

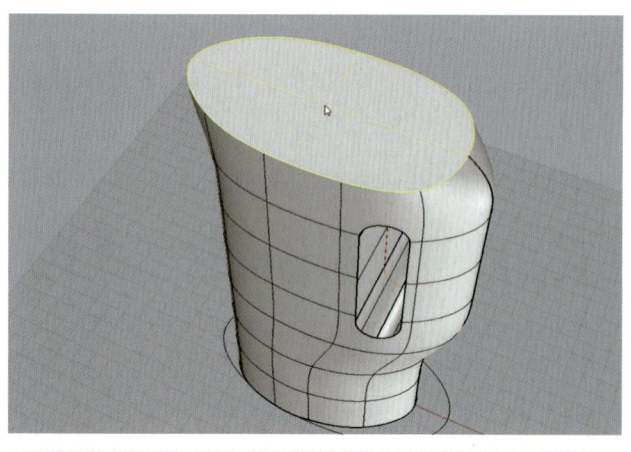 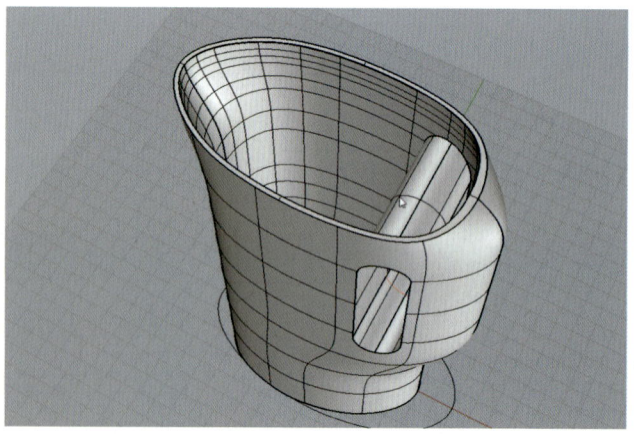

명령: _Shell
닫힌 폴리서피스에서 제거할 면을 선택합니다. 적어도 한 면은 선택되지 않은 상태로 놔두어야 합니다 (두께(T)=1.00): **2 입력 후** Enter
닫힌 폴리서피스에서 제거할 면을 선택합니다. 적어도 한 면은 선택되지 않은 상태로 놔두어야 합니다 (두께(T)=2.00): **상단 평면 서피스 선택**
닫힌 폴리서피스에서 제거할 면을 선택합니다. 완료되면 Enter 키를 누르십시오 (두께(T)=2.00): Enter

14 이어서 와이어컷으로 잘린 손잡이의 모서리 부분을 모델링 툴탭>솔리드 도구>가변 반지름 필릿 명령으로 부드럽게 라운드 처리해 준다.

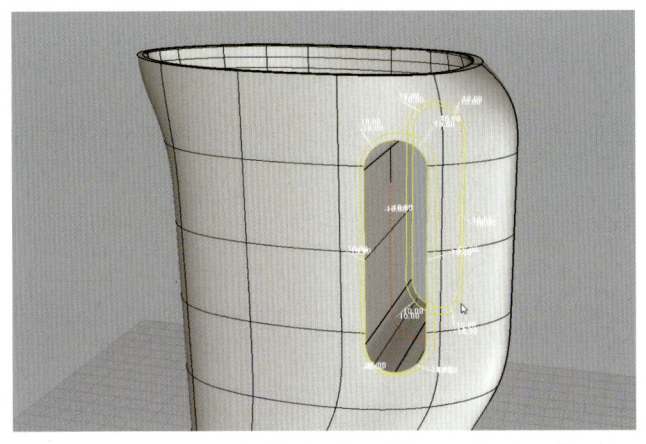 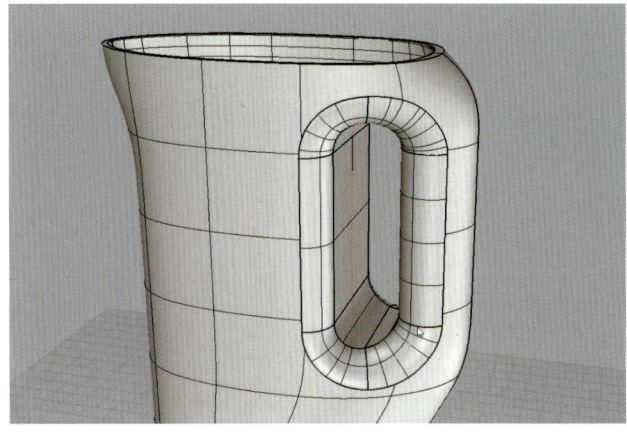

명령: _FilletEdge
필릿할 가장자리 선택 (반지름_표시(S)=예 다음_반지름(N)=1 가장자리_연속선택(C)): **커팅된 바깥쪽 안쪽 모든 모서리 선택**
필릿할 가장자리 선택. 완료되면 Enter 키를 누르십시오 (반지름_표시(S)=예 다음_반지름(N)=1 가장자리_연속선택(C)): **10 입력 후** [Enter]
필릿할 가장자리 선택. 완료되면 Enter 키를 누르십시오 (반지름_표시(S)=예 다음_반지름(N)=10 가장자리_연속선택(C)): [Enter]

15 위와 같은 방법으로 무선 포트 바닥면 바깥쪽과 안쪽 모서리 모두 **가변 반지름 필릿** 명령으로 부드럽게 라운드 처리해 준다.

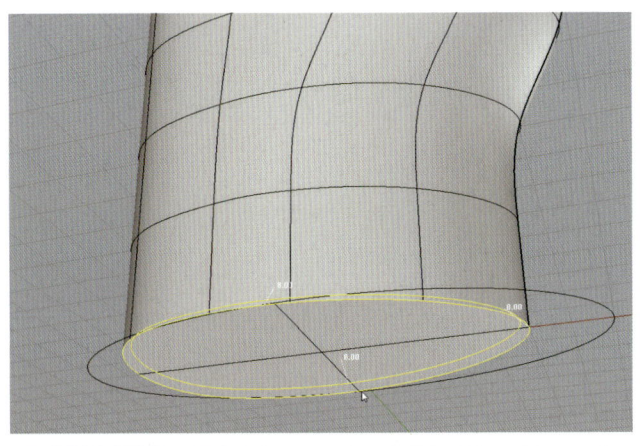 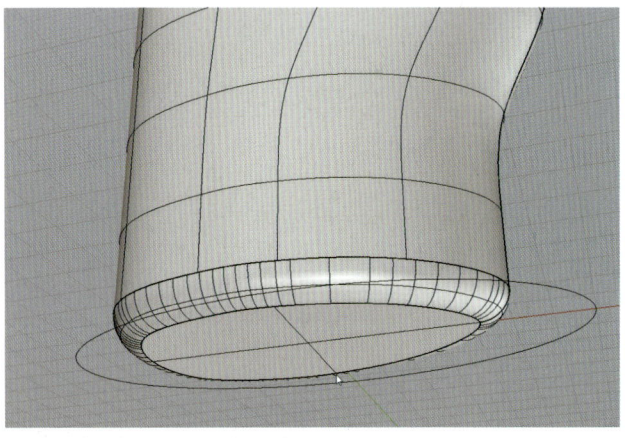

명령: _FilletEdge
필릿할 가장자리 선택 (반지름_표시(S)=예 다음_반지름(N)=10 가장자리_연속선택(C)): **바닥면 안쪽, 바깥쪽 모서리 선택**
필릿할 가장자리 선택. 완료되면 Enter 키를 누르십시오 (반지름_표시(S)=예 다음_반지름(N)=1 가장자리_연속선택(C)): **8 입력 후** [Enter]
필릿할 가장자리 선택. 완료되면 Enter 키를 누르십시오 (반지름_표시(S)=예 다음_반지름(N)=8 가장자리_연속선택(C)): [Enter]

16 대략적인 무선 포트 형태의 솔리드 개체가 완성되었다. 이어서 디테일한 수정을 통해 완성 단계와 같은 형태로 점점 발전시켜 나가 보자. 다음은 **모델링 툴탭〉변형〉테이퍼** 명령으로 전체적으로 경직된 형태에서 벗어나 아래의 화면과 같이 변화 있는 몸체 라인을 만들어 본다.

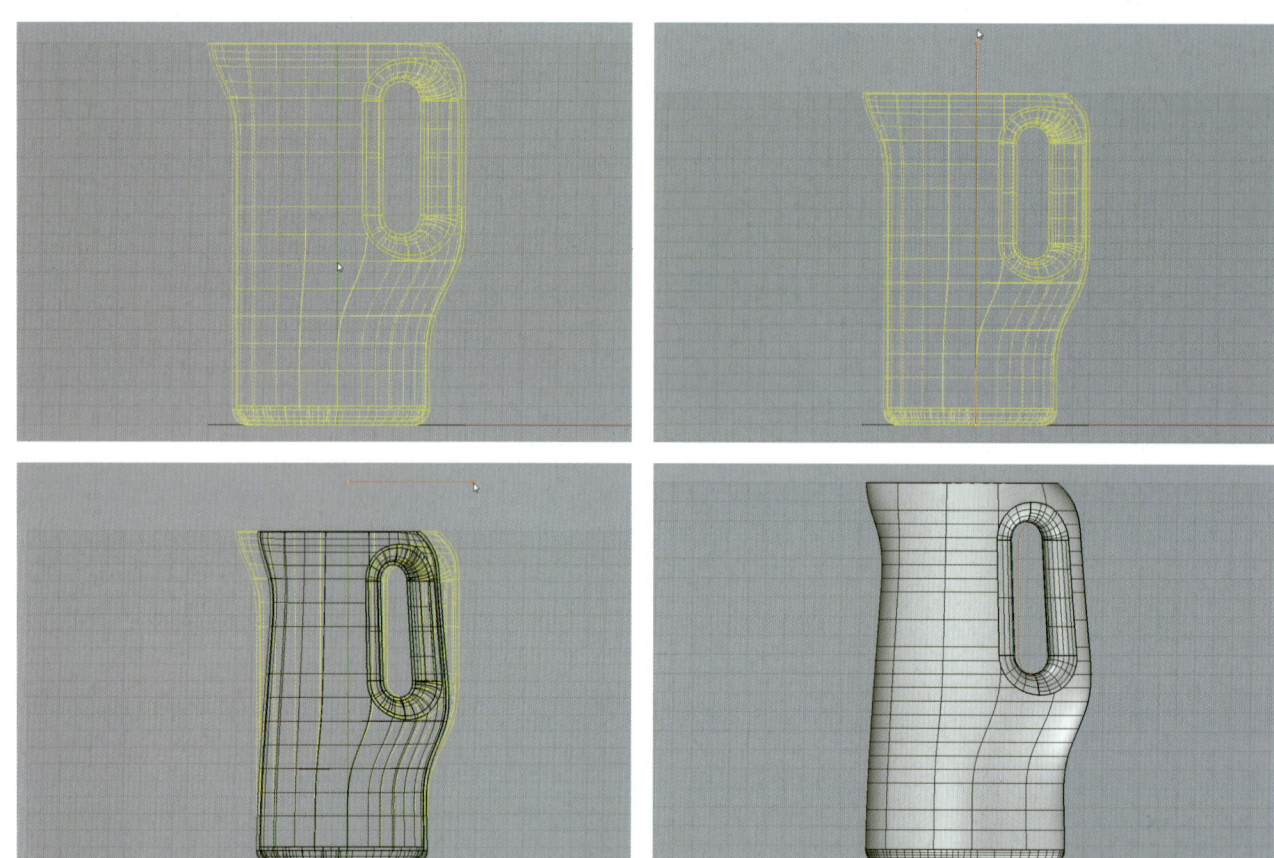

명령: _Taper
테이퍼 축의 시작 (양쪽(B) 법선(N) 각도(A) 수직(V) 4점(F) 2등분선(I) 직교(P) 접점(T) 연장(X)): **0 입력 후** Enter
테이퍼 축의 끝 (양쪽(B)): **230 입력 후** Enter
테이퍼 축의 끝 (양쪽(B)): **수직 상단 방향에 마우스 위치 후 클릭**
시작 거리 (복사(C)=아니요 원래형태_유지(R)=아니요 평평하게(F)=아니요 무한(I)=아니요): **100 입력 후** Enter
끝 거리 (복사(C)=아니요 원래형태_유지(R)=아니요 평평하게(F)=아니요 무한(I)=아니요): **80 입력 후** Enter

17 다음은 FRONT Viewport상에서 폴리라인 명령과 회전 명령으로 아래의 화면과 같이 무선 포트 좌측 상단 끝점에서 시작되는 120mm 사선을 그려준다.

명령: _Polyline
폴리라인의 시작 (닫힘_유지(P)=아니요): **좌측 상단 끝점 지정**
폴리라인의 다음 점 (닫힘_유지(P)=아니요 ...): **120 입력 후** [Enter]

명령: _Rotate
회전시킬 개체 선택: **생성한 폴리라인 선택**
회전시킬 개체 선택. 완료되면 Enter 키를 누르십시오: [Enter]
회전 중심 (복사(C)=아니요): **무선 포트의 좌측 상단 끝점**
각도 또는 첫 번째 참조점 (복사(C)=아니요): **-3 입력 후** [Enter]

18 다음은 이전 과정에서 무선 포트 손잡이 형태를 만들 때와 같이 **와이어컷 명령**으로 사선각도 만큼의 깊이를 커팅해 준다.

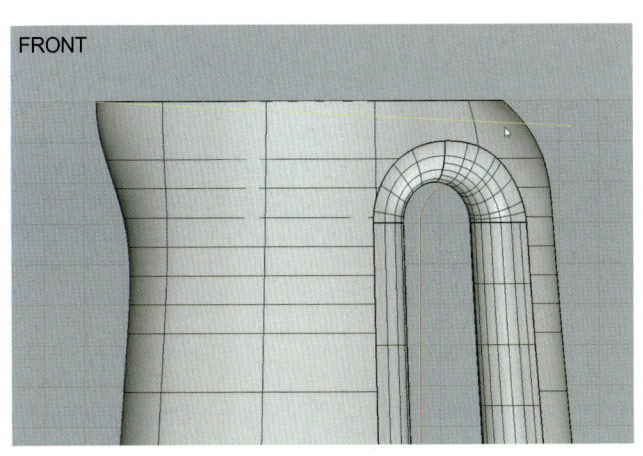

명령: _WireCut
절단 커브 선택 (선(L)): **회전한 폴리라인 선택**
자를 개체 선택. 완료되면 Enter 키를 누르십시오: **무선 포트 선택 후** [Enter]
절삭 깊이 점. 개체를 완전히 자르려면 Enter 키를 누르십시오 (방향(D)=커브에...양쪽(B)=아니요): [Enter]
적용하려면 Enter 키를 누르십시오 (반전(I)=아니요 모두_유지(K)=예): [Enter]

19 아래의 화면과 같이 커팅된 솔리드 조각을 선택해 키보드의 DEL키로 지워 주고 FRONT Viewport상에서 쉐이딩 모드로 전체적인 무선 포트의 비례감을 검토해 보자.

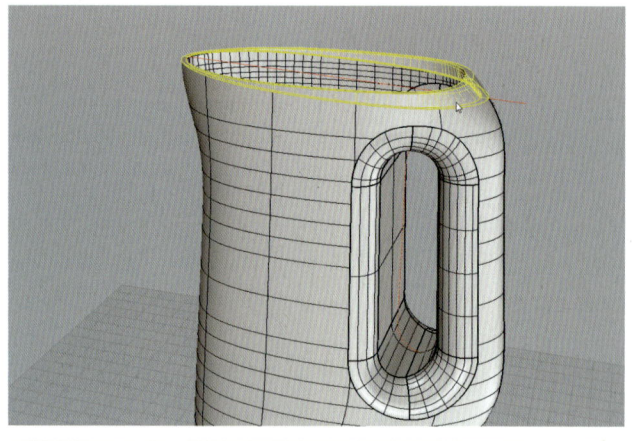
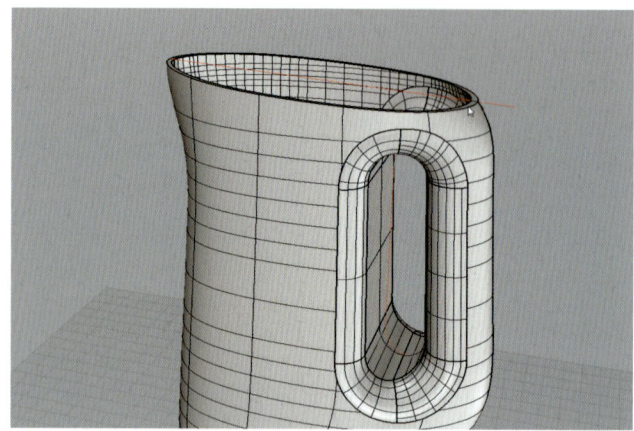

명령: _Delete

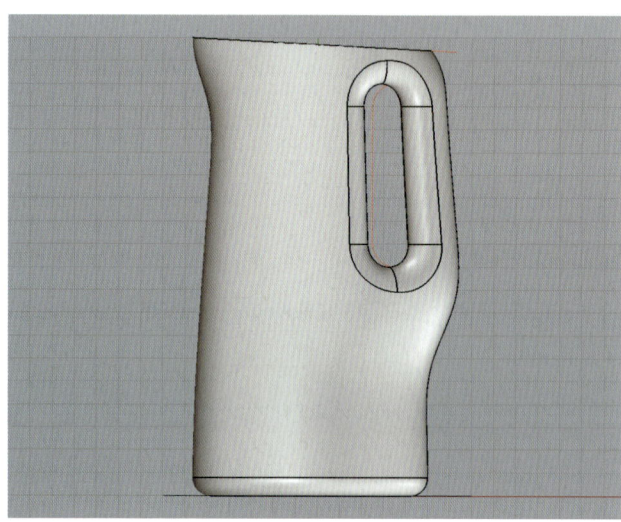

20 다음은 손잡이 부분의 세부적인 디테일 요소를 살리기 위하여 파팅 라인을 만들어 보자. 우선 무선 포트를 선택해 **분해** 명령으로 분해시켜 준 후 아래의 화면과 같이 손잡이 파트를 **개체 숨기기 명령으로** 서피스들을 숨겨준다.

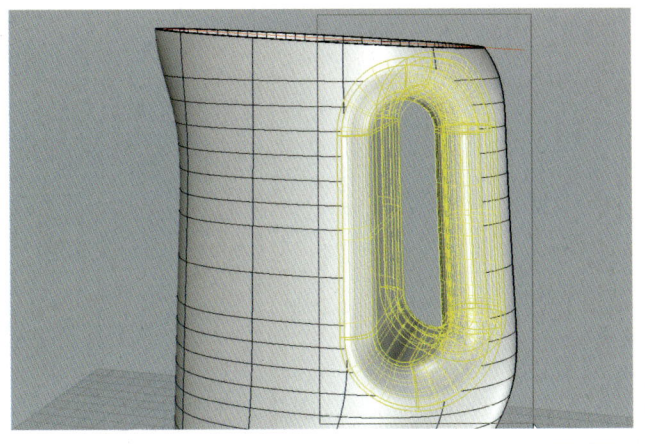
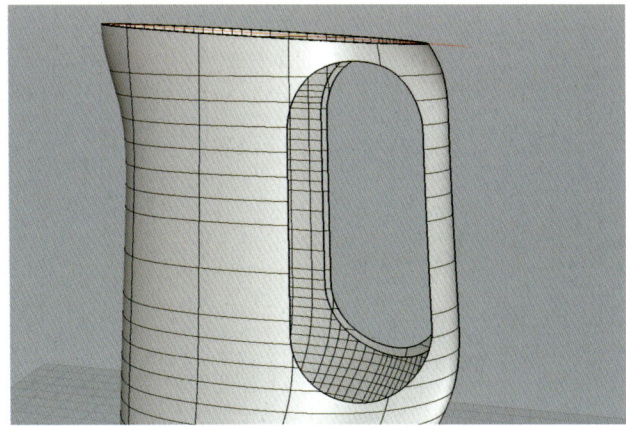

명령: _Explode
분해할 개체 선택: **무선 포트 선택**
분해할 개체 선택. 완료되면 Enter 키를 누르십시오: Enter

명령: _Hide
숨길 개체 선택: **분해된 손잡이 서피스 선택**
숨길 개체 선택. 완료되면 Enter 키를 누르십시오: Enter

21 다음은 기본값 레이어로 변경하고, 무선 포트 손잡이 프레임 두께를 만들기 위하여 **모델링 툴탭〉서피스 도구〉로프트** 명령으로 바깥쪽과 안쪽의 손잡이 모서리 간격들을 이어준 후 모두 결합시켜 준다.

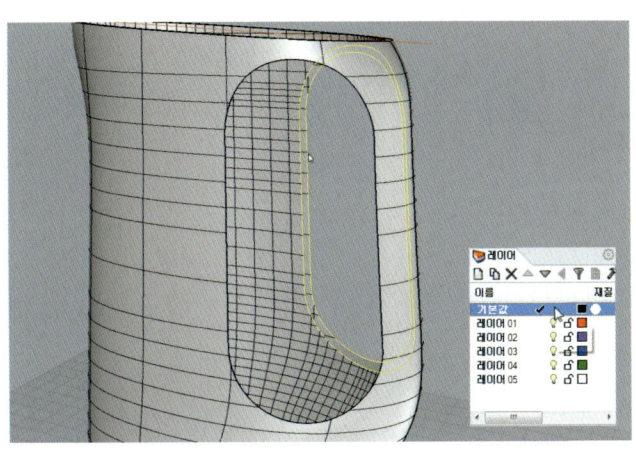
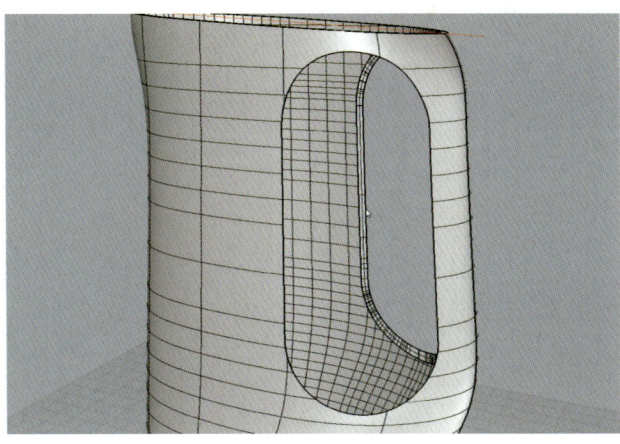

명령: _Loft
로프트할 커브 선택 (점(P)): **안쪽과 바깥쪽 위치의 서피스 모서리 선택**
로프트할 커브 선택. 완료되면 Enter 키를 누르십시오 (점(P)): Enter
조정할 심 점을 선택. 완료되면 Enter 키를 누르십시오 (반전(F) 자동(A) 원래대로(N)): Enter

명령: _Join

22 다음으로 모델링 툴탭〉표시 여부〉개체의 숨김, 표시 상태 바꾸기 명령으로 숨겼던 손잡이 부분을 표시해 주고 **로프트 명령**으로 벌어진 서피스 간격을 화면과 같이 이어 준다.

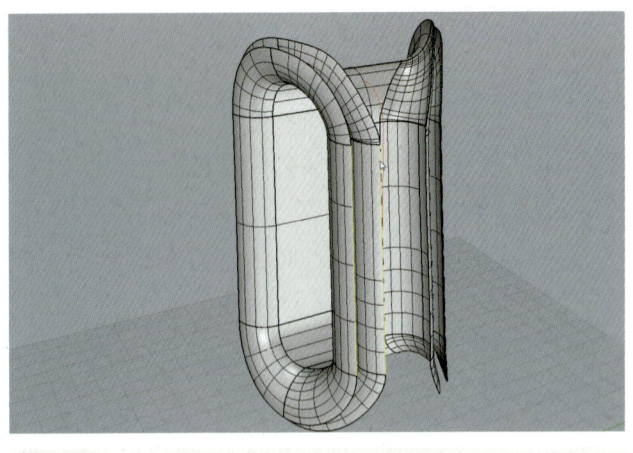 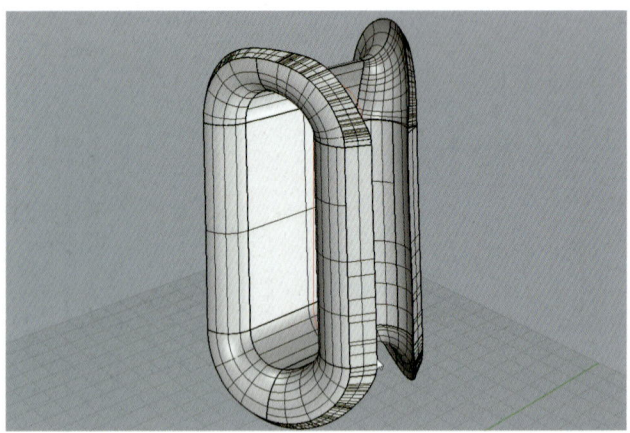

명령: _HideSwap

명령: _Loft
로프트할 커브 선택 (점(P)): **바깥쪽 모서리 선택**
로프트할 커브 선택. 완료되면 Enter 키를 누르십시오 (점(P)): **같은 위치의 안쪽 모서리 선택 후** [Enter]
조정할 심 점을 선택. 완료되면 Enter 키를 누르십시오 (반전(F) 자동(A) 원래대로(N)): [Enter]

23 이어서 로프된 모든 서피스들을 **결합**시켜주고, 예리한 모서리 부분을 **가변반지름 명령**으로 1mm만큼 부드럽게 라운드 처리해 준다.

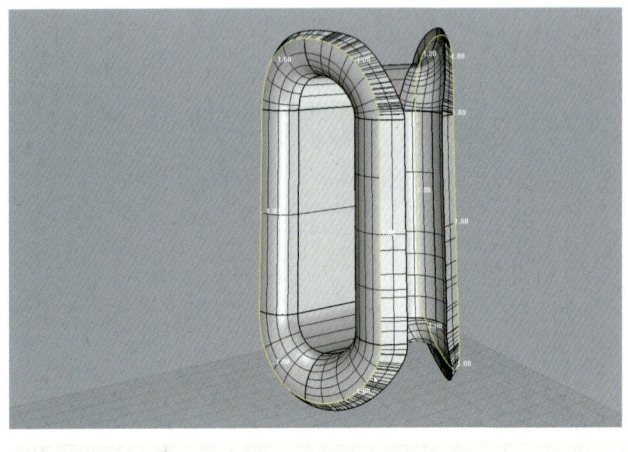 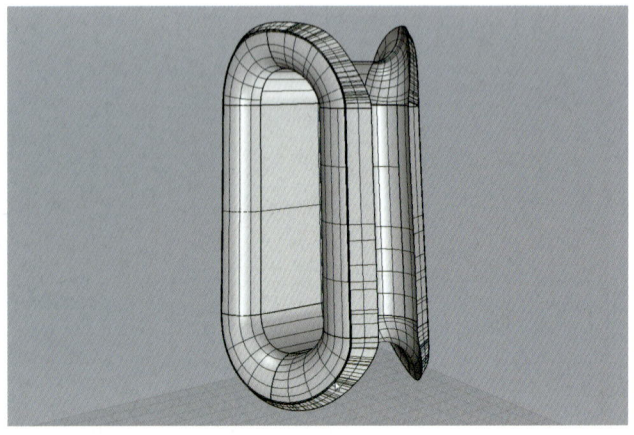

명령: _Join

명령: _FilletEdge
필릿할 가장자리 선택 (반지름_표시(S)=예 다음_반지름(N)=0.5 가장자리....): **1 입력 후** [Enter]
필릿할 가장자리 선택 (반지름_표시(S)=예 다음_반지름(N)=1 가장자리....): **가장자리 선택 후** [Enter]

24 가변반지름 명령이 잘 적용되었다면 **모델링 툴탭>표시 여부>개체 숨기기 명령**으로 모든 개체를 화면에 표시해 준 다음 렌더링 모드상에서 지금까지 편집한 무선 포트 모델링 과정을 확인해 보자.

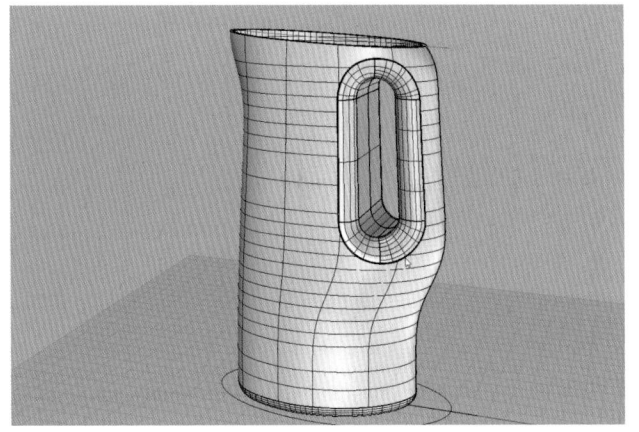 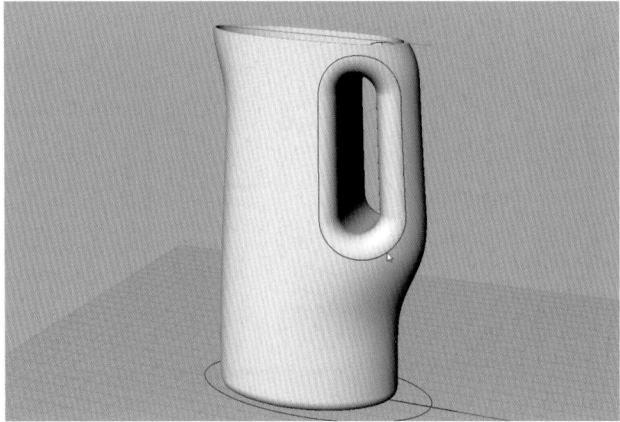

명령: _Show

25 다음으로 무선 포트의 덮개 부분을 만들어 보자. 가공 공차 범위를 고려하여 TOP Viewport에서 **모델링 툴탭>커브 도구>커브 간격띄우기 명령**으로 상단 가장자리 커브를 선택하여 안쪽 방향으로 생성해 준다.

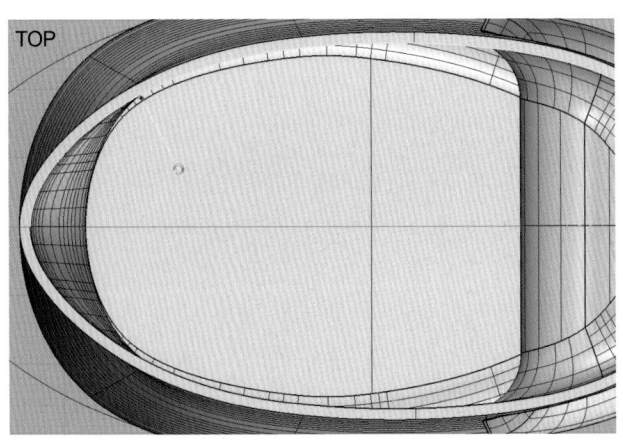 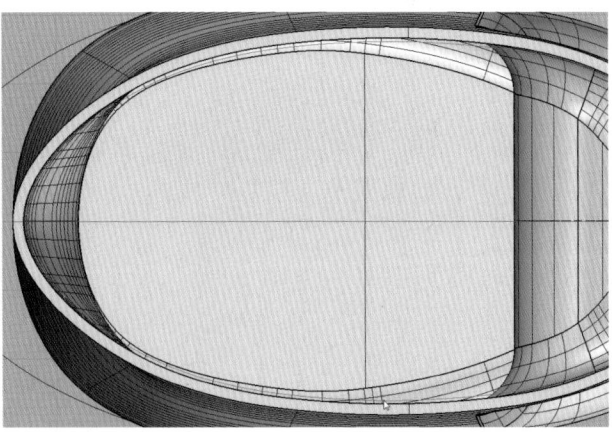

명령: _Offset
간격띄우기 실행할 커브 선택 (거리(D)=1 모서리(C)=모나게 점_통과(T) ... 끝막음(A)=없음): **상단 모서리를 선택한 뒤 0.5 입력 후** Enter
간격띄우기할 쪽 (거리(D)=0.5 모서리(C)=모나게 점_통과(T) ....끝막음(A)=없음): **안쪽에 마우스 커서 위치 후** Enter

26 이어서 간격 띄운 커브를 사용하여 **모델링 툴탭〉서피스 도구〉평면형 커브를 사용한 서피스** 명령으로 타원 모양의 서피스를 생성해 준다.

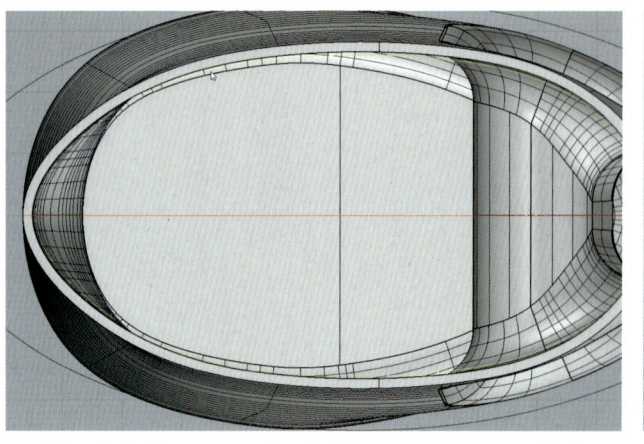 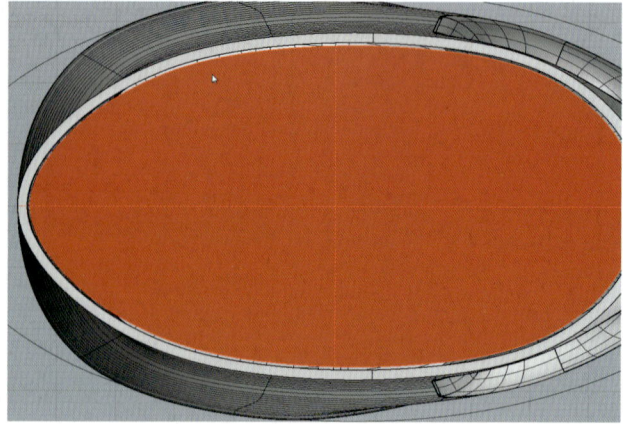

명령: _PlanarSrf
서피스를 생성할 평면형 커브 선택: **간격띄우기한 커브 선택**
서피스를 생성할 평면형 커브 선택. 완료되면 Enter 키를 누르십시오: Enter

27 다음은 덮개 부분의 원활한 편집을 위하여 생성된 서피스를 선택한 상태에서 **모델링 툴탭〉표시 여부〉선택 반전과 개체 숨기기 명령**으로 덮개 서피스만 빼고 나머지를 숨겨 준다.

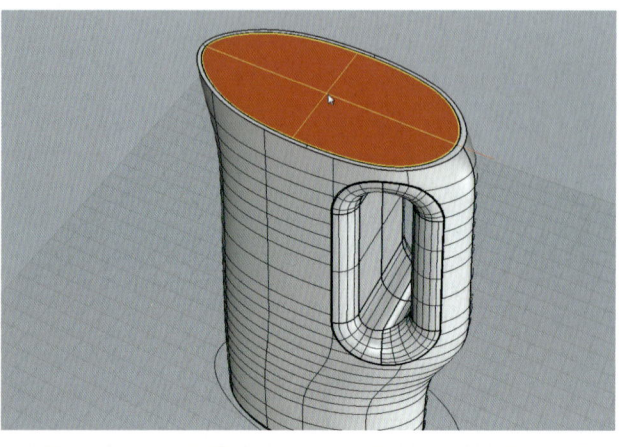 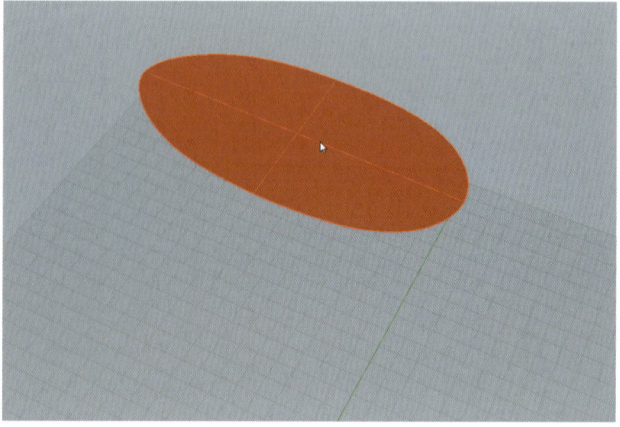

명령: _Invert

28 이번에는 작업 영역을 TOP Viewport로 활성화한 후 **모델링 툴탭〉커브 도구〉직사각형 명령**으로 모서리가 둥근 직사각형을 생성해 준다.

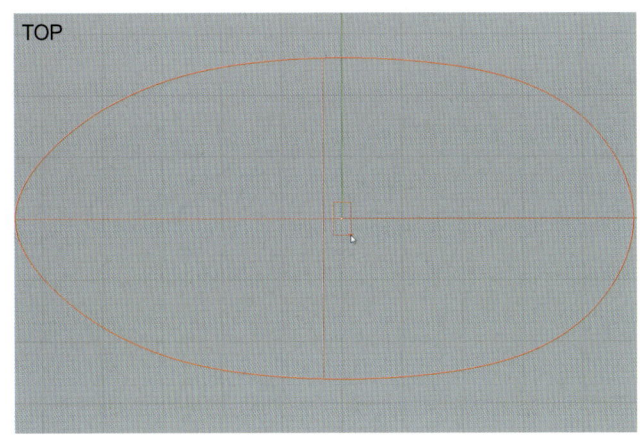 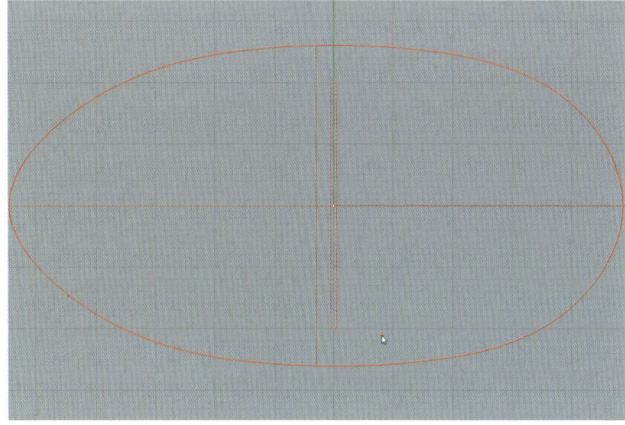

명령: _Rectangle
직사각형의 첫 번째 모서리 (3점(P) 수직(V) 중심점(C) 둥글게(R)): _Center
직사각형의 중심 (둥글게(R)): **R 입력 후** Enter **(둥글게)**
직사각형의 중심: **0 입력 후** Enter
다른 모서리 또는 길이 (3점(P)): **1 입력 후** Enter
너비, 길이를 사용하려면 Enter 키를 누르십시오 (3점(P)): **40 입력 후** Enter
반지름 또는 둥근 모서리가 통과하는 점 〈10.00〉 (모서리(C)=호): Enter

29 이어서 방금 생성한 커브를 **분할 명령**을 사용해 커브 모양으로 서피스를 분할한 후 Del키로 제거해 준다.

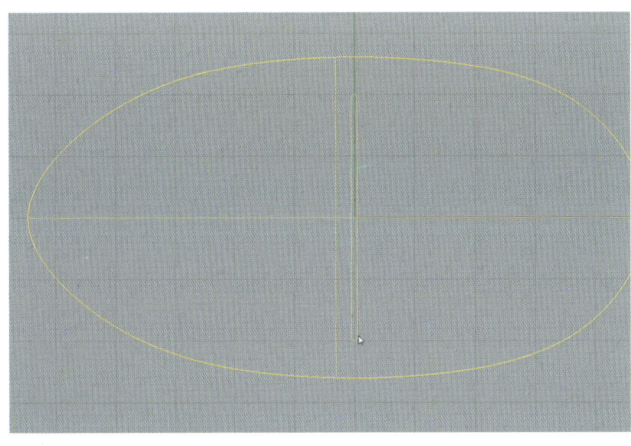 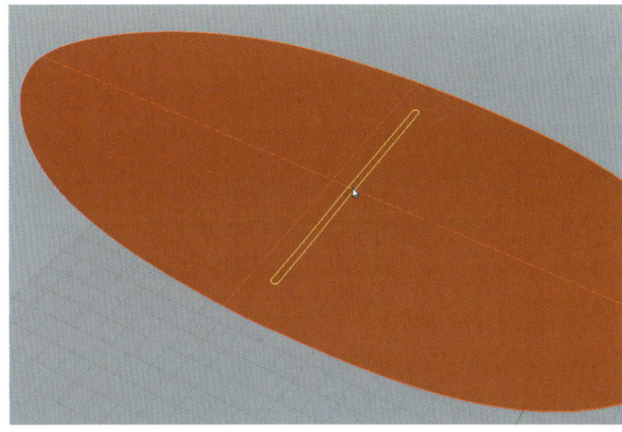

명령: _Split
분할할 개체 선택. 완료되면 Enter 키를 누르십시오 (점(P) 아이소커브(I)): **서피스 선택 후** Enter
절단 개체 선택. 완료되면 Enter 키를 누르십시오 (아이소커브(I) 축소(S)=아니요): **커브 선택 후** Enter

명령: _Delete

30 다음은 잘려나간 서피스 가장자리를 선택하여 **모델링 툴탭>서피스 도구>직선돌출** 명령으로 아래 방향으로 서피스를 −10mm 만큼 돌출시켜 준다.

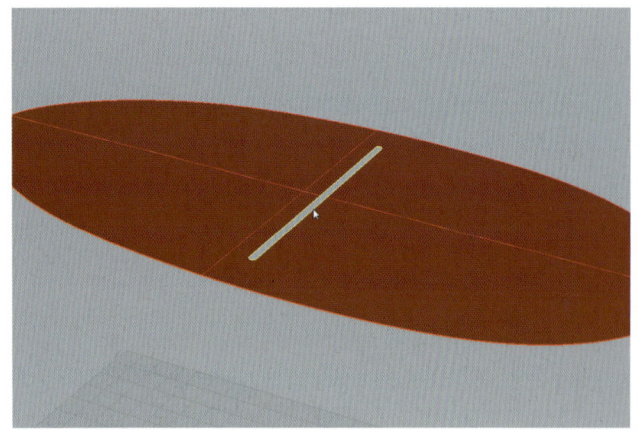
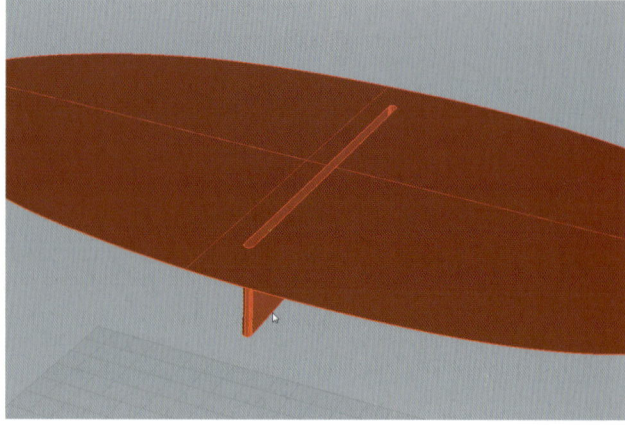

명령: _ExtrudeCrv
돌출시킬 커브 선택: **서피스 모서리 선택**
돌출시킬 커브 선택. 완료되면 Enter 키를 누르십시오: Enter
돌출 거리 <10.244> (방향(D) 양쪽(B)=아니요 ...접점에서_분할(P)=아니요 기준점_설정(A)): _Solid=_No
돌출 거리 <10.244> (방향(D) 양쪽(B)=아니요 ...접점에서_분할(P)=아니요 기준점_설정(A)): **−10 입력 후** Enter

31 이어서 생성한 두 개의 서페이스를 서로 결합시켜 주고, 결합된 모서리를 선택하여 **가변 반지름 필릿 명령**으로 아래의 화면과 같이 자연스럽게 라운드 처리해 준다.

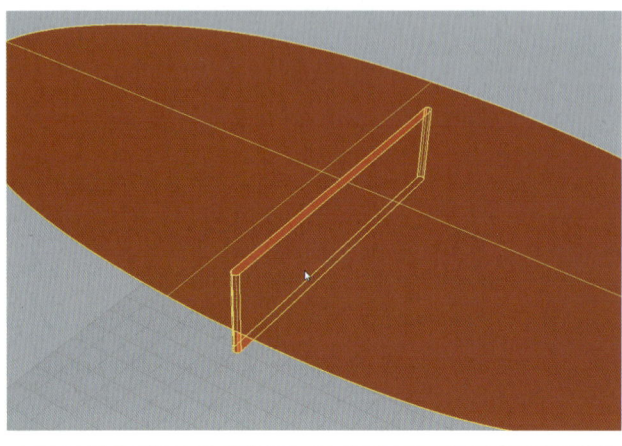
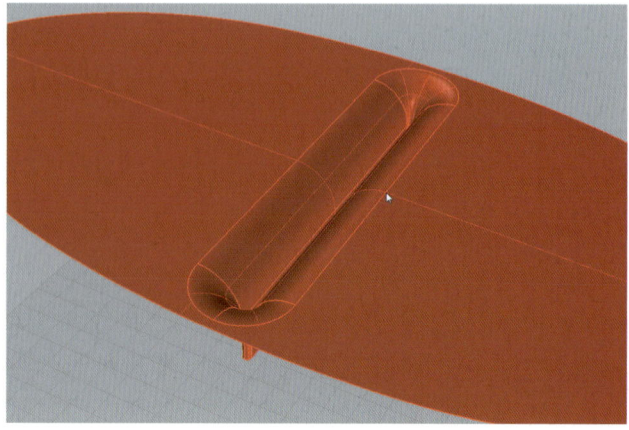

명령: _Join
결합할 개체 선택: **두 서피스를 선택**
결합시킬 서피스 또는 폴리서피스 선택. 완료되면 Enter 키를 누르십시오: Enter
명령: _FilletEdge
필릿할 가장자리 선택 (반지름_표시(S)=예 다음_반지름(N)=8 가장자리_연속선택(C) 이전_가장자리_선택(P)): **5 입력 후** Enter
필릿할 가장자리 선택. 완료되면 Enter 키를 누르십시오 (...다음_반지름(N)=5 가장자리_연속선택(C)): **모서리 선택 후** Enter

32 이어서 모델링 툴탭〉서피스 도구〉서피스 간격띄우기 명령으로 서피스에 2mm의 두께감을 갖도록 화면과 같이 만들어 준다.

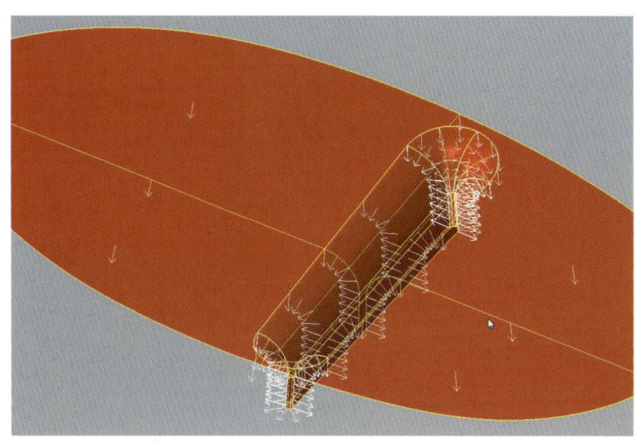
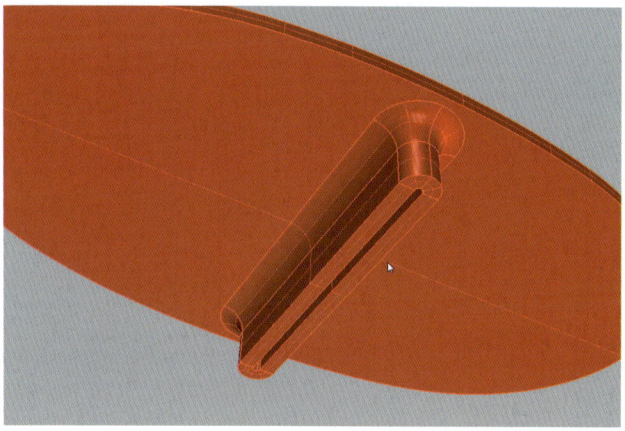

명령: _OffsetSrf
간격띄우기할 서피스 또는 폴리서피스 선택: **서피스 클릭**
간격띄우기할 서피스 또는 폴리서피스 선택. 완료되면 Enter 키를 누르십시오: [Enter]
방향을 반전시킬 개체 선택. 완료되면 Enter 키를 누르십시오 (거리(D)=1 솔리드(S)=예 .... 모두_반전(F)): **2 입력 후** [Enter]

33 다음은 덮개 부분과 무선 포트 상단의 모서리 모두를 선택하여 **가변반지름 필릿 명령**으로 0.3mm만큼 모서리를 부드럽게 처리해 줌으로써 덮개와 본체의 파팅 부분을 부드럽게 완성시켜 준다.

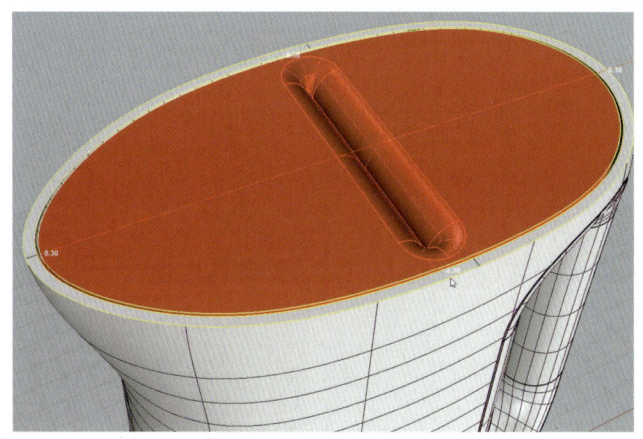

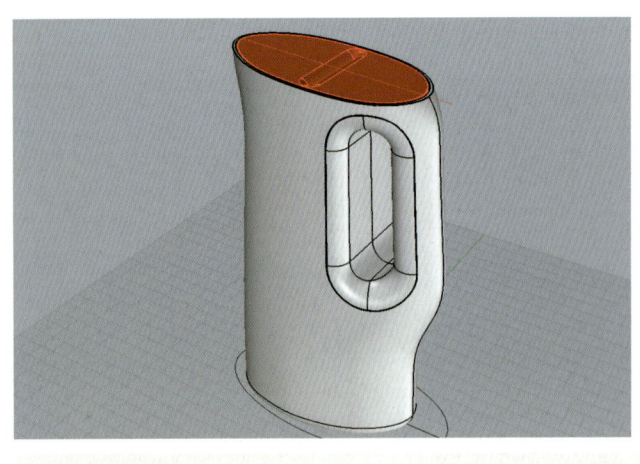
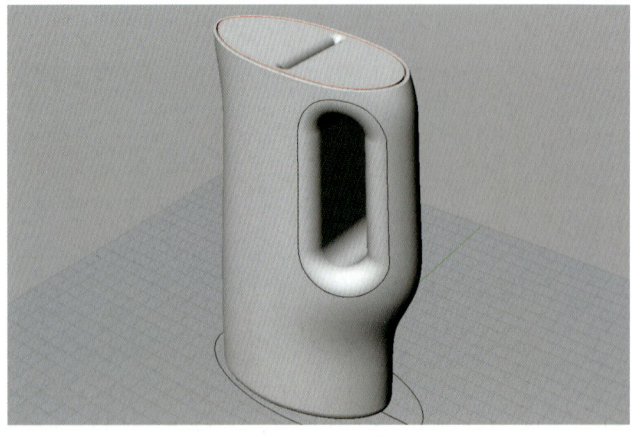

명령: _FilletEdge
필릿할 가장자리 선택 (반지름_표시(S)=예 다음_반지름(N)=0.5 가장자리_연속선택(C) 이전...): **0.3 입력 후** Enter
필릿할 가장자리 선택 (반지름_표시(S)=예 다음_반지름(N)=0.3 가장자리_연속선택(C) 이전...): **각각의 가장자리 선택 후** Enter

34 다음은 마지막 과정으로 무선 포트 내용물 표시창과 전원 스위치 부분을 만들어 보자. 먼저 RIGHT Viewport로 전환한 후 **직사각형 명령**으로 아래의 입력값과 같은 위치에 모서리 둥근 직사각형을 그려준다.

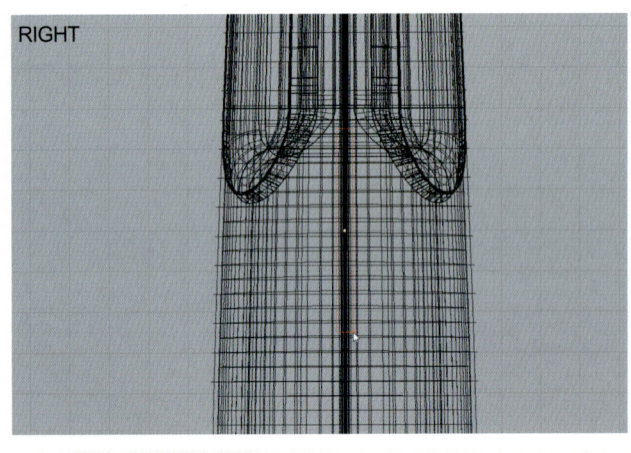
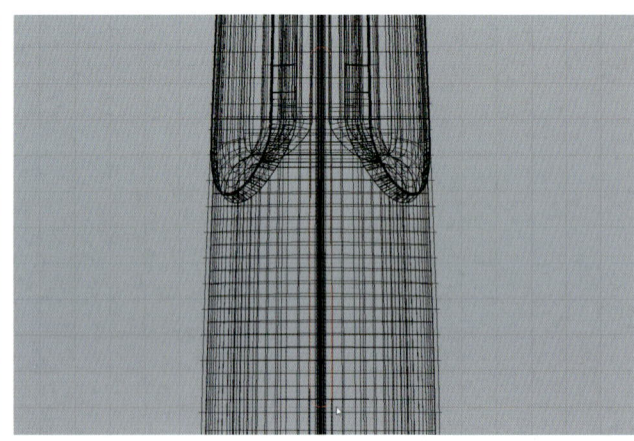

명령: _Rectangle
직사각형의 첫 번째 모서리 (3점(P) 수직(V) 중심점(C) 둥글게(R)): _Center
직사각형의 중심 (둥글게(R)): **R 입력 후** Enter **(둥글게)**
직사각형의 중심: **0,80(y,z) 입력 후** Enter
다른 모서리 또는 길이 (3점(P)): **6 입력 후** Enter
너비, 길이를 사용하려면 Enter 키를 누르십시오 (3점(P)): **100 입력 후** Enter
반지름 또는 둥근 모서리가 통과하는 점 〈10.00〉 (모서리(C)=호): Enter

35 이어서 **와이어컷 명령**으로 전 단계 과정과 같이 앞서 생성된 모서리 둥근 직사각형 커브의 모양대로 커팅해 준다.

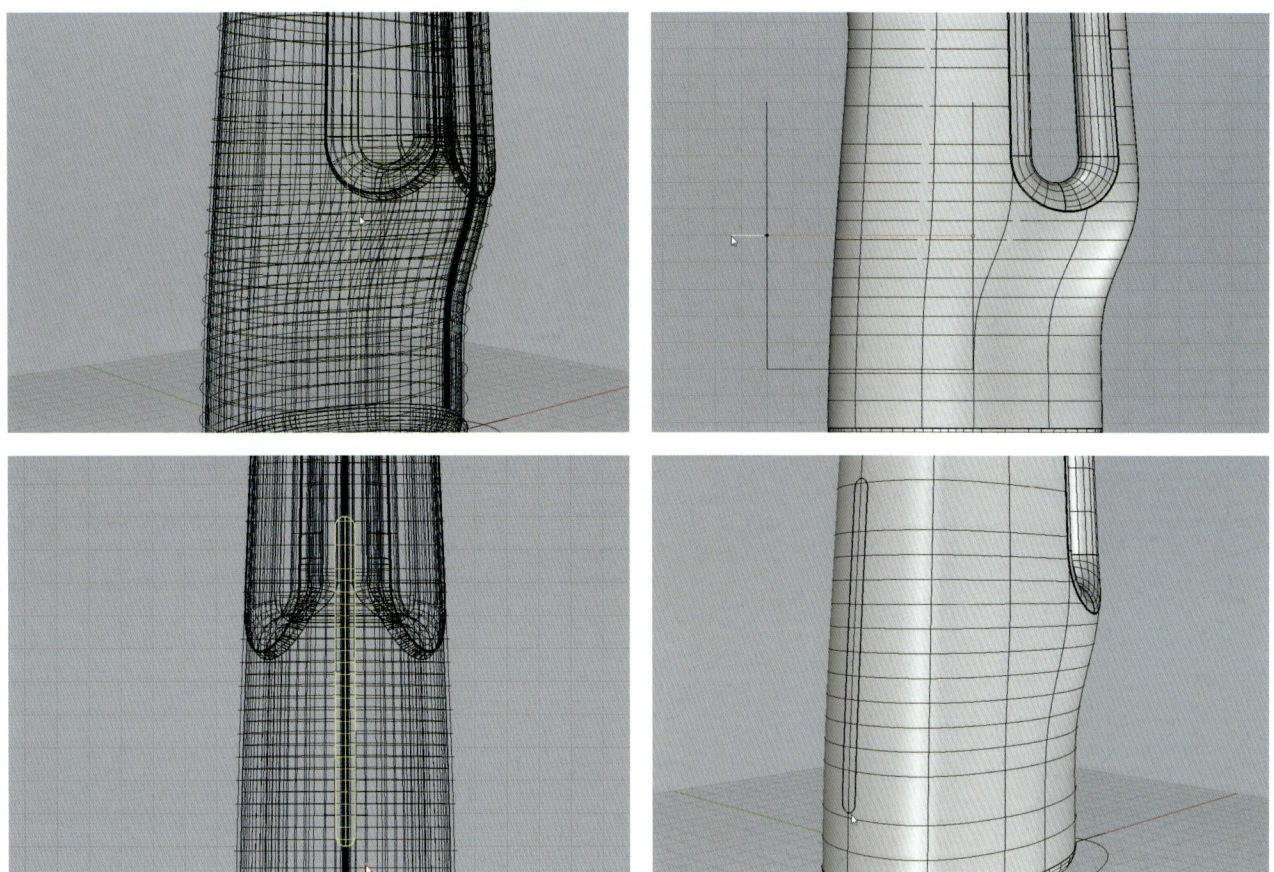

명령: _WireCut
자를 개체 선택: **직사각형 커브 선택**
자를 개체 선택. 완료되면 Enter 키를 누르십시오: **무선 포트 본체 선택 후** Enter
절삭 깊이 점. 개체를 완전히 자르려면 Enter 키를 누르십시오 (... 원래개체_삭제(L)=아니요 양쪽(B)=아니요): **80 입력 후** Enter
절삭 깊이 점. 개체를 완전히 자르려면 Enter 키를 누르십시오 (... 원래개체_삭제(L)=아니요 ..): **본체를 벗어난 우측 공간 지정**

36 와이어컷 명령으로 잘린 부분과 본체의 모서리 부분을 모두 선택해 **가변 반지름 필릿 명령**으로 라운드 처리해 파팅라인 효과를 준다.

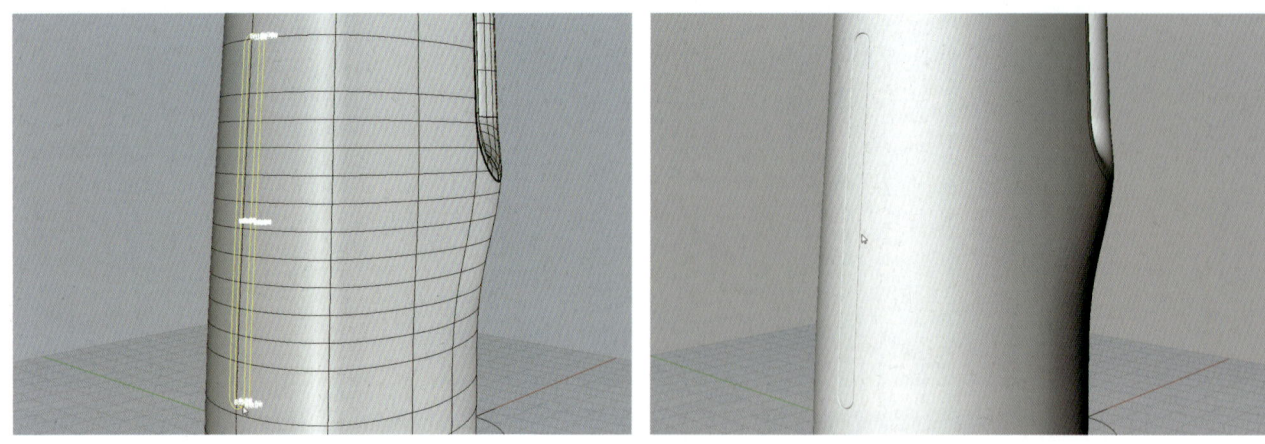

명령: _FilletEdge
필릿할 가장자리 선택 (반지름_표시(S)=예 다음_반지름(N)=0.5 가장자리_연속선택(C) 이전....): **0.3 입력 후** Enter
필릿할 가장자리 선택 (반지름_표시(S)=예 다음_반지름(N)=0.3 가장자리_연속선택(C) 이전....): **각각의 모서리 선택 후** Enter

37 다음으로 전원 스위치를 만들어 보자. 먼저 RIGHT Viewport상에서 **직사각형 명령**으로 아래의 입력값과 같은 위치에 모서리 둥근 직사각형을 만들어 준다.

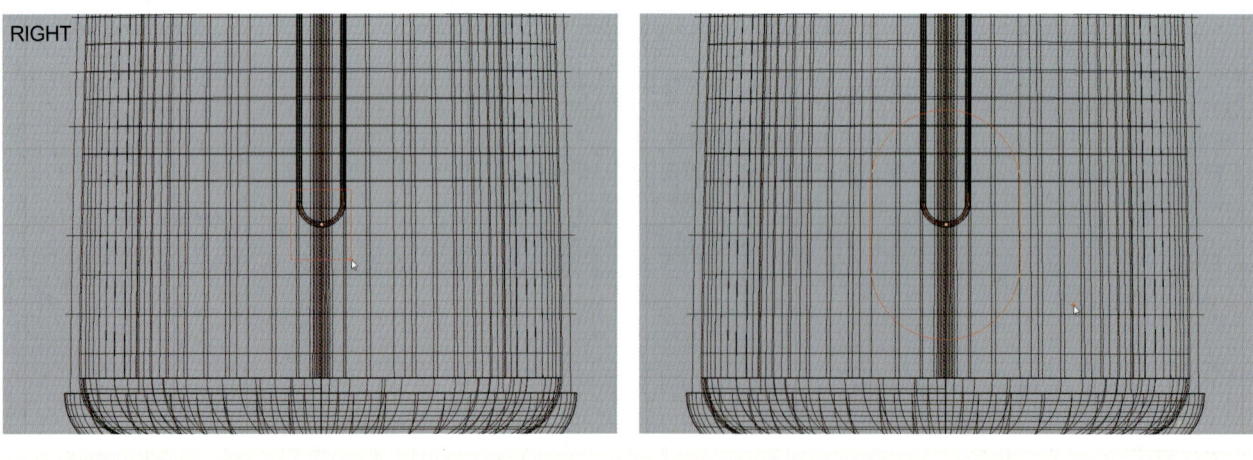

명령: _Rectangle
직사각형의 첫 번째 모서리 (3점(P) 수직(V) 중심점(C) 둥글게(R)): _Center
직사각형의 중심 (둥글게(R)): **R 입력 후** Enter **(둥글게)**
직사각형의 중심: **0,30(y,z) 입력 후** Enter
다른 모서리 또는 길이 (3점(P)): **20 입력 후** Enter
너비, 길이를 사용하려면 Enter 키를 누르십시오 (3점(P)): **30 입력 후** Enter
반지름 또는 둥근 모서리가 통과하는 점 〈10.00〉 (모서리(C)=호): Enter

38 이어서 커브 간격띄우기 명령으로 생성된 모서리 둥근 직사각형 커브 안쪽으로 같은 모양의 커브를 3mm만큼 하나 더 간격을 띄워 준다.

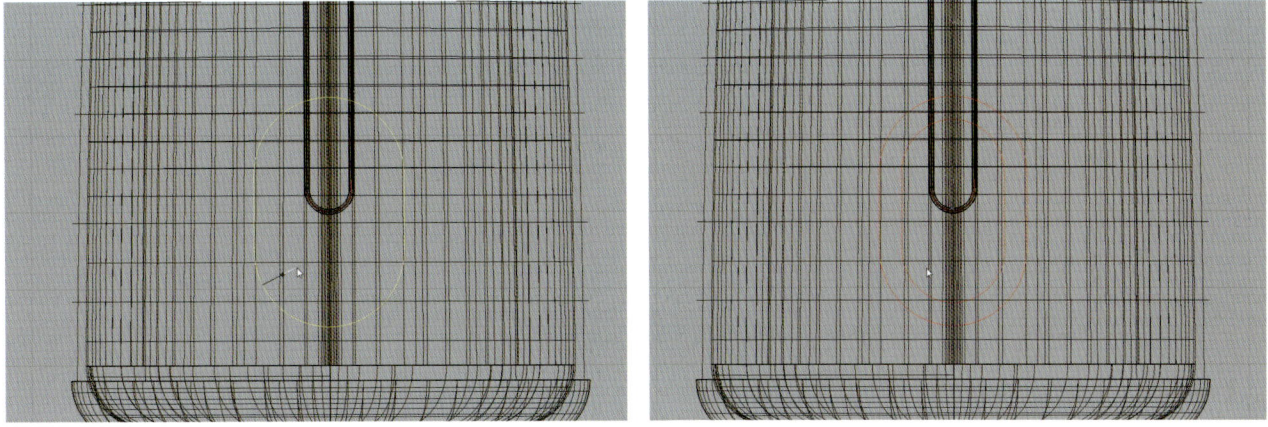

명령: _Offset
간격띄우기 실행할 커브 선택 (거리(D)=0.5 ...구성평면_안(I)=아니요 끝막음(A)=없음): **3 입력 후** Enter
간격띄우기할 쪽 (거리(D)=3 ...구성평면_안(I)=아니요 끝막음(A)=없음): **커브 안쪽에 마우스 방향 지정**

39 다음은 오브젝트 스냅의 **중심점**을 체크하고 **모델링 툴탭〉표준〉사이드바〉원** 명령으로 생성된 모서리 둥근 직사각형 아래쪽을 중심으로 원을 하나 그려준다.

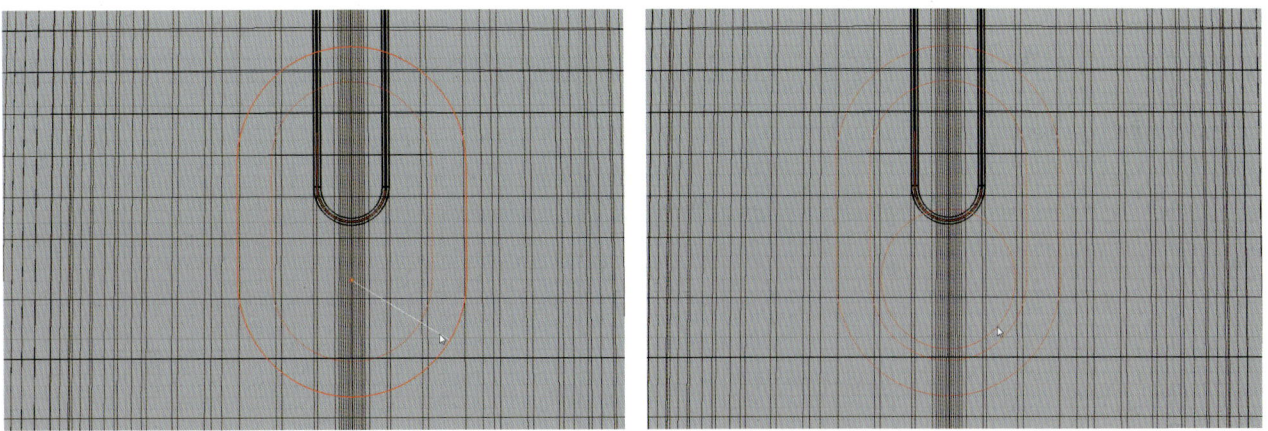

명령: _Circle
원의 중심 (변형가능(D) 수직(V) 2점(P) 3점(O) 접점(T) 커브_주변(A) 점에_맞춤(F)): **모서리 둥근 직사각형의 아래쪽 중심점 지정**
반지름 〈1〉 (지름(D) 방위(O) 원주(C) 면적(A)): **6 입력 후** Enter

40 아래의 화면과 같이 바깥쪽의 둥근 사각형 커브를 선택해 **와이어컷 명령**으로 무선 포트 스위치 박스가 될 부분의 공간을 만들어 준다.

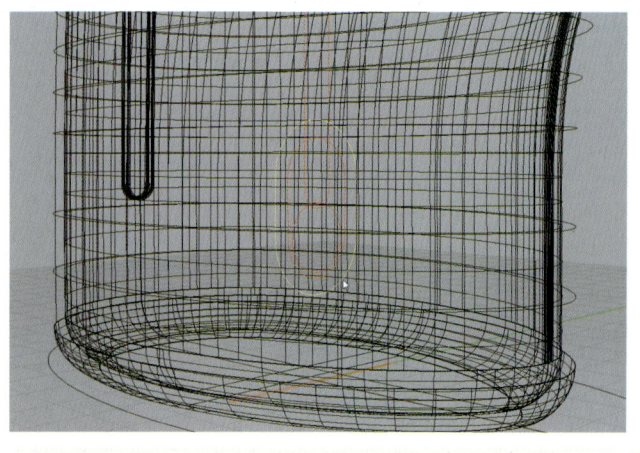 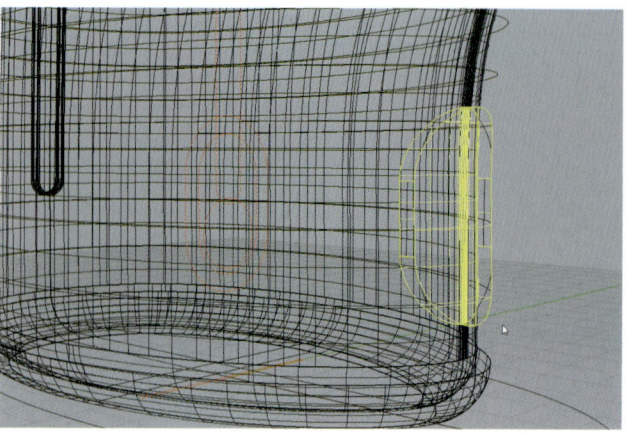

명령: _WireCut
자를 개체 선택: **바깥쪽 둥근 사각형 커브 선택**
자를 개체 선택. 완료되면 Enter 키를 누르십시오: **무선 포트 본체 선택 후** [Enter]
절삭 깊이 점. 개체를 완전히 자르려면 Enter 키를 누르십시오 (방향(D)=커브에_수직방향 ..): **60 입력 후** [Enter]
절삭 깊이 점. 개체를 완전히 자르려면 Enter 키를 누르십시오 (방향(D)=커브에_수직방향 ..): **무선 포트 뒤쪽 외부 공간 지정**

41 이어서 두 번째로 생성한 간격띄우기 한 직사각형 커브를 선택해 **와이어컷 명령**으로 한 번 더 무선 포트 스위치 박스 내부 공간을 커팅해 준다.

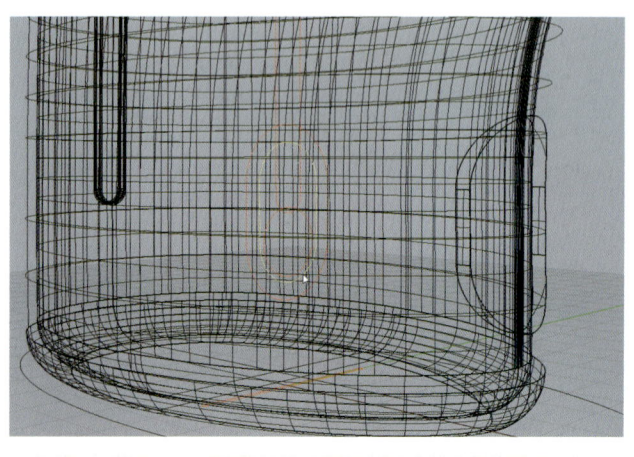 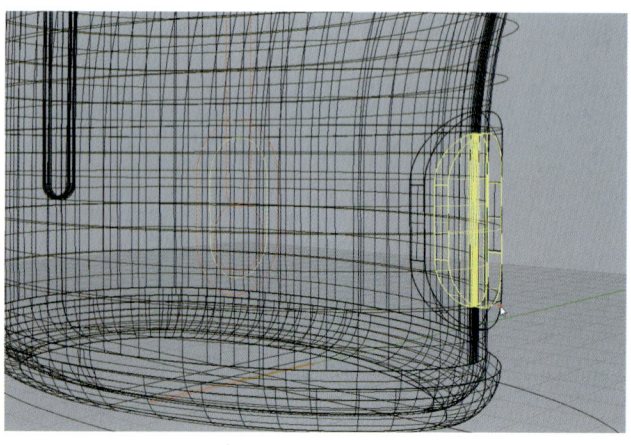

명령: _WireCut
자를 개체 선택: **간격띄우기 한 직사각형 커브 선택**
자를 개체 선택. 완료되면 Enter 키를 누르십시오: **잘라낸 솔리드 클릭 후** [Enter]
절삭 깊이 점. 개체를 완전히 자르려면 Enter 키를 누르십시오 (방향(D)=커브에_수직방향 ..): **60 입력 후** [Enter]
절삭 깊이 점. 개체를 완전히 자르려면 Enter 키를 누르십시오 (방향(D)=커브에_수직방향 .): **무선 포트 뒤쪽 외부 공간 지정**

42 아래의 화면과 같이 지금까지 편집된 모든 모서리를 선택하여 **가변 반지름 필릿 명령**으로 0.3mm만큼 파팅 라인 효과를 준다.

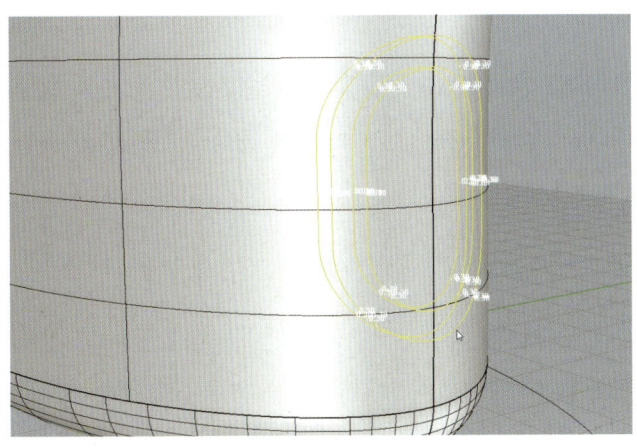 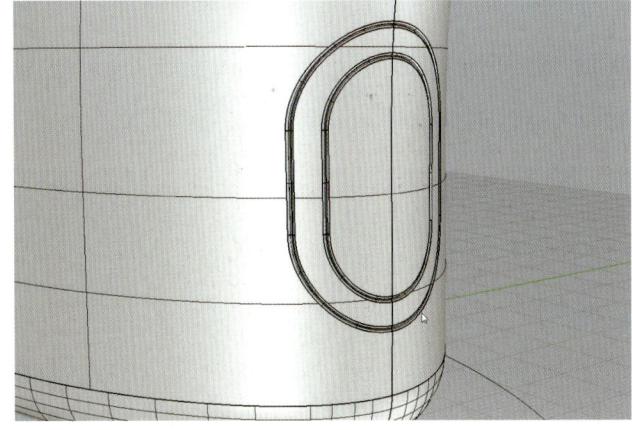

명령: _FilletEdge
필릿할 가장자리 선택 (반지름_표시(S)=예 다음_반지름(N)=0.5 가장자리_연속선택(C) 이전...): **0.3 입력 후** Enter
필릿할 가장자리 선택 (반지름_표시(S)=예 다음_반지름(N)=0.3 가장자리_연속선택(C) 이전...): **각각의 모서리 선택 후** Enter

43 FRONT Viewport상에서 오브젝트 스냅의 사분점을 체크한 뒤, 커팅된 2개의 솔리드 개체 중 **안쪽 스위치 박스 부분**을 선택해 **이동 명령**으로 화면과 같이 이동시켜 준다.

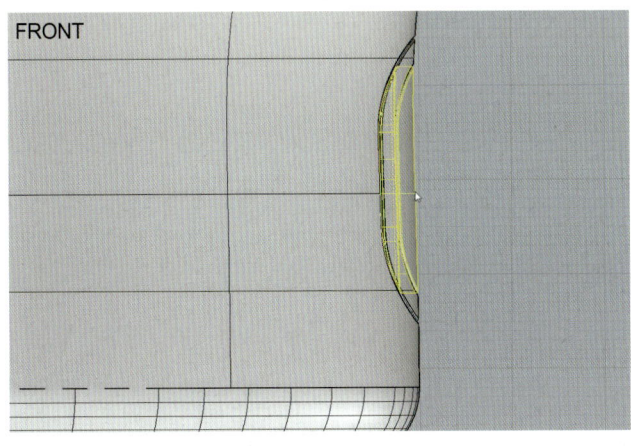 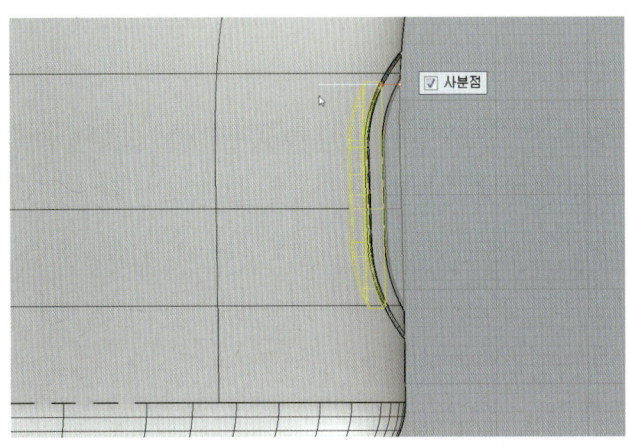

명령: _Move
이동시킬 개체 선택: **안쪽의 스위치 박스 선택**
이동시킬 개체 선택. 완료되면 Enter 키를 누르십시오: Enter
이동의 기준점 새 위치: **사분점 지정한 뒤 2.2 입력 후** Enter
이동의 기준점 새 위치: **클릭**

44 다시 RIGHT Viewport상에서 화면과 같이 마지막에 생성한 원 커브를 선택하여 **분할** 명령을 통해 스위치 박스에서 서피스로 분할해 준다.

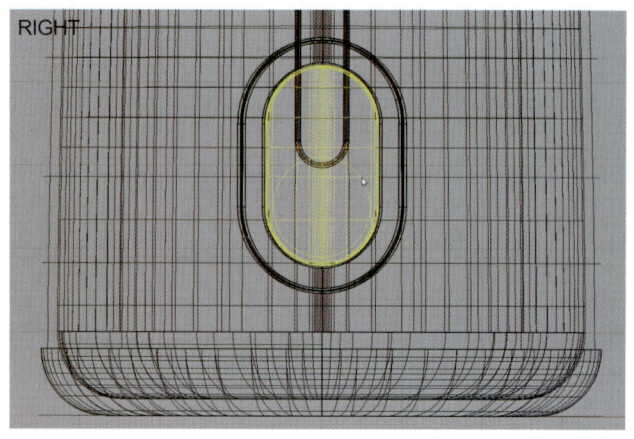 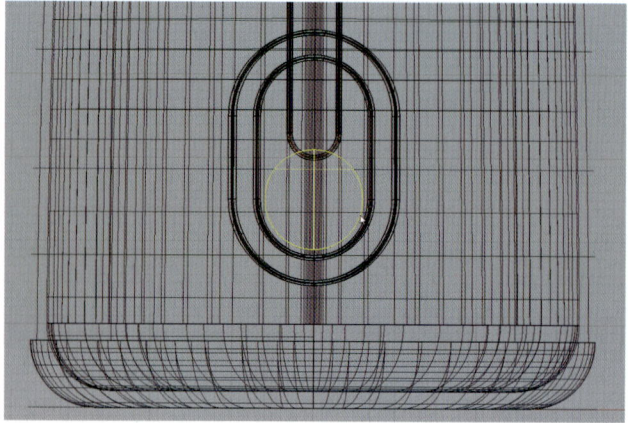

명령: _Split
분할할 개체 선택 (점(P) 아이소커브(I)): **이동시킨 스위치 박스 선택**
분할할 개체 선택. 완료되면 Enter 키를 누르십시오 (점(P) 아이소커브(I)): Enter
절단 개체 선택: **가장 안쪽의 원커브 선택**
절단 개체 선택. 완료되면 Enter 키를 누르십시오: Enter

45 다음은 잘린 원 서피스를 FRONT Viewport상에서 상단 사분점을 기준으로 **이동** 명령을 통해 아래의 화면과 같이 우측으로 7mm만큼 이동시켜 준다.

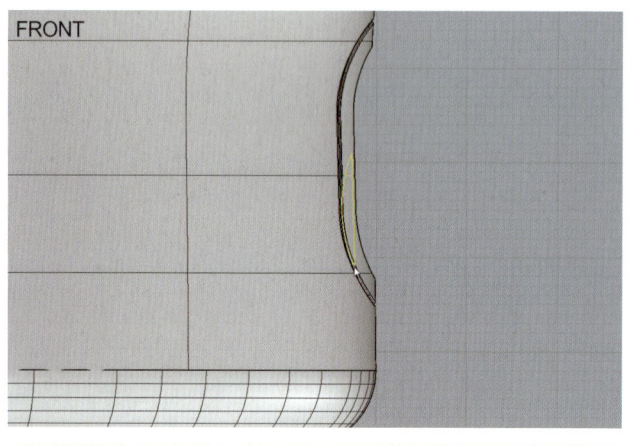 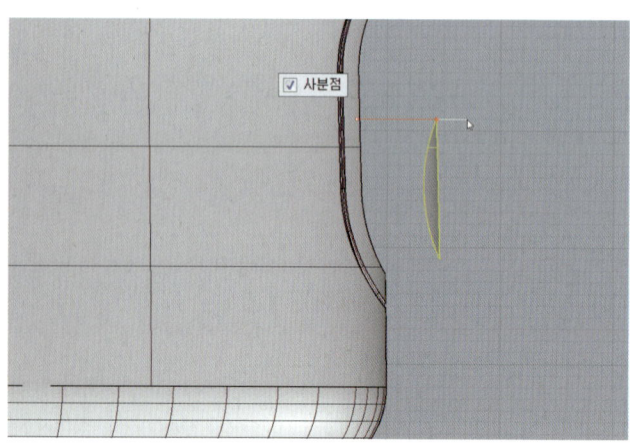

명령: _Move
이동시킬 개체 선택: **원 서피스 선택**
이동시킬 개체 선택. 완료되면 Enter 키를 누르십시오: Enter
이동의 기준점 새 위치: **사분점 지정 뒤 7 입력 후** Enter
이동의 기준점 새 위치: **클릭**

46 이어서 잘라낸 서피스와 잘린 솔리드 사이 간격을 **로프트 명령**으로 화면과 같이 이어준다.

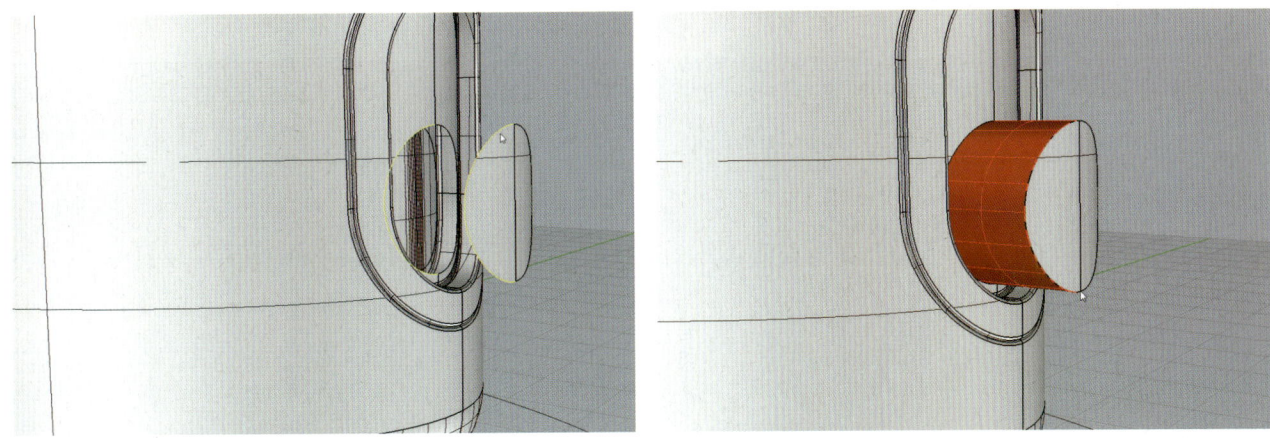

명령: _Loft
로프트할 커브 선택 (점(P)): **잘라낸 서피스와 잘린 솔리드 가장자리 클릭**
로프트할 커브 선택. 완료되면 Enter 키를 누르십시오 (점(P)): Enter
조정할 심 점을 선택. 완료되면 Enter 키를 누르십시오 (반전(F) 자동(A) 원래대로(N)): Enter

47 로프트 명령으로 이어진 모든 개체를 선택하여 **결합 명령**으로 결합시켜 무선 포트의 스위치 형상을 마무리한다.

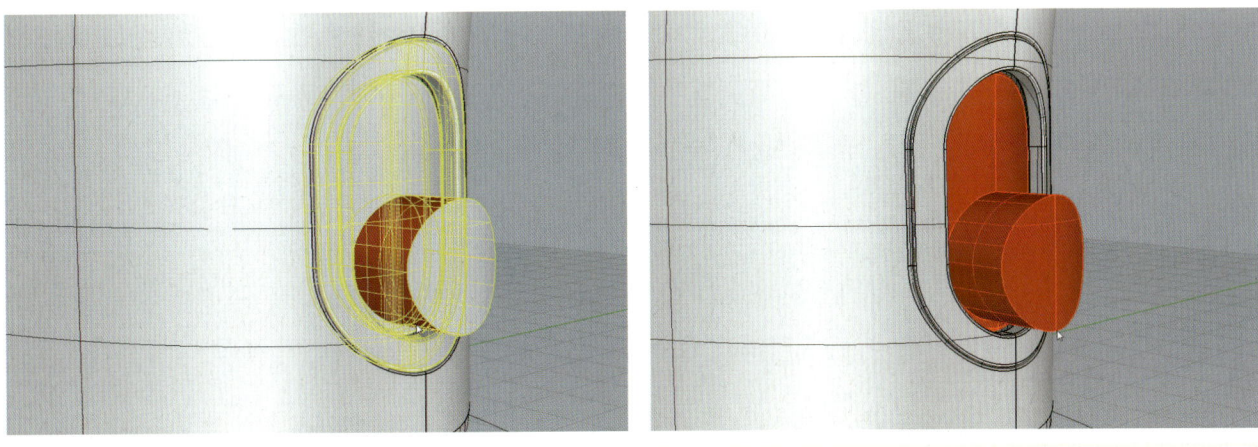

명령: _Join
결합할 개체 선택: **로프트 명령으로 이어진 모든 개체 선택**
결합시킬 서피스 또는 폴리서피스 선택. 완료되면 Enter 키를 누르십시오: Enter

48 다음은 최종 마무리 작업으로 **모델링 툴탭〉솔리드 도구〉가변 반지름 모따기** 명령으로 돌출된 버튼의 모서리에 1mm 정도 탭을 주어 스위치의 모서리를 세련되게 마무리한다.

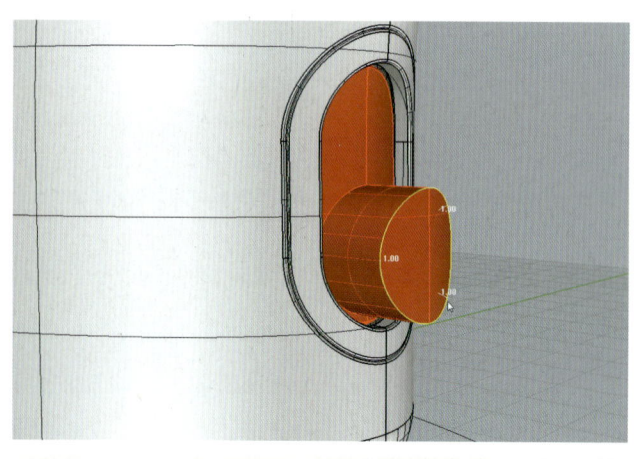 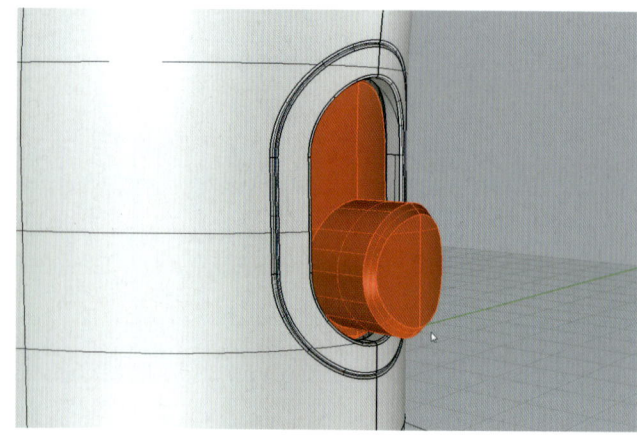

명령: _ChamferEdge
모따기할 가장자리 선택 (모따기_거리_표시(S)=예 다음_.....가장자리_선택(P)): **1 입력 후** Enter
모따기할 가장자리 선택 (모따기_거리_표시(S)=예 다음_.....가장자리_선택(P)): **돌출된 버튼의 가장자리 선택 후** Enter
편집할 모따기 핸들 선택. 완료되면 Enter 키를 누르십시오 (핸들_추가(A) 핸들_복사(C) .....트림과_결합(I)=예): Enter

무선 포트 모델링 과정이 모두 마무리되었다. 전체적인 비례감이나 디테일한 마감이 잘 표현되었는지 살펴보고, Keyshot 렌더링 과정을 통해 다양한 연출의 렌더 효과를 감상해 보자.

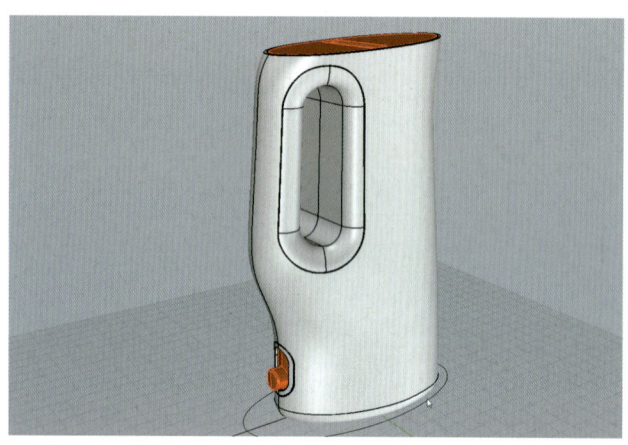 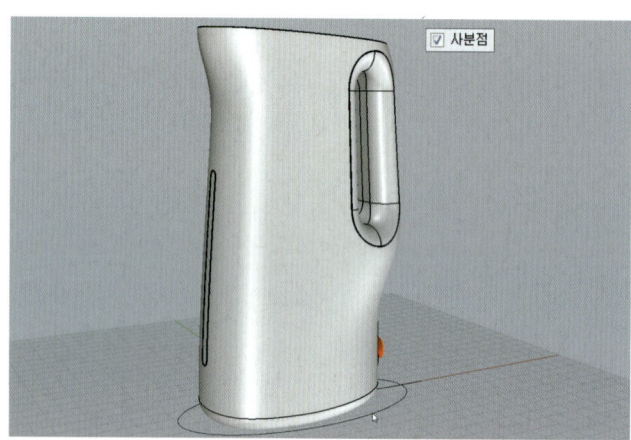

49 Keyshot 렌더러 활용을 통해 다양한 컬러와 재질이 적용된 최종 무선 포트 렌더 이미지를 연출해 보자.

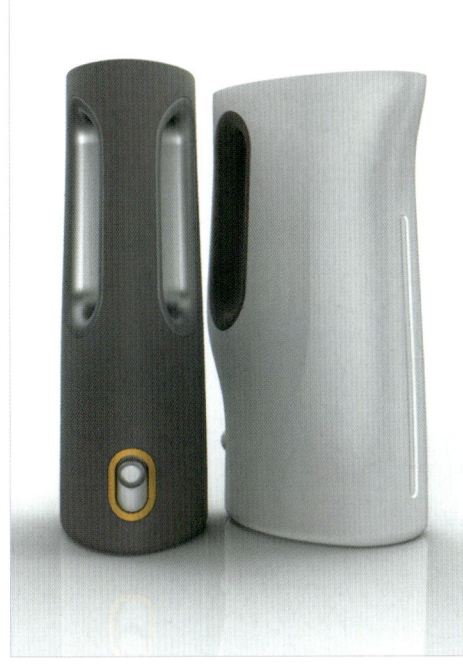

Rhinoceros 3D 과정으로 무선 마우스 모델링하기

INTRO.

자연물에서 나타나는 형태적 모티브가 최근 들어 첨단 IT기술이 적용된 디지털 제품 분야에 많이 적용되고 있다. 특히 유기적인 커브라인이 풍부한 마우스 등이 대표적인 제품이다. 이는 심미적 외형은 물론 인체공학적 사용성을 강조하기 위함이기도 하다. 이번에 만들어 볼 무선 마우스 모델링도 자연에서 느껴지는 유연한 곡선미와 안락한 사용감을 잘 살린 제품디자인이다.

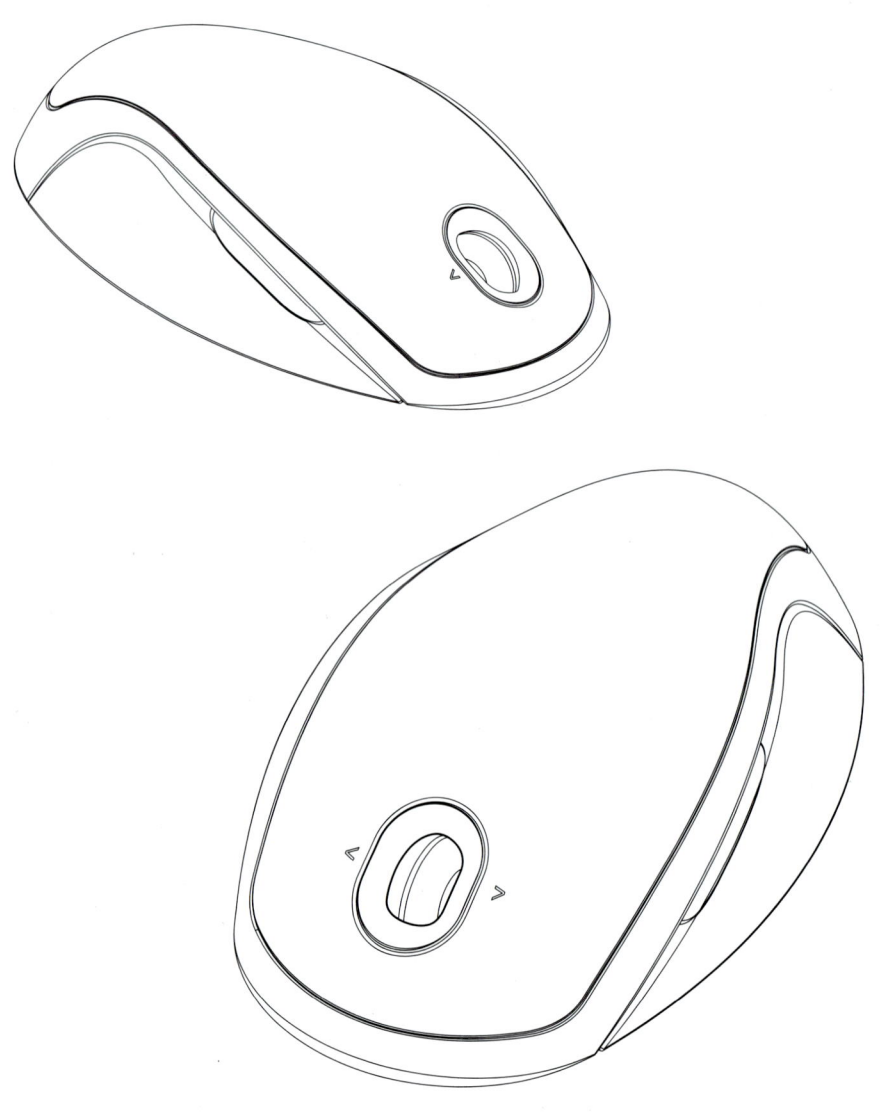

이번 과정에서 다루게 될 무선 마우스 모델링은 실제 크기 100mm[길이] x 60mm[폭] x 25mm[높이] 그대로 3차원 공간 안에서 정확한 치수를 기반으로 단계별로 학습해 본다. 마우스 외형 디자인 구현에 있어서 기하학적 타원체를 기본 매스로 놓고 정형적인 마우스가 갖는 에어로 다이내믹한 조형성과 인체 공학적 커브 라인으로 사용성이 고려된 편하고 친숙한 마우스를 모델링해 본다.

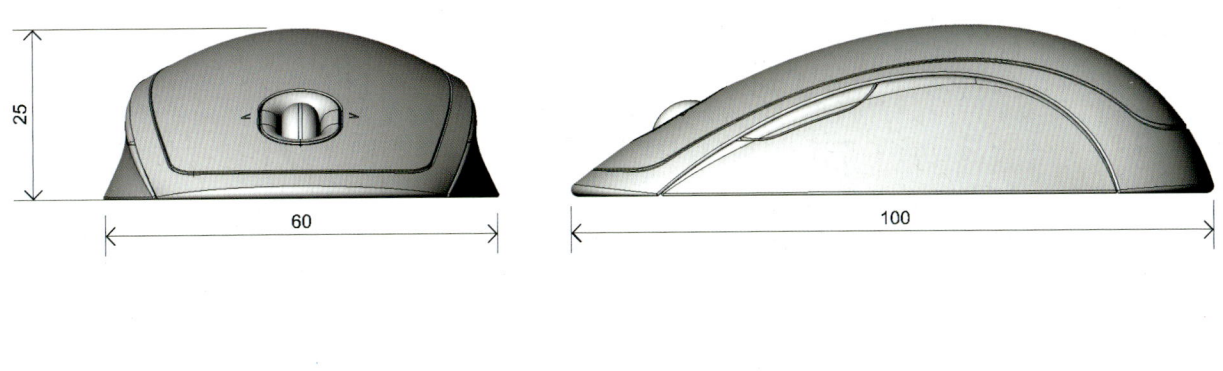

01 먼저 전체적인 마우스의 기본 형태를 만들어 보자. 작업 영역을 RIGHT Viewport로 활성화한 후, 오브젝트 스냅의 중간점을 체크해 준 다음 **모델링 툴탭〉표준〉사이드바〉폴리라인 명령**을 선택해, 아래의 화면과 같이 기본 보조선을 그려준다.

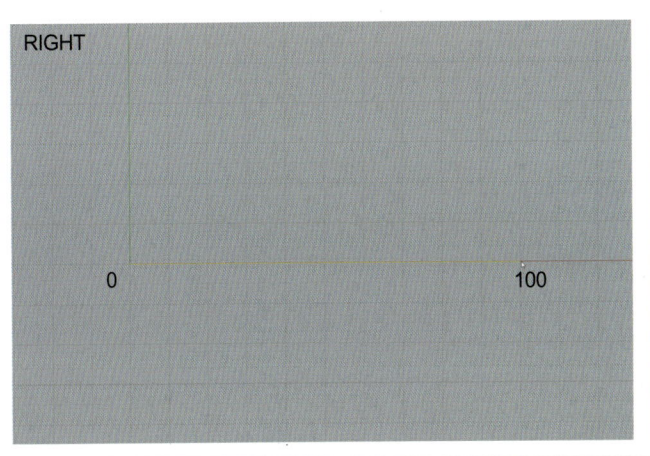
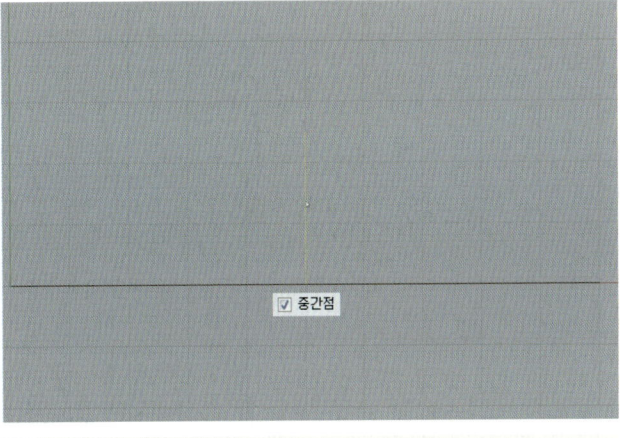

명령: _Polyline
폴리라인의 시작 (닫힘_유지(P)=아니요): **0 입력 후** Enter
폴리라인의 다음 점 (닫힘_유지(P)=아니요 모드(M)=선 보조(H)=아니요 실행취소(U)): **100 입력 후** Enter
폴리라인의 다음 점 (닫힘_유지(P)=아니요 모드(M)=선 보조(H)=아니요 실행취소(U)): Enter
명령: _Polyline
폴리라인의 시작 (닫힘_유지(P)=아니요): **폴리라인의 중간점 지정**
폴리라인의 다음 점 (닫힘_유지(P)=아니요 모드(M)=선 보조(H)=아니요 실행취소(U)): **25 입력 후** Enter
폴리라인의 다음 점 (닫힘_유지(P)=아니요 모드(M)=선 보조(H)=아니요 실행취소(U)): Enter

02 다음은 오브젝트 스냅의 끝점을 체크한 다음, **모델링 툴탭>표준>사이드바>호** 명령으로 호를 생성해 주고 **점 표시** 명령과 이동 명령을 선택하여 아래와 같이 우측 방향으로 12mm만큼 이동해 준다.

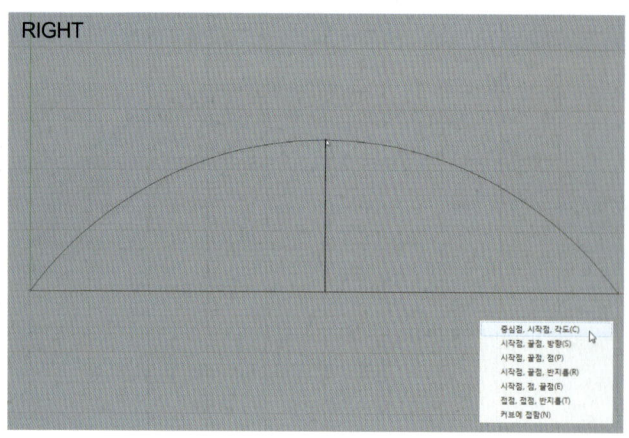 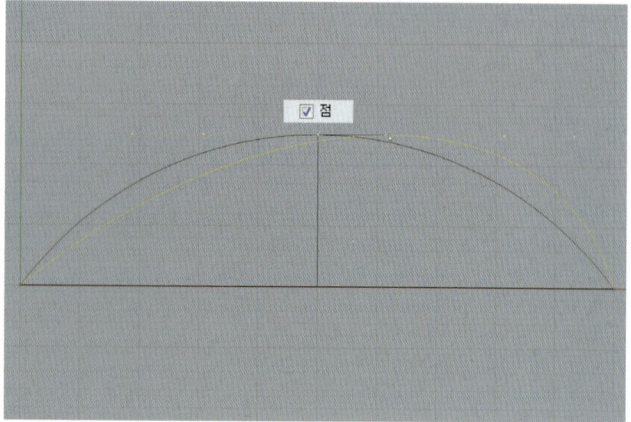

명령: _Arc
호의 중심 (변형가능(D) 시작점(S) 접점(T) 연장(X)): _StartPoint
호의 시작:보조선의 **좌측 끝점 지정**
호의 끝 (방향(D) 점_통과(T) 중심점(C)): 보조선의 **우측 끝점 지정**
호의 점 (방향(D) 반지름(R)): 생성해놓은 보조선의 **상단 끝점 지정**

명령: _PointsOn
제어점을 표시할 개체 선택: **호 선택 후** Enter

명령: _Move
이동의 기준점 (수직(V)=아니요): **호의 중간 제어점 선택**
이동의 기준점 새 위치: **12 입력 후** Enter

03 생성된 호의 제어점 편집을 통해 전체적인 마우스 형태를 만들어 보자. 우선 FRONT Viewport상에서 **모델링 툴탭>변형>복사** 명령으로 우측 22mm 이동 복사해 준다.

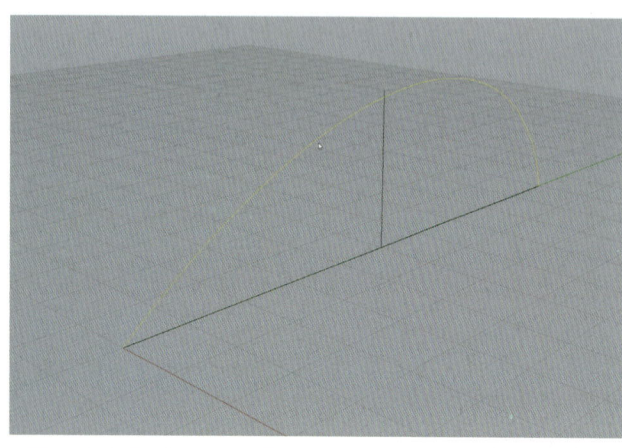 

명령: _Copy
복사의 기준점 (수직(V)=아니요 현재_위치(I)): **하단 끝점 지정**
복사할 위치의 점: **22 입력 후** Enter
복사할 위치의 점: Enter

04 이어서 복사된 호를 RIGHT Viewport 작업 영역에서 **모델링 툴탭〉변형〉2D 크기조정 명령**으로 아래의 화면과 같이 약 30% 정도 축소해 준다.

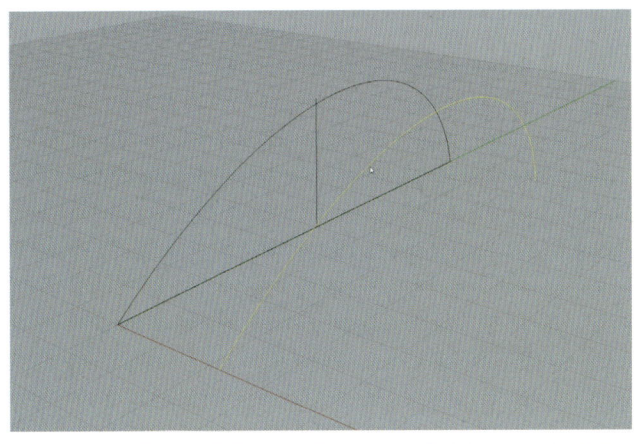
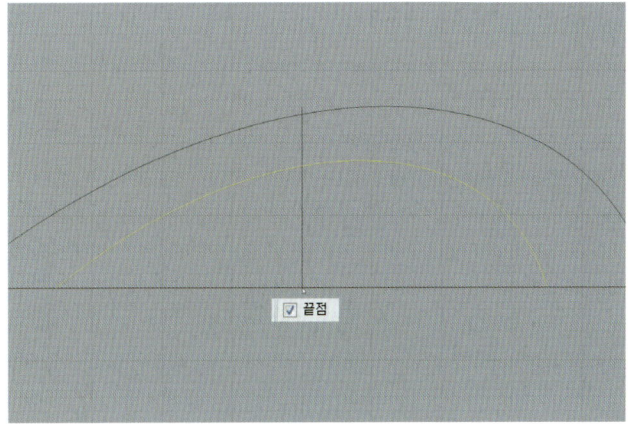

명령: _Scale2D
원점 (복사(C)=아니요): **수직선 하단 끝점 지정**
배율 또는 첫 번째 참조점 〈1.00〉 (복사(C)=아니요): **0.7 입력 후** Enter

05 다음은 축소된 호를 **모델링 툴탭〉표준〉점 표시 명령**으로 제어점을 표시한 후에 **이동 명령**을 통해 TOP Viewport상에서 -X축 방향으로 약 10mm 이동 편집해 준다.

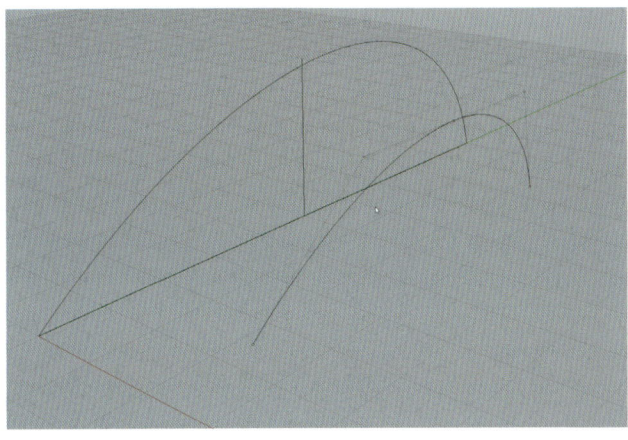
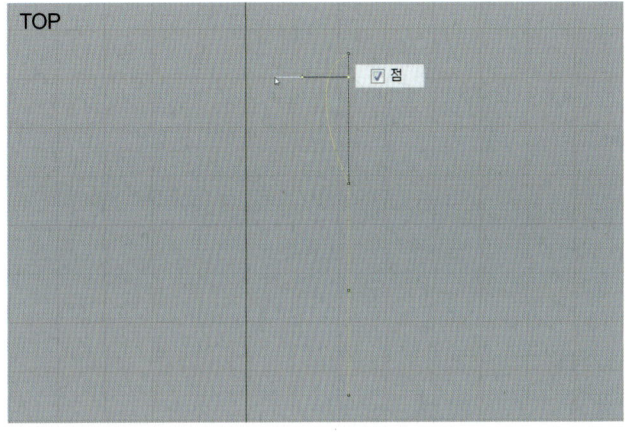

명령: _PointsOn
제어점을 표시할 개체 선택: **축소된 호를 선택**
제어점을 표시할 개체 선택. 완료되면 Enter 키를 누르십시오: Enter

명령: _Move
이동의 기준점 (수직(V)=아니요): **상단에서 두 번째 제어점 지정**
이동의 기준점 새 위치 〈12.00〉: **-10 입력 후** Enter
이동의 기준점 새 위치 〈10.00〉: **클릭**

06 이어서 전 단계와 동일하게 **이동 명령**을 통해 TOP Viewport상에서 하단 두 번째 제어점을 선택해 X축 방향으로 약 10mm 이동 편집해 준다.

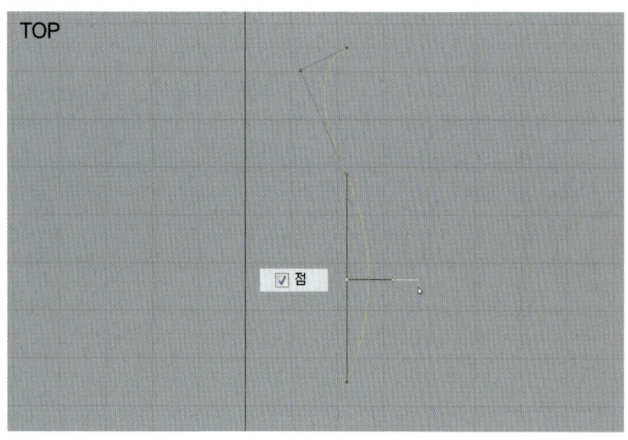 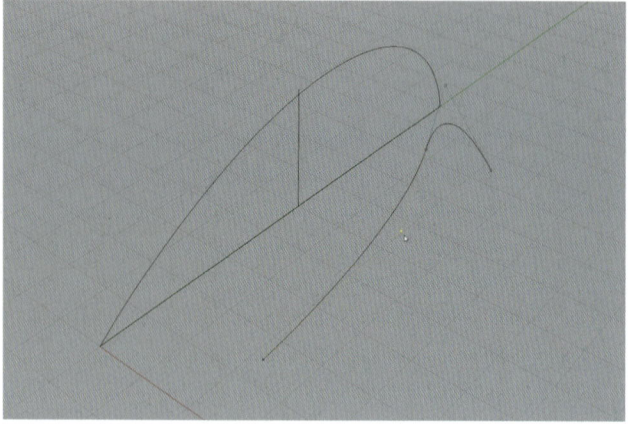

명령: _Move
이동의 기준점 (수직(V)=아니요): **하단에서 2번째 제어점 지정**
이동의 기준점 새 위치 〈12.00〉: **10 입력 후** Enter
이동의 기준점 새 위치 〈12.00〉: **클릭**

07 다음은 **모델링 툴탭>표준>사이드바>호** 명령으로 편집된 커브의 시작점과 끝점을 기준으로 새로운 호를 생성해 아래의 화면과 같이 하나의 폐쇄된 커브로 완성해 준다.

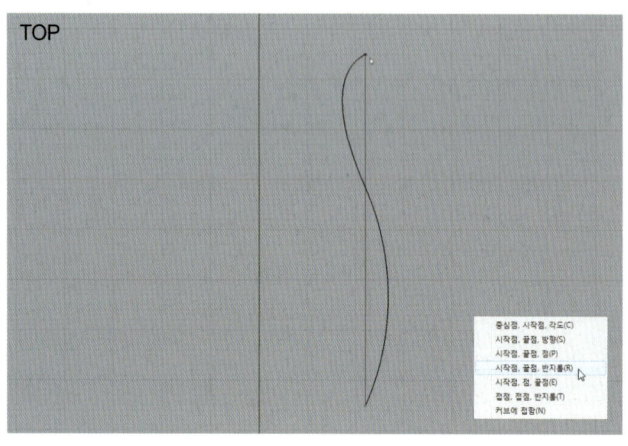 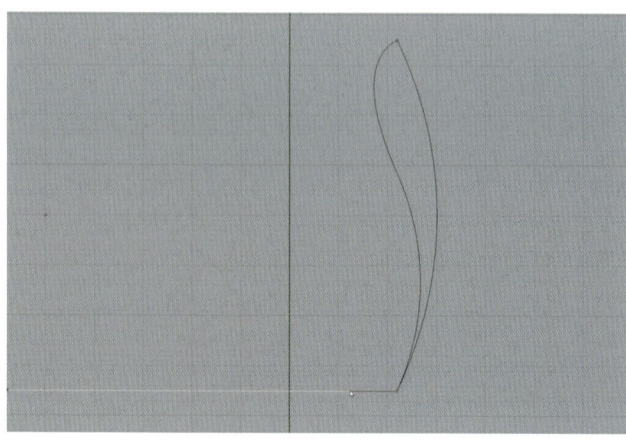

명령: _Arc
호의 중심 (변형가능(D) 시작점(S) 접점(T) 연장(X)): _StartPoint
호의 시작: **상단 끝점**
호의 끝 (방향(D) 점_통과(T) 중심점(C)): **하단 끝점**
호의 반지름 및 방위. 가장 최근의 반지름을 사용하려면 Enter 키를 누르십시오 〈1.00〉: **80 입력 후** Enter

08 이어서 모델링 툴탭〉변형〉미러 명령을 선택한 다음, CP라인 중앙에 그려진 호을 기준으로 반대편에 대칭으로 미러시켜 준다.

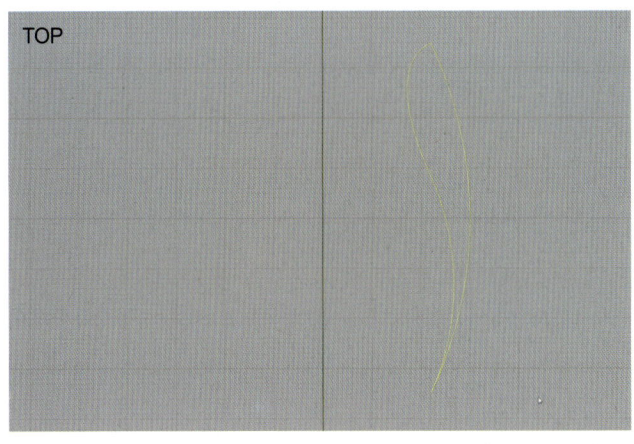 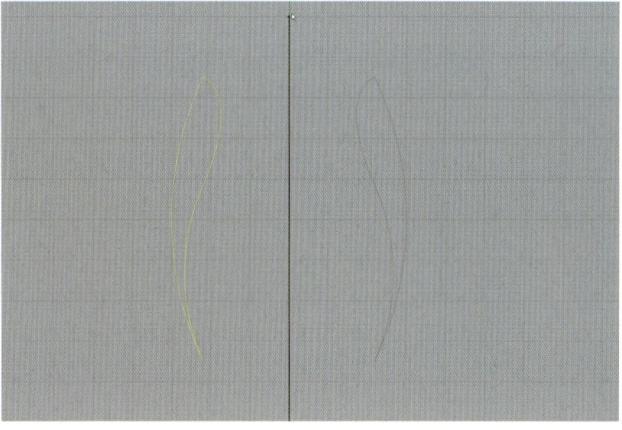

명령: _Mirror
미러 실행할 개체 선택: **우측 편집된 커브 모두 선택**
미러 실행할 개체 선택. 완료되면 Enter 키를 누르십시오: Enter
미러 평면의 시작 (3점(P) 복사(C)=예 X축(X) Y축(Y)): **CP라인 중앙 호의 상단 끝점을 지정**
미러 평면의 끝 (복사(C)=예): **CP라인 중앙 호의 하단 끝점을 지정**

09 다음은 생성한 커브들을 모델링 툴탭〉표준〉사이드바〉호 명령으로 아래의 화면과 같이 가로로 교차하는 호를 각각의 순서대로 총 3번 실행하여, 전체적인 서피스 생성에 있어 기본이 되는 뼈대를 완성해 준다.

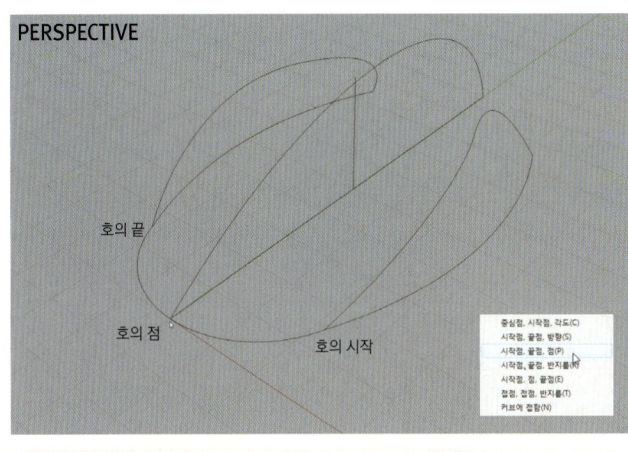 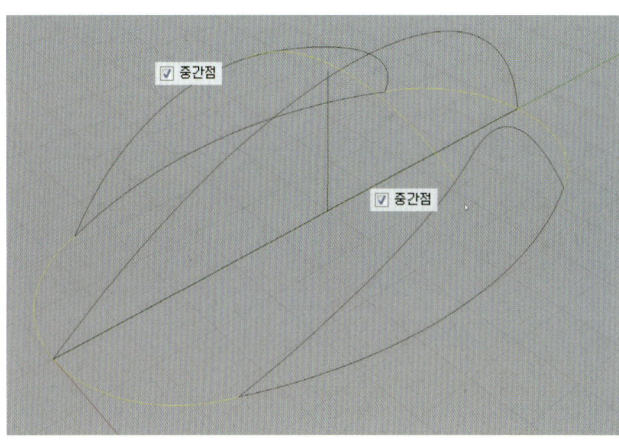

명령: _Arc
호의 중심 (변형가능(D) 시작점(S) 접점(T) 연장(X)): _StartPoint
호의 시작: **호의 시작점 지정**
호의 끝 (방향(D) 점_통과(T) 중심점(C)): **호의 끝점 지정**
호의 점 (방향(D) 반지름(R)): **호의 점 지정**

10 생성된 커브들을 자연스럽게 이어주기 위하여 PERSPECTIVE Viewport상에서 **모델링 툴탭〉커브 도구〉커브일치** 명령을 사용하며, 마우스 앞뒤에 생성된 호와 좌우 커브를 아래 화면에 보이는 팝업 창의 설정 내용을 참고하여 자연스럽게 일치시켜 준다.

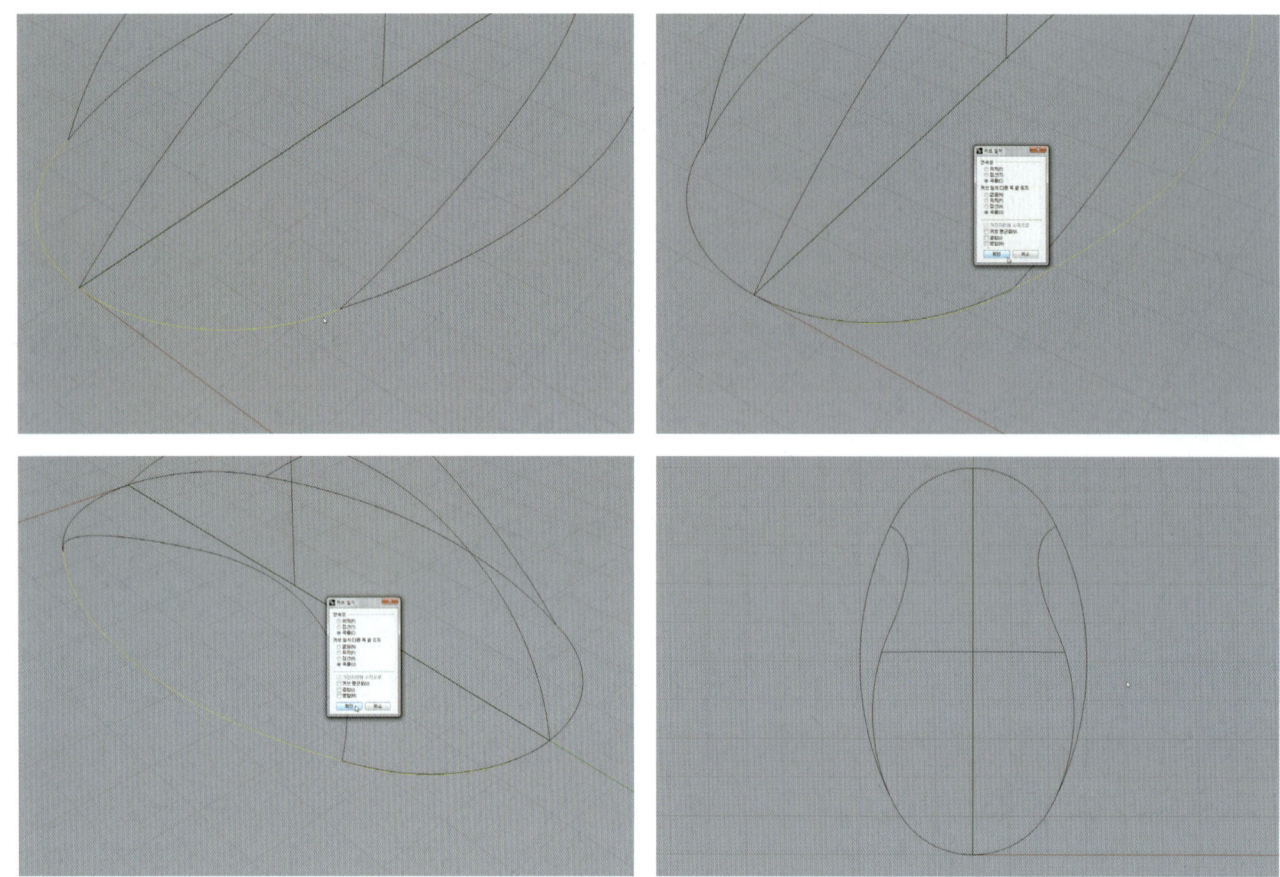

명령: _Match
변경할 열린 커브 선택 (끝 근처 선택): **첫 번째 커브 끝부분 선택**
일치시킬 열린 커브 선택 (끝 근처 선택) (서피스_가장자리(S)): **두 번째 커브 끝부분 선택**

11 이어서 PERSPECTIVE Viewport상에서 **모델링 툴탭>서피스 도구>커브 네트워크를 사용한 서피스** 명령을 선택한 다음, 아래의 화면에 표시된 커브들을 순차적으로 선택해 준다.

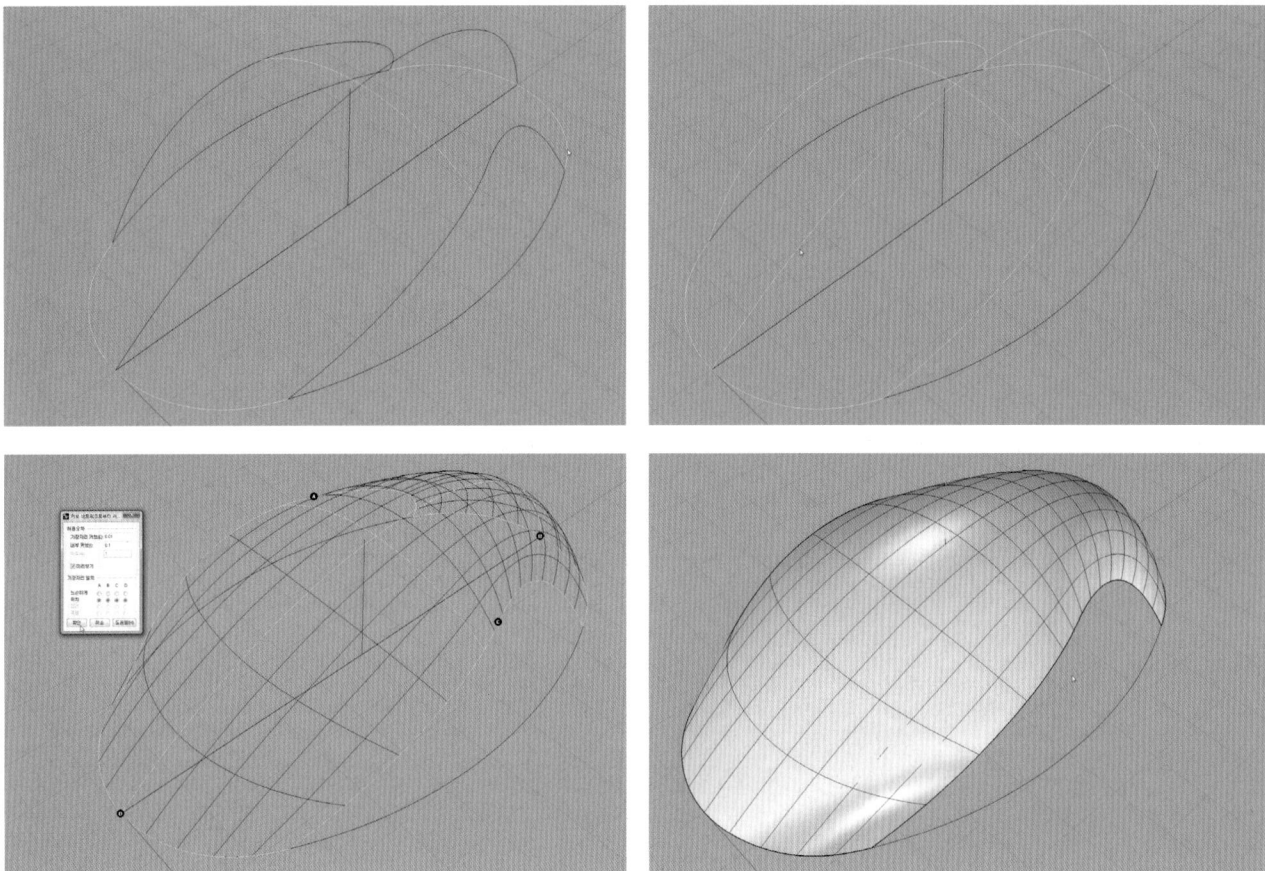

명령: _NetworkSrf
네트워크에서 커브 선택 (자동정렬_없음(N)): **가로축 커브에서 세로축 커브순으로 하나씩 선택**
네트워크에서 커브 선택. 완료되면 Enter 키를 누르십시오 (자동정렬_없음(N)): Enter
네트워크에서 커브 선택. 완료되면 Enter 키를 누르십시오 (자동정렬_없음(N)): **옵션 창 확인 후** Enter

12 다음으로 **모델링 툴탭〉서피스 도구〉패치** 명령으로, 아래 화면에 보이는 팝업창 설정값과 같이 입력 후 마우스의 좌측면을 생성해 준다.

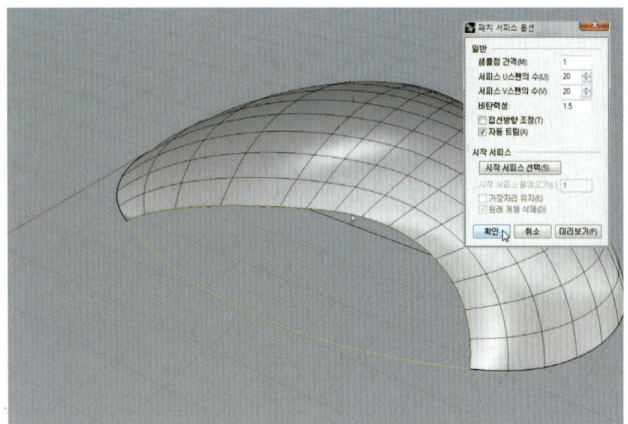
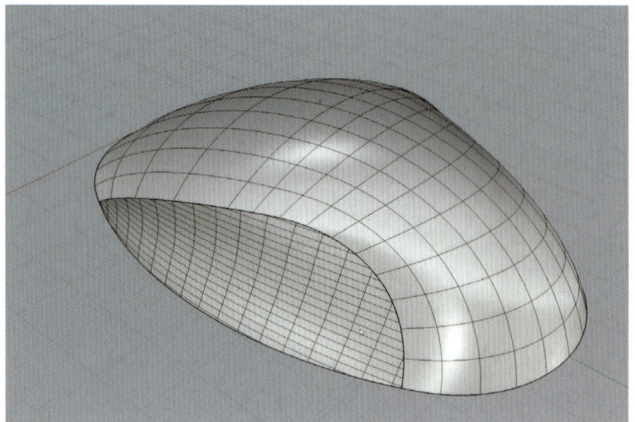

명령: _Patch
서피스에 맞출 커브, 점, 점구름, 메쉬 선택: **상하 커브 순차적으로 선택**
서피스에 맞출 커브, 점, 점구름, 메쉬 선택. 완료되면 Enter 키를 누르십시오: Enter
서피스에 맞출 커브, 점, 점구름, 메쉬 선택. 완료되면 Enter 키를 누르십시오: **팝업 창 설정 후** Enter

13 전 단계와 동일한 방법으로 **모델링 툴탭〉서피스 도구〉패치** 명령으로 반대쪽 측면 서피스도 완성시켜 준 다음, 렌더표시 모드 상에서 서피스 상태를 다양한 각도에서 확인해 준다.

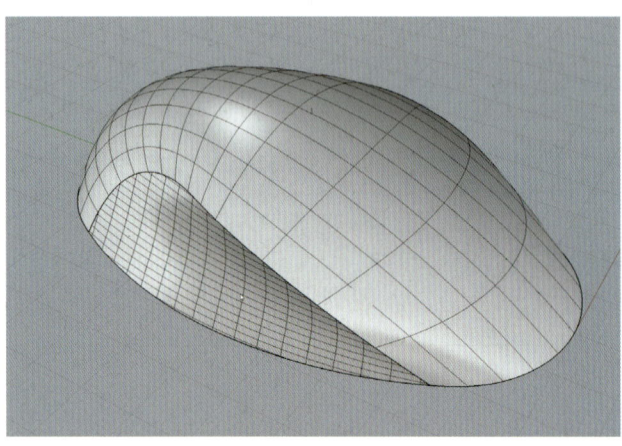
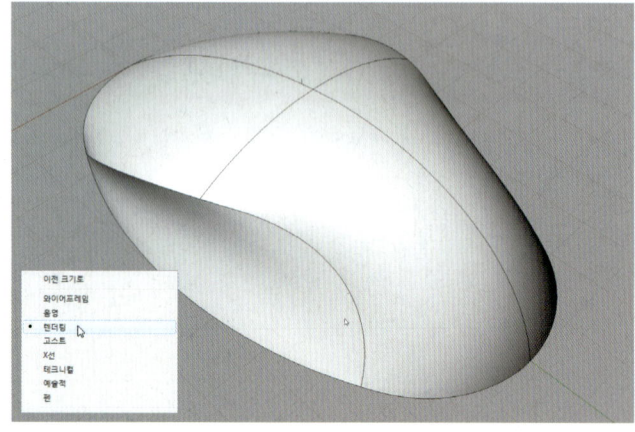

명령: _Patch
서피스에 맞출 커브, 점, 점구름, 메쉬 선택: **상하커브 순차적으로 선택**
서피스에 맞출 커브, 점, 점구름, 메쉬 선택. 완료되면 Enter 키를 누르십시오 : Enter
서피스에 맞출 커브, 점, 점구름, 메쉬 선택. 완료되면 Enter 키를 누르십시오: **팝업 창 설정 후** Enter

14 다음은 마우스 상단부 솔리드 편집을 위해 **모델링 툴탭>표시 여부>반전선택 명령**으로 화면에 보이는 상단 서피스만 남기고 나머지는 모두 숨겨 준다.

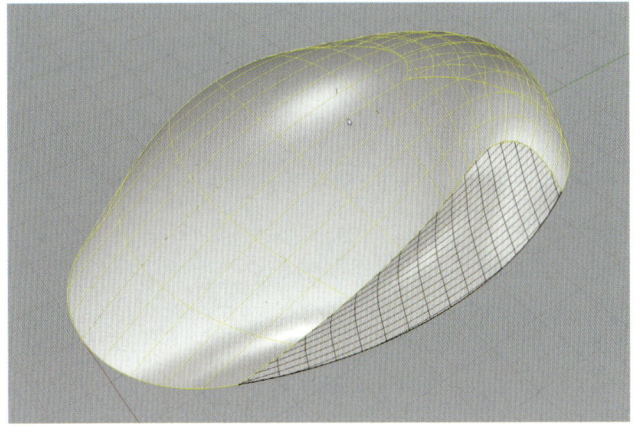 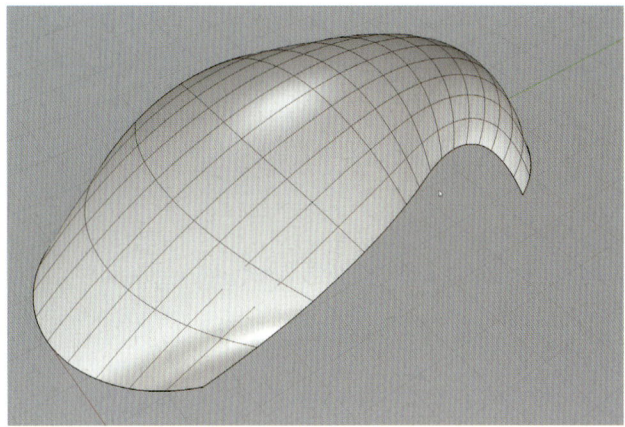

명령: _Invert

명령: _Hide

15 이어서 마우스 하단 서피스를 추가 생성해 하나의 솔리드로 만들어 보자. 먼저 **모델링 툴탭>서피스 도구>로프트 명령**으로 아래의 화면과 같이 서피스를 생성해 준 다음 이어서 완성된 서피스들을 **결합 명령**으로 모두 결합시켜 준다.

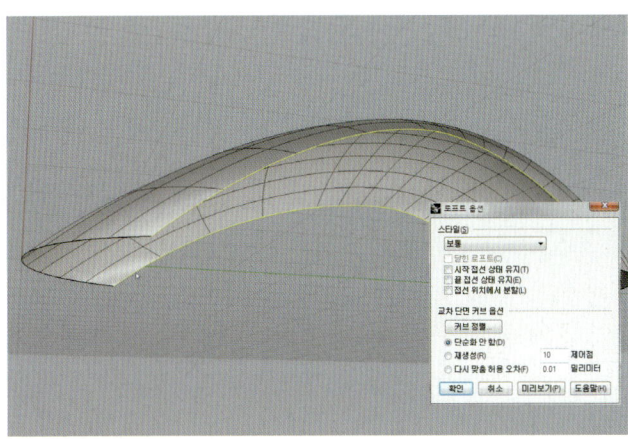 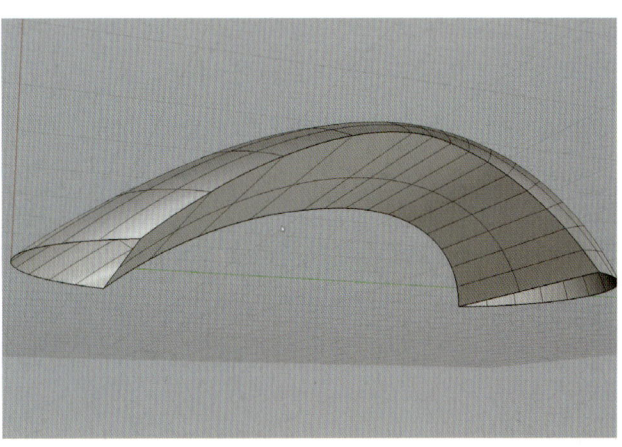

명령: _Loft
로프트할 커브 선택 (점(P)): **서피스의 측면 가장자리 선택**
로프트할 커브 선택 (점(P)): Enter
로프트할 커브 선택. 완료되면 Enter 키를 누르십시오 (점(P)): **팝업 창 설정 후** Enter

16 다음은 결합된 서피스를 선택한 후 **모델링 툴탭〉솔리드 도구〉평면형 구멍 끝막음 명령**을 통해, 화면과 같이 뚫린 부분을 막아서 하나의 완전한 솔리드 개체로 만들어 준다.

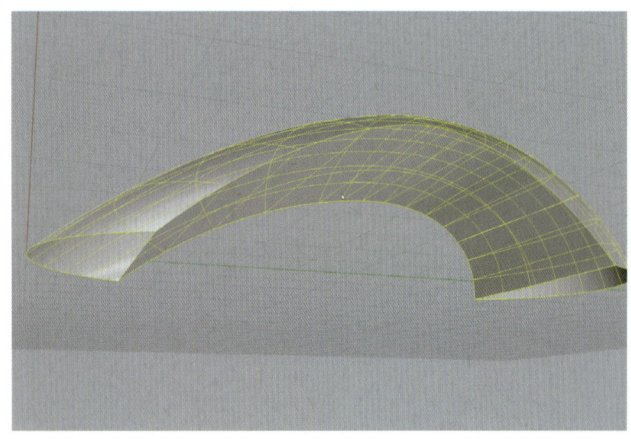 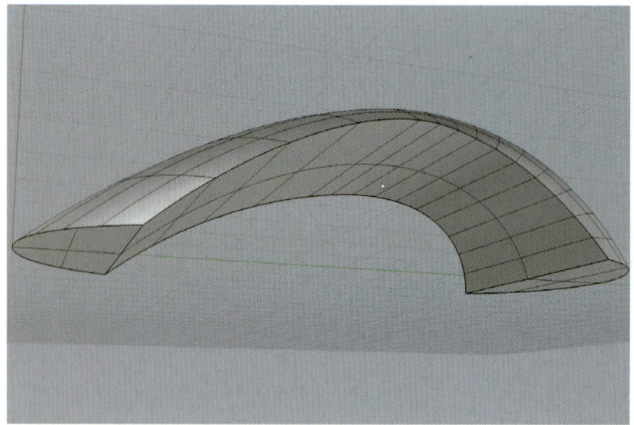

명령: _Cap
끝막음할 서피스 또는 폴리서피스 선택: **결합된 서피스 선택**
끝막음할 서피스 또는 폴리서피스 선택. 완료되면 Enter 키를 누르십시오: Enter

17 완성된 마우스 상단부 모서리에 라운드 효과를 주기 위해 **모델링 툴탭〉솔리드 도구〉가변 반지름 필릿 명령**을 통해 세부설정인 핸들 추가 옵션으로 아래의 명령 입력창 내용과 같이 가변형 필릿값을 입력하고 가변적인 모서리 라운드 효과를 적용시켜 준다.

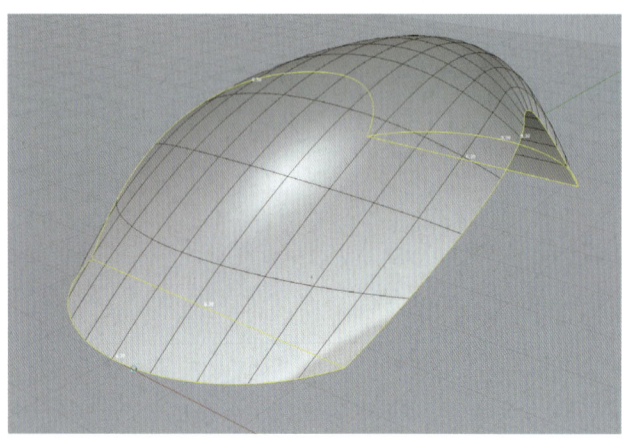 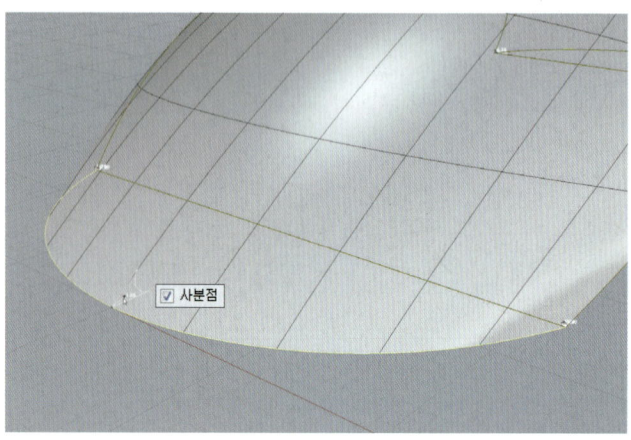

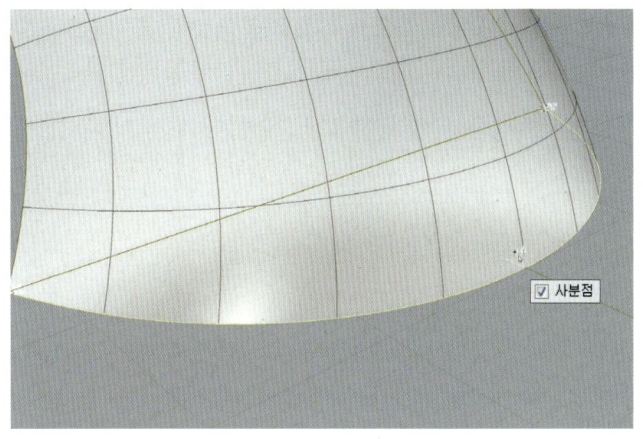 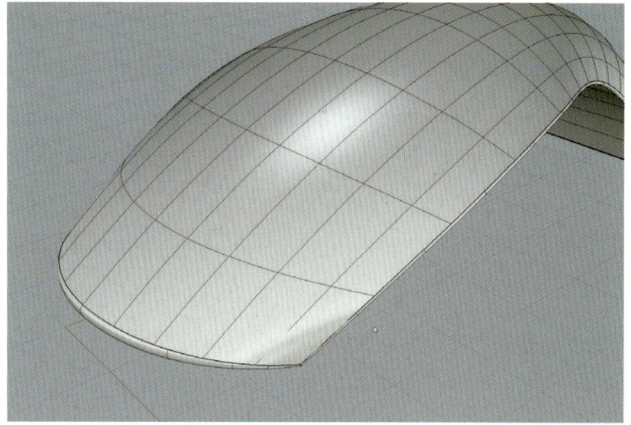

명령: _FilletEdge
필릿할 가장자리 선택 (반지름_표시(S)=예 다음_반지름(N)=1 가장자리_연속선택(C) 이전_가장자리_선택(P)): **0.3 입력 후** Enter
편집할 필릿 핸들 선택. 완료되면 Enter 키를 누르십시오 (핸들_추가(A) 핸들_복사(C) 핸들_제거(R) ...): **모서리 모두 선택 후** Enter
편집할 필릿 핸들 선택. 완료되면 Enter 키를 누르십시오 (핸들_추가(A) 핸들_복사(C) 핸들_제거(R) ...): **A 입력 후** Enter
새로운 필릿 핸들 위치를 선택. 완료되면 Enter 키를 누르십시오 (현재_반지름(C)=0.3): **1 입력 후** Enter
새로운 필릿 핸들 위치를 선택. 완료되면 Enter 키를 누르십시오 (현재_반지름(C)=1): **마우스 앞뒤의 사분점 선택 후** Enter
편집할 필릿 핸들 선택. 완료되면 Enter 키를 누르십시오 (핸들_추가(A) 핸들_복사(C) 핸들_제거(R) 모두_설정(S) ...): Enter

18 다음으로 모델링 툴탭>표시 여부>개체의 숨김, 표시상태 바꾸기 명령으로 숨겨져 있던 하단 부분을 화면에 표시해 주고, 로프트 명령으로 아래와 같이 다시 한 번 서피스를 생성해 준다.

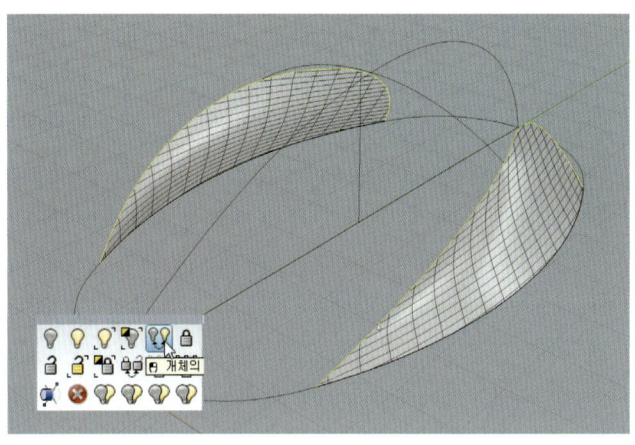 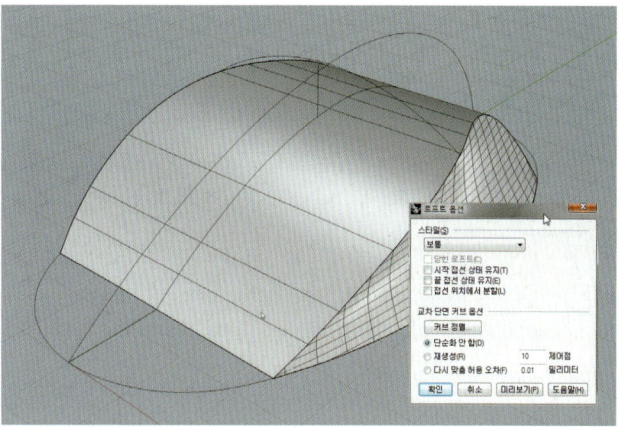

명령: _HideSwap

명령: _Loft
로프트할 커브 선택 (점(P)): **좌측 서피스 커브 선택**
로프트할 커브 선택 (점(P)): **우측 서피스 커브 선택**
로프트할 커브 선택. 완료되면 Enter 키를 누르십시오 (점(P)): **팝업 창 설정 후** Enter

19 이어서 로프트된 하단 부분의 바닥을 막아줘야 하므로 **모델링 툴탭〉서피스 도구〉2, 3 또는 4 가장자리 커브를 사용한 서피스** 명령 선택을 통해 바닥 부분에 새로운 서피스를 생성해 준다.

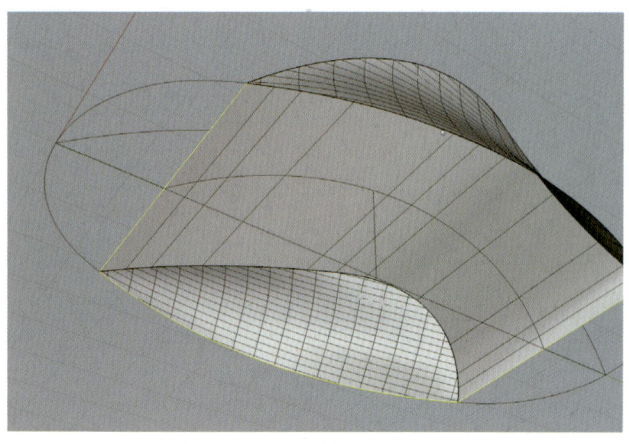 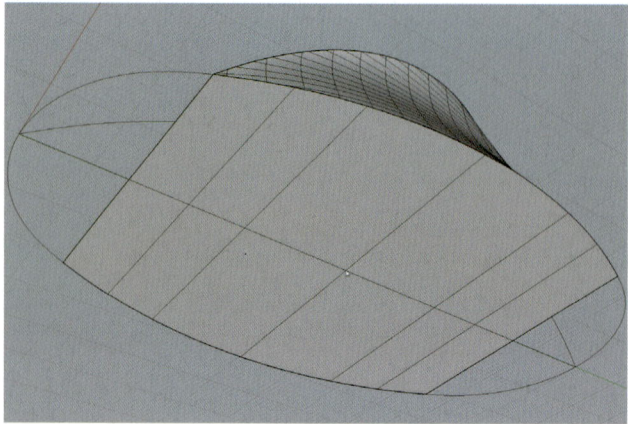

명령: _EdgeSrf
2, 3, 또는 4개의 열린 커브 선택: **서피스 가장자리 선택 후** Enter

20 다음은 **모델링 툴탭〉표준〉결합** 명령으로 생성된 모든 서피스들을 결합해 하나의 **솔리드**로 만들어 준다.

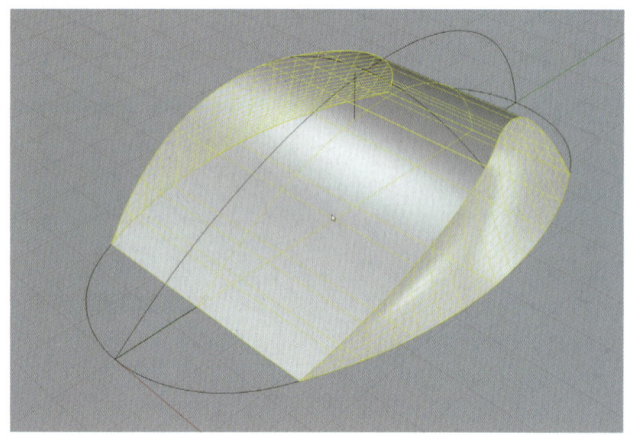 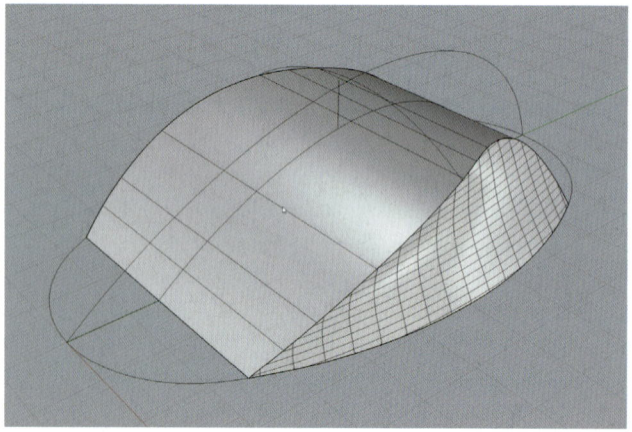

명령: _Join

21 이어서 결합된 마우스 하단 부분에도 모서리 라운드를 적용하기 위해 **가변 반지름 필릿 명령**으로 아래의 명령 입력창 내용과 같이 가변형 필릿값을 입력하여 모서리마다 가변적인 라운드 필릿 효과를 적용시켜 준다.

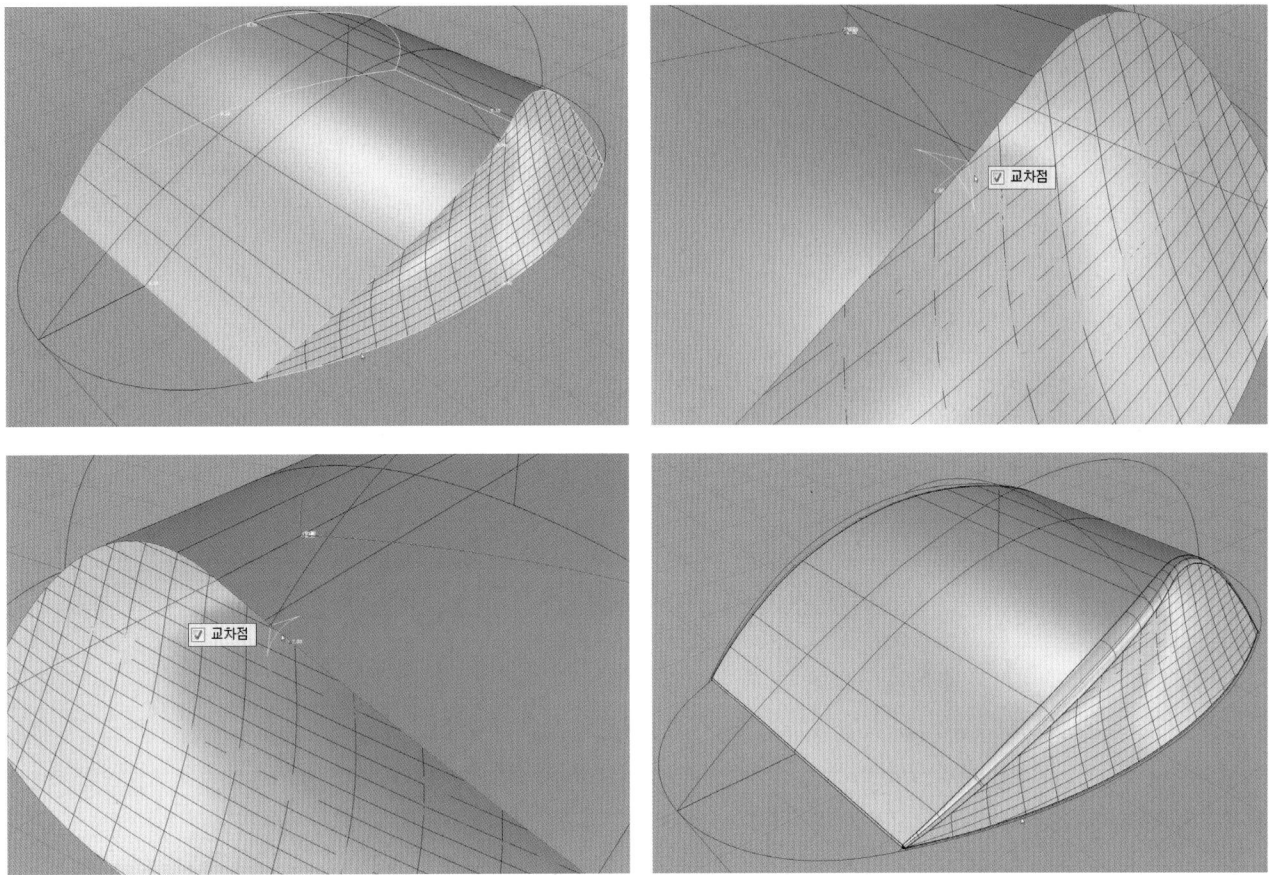

명령: _FilletEdge
필릿할 가장자리 선택 (반지름_표시(S)=예 다음_반지름(N)=1 가장자리_연속선택(C) 이전_가장자리_선택(P)): **0.3 입력 후** Enter
편집할 필릿 핸들 선택. 완료되면 Enter 키를 누르십시오 (핸들_추가(A) 핸들_복사(C) 핸들_제거(R) ...): **모서리 모두 선택 후** Enter
편집할 필릿 핸들 선택. 완료되면 Enter 키를 누르십시오 (핸들_추가(A) 핸들_복사(C) 핸들_제거(R) ...): **A 입력 후** Enter
새로운 필릿 핸들 위치를 선택. 완료되면 Enter 키를 누르십시오 (현재_반지름(C)=0.3): **2 입력 후** Enter
새로운 필릿 핸들 위치를 선택. 완료되면 Enter 키를 누르십시오 (현재_반지름(C)=2): **마우스 앞뒤의 교차점 선택 후** Enter
편집할 필릿 핸들 선택. 완료되면 Enter 키를 누르십시오 (핸들_추가(A) 핸들_복사(C) 핸들_제거(R) ...): Enter

22 다음은 숨겨진 개체들을 모두 표시하기 위해 **모델링 툴탭>표시 여부>개체표시 명령**으로 모두 표시하고, 렌더링 표시 모드를 통해서 전체적인 마우스의 기본 형상을 여러 각도로 확인해 본다.

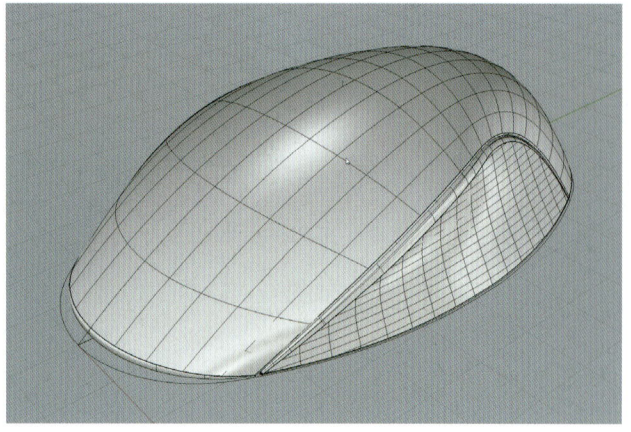 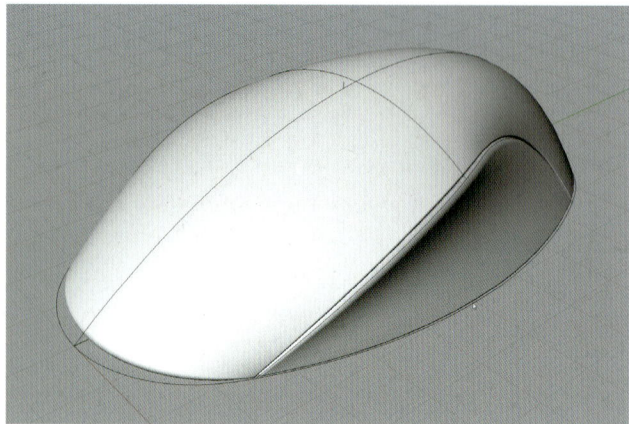

명령: _Show

23 무선 마우스의 기본형상이 완성되었으니 이제 세부적인 요소들을 구현해 보자. 지금부터는 측면 버튼을 만들어 본다. 우선 레이어를 빨간색으로 변경하고 **모델링 툴탭>커브 도구>커브 간격띄우기 명령**으로 모델링 최초에 생성한 직선을 선택하여 8mm 간격만큼 띄워 준다.

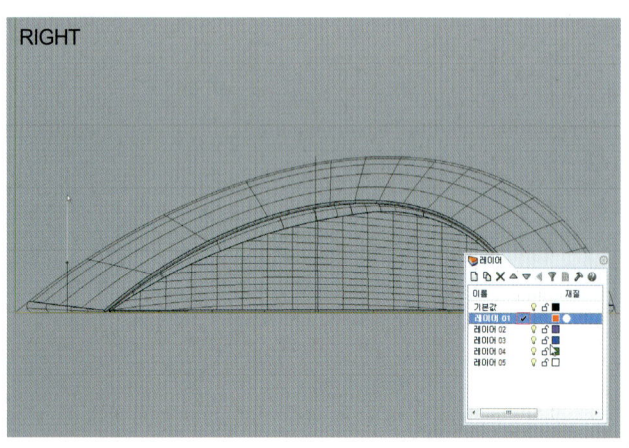 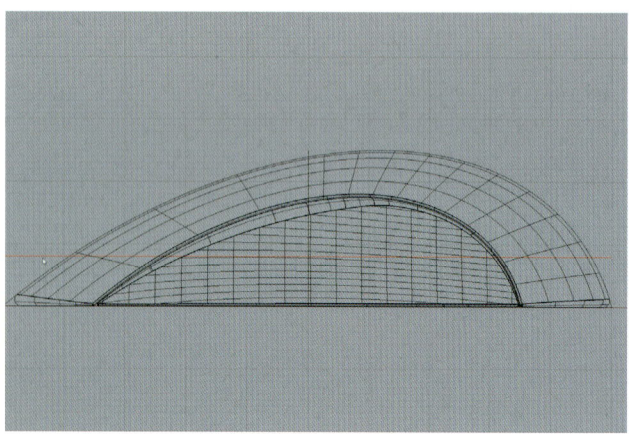

명령: _Offset
간격띄우기 실행할 커브 선택 (거리(D)=1 ... 끝막음(A)=없음): **8 입력 후** Enter
간격띄우기 실행할 커브 선택 (거리(D)=8 ....끝막음(A)=없음): **바닥의 직선 커브 선택**
간격띄우기할 쪽 (거리(D)=8 .... 끝막음(A)=없음): **상단 방향 마우스 클릭**

24 다음은 RIGHT Viewport상에서 마우스 상단에 그려진 커브를 선택하고 **커브 간격띄우기 명령**으로 전 단계에 생성된 직선과 교차하는 커브를 10mm정도 간격을 띄워 준다.

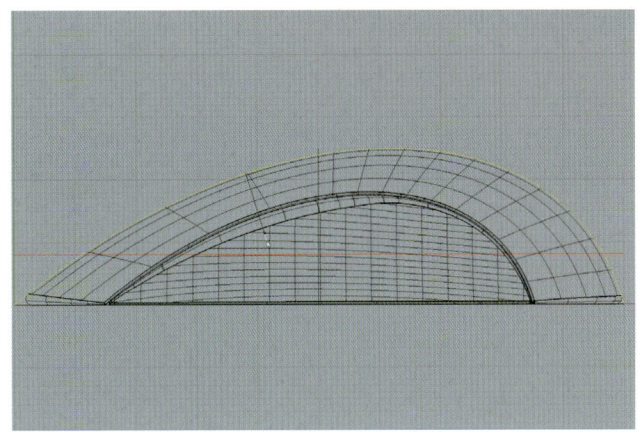
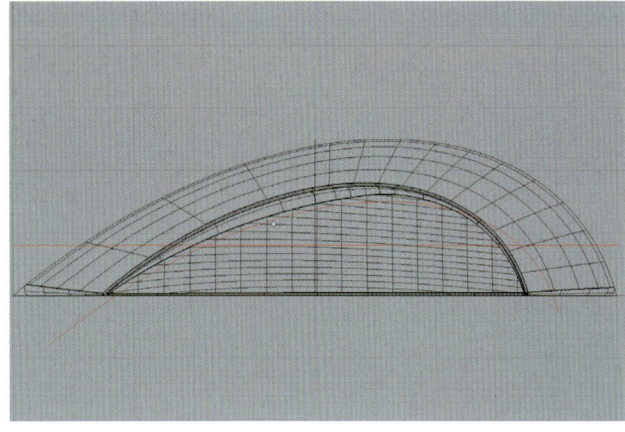

명령: _Offset
간격띄우기 실행할 커브 선택 (거리(D)=8 ... 끝막음(A)=없음): **10 입력 후** Enter
간격띄우기 실행할 커브 선택 (거리(D)=10 ....끝막음(A)=없음): **상단의 곡선 커브 선택**
간격띄우기할 쪽 (거리(D)=8 .... 끝막음(A)=없음): **하단 방향 마우스 클릭**

25 이어서 **모델링 툴탭>커브 도구>커브 필릿 명령**으로, 아래의 화면과 같이 교차된 좌측과 중간 부분 커브들을 각각 필릿하여 마우스 측면 버튼 형상을 완성해 준다.

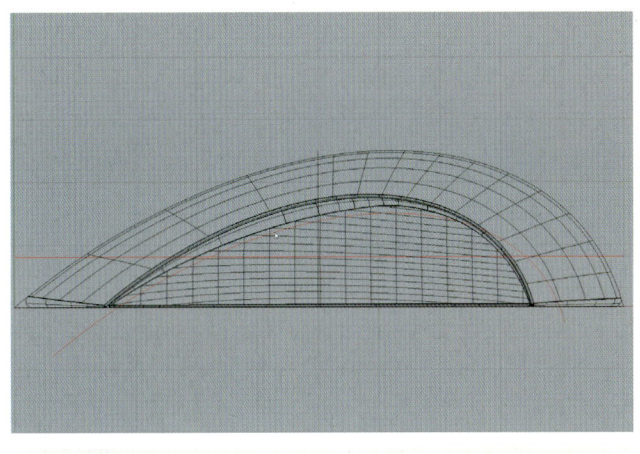
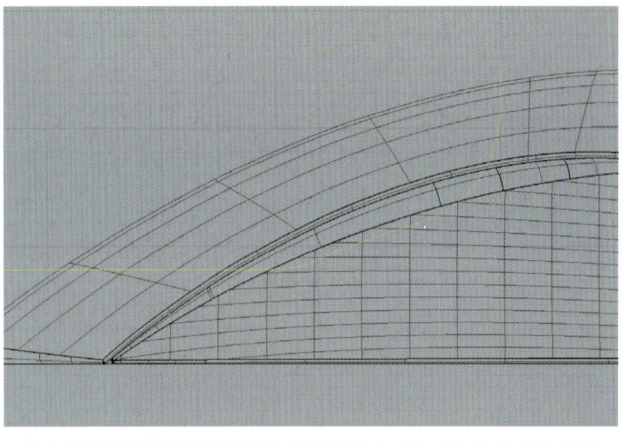

명령: _Fillet
필릿할 첫 번째 커브 선택 (반지름(R)=0.3 결합(J)=아니요 트림(T)=예 호_연장_형식(E)=호): **10 입력 후** Enter
필릿할 첫 번째 커브 선택 (반지름(R)=10 결합(J)=아니요 트림(T)=예 호_연장_형식(E)=호): **간격 띄운 곡선 커브 선택**
필릿할 두 번째 커브 선택 (반지름(R)=10 결합(J)=아니요 트림(T)=예 호_연장_형식(E)=호): **간격 띄운 직선 커브 선택**

26 다음은 필릿된 커브들을 모두 선택하여 **결합 명령**으로 합쳐주고, 모델링 툴탭〉솔리드 도구〉와이어컷 명령으로 측면 마우스 버튼이 완성되도록 커팅시켜 준다.

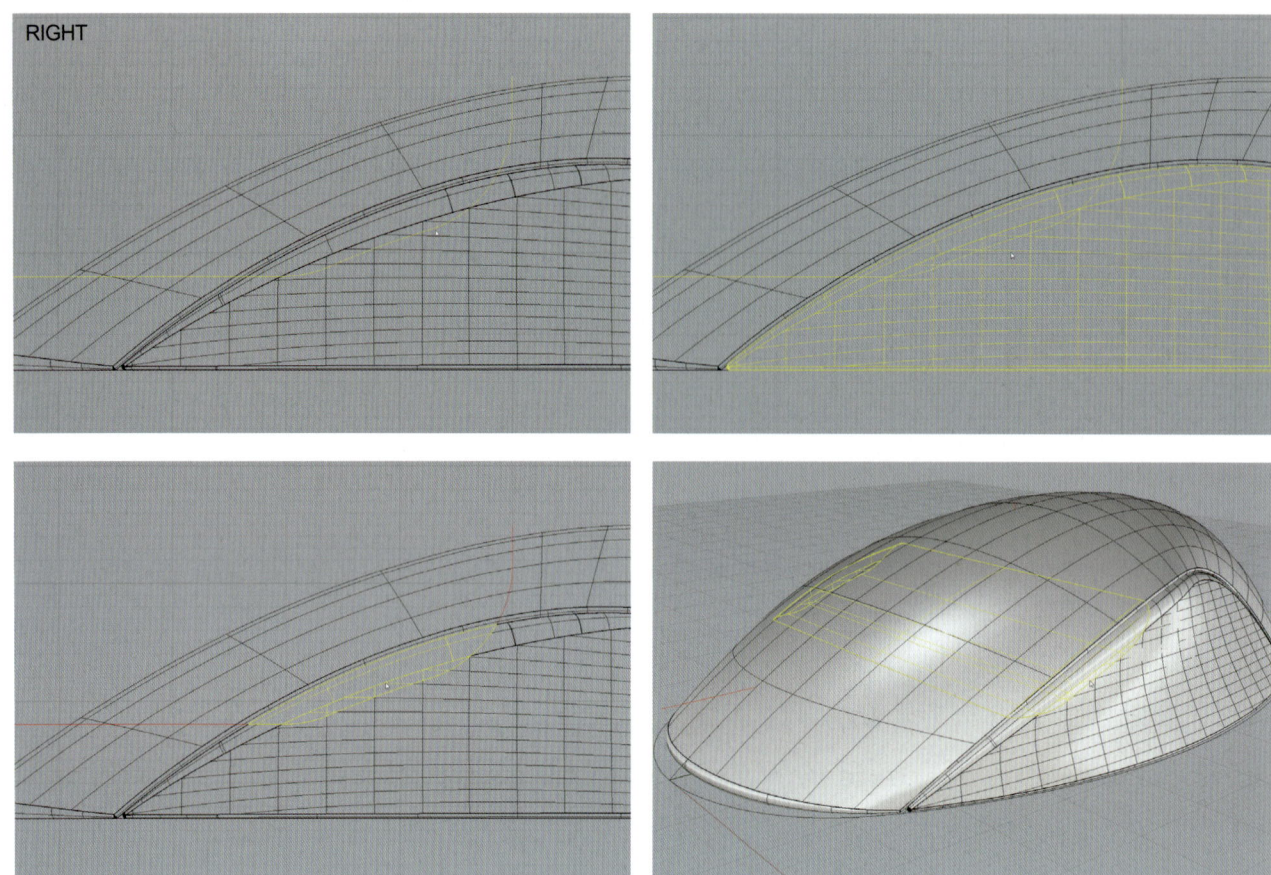

명령: _Join

명령: _WireCut
절단 커브 선택 (선(L)): **결합된 커브 선택**
자를 개체 선택. 완료되면 Enter 키를 누르십시오: **마우스 하단 부분 선택 후** Enter
첫 번째 절삭 깊이 점. 개체를 완전히 자르려면 Enter 키를 누르십시오 (방향(D)=커브에.... 양쪽(B)=예): **B 입력 후** Enter
첫 번째 절삭 깊이 점. 개체를 완전히 자르려면 Enter 키를 누르십시오 (방향(D)=커브에.... 양쪽(B)=예): **40 입력 후** Enter
잘라낼 부분(적용하려면 Enter 키를 누르십시오) (반전(I)=예 모두_유지(K)=아니요): **K 입력 후** Enter **(모두_유지=예)**
적용하려면 Enter 키를 누르십시오 (반전(I)=예 모두_유지(K)=예): Enter

27 이어서 커팅되어 분할된 버튼 모서리 부분를 **가변 반지름 필릿 명령**으로 0.3mm값의 부드러운 파팅 라인 효과를 주고, 렌더링 표시 모드로 전환하여 파팅 라인이 제대로 적용되었는지 검토해 본다.

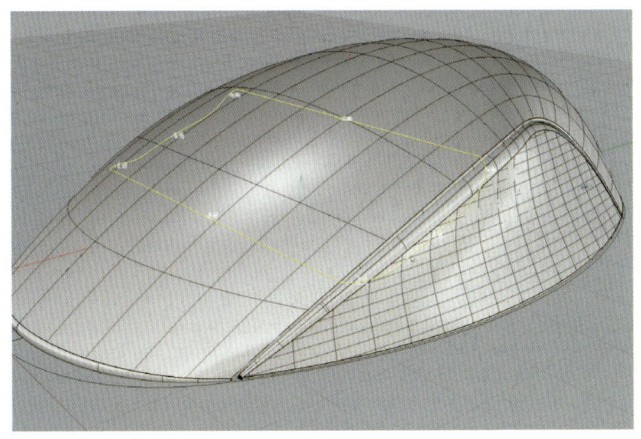 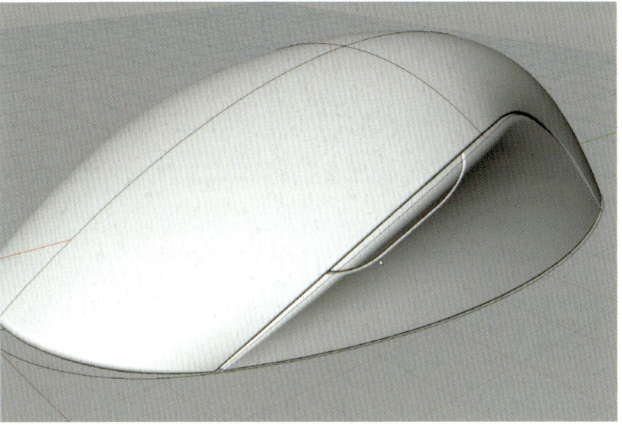

명령: _FilletEdge
필릿할 가장자리 선택 (반지름_표시(S)=예 다음_반지름(N)=0.3 가장자리_연속선택(C) 이전_가장자리_선택(P)): **0.3 입력 후** Enter
필릿할 가장자리 선택. 완료되면 Enter 키를 누르십시오 (반지름_표시(S)=예 .... 가장자리_연속선택(C)): **모든 모서리 선택 후** Enter

28 다음 과정은 밋밋한 마우스 상단부에 캐릭터 라인을 표현해 보자. 우선 레이어를 보라색으로 변경하고 **모델링 툴탭〉커브 도구〉커브 간격띄우기 명령**으로 모델링 최초에 생성한 직선을 다시 한 번 선택하여 4mm 간격만큼 띄워 준다.

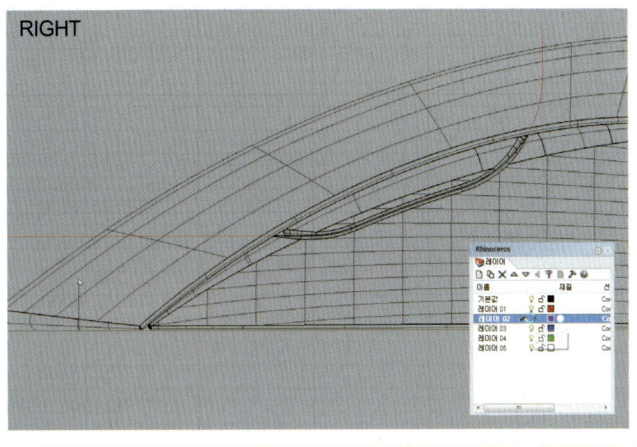 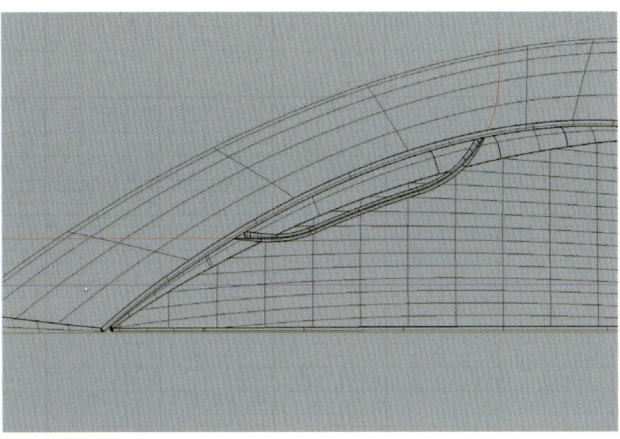

명령: _Offset
간격띄우기 실행할 커브 선택 (거리(D)=8 ... 끝막음(A)=없음): **4 입력 후** Enter
간격띄우기 실행할 커브 선택 (거리(D)=4 ....끝막음(A)=없음): **바닥의 직선 커브 선택**
간격띄우기할 쪽 (거리(D)=4 .... 끝막음(A)=없음): **상단 방향 마우스 클릭**

29 이어서 같은 방법으로 바닥 직선을 **모델링 툴탭 〉커브도구〉커브 간격띄우기** 명령으로 15mm 간격만큼 한 번 더 띄워 준다.

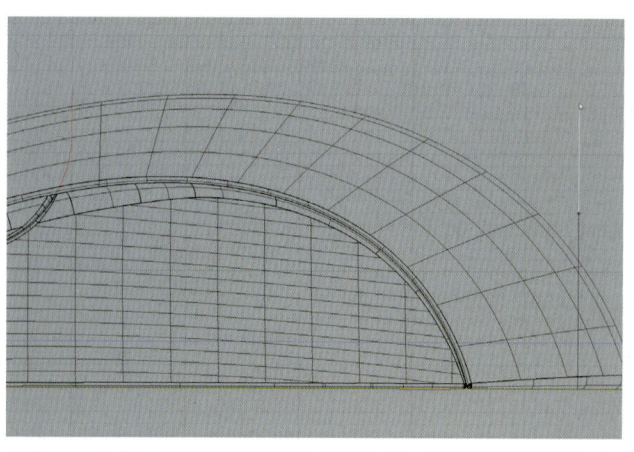 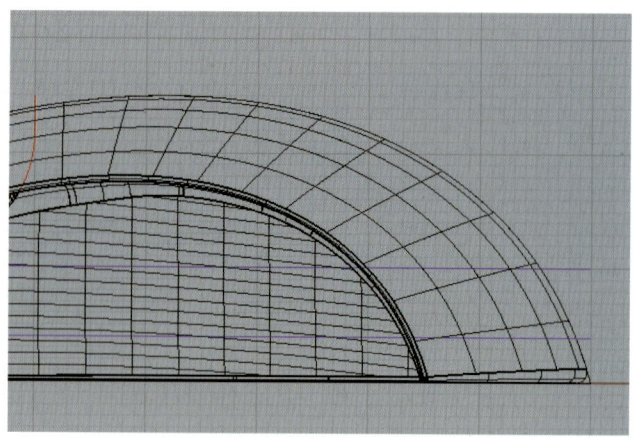

명령: _Offset
간격띄우기 실행할 커브 선택 (거리(D)=4 ... 끝막음(A)=없음): **15 입력 후** Enter
간격띄우기 실행할 커브 선택 (거리(D)=15 ....끝막음(A)=없음): **바닥의 직선 커브 선택**
간격띄우기할 쪽 (거리(D)=15 .... 끝막음(A)=없음): **상단 방향 마우스 클릭**

30 다음은 화면에 보이는 것과 같이 마우스 상단의 커브를 선택해 **커브 간격띄우기** 명령으로 5mm 간격만큼 띄워서 전 단계에서 간격 띄운 두 개의 직선과 교차시켜 준다.

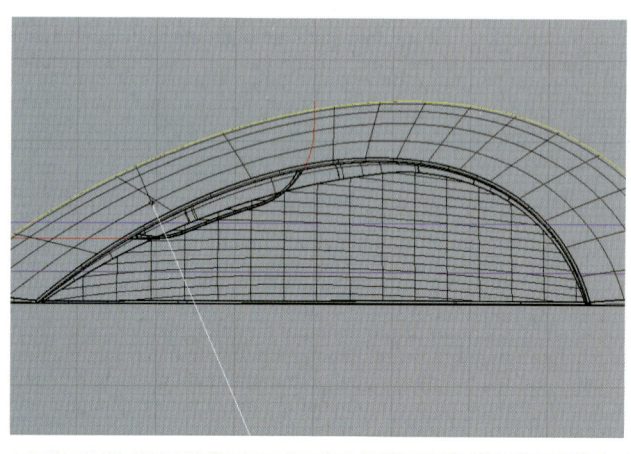 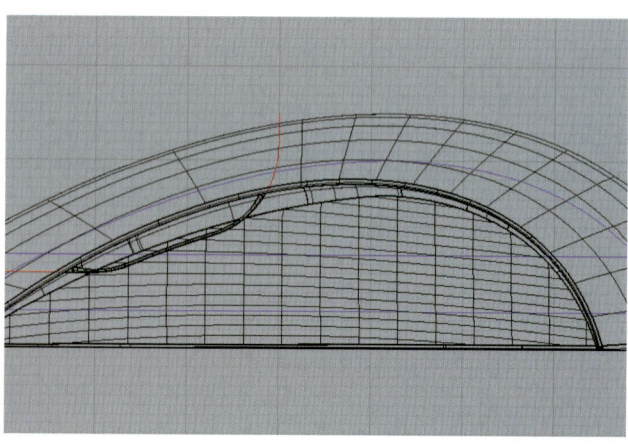

명령: _Offset
간격띄우기 실행할 커브 선택 (거리(D)=15 ... 끝막음(A)=없음): **5 입력 후** Enter
간격띄우기 실행할 커브 선택 (거리(D)=5 ....끝막음(A)=없음): **상단의 곡선 커브 선택**
간격띄우기할 쪽 (거리(D)=5 .... 끝막음(A)=없음): **하단 방향 마우스 클릭**

31 이어서 **커브 필릿** 명령을 선택하여 아래의 화면과 같이 교차된 커브를 좌, 우측 각각 두 번 필릿하여 부드럽게 연결되도록 마무리한다.

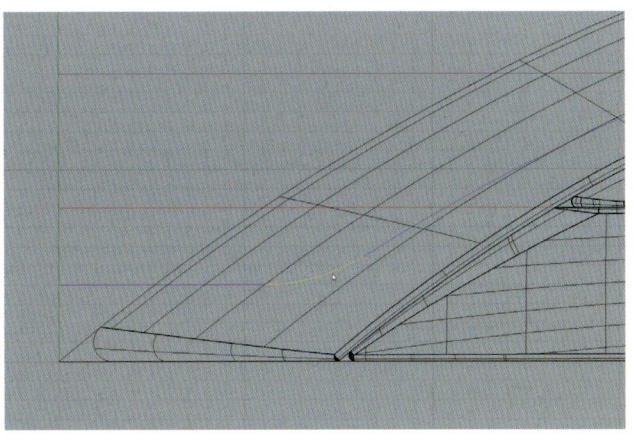 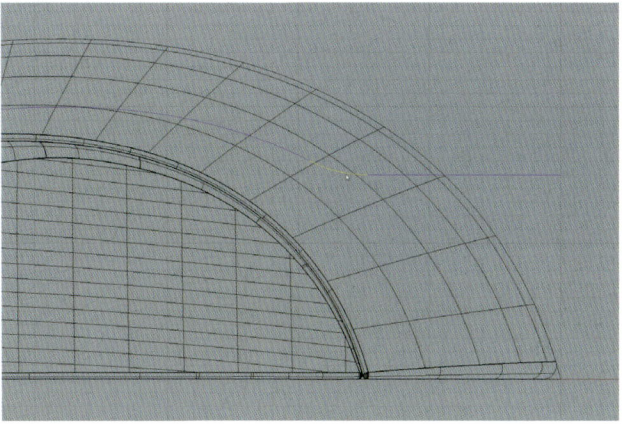

명령: _Fillet
필릿할 첫 번째 커브 선택 (반지름(R)=0.3 결합(J)=아니요 트림(T)=예 호_연장_형식(E)=호): **10 입력 후** Enter
필릿할 첫 번째 커브 선택 (반지름(R)=10 결합(J)=아니요 트림(T)=예 호_연장_형식(E)=호): **좌측 표시된 2개의 커브 선택**
필릿할 두 번째 커브 선택 (반지름(R)=10 결합(J)=아니요 트림(T)=예 호_연장_형식(E)=호): **우측 표시된 2개의 커브 선택**

> **참고하세요**
> 라이노 3D 화면 우측에 놓여있는 사이드 옵션 패널의 추가 등록 및 삭제를 통해 모델링 및 렌더링 작업 시 최적화되고 신속한 보조적 도움을 얻을 수 있다.
>
>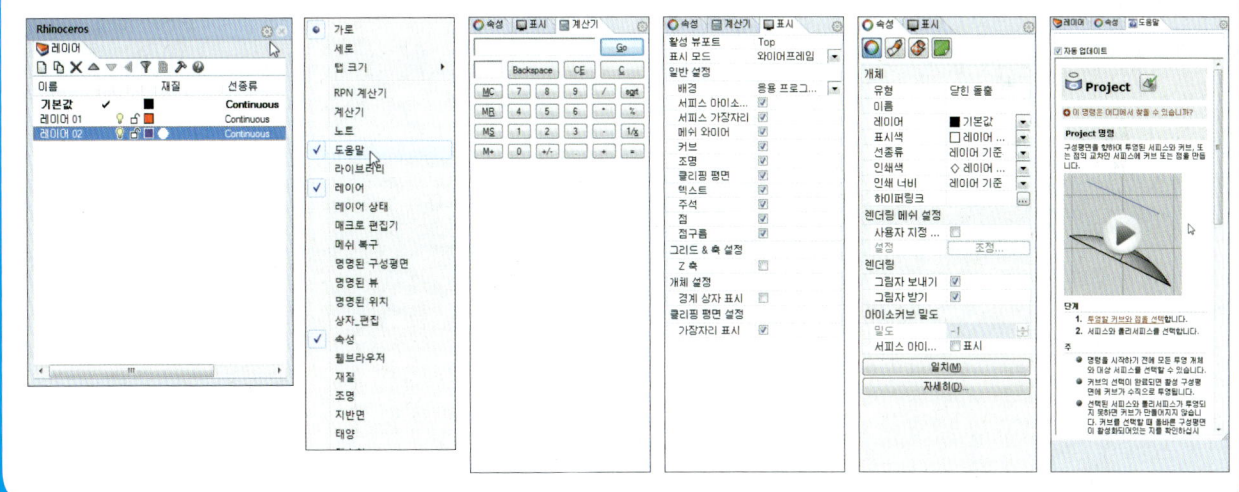

32 필릿된 커브들을 **결합** 명령으로 합쳐주고, 작업 영역을 RIGHT Viewport로 활성화 후 **모델링 툴탭〉변형〉**서피스로 투영 명령으로 결합된 커브를 마우스 상단부에 투영시켜 준다.

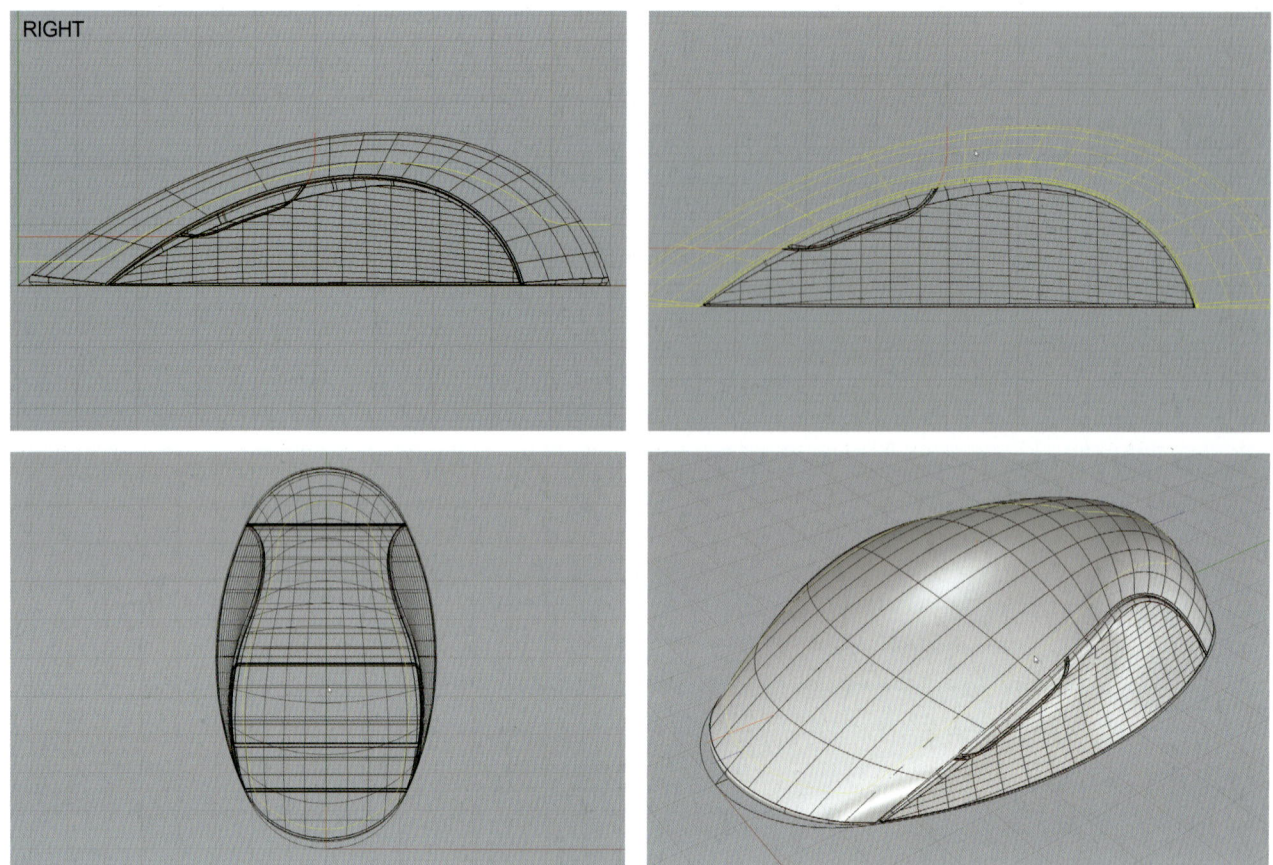

명령: _Join

명령: _Project
투영할 커브와 점 선택 (느슨하게(L)=아니요...(O)=현재레이어): **결합된 커브 선택**
투영할 커브와 점 선택. 완료되면 Enter 키를 누르십시오 (느슨하게(L)=아니요...(O)=현재레이어): Enter
투영처가 될 서피스, 폴리서피스, 메쉬 선택 (느슨하게(L)=아니요...(O)=현재레이어): **마우스 상단 부분 선택**
투영처가 될 서피스, 폴리서피스, 메쉬 선택. 완료되면 Enter 키를 누르십시오 (느슨하게(L)=아니요...(O)=현재레이어): Enter

33 이어서 투영된 커브를 사용해서 **모델링 툴탭〉솔리드 도구〉와이어 컷 명령**으로 아래의 화면과 같이 RIGHT Viewport상에서 절삭 깊이를 30mm 정도 깊이값을 주고 투영된 커브 모양대로 커팅해 준다.

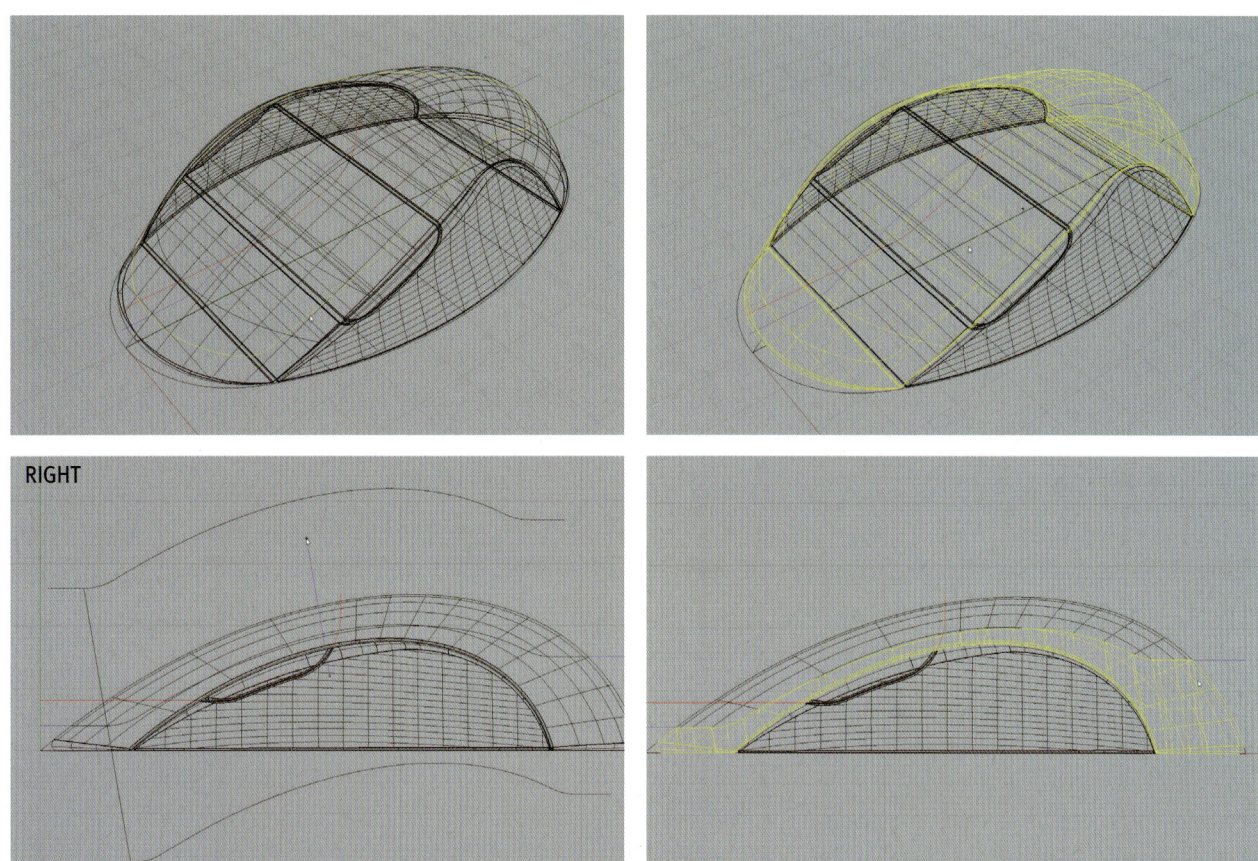

명령: _WireCut
절단 커브 선택 (선(L)): **투영한 커브 선택**
자를 개체 선택: **마우스 상단 부분 선택**
자를 개체 선택. 완료되면 Enter 키를 누르십시오: [Enter]
첫 번째 절삭 깊이 점. 개체를 완전히 자르려면 Enter 키를 누르십시오 (방향(D)=커브에.... 양쪽(B)=예): **30 입력 후** [Enter]
잘라낼 부분(적용하려면 Enter 키를 누르십시오) (반전(I)=예 모두_유지(K)=아니요): **K 입력 후** [Enter] **(모두_유지=예)**
적용하려면 Enter 키를 누르십시오 (반전(I)=예 모두_유지(K)=예): [Enter]

34 다음은 커팅된 모서리 부분를 **가변 반지름 필릿 명령**으로 부드러운 라운드를 적용해 파팅 라인을 만들어 주고, 렌더링 표시 모드를 통해 마우스 상단의 캐릭터 라인의 세련된 느낌을 검토해 본다.

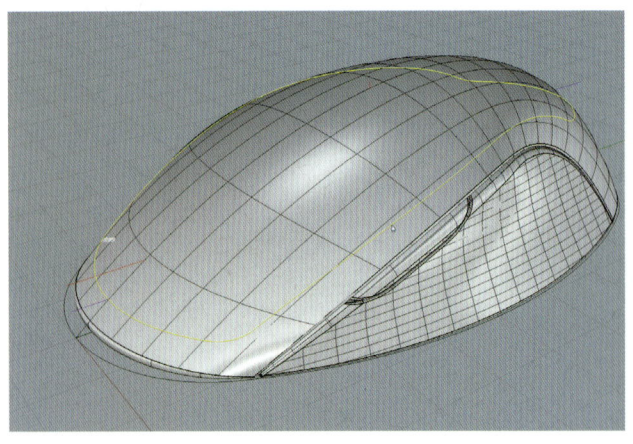 

명령: _FilletEdge
필릿할 가장자리 선택 (반지름_표시(S)=예 다음_반지름(N)=0.3 가장자리_연속선택(C) 이전_가장자리_선택(P)): **0.2 입력 후** Enter
필릿할 가장자리 선택 (반지름_표시(S)=예 다음_반지름(N)=0.2 가장자리_연속선택(C) 이전_가장자리_선택(P)): **모든 모서리 선택**
필릿할 가장자리 선택. 완료되면 Enter 키를 누르십시오 (반지름_표시(S)=예 다음_반지름(N)=0.3 가장자리_연속선택(C)): Enter

35 무선 마우스 마지막 과정으로 마우스 휠버튼을 만들어 보자. 우선 TOP Viewport로 활성화한 후, 생성된 커브들과의 구분을 위해 레이어를 파란색으로 변경해 주고 **직사각형** 명령으로 아래와 같이 모서리 둥근 직사각형을 생성해 준다.

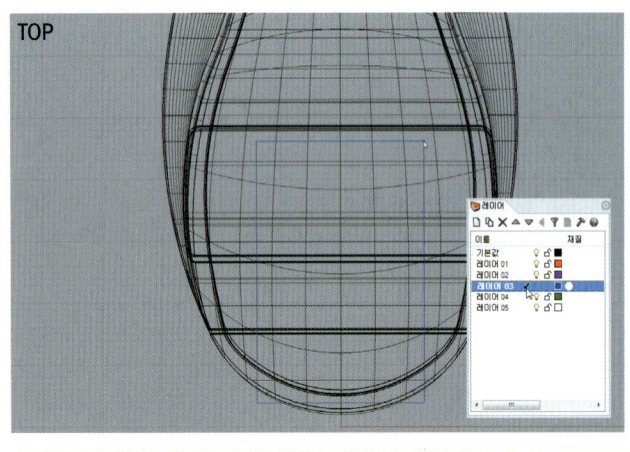 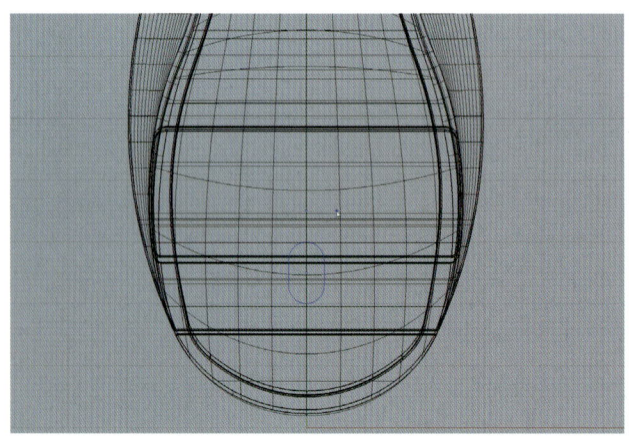

명령: _Rectangle
직사각형의 첫 번째 모서리 (3점(P) 수직(V) 중심점(C) 둥글게(R)): _Center
직사각형의 중심 (둥글게(R)): **R 입력 후** Enter **(둥글게)**
직사각형의 중심: **0,25(x,y) 입력 후** Enter
다른 모서리 또는 길이 (3점(P)): **6 입력 후** Enter
너비. 길이를 사용하려면 Enter 키를 누르십시오 (3점(P)): **10 입력 후** Enter
반지름 또는 둥근 모서리가 통과하는 점 〈3.00〉 (모서리(C)=호): **50 입력 후** Enter

42 이어서 화면과 같이 파팅라인 모서리 부분도 **가변 반지름 필릿 명령**으로 반지름 0.2mm만큼 필릿을 적용시켜 주고, 렌더링 표시 모드로 부드러운 파팅이 적용된 모습을 확인한다.

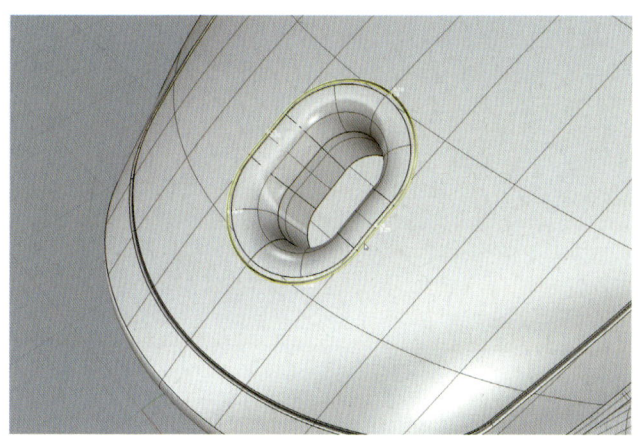
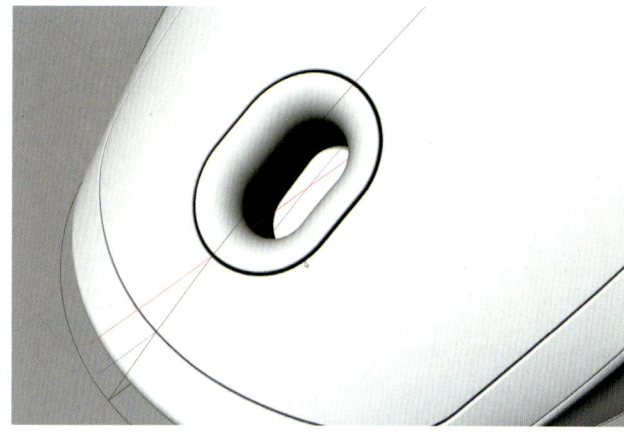

명령: _FilletEdge
필릿할 가장자리 선택 (반지름_표시(S)=예 다음_반지름(N)=2.5 가장자리_연속선택(C) ....): **0.2 입력 후** Enter
필릿할 가장자리 선택 (반지름_표시(S)=예 다음_반지름(N)=0.2 가장자리_연속선택(C) ....): **바깥쪽 모서리 두 곳 선택**
필릿할 가장자리 선택. 완료되면 Enter 키를 누르십시오 (반지름_표시(S)=예 다음_반지름(N)=0.2 가장자리_연속선택(C)): Enter

43 다음은 마우스 휠버튼을 만들어 보자. 먼저 **표시 여부>반전선택 명령**으로 마우스 상단부만 남겨두고 나머지 개체들은 모두 숨겨준다.

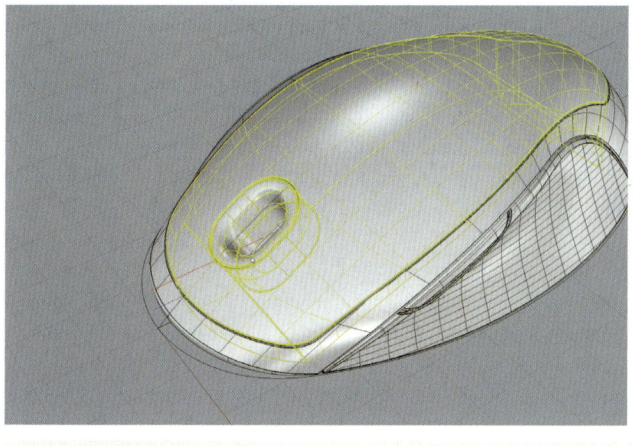
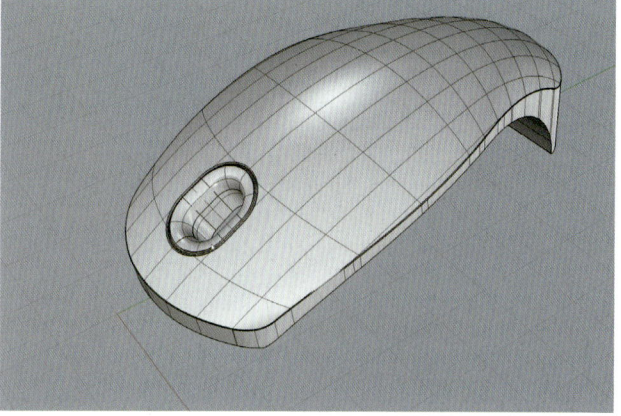

명령: _Invert

명령: _Hide

40 이어서 PERSPECTIVE Viewport상에서 **모델링 툴탭〉솔리드 도구〉부울 차집합** 명령으로 회전시킨 두 개의 솔리드를 마우스 상단부에 차집합시켜 준다.

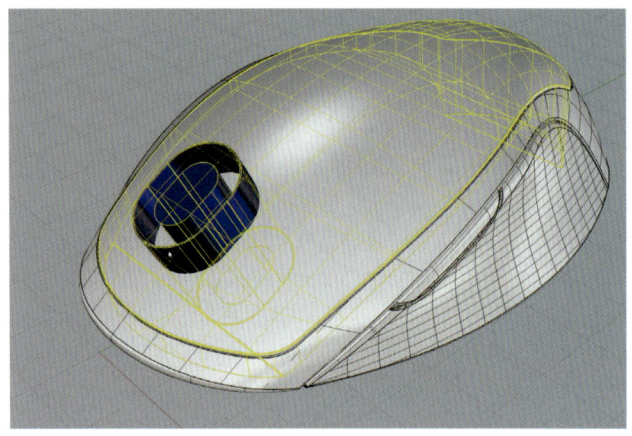 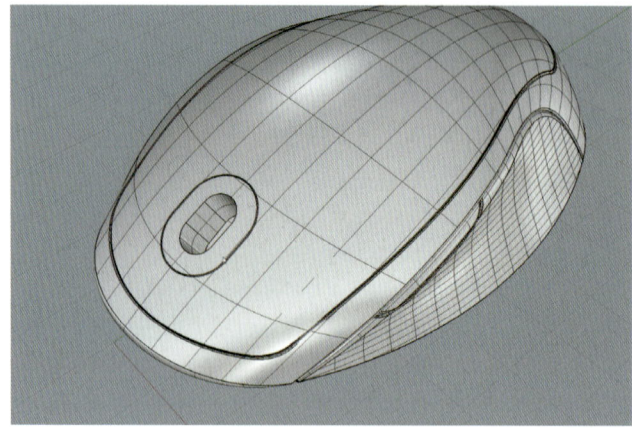

명령: _BooleanDifference
차집합을 계산할 원래 서피스 또는 폴리서피스 선택: **마우스 상단부의 안쪽 부분 선택**
차집합을 계산할 원래 서피스 또는 폴리서피스 선택. 계속하려면 Enter 키를 누르십시오: Enter
차집합 계산에 사용할 서피스 또는 폴리서피스 선택 (원래개체_삭제(D)=예): **회전한 두 개의 솔리드 선택**
차집합 계산에 사용할 서피스 또는 폴리서피스 선택. 완료되면 Enter 키를 누르십시오 (원래개체_삭제(D)=예): Enter

41 다음은 **가변 반지름 필릿** 명령으로 마우스휠이 들어갈 차집합된 모서리 부분에 반지름 2.5mm만큼 필릿을 적용시켜 주고, 렌더링 표시 모드로 부드러운 라운드가 적용된 모습을 확인한다.

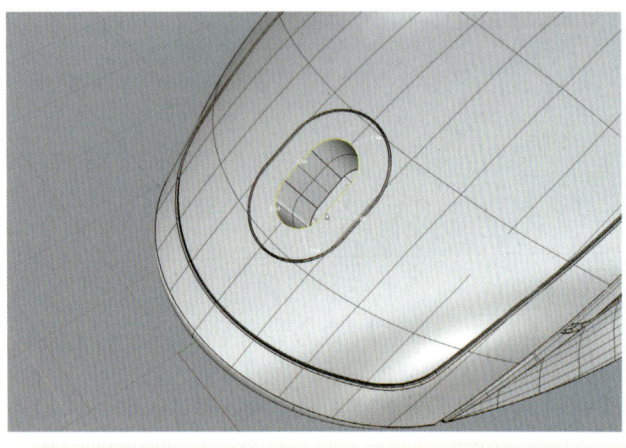 

명령: _FilletEdge
필릿할 가장자리 선택 (반지름_표시(S)=예 다음_반지름(N)=0.2 가장자리_연속선택(C) 이전_가장자리_선택(P)): **2.5 입력 후** Enter
필릿할 가장자리 선택 (반지름_표시(S)=예 다음_반지름(N)=2.5 가장자리_연속선택(C) 이전_가장자리_선택(P)): **가장 안쪽 모서리 선택**
필릿할 가장자리 선택. 완료되면 Enter 키를 누르십시오 (반지름_표시(S)=예 다음_반지름(N)=2.5 가장자리_연속선택(C)): Enter

38 이어서 같은 방법으로 바깥쪽의 두 개의 간격을 띄운 커브도 **닫힌 평면형 커브 돌출 명령**으로, 20mm만큼 화면과 같이 돌출시켜 준다.

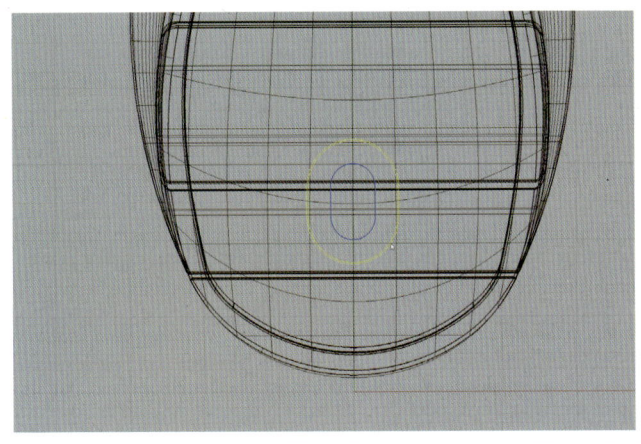
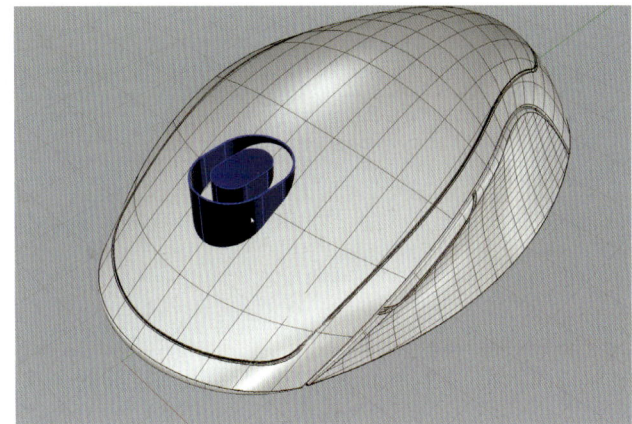

명령: _ExtrudeCrv
돌출시킬 커브 선택: **바깥쪽 두 개의 커브 선택 후** [Enter]
돌출시킬 커브 선택. 완료되면 Enter 키를 누르십시오: **20 입력 후** [Enter]

39 다음은 작업 영역을 RIGHT Viewport로 활성화한 후, 생성한 두 개의 솔리드를 **모델링 툴탭 > 변형 > 2D 회전 명령**으로 아래의 명령 입력창 내용을 참고로 30도만큼 시계 반대 방향으로 회전시켜 준다.

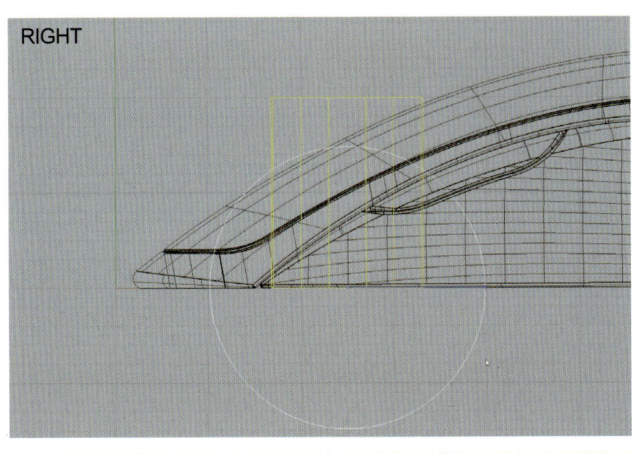
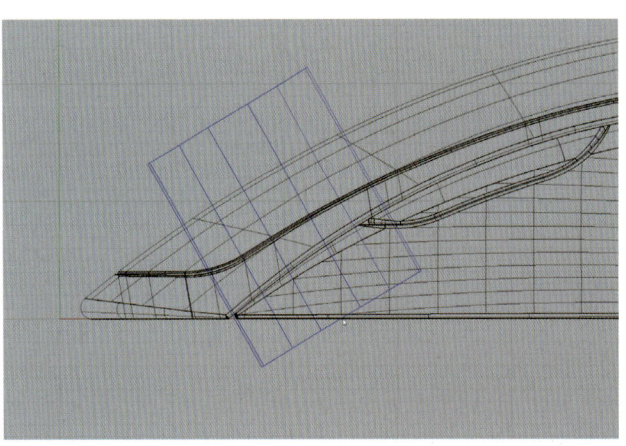

명령: _Rotate
회전시킬 개체 선택: **새로 생성한 두 개의 솔리드 선택**
회전시킬 개체 선택. 완료되면 Enter 키를 누르십시오: [Enter]
회전 중심 (복사(C)=아니요): **25,0(y,z) 입력 후** [Enter]
각도 또는 첫 번째 참조점 (복사(C)=아니요): **30 입력 후** [Enter]

36 이어서 **커브 간격띄우기 명령**으로 아래의 화면과 같이 생성된 직사각형 외곽 방향으로 3mm 간격 그리고 0.2mm 간격을 차례대로 띄워 준다.

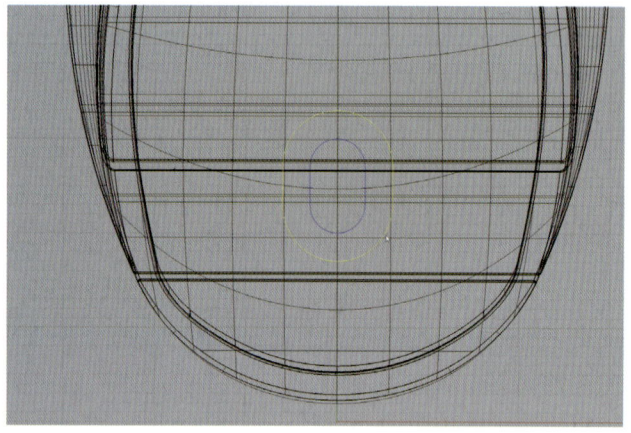
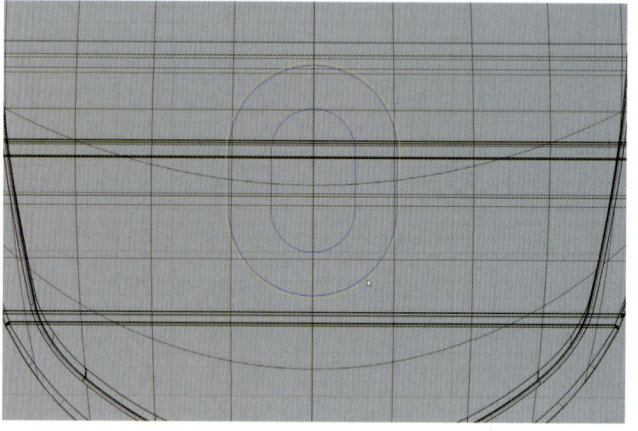

명령: _Offset
간격띄우기 실행할 커브 선택 (거리(D)= 5, 끝막음...): **커브 선택**
간격띄우기 실행할 커브 선택 (거리(D)= 5,끝막음...): **3 입력 후** Enter
간격띄우기할 쪽 (거리(D)= 3,끝막음...): **생성된 직사각형 바깥쪽 선택**

명령: _Offset
간격띄우기 실행할 커브 선택 (거리(D)= 3,끝막음..): **커브 선택**
간격띄우기 실행할 커브 선택 (거리(D)= 3,끝막음..): **0.2 입력 후** Enter
간격띄우기할 쪽 (거리(D)= 0.2 끝막음..): **생성된 직사각형 바깥쪽 선택**

37 다음은 휠버튼이 들어갈 구멍 위치를 만들기 위해 **닫힌 평면형 커브 돌출 명령**으로, 모서리 둥근 직사각형 커브를 20mm만큼 화면과 같이 돌출시켜 준다.

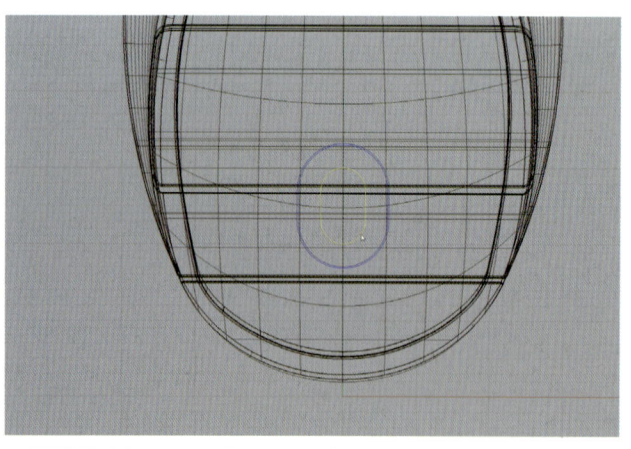
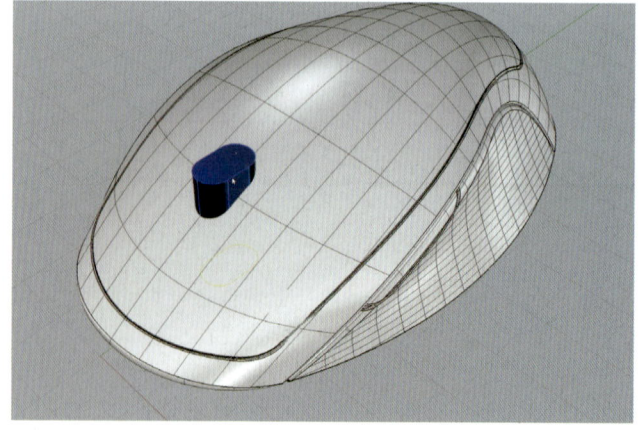

명령: _ExtrudeCrv
돌출시킬 커브 선택: **가장 안쪽의 둥근 직사각형 선택 후** Enter
돌출시킬 커브 선택. 완료되면 Enter 키를 누르십시오: **20 입력 후** Enter

44 이어서 작업 영역을 RIGHT Viewport로 활성화한 후 **모델링 툴탭>표준>사이드바>원** 명령을 선택한 다음, 아래의 화면과 같이 지정된 좌표점에 반지름 6mm의 원을 생성해 준다.

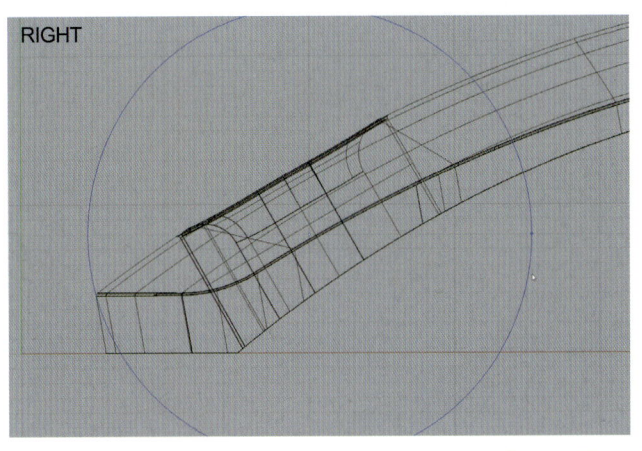
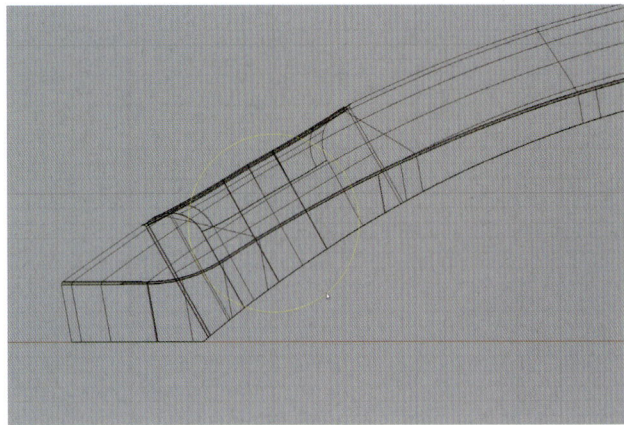

명령: _Circle
원의 중심 (변형가능(D) 수직(V) 2점(P) 3점(O) 접점(T) 커브_주변(A) 점에_맞춤(F)): **20,8(y,z) 입력 후** Enter
반지름 <6.00> (지름(D) 방위(O) 원주(C) 면적(A)): **6 입력 후** Enter

45 다음은 TOP Viewport상에서 생성된 원을 선택해 **닫힌 평면형 커브 돌출** 명령으로 2.8mm만큼 양쪽으로 돌출시켜 준다.

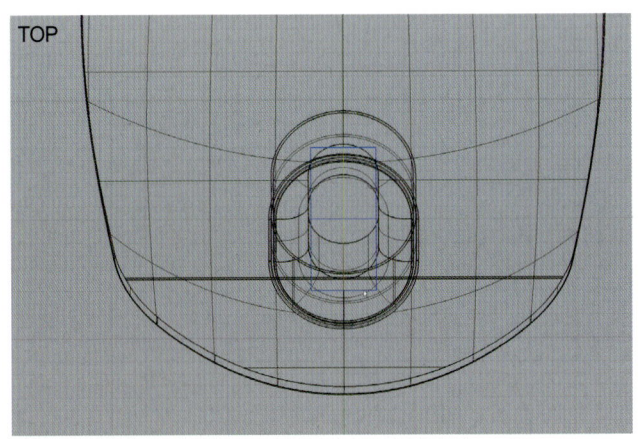
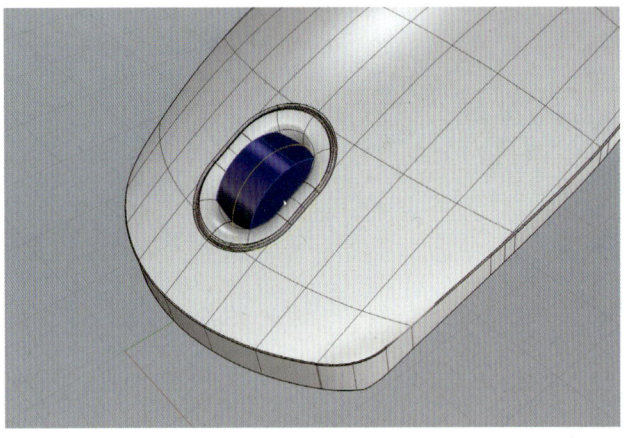

명령: _ExtrudeCrv
돌출시킬 커브 선택: **원 커브 선택**
돌출시킬 커브 선택. 완료되면 Enter 키를 누르십시오: Enter
돌출 거리 <20> (방향(D) 양쪽(B)=아니요 ... 기준점_설정(A)): **B 입력 후** Enter **(양쪽=예)**
돌출 거리 <20> (방향(D) 양쪽(B)=예 ... 기준점_설정(A)): **2.8 입력 후** Enter

46 생성된 돌출 개체의 양쪽 모서리에 **가변 반지름 필릿 명령**으로 반지름 2.5mm만큼 필릿을 적용시켜주고, 렌더링 표시 모드로 부드러운 모서리 형상을 확인한다.

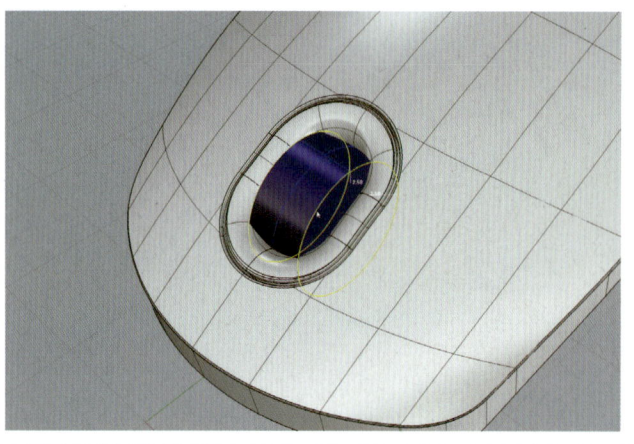 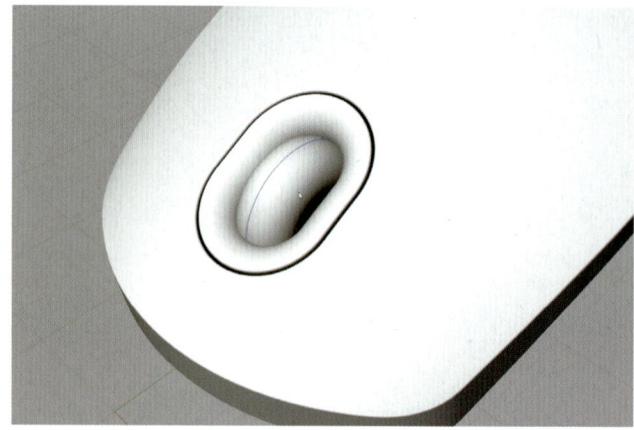

명령: _FilletEdge
필릿할 가장자리 선택 (반지름_표시(S)=예 다음_반지름(N)=0.2 가장자리_연속선택(C) 이전_가장자리_선택(P)): **2.5 입력 후** Enter
필릿할 가장자리 선택 (반지름_표시(S)=예 다음_반지름(N)=2.5 가장자리_연속선택(C) 이전_가장자리_선택(P)): **양쪽 모서리 선택**
필릿할 가장자리 선택. 완료되면 Enter 키를 누르십시오 (반지름_표시(S)=예 다음_반지름(N)=2.5 가장자리_연속선택(C)): Enter

47 이어서 작업 영역을 TOP Viewport로 활성화한 후 **모델링 툴탭〉표준〉텍스트 개체 명령**을 선택하여, 마우스 좌우 버튼의 위치 표시를 위한 텍스트 기호를 아래의 팝업 창 내용과 같이 적용하여 양쪽으로 표현해 준다.

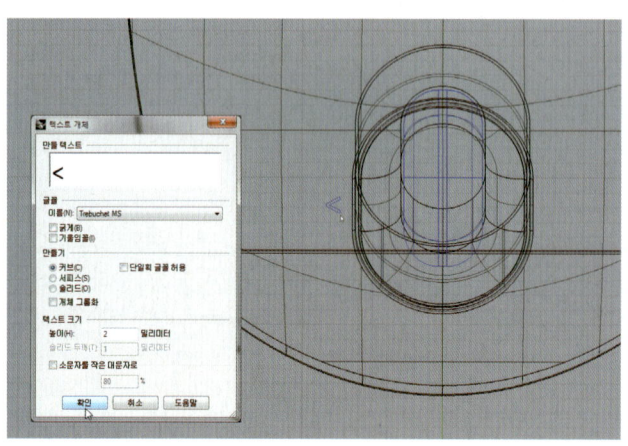 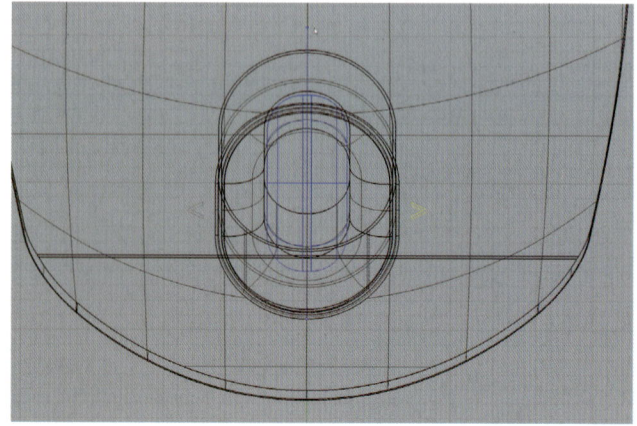

명령: _Text Object
삽입점 선택: **화면 위치 참조**

48 다음으로 TOP Viewport상에서 마우스 좌우 버튼를 나타내는 커브를 **분할** 명령으로 아래의 화면과 같이 마우스 상단부 표면에 텍스트 기호 모양대로 잘라준다.

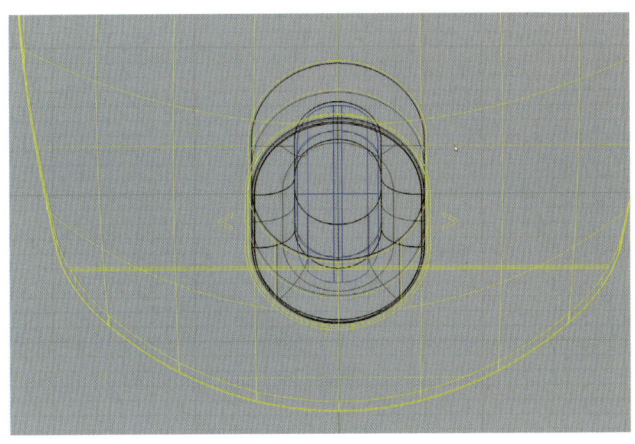
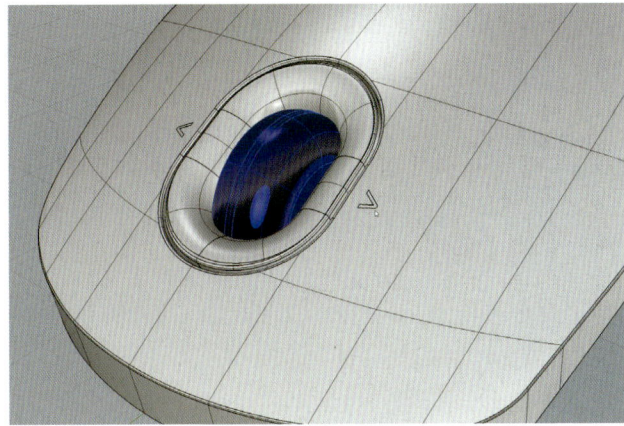

명령: _Split
분할할 개체 선택 (점(P) 아이소커브(I)): **상단 부분 선택**
분할할 개체 선택. 완료되면 Enter 키를 누르십시오 (점(P) 아이소커브(I)): Enter
절단 개체 선택: **텍스트 기호 커브 선택**
절단 개체 선택. 완료되면 Enter 키를 누르십시오: Enter

49 분할된 텍스트 기호 표시를 **모델링 툴탭〉표준〉속성** 명령으로 아래의 팝업창 내용과 같이 컬러를 지정하여, 렌더링 표시 모드상에서 명확하게 마우스 표면과 구분되도록 표시 컬러를 변경해 준다 .

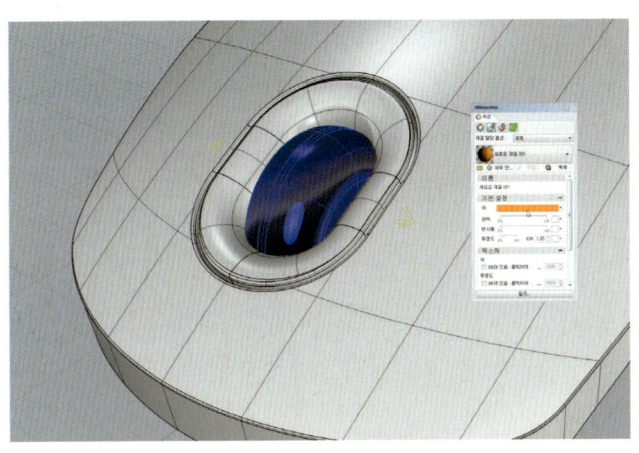
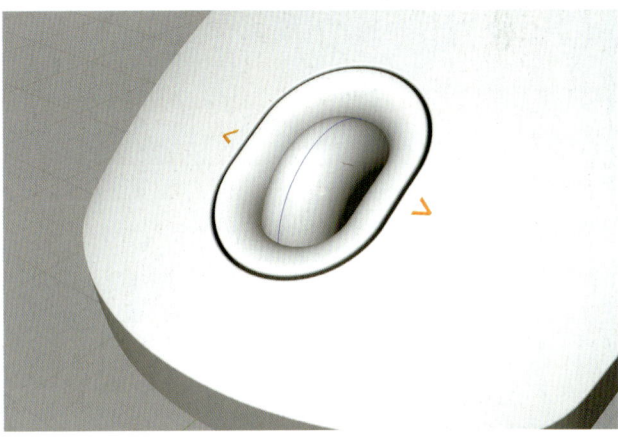

명령: _Properties

50 무선 마우스 모델링 최종적으로 완성된 숨겨진 개체를 **개체표시 명령**으로 표시해주고, 렌더링 표시 모드로 전체적인 비례감과 디테일한 제품적 요소가 잘 적용되었는지 PERSPECTIVE Viewport상에서 여러 각도로 돌려보면서 확인해 보자.

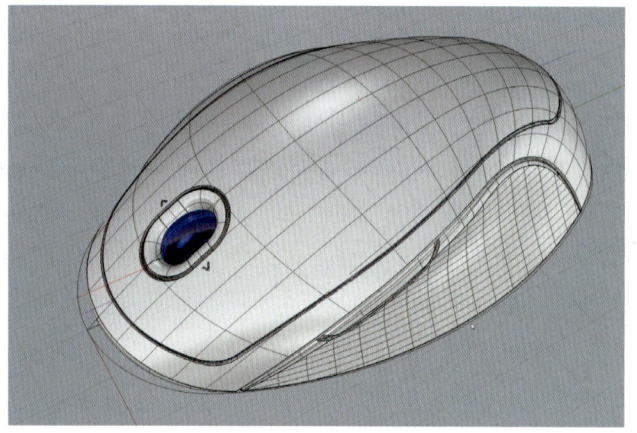 

명령: _Show

참고 하세요

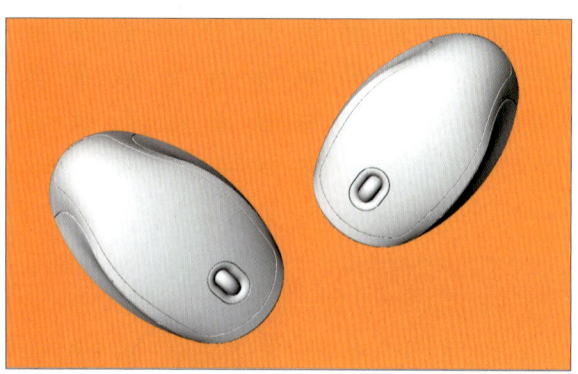 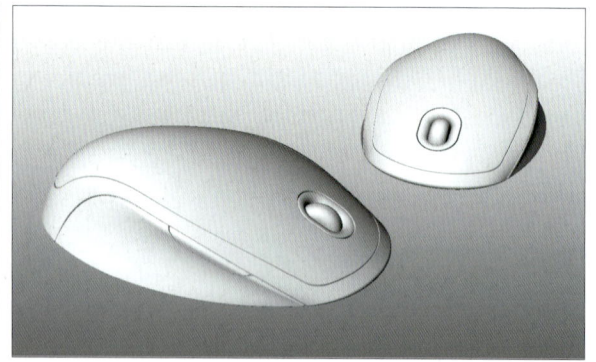

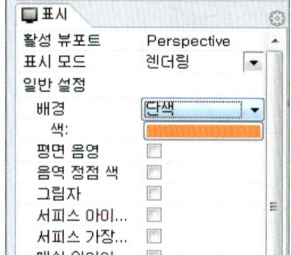  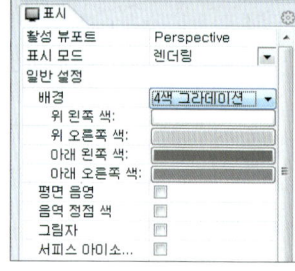

모델링 툴탭>표시>표시채널 설정/해제 명령으로 렌더모드상의 배경 컬러를 단색, 혹은 2색, 4색 등등으로 그라데이션을 넣어 모델링 작업화면의 세련된 컬러표현 및 배경 공간감을 적용해 주면 더욱 효과적인 렌더 이미지를 미리 볼 수 있다.

51 Keyshot 렌더러 활용을 통해 다양한 컬러와 재질이 적용된 최종 무선 포트 렌더 이미지를 연출해 보자.

Rhinoceros
3D 과정으로 **헤어드라이어** 모델링하기

INTRO.

제품에 있어서 고급스럽고 독창적인 형상과 감성적 컬러 및 소재는 소비자의 구매가치를 높이고 소비욕구를 배가시킨다. 이러한 럭셔리디자인 전략은 과거 수입명품 쪽 시장에서 출발하여 최근에는 일반제품에서 리빙소품까지 다양하게 추구되어 새로운 부가가치를 만들어 내고 있다. 이번 과정에서 소개하는 헤어드라이어 모델링 또한 이러한 매스티지 제품을 지향하는 리빙소품 아이템이다.

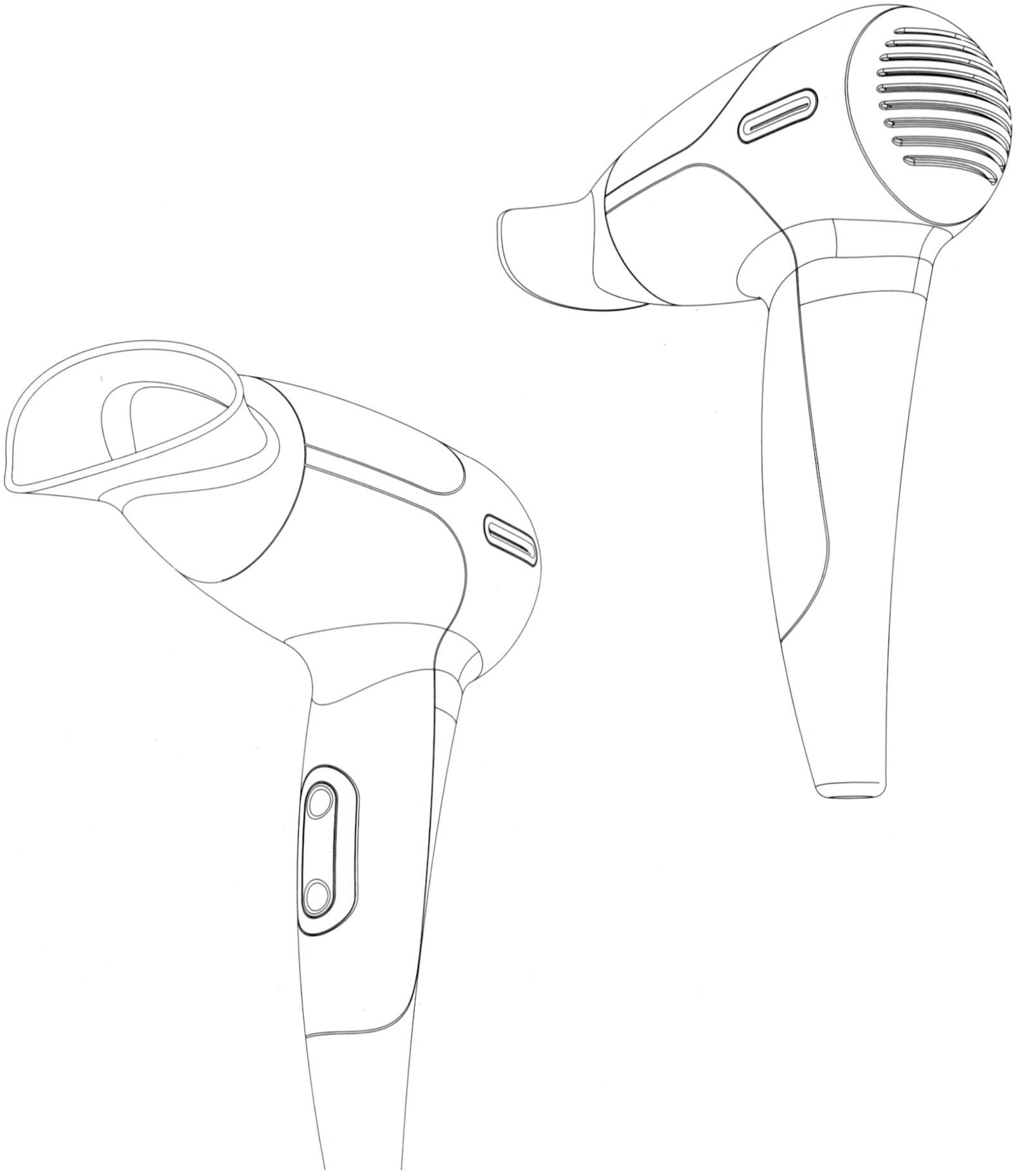

라이노 3D 리빙 제품 실무 모델링 따라 하기 마지막 단계는 헤어드라이어 모델링 과정이다. 200mm[길이] x 90mm[폭] x 240mm[높이] 크기의 소형 생활가전에 널리 쓰이는 전형적인 형상을 가진 헤어드라이어 기기로 전체적으로 유기적인 바디 라인과 손잡이, 본체 캡과 컨트롤 기능 버튼, 히터팬 홀 및 통풍패턴 등 여러 디테일한 부분에서 제품적 요소가 잘 드러난다. 따라서 실무적인 따라 하기 모델링 학습에 많은 도움이 될 것이다. 그럼 지금부터 2D 기본 과정부터 단계적으로 마지막 모델링 과정을 시작해 보자.

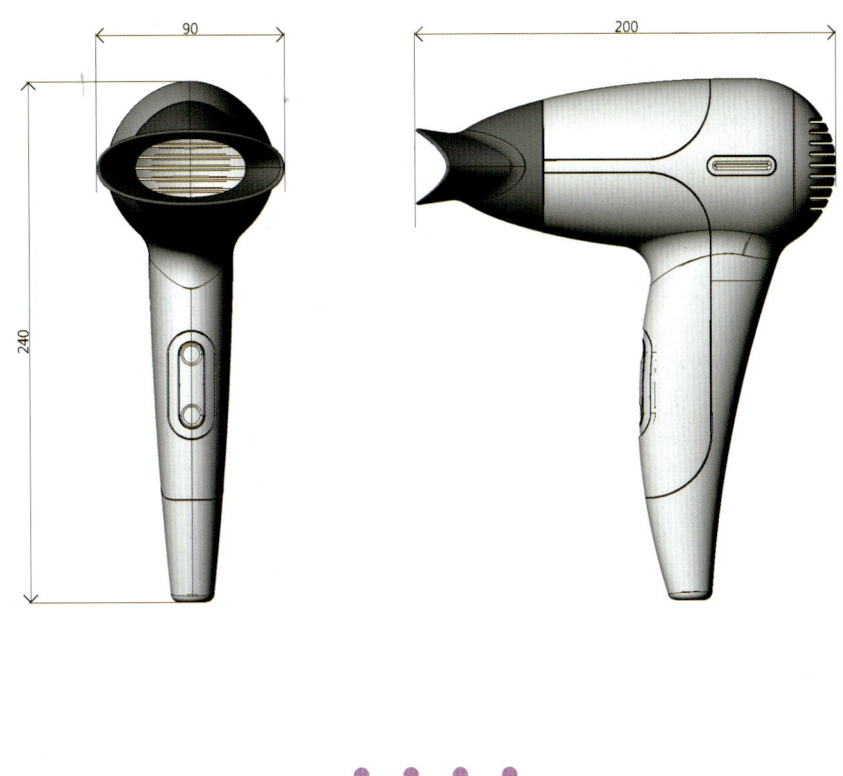

01 헤어드라이어 기본 골격이 될 전체적인 본체 부분 제작부터 시작해 보자. 먼저 RHINO 옵션〉그리드〉그리드 속성〉그리드 수를 100개로 설정해 준 뒤 TOP Viewport상에서 **타원 명령**으로 아래와 같이 타원을 생성해 준다.

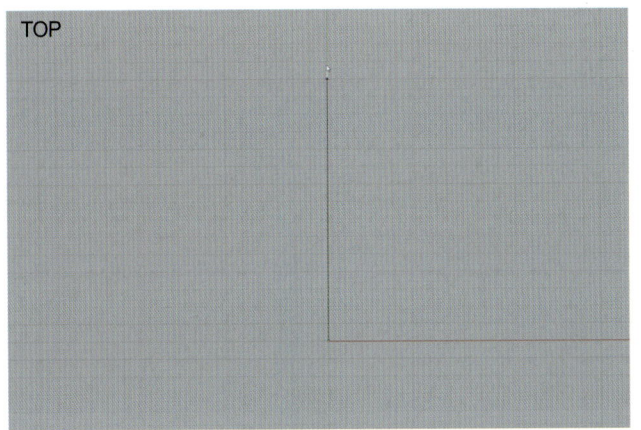
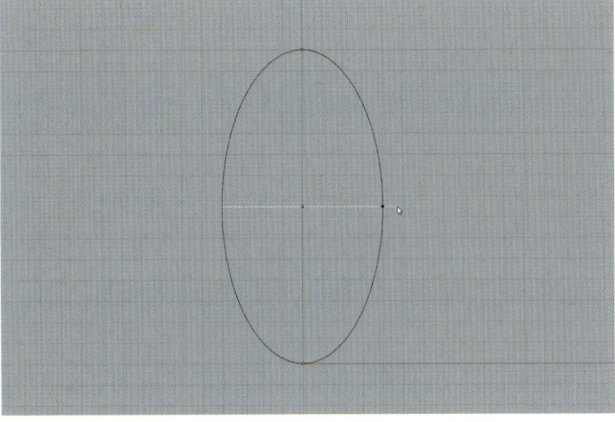

명령: _Ellipse
타원 중심 (변형가능(D) 수직(V) 모서리(C) 지름(I) 초점_지정(F) 커브_주변(A)): **지름**
첫 번째 축의 시작 (수직(V)): **0 입력 후** Enter
첫 번째 축의 끝: **150 입력 후** Enter
첫 번째 축의 끝: **수직 방향 클릭**
두 번째 축의 끝: **80 입력 후** Enter
두 번째 축의 끝: **수평 방향 클릭**

02 다음은 오브젝트 스냅의 사분점을 체크한 뒤 생성된 타원의 상단 사분점을 중심으로 반지름 40mm의 원을 하나 그려준다.

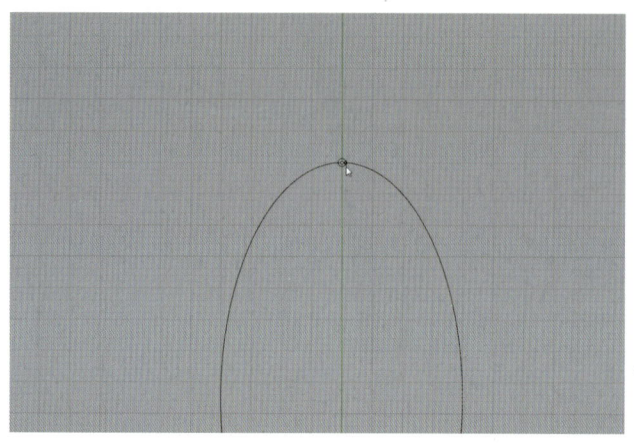
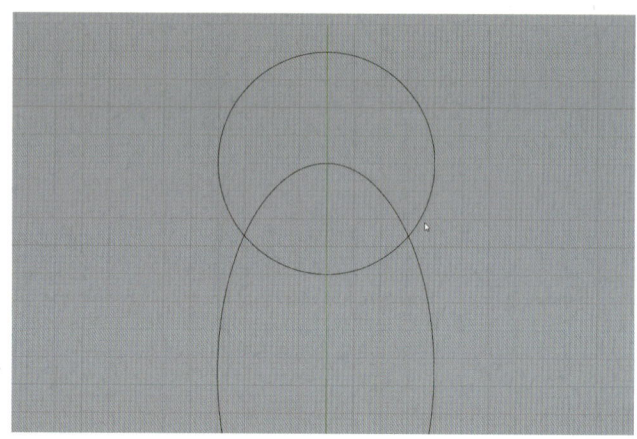

명령: _Circle
원의 중심 (변형가능(D) 수직(V) 2점(P) 3점(O) 접점(T) 커브_주변(A) 점에_맞춤(F)): **사분점 선택**
반지름 <1.00> (지름(D) 방위(O) 원주(C) 면적(A)): **40 입력 후** Enter

03 이어서 생성된 원과 타원의 좌우측 사분점을 찾아 수직으로 평행하게 **폴리라인**을 이어준다.

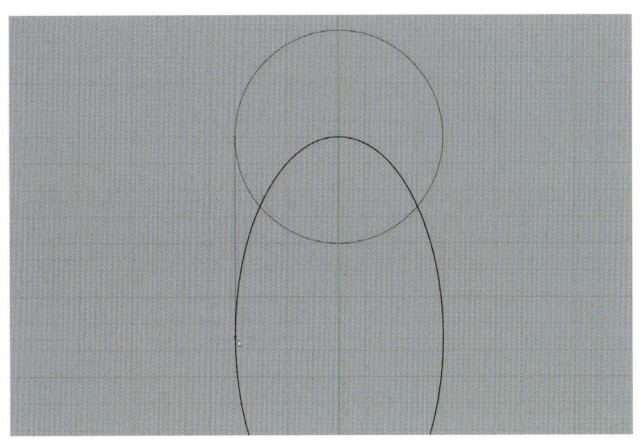
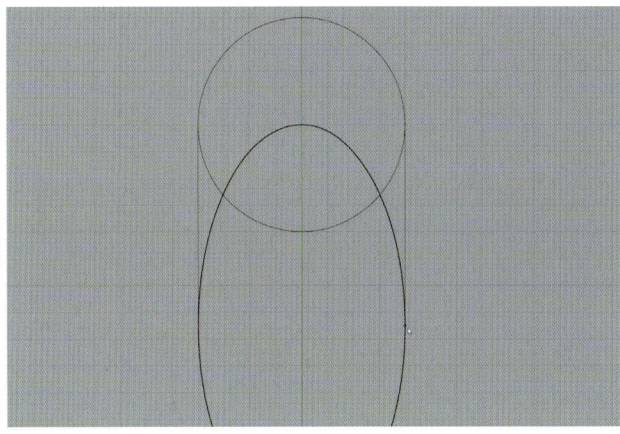

명령: _Polyline
폴리라인의 시작 (닫힘_유지(P)=아니요): **원의 사분점**
폴리라인의 다음 점 (닫힘_유지(P)=아니요 모드(M)=선 보조(H)=아니요 실행취소(U)): **타원의 사분점**
폴리라인의 다음 점. 완료되면 Enter 키를 누르십시오 (닫힘_유지(P)=아니요 모드(M)=선 보조(H)=아니요 길이(L) 실행취소(U)): Enter

04 다음은 헤어드라이어의 전체 외곽선이 될 부분을 제외한 나머지 내부쪽의 커브들을 모두 선택해 **트림 명령**으로 모두 제거해 준다.

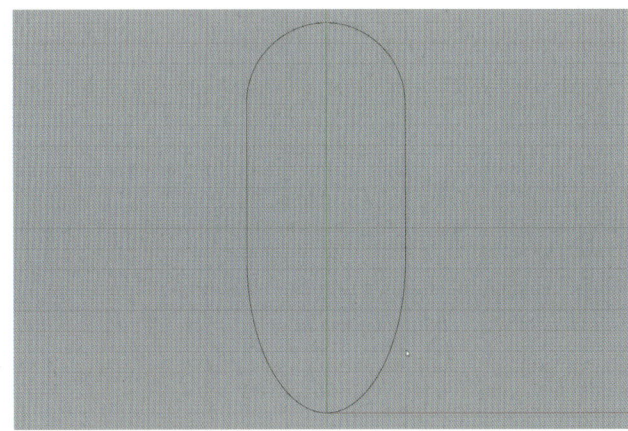

명령: _Trim
절단 개체 선택 (선_연장(E)=아니요 가상_교차점(A)=예): **커브 모두 선택**
절단 개체 선택. 완료되면 Enter 키를 누르십시오 (선_연장(E)=아니요 가상_교차점(A)=예): Enter
트림할 개체 선택 (선_연장(E)=아니요 가상_교차점(A)=예): **외곽선 내부쪽 커브 선택**
트림할 개체 선택. 완료되면 Enter 키를 누르십시오 (선_연장(E)=아니요 가상_교차점(A)=예 실행취소(U)): Enter

05 이어서 정리한 커브들을 **결합** 명령으로 닫혀있는 하나의 커브로 만들어 준다.

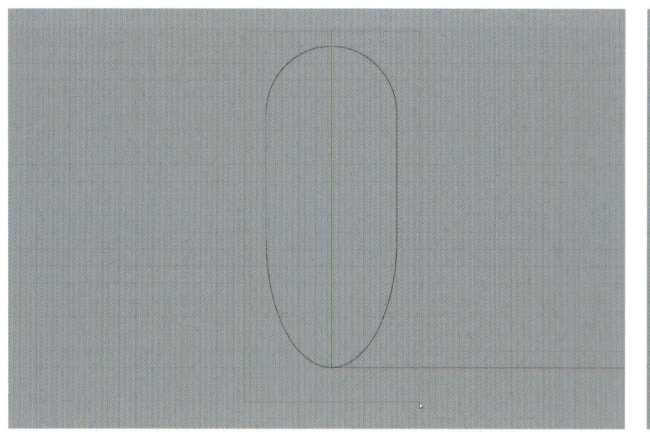 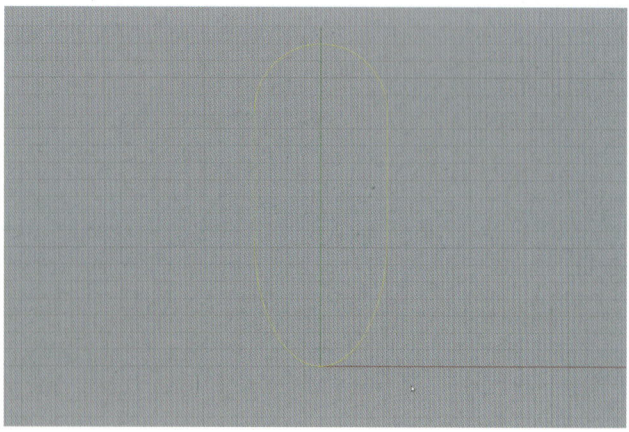

명령: _Join

06 이번에는 작업 영역을 FRONT Viewport로 활성화한 후 **2D회전** 명령으로 90도 각도로 수직 교차하는 두 개의 커브로 만들어 준다.

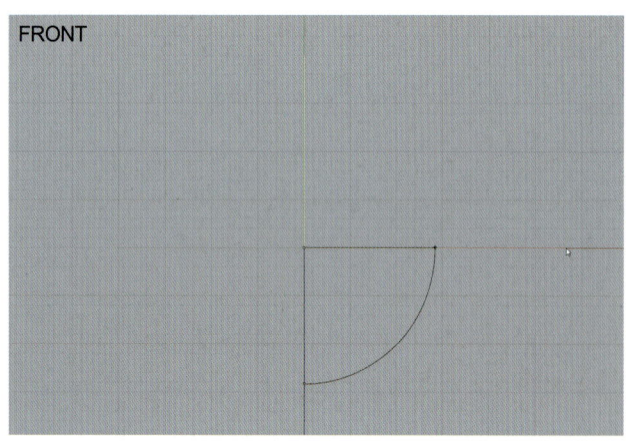 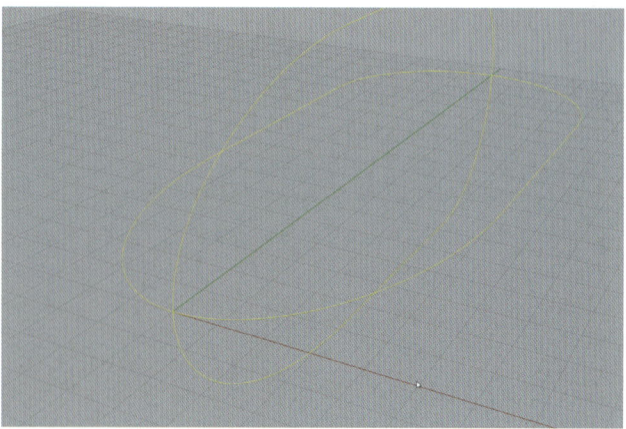

명령: _Rotate
회전시킬 개체 선택: **커브 선택**
회전시킬 개체 선택. 완료되면 Enter 키를 누르십시오: Enter
회전 중심 (복사(C)=아니요): **C 입력 후** Enter **(복사=예)**
회전 중심 (복사(C)=예): **0 입력 후** Enter
각도 또는 첫 번째 참조점 (복사(C)=예): **90 입력 후** Enter

07 이어서 서피스를 만들기 전, 수직으로 교차된 2개의 커브를 **분할 명령**을 사용해 교차된 부분을 분할시켜 각각 4개의 커브로 만들어 준다.

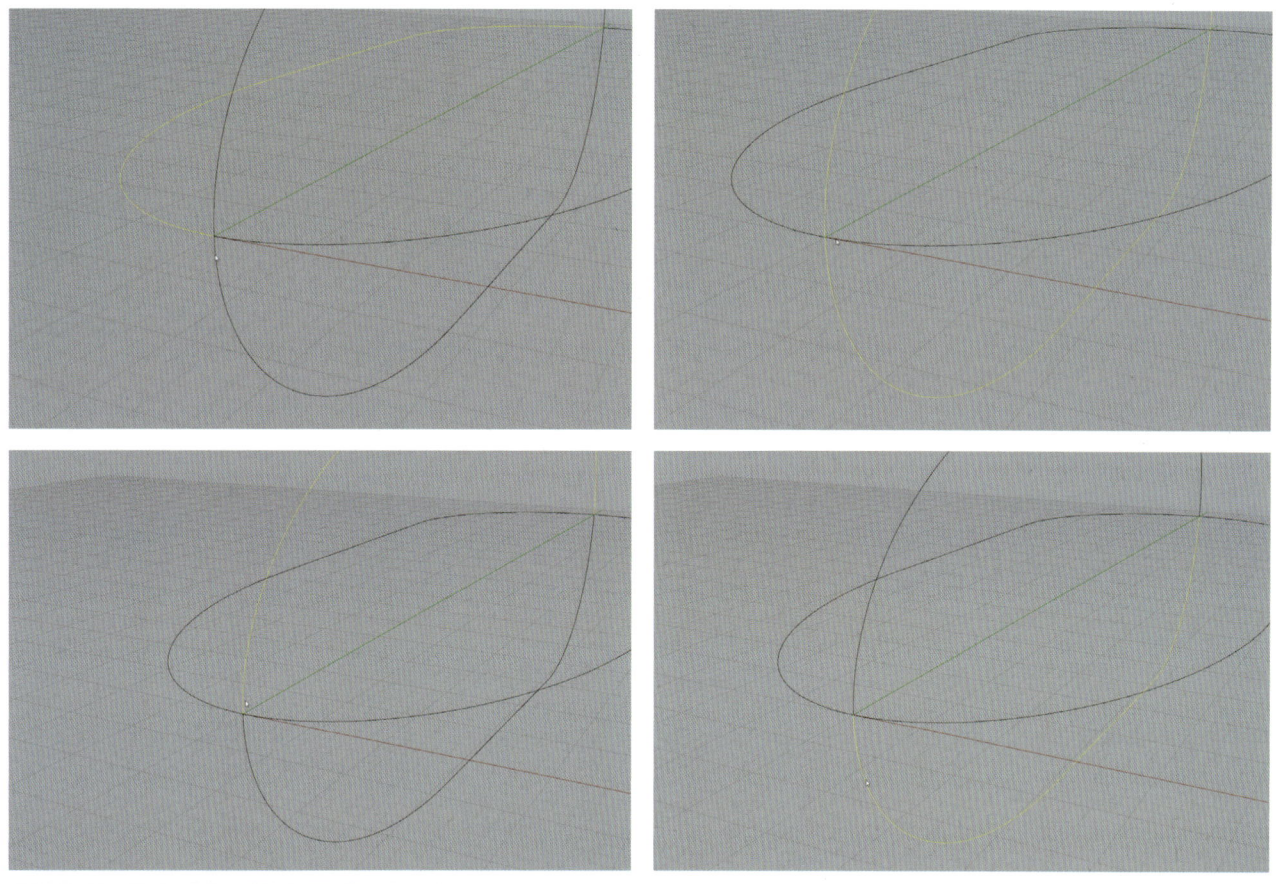

명령: _Split
분할할 개체 선택 (점(P) 아이소커브(I)): **수직 커브 선택**
분할할 개체 선택. 완료되면 Enter 키를 누르십시오 (점(P) 아이소커브(I)): [Enter]
절단 개체 선택 (점(P)): **수평 커브 선택**
절단 개체 선택. 완료되면 Enter 키를 누르십시오 (점(P)): [Enter]

08 다음은 **로프트 명령**을 사용해 4개로 분할된 커브를 아래의 화면과 같이 순서대로 선택하여 솔리드를 만들어 준다. 이때 팝업 창의 닫힌 로프트 항목을 반드시 체크해 준다.

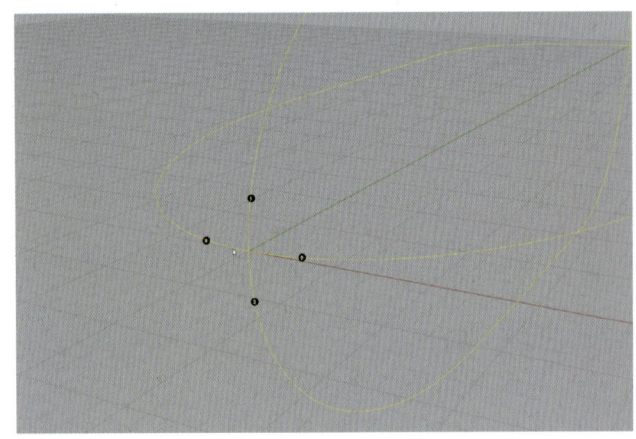
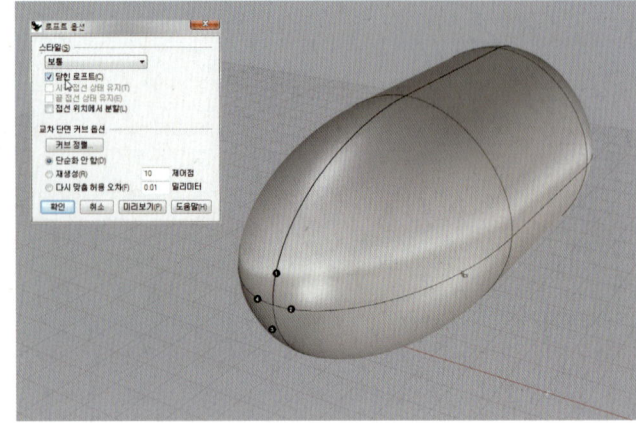

명령: _Loft
로프트할 커브 선택 (점(P)): **4개의 커브 순차적으로 선택**
로프트할 커브 선택. 완료되면 Enter 키를 누르십시오 (점(P)): **팝업 창 설정 후** Enter

09 다음으로 생성한 솔리드를 제어점를 통해 헤어드라이어의 실루엣 라인을 편집해 보자. 먼저 오브젝트 스냅 점을 체크하고 **점 표시 명령**과 **이동 명령**을 통해 아래의 화면과 같이 편집해 준다.

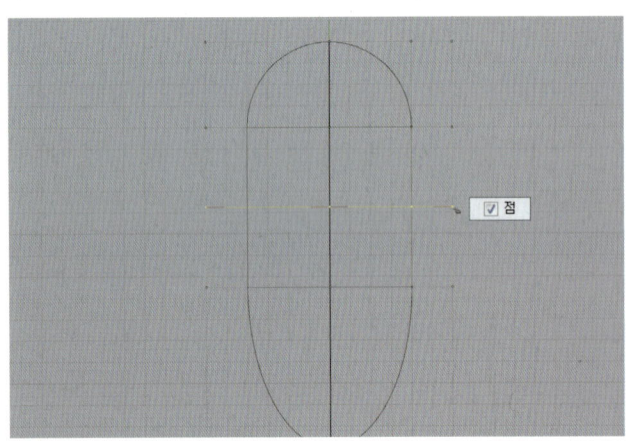
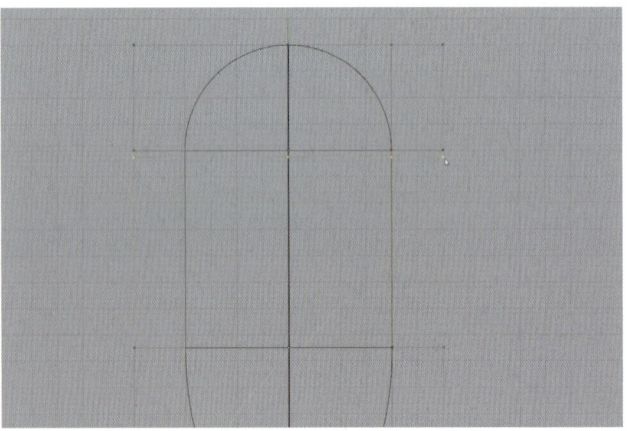

명령: _PointsOn

명령: _Move
이동시킬 개체 선택: **3번째 줄 제어점 선택**
이동시킬 개체 선택. 완료되면 Enter 키를 누르십시오: Enter
이동의 기준점 (수직(V)=아니요): **3번째 줄 제어점 선택**
이동의 기준점 새 위치: **35 입력 후** Enter
이동의 기준점 새 위치: **클릭**

10 이어서 같은 방법으로 4번째 줄의 제어점을 선택해 **이동 명령**으로 아래의 화면과 같이 이동해 준다.

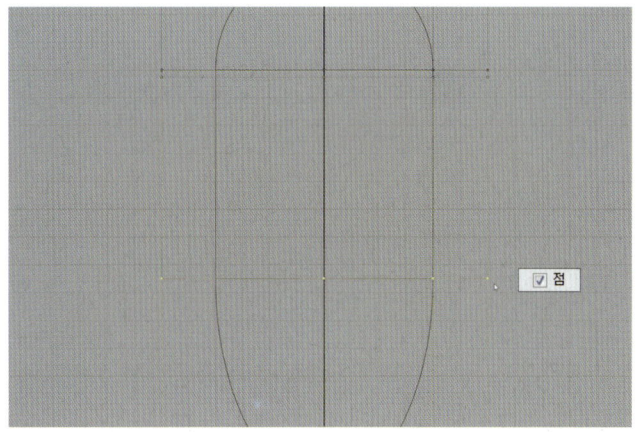
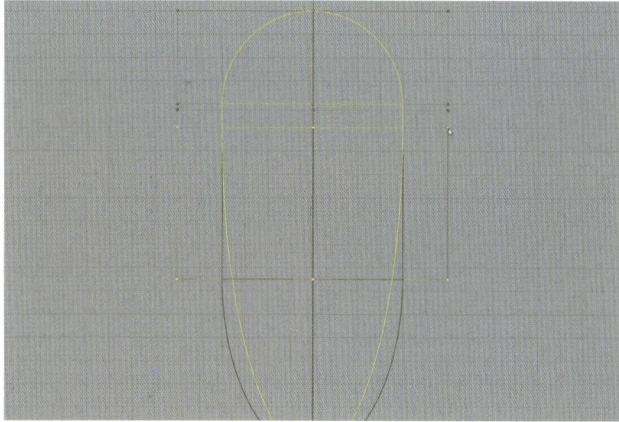

명령: _Move
이동시킬 개체 선택: **4번째 줄 제어점 선택**
이동시킬 개체 선택. 완료되면 Enter 키를 누르십시오: Enter
이동의 기준점 (수직(V)=아니요): **4번째 줄 제어점 선택**
이동의 기준점 새 위치 〈35.000〉: **65 입력 후** Enter
이동의 기준점 새 위치 〈65.000〉: **클릭**

제어점을 통해 편집한 솔리드 형상을 렌더링 표시 모드로 헤어드라이어의 실루엣 라인이 잘 정리되었는지 확인해 본다.

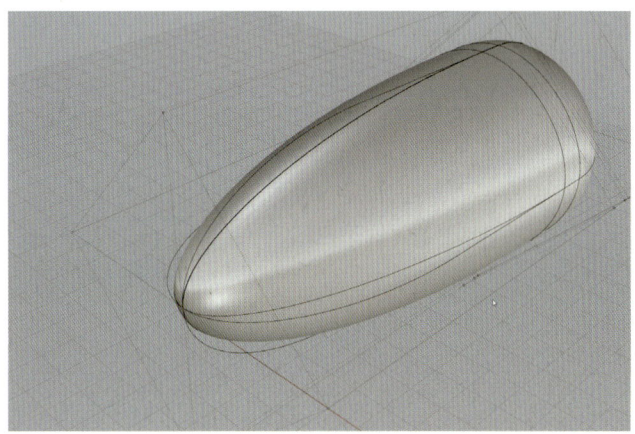
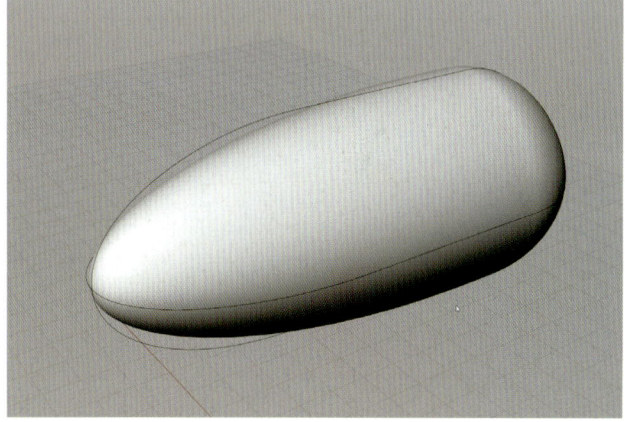

11 다음으로 헤어드라이어의 송풍캡 부분을 만들어 보자. FRONT Viewport상에서 **타원 명령**으로 아래의 화면과 같이 타원을 생성해 준다.

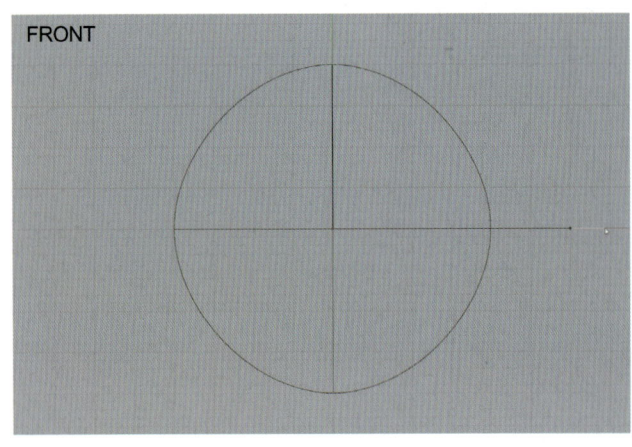
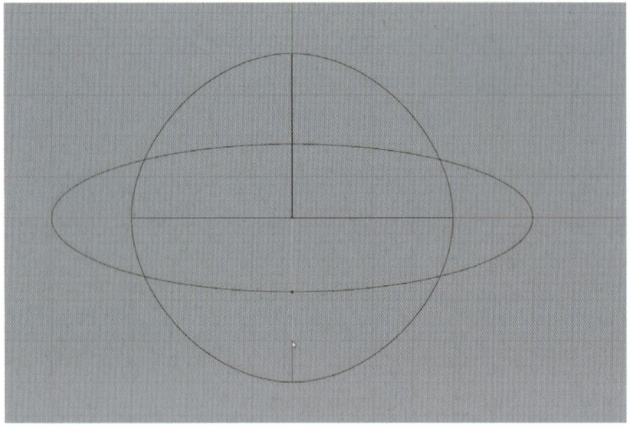

명령: _Ellipse
타원 중심 (변형가능(D) 수직(V) 모서리(C) 지름(I) 초점_지정(F) 커브_주변(A)): **0 입력 후** Enter
첫 번째 축의 끝 (모서리(C)): **60 입력 후** Enter
첫 번째 축의 끝 (모서리(C)): **수평 방향 클릭**
두 번째 축의 끝: **18 입력 후** Enter
두 번째 축의 끝: **수직 방향 클릭**

12 이어서 같은 방법으로 **타원 명령**을 선택하고 다시 한 번 작은 타원을 그려준다.

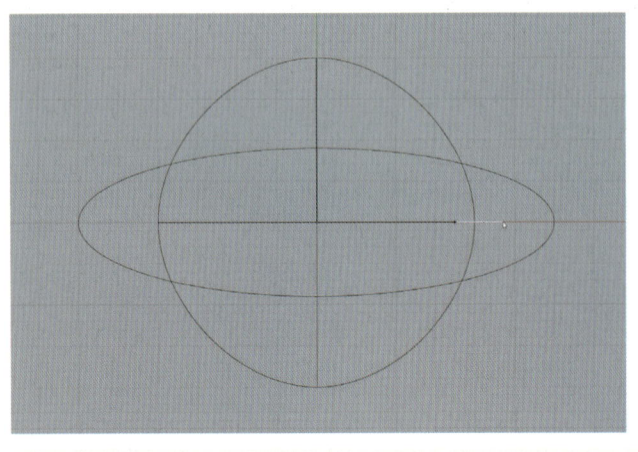
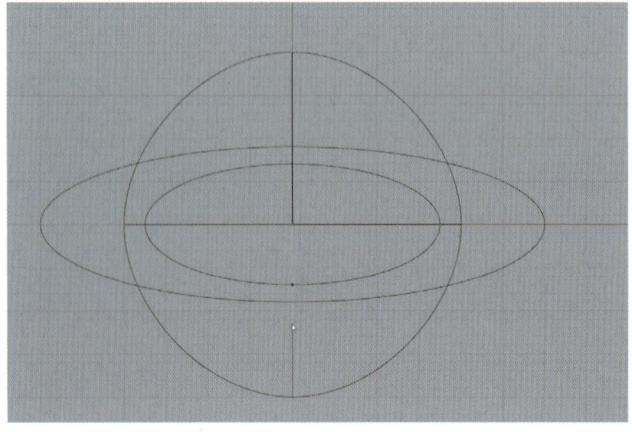

명령: _Ellipse
타원 중심 (변형가능(D) 수직(V) 모서리(C) 지름(I) 초점_지정(F) 커브_주변(A)): **0 입력 후** Enter
첫 번째 축의 끝 (모서리(C)): **35 입력 후** Enter
첫 번째 축의 끝 (모서리(C)): **수평 방향 클릭**
두 번째 축의 끝: **14 입력 후** Enter
두 번째 축의 끝: **수직 방향 클릭**

13 다시 한 번 같은 방법으로 **타원 명령**을 선택하고 세 번째 타원을 그려준다.

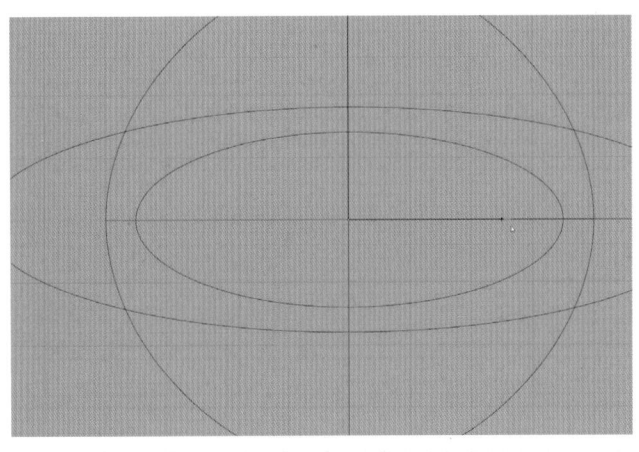 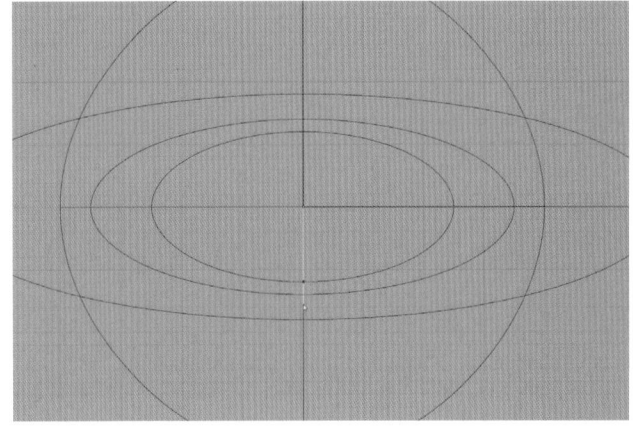

명령: _Ellipse
타원 중심 (변형가능(D) 수직(V) 모서리(C) 지름(I) 초점_지정(F) 커브_주변(A)): **0 입력 후** Enter
첫 번째 축의 끝 (모서리(C)): **25 입력 후** Enter
첫 번째 축의 끝 (모서리(C)): **수평 방향 클릭**
두 번째 축의 끝: **12 입력 후** Enter
두 번째 축의 끝: **수직 방향 클릭**

14 다음은 앞서 생성한 세 개의 타원을 연결하여 송풍캡 캡을 만들어 보자. 먼저 TOP Viewport에서 **이동 명령**으로 가장 큰 타원부터 아래와 같이 10mm만큼 -Y축으로 이동시켜 준다.

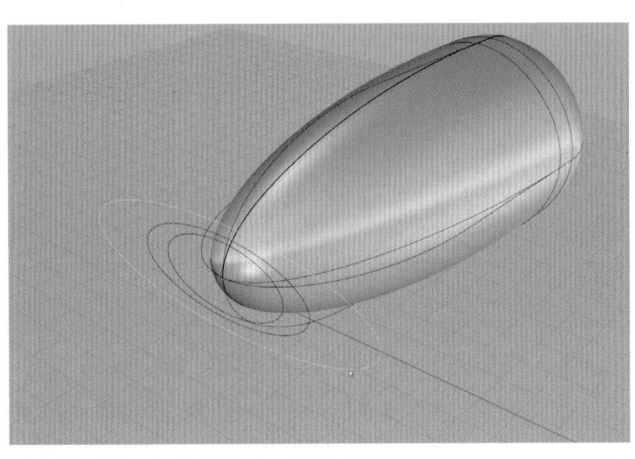 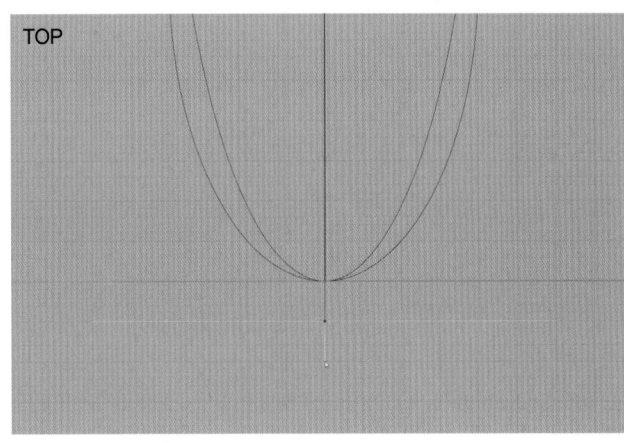

명령: _Move
이동시킬 개체 선택: **가장 큰 타원 선택**
이동시킬 개체 선택. 완료되면 Enter 키를 누르십시오: Enter
이동의 기준점 (수직(V)=아니요): **0 입력 후** Enter
이동의 기준점 새 위치 〈65.000〉: **-10 입력 후** Enter
이동의 기준점 새 위치 〈65.000〉: **하단 방향 클릭**

15 이어서 같은 방법으로 두 번째 타원도 20mm만큼 Y축으로 이동시켜 준다.

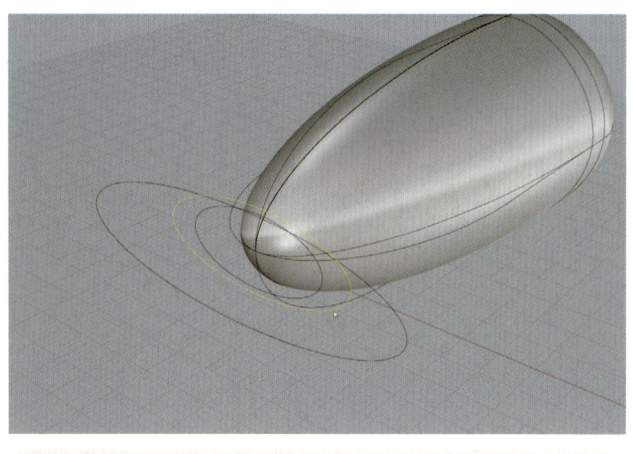 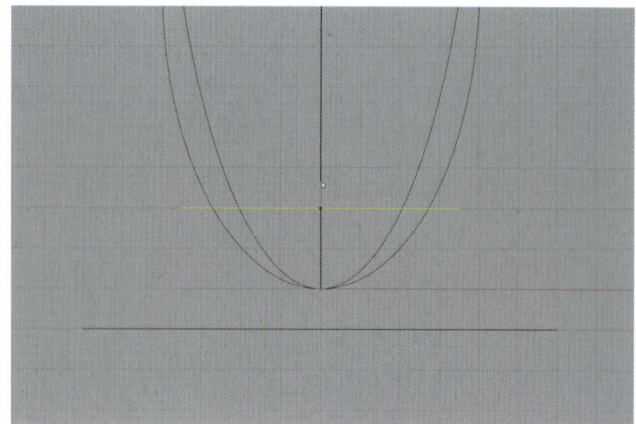

```
명령: _Move
이동시킬 개체 선택: 두 번째 타원 선택
이동시킬 개체 선택. 완료되면 Enter 키를 누르십시오: Enter
이동의 기준점 ( 수직(V)=아니요 ): 0 입력 후 Enter
이동의 기준점 새 위치 〈-10.000〉: 20 입력 후 Enter
이동의 기준점 새 위치 〈-10.000〉: 상단 방향 클릭
```

16 마지막 세 번째 가장 작은 타원도 50mm만큼 Y축으로 이동시켜 준다.

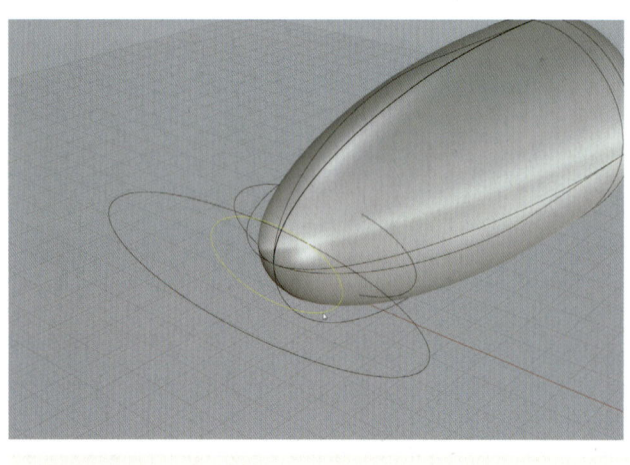 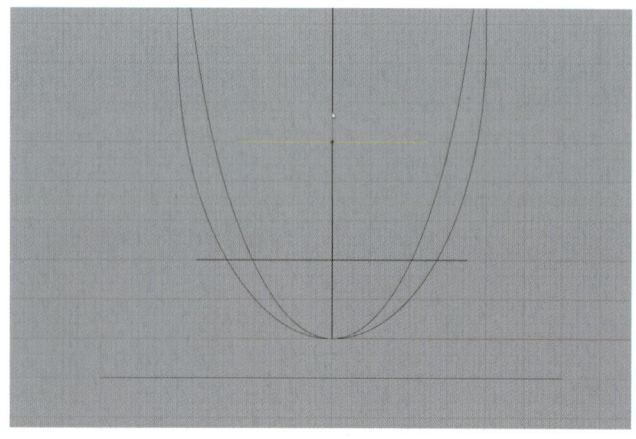

```
명령: _Move
이동시킬 개체 선택: 가장 작은 타원 선택
이동시킬 개체 선택. 완료되면 Enter 키를 누르십시오: Enter
이동의 기준점 ( 수직(V)=아니요 ): 0 입력 후 Enter
이동의 기준점 새 위치 〈20.000〉: 50 입력 후 Enter
이동의 기준점 새 위치 〈20.000〉: 상단 방향 클릭
```

17 다음은 **로프트 명령**으로 이동시킨 세 개의 타원을 순서대로 선택해 아래의 화면과 같이 서피스를 생성해 준다.

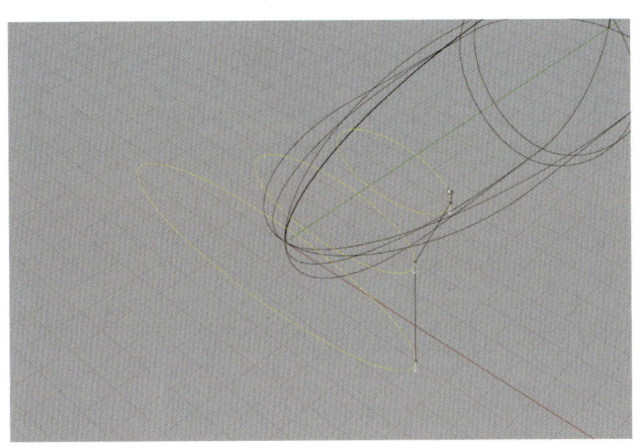 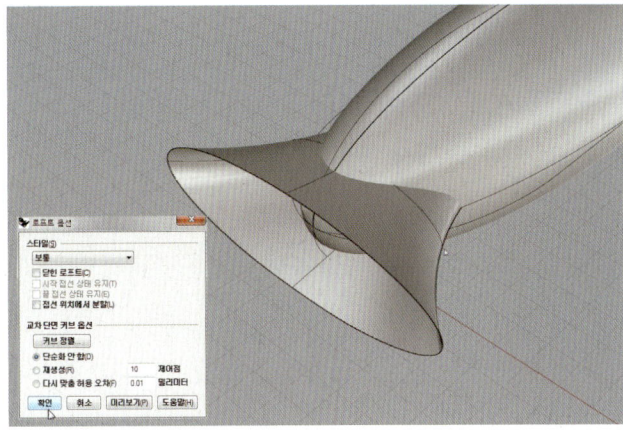

명령: _Loft
로프트할 커브 선택 (점(P)): **가장 큰 타원부터 순차적으로 선택**
로프트할 커브 선택. 완료되면 Enter 키를 누르십시오 (점(P)): Enter
조정할 심 점을 선택. 완료되면 Enter 키를 누르십시오 (반전(F) 자동(A) 원래대로(N)): **팝업 창 설정 후** Enter

18 이어서 작업 영역을 다시 TOP Viewport로 활성화한 후 **타원 명령**으로 앞서 두 번째 타원의 사분점을 중심으로 타원을 그려준다.

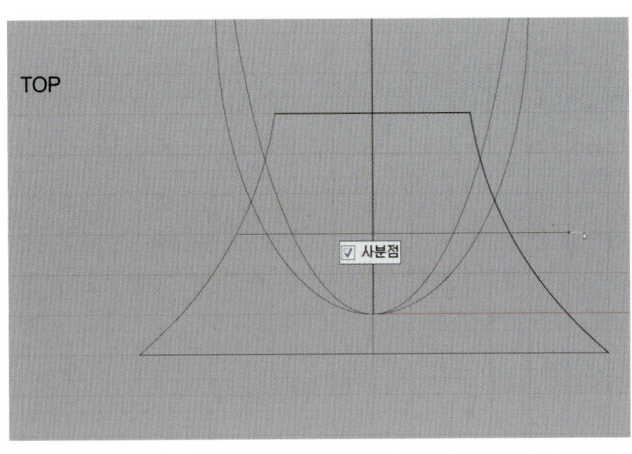 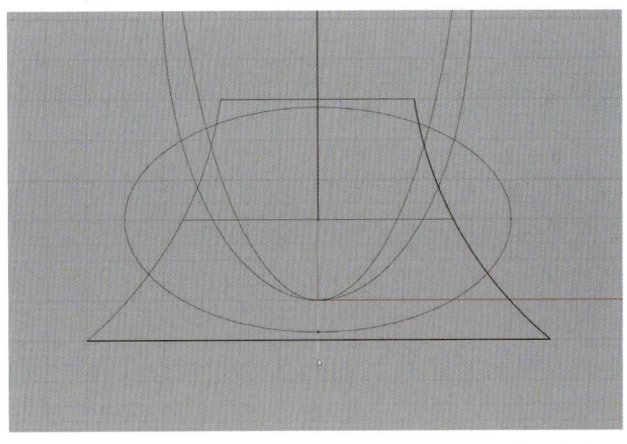

명령: _Ellipse
타원 중심 (변형가능(D) 수직(V) 모서리(C) 지름(I) 초점_지정(F) 커브_주변(A)): **두 번째 타원의 사분점 지정**
첫 번째 축의 끝(모서리(C)): **50 입력 후** Enter
첫 번째 축의 끝: **수평 방향 클릭**
두 번째 축의 끝: **28 입력 후** Enter
두 번째 축의 끝: **수직 방향 클릭**

19 다음은 생성된 타원 라인을 절단 개체로 선택하여 송풍캡 서피스와 교차된 부분을 **분할 명령**으로 분할시켜 준다.

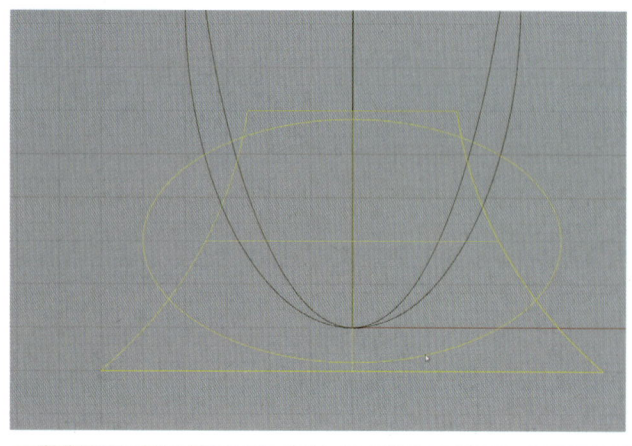 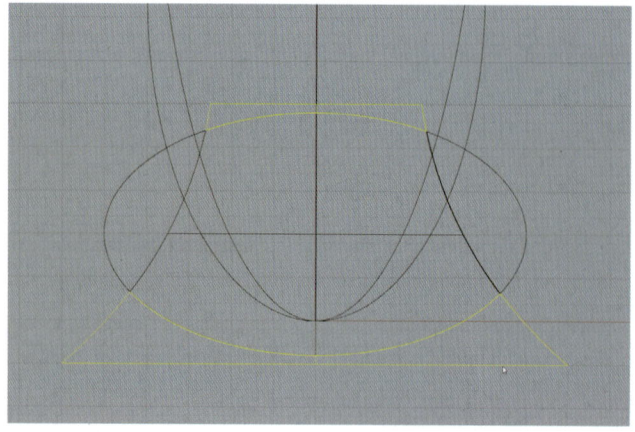

명령: _Split
분할할 개체 선택 (점(P) 아이소커브(I)): **서피스 선택**
분할할 개체 선택. 완료되면 Enter 키를 누르십시오 (점(P) 아이소커브(I)): [Enter]
절단 개체 선택 (점(P)): **타원 선택**
절단 개체 선택. 완료되면 Enter 키를 누르십시오 (점(P)): [Enter]

20 이어서 아래의 화면과 같이 분할되어 잘린 부분을 제거해 줌으로써 타원형의 송풍캡 형상을 완성해 준다.

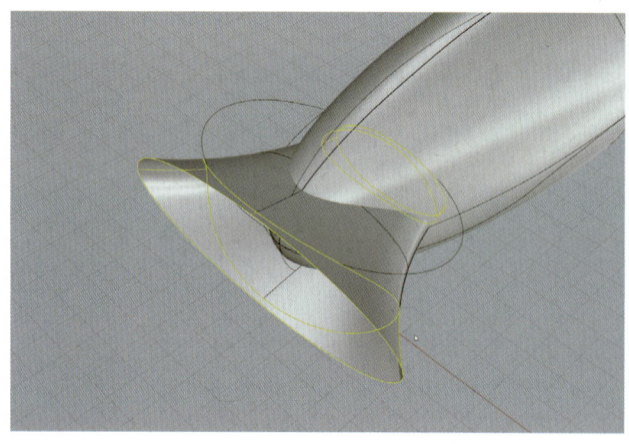 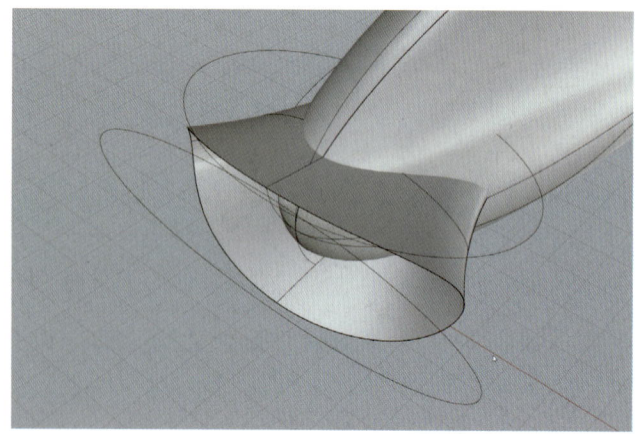

명령: _Delete

21 다음은 송풍캡 서피스와 본체 솔리드를 하나로 이어주는 작업이다. 다시 한 번 **분할** 명령으로 송풍캡을 절단 개체로 하여 교차된 본체 솔리드를 앞부분을 분할시켜 준다.

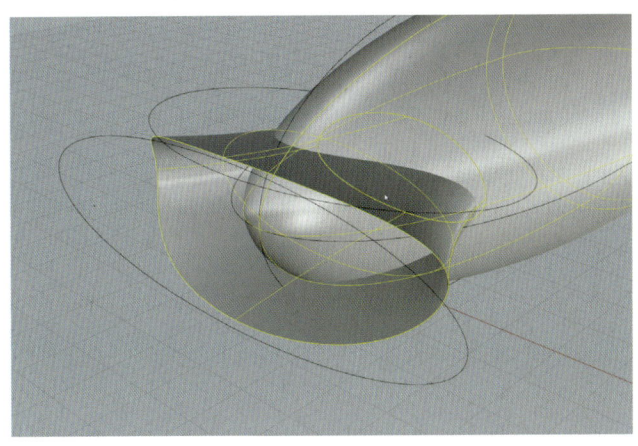
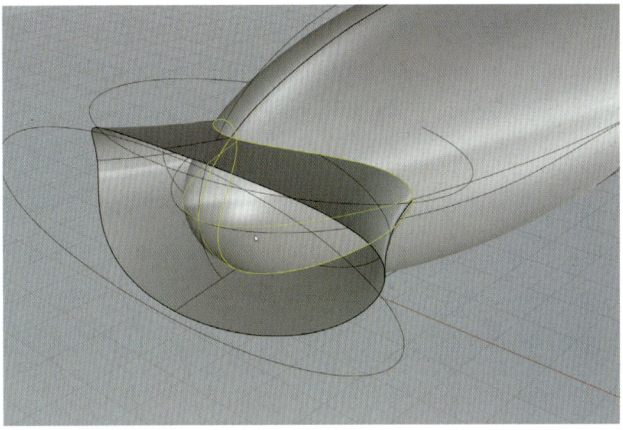

명령: _Split
분할할 개체 선택 (점(P) 아이소커브(I)): **본체 솔리드 선택**
분할할 개체 선택. 완료되면 Enter 키를 누르십시오 (점(P) 아이소커브(I)): Enter
절단 개체 선택 (점(P)): **송풍캡 서피스 선택**
절단 개체 선택. 완료되면 Enter 키를 누르십시오 (점(P)): Enter

22 이번에는 반대 과정으로 본체 서피스를 절단 개체로 하여 송풍캡 서피스와 교차된 면을 아래의 화면과 같이 분할시켜 준다.

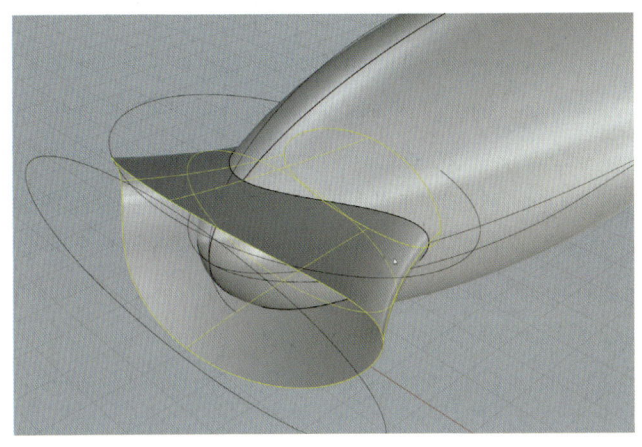
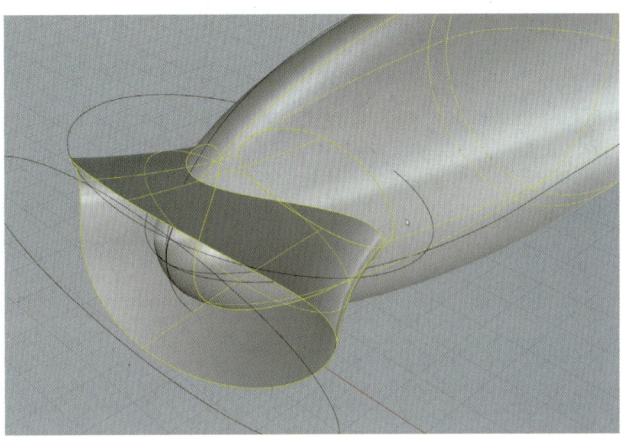

명령: _Split
분할할 개체 선택 (점(P) 아이소커브(I)): **송풍캡 서피스 선택**
분할할 개체 선택. 완료되면 Enter 키를 누르십시오 (점(P) 아이소커브(I)): Enter
절단 개체 선택 (점(P)): **본체 서피스 선택**
절단 개체 선택. 완료되면 Enter 키를 누르십시오 (점(P)): Enter

23 이어서 아래 화면과 같이 서로 분할되어 잘린 불필요한 서피스들을 모두 제거하여 송풍캡과 본체가 이어지도록 한다.

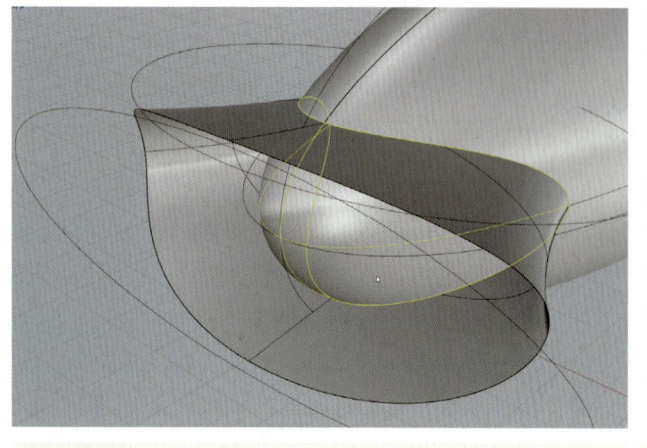 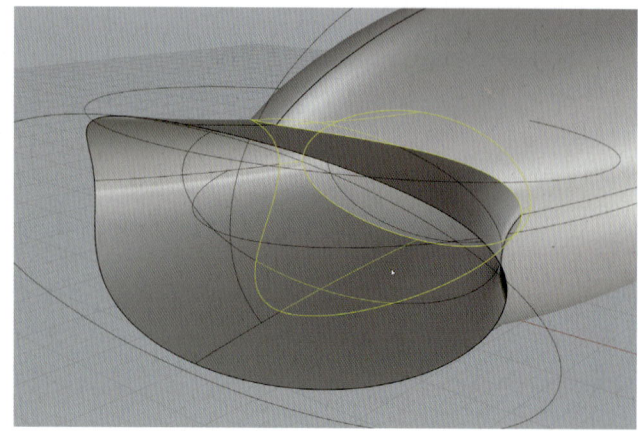

명령: _Delete

24 다음은 **결합 명령**을 통해 편집된 송풍캡과 본체 서피스를 하나가 되도록 결합시켜 준다.

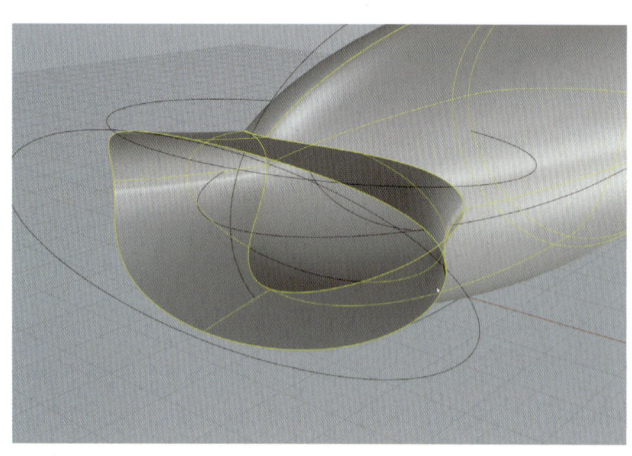 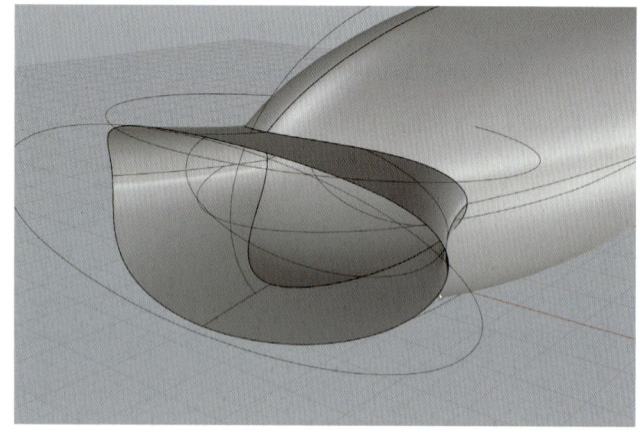

명령: _Join
결합할 개체 선택: **두 서피스 선택**
결합시킬 서피스 또는 폴리서피스 선택. 완료되면 Enter 키를 누르십시오 (실행취소(U)): Enter

25 이어서 합쳐진 두 서피스 간의 결합 모서리를 **가변반지름 필릿 명령**으로 부드럽게 마무리해 준다.

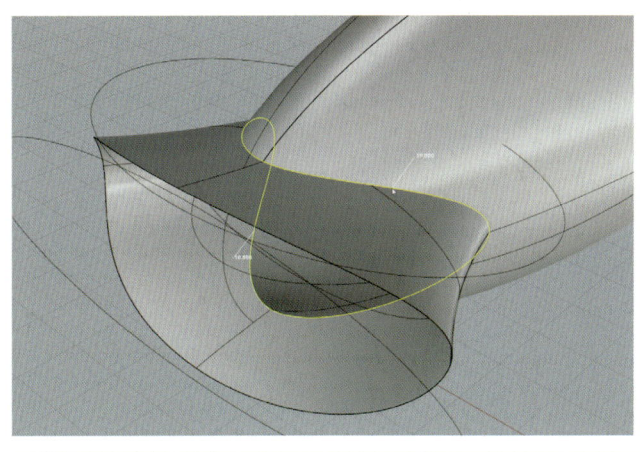
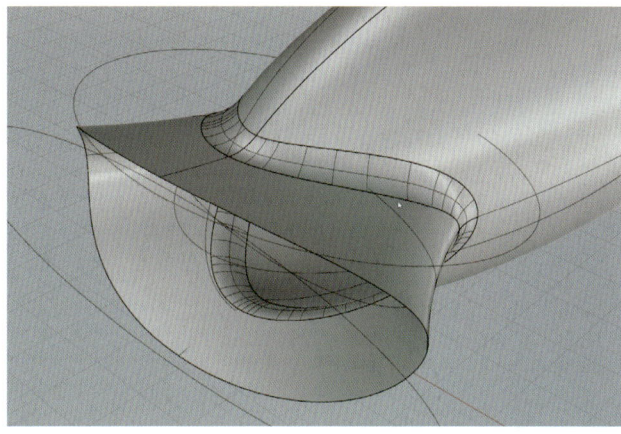

명령: _FilletEdge
필릿할 가장자리 선택 (반지름_표시(S)=예 다음_반지름(N)=1 가장자리_연속선택(C)): **10 입력 후** Enter
필릿할 가장자리 선택. 완료되면 Enter 키를 누르십시오 (반지름_표시(S)=예 다음_반지름(N)=10....): **결합 가장자리 선택 후** Enter

26 다음은 송풍캡을 나누는 파팅 라인을 표현해 보자. 먼저 RIGHT Viewport상에서 **선 명령**으로 본체 서피스상의 사분점을 기준으로 파팅선을 상하 양쪽으로 40mm만큼 그려준다.

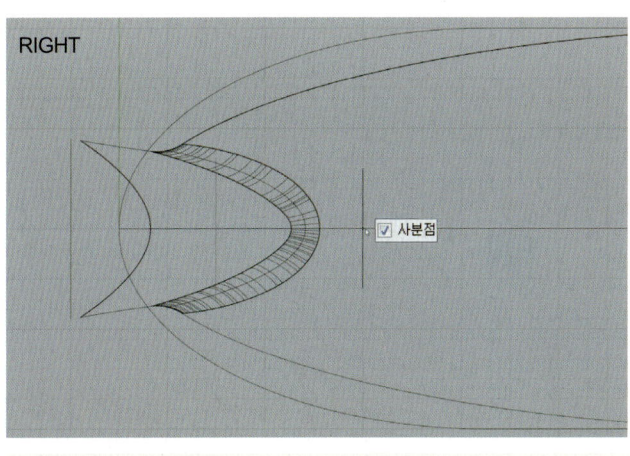
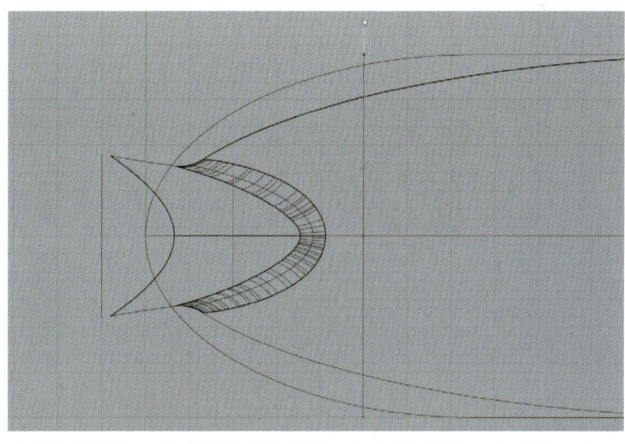

명령: _Line
선의 시작 (양쪽(B) 법선(N) 각도(A) 수직(V) 4점(F) 2등분선(I) 직교(P) 접점(T) 연장(X)): **B 입력 후** Enter (BothSides)
선의 중간 (법선(N) 각도(A) 수직(V) 4점(F) 2등분선(B) 직교(P) 접점(T) 연장(X)): **앞서 생성한 가장 작은 타원의 사분점**
선의 끝: **40 입력 후** Enter
선의 끝: **수직 상단 방향 선택**

27 이어서 양쪽으로 그려진 파팅선을 기준으로 **분할 명령**을 사용하여 송풍캡과 본체 서피스가 구분되도록 분할시켜 준다.

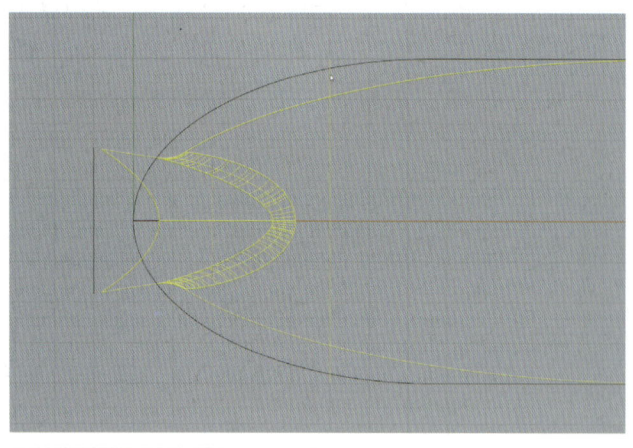
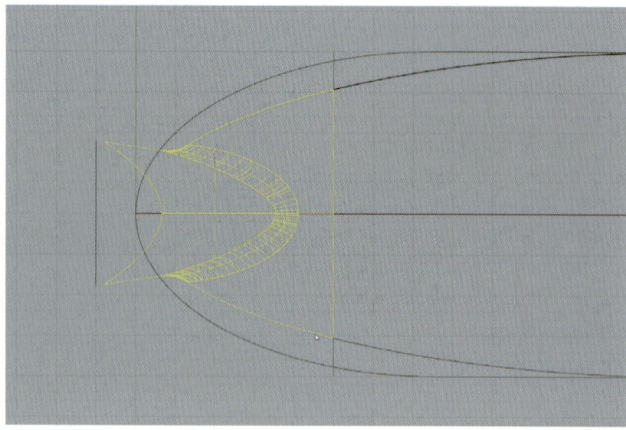

명령: _Split
분할할 개체 선택 (점(P) 아이소커브(I)): **서피스 선택**
분할할 개체 선택. 완료되면 Enter 키를 누르십시오 (점(P) 아이소커브(I)): Enter
절단 개체 선택 (점(P)): **파팅선 선택**
절단 개체 선택. 완료되면 Enter 키를 누르십시오 (점(P)): Enter

28 다음은 작업 영역상의 원활한 편집을 위하여 송풍캡 부분을 제외한 나머지들을 **선택 반전과 개체 숨기기 명령**으로 모두 숨겨 준다.

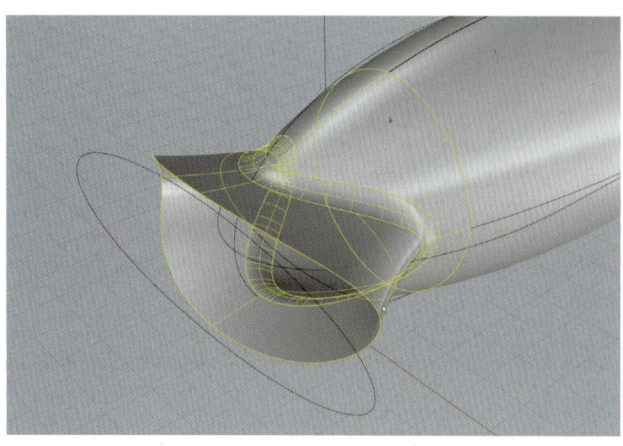
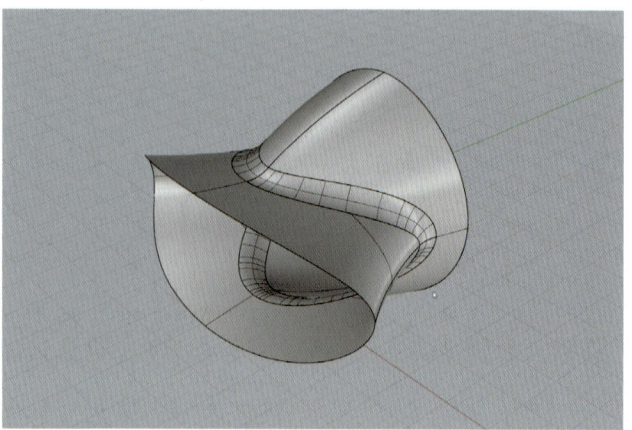

명령: _Invert

29 이어서 **서피스 간격띄우기 명령**으로 송풍캡 부분에 프레임 두께를 만들기 위해 2mm만큼 서피스 간격을 띄워 준다.

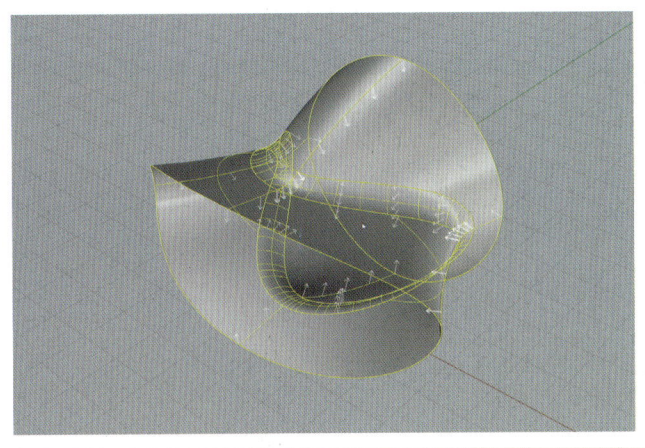 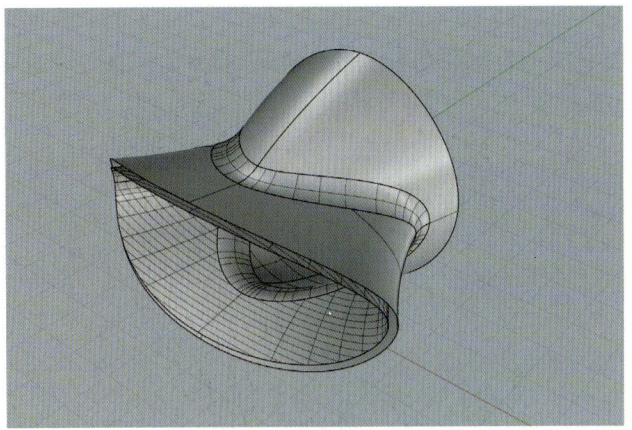

명령: _OffsetSrf
간격띄우기할 서피스 또는 폴리서피스 선택: **송풍캡 서피스 선택**
간격띄우기할 서피스 또는 폴리서피스 선택. 완료되면 Enter 키를 누르십시오: Enter
방향을 반전시킬 개체 선택. 완료되면 Enter 키를 누르십시오 (거리(D)=5 솔리드(S)=아니요 ... 모두_반전(F)): **2 입력 후** Enter
방향을 반전시킬 개체 선택. 완료되면 Enter 키를 누르십시오 (거리(D)=2 솔리드(S)=아니요 ... 모두_반전(F)): Enter

30 이어서 **서피스 블렌드 명령**으로 아래 화면과 같이 두 서피스의 벌어진 2mm 간격을 서로 부드럽게 이어준다.

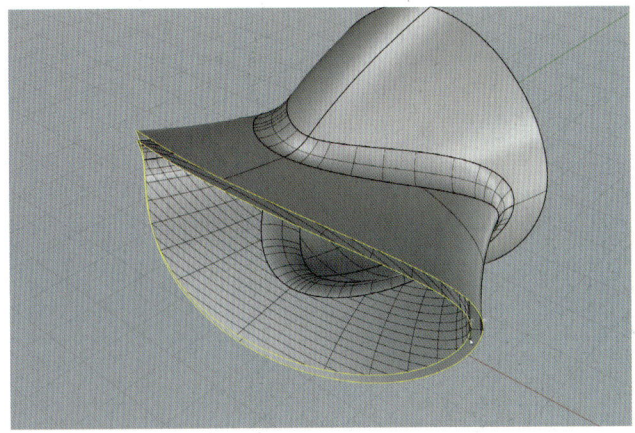 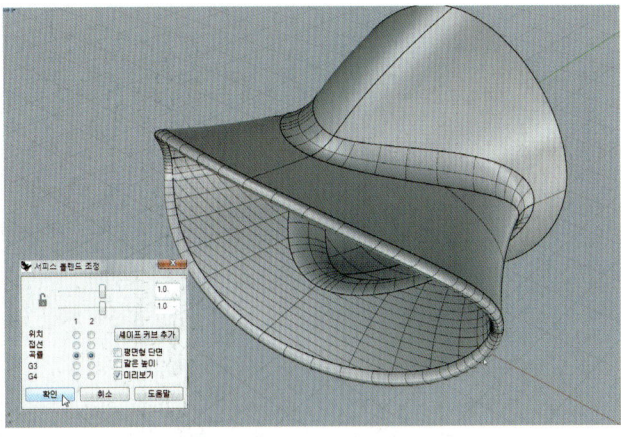

명령: _BlendSrf
첫 번째 가장자리가 될 세그먼트 선택 (자동_연속선택(A)=아니요 연속선택_연속성(C)=접선 ....): **외곽쪽 가장자리 선택**
첫 번째 가장자리가 될 다음 세그먼트 선택. 완료되면 Enter 키를 누르십시오 (실행취소(U) 다음(N) 모두(A) ....): Enter
두 번째 가장자리가 될 세그먼트 선택 (자동_연속선택(A)=아니요 연속선택_연속성(C)=접선 ....): **내부쪽 가장자리 선택**
두 번째 가장자리가 될 다음 세그먼트 선택. 완료되면 Enter 키를 누르십시오 (실행취소(U) 다음(N) 모두(A)....): Enter
조정할 심 점을 선택. 완료되면 Enter 키를 누르십시오 (반전(F) 자동(A) 원래대로(N)): **팝업 창 설정 후** Enter

31 이번에는 송풍캡 뒷부분도 마무리해보자. 먼저 벌어진 두 곳의 가장자리를 각각 선택하여 **로프트 명령**으로 단면을 생성해 준다.

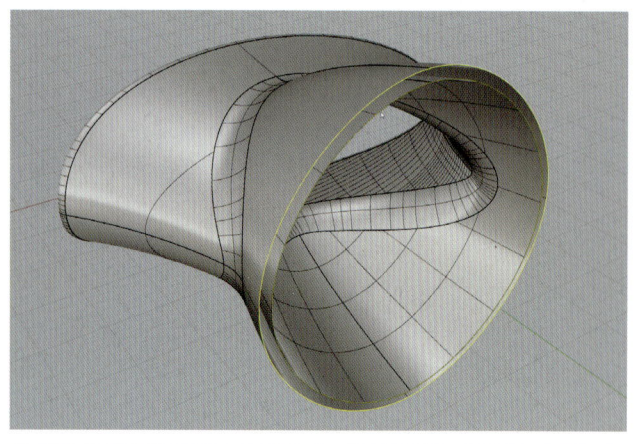 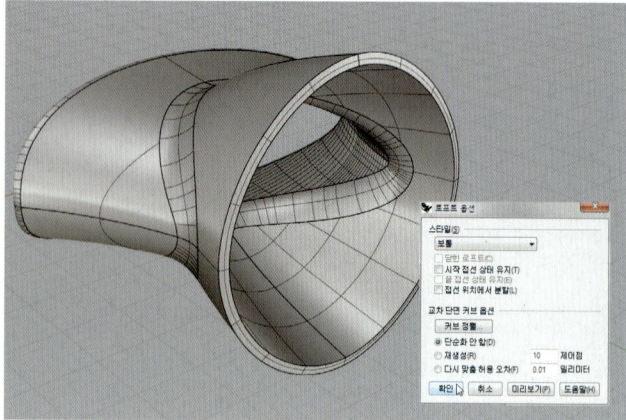

명령: _Loft
로프트할 커브 선택 (점(P)): **외곽쪽 가장자리 커브 선택**
로프트할 커브 선택 (점(P)): **내부쪽 가장자리 커브 선택**
로프트할 커브 선택. 완료되면 Enter 키를 누르십시오 (점(P)): **팝업 창 설정 후** Enter

32 다음은 편집된 모든 서피스들을 선택해 **결합 명령**으로 결합시켜 하나의 솔리드로 만들어 준다.

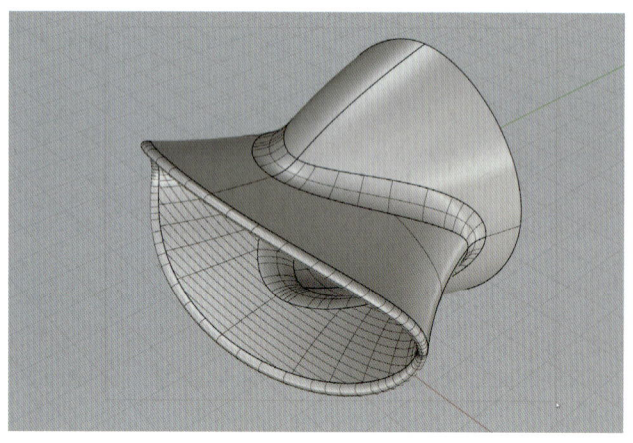 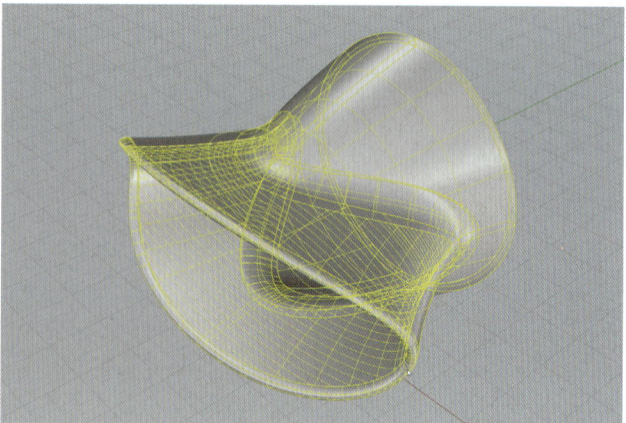

명령: _Join

33 이어서 **개체표시** 명령으로 숨겨두었던 모든 개체들을 표시해주고, 완성된 송풍캡 부분과 함께 전체적인 비례감을 확인해 준다.

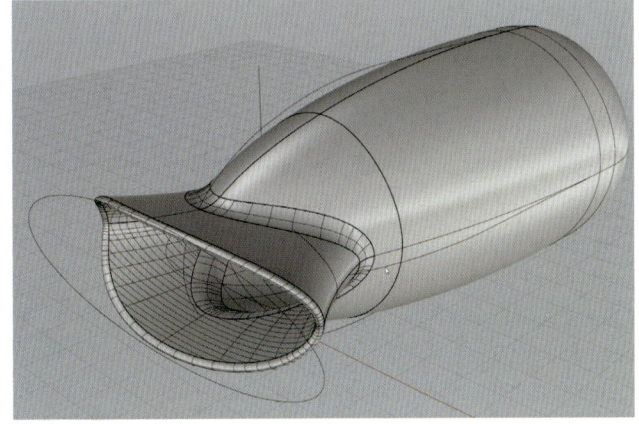
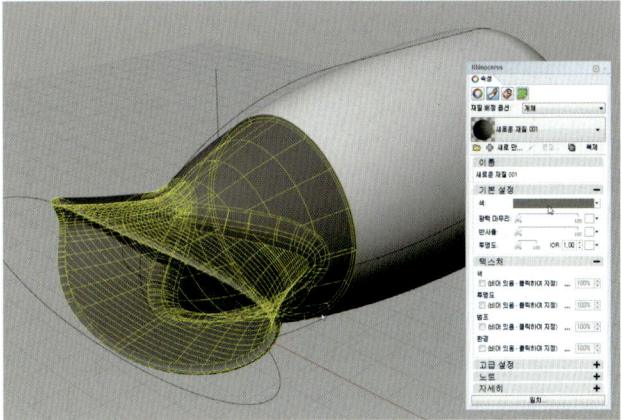

명령: _Show

34 다음 과정으로 헤어드라이어 손잡이 부분을 만들어 보자. 부분별 구분을 위하여 레이어를 빨간색으로 변경하고 TOP Viewport 상에서 **타원** 명령으로 아래와 같이 명령 입력 내용에 따라 타원 하나를 그려 준다.

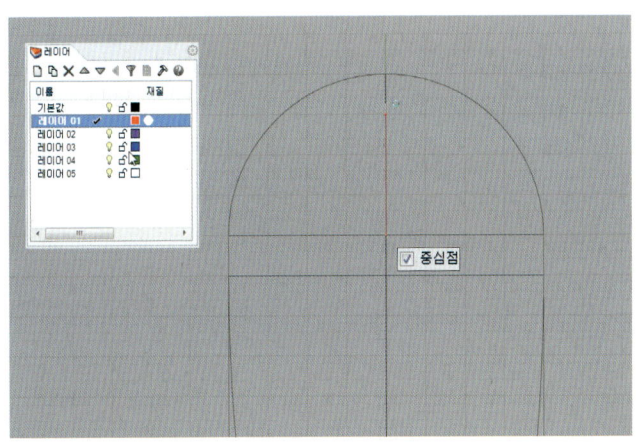
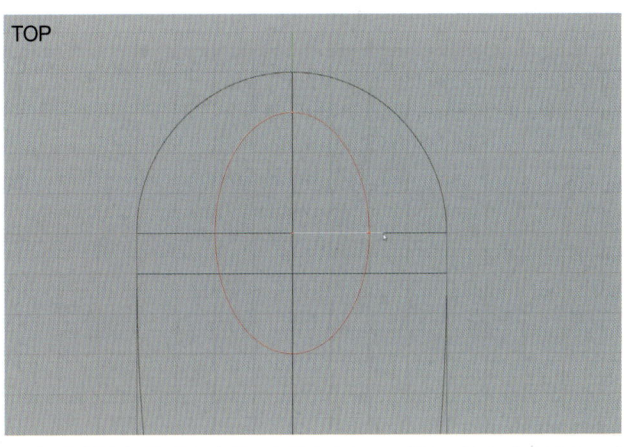

명령: _Ellipse
타원 중심 (변형가능(D) 수직(V) 모서리(C) 지름(I) 초점_지정(F) 커브_주변(A)): **본체 상단 반원의 중심점 지정**
첫 번째 축의 끝 (모서리(C)): **30 입력 후** Enter
첫 번째 축의 끝 (모서리(C)): **수직 방향 선택**
두 번째 축의 끝: **20 입력 후** Enter
두 번째 축의 끝: **수평 방향 선택**

35 이어서 방금 그려진 타원의 하단 사분점을 중심으로 **타원 명령**을 사용해 다시 한 번 타원을 그려준다.

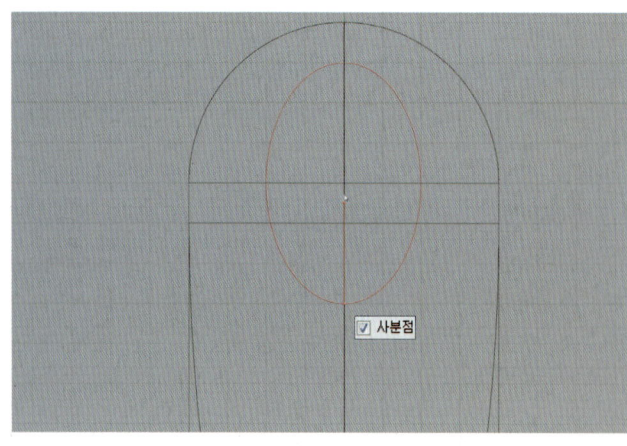 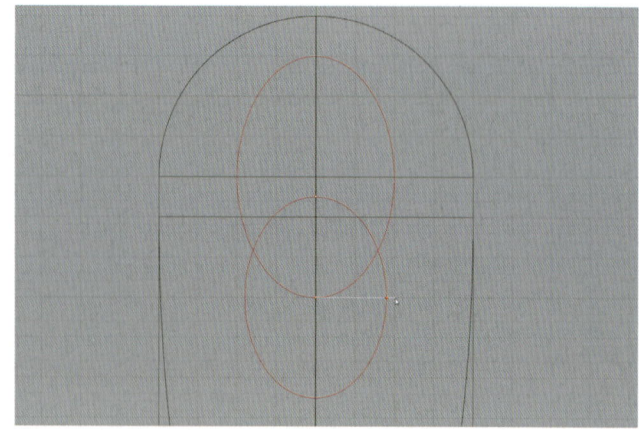

명령: _Ellipse
타원 중심 (변형가능(D) 수직(V) 모서리(C) 지름(I) 초점_지정(F) 커브_주변(A)): **타원의 사분점 선택**
첫 번째 축의 끝 (모서리(C)): **25 입력 후** Enter
첫 번째 축의 끝 (모서리(C)): **수직 방향 선택**
두 번째 축의 끝: **18 입력 후** Enter
두 번째 축의 끝: **수평 방향 선택**

36 이번에는 방금 그려진 작은 타원의 중심점을 기준으로 손잡이의 끝부분이 될 원 하나를 그려준다.

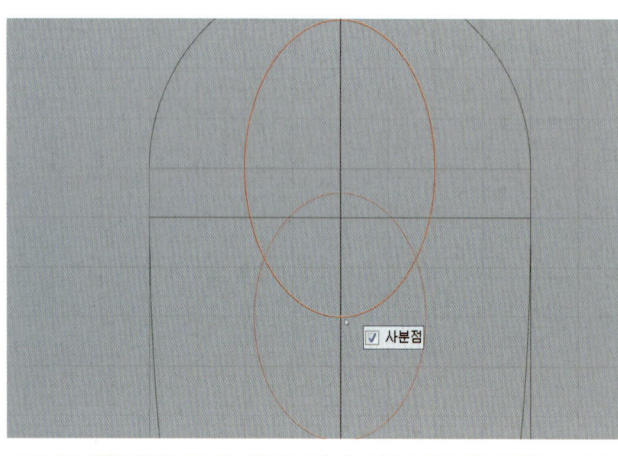 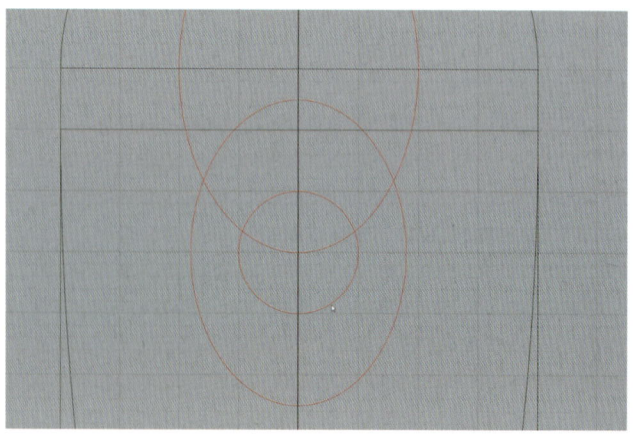

명령: _Circle
원의 중심 (변형가능(D) 수직(V) 2점(P) 3점(O) 접점(T) 커브_주변(A) 점에_맞춤(F)): **작은 타원의 중심점 선택**
반지름 〈40.000〉 (지름(D) 방위(O) 원주(C) 면적(A)): **10 입력 후** Enter

37 PERSPECTIVE와 RIGHT Viewport를 같이 보면서 아래와 같이 **이동 명령**을 통해 그려준 타원들 중 두 번째 타원을 100mm만큼 아래쪽으로 먼저 이동시켜 준다.

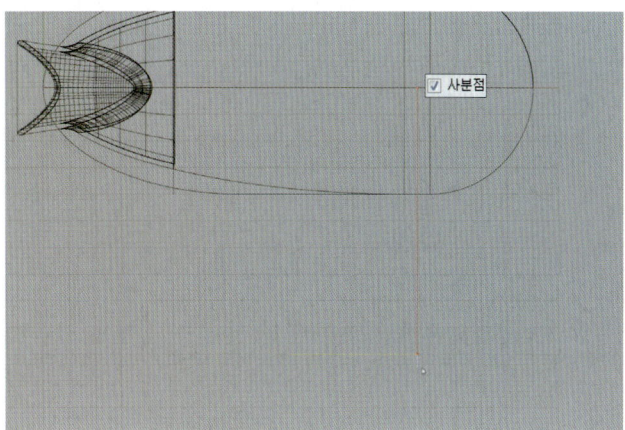

명령: _Move
이동시킬 개체 선택: **두 번째 그려준 타원 선택**
이동시킬 개체 선택. 완료되면 Enter 키를 누르십시오: [Enter]
이동의 기준점 (수직(V)=아니요): **두 번째 그려준 타원의 사분점 선택**
이동의 기준점 새 위치: **100 입력 후** [Enter]
이동의 기준점 새 위치: **수직 방향 클릭**

38 이어서 마지막으로 그려진 원을 **이동 명령**을 통해 같은 방법으로 200mm만큼 아래쪽으로 이동시켜 준다.

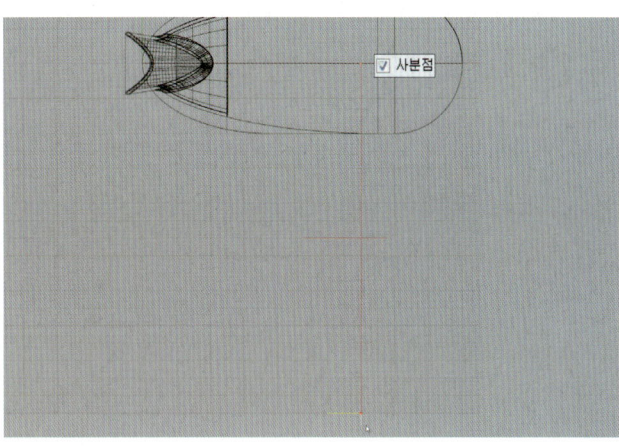

명령: _Move
이동시킬 개체 선택: **마지막으로 그려준 원**
이동시킬 개체 선택. 완료되면 Enter 키를 누르십시오: [Enter]
이동의 기준점 (수직(V)=아니요): **원의 사분점 선택**
이동의 기준점 새 위치: **200 입력 후** [Enter]
이동의 기준점 새 위치: **수직 방향 클릭**

39 다음은 이동시킨 타원들을 순서대로 선택해 **로프트** 명령을 통해 손잡이 형상이 될 서피스를 생성해 준다.

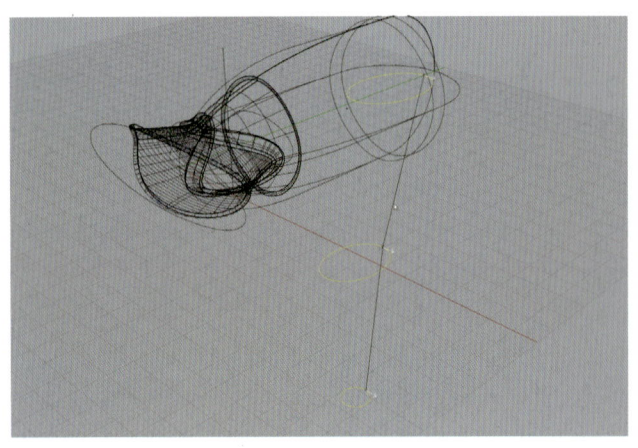 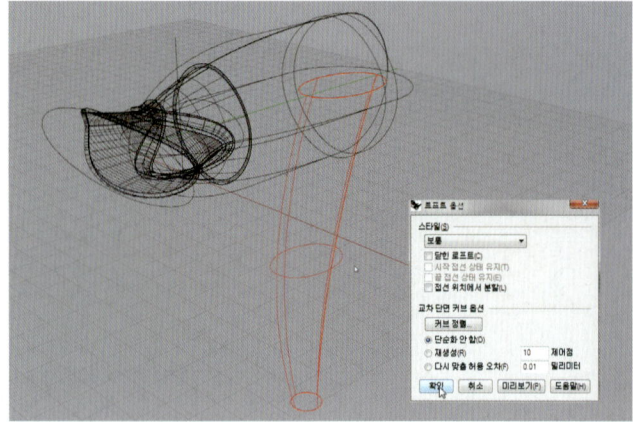

명령: _Loft
로프트할 커브 선택 (점(P)): **위의 타원부터 순차적으로 선택**
로프트할 커브 선택. 완료되면 Enter 키를 누르십시오 (점(P)): Enter
조정할 심 점을 선택. 완료되면 Enter 키를 누르십시오 (반전(F) 자동(A) 원래대로(N)): **팝업 창 설정 후** Enter

40 다음은 헤어드라이어 본체 및 손잡이 부분을 제외한 나머지 개체들을 **선택 반전과 개체 숨기기 명령**으로 모두 숨겨준다.

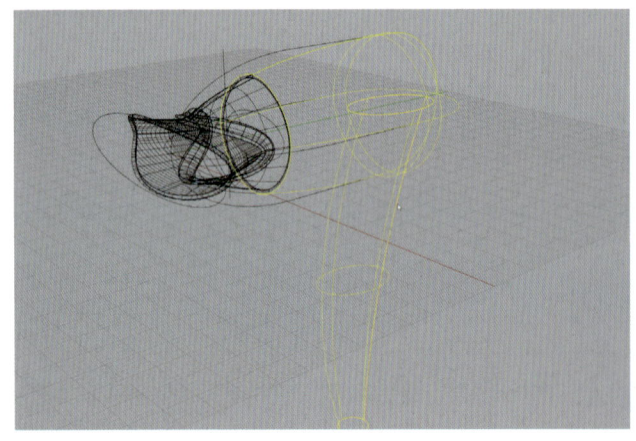 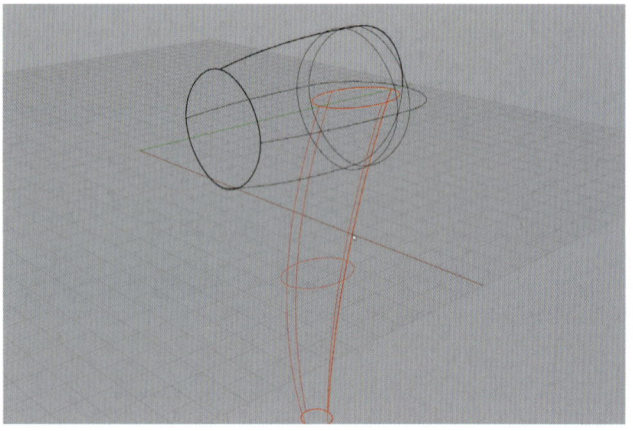

명령: _Invert

41 이어서 뚫려 있는 두 개의 서피스를 솔리드로 만들어 주기 위해 **평면형 구멍 끝막음 명령**으로 아래의 화면과 같이 본체와 손잡이 서피스를 끝막음 처리해 준다.

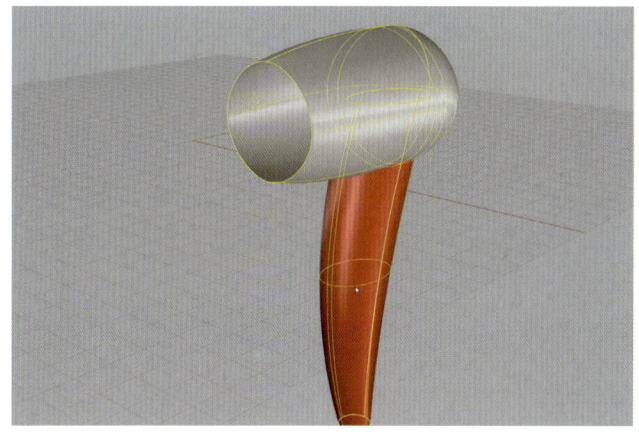 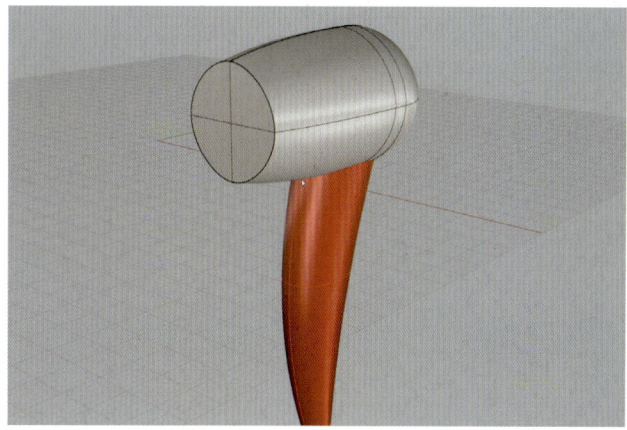

명령: _Cap

42 다음은 끝막음된 헤어드라이어 본체와 손잡이 부분을 **부울 합집합 명령**을 통해 하나의 솔리드 개체로 만들어 준다.

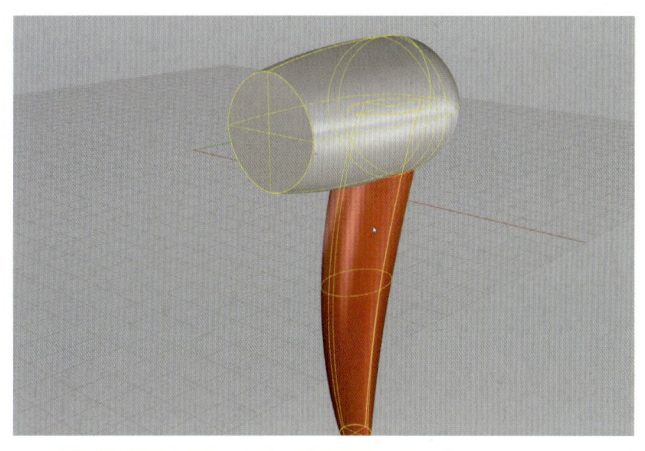 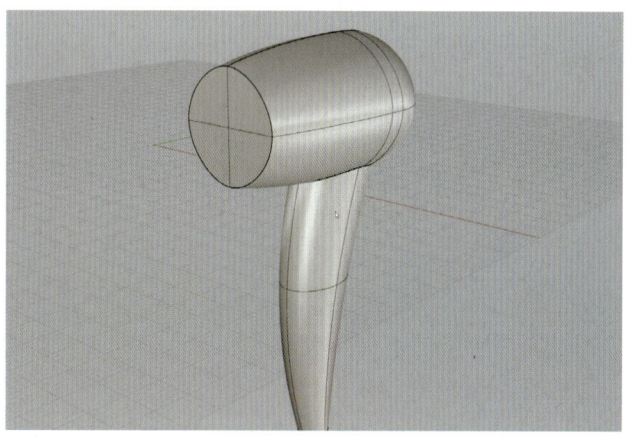

명령: _BooleanUnion
합집합을 적용할 서피스 또는 폴리서피스 선택: **두 개의 솔리드 차례로 선택**
합집합을 적용할 서피스 또는 폴리서피스 선택. 완료되면 Enter 키를 누르십시오: Enter

43 이어서 **가변 반지름 필릿 명령**으로 본체와 손잡이 부분의 결합된 가장자리 부분을 반지름 15mm 값으로 부드럽게 처리해 준다.

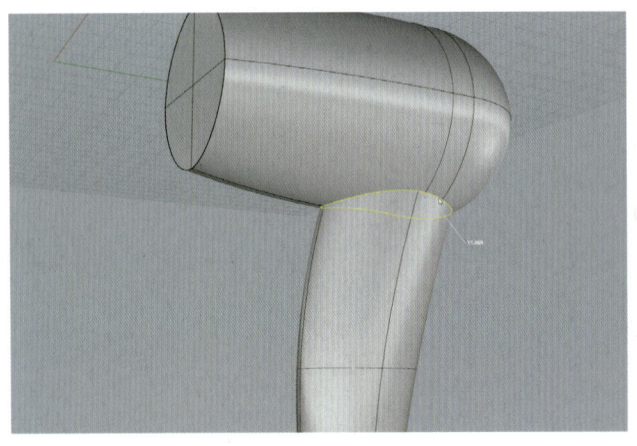 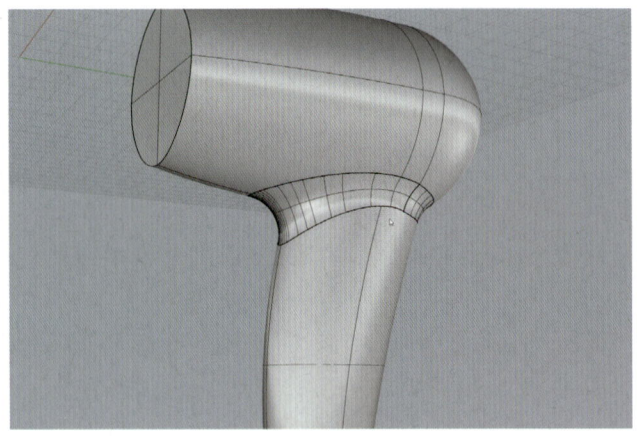

명령: _FilletEdge
필릿할 가장자리 선택 (반지름_표시(S)=예 다음_반지름(N)=1 가장자리_연속선택(C)): **15 입력 후** Enter
필릿할 가장자리 선택. 완료되면 Enter 키를 누르십시오 (반지름_표시(S)=예 다음_반지름(N)=15...): **결합된 가장자리 선택 후** Enter

44 같은 방법으로 손잡이 하단 끝부분 모서리를 선택해 **가변 반지름 필릿 명령**으로 마무리해 준다.

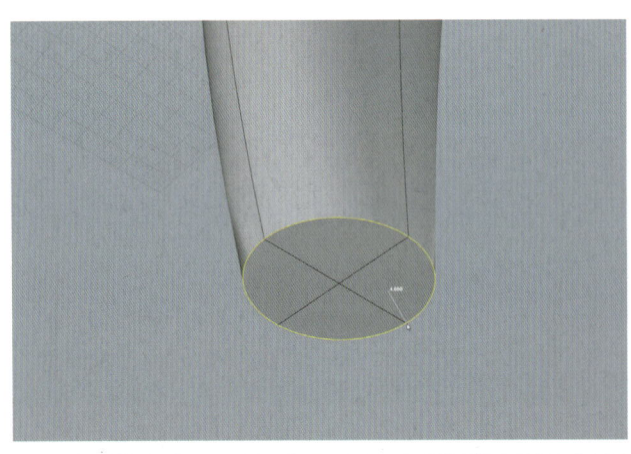 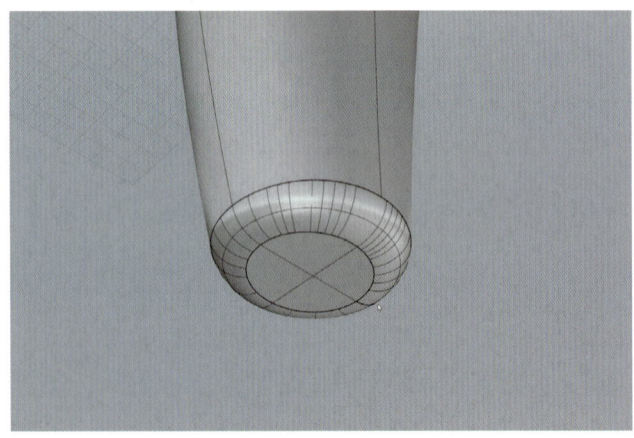

명령: _FilletEdge
필릿할 가장자리 선택 (반지름_표시(S)=예 다음_반지름(N)=1 가장자리_연속선택(C)): **4 입력 후** Enter
필릿할 가장자리 선택. 완료되면 Enter 키를 누르십시오 (반지름_표시(S)=예 다음_반지름(N)=4 ....): **손잡이 끝모서리 선택 후** Enter

45 이번에는 헤어드라이어 내부 공간을 편집해 보자. 먼저 **솔리드 도구〉닫힌 폴리서피스 쉘처리 명령**으로 아래의 화면과 같이 본체 프레임의 두께를 2mm값으로 쉘처리 해준다.

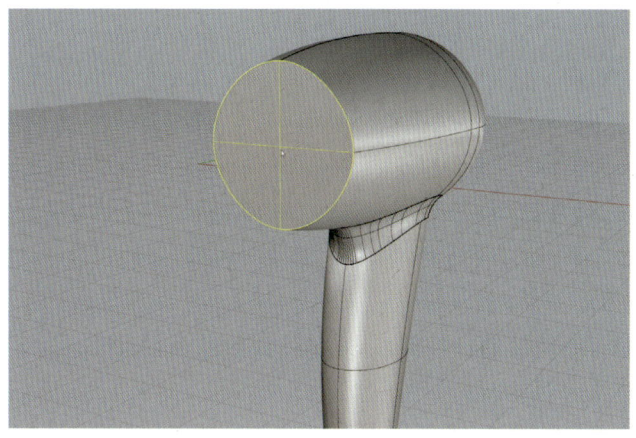 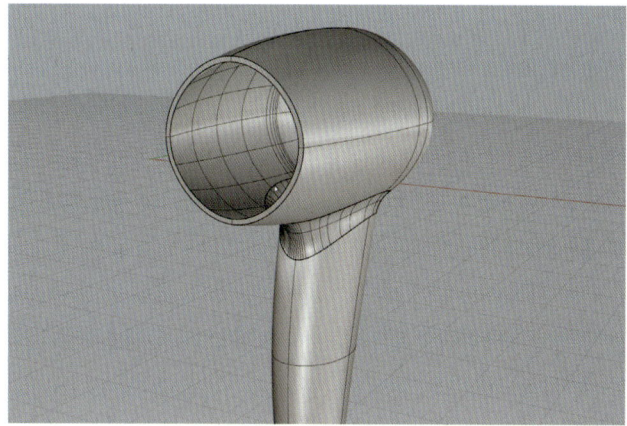

명령: _Shell
닫힌 폴리서피스에서 제거할 면을 선택합니다. 적어도 한 면은 선택되지 않은 상태로 놔두어야 합니다 (두께(T)=1.000): **2 입력 후** Enter
닫힌 폴리서피스에서 제거할 면을 선택합니다. 적어도 한 면은 선택되지 않은 상태로 놔두어야 합니다. 완료되면 Enter 키를 누르십시오
(두께(T)=2.000): **본체 앞부분의 절단면 선택 후** Enter

46 다음은 헤어드라이어의 제품적 디테일 요소를 강조하기 위한 파팅라인 분할과정이다. 먼저 RIGHT Viewport에서 **직사각형 명령**으로 아래와 같이 명령 입력 내용을 참고로 직사각형을 그려준다.

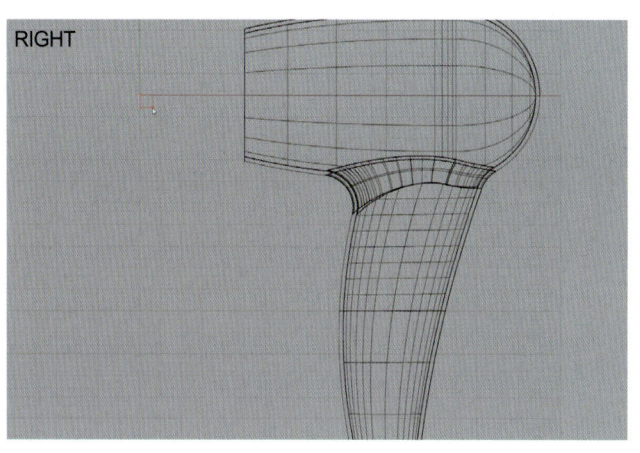 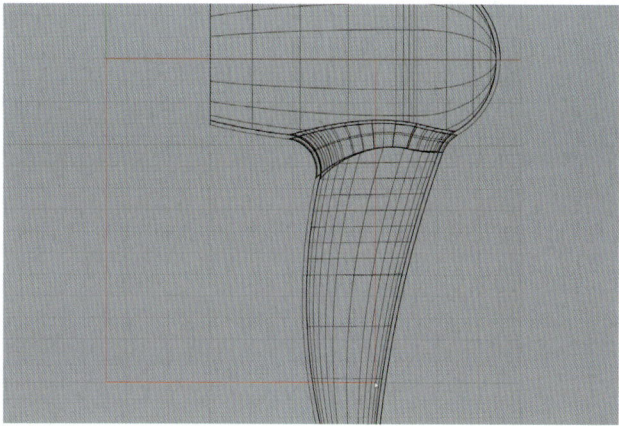

명령: _Rectangle
직사각형의 첫 번째 모서리 (3점(P) 수직(V) 중심점(C) 둥글게(R)): **0 입력 후** Enter
다른 모서리 또는 길이 (3점(P) 둥글게(R)): **130 입력 후** Enter
너비, 길이를 사용하려면 Enter 키를 누르십시오 (3점(P) 둥글게(R)): **-150 입력 후** Enter

47 이어서 **커브필릿 명령**으로 생성된 직사각형의 우측 상하 모서리를 아래와 같이 반지름 30mm와 50mm 값으로 각각 필릿해 준다.

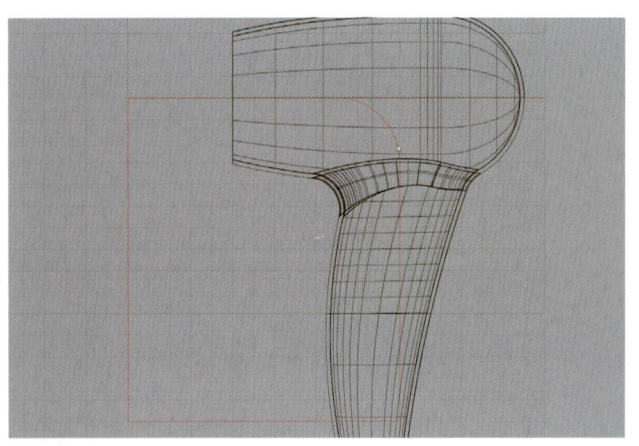 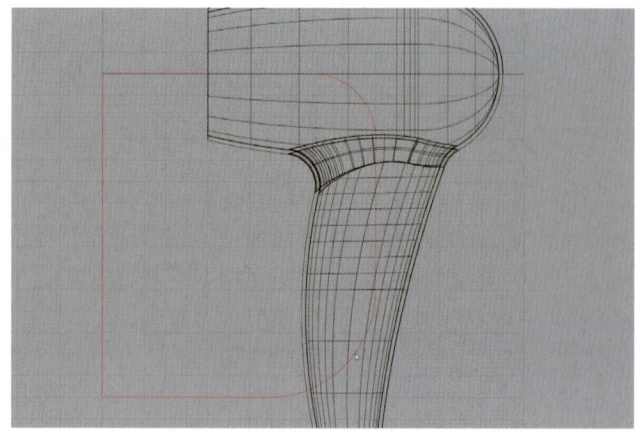

명령: _Fillet
필릿할 첫 번째 커브 선택 (반지름(R)=1 결합(J)=아니요 트림(T)=예 호_연장_형식(E)=호): **30 입력 후** Enter
필릿할 첫 번째 커브 선택 (반지름(R)=30 결합(J)=아니요 트림(T)=예 호_연장_형식(E)=호): **상단 직각 모서리 순차적으로 선택**
명령: _Fillet
필릿할 첫 번째 커브 선택 (반지름(R)=30 결합(J)=아니요 트림(T)=예 호_연장_형식(E)=호): **50 입력 후** Enter
필릿할 첫 번째 커브 선택 (반지름(R)=50 결합(J)=아니요 트림(T)=예 호_연장_형식(E)=호): **하단 직각 모서리 순차적으로 선택**

48 다음은 **이동 명령**과 **미러 명령**으로 3mm 아래로 이동 후 반전시켜 직사각형 하나를 더 생성시켜 준다.

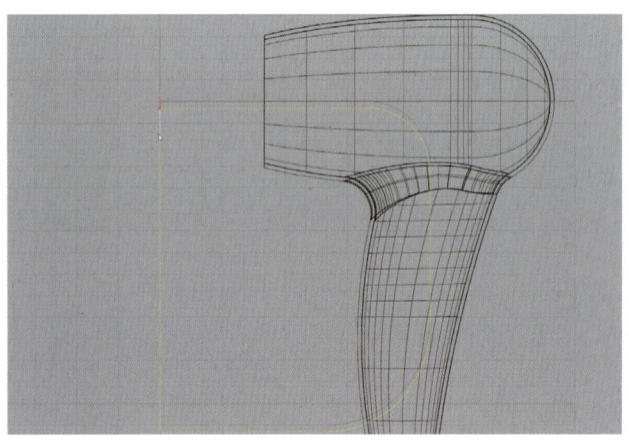 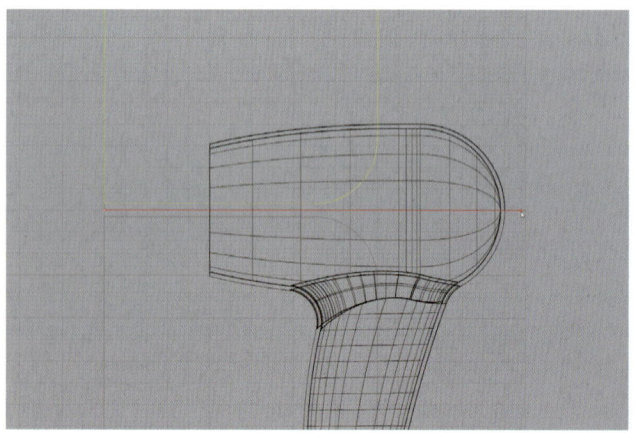

명령: _Move
이동시킬 개체 선택: **편집한 직사각형 선택**
이동시킬 개체 선택. 완료되면 Enter 키를 누르십시오: Enter
이동의 기준점 (수직(V)=아니요): **0 입력 후** Enter
이동의 기준점 새 위치 〈3.000〉: **-3 입력 후** Enter
이동의 기준점 새 위치 〈-3.000〉: **수직 방향 클릭**

명령: _Mirror
미러 실행할 개체 선택: **이동시킨 직사각형 선택**
미러 실행할 개체 선택. 완료되면 Enter 키를 누르십시오: Enter
미러 평면의 시작 (3점(P) 복사(C)=예 X축...): **0 입력 후** Enter
미러 평면의 끝 (복사(C)=예): **수평 방향 클릭**

49 이어서 생성된 직사각형을 기준으로 **와이어컷 명령**으로 아래의 화면과 같이 본체와 교차된 부분을 커팅해 준다.

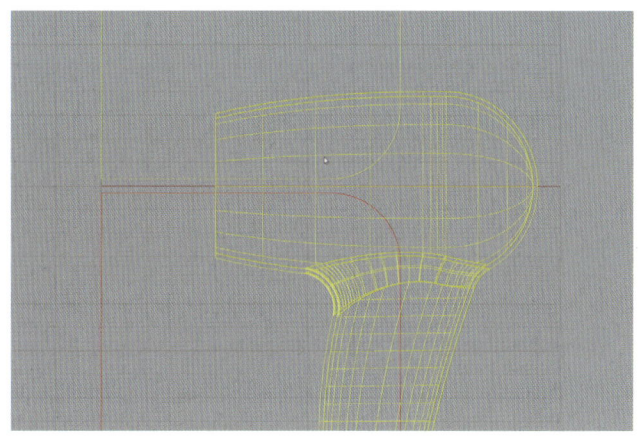 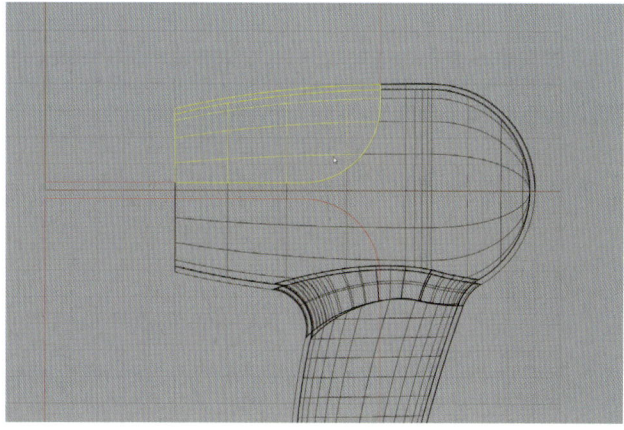

명령: _WireCut
절단 커브 선택 (선(L)): **상단 직사각형 선택**
자를 개체 선택: **본체 솔리드 선택**
자를 개체 선택. 완료되면 Enter 키를 누르십시오: Enter
절삭 깊이 점. 개체를 완전히 자르려면 Enter 키를 누르십시오 (원래개체_삭제(L)=아니요 양쪽(B)=예): Enter **(B=양쪽)**
적용하려면 Enter 키를 누르십시오 (반전(I)=아니요 모두_유지(K)=예): Enter **(유지(K)=예)**

50 이전과 마찬가지로 **와이어컷 명령**으로 하단 직사각형을 기준으로 본체와 교차된 부분을 커팅해 준다.

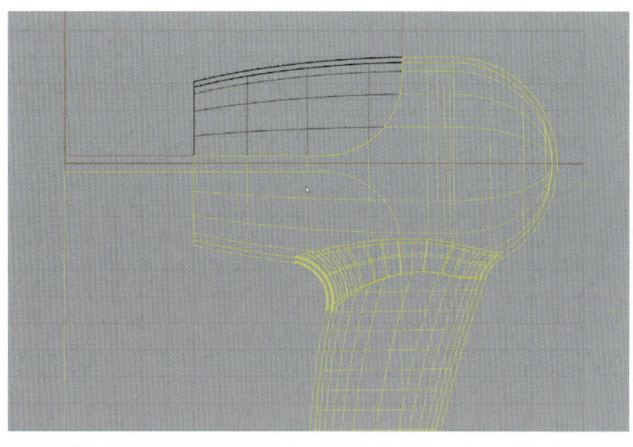 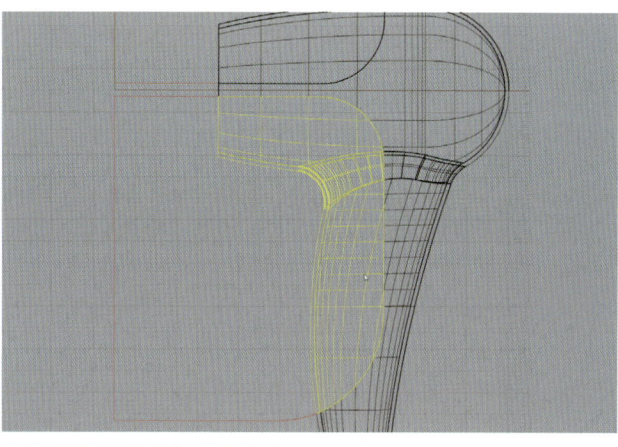

명령: _WireCut
절단 커브 선택 (선(L)): **하단 직사각형 선택**
자를 개체 선택: **솔리드 선택**
자를 개체 선택. 완료되면 Enter 키를 누르십시오: Enter
절삭 깊이 점. 개체를 완전히 자르려면 Enter 키를 누르십시오 (원래개체_삭제(L)=아니요 양쪽(B)=예): Enter **(B=양쪽)**
적용하려면 Enter 키를 누르십시오 (반전(I)=아니요 모두_유지(K)=예): Enter **(유지(K)=예)**

51 다음은 헤어드라이어 뒷부분 흡입구를 만들어 보자. 먼저 본체에서 파팅을 나누기 위해 **선** 명령으로 파팅선을 그려준 뒤, **커브 간격띄우기** 명령으로 선을 하나 더 생성해 준다.

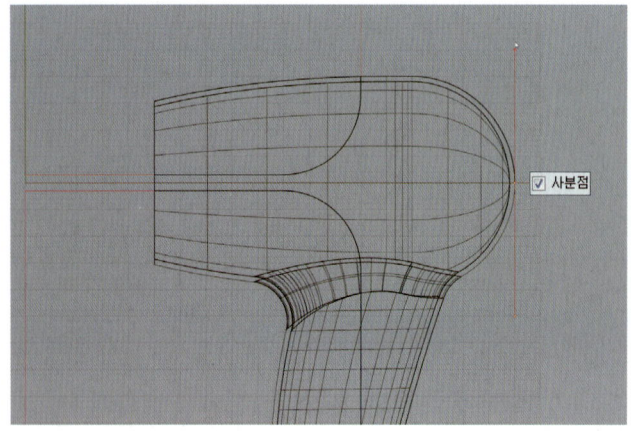 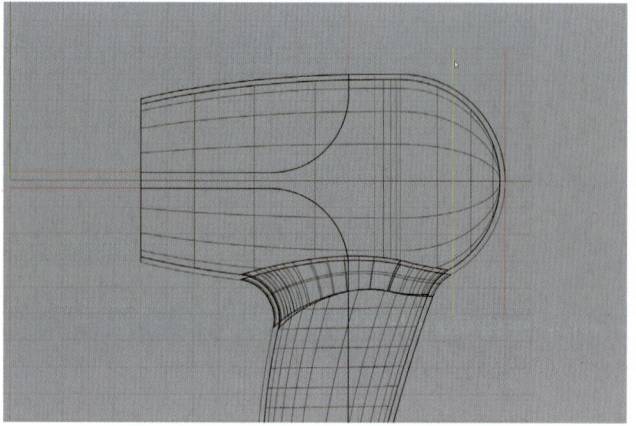

명령: _Line
선의 시작 (양쪽(B) 법선(N) 각도(A) ...): **B** Enter **(B=양쪽)**
선의 중간 (법선(N) 각도(A)...)): **본체 뒷부분의 사분점**
선의 끝: **50 입력 후** Enter
선의 끝: **수직 방향 클릭**

명령: _Offset
간격띄우기 실행할 커브 선택 (거리(D)=3....): **생성한 커브 선택**
간격띄우기할 쪽 (거리(D)=3....): **-20 입력 후** Enter
간격띄우기할 쪽 (거리(D)=20 ....): **수평 방향 클릭**

52 이어서 간격 띄운 커브를 기준으로 **와이어컷** 명령을 통해 아래의 화면과 같이 본체와 흡입구를 구분해 준다.

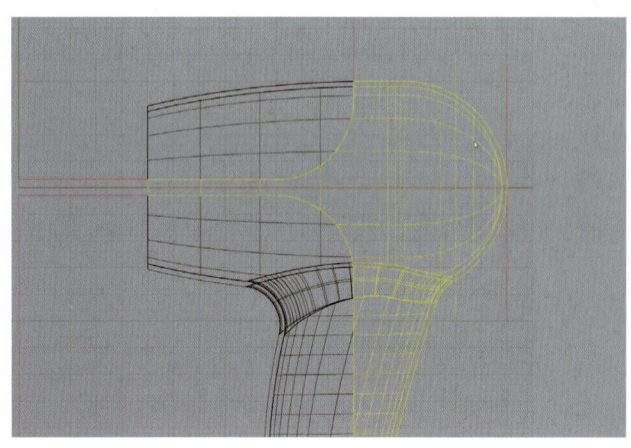 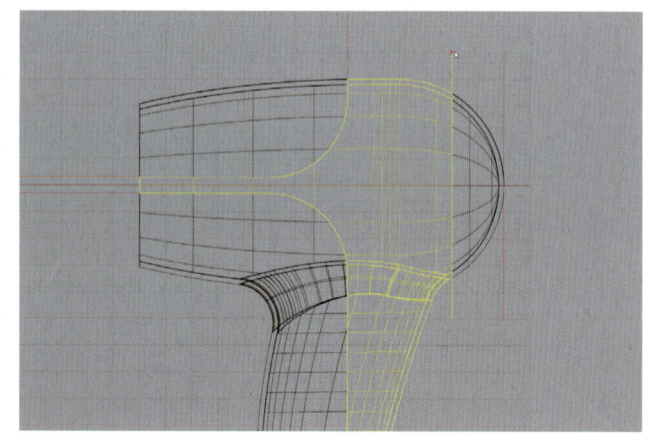

명령: _WireCut
절단 커브 선택 (선(L)): **간격을 띄운 커브 선택**
자를 개체 선택: **솔리드 선택**
절삭 깊이 점. 개체를 완전히 자르려면 Enter 키를 누르십시오 (원래개체_삭제(L)=아니요 양쪽(B)=예): Enter **(B=양쪽)**
적용하려면 Enter 키를 누르십시오 (반전(I)=아니요 모두_유지(K)=예): Enter **(유지(K)=예)**

53 헤어드라이어의 전체적인 기본 형상이 정리되었다. 이제 **개체표시 명령**으로 숨겨진 모든 개체를 표시해 주고 정리된 모델링의 모습을 확인해 본다.

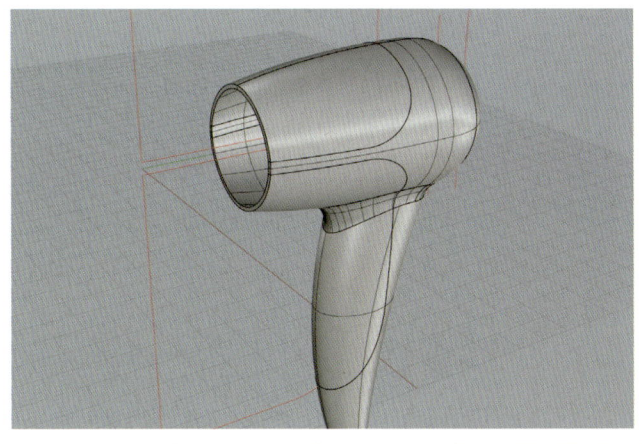 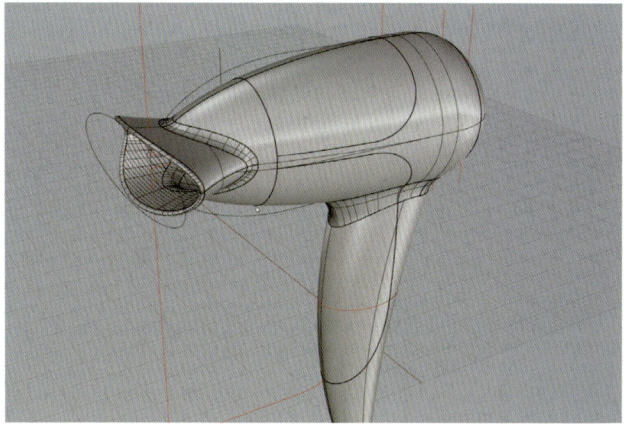

명령: _Show
13개의 숨겨진 개체를 표시하는 중입니다.

54 다음은 **가변 반지름 필릿 명령**으로 지금까지 와이어컷으로 절단한 모든 절단면에 0.3mm 값의 필릿을 적용해 부드러운 파팅 라인을 만들어 주고, 렌더 표시 모드에서 편집된 결과를 확인해 본다.

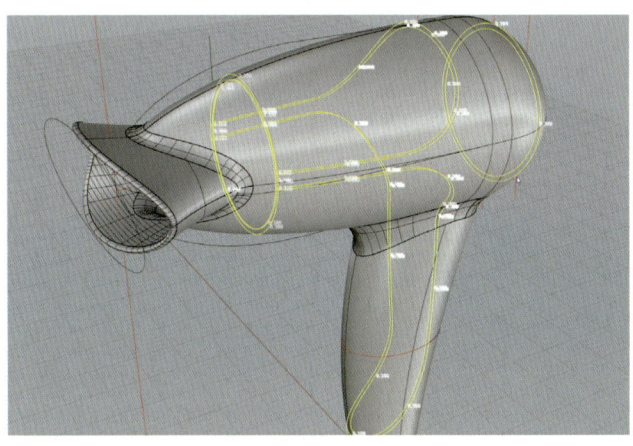 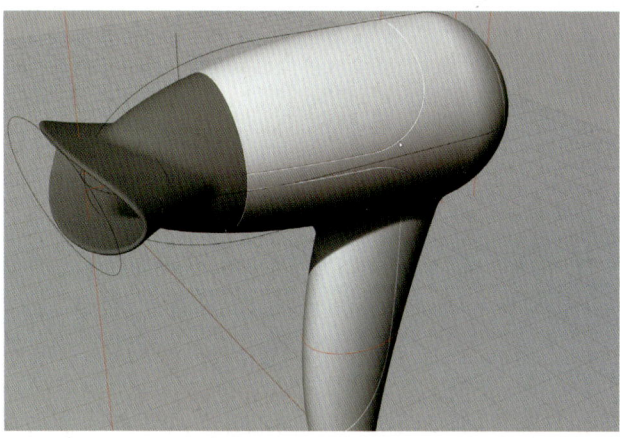

명령: _FilletEdge
필릿할 가장자리 선택 (반지름_표시(S)=예 다음_반지름(N)=1 가장자리_연속선택(C)): **0.3 입력 후** Enter
필릿할 가장자리 선택. 완료되면 Enter 키를 누르십시오 (반지름_표시(S)=예 다음_반지름(N)=0.3 ...): **절단면 전체 선택 후** Enter

55 다음은 흡입구 부분의 흡입홀 패턴을 만들어 보자. 먼저 RIGHT Viewport상에서 흡입구 끝 사분점을 기준으로 아래와 같이 명령 입력 내용에 따라 직사각형을 그려준다.

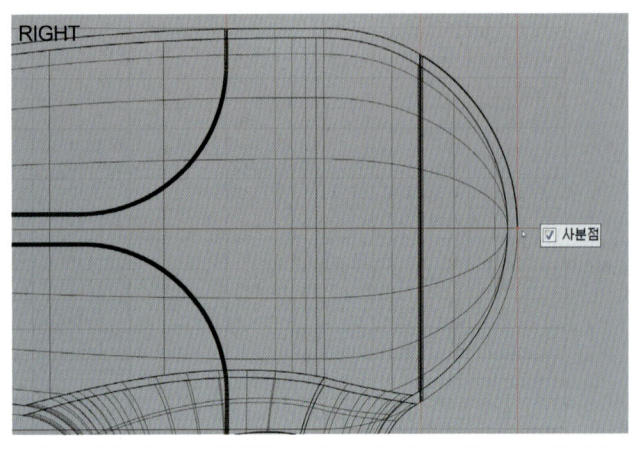
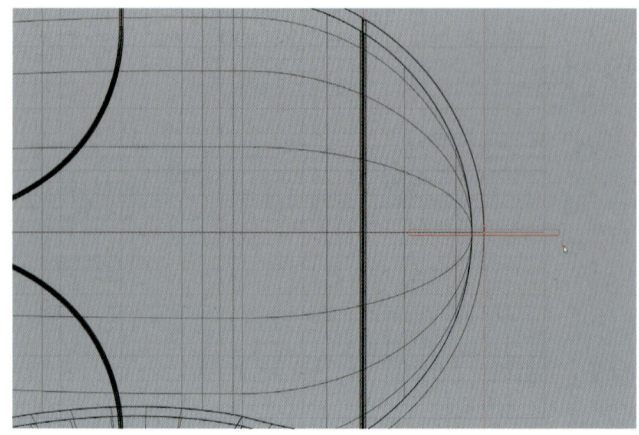

명령: _Rectangle
직사각형의 첫 번째 모서리 (3점(P) 수직(V) 중심점(C) 둥글게(R)): **C 입력 후** Enter **(중심점)**
직사각형의 중심 (둥글게(R)): **R 입력 후** Enter **(둥글게)**
직사각형의 중심: **사분점 선택**
다른 모서리 또는 길이 (3점(P)): **25 입력 후** Enter
너비, 길이를 사용하려면 Enter 키를 누르십시오 (3점(P)): **1 입력 후** Enter
반지름 또는 둥근 모서리가 통과하는 점 〈1.000〉 (모서리(C)=호): Enter

56 복사 명령과 미러 명령을 사용해 아래와 같이 9개의 직사각형을 복사시켜 준 후 다시 반대 방향으로 미러시켜 흡입홀의 패턴을 완성한다.

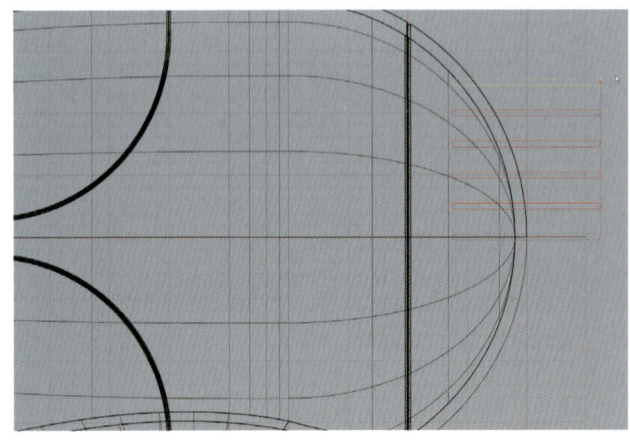
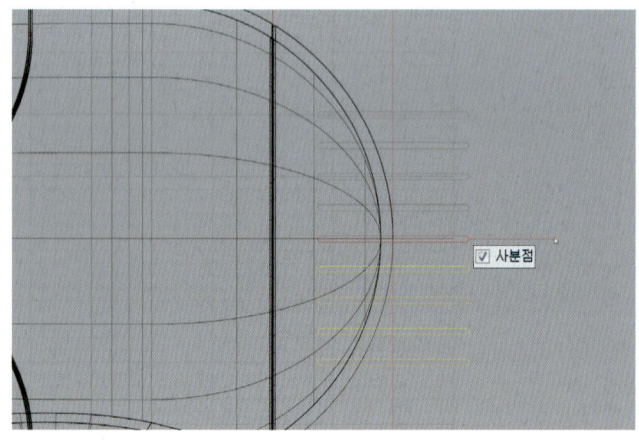

명령: _Copy
복사의 기준점 (수직(V)=아니요 원래_위치(I)): **사분점 선택**
복사할 위치의 점: **각각 5mm 단위로 입력 후** Enter **(4회)**
복사할 위치의 점: **수직 방향 클릭**

명령: _Mirror
미러 실행할 개체 선택: **상단 4개의 직사각형 선택**
미러 실행할 개체 선택. 완료되면 Enter 키를 누르십시오: Enter
미러 평면의 시작 (3점(P) 복사(C)=예 X축...): **0 입력 후** Enter
미러 평면의 끝 (복사(C)=예): **수평 방향 클릭**

57 이어서 완성된 총 9개의 직사각형을 모두 선택해 **닫힌 평면형 커브 돌출** 명령으로 화면과 같이 30mm 돌출된 솔리드로 만들어 준다.

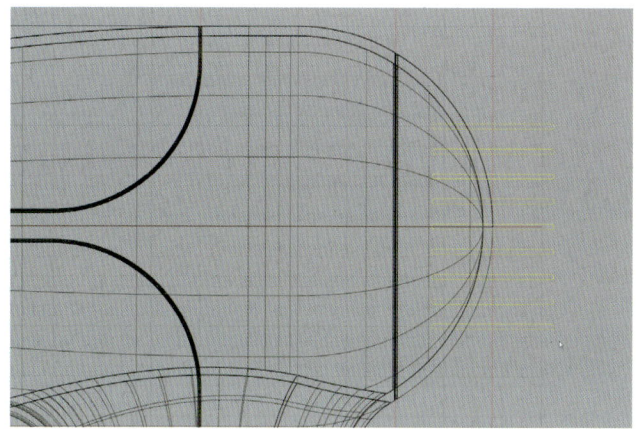 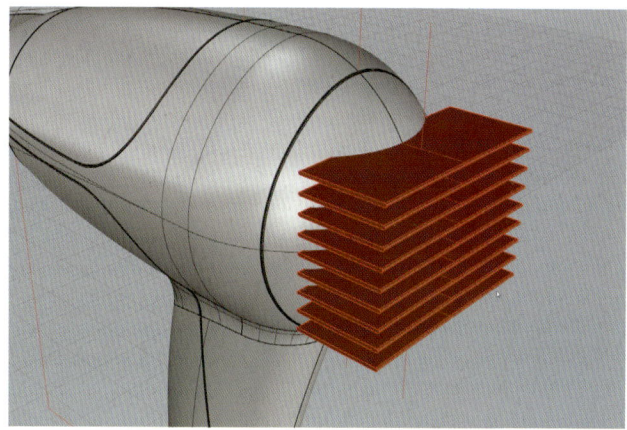

명령: _ExtrudeCrv
돌출시킬 커브 선택: **9개의 직사각형 선택**
돌출시킬 커브 선택. 완료되면 Enter 키를 누르십시오: [Enter]
돌출 거리 <30> (방향(D) 양쪽(B)=아니요 솔리드(S)=예 ... 기준점_설정(A)): **B 입력 후** [Enter] **(B=양쪽)**
돌출 거리 <30> (방향(D) 양쪽(B)=예 솔리드(S)=예 ... 기준점_설정(A)): **30 입력 후** [Enter]

58 다음은 돌출된 솔리드들을 **부울 차집합** 명령을 사용해 흡입구 홀 패턴이 되도록 아래의 화면과 같이 차집합시켜 준다.

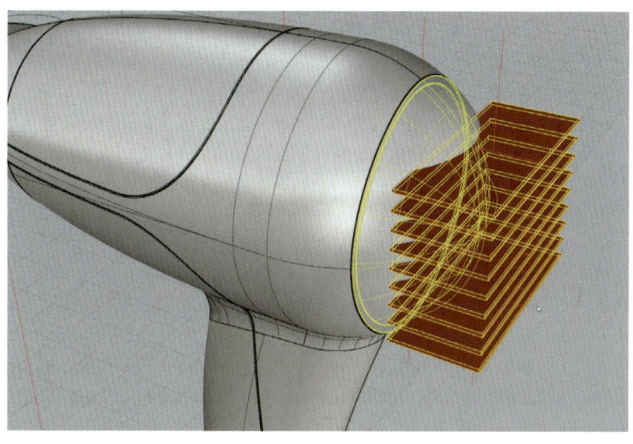 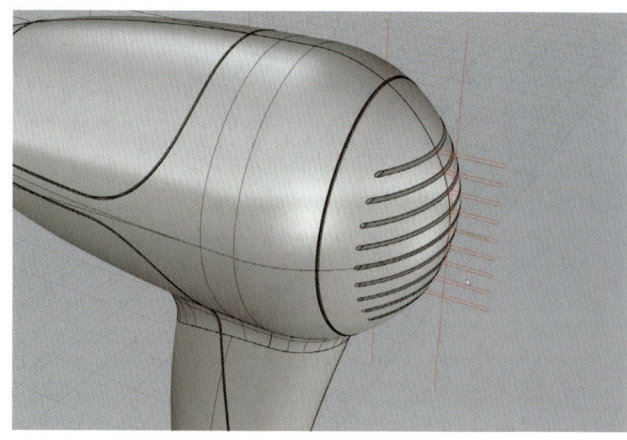

명령: _BooleanDifference
차집합을 계산할 원래 서피스 또는 폴리서피스 선택: **흡입구 선택**
차집합을 계산할 원래 서피스 또는 폴리서피스 선택. 계속하려면 Enter 키를 누르십시오: [Enter]
차집합 계산에 사용할 서피스 또는 폴리서피스 선택 (원래개체_삭제(D)=예): **돌출된 직사각형 9개 선택**
차집합 계산에 사용할 서피스 또는 폴리서피스 선택. 완료되면 Enter 키를 누르십시오 (원래개체_삭제(D)=예): [Enter]

59 이어서 부울 차집합된 흡입구 홀패턴 가장자리를 **가변 반지름 모따기 명령**으로 0.7mm만큼 모서리 챔버 효과를 만들어 준다.

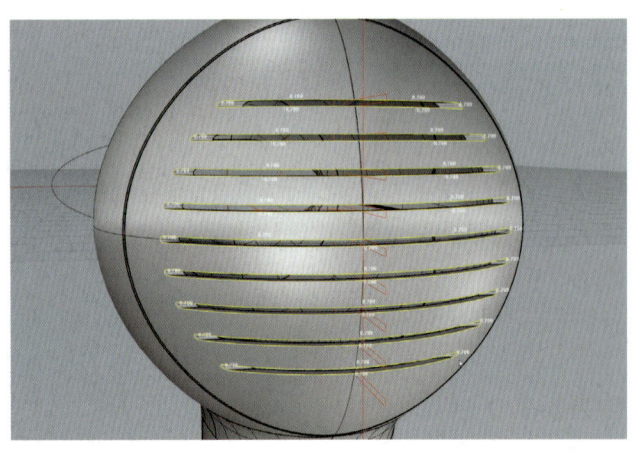 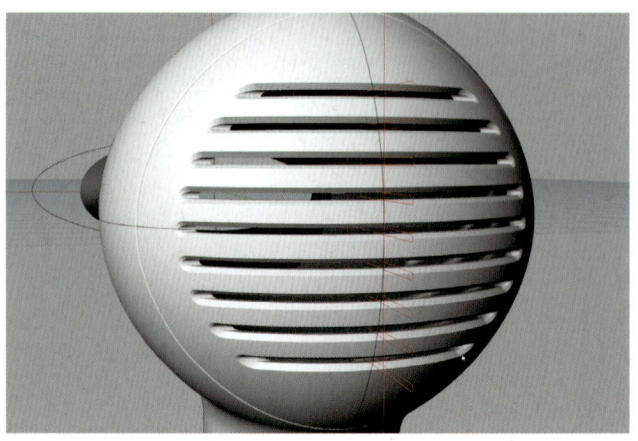

명령: _ChamferEdge
모따기할 가장자리 선택 (모따기_거리_표시(S)=예 다음_모따기_거리(N)=0.6 가장자리_연속선택(C)): **0.7 입력 후** Enter
모따기할 가장자리 선택 (모따기_거리_표시(S)=예 다음_모따기_거리(N)=0.7 가장자리_연속선택(C)): **흡입홀 패턴 가장자리 선택**
모따기할 가장자리 선택. 완료되면 Enter 키를 누르십시오 (모따기_거리_표시(S)=예 다음_모따기_거리(N)=0.7...): Enter

60 다음은 본체 부분에도 측면 흡입구를 하나 더 만들어 보자. 다시 RIGHT Viewport상에서 **복사 명령**을 통해 홀 패턴 직사각형 하나를 –X축 방향으로 45mm 이동 복사시켜 준다.

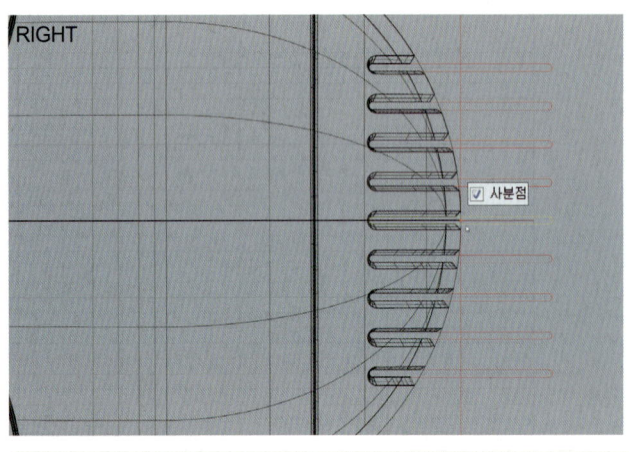 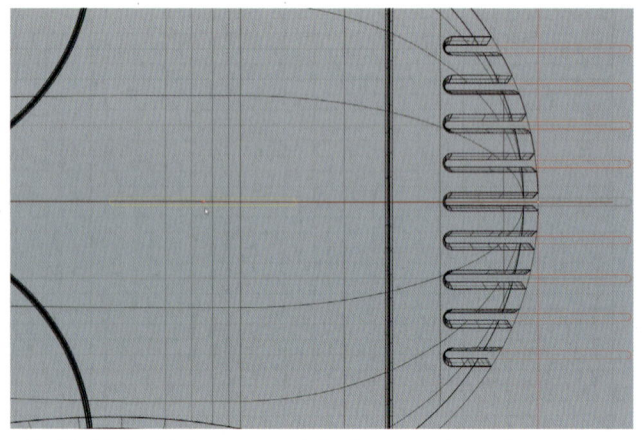

명령: _Copy
복사할 개체 선택: **직사각형 선택**
복사의 기준점 (수직(V)=아니요 원래_위치(I)): **사분점 선택**
복사할 위치의 점: **–45 입력 후** Enter
복사할 위치의 점: **수평 방향 선택**

61 이어서 복사된 직사각형을 **커브 간격띄우기 명령**으로 아래와 같이 4mm 간격만큼 하나 더 띄워준다.

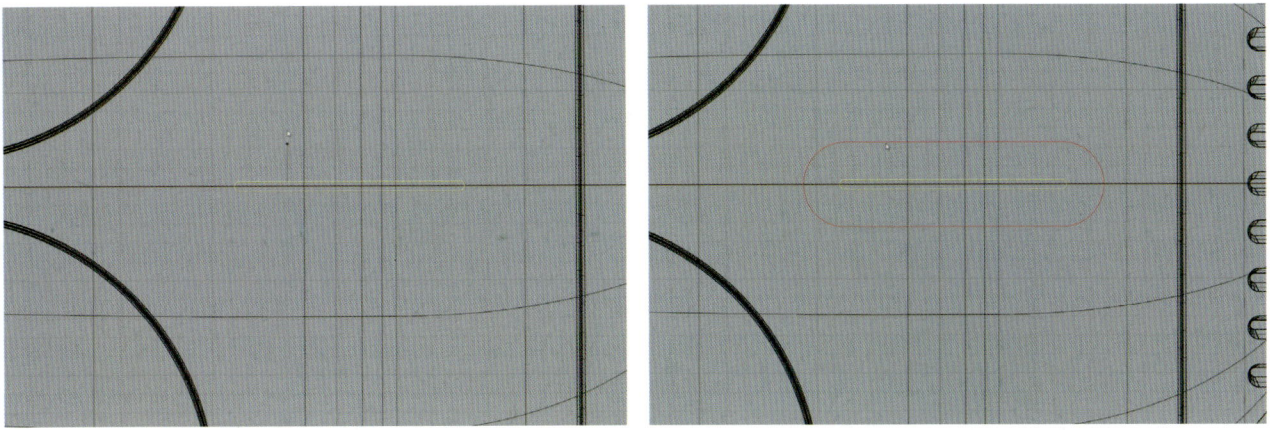

명령: _Offset
간격띄우기 실행할 커브 선택 (거리(D)=20 모서리(C)=모나게 점_통과(T) ....): **복사한 직사각형 선택**
간격띄우기할 쪽 (거리(D)=20 모서리(C)=모나게 점_통과(T) ...): **4 입력 후** [Enter]
간격띄우기할 쪽 (거리(D)=4 모서리(C)=모나게 점_통과(T) ...): **직사각형 외곽쪽 선택**

62 다음은 **와이어컷 명령**으로 복사된 직사각형 먼저 선택해 아래와 화면과 같이 본체와 구분되도록 커팅시켜 준다.

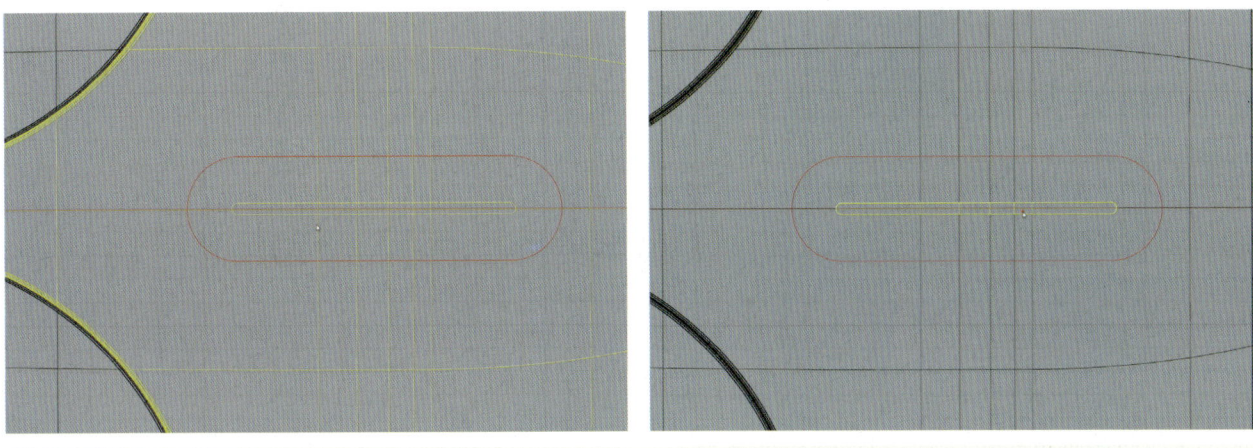

명령: _WireCut
절단 커브 선택 (선(L)): **복사된 직사각형 선택**
자를 개체 선택: **본체 솔리드 선택**
자를 개체 선택. 완료되면 Enter 키를 누르십시오: [Enter]
절삭 깊이 점. 개체를 완전히 자르려면 Enter 키를 누르십시오 (원래개체_삭제(L)=아니오 양쪽(B)=예): [Enter] **(B=양쪽)**
적용하려면 Enter 키를 누르십시오 (반전(I)=아니오 모두_유지(K)=예): [Enter] **(유지(K)=예)**

63 이어서 간격 띄운 직사각형을 선택하고 **와이어컷 명령**으로 본체와 구분되도록 커팅시켜 준다.

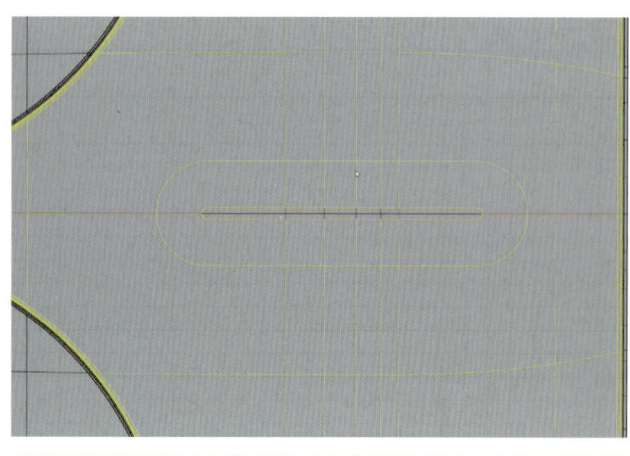 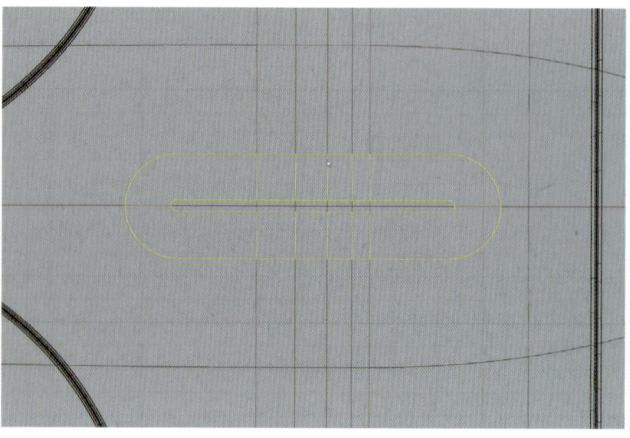

명령: _WireCut
절단 커브 선택 (선(L)): **간격 띄운 직사각형 선택**
자를 개체 선택: **본체 솔리드 선택**
자를 개체 선택. 완료되면 Enter 키를 누르십시오: Enter
절삭 깊이 점. 개체를 완전히 자르려면 Enter 키를 누르십시오 (원래개체_삭제(L)=아니요 양쪽(B)=예): Enter **(B=양쪽)**
적용하려면 Enter 키를 누르십시오 (반전(I)=아니요 모두_유지(K)=예): Enter **(유지(K)=예)**

64 다음은 커팅되어 구분된 작은 직사각형 솔리드 조각은 제거하여 흡입구 구멍으로 만들어 준다.

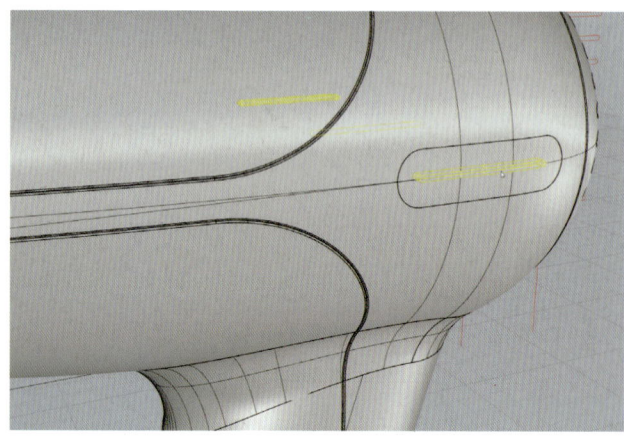 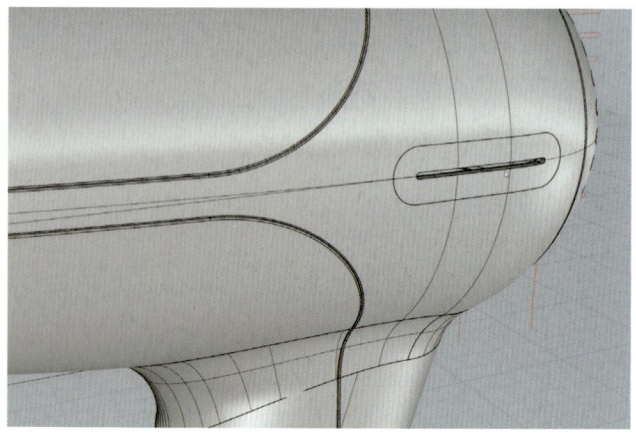

명령: _Delete

65 이어서 **가변 반지름필릿 명령**을 통해 측면 흡입구 구멍 가장자리를 필릿 반지름 1.5mm 값으로 마무리해 준다.

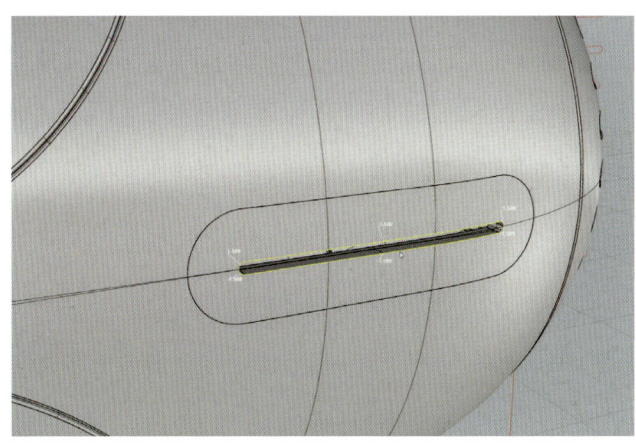 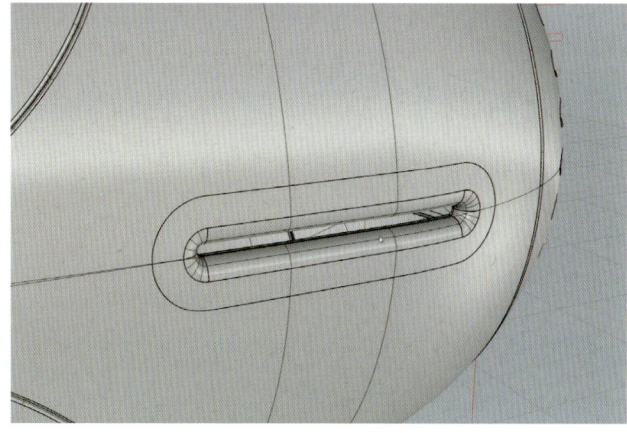

명령: _FilletEdge
필릿할 가장자리 선택 (반지름_표시(S)=예 다음_반지름(N)=0.3 가장자리_연속선택(C)): **1.5 입력 후** Enter
필릿할 가장자리 선택. 완료되면 Enter 키를 누르십시오 (반지름_표시(S)=예 다음_반지름(N)=1.5 가장자리...): **구멍 가장자리 선택 후** Enter

66 이전과 마찬가지로 **가변 반지름필릿 명령**을 통해 측면 흡입구의 외각 파팅 라인을 반지름 0.3mm 값으로 마무리해 준다.

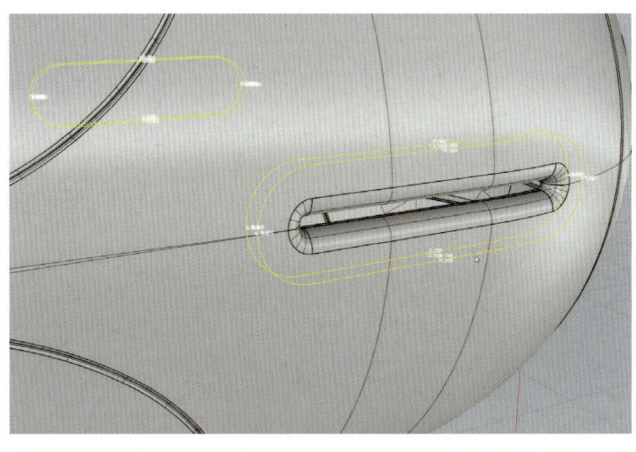 

명령: _FilletEdge
필릿할 가장자리 선택 (반지름_표시(S)=예 다음_반지름(N)=1.5 가장자리_연속선택(C)): **0.3 입력 후** Enter
필릿할 가장자리 선택. 완료되면 Enter 키를 누르십시오 (반지름_표시(S)=예 다음_반지름(N)=0.3 ....): **외곽 파팅 모서리 선택 후** Enter

67 다음은 헤어드라이어 마지막 디테일 표현으로 손잡이 하단부에 컨트롤 버튼을 만들어 보자. 아래 화면과 같이 손잡이 부분을 제외한 나머지 개체들을 **선택 반전과 개체 숨기기 명령**으로 모두 숨겨준다.

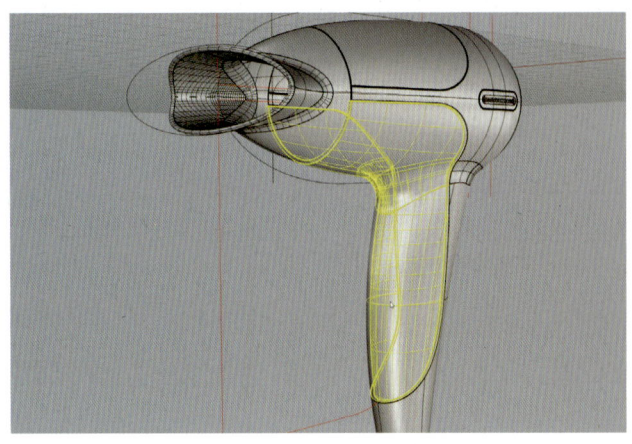 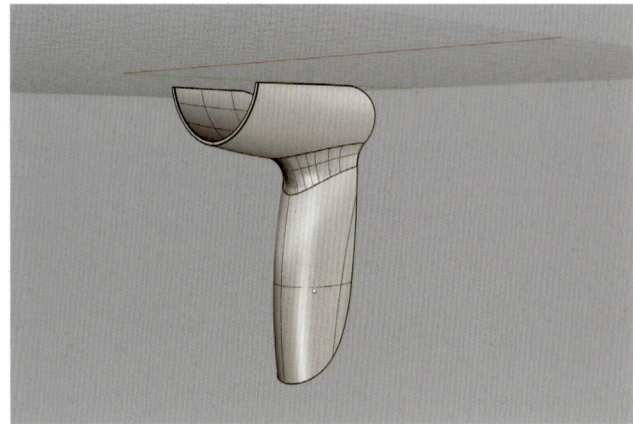

명령: _Invert

68 이어서 작업 영역을 FRONT Viewport로 활성화한 후 **직사각형 명령**과 **커브 간격띄우기 명령**을 사용해 아래와 같이 크기가 다른 두 개의 둥근 직사각형을 생성해 준다.

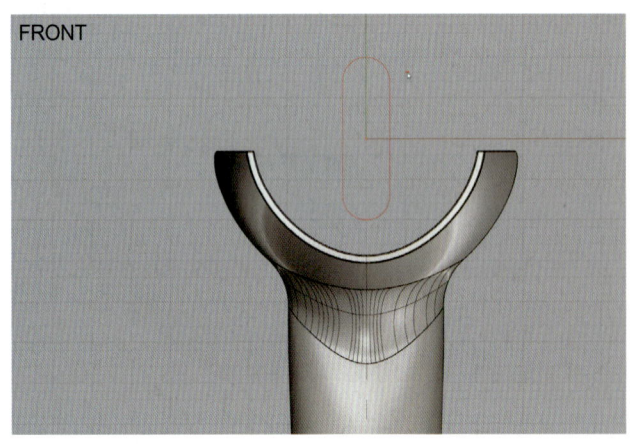 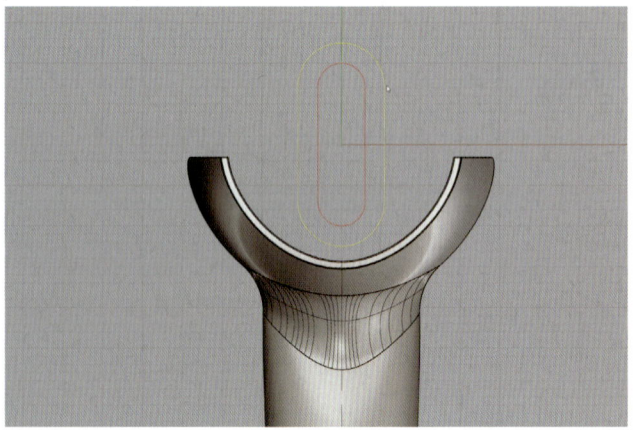

명령: _Rectangle
직사각형의 첫 번째 모서리 (중심점(C)): **C 입력 후** Enter **(중심점)**
직사각형의 중심 (둥글게(R)): **R 입력 후** Enter **(둥글게)**
직사각형의 중심: **0 입력 후** Enter
다른 모서리 또는 길이 (3점(P)): **12 입력 후** Enter
너비, 길이를 사용하려면 Enter 키를 누르십시오 : **40 입력 후** Enter
반지름 또는 둥근 모서리가 통과하는 점 ⟨1.000⟩ : **40 입력 후** Enter

명령: _Offset
간격띄우기 실행할 커브 선택 (거리(D)=3....): **직사각형 커브 선택**
간격띄우기할 쪽 (거리(D)=3....): **5 입력 후** Enter
간격띄우기할 쪽 (거리(D)=5 ....): **커브 외곽쪽 클릭**

69 다음은 생성된 크기가 다른 두 개의 둥근 직사각형을 **이동** 명령으로 아래와 같이 -Y축 방향으로 100mm만큼 이동시켜 준다.

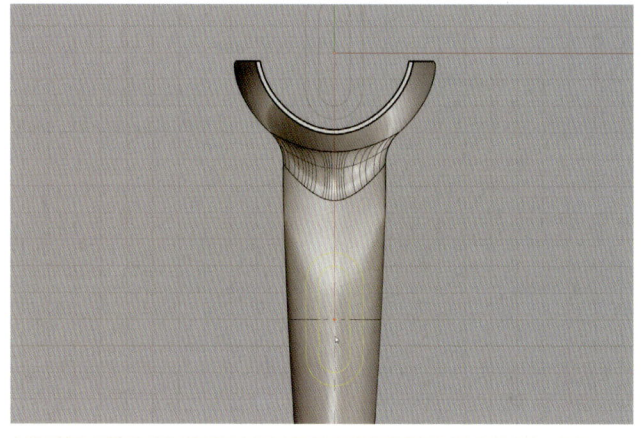 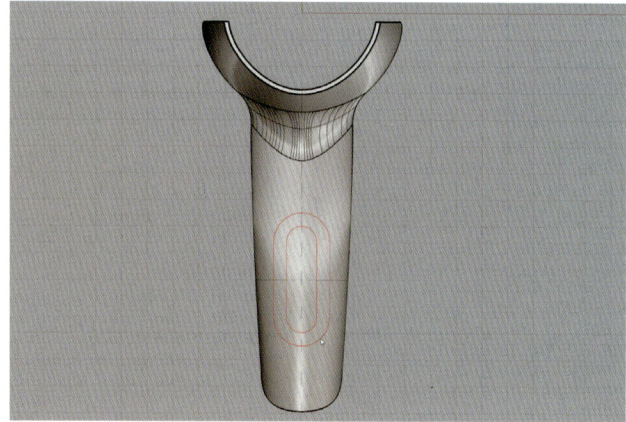

명령: _Move
이동시킬 개체 선택: **생성된 2개의 둥근 직사각형 선택**
이동의 기준점 (수직(V)=아니요): **0 입력 후** Enter
이동의 기준점 새 위치 〈3.000〉: **-100 입력 후** Enter
이동의 기준점 새 위치 〈-100.000〉: **수직 방향 클릭**

70 이어서 **와이어컷** 명령으로 외곽쪽 둥근 직사각형 선택하여 손잡이와 구분되도록 아래의 화면과 같이 커팅시켜 준다.

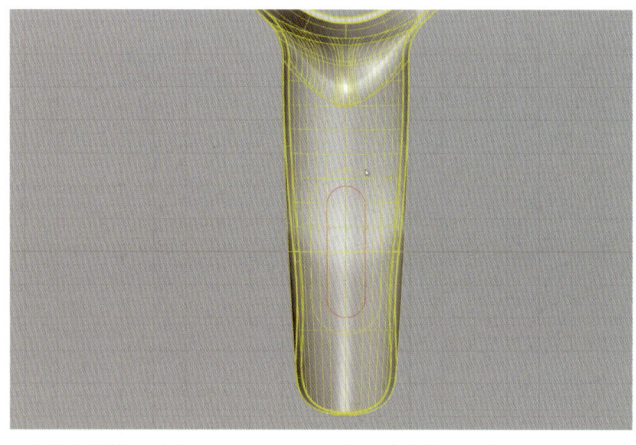 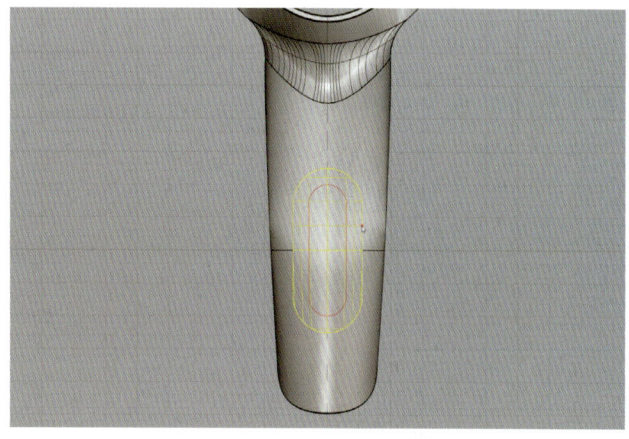

명령: _WireCut
절단 커브 선택 (선(L)): **외곽쪽 직사각형 선택**
자를 개체 선택: **솔리드 선택**
자를 개체 선택. 완료되면 Enter 키를 누르십시오: Enter
절삭 깊이 점. 개체를 완전히 자르려면 Enter 키를 누르십시오 (원래개체_삭제(L)=아니요 양쪽(B)=예): Enter
적용하려면 Enter 키를 누르십시오 (반전(I)=아니요 모두_유지(K)=예): Enter **(유지(K)=예)**

71 같은 방법으로 **와이어컷 명령**으로 내부쪽 둥근 직사각형 선택하여 손잡이와 구분되도록 한 번 더 커팅시켜 준다.

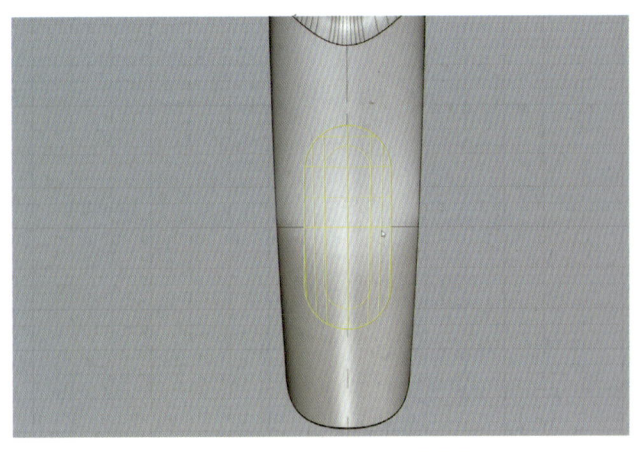 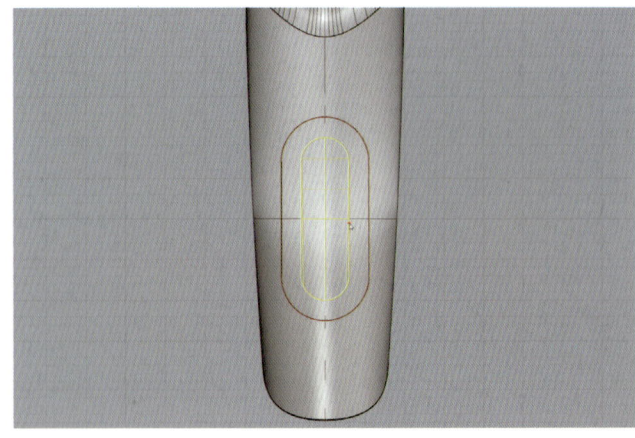

명령: _WireCut
절단 커브 선택 (선(L)): **내부쪽 직사각형 선택**
자를 개체 선택: **잘라낸 솔리드 선택**
자를 개체 선택. 완료되면 Enter 키를 누르십시오: Enter
절삭 깊이 점. 개체를 완전히 자르려면 Enter 키를 누르십시오 (원래개체_삭제(L)=아니요 양쪽(B)=예): Enter
적용하려면 Enter 키를 누르십시오 (반전(I)=아니요 모두_유지(K)=예): Enter **(유지(K)=예)**

72 다음은 커팅되어 구분된 예리한 솔리드 모서리 부분을 **가변 반지름 필릿 명령**을 사용하여 부드럽게 파팅 라인을 만들어 준다.

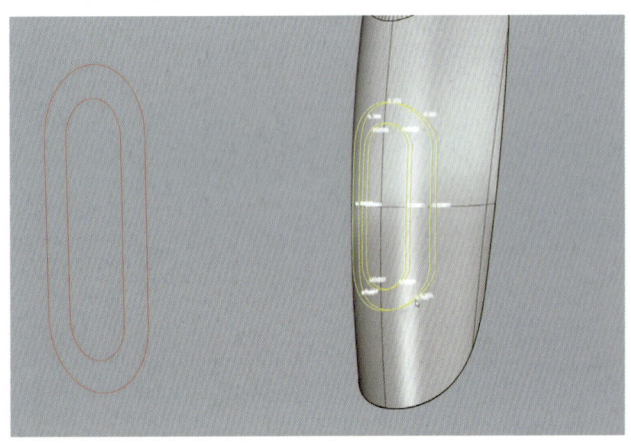 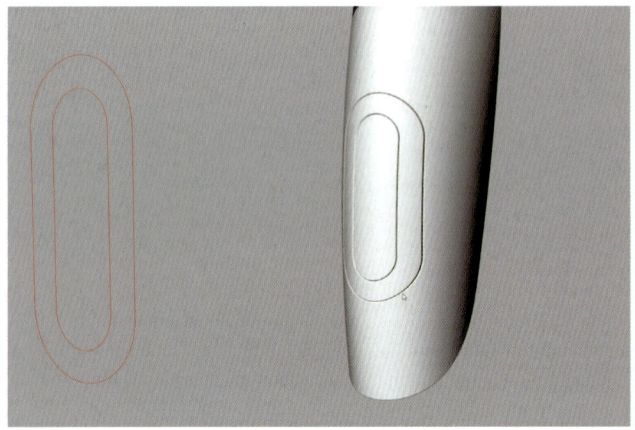

명령: _FilletEdge
필릿할 가장자리 선택 (반지름_표시(S)=예 다음_반지름(N)=0.3 가장자리_연속선택(C)): **0.3 입력 후** Enter
필릿할 가장자리 선택. 완료되면 Enter 키를 누르십시오 (반지름_표시(S)=예 다음_반지름(N)=0.3 ...): **구분된 모서리 선택 후** Enter

73 이번에는 커팅 구분된 컨트롤 베이스 위에 원 명령과 커브 간격띄우기 명령을 사용해 아래의 화면과 같이 생성해 준다.

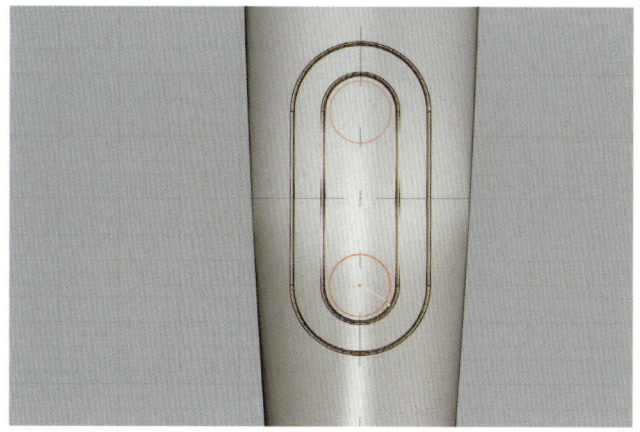 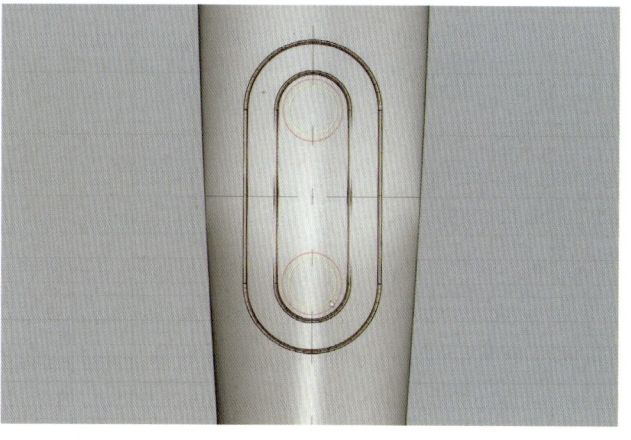

명령: _Circle
원의 중심 (변형가능(D) ....): **둥근 직사각형의 위아래 중심점 지정**
반지름 〈5.000〉 (지름(D) 방위(O) ....): **5 입력 후** Enter

명령: _Offset
간격띄우기 실행할 커브 선택 (거리(D)=1....): **생성한 원 선택**
간격띄우기할 쪽 (거리(D)=5....): **1 입력 후** Enter
간격띄우기할 쪽 (거리(D)=1 ....): **원의 내부쪽 클릭**

74 다음은 간격 띄워 생성된 네 개의 원을 모두 선택해 분할 명령으로 교차된 컨트롤 베이스 부분과 분할시켜 준다.

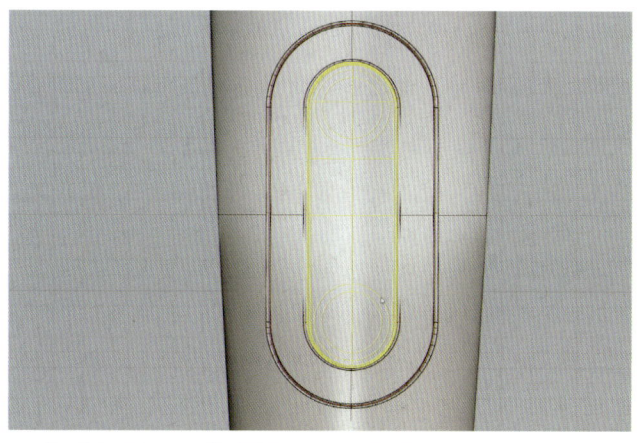 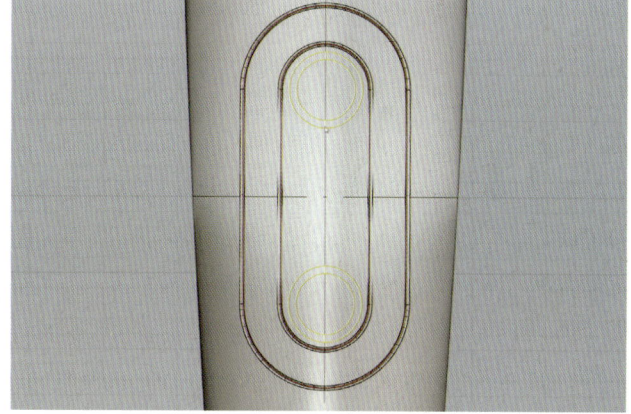

명령: _Split
분할할 개체 선택 (점(P) 아이소커브(I)): **컨트롤 베이스 선택**
분할할 개체 선택. 완료되면 Enter 키를 누르십시오 (점(P) 아이소커브(I)): Enter
절단 개체 선택: **네 개의 원 선택**
절단 개체 선택. 완료되면 Enter 키를 누르십시오: Enter

75 이어서 아래 화면과 같이 분할된 일부 서피스를 제거해 주고 버튼 형상이 될 남은 두 개의 원 서피스는 RIGHT Viewport 상에서 이동 명령으로 0.5mm만큼 X축으로 이동시켜 준다.

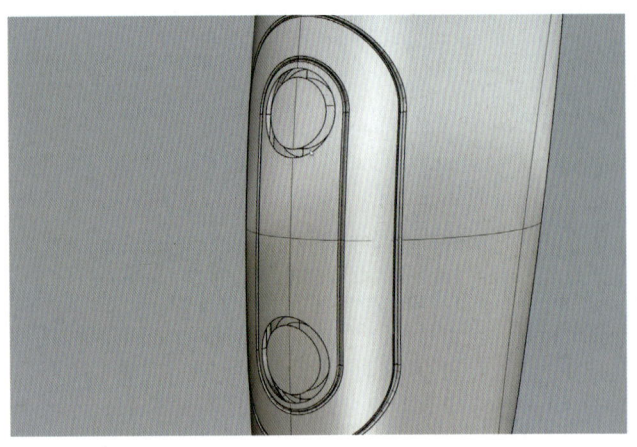
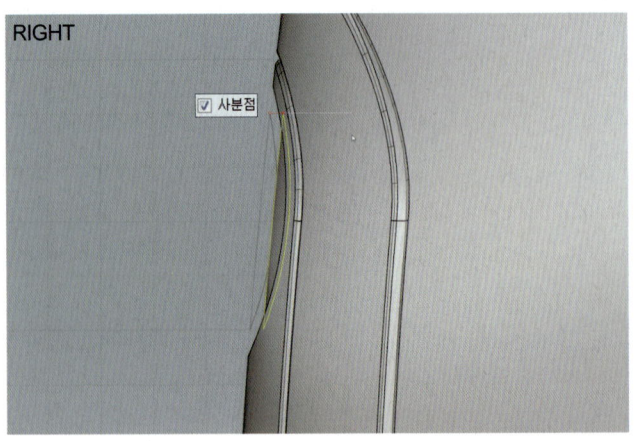

명령: _Delete

명령: _Move
이동시킬 개체 선택: **버튼 형상이 될 원 서피스 선택**
이동의 기준점 (수직(V)=아니요): **원의 사분점 선택**
이동의 기준점 새 위치 <-100.000>: **0.5 입력 후** Enter
이동의 기준점 새 위치 <-100.000>: **수평 방향 클릭**

76 다음은 블렌드 서피스 명령으로 이동된 두 개의 원 서피스를 외곽쪽 서피스와 자연스럽게 이어 준다.

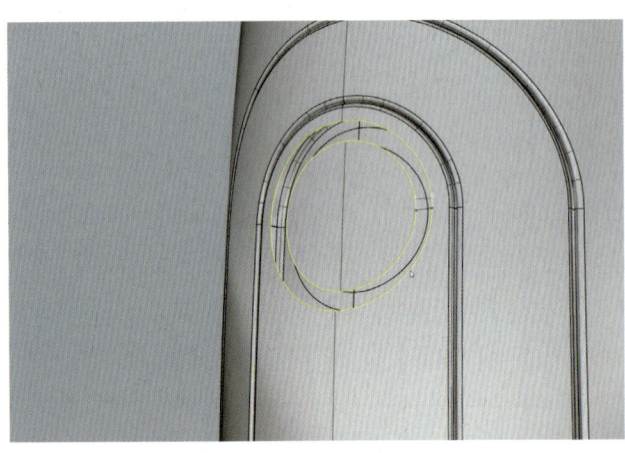
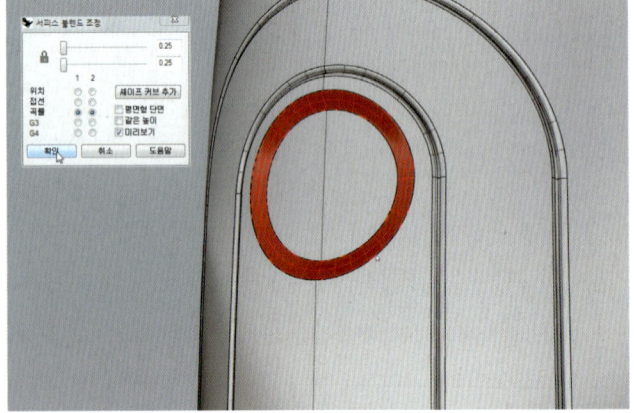

명령: _BlendSrf
첫 번째 가장자리가 될 세그먼트 선택 (자동_연속선택(A)=아니요 연속선택_연속성(C)=접선 ....): **외곽쪽 서피스 가장자리 선택**
첫 번째 가장자리가 될 다음 세그먼트 선택. 완료되면 Enter 키를 누르십시오 (실행취소(U) 다음(N) 모두(A) ....): Enter
두 번째 가장자리가 될 세그먼트 선택 (자동_연속선택(A)=아니요 연속선택_연속성(C)=접선 ....): **내부쪽 서피스 가장자리 선택**
두 번째 가장자리가 될 다음 세그먼트 선택. 완료되면 Enter 키를 누르십시오 (실행취소(U) 다음(N) 모두(A)....): Enter
조정할 심 점을 선택. 완료되면 Enter 키를 누르십시오 (반전(F) 자동(A) 원래대로(N): **팝업 창 설정 후** Enter

77 이어서 블렌드 서피스로 편집한 버튼형상을 **결합명령**으로 하나의 솔리드가 되도록 합쳐 준다.

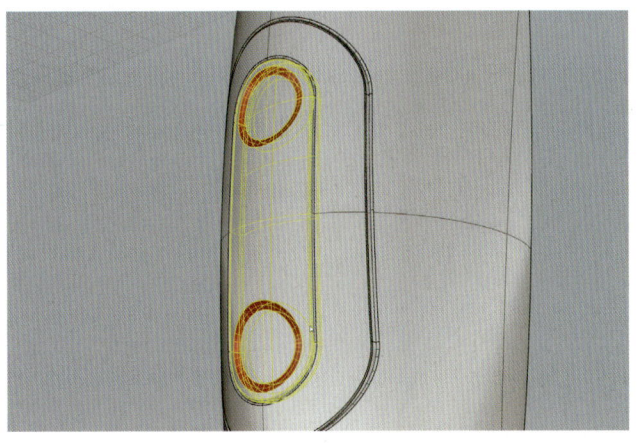
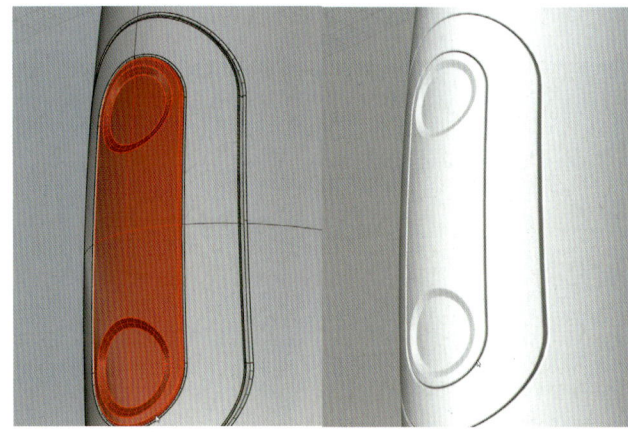

명령: _Join

78 이제 헤어드라이어 모델링 마지막 단계로 지금까지 작업해 온 모든 개체들을 **개체 표시 명령**으로 PERSPECTIVE 화면상으로 불러온다.

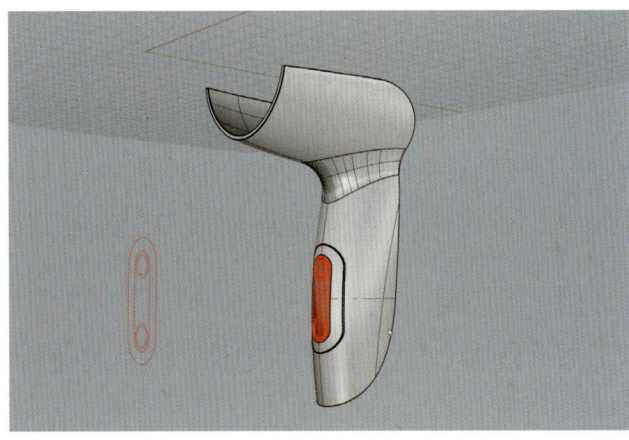
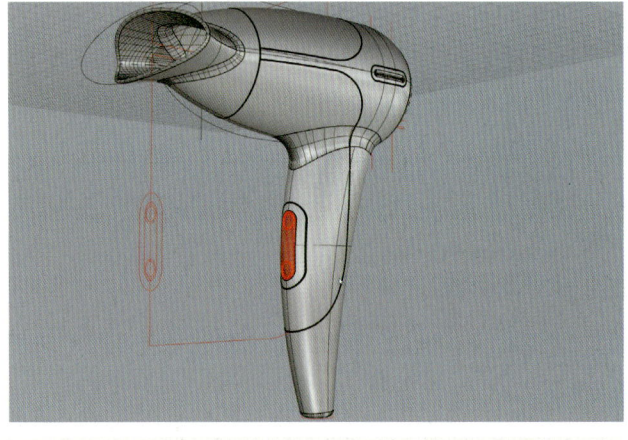

명령: _Show

79 최종적으로 완성된 헤어드라이어 모델링을 **개체속성 명령**을 통해 송풍캡, 본체, 흡입구, 컨트롤 버튼 등등 부분별 컬러와 재질을 적용하여 심미적 완성도를 높여 보자.

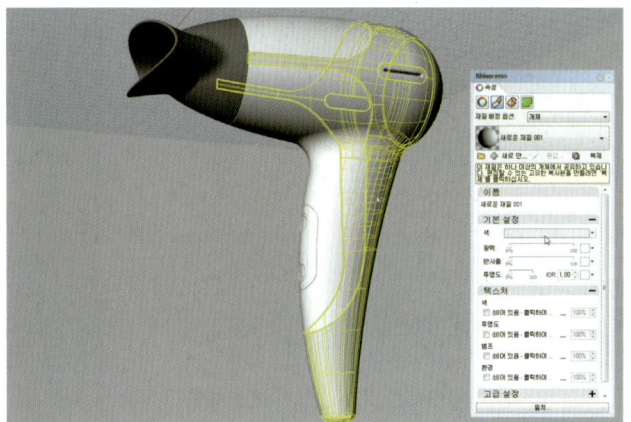 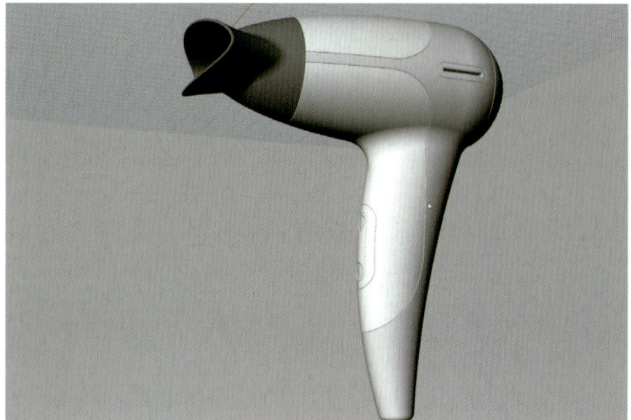

> **참고 하세요**
>
>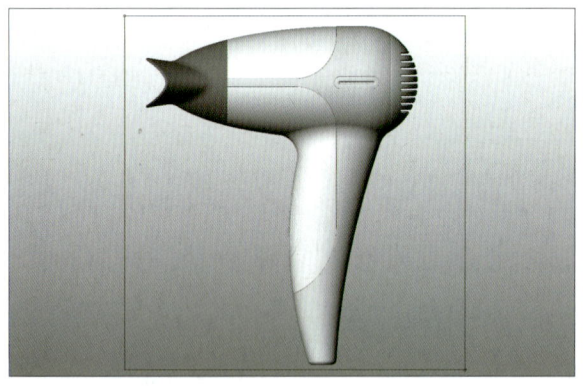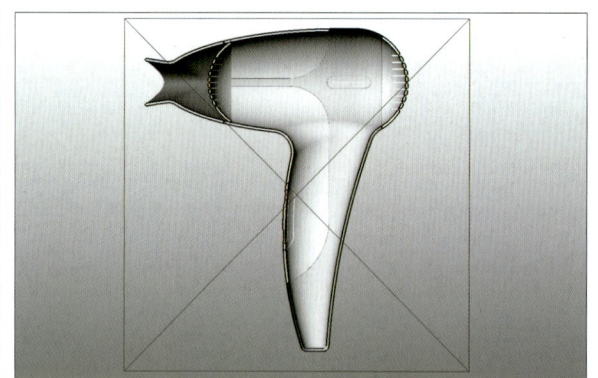
>
>
>
> **모델링툴탭〉표시〉클리핑 평면추가 명령**으로 RIGHT viewport상에서 헤어드라이어를 이등분하는 직사각형 평면을 만들어 주면 위 화면과 같이 절단면 내부를 쉽고 빠르게 볼 수 있다.

80 Keyshot 렌더러 활용을 통해 다양한 컬러와 재질이 적용된 최종 무선 포트 렌더 이미지를 연출해 보자.

Part 6

부록

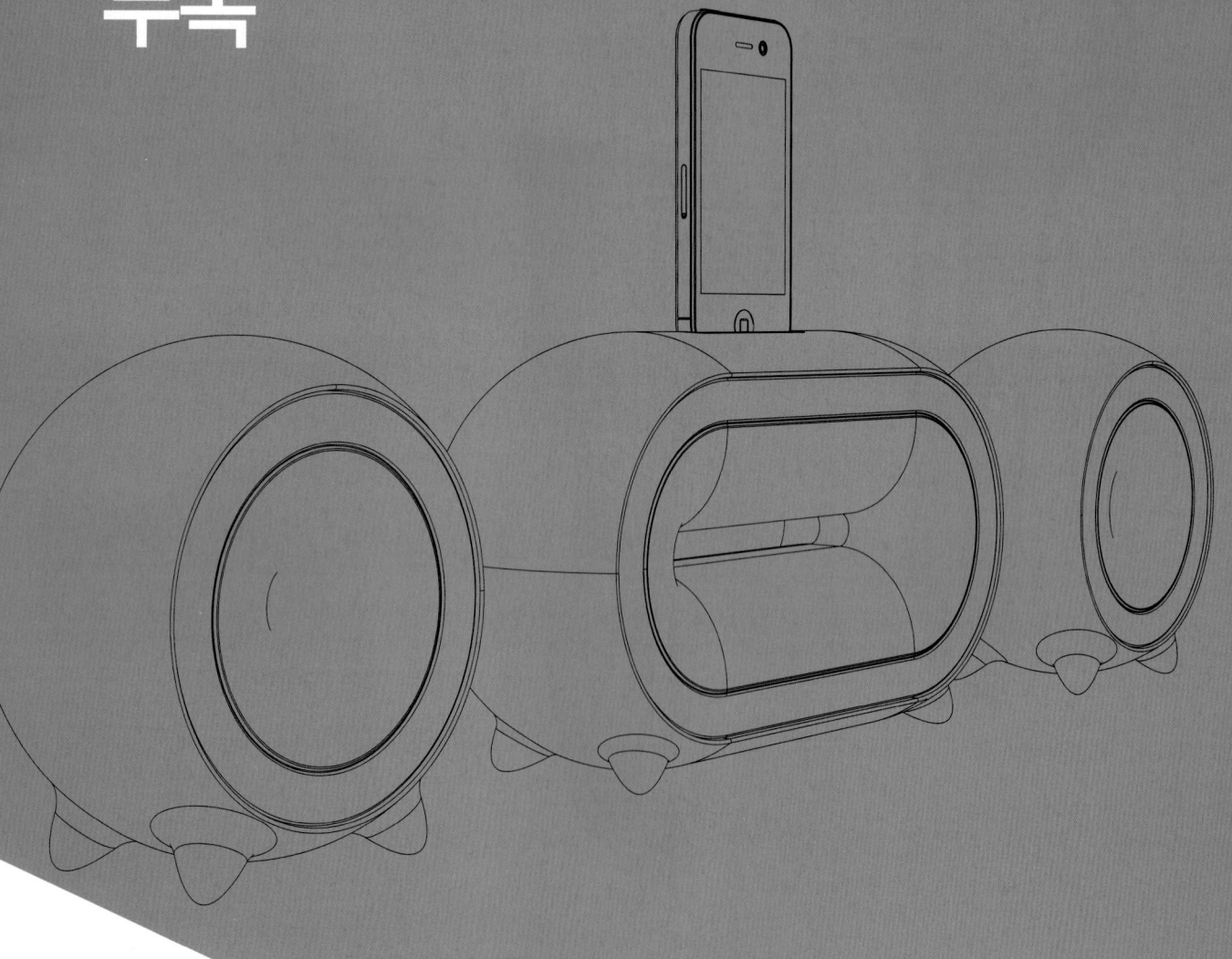

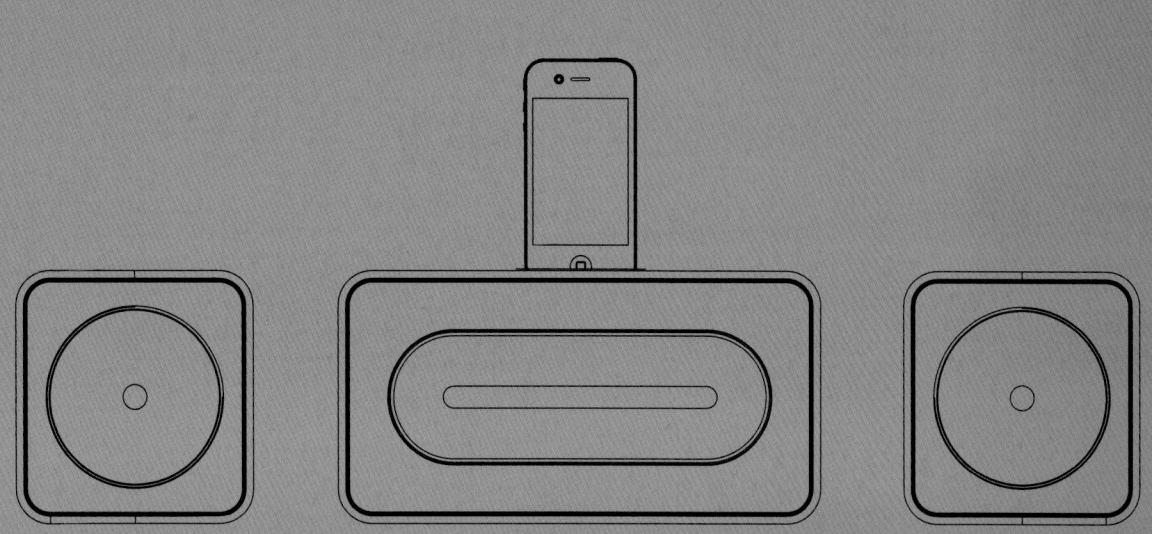

실무 디자이너가 말하는 라이노 3D 모델링 갤러리

실무 디자이너가 말하는
라이노 3D 모델링 갤러리

기하학을 모티브로 간결하고 세련된 절제미가 돋보이는 가습기 실무 디자인 표현

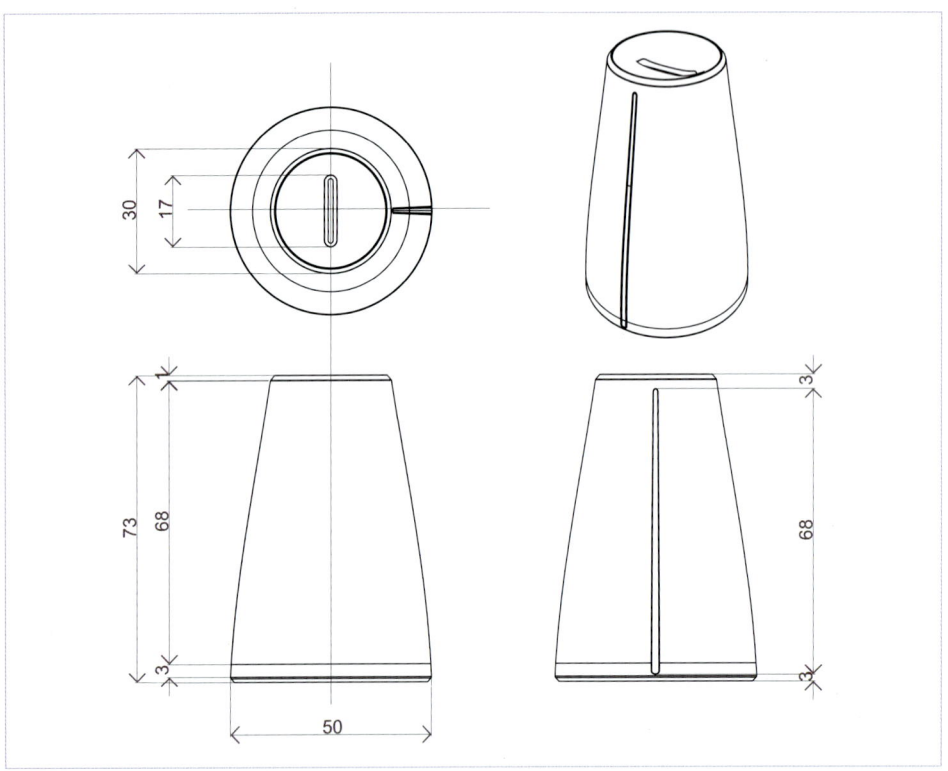

기하학을 모티브로 간결하고 세련된 절제미가 돋보이는 가습기 실무 디자인 표현

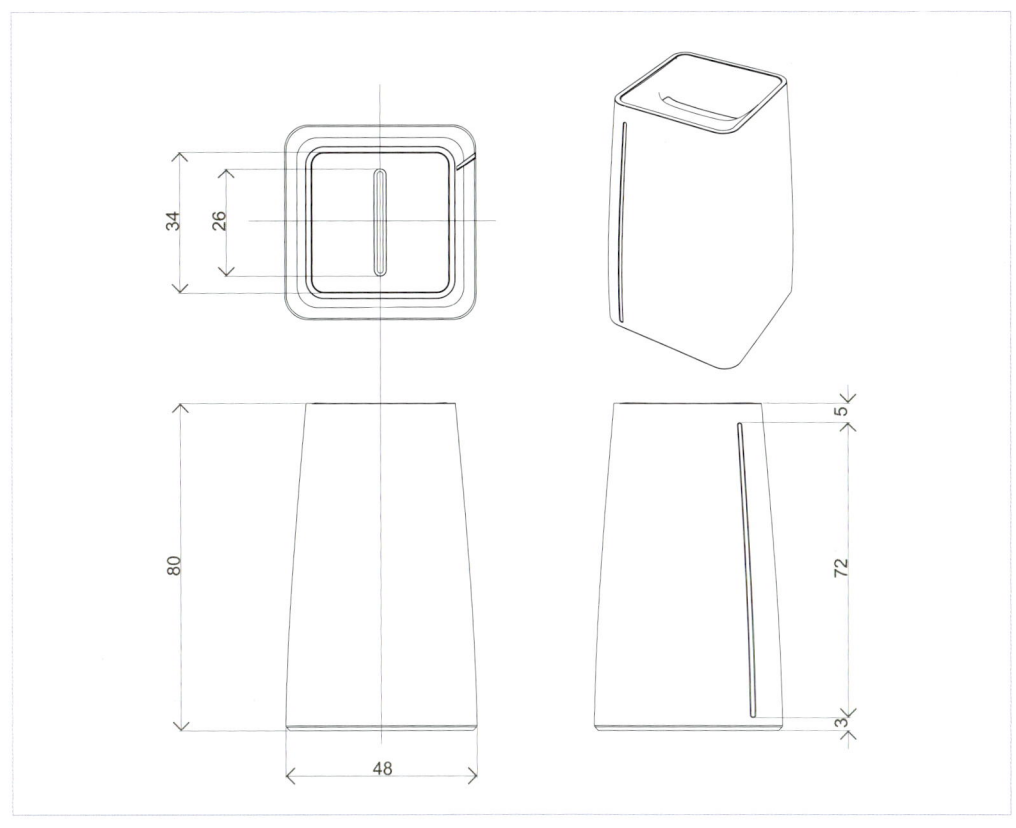

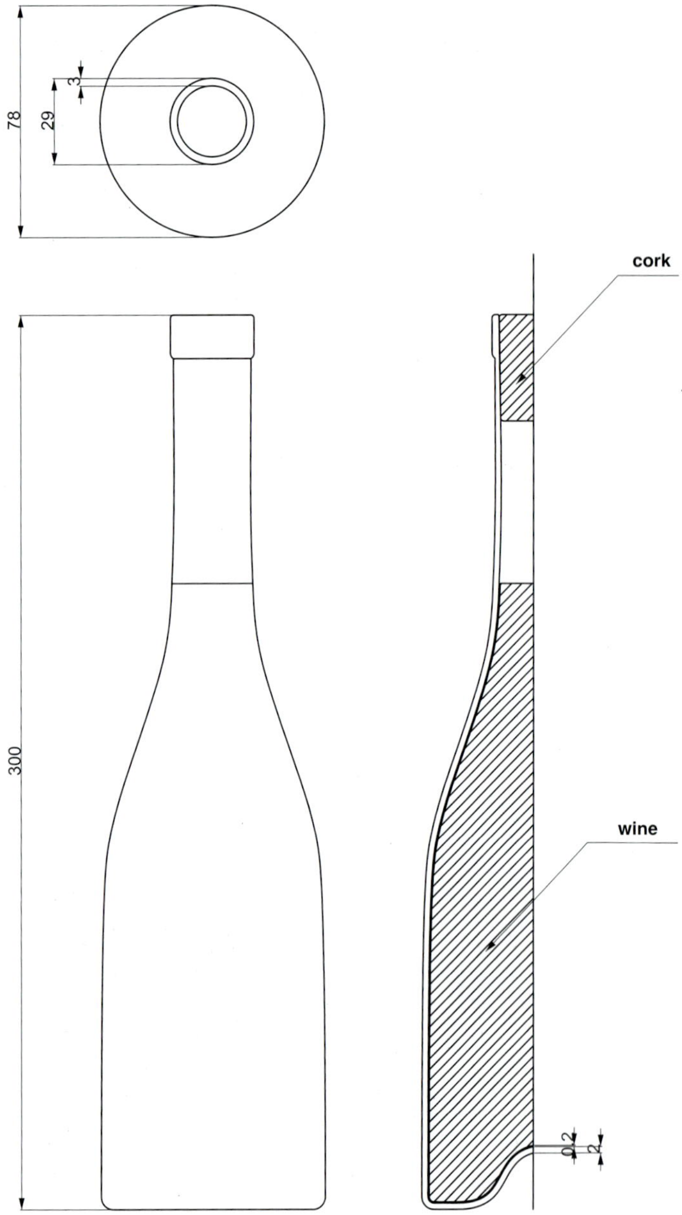

와인 패키지 용기 개발과 타이포그라피를 적용한 실무 렌더링 라벨 표현

비비드한 컬러 배경에 블랙 실루엣을 갖는 절제된 와인병의 합성 표현으로 마치 광고 이미지를 연상케 하는 렌더링 패널 연출

유기적인 곡면 라인과 패브릭 소재감이 다이내믹하게 살아 있는 아쿠아슈즈 실무 모델링 및 렌더링 표현

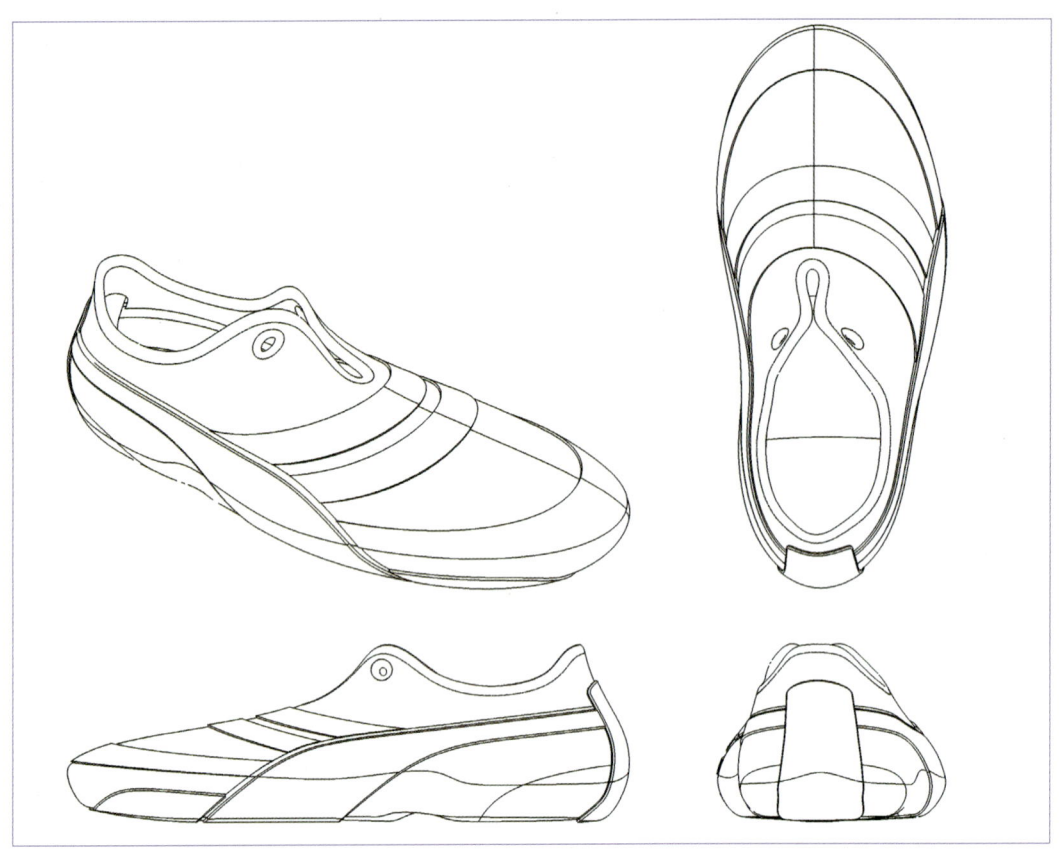

유기적인 곡면 라인과 패브릭 소재감이 다이내믹하게 살아 있는 아쿠아슈즈 실무 모델링 및 렌더링 표현

반복적인 원형 링패턴이 빛에 따라 감싸져 우아하고 아름다운 공간을 연출하며
다양한 높이의 오브제 롤이 펜던트 조형으로 확산되는 감성적 표현의 조명 디자인 모델링

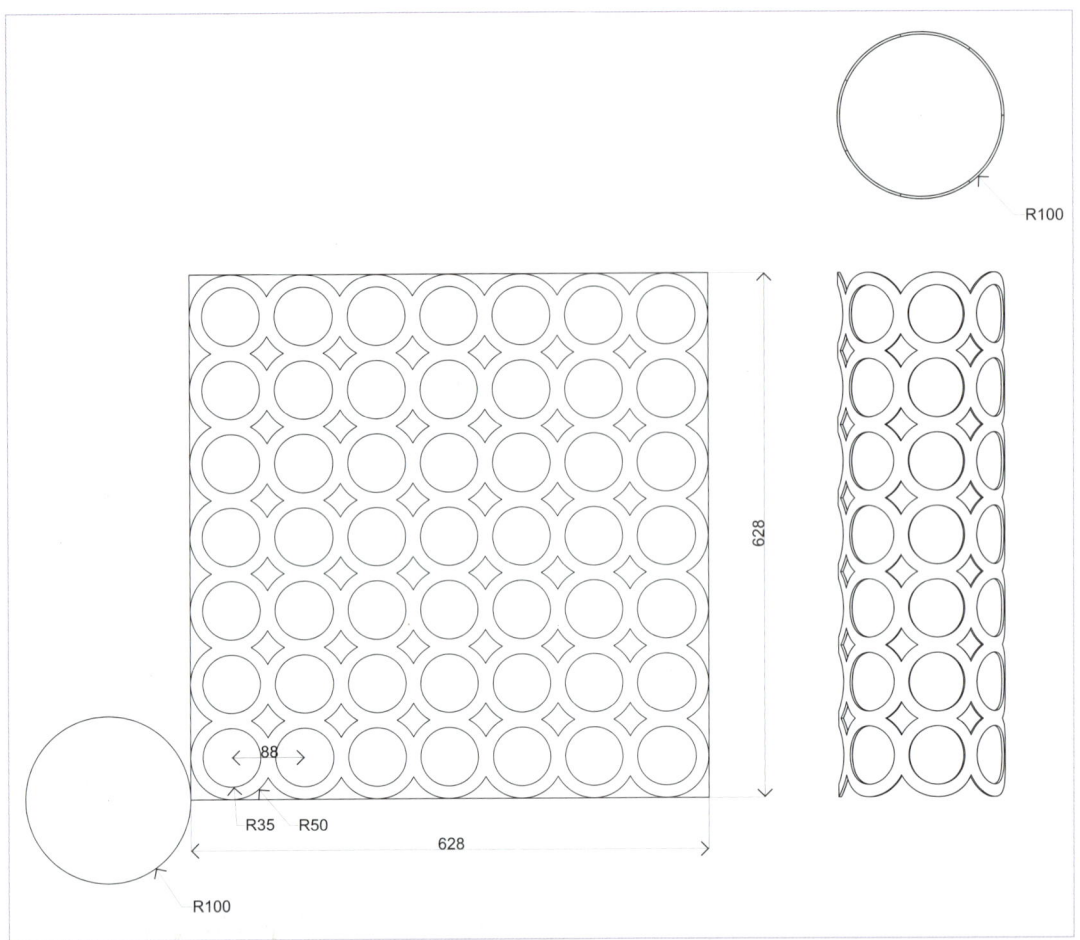

LIGHTING

The lighting design is carefully integrated with the interior design scheme. KJID worked with interior designers Images to specify a beautiful selection of decorative lighting elements that play a key role in the interior design pallet.

반복적인 스트라이프 스틱들이 빛에 따라 감싸져 우아하고 아름다운 공간을 연출하며
다양한 높이의 오브제 스틱 새로운 펜던트 조형으로 확산되는 감성적 표현의 조명 디자인 모델링

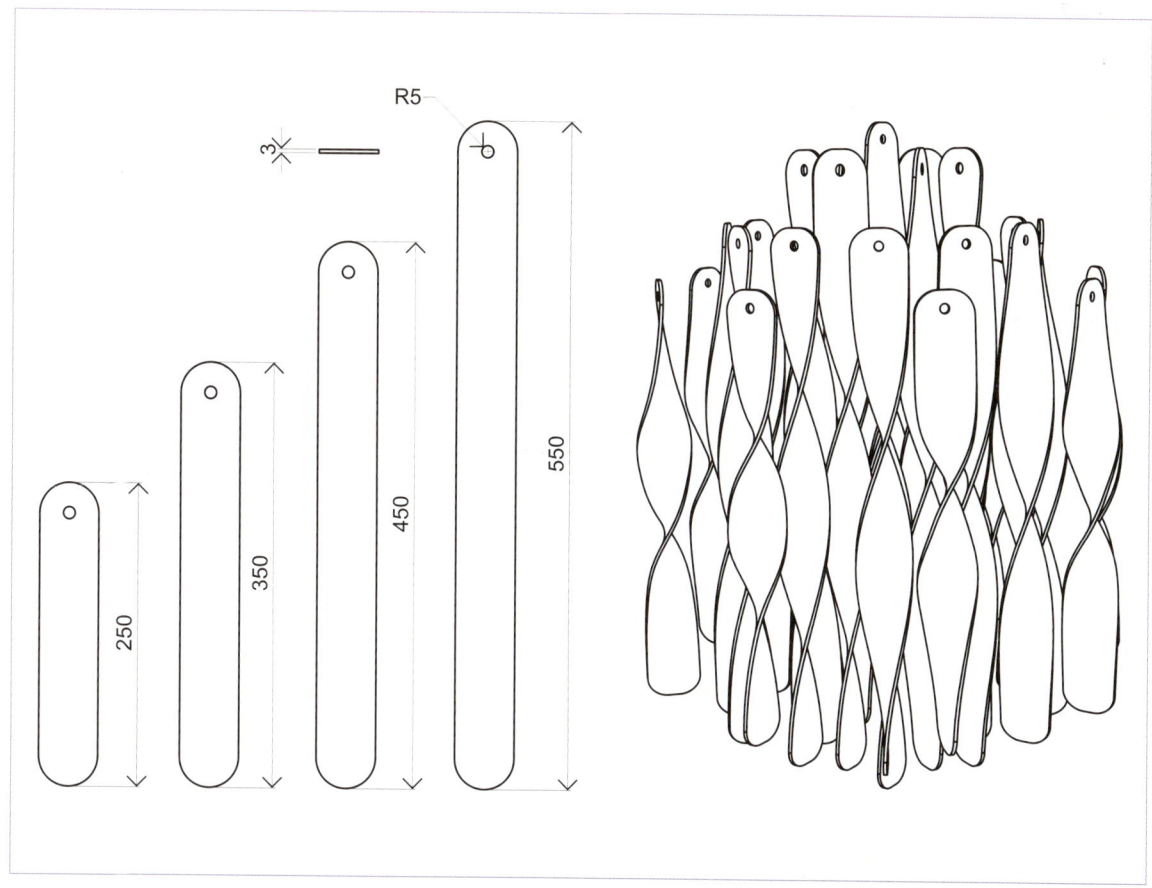

LIGHTING

The lighting design is carefully integrated with the interior design scheme. KJID worked with interior designers Images to specify a beautiful selection of decorative lighting elements that play a key role in the interior design pallet.

무선 블루투스 기술이 적용되어 스마트폰과 연동하여 음악을 즐길 수 있는 도킹 오디오 스피커 디자인

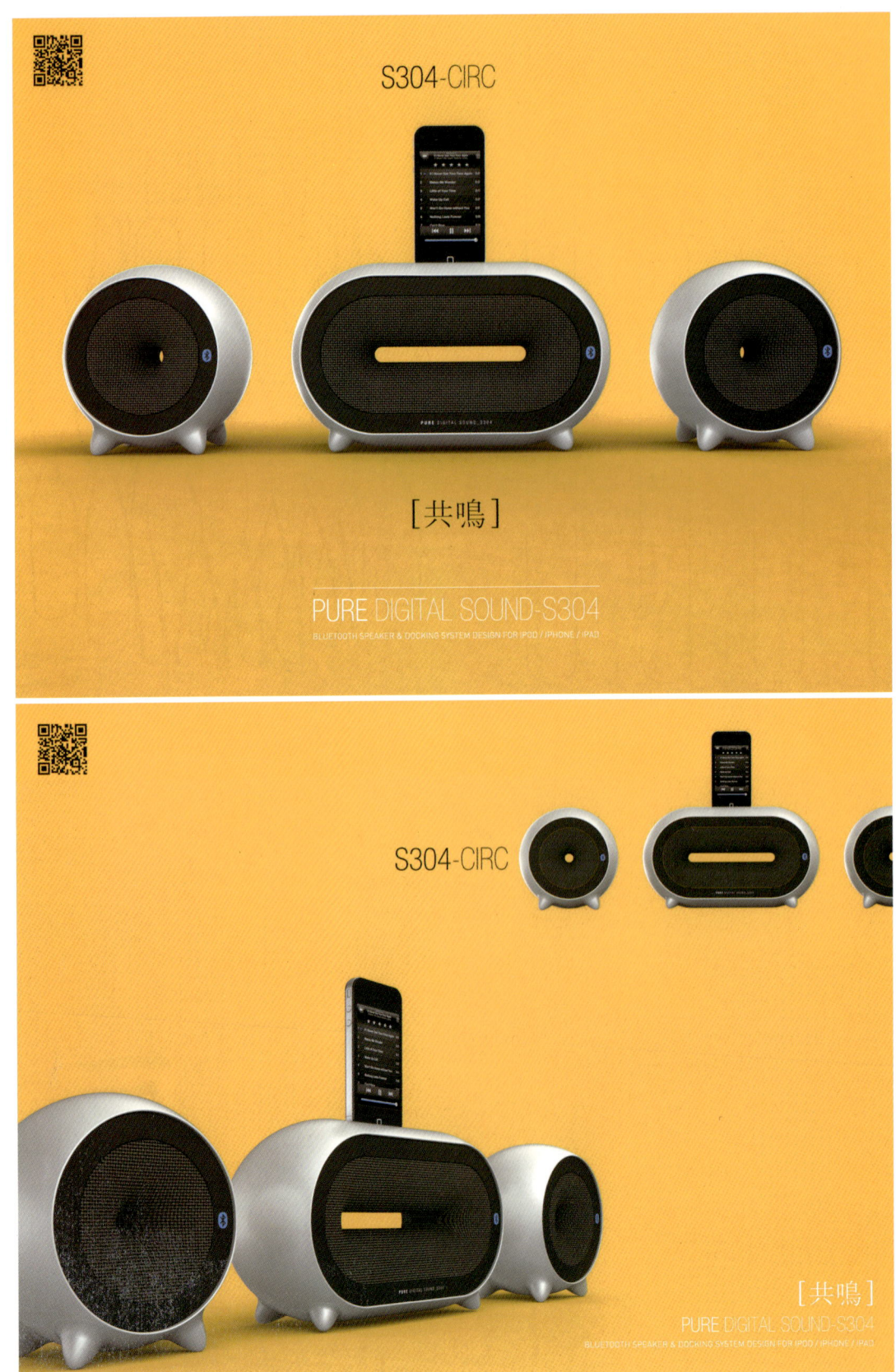

소프트 미니멀을 추구하고 절제되고 담백한 감성을 추구하는 기능성 화장품 용기세트 디자인

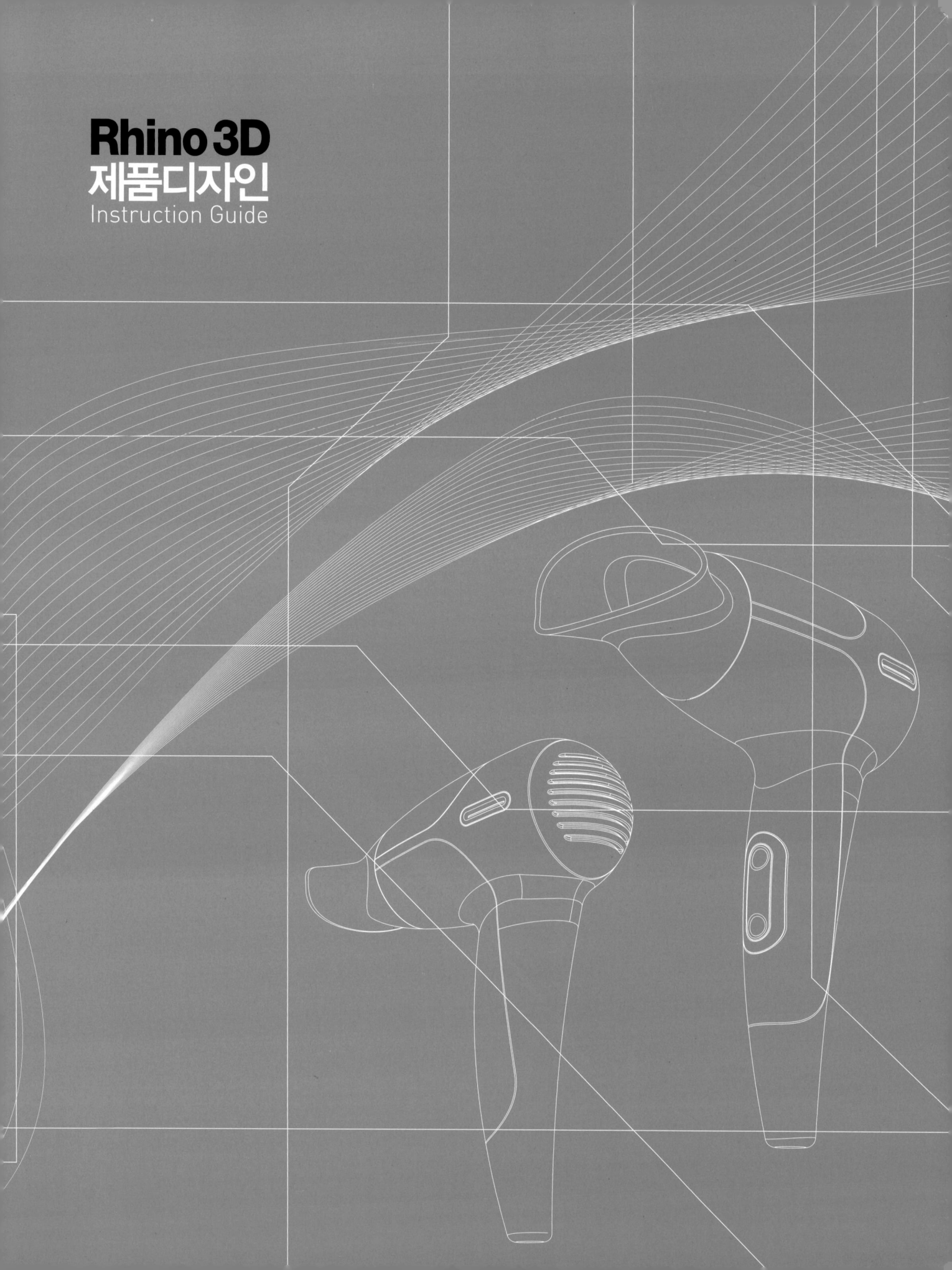

Rhino 3D
제품디자인
Instruction Guide

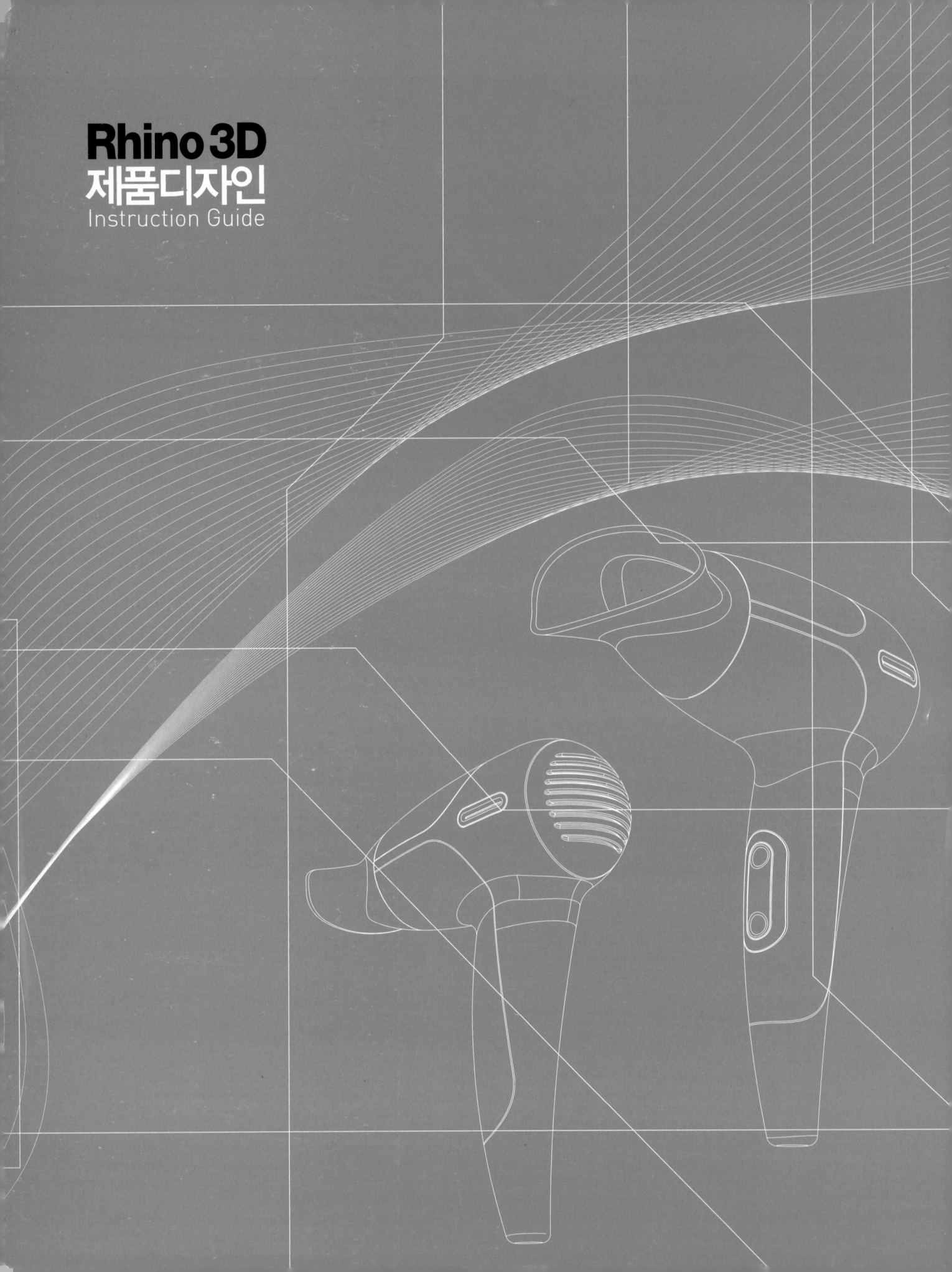